明清科技与社会丛书
石云里 主编

融汇中西　合天成圣
薛凤祚独特的星占工作

朱浩浩 —— 著

国家社会科学基金青年项目（18CZX031）资助

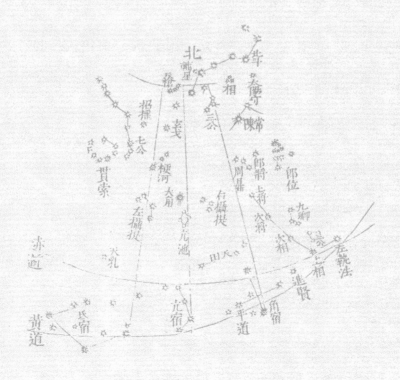

中国科学技术大学出版社

内 容 简 介

本书聚焦于明末清初山东籍著名天文学家薛凤祚的星占工作,同时系统论述其星占工作的背景与影响。本书值得留意的推进工作主要有以下三个方面:首先,对于背景以及薛凤祚自身星占工作的考察,遵循一种新的方法,即从占验技术、宇宙论、本体论、工夫论、境界论五个维度分析的五方架构法。此方法为我们理解薛凤祚的星占,甚至中国古代星占提供了全新视角。其次,在分析当时中西星占交流时,采用了交易区理论。该理论的应用凸显了中西星占交流中中西主体互动性与独立性的复杂交织。最后,本书将薛凤祚的星占工作置于天人式的天文学体系框架中考察,并注重与其他学术形态的关系。这使得我们能够揭示星占与薛凤祚的儒学、历法、实用技术、易学等工作的关联互动。此方法细微又不失宏观,为我们整体性地理解薛凤祚及其星占工作提供了有益视角。

图书在版编目(CIP)数据

融汇中西 合天成圣:薛凤祚独特的星占工作/朱浩浩著. —合肥:中国科学技术大学出版社,2021.11(2022.8重印)
(明清科技与社会丛书/石云里主编)
ISBN 978-7-312-05322-1

Ⅰ.融⋯ Ⅱ.朱⋯ Ⅲ.占星术—研究—中国—明清时代 Ⅳ.B992.2

中国版本图书馆CIP数据核字(2021)第207402号

融汇中西 合天成圣:薛凤祚独特的星占工作
RONGHUI ZHONGXI HE TIAN CHENG SHENG: XUE FENGZUO DUTE DE XINGZHAN GONGZUO

出版	中国科学技术大学出版社 安徽省合肥市金寨路96号,230026 http://press.ustc.edu.cn https://zgkxjsdxcbs.tmall.com
印刷	安徽联众印刷有限公司
发行	中国科学技术大学出版社
经销	全国新华书店
开本	710 mm×1000 mm 1/16
印张	30.25
字数	543千
版次	2021年11月第1版
印次	2022年8月第2次印刷
定价	119.00元

究天人性命之精，显微共贯；
兼学术事功之盛，体用同源。

——中国科学院自然科学史研究所李俨图书馆藏《两河清汇易览》

目 录

1－34 　**第1章　绪论**
　　1.1　星占的界定 …………………………………………2
　　1.2　本书主题 ……………………………………………5
　　1.3　前人研究成果、拟解决问题与本书内容 …………9
　　1.4　研究方法 ……………………………………………19

35－94 　**第2章　天人之学　涵容他方**
　　　　　——新变革前的星占学发展背景
　　2.1　不断演进的传统军国星占 …………………………35
　　2.2　前三轮域外星占的传入与多样化命运 ……………62
　　2.3　总结 …………………………………………………91

95－181 　**第3章　新潮注入　因革裂变**
　　　　　——明末清初星占学与西学东渐
　　3.1　欧洲星占学背景 ……………………………………97
　　3.2　在华耶稣会传教士与星占 …………………………110
　　3.3　新旧交织下中国学者对星占的多元化认识 ………165
　　3.4　总结 …………………………………………………176

182－232 　**第4章　博学诸家　钟意天文**
　　　　　——薛凤祚的早期星占占验之术学习
　　4.1　薛凤祚拜穆尼阁为师前的占验研究 ………………183
　　4.2　《天步真原》星占部分的编译因缘 ………………188
　　4.3　《天步真原》星占内容——欧洲与伊斯兰星占
　　　　组成的西法 …………………………………………202
　　4.4　总结 …………………………………………………228

233 – 285　第 5 章　融汇中西　入我型模
　　　　　　　　——薛凤祚对中西星占的会通
　　5.1　会通阶段对西法星占内容的因仍与补充 ……………234
　　5.2　会通阶段对中法星占的重塑 …………………………243
　　5.3　《历学会通》中西星占会通系统的特征 ……………255
　　5.4　星占会通成果在地方志中的体现 ……………………276
　　5.5　总结 ……………………………………………………282

286 – 329　第 6 章　以术合天　由数达理
　　　　　　　　——天人体系与薛凤祚星占研究的终结
　　6.1　《气化迁流》中现存的西法星占著作 ………………287
　　6.2　天人体系下《气化迁流》阶段的星占 ………………301
　　6.3　《气化迁流》星占在《两河清汇易览》中的应用 …323
　　6.4　总结 ……………………………………………………327

330 – 353　第 7 章　文术昭章　思想其萎
　　　　　　　　——薛凤祚星占工作的影响
　　7.1　思想、技术与文本的交融——康乾时期张永祚的
　　　　《天象源委》 ……………………………………………331
　　7.2　文本与技术的凸显——乾隆时期之后的影响 ………338
　　7.3　薛凤祚星占工作的其他影响 …………………………350
　　7.4　总结 ……………………………………………………352

354 – 411　第 8 章　结论
　　8.1　薛凤祚星占工作总论 …………………………………355
　　8.2　四个有关薛凤祚问题的进一步讨论 …………………371
　　8.3　更广的议题 ……………………………………………385

412 – 445　附录
　　附录 1　明代星占书目考证 ………………………………413
　　附录 2　《浑天仪说》星占内容介绍 ……………………418
　　附录 3　揭暄与梅文鼎批评传统军国星占文字比较 ……423
　　附录 4　《天步真原》基本术语对比表 …………………425
　　附录 5　古典天宫图星占学基本术语介绍 ………………432

附录6 卡尔达诺《四门经》评注章节与托勒密星占
　　　　《四门经》对应表 ······················· 436
附录7 《人命部·中卷》雷格蒙塔努斯宫位制程序 ······ 440
附录8 薛近洙《博文约礼论》《修身在正心论》
　　　　与《圣学心传》薛凤祚序言 ················· 443

446－472 参考文献

473－474 后记

第1章 绪　　论

　　康熙九年（1670年），山东天文学家薛凤祚（1600—1680年）怀揣着自己历经数十年完成的著作《历学会通》，经过长途跋涉来到河南辉县。这部会通中西数理天文学、星占学与实用技术的大气磅礴的著作，虽然不是他惊人学术体系的收官之作，却是他学术事业的高峰之一。薛凤祚到辉县拜访的长者是他早年的儒学①老师——北方心学的代表人物孙奇逢（1584—1675年）。此时的孙奇逢已至耄耋之年，自己的学生薛凤祚也已年至七十。面对学生带来的穷其一生的学问结晶，孙奇逢难免有些失望。他一生践行宋明理学，相信天道与人性的贯通，认为对天道的体认要回归于自我本性以及自我本性所显露运作的日用常行之中，要体认圣人孔子的日用言行与其中蕴含的太极之道，而不是对天文学之类俗学的研究。这一事件被记载于孙奇逢年谱：

　　　　薛仪甫凤祚自益都再视先生于夏峰。年七十余矣，携其所著《历学会通》二千余页来质。先生曰：夫子之性与天道，夫子之文章也。不明于吾之性，乌知所谓天之道？不明于日用之文章，又乌知所谓性与天道哉？

---

① 本书使用的"儒学"一词，主要指宋明理学背景下探讨天道性命的心性之学。这是在狭义层面上使用"儒学"。

……故曰吾道一以贯之。一物各具一太极,万物统体一太极,唯一故无不贯,全在圣人身上泛应曲当。俗学不能一,禅学元学不能贯,名家法家不必言矣。(汤斌,1981)³³⁰

有意思的是,薛凤祚所追求的目标其实和业师是一致的,即都是体认天道、成为圣人。不过,他选择了孤寂之路(对于天体运行产生的气化之道的研究),选择了特殊的学问(以星占学为主)。

孙奇逢上述误解颇具代表性。直到今天,人们对薛凤祚的认识依然颇多含混不清、误解不明之处。不过,他和学生薛凤祚的遭遇恰当地引出了本书的研究内容:薛凤祚最为重要的学问(星占)、它的功能(成为圣人、体认天道)、相关涉的恢宏框架结构(本体论、宇宙论、工夫论、境界论、技术部分),以及明末清初[1]会通中西的复杂时代背景等。

1.1 星占的界定

在进入本书主题之前,首先要界定书中最为重要的名词"星占"的含义与复杂内容。"星占"一词虽然为学界所熟知且使用,但对其含义与内容却无相对统一的认识,也缺乏专门而深入的讨论。据笔者所见,以占验所依据的元素可将目前研究者以星占指称的占法分为两类。第一类是以天象(天文、大气现象,即中国古代的"**天文**"[2])为主,辅助以其他元素(干支甲子、特殊点、神煞)占

---

[1] 对于明末清初的时间跨度问题,学界似乎还未有统一的认识。谢国桢《明末清初的学风》限定在万历三十年至康熙四十年左右(1602—1701年),尚智丛《明末清初(1582—1687)的格物穷理之学——中国科学发展的前近代形态》划定在1582—1687年。就本书而言,笔者基本遵从尚智丛的说法。不过,有些时候即使在此时间范围前后波动,笔者也算入其中。如梅文鼎逝世于1721年,但书中依然将他归入明末清初这一时期。此外,书中还出现单独使用明末、清初的情况。明末指1582—1644年,清初指1644—1687年,当然也有前后波动。

[2] 《汉书·天文志》云:"凡天文在图籍昭昭可知者,经星常宿中外官凡百一十八名,积数七百八十三星,皆有州国官宫物类之象。其伏见蚤晚,邪正存亡,虚实阔狭。及五星所行,合散犯守,陵历斗食,彗孛飞流,日月薄食,晕适背穴,抱珥虹蜺,迅雷风祅,怪云变气:此皆阴阳之精,其本在地,而上发于天者也。"(班固,1964)¹²⁷³此后,正史《天文志》所记载的天文现象也多因循《汉书·天文志》而作损益。如《晋书·天文志》《宋史·天文志》未论及"迅雷风祅",《新唐书·天文志》未论及"晕适背穴,抱珥虹蜺,迅雷风祅,怪云变气"。至清中期官方编订的《钦定天文正义》,所罗列的对象除天体外,也包括云气、风雷、虹霓之类。

验的类型。第二类以其他元素为主，或辅助以天象，或无实际天象。这两类中的其他元素，虽非实际天象，却与天象有一定关联，是由实际天象直接或间接演变、衍生而得。将第一类和第二类一起纳入星占的情况可以称为**广义的星占**。最能代表此种观点的是卢央《中国古代星占学》。在此书中卢央介绍了北斗星占、七曜和杂星占、式占三类星占占法。其中七曜与杂星占属于以天象为主要依据占验的占法，北斗星占中北斗入占、斗建阴阳与天象密切相关，但建除家说、堪舆家言等和实际天象已经关系较远。式占，尤其是被卢央看作古代星占最高形态的三式占法[①]亦与实际天象关系疏远。有些学者只将第一类占法称为星占，如江晓原在《历史上的星占学》《中国星占学类型分析》《世界历史上的星占学》中的用法。此一用法可称为**狭义的星占**。笔者在书中使用狭义的星占，且根据历史上汉语世界所流传的星占学形态，进一步细分为五种：**中国传统军国星占**（文中简称**传统军国星占**）、**宿曜术**、**星命术**、**伊斯兰星占学**和**欧洲星占学**。

　　中国传统军国星占以特殊天象为主，辅助以干支甲子等元素占验军国大事，起源于先秦时期，是土生土长的星占学。**宿曜术**主要具有古印度传统，通过月行二十八宿或二十七宿、二十八宿或二十七宿值日等方式占验个人生辰、选择、军国大事。或许与其强烈的密教色彩有关，宿曜术最早在汉末通过佛经译介进入中国，至唐代之后逐渐湮灭。**星命术**也由域外传入，其源头当是唐代波斯景教徒所译古罗马时期多罗修斯（Dorotheus of Sidon，活跃于公元1世纪后期）的《星占之歌》。星命术在五代与宋朝逐渐成熟，高度本土化之后形成了特殊的星占形态。关于宿曜术与星命术，目前学者一般倾向于将两者联系在一起论述。但从占法、占验对象来看，两者属于不同的占验类型。所以，笔者将其列为两种占法。[②]**伊斯兰星占**在明初由马哈麻等人翻译，书名为《天文

[①] 在介绍式占部分时卢央总结说："中国古代星占学大体经历了三个发展阶段。最初是直接观测星象入占。这一阶段主要是通过直接观测天象，捉摸天象所作的暗示，不断地操作着天象与地面、人世的对应。在长时间摆弄天人对应中，形成了某种天地宇宙的观念，也形成一种模拟天地宇宙的格局。第二阶段的星占学是借助辅助工具来观测星象，并借这种辅助设备入占。这种用于星占的辅助设备，不是用于观测天体坐标方位的仪器，而是一种模拟天地宇宙格局的'式盘'。这种式盘可以进行简单的'天旋地转'的操作，可以大致模拟观测时刻的天象情况，也借助这种式盘进行占测。第三阶段是脱离天象的实际观测，似乎也脱离了式盘之类的辅助工具，而是根据事件发生发展的时间空间情况作出占测。虽然不实际观测，也无需辅助设备，但是却有明确的'式'的操作，或者说是'式'思维。这是中国古代星占学发展的最高形态。在古代人们心目中，掌握这种'式'的运算或操作，是最高水平的表现。"（卢央，2007）[446]

[②] 关于宿曜术与星命术及其所涉及的天文知识，可以参看李辉（2011）、钮卫星（2019）、宋神秘（2014）、靳志佳（2020）、Mak（2014）的论述。

书》。伊斯兰星占学在明末曾一度与星命术结合。不过不久之后,**欧洲星占学**于明末清初系统传入,开始取代星命术的地位与伊斯兰星占学合流,从此开启欧洲星占学与伊斯兰星占学并行的局面。星命术、伊斯兰星占学与欧洲星占学一样,均有希腊化时期天宫图星占学渊源。它们主要以七政运行、特殊点等元素在天宫图的后天十二宫中占验。但星命术在发展过程中与中国本土元素高度结合,逐渐发展为以七政四余(日月五星、罗睺、计都、紫气、月孛)、阴阳五行、神煞系统占验的复杂占法。自从欧洲星占学与伊斯兰星占学合流之后,星命术基本上独立地延续到清末。

除上述分类外,本书中还涉及第二种与第三种星占分类系统。第二种是对伊斯兰星占学与欧洲星占学中具体占法分支的介绍。伊斯兰星占与欧洲星占具有高度的相似性,被薛凤祚统称为"**西法**"。① 书中会用"**西法星占**"代指两者。这两种星占类型具体分为三个分支——**生辰星占术**(Natal Astrology)、**普遍星占术**(Mundane Astrology, General Astrology 或 Universal Astrology)、**选择星占术**(Inceptional Astrology, Katarchic Astrology 或 Electional Astrology)。生辰星占术,简称**生辰占**,用以占验个人命运。起盘方式分为两种:或以个人出生或受孕时刻绘制天宫图,此盘预测一生命运总体情况(本命);或以每年太阳回到出生时刻所在位置时的天象安命宫,此时用以预测每年情况(年运),常见的如回年占法与流年占法。此两种起盘方法常配合在一起使用。普遍星占术涉及更大规模人群或范围的占验,如政治、历史、气象、战争、灾荒、物价等。选择星占术,简称**选择占**,是为特别事项选择开始时间的占法,如选择出门、结婚、沐浴、用药时间等。这一占法就占验目的来看有点类似于中国**传统选择术**,均是选择做某事的合适时间。但传统选择术并不以实际天象为选择依据。除此三者之外,在欧洲与伊斯兰历史上还有另外一个分支——**卜卦星占学**(Interrogational Astrology, Horary Questions 或 Horary Astrology)。其占法是以命主所提问的时刻起盘,据此分析所提出的问题。可惜此类分支并没有在笔者讨论的历史时期传入中国。需要指出的是,就占验对象来说,传统军国星占可与普遍星占术对应,星命术可与生辰星占术对应,而宿曜术可以说包含了生辰星占术、普遍星占术与选择星占术所占验的对象。本书为了区分,生辰星占术、普遍星占术与选择星占术主要指称西法星占类型,并不指称传统军国星占、宿曜术与

---

① 薛凤祚说:"尝读洪武癸亥儒臣吴伯宗译西法天文,似称稍备,而十二宫分度有参差不等者,乃独秘之。予久求其说而不解,不知其玄奥正在于此。壬辰,予来白下,暨西儒穆先生闲居讲译,详悉参求,益以愚见,得其理为旧法所未有者,有数种焉。"又称:"选择之理,中法不及七政,西法不及干支。从来传法大师,或有深意,第予偶一见攻之,不欲偏有所废,而且述其优劣如此。"(薛凤祚,2008)598-599,668

星命术。

第三种是与天主教的教义密切相关的一套分类系统。在天主教与星占学的辩护历史中,教士与学者们通过吸收已有认识逐渐发展出了一套话语体系,将星占分为**自然星占学**(Natural Astrology)与**决意星占学**(Judicial Astrology)。自然星占学不涉及自由意志,主要关涉天体的自然属性对人或物的自然机能、情形的影响。此类型具有自然哲学属性,是物理的,关注的是天体的直接影响所产生的结果。决意星占学涉及自由意志,关乎人的选择、命运。此两类星占中,自然星占学被纳入亚里士多德自然哲学的框架,为中世纪中期之后的天主教教义所允许。决意星占学由于通过星体的影响或借助魔鬼的力量而决定个人抉择事宜,有损自由意志,所以被教会禁止。自然星占学中经常提及的两个门类是**气象星占学**(Weather Forecasting, Astrometeorology)与**医学星占**(Medical Astrology)。气象星占学,简称**气象占**,预测气候、天气,实际上属于普遍星占学的一种。医学星占是将星占应用在医学之中,用来选择治病时间、预测疾病发生情况等。此种星占形态颇为复杂多样,包括生辰星占类、卜卦星占类、普遍星占类、选择星占类与非天宫图星占类型的部分内容。

本书中第二类与第三类分类方法均专针对欧洲星占学与伊斯兰星占而言,与星命术、传统军国星占、宿曜术无关。

1.2 本书主题

本书聚焦于明末清初著名天文学家薛凤祚的星占工作。明末清初是中国古代天文学重要的变革时代。明代中后期历法研究已经复兴,出现了唐顺之(1507—1560年)、朱载堉(1536—1611年)、邢云路(约1549—约1621年)、魏文魁(1557—1636年)等天文学家。恰值此时,传教士来华。他们奉行借科学[①]以传教的策略,在传播天主教的同时,也带来了欧洲天文学。最终,中西天文学的相遇在崇祯改历中达到高潮。崇祯二年(1629年),酝酿已久的改历活动在徐光启(1562—1633年)的主持下正式开始。[②] 在"欲求超胜,必须会通;会通

[①] 本书使用的"科学"一词主要指历史上不同文明体中对自然的系统研究学问。相应地,文中"天文学"等词语也是在这一意义下使用。它们与我们今天的现代科学意涵不同。

[②] 关于明末改历的前因后果,请参看王淼(2003)、石云里(2015)的文章。

之前,先须翻译"思想的指导下,徐光启与耶稣会士汤若望(Johann Adam Schall von Bell,1592—1666年)等人合作,至崇祯六年(1633年)徐光启去世前,先后三次进呈了编译的历法书稿。继任者李天经在崇祯七年(1634年)四月份到任,率领历局完成了最后的历法编译工作,并于七月与十二月两次进呈书稿,完成了百科全书式的天文学著作《崇祯历书》。(徐光启等,2017)III-IV 由于以魏文魁等人为代表的中法派参与改历工作中,以及受崇祯皇帝的制约等因素,在明代未能采纳《崇祯历书》作为官方历法。(石云里,1996b;马伟华,2017)进入清代,留守北京的汤若望将《崇祯历书》改名为《西洋新法历书》进献清廷。他在多尔衮下令进行的交食测验中获得胜利,并采取一系列的策略掌权钦天监,成为监正。《西洋新法历书》亦正式被清廷采纳为官方历法,据以编算《时宪历》并颁行全国。从此之后,中国学者研究历法的方式被彻底改变。席文(Nathan Sivin)甚至认为这是一场中国的"科学革命"。(席文,2002)

作为当时天文研究重要组成部分的星占学也具有类似于历法的遭遇。星占在明代中期即颇为流行,并已经出现以周述学的工作为代表的新发展。随着耶稣会士的来华,以及西方天文学、地理学等知识的传播,人们把握天体运行的能力迅速提升,宇宙观等也发生了变化。传统军国星占、星命术因而受到前所未有的质疑与冲击。士人对星占的态度也发生了很大的分裂。此时,欧洲星占学也被传入,与当时已有的传统军国星占、星命术、伊斯兰星占学混合在一起,构成了中国古代星占史上极为特殊的发展时期。

正如欧洲科学革命所具有的复杂性,中国的这场变革也并非简单的历法与星占的改变。它所处的明末清初正是中国历史上少有的思想大转变时代。自阳明学在明代中期兴起,至其后学,影响渐盛,而流弊也日益滋长。阳明学因而进入自我反思与转型阶段。入清之后,学者或将明鼎的覆没归咎于阳明学。阳明学因而受到前所未有的攻击,元气大伤,日渐式微。朱子学则应时复兴。① 同时,这一时期经学研究兴起,考据被提倡,尊德性转向道问学。有清一代学术就此奠定基础,其影响也持续到今天。加之明末清初时局动荡,学者难以安居书斋,经世致用之学深受重视。种种思潮,不一而足。这些思潮与星占历法的发展交织在一起,错综互涵,使得这段时期星占历法的发展异常复杂,天文学家的工作也别具吸引力。

在这场变革中,常为大家提及且对后世影响甚深的天文学家,是被誉为"清初历算三大家"的薛凤祚(1600—1680年)、梅文鼎(1633—1721年)与王锡阐(1628—1682年)。他们三人之中,薛凤祚无疑是非常特殊的一位。

---

① 入清之后,朱子学对阳明学的攻击可参看王泛森(1997)的论文。

首先,薛凤祚的经历很特别。薛凤祚,字仪甫,号寄斋,出生于山东益都(今淄博市)的官宦世家,书香门第。祖父薛冈,号岐峰,万历癸酉(1573年)举人。父亲薛近洙,字道传,号孔泉,万历丙辰(1616年)进士,授征仕郎、中书科中书舍人。万历四十四年(1616年)薛凤祚随父进京,得以追随孙奇逢、鹿善继(1575—1636年)学习举业帖括、阳明心性儒学。这奠定了影响他一生的儒学基调。青年时期的薛凤祚还关注兵法,对天下局势颇为留意,并表现出过人的睿识。他预料到崇祯四年(1631年)闰十一月孔有德(？—1652年)、耿仲明(1604—1649年)等发动的"吴桥兵变",进而善为筹划,保护家乡免遭劫掠。不晚于1633年,薛凤祚开始追随魏文魁(1557—1636年)学习传统历算星占,踏入天文学研究之路。(褚龙飞,2015)魏文魁是崇祯改历期间对抗欧洲天文学的代表人物。虽然没有证据可以表明薛凤祚曾入东局协助魏文魁对抗传教士所在的西局,或在此期间与西局人员有过来往,但从后来的学术发展来看,明末改历对他影响很大。之后一直持续到顺治八年(1651年),他广泛学习了欧洲、伊斯兰、中国传统天文学,并对占验经世之学多有措意。其间还有可能接触过耶稣会士汤若望等人。(褚龙飞,2014)[15] 顺治九年(1652年),他在南京拜波兰籍耶稣会士穆尼阁(Jan Mikołaj Smogulecki,1610—1656年)为师,系统编译了欧洲数理天文学与星占学著作《天步真原》。在此基础上,薛凤祚融汇中西,广收博览,耗费二十多年的工夫先后完成了《历学会通》(大致在1664年)与《气化迁流》(大致在1775年),构建了独特的天人体系。晚年他还应河道总督王光裕之请,"用佐治河修守之事,漕河交济之宜莫不犁然有当"(张士友等,2009)[267]。相比之下,王锡阐与梅文鼎年龄偏小,经历要简单得多。①

其次,薛凤祚对历学的理解及其体系的构建也很特殊。薛凤祚的历学著作《历学会通》主要包括三部分内容——历法、星占与实用技术。因此,历学在薛凤祚看来,并非像王锡阐与梅文鼎所理解的那样主要指历法。此外,薛凤祚还在《历学会通》基础上完成了《气化迁流》,实现了宏大天人体系的最终建立。该体系将圣人理想、救世理想,以及对于宇宙本体、人地位的认识统一。这一路径在梅文鼎与王锡阐两人身上并不存在。

最后,薛凤祚还有一项工作极为特殊,也最为重要,那就是对星占的研究。他早年跟随魏文魁时便学习过传统军国星占等占术,后来将目光转向了明初所译伊斯兰星占著作《天文书》。在与穆尼阁相处的时间里,他们合作翻译了《天步真原》。该书首次全面介绍了文艺复兴以来欧洲古典星占学,引进了在星占史上具有重要地位的雷格蒙塔努斯宫位制(Regiomontanus House

---

① 关于薛凤祚、梅文鼎、王锡阐的比较,可以参看刘钝(2015b)的论述。

System)①的详细算法。尤其值得注意的是,他还在《气化迁流》中发展了西法星占,使得星占学成为他构建自己天人体系的重要学问。星占因而与其学术体系发生重要关系,在本体论、工夫论等多层面产生关联。可以说,星占是了解薛凤祚的关键。他的星占工作是明末清初星占变革中最为特殊的。这也是梅文鼎、王锡阐所不具有的。实际上,可以说薛凤祚在古代天文学领域具有特殊性的关键恰恰就在于他对星占的重视。

需要指出的是,由于历史原因,我们如今对星占的认识与其在古代的真实脉络有很大差距。中国古代强调三才,在论述宇宙结构时常以天地人并论。天人合一、天人感应等天人思维是非常重要的思考方式。能够与天相合、了知天意或天命是人生的至高追求。星占便是在上述文化背景下,通过具体的天象来了知天意、通达天命、认识天理的重要学问。太史公马迁穷天人之际的重要手段便是星占学。后世天文学家如李淳风等亦将天道与星占相联系,在一种天人结构中来讨论星占。即便是明初翻译的伊斯兰星占著作《天文书》,在序言中译者亦认为星占可以阐扬天理、天道,并以圣人赞誉星占家马合麻。又因天意是古人获得皇权合法性的重要基础,所以天文星占之学具有强烈的政治意涵,是古人维持皇权的重要学问。作为政府天文机构的钦天监,其核心工作便包括通过观测天象来掌握天机,预知天命的意向,以维持统治大权。亦即星占之学是古代官方天文学的极为重要组成部分。(江晓原,1995b;张嘉凤,2010)在古代欧洲,星占学考察永恒的天界存在对生灭变化的地界事物产生的作用,是被普遍接受的探索宇宙自然法则(Universal Natural Law)的学问,直到牛顿力学开始流行才退出历史舞台。(Thorndike,1955)而它在文艺复兴时期非常盛行,在科学革命时期也占有一席之地。星占也是文艺复兴时期隐秘哲学(Occult Philosophy)及诸多宗教内涵的一部分。随着现代学术专业化的确立,以及启蒙运动以来现代思想的发展,星占与炼金术等学问一样,逐渐被摒弃、排斥,成为一种边缘化、扔进历史故纸堆的人类知识,与主流学术界接受的标准宗教、理性与科学不相容。现代学术界将这类知识学问冠名为"被拒知识"(Rejected Knowledge)。(乌特·哈内赫拉夫,2018)[16,29]

由于与现代宗教、理性与科学标准不符,星占等被拒知识长时期未得到学术界应有的重视与研究。被拒知识在西方自启蒙运动以来成为末流。进入20

---

① 雷格蒙塔努斯即德国著名天文学家Johannes Müller von Königsberg(1436—1476年)。雷格蒙塔努斯宫位制由雷格蒙塔努斯提出并以他的名字命名。1490年他用来辅助后天十二宫安置的天文表(House Tables)出版,这种便捷的天文表导致了宫位系统标准由阿拉-恰比提尔斯(Alchabitius)向雷格蒙塔努斯的转变。尽管19世纪后普拉西德斯宫位制(Placidus House System)开始占主导地位,但雷格蒙塔努斯宫位制的影响至今还存在。(Holden,2006)[157-159]

世纪90年代才拥有自己的标签——"西方神秘学"(Western Esotericism),其研究才开始迅速发展。(乌特·哈内赫拉夫,2018)[VI]在中国,被拒知识的划定与被摒弃主要受晚清民国以来启蒙思想的冲击而实现。到目前为止学术界仅有零散的门类研究,尚无方法论、问题域等方面的深入探讨。也正因如此,这一领域有着更多新发现与认识的可能。对这一领域的研究将会为我们认识和理解人类历史与心智提供新的角度。关于薛凤祚星占工作的研究即是一例明证。

丰富的经历、不一样的历学、别具一格的体系,尤其是独特的星占工作,无不说明薛凤祚在明末清初天文学史研究中所具有的特殊意义。而从目前相关研究现状来看,尽管前人已经取得了不少进展,但还有一些重要问题未能解决,尤其是关于薛凤祚的星占研究经历、星占在其学术体系中的地位、星占与儒学思想的关系、星占所涉及的本体论与工夫论框架等问题。这无疑不利于对薛凤祚以及古代星占之学发展历程、特征的理解。有鉴于此,本书选取薛凤祚的星占工作为主要研究对象,同时结合相关学术背景,以期获得对薛凤祚更为深入的理解。由于薛凤祚所具有的特殊性,对他理解的加深,也将有助于对明末清初乃至中国古代的星占发展史、中西文化交流史和思想史的深入理解,有助于对星占这一被拒知识在古人认识中的意义、所具有的特征、与其他学问的复杂关联的深入理解。

1.3 前人研究成果、拟解决问题与本书内容

薛凤祚在明清天文学史中具有重要的地位,前人已经在诸多方面进行了研究。但由于星占具有的非理性、被拒知识色彩,在早期的薛凤祚研究中并不受重视[①]。后来,桥本敬造虽然在20世纪90年代初介绍了《天步真原·人命部》,但偏向于天宫图及其占法的技术性论述。(桥本敬造,2012)[183-193]直至进入21世纪,对薛凤祚星占的研究才出现了实质性突破,钟鸣旦(Nicolas Standaert)、韩琦、聂清香、宋芝业、张哲嘉等人均有专文专节进行探讨。其中以钟鸣旦的工作最为重要。他以细致的对比研究表明,《天步真原》中的欧洲星占部分的确与穆尼阁有关,其主要底本是吉罗拉莫·卡尔达诺(Girolamo Cardano,1501—

---

① 如伟烈亚力(Alexander Wylie)、费赖之(Louis Pfister)、Kosibowiez、方豪等人在早期研究天主教史时都提及《人命部》,但均是否定的口吻。(钟鸣旦,2010)[340]

1576年)的《托勒密〈四门经〉评注》(*In Cl. Ptolemaei Pelusiensis IIII de Astrorum Iudicijs*, 1554)。(Standaert, 2001; 钟鸣旦, 2010)这一研究证实薛凤祚与穆尼阁的确合作编译了《天步真原》中的欧洲星占文本,澄清了此前学术界关于《天步真原》欧洲星占内容是否与穆尼阁有关的疑虑,并揭示了一些翻译细节,初步探讨了其影响。钟鸣旦的工作虽然主要集中在翻译底本的确证,对《天步真原》中《天文书》的影响、《历学会通》中星占的地位、薛凤祚与穆尼阁编译星占的原因及模式等更多问题尚未涉及,却为笔者理解薛凤祚星占工作提供了重要基础,成为得以展开后续研究的起点。韩琦通过与汤若望的对比,探讨了薛凤祚、穆尼阁翻译《天步真原》星占内容的背景、原因及影响等问题,推测《天步真原》星占内容可能是在薛凤祚主动要求下翻译的。(韩琦, 2011; Han Qi, 2011)不过,限于文章的篇幅,韩琦并未系统论述薛凤祚翻译动机的复杂性构成。相关内容、背景等问题的探讨也处于初步状态。聂清香、王雪源讨论了《历学会通》中星占著作的内容及薛凤祚对星占的态度等问题,指出薛凤祚星占的思想基础是天人相应而非天人感应。[(聂清香, 2011)(王雪源, 2011)[42-44]]这揭示出了薛凤祚星占思想极为强调天对人的影响,而不是人对天的影响。但他们的工作并未深入结合薛凤祚本身的星占文本,对于星占参与天人体系的复杂结构也未涉及。宋芝业等指出薛凤祚的星占工作与他对历法改革的不满情绪有关,是历法改革须采取的必要步骤,具有协调当时对占验的不同态度之性质。他还从科学哲学角度对薛凤祚的世界观、思维方式、认识论与方法论进行了探讨,并指出薛凤祚认为星占有理,人可以通过先进的推算方法以星占预测灾害以备不测。(宋芝业, 2011b, 2011a; 乔宗方、宋芝业, 2011; 宋芝业, 2010)宋芝业的工作是目前最具系统性的研究,涉及了薛凤祚星占工作与当时历法改革的关系、中西占验会通、占验中涉及的思维等重要面向。但由于从现代科学哲学、科学社会学角度立论,他未能指出薛凤祚天人体系的基本结构与特征。以世界观、认识论、方法论等为分析框架也有不足,未能遵循古人学问自身的脉络。此外,在行文中有若干对于薛凤祚星占技术性工作的解读失误。张哲嘉研究了《人命部》,指出薛凤祚因研究《天文书》产生的疑惑直到与穆尼阁相遇才解开,薛凤祚认为西法生辰占较中法星命术优越。他还分析了《人命部》中的天宫图、四元行与五行等问题。(张哲嘉, 2010; Chang Chechia, 2018)但张哲嘉未指出薛凤祚因研究《天文书》产生的疑惑具体是什么,也未指出这一疑惑是薛凤祚拜穆尼阁为师的重要动机。他所关注的材料也集中在《天步真原》部分。

以上是专门论述薛凤祚星占的文章,还有一些文献对薛凤祚的星占工作有所提及。因为这种类型过多且涉及问题零散,所以择其比较重要者介绍。①石云里结合汤若望等人的星占工作,讨论了薛凤祚学习星占的过程,指出薛凤祚翻译欧洲星占学只是他学习星占之旅的一部分,具有主动性,并且初步介绍了《气化迁流》里的星占。(Shi Yunli,2007)褚龙飞分析了《历学会通》中星占部分的来源,指出薛凤祚会通历法的一个特征是融合了星占与历注内容。[(褚龙飞,2014)125-164(褚龙飞、石云里,2014)]王静指出薛凤祚会通占验与把握天的意志、实现天人的和谐共处有关,还介绍了薛凤祚对四余的态度。(王静,2014)33-36,45王雪源认为薛凤祚"引进了西方星占学,运用了天文学、数学的计算方法,十二宫、五星七曜的位置更准确了,但象数观念是没有变的"。(王雪源,2011)47王刚则指出薛凤祚认为占验和授时都需要正确地观测天象,性命文化要符合客观自然之理。(王刚,2011a)上述诸人对于薛凤祚星占工作的某一面向有所涉及,但由于并非专门讨论星占,所以未能深入且全面地对其进行研究,在表述方面也有不准确与不清晰之处。如石云里未能深入探讨《气化迁流》。褚龙飞对《历学会通》欧洲星占部分也未能深入关注。王雪源称"象数观念是没有变的"所指并不清晰。象数学有早期的易学象数传统与徐光启新的象数传统,薛凤祚深受两者影响,作者并没有对其作细致区分。王刚关于性命文化要符合客观自然之理的论述虽与薛凤祚以认识天运行之气来指导人事的观念有所契合,却受制于现代科学观念,过度强调薛凤祚天文工作所具有的现代科学特征,未得薛凤祚自身独特体系之认识。此外,邓可卉还点校了薛凤祚《天步真原》中的星占著作。(薛凤祚、穆尼阁,2013)

除对上述有关薛凤祚星占工作的研究之外,一些其他方面的研究也与本文的主题有直接或间接关系。这些研究颇为杂乱,质量不一。此处只论及对本书撰写具有启发与参考价值者。这包括以下五个方面。

第一是对薛凤祚生平、历法、著作版本、学术传承、会通思想等方面的研究。生平方面,除一些地方志等资料外,早期在《中国大百科全书·天文卷》(1980年)中就有介绍薛凤祚的内容,但主要因袭前人。之后,袁兆桐较系统地研究了薛凤祚生平。(袁兆桐,1984,1991,2009)胡铁珠结合历算工作较深入地介绍了薛凤祚。(胡铁珠,2009)褚龙飞结合新发现的史料对薛凤祚的生平进行了颇为全面的补订。(褚龙飞,2014)12-23关于著作,除一些一般性的介绍外,王雪源从目录书籍中发现了薛凤祚《寄寄斋随笔》《天学会通》条目,可惜未见存世本。(王雪源,2011)16石云里通过对所见15个《历学会通》《天学会通》等版本

---

① 有关未介绍的部分,可以参看马来平(2011a)、张士友等(2009)的论述。这两本书收录了目前研究薛凤祚的主要成果。

的细致考察,复原了薛凤祚著作的成书过程,还讨论了薛凤祚学习西法的过程及其对后世的影响。(Shi Yunli, 2007)该工作为笔者分期研究薛凤祚星占工作提供了重要基础,而分期研究也是此前学者所忽视的部分。在学术传承方面,郑强等初步讨论了薛凤祚受到的鹿善继、孙奇逢、徐光启、穆尼阁的影响。(郑强、马燕,2011)王坚深入地探讨了孙奇逢对薛凤祚的影响,尤其是从理学方面进行的探讨颇有新意。(王坚,2014)对历法方面的研究,席文首先指出了《天步真原》中宇宙结构既不是日心体系,又不是第谷体系。(Sivin, 1995)胡铁珠进而指出《历学会通》中宇宙体系应该是日心体系,只不过太阳与地球位置被倒置。(胡铁珠,1992)石云里最终确定了《天步真原》的底本是比利时天文学家兰斯玻治(Philippe van Lansberge, 1561—1632年)的《永恒天体运行表》(*Tabulae Motvum Coelestium Perpetuae*, 1632年)。(石云里,2000)之后,邓可卉介绍了《历学会通》中的"新西法",并与《崇祯历书》进行了比较。(邓可卉,2011b)李亮、石云里研究了薛凤祚《天学会通》对黄宗羲的影响。(李亮、石云里,2011)王刚探讨了薛凤祚对《崇祯历书》的选构。(王刚,2011b)褚龙飞系统探讨了薛凤祚著作中的历法,还考察了《天步真原》文本中存在的问题,是目前关于薛凤祚历法研究最为全面、系统且深入的工作。(褚龙飞,2014)会通方面,褚龙飞、石云里通过对薛凤祚《历学会通》的细致考察,指出了会通历法的主要特征,还讨论了这些特征与时代的关系,认为这种会通历法的方式响应了时代的需求。(褚龙飞、石云里,2014)马来平、肖德武等探讨了薛凤祚的会通模式、会通实践。(马来平,2011b,2016;肖德武,2011)在数学方面,邓可卉介绍了《历学会通》中的对数与三角,并与《崇祯历书》进行了比较。(邓可卉,2011b)郭世荣探讨了薛凤祚《历学会通》中的"开方秘法"、对数、造正弦表等问题,并谈及了其影响与在天文学上的应用。(郭世荣,2011)杨泽忠在与《大测》比较的基础上,分析了薛凤祚《正弦》一书的内容及底本。(杨泽忠,2011)董杰分析了薛凤祚的数学思想、球面三角解法、平面三角解法、《正集》中的三角函数造表法。(董杰,2011;董杰、郭世荣,2009;董杰,2017a,2017b)王刚比较了薛凤祚正弦法原与《崇祯历书·大测》。(王刚,2011c)对薛凤祚思想的研究,亦取得了一定的进展,如马来平初步论述了薛凤祚对科学研究的重视和儒家格物穷理思想有关。(马来平,2009,2019)此外,还有一些零散的研究,如石云里指出了《天步真原》序言的作者是方以智(1611—1671年)。(石云里,2006)刘兴明、曾庆明探讨了薛凤祚《甲遁真授秘籍》,指出其应该学自魏文魁。(刘兴明、曾庆明,2010)田淼、张柏春分析了《历学会通·重学》对《远西奇器图说录最》的选构。(田淼、张柏春,2006)金永植(Kim Yungsik)指出薛凤祚《天学会通》更名为《历学会通》的目的是与天主教划清界限。(金永植,2019)毕义星梳理了薛凤祚与王锡阐、梅文鼎的书信等资料。(毕义星,2009)刘钝比较了薛凤祚、王锡阐、梅文鼎三人。(刘钝,2015a,2015b)

第二,是对穆尼阁的研究。波兰籍耶稣会士穆尼阁是薛凤祚的老师,他们合作编译了《天步真原》。编译过程中穆尼阁的态度、知识背景等是理解《天步真原》的重要因素。学术界对于穆尼阁的研究较为有限,且主要由波兰学者完成。造成这一情况的主要原因是材料的限制①,亦与学术界未能足够重视穆尼阁有关。目前关于穆尼阁最全的介绍是 E. Kosibowiez 的长篇文章,该作有波兰语和法语译文两个版本,其中详论了穆尼阁的基本生平事迹、传教经历与相关背景等。文中还收录了一封穆尼阁在来中国途中写的信件,是目前可以发现的穆尼阁三封信件中最晚的一封。(Kosibowiez,1929a,1929b)此外,Leszek Gesiak 与刘晶晶亦有关于穆尼阁生平的介绍。(Gesiak,2010;刘晶晶,2011)Leszek Gesiak 的论述中较多涉及了穆尼阁早期政治经历与后期传教工作的联系,对于穆尼阁传教方式亦多有论述。不过,他并未能将穆尼阁的特殊之处与其他传教士区分开来。笔者认为相对于利玛窦、汤若望等人,穆尼阁或许受早期从政经历影响,在传教方式上表现出更大的灵活性,甚至不惜违反教规。这也为《天步真原》欧洲星占内容能够传入中国提供了可能性。Monika Miazek-Męczyńska 分析了穆尼阁来中国前向耶稣会当局提交的前往亚洲传教的简短请愿书信。(Monika,2018)Robert Danieluk 根据罗马耶稣会档案(The Roman Jesuit Archives)所藏材料整理了穆尼阁的两封1641年信件与一些间接相关材料,并简要介绍了它们。(Danieluk,2011)

第三,是对星占的研究。传统军国星占方面,高平子在《〈史记·天官书〉今注》中提出了传统军国星占"常则不占,变则占"的占变特征。(高平子,1965)[29]中山茂精练地分析了传统军国星占的内容、历史与特征。(Nakayama Shigeru,1966)卢央《中国古代星占学》详细介绍了基本概念及占法。江晓原《天学真原》《星占学与传统文化》《中国星占学类型分析》等著作不仅介绍了传统军国星占的内容与特征,还与文化、社会相结合,阐发了古代"天学"的本质以及星占的哲学基础,与王权政治的关系,"通天"的性质,域外因素,历法与星占的关系等诸多问题。(江晓原,1995b,2004,2009)赵继宁对《史记·天官书》进行了深入研究,其中详尽的占法分类与对太史公星占思想的论述笔者书中多有参考。(赵继宁,2015)石云里论述了汉代历法与星占的关系问题。(石云里、邢钢,2006)李亮探讨了凌犯占的演变历史。(李亮,2020;Li Liang,2019)张嘉凤研

---

① 据称,仅有少数波兰词典和耶稣会档案资料中对穆尼阁有所提及。参见刘晶晶(2011)的论文。

究了殷周至汉初传统军国星占的演变历史,其中涉及的问题意识颇有意思。(张嘉凤,2010)[91-92]孙小淳对星占的文化特性及其与社会、军事、政治等的关系有深入讨论。(孙小淳,2004,2006,2009)

关于星命术的研究,李约瑟曾对《郑氏星案》中星盘等问题有介绍。(李约瑟,1990)[377-384]张哲嘉在《占星术与中西文化交流》中较详细地论述了星命术的来源及本土化过程、特征。(张哲嘉,2001,2003,2010)宋神秘系统探讨了星命术中域外及中国传统元素(日月五星、二十八宿、黄道十二宫等)在融合发展过程中的变化与演进,《星命溯源》内容的形成、发展过程,土星在星命术中的特征等。(宋神秘,2014,2016,2019)韦兵较系统地梳理了宋元时代的星命术以及当时士大夫对星命术的热衷、星命术士的情况等。(韦兵,2017a,2017b)靳志佳讨论了俄藏黑水城文书中的星命内容,并在其博士论文中系统探讨了唐宋时期外来星命术的发展。(靳志佳,2019,2020)麦文彪根据现存《西天聿斯经》指出《聿斯经》当是公元8世纪的唐代中晚期传入,其底本可能是由波斯景教徒阿罗本(Aluoben)带入中国的、流传于中东地区的希腊-波斯星占文本,且很有可能是多罗修斯(Dorotheus of Sidon,活跃于公元1世纪后期)的《星占之歌》(*Carmen Astrologicum*),译者可能是官至唐司天监的波斯后裔景教徒李素(743—817年)。(Mak,2014)

关于伊斯兰星占书籍《天文书》,陈鹰从作者、内容、占法、影响等多方面作了介绍。(陈鹰,1989)矢野道雄不仅对阿拉伯底本进行了英文翻译,还对其作者、内容特点等进行了细致的论述。(Michio Yano,1997)此外,陈占山通过比较《天文书》与《开元占经》,对《天文书》占法及特征有较为细致的论述。(陈占山,2009)陈久金在陈鹰工作的基础上作了进一步讨论。(陈久金,1996)[245-247]陈美东论述了《天文书》的内容、占法、流传与后世著作对《天文书》的一些引用情况。(陈美东,2003)[565-566]马明达、陈静从版本等角度作了一些论述。(马明达、陈静,1994)[162-163]

相对于传统军国星占与星命术,对宿曜术与欧洲星占学在中国流传情况的研究目前较少。宿曜术方面最重要的工作由李辉完成。他在博士论文中深入细致地探讨了汉译佛经中宿曜术的占术规则和方法。(李辉,2011)此外,日本学者矢野道雄也有论述。(矢野道雄,1980)关于欧洲星占学在中国的流传情况,除钟鸣旦的工作之外,最重要的是韩琦对汤若望《天文实用》的研究。韩琦通过解读新发现的《天文实用》孤本,指出《天文实用》乃因崇祯皇帝对新进天球仪中南天星区有无占验的问题而翻译,直至顺治元年(1644年)才译完一卷。此书基本属于托勒密星占《四门经》的内容,可能是根据16—17世纪欧洲托勒密著作的评注本翻译改编的。还有部分内容（如"七政相照之情"）和阿拉伯天文学家 al-Qabisi（？—967年）《占星术导论》（*Liber Introductorius*, Venice, 1485年）中 De Aspectibus Planetarum 有关。韩琦还探讨了该书的影响与背景。[（韩琦,2013）（韩琦,2018）[19-37]]

　　有一部分需要特别提及，即对明末清初星占一般发展情况的研究。黄一农结合宗教、社会背景，详细地分析了传教士对中国传统军国星占、术数①的态度，清前期由于欧洲天文学的冲击所带来的四余（罗睺、计都、紫气、月孛）存废与觜参对调的争执，康熙历狱与择日之争的关系，汤若望所编民历及其《民历铺注解惑》等。② 祝平一指出传教士来华之后以理推的方式破除包括星占在内的被他们认为是迷信的内容，探讨了传教士选择理推方式的原因。他还专门讨论了南怀仁（Ferdinand Verbiest,1623—1688年）对传统选择占验之术的批判。（Chu Pingyi, 2018；祝平一,2013）徐光台通过对中西文化深层次的分析，揭示了熊明遇（1579—1649年）对于传统军国星占、彗星态度的转变及其背景。他对17世纪中国分野观念因受西学影响而发生的变化展开了细致讨论。（徐光台,2005,2009a,2009b）陈占山分析了《四库全书》对传统军国星占的否定。他的讨论涉及传教士对传统军国星占的批评。（陈占山,2006）张振国探讨了传教士对星占术数的批评。（张振国,2014）马伟华较系统地讨论了南怀仁对选择术的批判及其引进西法气象占的工作，对南怀仁《妄择辩》《妄推吉凶辩》《妄占辩》也有所介绍。（马伟华,2015,2019）宋芝业从会通的角度讨论了汤若望、南怀仁。（宋芝业,2011a）张永堂讨论了梅文鼎对星占的批评。（张永堂,1994）[265-273] 王刚对游艺、方以智等人关于星占的态度也有研究。（王刚、马来平,2014）

　　第四，是对历注的研究。从严格意义上说，历注虽然是中国古人选择做事时间的占术，但与实际天象并无关系，而是依据干支五行、神煞系统作出论断。但薛凤祚将其看作中法选择术，与西法（欧洲与伊斯兰）选择星占术对应，并收入《历学会通》中。明末清初对欧洲星占引进的另外一条重要路径是汤若望与南怀仁在钦天监的努力，其重要目的之一是试图以欧洲星占代替传统历注。所以，历注也是本书关注的重要内容。关于历注的研究，陈遵妫在《中国天文学史》中有大量篇幅详尽地介绍中国古代历注的历史、内容、特征，是了解历注的极好读物。（陈遵妫,1982）[1587-1669] 沈祖祥《中国古代择日》则是有关选择术的专著，系统介绍了根本观念、吉凶神煞、流派、实践技巧与经典著作。（沈祖祥,

---

① 此处术数主要指不以天象为依据的占验方式，这也是本书使用这一词语的主要含义。
② 这些主题黄一农在一系列文章中进行了讨论，参看黄一农（1991a,1991b,1991c,1993,1992,1996,2004a）的论述。

2008）李零《中国方术正考》也有对选择术的介绍。（李零，2005）黄一农从"社会天文学史"的角度研究了选择术中的婚嫁宜忌与古代通书。（黄一农，2004c；Huang Yilong，2012）张培瑜、江晓原、杨帅等均有对历注的介绍性文章可以作为参考。（张培瑜、徐振韬，1984；江晓原，1992；杨帅，2019）此外，学界还有大量关于睡虎地、放马滩、敦煌等地出土历书的研究，由于与本书主题相差太远，不作介绍。

第五，是介绍伊斯兰、欧洲与印度星占的文献。关于印度星占，笔者主要参考 David Pingree、Jeffrey Kotyk 等人的论著。（Pingree, 1963；Kotyk, 2017）伊斯兰与欧洲星占的一般历史与占法的介绍，江晓原、James Herschel Holden、D. North、Roger Beck、Tamsyn Barto、Stephen P. Blake、Chris Brennan、班杰明·戴克、Helena Avelar 与 Luis Ribeiro 等均有精彩论述。① 对于伊斯兰与欧洲星占的各个分支，生辰占方面有 George Demetra 的 *Astrology and the Authentic Self* 对基本概念、技法的讲解，Martin Gansten 的 *Primary Directions: Astrology's Old Master Technique* 则是对生辰占中主限象运法的论述。（Demetra, 2008；Gansten, 2009）选择术则有 Benjamin N. Dykes 的 *Choices and Inceptions: Traditional Electional Astrology*、Vivian E. Robson 的 *Electional Astrology* 可以参考。（Dykes, 2012；Robson, 2005）Sandra Walker 的 *Introduction to Mundane Astrology* 对普遍星占术有基本介绍。（Walker, 2012）对于宫位制及西法星占中计算方法的细致介绍，James A. Eshelman 的 *Horoscope Calculation* 是极好的著作。（Eshelman, 1987）

总体来看，对于薛凤祚星占工作的研究，前人已经取得了一定的成果。这些成果不仅有助于理解薛凤祚的学术、思想，而且在方法与思路上提供了诸多参考。但不可否认的是，目前的研究尚处于初步状态，有很多问题没有得到解决。这主要表现在以下几个方面：

首先，对薛凤祚星占工作本身的研究还有诸多不足。薛凤祚早年就曾跟随魏文魁学习过传统军国星占。在拜穆尼阁为师学习欧洲星占之前，他已经研读过伊斯兰星占著作《天文书》。与穆尼阁翻译了《天步真原》之后，他又开始会通中西星占之役，最终，在《气化迁流》中发展了西法星占，以星占为主完成了体系构建。这一过程非常完整且复杂，其中有很多问题需要去澄清。如研读《天文书》对薛凤祚后来拜穆尼阁为师学习欧洲星占学有什么影响？《天步真原》中星占内容的翻译有什么样的特征？作为当时唯一完整介绍欧洲星占学的著作，它在内容上有什么特殊之处？薛凤祚在《天步真原》基础上完成的

---

① 此类著作较多，笔者只是择要而介绍。参见江晓原（1995a）、班杰明·戴克（2013）、Holden（2006）、North（1986）、Beck（2007）、Barton（1994）、Blake（2016）、Brennan（2017）、Ribeiro（2010）的论述。

《历学会通》是如何会通中西星占的？为何采取这种方式会通？会通后的星占又是什么样的一个体系？薛凤祚除了发展技术性内容外，在其结构所固有的本体论、宇宙论、工夫论、境界论层面有什么样的推进？还有，他最终发展的西法星占有什么特征？与他的整个天文学天人体系有什么关系？等等。学界目前不仅对上述诸多问题未能关注，甚至尚未意识到此一整全过程。

其次，对薛凤祚星占工作的背景尚未能较全面地讨论。薛凤祚的星占工作，在框架和很多问题意识上与中国古代的悠久星占传统、同时代大背景关联。自西汉时期已经颇为成熟的传统军国星占，在经历了两千多年发展之后，到明末已经具有宇宙论、本体论、工夫论、境界论以及占法技术的复杂形态。同时，域外星占从三国至明初经过了三轮的系统输入，虽然它们中的宿曜术在唐代之后湮灭，但星命术与伊斯兰星占扎根在中国。在唐代系统传入的星命术经历高度本土化发展后，至明代已经与传统军国星占一样，具有多维度的复杂形态。伊斯兰星占著作《天文书》也是在明代中后期开始受到中国学者的关注。最为重要的是，薛凤祚所处的明末清初，由于受到第一次西学东渐的影响，成为中国星占史上极为重要的变革时代。欧洲天文学、地理学等学问的传入使得中国学者的宇宙观、对天体运行的认识等都发生了改变。星占开始受到广泛批评。传教士在批评中国传统军国星占、星命术的同时，引进了欧洲星占学。薛凤祚星占工作正是在上述背景下展开的。他对星占框架的认识、有关星占的很多工作均可以在此背景中找到渊源。他对星占的有些认识也与时人相通。所以对此背景的讨论将有助于深化我们对薛凤祚的理解。

最后，薛凤祚对后世影响的论述，目前还主要集中在历法方面，星占方面较少。实际上，相对于历法而言，薛凤祚星占工作对后世的影响更大。薛凤祚之后的学者虽然有不少人都在研究他的历法，但在研究中一般是以清代官方历法为主体，以薛凤祚历法为辅助。而对于后世研究西法星占的学者来说，薛凤祚的星占工作是他们研究的核心。所以，通过对薛凤祚星占工作影响的研究，可以更好地帮助我们理解薛凤祚的历史地位。

结合上述前人的研究成果与尚未解决的问题，本书将依次从薛凤祚星占工作的背景、星占工作本身以及影响三个方面展开论述。其中背景论述包括第2章与第3章。第2章以梳理星占在明末之前的发展为主要目标。笔者将用新的星占内史分析方法系统勾勒传统军国星占、宿曜术、星命术与伊斯兰星占在明末之前的发展历史。其中具有他者身份的宿曜术、星命术与伊斯兰星占在域外的发展情况也将一并论及。借此不仅可以帮助我们认识薛凤祚如何根植于古代深厚的星占传统展开自己的工作，也有助于深入理解中国古代星占发展的复杂历史。这一历史目前学界尚未有系统梳理。第3章集中介绍明末清初星占学的发展。这是薛凤祚身处的时代,也是其诸多星占问题意识产生的直接土壤。该时期星占学的发展在继承此前传统的同时,深受西学东渐背景下传教士工作的影响。本章将在介绍欧洲星占学背景的基础上,以交易区理论为工具着重探讨艾儒略(Julios Aleni,1582—1649年)、利玛窦、汤若望、南怀仁等具有代表性的传教士对星占的批评、引进、代替、妥协、利用和实践。在介绍过程中还将顺势而系统地穿插传教士引进的欧洲数理天文学、地理学等知识。这些知识是当时星占变革的重要刺激因素。但因前人已经系统介绍,本书不再单独介绍,而是融入叙事之中。本章还着墨于明末清初其他具有代表性的天文学家王英明、徐光启、熊明遇、游艺、揭暄(约1610—约1703年)、方以智、王锡阐、梅文鼎对星占的态度与认识。他们身处同一时代,具有一些共同的特征,但也因各种因素呈现出多样化特征。将他们与薛凤祚作对比可为我们理解薛凤祚星占工作提供重要参考。

第4章、第5章、第6章正式进入介绍薛凤祚星占学习、研究与实践的主体部分。这三章的叙述脉络采用虽中规中矩却有效的按时间先后的历史叙述方法,而具体解读依然采用新星占内史分析框架与交易区理论等。第3章的关键词是"学习"。本章主要介绍大器晚成、不断精进的薛凤祚在人生前五十多年中,对于传统星占术数、星命术、伊斯兰星占术以及欧洲星占的学习、研究与翻译过程。笔者将以薛凤祚拜穆尼阁为师为时间节点,分别介绍他拜师之前对星占术数的学习,拜师学习与翻译欧洲星占的原因,穆薛二人在南京历史性相聚期间对《天步真原》中的欧洲星占内容的翻译,以及译介完毕之后刊刻《天步真原》时薛凤祚所作的改造等问题。值得指出的是,笔者将在解读穆尼阁相关材料、经历的基础上,阐释一直为学界所困惑的问题——为什么穆尼阁要和薛凤祚一起系统翻译教会禁止的欧洲星占术内容,尤其是在其他传教士并没有如此行为的情况下?

如果说第4章以《天步真原》为主体,那么第5章则以《天学会通》与《历学会通》为主要关注对象。关键词也从"学习"过渡到"会通"。我们将看到,在刊刻完《天步真原》之后,薛凤祚开始系统消化已经获得的所有星占资源,并尝试根植于明末清初大背景会通他所掌握的四种星占术——欧洲星占学、伊斯兰星占学、传统军国星占、星命术,以及被他看作对应于西法选择术的中法选择——历注。这一过程经历了《天学会通》与《历学会通》两个阶段。笔者也将以这两个阶段为线索,细密地梳理在会通阶段薛凤祚如何展开调整、改造与融汇,最终会通得到一个特殊的星占体系。

第6章是对薛凤祚星占工作最后一个阶段的论述,关键词是"完成"。该部分将展示薛凤祚如何利用此前的星占资源,通过发展西法星占等方式,在《气化迁流》中最终实现以星占为主体的天人式天文学体系建构,进而使得星占获得丰富意涵。不同于此前学习与会通阶段星占的相对独立性,此阶段星占已经完全融入薛凤祚最终天文学体系的构建中。因此,论述的方式将转换。笔者将从揭示薛凤祚天文学体系的形态入手,把《气化迁流》阶段的星占工作置入体系建构的背景下考察,从而凸显出此阶段星占工作的复杂特征与丰富维度。需要说明的是,在第5章、第6章还将分别插入薛凤祚在《山东通志》与《两河清汇易览》中完成的两种星占文献。这两种星占文献恰好展示了会通与完成阶段星占的应用情况。

在第7章中,我们的视线继续往后移动,将从关注薛凤祚转向他之后的一系列星占学家与著作。本章将聚焦于张永祚《天象源委》、陶胥来《命度盘说》、倪荣桂《中西星要》、温葆深《西法星命丛书》与陈松《推测易知》。这五种著作的时代主要集中在乾隆至清末,人员从钦天监博士至民间术士,不一而足,可以较好地展示薛凤祚星占工作的影响。此外,笔者还收集了受薛凤祚星占工作影响的一些零散论述,以扩宽我们对于薛凤祚星占工作影响的认识。

至此,意味着对薛凤祚星占工作探讨的告一段落,但这一探讨所展示出来的意义尚未显豁。因此,最后第8章结论部分,在总结第2章至第7章内容的基础上,笔者进一步地探讨了薛凤祚的其他四个问题,并延伸到两个更大的议题——域外星占在中国的传入与传播、星占这一被拒知识与中国古代科学史的研究。在借鉴何丙郁、矢野道雄等老一辈学者研究的基础上,笔者将重点论述本研究能够在方法论层面带来的推进。通过此种方式,希望科学史界,甚至学术界,能够重视对被拒知识的研究及研究方法的反思,以期对中国古代的学术形态获得更为全面而深入的理解。

1.4 研究方法

因书中涉及复杂的背景、薛凤祚多阶段的星占成果,所以本书在分析时采用多元的研究方法。这些研究方法具体包括以下四种。

第一,对中国古代星占学新的内史性分析方法。

前人的内史性研究多集中于技术占法(恒星占、五星占等)、思维方式(天人合一、天人相应或天人感应)、占验原理(阴阳五行生克、气类相感)、单一的宇宙论背景等。这种分析方式有两个重要不足。首先,它简化了星占作为一种学问体系所拥有的丰富维度,使我们难以窥得星占内史部分所应该或可能具有的全貌。其次,所选用的思维方式、占验原理等分析角度,虽然属于古人从事星占实践、撰述星占著作时拥有的一些面向,却并非古人所重视的内核性元素。而这些内核性元素相互联系,构成中国古代星占所特有的天人体系。针对于此,笔者参考了两种重要的前人认识,最终提出了新的星占内史性分析架构。

笔者参考的第一种认识强调研究过程中要探寻科学知识在中国传统中的自身脉络、概念与思想背景。这一认识路径在20世纪东亚科学史研究中即被重视。如何丙郁先生在反思李约瑟研究的基础上强调"不以现代科学知识而从传统中国人的观点再探讨一些话题",从而展开了关于古代术数的研究。[①](何丙郁,2007)席文(Nathan Sivin)提出自己在研究中国古代科技史的过程中所关注的问题是:"在古代,中国的科学家是怎样看待他们自己正在做的事的?换句话说,他们是怎样理解自然界,怎样理解他们自己作为一定社会中有意识的个体而同它发生的关系的?各种不同学科所提供的各种知识是怎样连贯起来以形成这种理解的?"(Sivin,1982;席文,2002)金永植在《中国传统文化中的自然知识:中国科学史研究中的一些问题》中指出,科学知识在中国与欧洲文化中的内涵与外在关联是有差异的,具有不同的发展情况。因此,我们应该注意到科学知识在传统中国学术中的真实地位,在选择外在关联的变项时也应该考虑它们在中国自身脉络中的重要性,而不是西方科学发展中的重要性。所以他认为,为了了解中国科学,虽然不能避免一些基本的现代词汇与观念,但在选择题材时,需要避免刻意强调在西欧科学发展中有意义的观念与面向,而重视中国传统自身的观念与面向。(金永植,2014)另外,张永堂在《明末方氏学派研究初编:明末理学与科学关系试论》《明末清初理学与科学关系再论》中也以类似的思路对方以智、熊明遇、游艺、揭暄、梅文鼎、王锡阐等人进行了研究,有大量精彩论述。他最后根据上述诸人关于研究科学实际就是理学的做法,提出了"科学即理学""藏理学于科学"的口号,认为他们的科学研究虽然有西方因素,但实际上有其内在理路,是当时陆王程朱相争的结果。(张永堂,1987,1994)

---

① 关于何先生的研究方法将在本书最后有更为详细的介绍与反思。

更为重要的参考来自中国哲学史研究。自胡适、冯友兰以来的学者们一直在探索在现代学术背景下如何用更好的方法诠释中国古代哲学。在诸多学者中,杜保瑞、陈来发展的诠释路径对笔者启发最大。杜保瑞将中国古代哲学归结为实践哲学,以别于西方的思辨哲学。实践哲学的特征是以对人生理想的追求与实践为最终归宿,其所追求的最高目标需要实践的方法予以实现。思辨哲学则关切世界真相的认识问题,推崇思辨逻辑,而非实践的方法。不过,两者均是讲求理论的。(杜保瑞,2013)[355-356]进而,他认为此种实践哲学需以宇宙论、"本体论"①、工夫论、境界论四方架构解释。对此四方架构的意涵杜保瑞有言简意赅的表述,笔者在此引述如下:

> 以实践为特质的中国哲学,它在形而上学问题的特质上,应该有谈具体时空、物质、存有者类别、世界结构的"宇宙论",与谈终极意义、价值的"本体论"两型。亦即它是由说天地万物的宇宙论,以进至说终极价值意识的本体论,并由此而提出实践的方法与结果的理论系统。
>
> 既然是实践的哲学,当然要有直接谈实践的理论,那便是儒家修养论、道教修炼论、佛教修行论等等的系统……以上修养、修炼、修行理论仍应统合为一种共同的哲学问题,笔者以为最适宜的名称即是工夫论。
>
> 做工夫就是为追求达成理想完美的人格。三教有言,人人可以为尧舜、神仙本是凡人做、众生皆可成佛,由以上三种一般的说法来看,中国儒释道三家都要追求最高级完美的人格境界,那么这个境界要如何界定?这就必须要由宇宙论、本体论及工夫论共同建构而汇聚成的境界理论,主要说明最高级理想的人格的状态、能力与功业。由此以宇宙论、本体论、工夫论及境界论的四方架构来谈时,中国哲学的实践哲学的系统便算是完备了。于是形而上学中的本体论与宇宙论都与实践的方法与结果的工夫论与境界论接轨了起来,这就是理论化,这就是系统化,这并不是什么创新的理论,而只是古代哲学本有的思维模式的发现。(杜保瑞,2013)[357-360]

在西方古典哲学中,形而上学是哲学研究中最为重要的部门,所研究的对象包括现象与本质、决定论和自由意志、同一性与变化、心与物、必然性与可能性、时间与空间等。(彭国翔,2015)形而上学有两个重要分类:一是探讨经验世界的生成变化、结构、组成和时空问题的宇宙论(Cosmology);一是本体论(Ontology),研究的是"存在"(Being),即经验世界的实体、根据、本质性范畴,试图依次列出构成宇宙的不同实体的优先性。[(罗伯特·所罗门、凯思林·希

---

① 此处"**本体论**"与文中一般使用的本体论内涵不同,故加双引号以作区别。

金斯,2014)[18](Lannone,2001)[345-348]]杜保瑞根据中国古典哲学所具有的自身特点,亦将中国古典哲学的形而上学分为两类:宇宙论与"本体论"。宇宙论与西方古典哲学类似,探讨宇宙的组成、结构、实际经验之物的生成变化。"本体论"则较为特殊,并非探讨存在、世界的本质问题,而是关涉人的价值、终极意义,突出了中国古典哲学实践性的特质。不过,杜保瑞在论及中国哲学时,并非不论及探讨"存在"的本体论,他所使用的词汇是"存有论"。在杜保瑞看来,西方哲学意涵上的"存有论"并非中国哲学所单独重视的部分,而是被分散在对宇宙论、"本体论"、工夫论、境界论的讨论之中,为四种架构的讨论服务,而不能单独列为一维作为实践哲学的分析维度。如天理作为存有论重要范畴,在朱子哲学中提供了最高价值的来源("本体论"),参与了宇宙的生化(宇宙论)、存天理去人欲的工夫(工夫论)与纯乎天理的圣人境界(境界论)。

杜保瑞所强调的另外两个维度——境界论与工夫论,乃其根据中国古代实践哲学而特别提出。境界论是指传统实践哲学所追求的人格境界,如儒释道三家对圣人、仙佛的向往与描述,对不同层次人生境界的分疏(君子、小人、菩萨、阿罗汉等)。这种境界并非似基督教中的上帝一般不可企及,而是个人能够达成的果位。工夫论即在追求最高人生境界的过程中所实践的一系列修身、修行活动。如为追求圣人境界,宋明理学家提出了主敬、格物致知、涵养、常惺惺、致良知等实践工夫。

从上述引文中还可以看出,杜保瑞强调宇宙论、"本体论"、工夫论、境界论四者并非独立,相互之间有着紧密的关系。"本体论"可在宇宙论基础上进而说之,工夫论与境界论亦可经由"本体论"与宇宙论而提出。境界论则由宇宙论、本体论及工夫论共同建构而汇聚成的境界理推而得。

另一位当代中国哲学史研究的重要学者陈来在论述不同宋明理学流派包含的基本特征时,列举了四个重要方面:

(1)以不同方式为发源于先秦的儒家思想提供了宇宙论、本体论的论证。

(2)以儒家的圣人为理想人格,以实现圣人的精神境界为人生的终极目的。

(3)以儒家的仁义礼智信为根本道德原理,以不同方式论证儒家的道德原理具有内在的基础,以存天理、去人欲为道德实践的基本原则。

(4)为了实现人的精神的全面发展而提出并实践各种为学功夫即具体的修养方法,这些方法的条目主要来自《四书》及早期经学的讨论,而特别集中于心性的功夫。(陈来,1991)[14]

陈来所列第一条是宇宙论与本体论。此处本体论当即杜保瑞所说"存有论",在宋明理学语境中探讨的是世间诸相的所以然和世界的根据、本源等。本体论常用的范畴包括理、气、道等。宇宙论探索宇宙的生化、演化、结构。此两者当属于宋明理学形而上学部分。第二条是宋明理学所悬设的理想人格与境界——圣人,以及从事理学的目的——成为圣人。这部分内容相当于杜保瑞所说境界论。第三条是指宋明理学以仁义礼智信为人的根本道德价值,此道德价值指明了人实践和努力的工夫原则。同时,诸种价值内在根源于人之心性,此本来心性以本体论或以宇宙论范畴作为依据,即将天道与性命打通。此部分与杜保瑞所言"本体论"、工夫论有关。第四条强调的是修养为学工夫,属于工夫论内容。

结合上述方法论层面的认识,以及中国古代星占学实践、文本与结构的特点,笔者认为中国古代星占是一种天人之学。对于中国古代星占的内史性分析,应当从五个重要的维度展开——占验技术、宇宙论、本体论、工夫论、境界论。这一认识路径可以称为五方架构。①

占验技术是指占验中所涉及的占验技法、数理计算等技术性内容,如以变异天象占验的传统军国星占中的恒星占、五星占、杂星占、云气占占法,以日月五星在天宫图中的正常运行结合其他元素占验的天宫图星占学中流年、回年、流日、行限等占法,以及主星、本宫、许星、照星、上升宫等概念。需要说明的是数理计算部分。在明代开始出现以正常天象占验(占常)的认识以前,传统军国星占一直以变异天象占验。日月五星等天体视运行的计算仅仅是作为这种占验的参考,以凸显何为计算所得正常运行之外的变异情况。所以传统军国星占并不直接涉及数理计算。即便是后来传统军国星占开始出现占常的发展,也并没有出现类似星表、歌诀一类专门的计算工具。星命术、伊斯兰星占、欧洲星占学此类天宫图星占学类型则不同。天宫图星占学是在天宫图中以正常天体的运行情况结合其他元素占验。计算天宫图后天十二宫划分方式的宫位制算法、在天宫图中排入日月五星时位置的计算等,均是占验得以实现的基础。因此,天宫图星占学的技术要素中亦当包含宫位制算法、日月五星排布计算等内容。但日月五星排布计算因与历法关系紧密,情况较为特殊,尚需要进一步分疏。从目前来看,我们可以将其划分为三种情况。第一种情况是使用口诀。在星占书籍如《果老星宗》中有一些关于天体位置计算的口诀。此类口诀是一些星占师(通常是江湖术士)在天宫图中排入天体位置时使用的工具。第二种情况是以星占占验时使用的星表或长历,如《七政台历》《七政四余万年

---

① 此一说法借用杜保瑞四方架构说法。

历》《五纬捷算》等。此种长历或星表根据历法推算而得,一般只是推算一到两百年的天体视运动数据。星占家根据天体运行的周期规律,将这些数据重复使用以查找星宿位置。此种算法所得数据自然并不精确,但对于星占师获得天宫图已经足够。(刘韶军,2009)[172-176] 第三种情况是星占家根据历法自行推算。如在星占著作中给出日月五星运行的根数与基本数据,星占家依此一一算出天宫图中天体位置;或者径直根据自己所完成或参照的历法著作推算,并未在星占著作中写出来或单独完成一个类似星表、根数表的文本。此种方式常常由具有深厚天文学素养的星占师采用,他们属于星占师中较为高级的群体。上述三种情况中,第一种口诀专门为星占而设,第二种星表、长历与第三种星占著作中所列算法均为星占服务,所以当对这些内容进行专门分析。第三种中仅依据历法著作得出数据的情况,因对历法著作的专门分析属于历法研究范畴,所以在星占研究中我们没必要对历法进行深入和全面的分析,只需知道数据从历法计算而得、计算的方式为何等基本情况即可。

宇宙论是对星占所蕴含或依据的天地结构、宇宙模型、物质生成变化方式、天体与地上之人物感通的媒介、感通的物理模式等有形有迹存在的探讨。如李淳风在《乙巳占》的开始部分便系统讨论了八种宇宙结构学说,进而指出最为合理的是浑天说。《乙巳占》中传统军国星占占验的宇宙结构基础便是浑天说式结构。天人之间作用的物理模式是相互感通。天象变化可以感通于人获得相应结果,人之精气亦可以感通于天而引起天象变化。此种天人感通的媒介则是气。

本体论探讨星占文本、星占家思想中有形世界的根本性存在、内在依据、根源或本性。从目前来看,古代星占分析中所涉及的本体论范畴主要是太极、天、道、理、气、数等。如在明代重要星命著作《星学大成》中,万民英以朱子哲学的太极、理、气诸范畴解释世界的运行依据、天体通过气赋予人命的过程。薛凤祚在最终构建的学术体系中,将星占与天、道、理、气、数等范畴巧妙联系,认为天地万物的流变是以天为最根本的根据与基础。

工夫论是人在通过星占了知未来命运、发展情况的占验结果后,所需要采取的相应措施。工夫论早期最有系统的表述是司马迁《史记·天官书》修德、修政、修救、修禳之说。因传统军国星占占验的是国家大事,故太史公所论四种工夫的施行主体并非普通人,而是在上位者的君相。在中国古代,星命术和西法生辰占面对的主体是普通个人。其中强调了普通个人所需要的"居易以俟命""素富贵行乎富贵,素贫贱行乎贫贱""朝夕凛惕"的自我修省工夫。亦即不同占法类型有不同的工夫论。

星占中的境界论指通过星占实践所欲追求的最终目标与状态。境界论如工夫论一般,在不同的星占类型中表现出不同特征。在传统军国星占中,因关注的是国家大事,所以星占家希望通过传统军国星占能达到的境界是天下太平。而星命术、西法生辰占一类针对普通个人的星占门类,是个人的成圣,通达天人,乐天安命,"齐得丧,一死生"。

因中国古代思想中强烈的天人合一倾向,所以在星占中,本体论、宇宙论、工夫论、境界论与人所拥有、追求的诸意义价值表现出相互的紧密联系。如《乙巳占》所引述的宇宙生成变化过程,既是从道干到道实的展开,也是人和万物生成的过程。圣人在其中的重要意义是能够"纪纲""经纬"属于道之实者的天下八极。道既是宇宙生成变化的来源,也与人的价值密切关联。(李淳风,1993)[461]又如薛凤祚认为天、数、理不仅是宇宙事物生成变化的本体,亦是人成为圣人之后所相合一的价值对象。追求此种合一的方式是工夫,即工夫是为了实现人与价值的相合。合一这一目标便是圣人的境界,即境界是对这些价值的完满实现。不过,从笔者目前所见来看,价值与宇宙论或本体论的联系似乎更为直接,薛凤祚合天成圣所相合的价值正是本体论探讨中天、道、理、数、气诸范畴。

不难看出,上述宇宙论、本体论、工夫论、境界论的架构借用了杜保瑞的说法,但在具体含义上却与陈来相近。杜保瑞因关注的是儒释道三家实践哲学,故所论"本体论"主要偏向于价值、意义层面。对于根本性存在的探讨他命名为存有论。在他看来存有论并非中国古代实践哲学所单独关注的领域,所以他未将其列为单独的分析维度,而认为存有论诸范畴(太极、理、道等)的探讨散见于宇宙论、"本体论"、工夫论、境界论之中。相反,笔者所研究的星占属于古代天文学领域。星占研究的是天体天象对世间人事万物的感应影响,偏重于外在之气的探讨。人在其中虽然能够纪纲八极、合天成圣,其途径却不是向内对自身心性价值如仁义礼智信的探索。《中庸》"天命之谓性,率性之谓道,修道之谓教"提倡的天道与心性打通,进而天道内化在心性中的传统在星占中并不强烈。在星占中,纪纲合天的途径是通过探讨具有物质属性的天与人的感应。星占是对天地之气的探讨,关注外在于心性的路径。所以本体论在本书的用法正如陈来所论,是指有形世界的根本性存在、内在依据、根源。而价值,如上所述,则散见于宇宙论、本体论、工夫论、境界论,只是与宇宙论或本体论联系更为直接。

在星占中,宇宙论、本体论、工夫论、境界论四者亦紧密联系。境界论是星占所追求的最终目标。这一目标的实现需要通过工夫论去达成。而此目标的具体内容会受到宇宙论与本体论的形塑。如《乙巳占》治世的目标与宇宙经过一系列演化之后圣人出现、纪纲八极的宇宙论相合。薛凤祚圣人境界最终亦是合乎本体论中的天、道、数、理、气诸范畴。同样,宇宙论与本体论认识也会影响到工夫论的表达。薛凤祚强调的"人事无一事不本于天,则亦无一事不本于数",使得他所实践的工夫均指向了对天、数等本体论范畴的皈依。

第二,在分析薛凤祚星占工作时将其放置在所从属的整全体系中考察。

具体而言,笔者采取的基本分析路径是将星占置于薛凤祚《历学会通》《气化迁流》组成的整全天人体系框架中。这一思路表面上看是在对研究对象的分析中强调局部与整体的关系,方法论上似乎并无新意。但问题的关键在于,为何将星占所从属的整全体系界定为《历学会通》《气化迁流》组成的体系?此处的整全体系中为何不包括其他作品,尤其是薛凤祚晚年完成的儒学著作《圣学心传》?这涉及整全体系的范围、结构与特征。

中国传统诸学问自先秦诸子时代便表现一基本特征,即诸家学问均是以追求道或其他最高存在为重要目标,但各家学问之间相对独立,均以自己的方式为得道主要途径。①诸子争鸣虽然在秦汉统一后逐渐式微,并经汉武帝独尊儒术、罢黜百家后定于一尊;但后世学者依然继承了上述特征,以自己的方式独立于主流学问寻求与道(或天、天理)的合一。②这造成了古代诸学问系统既具有独立性又具有相通性。因各自均可以自己的方式上达天道,所以各守己学亦可达完满的境界。又因诸学问系统均与天道相连,所以一些重要的思维方式、术语可以共享。甚至诸学问系统因其所具有的不同面向与角度而可以相互补充,相互辅助而得天道。历史上儒道之别、之合正是此一现象的最好诠释。③

基于上述观察,笔者采用如下整全体系与局部的观念。所谓**整全体系**,即所从事的一种或多种学问可以由术入道、横贯天人,由基础上达根本的天道,

---

① 《庄子·天下》非常详细地说明了当时的这一情况:"天下大乱,贤圣不明,道德不一。天下多得一察焉以自好。譬如耳目鼻口,皆有所明,不能相通。犹百家众技也,皆有所长,时有所用。虽然,不该不遍,一曲之士也。判天地之美,析万物之理,察古人之全。寡能备于天地之美,称神明之容。是故内圣外王之道,暗而不明,郁而不发,天下之人各为其所欲焉以自为方。悲夫!百家往而不反,必不合矣!后世之学者,不幸不见天地之纯,古人之大体。道术将为天下裂。不侈于后世,不靡于万物,不晖于数度,以绳墨自矫,而备世之急。古之道术有在于是者,墨翟、禽滑厘闻其风而说之……不累于俗,不饰于物,不苟于人,不忮于众,愿天下之安宁以活民命,人我之养,毕足而止,以此白心。古之道术有在于是者,宋钘、尹文闻其风而悦之。"不过,《天下》篇作者显然对诸家以道自任持否定态度。

② 典型的代表如中医。《黄帝内经》系统阐释了人如何与天阴阳相合以达天人合一之境界。

③ 又比如风水中对宋明理学范畴理、气的使用。参看Oh(2018)的文章。

进而构成一个整全的理解天地人的体系。这一体系虽然有自身侧重的路径、学问(术),但是也会达到道的层面,进而道术贯通,形成一个道术、天人的闭环。对于同一学者而言,此种整全体系、闭环可能是他所研究学问中的全部。如一个专注于儒家心性之学的儒者,他的儒学即一种整全体系。此整全体系亦可能是他所研究学问中的一部分。如一位研究儒学的学者同时从事术数研究,他的儒学与术数研究均可以上达天道、贯通天人,形成一个闭环,那么儒学和术数均是该学者学问中的整全体系,该学者拥有两个不同的整全学问而获得对道的追求。从学问的架构与目标来说,该学者的两个整全体系均具有完整的形而上、形而下维度,上下贯通,可以各自上达天道,达致对道的追求。两个整全体系之间可能亦有联系,如分享了共同的形而上范畴。但此两个整全体系之间是否有高低之分,则似乎因人而定。此两种整全体系是否共同组成一个更大的体系,则似乎亦难径直肯定回答。从逻辑上来说,既然两者均可上达天道、上下贯通,则应属于独立系统。即便两者结合,也当是在上达天道的方式上相互补充,而恐难在道的形而上层面相互补充,形成一个新的形而上体系。至于**局部**,则是参与此整全体系构建的组成部分。若一种学问与其他学问一起组成了整全体系,则此种学问即整全体系的局部。

从遗留著作与记载信息来看,薛凤祚的整全体系主要包括三种学问——奇门遁甲、天文学与心性儒学。奇门遁甲以《甲遁真授秘集》为代表,系薛凤祚未专注中西天文学时从事的学问体系,后来似乎措意较少。心性儒学以属于阳明心学传统的《圣学心传》为代表,为薛凤祚自小熏习、青年时代奠定价值基础、服膺终生的学问。最后便是天文学,以《历学会通》《气化迁流》为代表,是他自三十多岁开始学习中西天文所得结晶,是他最为重要的工作。目前来看,此三种学问虽然在有些范畴、思维方式等方面可以相互关联,但三者并没有组成一个更大的体系。

本书主题星占所从属的整全体系便是由《历学会通》与《气化迁流》组成。该体系具有三种主要学问——历法、星占、实用技术。因此,本书对星占的分析亦时常注意到星占与历法、实用技术的关系,并最终将星占置于《历学会通》与《气化迁流》组成的整全体系中考察,从而反观此学问在整全体系中的地位、关联、作用等,以更好地显示星占的特征。这样可以避免仅仅注重显而易见的面向,而忽略在整体中所能显示出的其他面向。同时,虽然薛凤祚的天文学体系与他的心性儒学体系相对独立,但由于他对心性儒学体系终生信仰,其中的诸多范畴、认识、思维方式均影响了他的天文学体系。所以,笔者在分析薛凤祚的星占工作时,亦会触及其与心性儒学工作的关系。

此处还需论及对于薛凤祚星占工作所从属的天文学体系的分析方法。这属于一个更大的问题——中国古代科学体系的分析方法。对这一问题的讨论并非此书的焦点，亦非简短篇幅所能完成，需要于其他书籍中专门论述。此处只简要述及对薛凤祚天文学体系的使用的分析方法。

本书对薛凤祚天文学体系的分析着眼于六个维度——组成著作、组成学问、宇宙论、本体论、工夫论以及境界论。组成著作是体系的文字载体，即《历学会通》与《气化迁流》。组成学问为星占、历法、实用技术。宇宙论是体系所蕴含或具有的宇宙图景、万物生成变化过程。本体论是此种宇宙与包含人在内的万物生成变化所遵循的规定、规律、本源、价值依据。工夫论是与人修身实践有关的工夫系统。境界论是人在此体系中最终要达到的人生境界。不难看出，这一框架与前述星占分析方法类似。出现此种状况的重要原因是薛凤祚的天文学体系本身即以星占为中心。不过，笔者在分析中将宇宙论、本体论、工夫论、学问与境界论等用天人两大框架进行了统摄。这与对星占的分析方法有所不同。至于薛凤祚天文学体系之外的其他古代科学体系是否也从此六个维度分析，则需要回归经验与文本本身，不可一概而论。

第三，遵照发生研究法全面叙述不同时期薛凤祚星占工作所牵涉的方方面面。

发生研究法着眼于其研究对象在不同时期的点点滴滴变化，将不同时期的特征以发生的先后顺序叙述。劳思光在《新编中国哲学史》中介绍了此方法：

> 特别注重历史方面的真实性的研究者，喜欢用"发生研究法"。所谓"发生研究法"，即着眼于一个哲学家的思想如何一点点发生变化，而依观念的发生程序作一种叙述。采用这个方法来叙述一家思想时，研究者可以将所研究的思想一点一滴地依照发生的先后排出来，假如研究者有足够的资料可用，则这种叙述自然是最为详尽了。（劳思光，2015）[6]

正如劳思光所论，发生研究法可让研究者极为详尽地讨论研究对象的发展过程，是一种极为切近历史真实性变化的研究方法。薛凤祚现存的星占资料具有确定的历史分期，各时期也具有不同的特征。此一资料上的优势允许笔者采用发生研究法进行深入研究。而在具体研究中，笔者还将发生研究法与前述将局部置于整全体系中的方法结合，在各个时期注意整全体系的变化发展，以求更为全面地理解薛凤祚星占工作。

第四，采用交易区（Trading Zone）交流理论分析当时具有欧洲背景的传教士与相关中国学者的星占交流情况。

在文化交流过程的分析中应用交流理论具有重要意义。交流理论的应用不仅可以让我们理解文化交流模式、特征，还可以帮助我们看到和分析一些不易被注意的维度。目前分析中国皇朝时期中西科技交流常用的文化交流理论包括接触地带（Contact Zone）理论、文化接境地带（Cultural Borderland）理论、文化互动交流理论（Cultural Interaction and Communication Theory）以及交易区理论。接触地带理论是在后殖民主义研究中发展起来的分析方法。玛丽·路易斯·普拉特在《帝国之眼：旅行书写与文化互动》中应用了此种方法，并对其有清晰而全面的诠释：

> 在我的讨论中，"接触地带"经常是"殖民前沿"（Colonial Frontier）的同义语。不过，后一个术语基于欧洲扩张主义的观点（前沿只有在与欧洲相比时才成其为前沿），"接触地带"却转移重心与视角。它调用先前被地理和历史分离的主体如今共存的空间和时间，也就是他们的轨迹现在彼此交错的点。"接触"这个术语突出帝国遭遇互动、即兴的维度，这些维度容易被从入侵者角度讲述的有关征服和控制的记述所遗忘或压制。一种"接触"视角，强调主体处于他们与他人的关系之中，并被这种关系构成的方式。它探讨殖民者与被殖民者，抑或旅行者与被旅行者之间的关系，根据的不是分离，而是共存、互动、连锁性的理解和实践，并且常常是在不均衡的权力关系中。（玛丽·路易斯·普拉特，2017）[11]

此一方法被学者用在明末清初第一次西学东渐时期欧洲有关地球的认识在中国的传播中。（Zhang Qiong, 2015）

文化接境地带理论亦借用空间概念解释不同历史行为主体的相遇问题。文化接境地带指称一种空间，此空间不一定是物理或者地理性的，也可以是寓意性质的，如指一种学科、艺术之类。该理论强调具有不同历史背景的行为主体在空间的遭遇过程中产生了一系列的协商、交易。这种遭遇不限于合作、融合，也可以是冲突、争斗、摩擦等。它可以对不同文化遭遇中的真实过程进行追踪，可以帮助我们关注到日常生活、行动中的文化实践。（Fan Fati, 2007）该方法曾被范发迪用于研究19世纪在华英国博物学家的科学实践活动。他的研究摒弃此前单一强调科学知识生产来自殖民者的认识，突出了殖民者与被殖民者的复杂交流互惠。（范发迪，2011）

文化互动交流理论由比利时学者钟鸣旦提出，与明末清初中欧文化相遇的研究直接相关。该方法在继承前人关于明末清初中欧文化相遇研究的三种框架（传播类框架、接受类框架、创新类框架）基础上提出。该理论强调中国学者与传教士的接触是互动的。传教士所带来的欧洲学术、宗教等的传播、接受不是单向的，而是双向的。在交流过程中，传播者与接受者均发生了改变。参与交流的双方具有对话性质，因此任何一方都没有被置于中心地位，双方均需要被认真关注。同时，在评价传播交流结果时并不考虑其影响如何，而是揭示对话与交流中的创新。该理论允许传播过程中发生"误解"，不会用传播的准确性如何等因素去评价传播的成败。（钟鸣旦，2006，2009）① 该理论被孙承晟用于明末清初欧洲自然哲学在中国的传播研究中。（孙承晟，2018）

交易区理论由美国科学史家、科学哲学家彼得·伽里森（Peter Galison）提出。通过对先前科学发展模式中逻辑经验主义、历史主义视角的反思，伽里森结合人类学、语言学等学科的成果，以自己科学史研究认识为基础，逐步提出并深化了交易区理论。该理论包括三个核心概念，即"亚文化""交易区""交流语言"。亚文化一词来自人类学与宗教学，产生之初被用于与主流文化相区分。亚文化因不同的价值取向、准则特征区别于主流文化，但主流文化与亚文化共同组成一个文化整体。伽里森借用此概念，用亚文化指称大文化体系中的子文化。但此大文化体系没有主流与非主流之分，各亚文化具有相同地位。同时，伽里森使用的亚文化包含物质文化因素，是一个变化的概念，并不拘泥于人群的划分。如将物理学看作一个大的文化整体，其中理论、实验、仪器是三种亚文化。交易区概念来源于人类学。人类学家在对海岛原始部族居民的研究中发现，当不同岛屿上的居民进行物品交换（如小麦与鱼）时，他们之间并没有统一的文化来规定多少小麦可以交换多少鱼，甚至交换时他们所持有的动机与目的也不相同，但这并不妨碍他们的交换。这种交易是局域性的，不需要他们达成整体共识。受此认识的启发，伽里森将原始部落代之以不同的亚文化，用交易区指称各个亚文化之间进行协商的区域，进而发展深化了此概念。在伽里森的认识中，凡是亚文化之间能够彼此达成局域性协调的区域都可以称为交易区。这一区域不仅仅是一个空间概念，也可以有其他各种形式，甚至是虚拟空间。所达成的协调是局部性的，而非整体性、全局性的。各亚文化依然保持了各自的发展方向，仅仅在交易区产生了协调。交流语言是交易区中不同亚文化主体之间交流的工具、媒介。伽里森借鉴语言人类学研究成果，认为来自不同亚文化的群体在交易区中沟通时会逐渐形成一个成熟的中介语言系统以实现彼此之间的沟通。此种语言系统不拘泥于文字，也可以是图像或者其他物质载体。[（Galison，2011）（董丽丽，2014）[37-85]]

---

① 钟鸣旦最近提出 In-betweenness（居间）之说指称不同文化主体遭遇时所产生的交流空间、状态。此一说法与文化交流理论有关，但目前笔者尚未见到他对两者关系的系统阐述。关于 In-betweenness，请参看 Standaert（2020）的论文。

伽里森的交易区理论不仅被用于理解科学发展历程,而且被用在认知科学、心理学等众多领域,并被其他学者进一步发展。其中哈利·科林斯(Harry Collins)等人将其扩展成了一种更为普遍的模式。他们以同质(Homogeneous)与异质(Heterogeneous)、合作(Collaboration)与强迫(Coercion)为变量,区分了四种交易区模式——中介语言型(Interlanguage)、片段型(Fractionated)、颠覆型(Subversive)与强迫型(Enforced)。(图1.1)

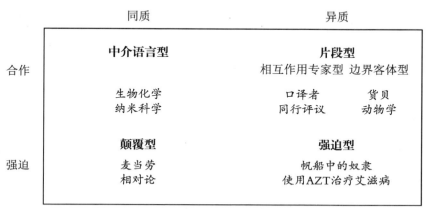

图1.1 哈利·科林斯等发展的交易区普遍模式

其中属于合作与同质的是中介语言型。不同亚文化主体合作且向同质性文化发展,最终产生双方在交易区中使用的新语言——从行话(Jargons)、皮钦语(Pidgins)到克里奥耳语(Creoles)。① 此种类型的代表是生物化学(Biochemistry)与纳米科学(Nanoscience)。生物化学与纳米科学一类的交叉学科是在不同学科交叉下产生的新学科,它们本身形成了自己的一套克里奥耳语,为后世所沿用。

颠覆型属于强迫但同质的情况。此种情况下一种亚文化主体的语言、方式等在交易区中以碾压的方式植入其他主体,为其他主体所接受、应用。其他主体并没有多少贡献、成分参与到交流之中。但最终,这种植入达成共识,产生同质性的语言、方式、认知等。此种模式的代表是麦当劳快餐文化与爱因斯坦相对论。美国的快餐文化流行全球,为非美国国家所接受、认同。爱因斯坦的相对论以革命的方式改变了经典牛顿力学的范式,为学界所接受。

片断型交易区中不同文化主体之间具有合作的意愿、态度,但它们是异质

---

① 皮钦语是在两种或多种语言地区,由于各种语言相互接触杂糅而成的语言形态。皮钦语文法、词汇等均有限,仅用于一些有必要交流的场合。克里奥耳语是在皮钦语基础上,由持说皮钦语之人的后代当作母语来学习,最终形成的一套颇为复杂的新语言体系。关于两种语言的简单介绍可以参看申小龙(1991)[81-87]的论述。

的,不能直接进行交流,而是通过独立的片段中介进行。它包括两种模式——边界客体型(Boundary Object)、相互作用专家型(Interactional Expertise)。边界客体型以物体而非语言为媒介,相互作用专家型以语言而非物体为沟通媒介。边界客体型的代表是货贝(Cowrie Shell)和伯克利的脊椎动物博物馆(Museum of Vertebrate Zoology)。货贝作为一种交易工具,在有的部落被看作货币,在有的部落被看作装饰品,在有的部落则作为祭祀物品。各部落对货贝的理解不同,是异质的,但并不影响它们之间的合作交换。在完成伯克利脊椎动物博物馆的过程中,专家、业余爱好收集者、捕捉者与管理者之间对于一件展品并没有共同的认识,但他们合作完成了博物馆的建设与标本的收集陈设。相互作用专家型的代表是口译者(Interpreters)和同行评议(Peer review)。口译者用语言协调具有合作意向但没有沟通能力的双方。他通过自己的语言满足了保持独立身份的双方的诉求。他的工作即通过相互作用专家型的交易区实现。同行评议通过另一位专家对两种没有沟通的对象进行审核,最终获得两者均能接受的结果。没有沟通的双方之间通过评议者创造的相互作用专家型交易区实现交流。

强迫型交易区中不同亚文化并非合作而是强迫。相较其他类型,其强迫程度最大,交易区中不同文化主体之间的沟通交流与同质化倾向最小。权力是单边的、不对称的。弱势一方行为的塑造来自物理性惩罚与奖励。此类型的代表是帆船中的奴隶(Galley Slaves)和使用AZT(Azidothymidine,叠氮胸苷)治疗艾滋病(Use of AZT to Treat AIDS)。罗马帝国时代使用的帆船以奴隶为动力的重要来源,船上的罗马贵族或公民强迫这些奴隶劳动。奴隶以取得维持基本生存的食物作为报酬,帆船作为交易区成功且平稳地航行,但贵族与奴隶之间并无交流与同质化倾向,奴隶是被强迫的。南非政府以AZT有毒,禁止艾滋病患者服用AZT以阻止母婴遗传(Weinel,2007)。政府与艾滋病患者之间亦是强迫与异质的。(Collins,Evans,Gorman,2010)

在上述四种交流理论中,笔者在本书中采用交易区理论。其原因在于该理论更加强调亚文化主体是在各自不同且丰富的限制条件下交流的,这契合笔者对星占具有丰富维度的认识。伽里森所具有的科学哲学背景使得他更为强调交流主体的宇宙论、本体论、认识论等在交流过程中所起到的作用与限制,这与笔者对于星占所具有维度的认识相契。另外,哈利·科林斯等人的扩展也具有启发性。不过,与交易区理论的直接应用不同,哈利·科林斯等人的理论笔者仅仅作为参考与对照。这主要是因为传教士的星占实践类型特征并不能通过哈利·科林斯所介绍的四种模式得到有效的突出。但其中同质、异质、强迫与合作的维度颇具启发性,笔者将在本书的论述中有所应用。

本书分析星占交流时主要关注明末清初在华传教士有关星占的言说、著述与行为,以及相关中国人的互动或回应。传教士的言说、著述与行为,或有具体中国人作出回应、互动;或仅仅因面对当时中国的情况而产生,因而宽泛地指向传教士心目中的中国人群体,而非具体人物。在具体分析过程中,为突出不同传教士的不同特征,笔者进行了多层面分类。

① 根据参与主体所处位置与环境的不同,分为**官方层面**与**民间层面**两种。官方层面主要指参与主体双方均具有直接或间接的朝廷官方背景,同时最主要的是主体的星占实践指向具有朝廷性质的活动。官方层面主要指徐光启、李天经、汤若望、南怀仁有关星占的言说、论著与行为,以及崇祯皇帝、康熙皇帝、礼部官员、杨光先等人的回应、互动。民间层面参与主体的行动不指向朝廷性质的活动,而是自发产生。参与者可以具有官方背景,因而可以是官员,也可以在野。民间层面以艾儒略与李九标等人的对话为代表。

② 根据传教士本身是否严格按照教会禁令展开星占实践,分为具有**保守特征者**与**调适特征者**。保守特征者严格遵守教会禁令,以此禁令为底线不作适应性改变。调适特征者未严格遵守教会禁令,会根据环境或因某种原因作出不同程度的调适以达到某种目的或意图。大多数传教士具有保守特征。具有调适特征的传教士较为少见,主要是汤若望、南怀仁与穆尼阁。其中南怀仁与汤若望的调适因他们身处钦天监的权力夹缝而被迫产生,穆尼阁则因灵活的传教思路主动而为。保守和调适也可以在同一传教士身上共存,因不同时期的境遇同一个人可以作出改变。汤若望即是如此。

③ 根据传教士言说、论述与行为的结果指向、目的,可以分为**批评**、**引进**、**代替**、**妥协**、**利用**与**实践**。批评指向对中国传统星占术数的批判、否定。引进指向欧洲星占的译介、引入。代替意欲以欧洲星占代替中国传统星占术数。妥协即面对实际境遇作出调适与顺应。利用指积极地利用星占达到政治、声誉等星占之外的目的。实践指对欧洲星占的最终应用、践行。

④ 根据参与主体传教士的态度,传教士在论著、言说与行为方面表现出的交流方式以及交易区的内容可以分为**命令型**、**说服型**、**谋用型**、**供用型**、**合作型**五种。**命令型**中传教士以强迫性态度要求他者接受自我所表达的关于星占的认识,不容许沟通对话或反对。这通常以权威为交易区,一般出现在一些宗教书籍中,主要以戒律形式被论述出来。宗教书籍中的论述具有的他者意识最为薄弱,考虑他者文化最为不足。其预想的主要读者只能是天主教教徒。除此之外,命令型还出现在传教士利用中国古典圣贤书籍的权威为交易区的

情况中,但这常常伴随在说服型中。说服型中传教士具有一定的他者意识,但同样主要是传教士自我表达或传播自我的认识。传教士所要表达的观点与认识在短期内具有固定性,因而较少受到(实际或潜在)对话者的实质性影响。其表达不会类似命令型一般直接,而会诉诸中国人所熟知的语言或方式论说,营造推论的交易区与中国人交流。推论的理据可以来源于权威、利益或理性。中国人可以提出反对或自我见解,传教士容许沟通或反对,尽管他们一般不会因沟通或反对作出让步。**谋用型**中传教士完全使用中国人的思维方式、行为或言说,交易区即是中国人的思维方式、行为或言说。谋用型可以说具有极端的他者意识,但其效果的指向却并非互利互惠,而是传教士单方面利用完全中国化的行为或言说,以达到自身的目的。在此过程中中国人本身关于星占的诉求并没有被满足。**供用型**中传教士主要考虑他者的实用利益需求,以实用利益为交易区。不过,供用型中的利益需求就中国人来说常常是缺席的或与传教士不相对应的。因此,供用型中的交流亦是**单方面**以传教士为主,并未产生传教士与中国人的良好互动。这也是前述命令型、说服型、谋用型的特征。**合作型**是传教士与中国人的星占交流实践处于**双方面**的合作状态。传教士具有较强的他者意识。中国人有自己的诉求,而传教士可以较好地考虑和满足与之交流的中国人的诉求,不拘泥于教会禁令。传教士自身的诉求或目的也可以通过此种交流达到。双方处于互利互惠的状态。此种情况中能够达成互利互惠是交流得以实现的主要交易区。

  值得指出的是,命令型、说服型、合作型、谋用型、供用型虽然是文中使用的最为基本的交流类型,但上述分类只是为了理解方便所作出的划分,针对的仅仅是传教士与中国人有关的星占交流,并非一种普遍性交流类型的确立与探讨。笔者对交易区理论的应用与参考主要集中在此五种类型的探讨中。另外,①②③的分类更多地是为了区分不同历史过程的不同特征,而非类似④表示一种交流型。在行文中分类①②③将会作为基本特征的表征贯穿于分类④中,在分类④中综合①②③进行探讨。如对于《口铎日抄》所载艾儒略与中国学者关于星占的对话,综合上述四种分类可以界定为民间-保守-批评-说服型。在具体分析中,笔者将参考和应用交易区理论探讨艾儒略的说服型交流,同时将民间、保守、批评的分类融入其中。

第2章 天人之学 涵容他方

——新变革前的星占学发展背景

在近现代科学普遍流行之前，星占在各文明体的传统天文学中具有重要地位与复杂形态。在中国古代，我们不仅可以看到根植于先秦的传统军国星占，还可以看到域外的不同类型星占形态的传入、交流与融汇。这些星占形态与中国传统思想、哲学、社会、文化激荡涵容，形成了丰富而复杂的历史。本章将聚焦于明代及之前流行于中国的四种星占——传统军国星占、宿曜术、星命术、伊斯兰星占。在系统梳理它们的形态、特征与历史时，笔者将格外注意它们在明代的发展情况，以作为理解薛凤祚星占工作的重要背景。

2.1 不断演进的传统军国星占

中国古代历来重视昭昭之天，并将其与人事紧密关联。皇朝统治者的统治权被认为源自天授，天成为政权合法化的重要依据。一些被古人认为是特异的天象,如日晕、彗星出没等,都成为重大征兆,进而可能影响朝政事态的发展,相应地,直接或间接了解天命、天意的占验之学在中国古代也格外发达。如早期的蓍龟卜筮,后来的术数之学。其中,由于依据天象来直接了解天意的特殊性质,传统军国星占为历来王朝所重视。① 皇朝一方面设有专门机构与人员负责此学问,如《周礼》中的保章氏,后世的钦天监;另一方面屡申禁令,严控民间的私习,其罪或至处死。当然,民间的修习并未因此而沉寂。在朝廷治理能力下滑、政令日松之时,或国家多事之秋,传统军国星占的研究便在民间有所抬头。加之史志《天官书》《天文志》等介绍传统军国星占的篇章易为学者接触,所以历朝历代多有论述、发展传统军国星占的著作和实践传统军国星占的记录。这些著作和记录随着学者不同的思想以及不同时期学术的演进展现出不同特征,获得了丰富维度。这些共同构成了传统军国星占丰富而又复杂的历史形态。

2.1.1 原始社会至春秋时期的萌芽

一般认为,与传统军国星占有关的认识于史前时期已经萌芽。新石器时代庙底沟文化出土的彩陶盆上绘有火焰形图案,王震中先生名之为"星火",认为其反映了大火星祭祀情形。(王震中,2007)这种以天象作为祭祀对象、神圣化天象的行为,是先民早期思想中认为天象能够影响到人事的朴素表达,也是后世将天象与人事关联的重要基础。殷商时期继承先前敬天传统,将太阳、云雨、山川等神灵化,并信仰一位最高的天神上帝。该天神上帝掌管上天与下国,以天象显示其令风雨、降祸福的恩威,尤其是在战争与农业丰收中的意志。殷人的先公先王死后升天,宾于帝所而天神化,可以与上帝交流。[(孙小淳,2009)(陈来,1996)[103-105]]这显示出在殷人的世界里,上天与人间的联系更为紧密且有层次。人间与上天联系中最为重要的人物是政治核心人物,事件是战争与农业等关系国家命脉的大事,而非普通人群与事件。这与后世成熟的传统军国星占所关注的对象相合。如在甲骨文卜辞中出现的关于日食、月食等天象的占卜:"癸亥贞:旬无祸?旬壬申,夕月有食。"(《合集》11482 正一反)"壬寅贞:月又(有)戠,王不于一人祸?"(《小屯南地甲骨》726)。这种记载日食、月食的卜辞已被发现不下十条。② 结合商人观念,可知它们反映出商人眼中的日食是一种具有神灵力量的重要变化,是上帝影响人类吉凶的重要途径与征兆,

---

① 有关星占学的政治、文化意义,请参见江晓原(2007)的论述。
② 在已发现的甲骨文中,记载日食的卜辞为七条,"有七条卜辞记录五次月食"。参见杨升南和朱玲玲(2015)[597,599]的论述。

且这种吉凶会降临和显现于统治者身上。《尚书·胤征》所载夏代仲康日食时人们的反应,也可能与商人通过一定的行为仪式祈禳日食所预示的上帝灾威相契合:"乃季秋月朔,辰弗集于房,瞽奏鼓,啬夫驰,庶人走。"[1] 不过,上述记录反映的观念与后世成熟的传统军国星占尚有差距。一方面,在商人的世界中神灵观念强烈,天象只是上帝传达自我意志的方式,不似后期的传统军国星占具有较强的自然哲学倾向。另一方面,商代记录属于古代卜筮传统,是以天象卜问于灵物龟甲,而非直接以天象占验,从而显示出人尚没有直接解读天意的能力。实际上,卜筮一直是商代至春秋时期最主要的占验方式、最强有力的占验传统。(张嘉凤,2010)

进入周代,天象的占验意义被进一步突出。1976年3月,陕西省临潼县出土了西周早期青铜器"利簋",其上铭文有武王克商之日岁星正当其位的记载:"珷征商,隹(唯)甲子朝,岁鼎,克闻(昏)夙又(有)商。辛未,王才(在)闌师,易(锡)又(有)事(司)利金。用乍(作)檀公宝尊彝。"[(张政烺,1978)(甄尽忠,2018)$^{9-10}$]"岁鼎"即岁星正当其位。对"岁鼎"的强调似乎表明当时人们确有以某种天象昭示人事方面特殊意义的思想。这也可以为清华简中新发现的战国文献《耆夜》所旁证。[2] 但"利簋"上的记录过于简单,我们很难认为这一记录与后世典型的以天象直接占验人事的传统军国星占一致。它也有可能类似殷商卜辞记录一般,尚需要卜筮一类的中介。不过,上述记录里单独将天象列出已经明显突出了天象的地位。而且,周代所区别于商代的重要精神便是人文理性的提升。商代大量繁复的祭祀为周代所变革,周公通过礼制的精神使得社会更加具有人文性。可以想象,上述天象记录里或许已经没有那么浓厚的神灵观念,天象或许已经不是上帝显示恩威的媒介。

周朝早期的精神为后世所继承与发展。在同样记述武王伐殷的《国语·周语·下》中,春秋时期的伶州鸠在当时语境里的讨论为我们提供了有趣的分析案例:

> 昔武王伐殷,岁在鹑火,月在天驷,日在析木之津,辰在斗柄,星在天鼋。星与日辰之位,皆在北维。颛顼之所建也,帝喾受之。我姬氏出自天鼋。及析木者,有建星及牵牛焉,则我皇妣大姜之侄、伯陵之后,逢公之所凭神也。岁之所在,则我有周之分野也。月之所在,辰马农祥也。我太祖

---

[1] 通过仪式消除上天或神灵的谴责在上古时期的其他文明中也可以发现,如在巴比伦文明中便存在。参见Pingree(1997)^{11}的论述。

[2] 班大为认为周初即已经存在以星占预言为目的而关注天体运行的行为。他以"利簋"金文与《耆夜》为重要依据。参见Pankenier(2013)^{202,287}的论述。

> 后稷之所经纬也。王欲合是五位三所而用之。(无名氏,1994)⁹⁹

与"利簋"上的记录相比,此段文字不仅讨论了岁星在鹑火星次(对应柳、星、张三宿)的天象,而且介绍了其他四种特定的天象——月亮在星官天驷、房宿位置,太阳在析木星次(大体对应尾箕二宿),日月在南斗合朔,水星在玄枵星次(大体对应女虚危三宿)。(江晓原、钮卫星,2014)⁸²⁻⁸⁸这些天象的记录伶州鸠当有所受,不过对于它们的解释却充满了春秋时期的特征。在伶州鸠的星占意涵解释中,它们并非简单的时间标志,而是与周克商的人事有关,昭示着周克商之符合天意。北维为颛顼所主的方向。颛顼为商之先祖,帝喾是周之先祖。颛顼为帝喾所取代,预示周将取代商而立。天鼋是齐国分野,齐为姜姓,周祖王季之母太姜为齐女,故"姬氏出自天鼋",水星在天鼋亦是有利于周的天象。析木附近的建星与牵牛是太姜的侄子、伯陵的后裔逄公之神明所依主之星,日在析木亦于周有利。鹑火为周之分野,岁星所在,利于伐人。周之祖先为后稷,乃农官。月所在之天驷为农祥,即天驷位于天中为农事开始的标志,所以月在天驷亦是于周有利。①伶州鸠的论述涉及对天区十二次与星官的复杂分类,日月、岁星、水星的运行,天区与地面对应的分野学说,以及祖先祭祀崇拜、神化天体的结合,这些均是春秋时期语境中星占的重要面向。

除伶州鸠的讨论外,《国语》《左传》中还有一些其他关于春秋时期星占情况的论述。总体来看,春秋时期在占法层面不仅突出了对异常天象的关注②,也强调对正常天象,尤其是岁星运行的占验③。根源于原始恒星建时法,且与祖先崇拜、周代封建格局密切相关的分野学说,也在此一时期出现多元的形态。④此外,随着人们认识的深入、人文意识的抬头,此一时期的星占中开始突出天道、天数以及五行一类具有哲学意涵的面向,使得传统军国星占呈现出自然哲学化的倾向。如鲁昭公九年(公元前533年)陈国发生火灾,裨灶云:"陈,水属也,火,水妃也,而楚所相也。今火出而火陈,逐楚而建陈也。妃以五成,

---

① 对此段文字的解释参考自无名氏(1994)⁹⁹⁻¹⁰²的论述。
② 如鲁文公十四年(公元前613年)有星孛入北斗,周朝内史叔服据此天变预言不出七年,宋齐晋之君皆将死于乱。
③ 如鲁昭公八年(公元前534年)楚国灭陈,立穿封戍为陈公,晋平公问史赵陈国是否从此灭亡。史赵以岁星运行情况结合分野学说等作答。
④ 关于此一时期星占发展情况的论述,请参看张嘉凤(2010)的文章。

故曰五年。岁五及鹑火,而后陈卒亡,楚克有之,天之道也,故曰五十二年。"①(左丘明,1990)¹³¹⁰ 杜预释此云:"是岁岁在星纪,五岁及大梁,而陈复封。自大梁四岁而及鹑火,后四周四十八岁,凡五及鹑火,五十二年。天数以五为纪,故五及鹑火,火盛水衰。"(左丘明,1999)¹⁴⁶⁵ 可见此处的天道、天数主要与早期五行观念和岁星运行有关。虽然它们具有朴素的特征,不似后来对道、数的强烈形而上的理解,但此种论述无疑表明了当时星占学演进所具有的哲学化与人文化倾向。此种倾向为后世所发展。

2.1.2 战国至汉初传统军国星占的成型

春秋之后的战国与西汉早期是传统军国星占成型的关键期。春秋时期传统军国星占虽然有重要发展,但是此一时期以天象直接占验的情形并不普遍,以岁星等天体占验的事物、范围均有限,无法与当时占主流地位的卜筮等量齐观。但随着战国之后天文知识与观测的进步、社会动荡需求的刺激、人文意识与思维的进一步发展,星占逐渐走向成熟,开始凌驾于其他占验工具之上,成为统治阶层沟通天地的最重要媒介。(张嘉凤,2010)

这一时期现存的传统军国星占作品以《天文气象杂占》《日月风雨云气占》《五星占》《史记·天官书》为代表。前三者系马王堆汉墓出土,具有过渡性质,反映了战国至汉文帝时期传统军国星占的演进情况。相较于春秋时期,此三者在四方面有重要推进。首先,与春秋时期较为单一的岁星等占法相比,它们包括了日占、月占、彗星占、风云气虹占、五星占等,内容更为丰富。其次,战国时期发展完成的二十八宿系统被应用在传统军国星占中作为天区的主流划分方式,取代了春秋时期的十二次。与二十八宿对应的分野学说也在此一时期发展。复次,传统军国星占中涉及的天文历法更加完备与丰富,如《五星占》中五星运行情况的详细描述。(张嘉凤,2010)最后,传统军国星占开始与阴阳五行、干支甲子思想结合得更为紧密,表现出更为明显的自然哲学化与人文化倾向。虽然神灵依然在传统军国星占中扮演角色,如《五星占》论木星曰"东方

---

① 与此相关的记录是子产对梓慎的评价。昭公十八年(前524年),梓慎因大火星在黄昏出现,丙子有风,推测将有大火发生。后来,宋、卫、陈、郑国皆发生火灾。知天数者神灶对子产说:"不用吾言,郑又将火。""郑人请用之,子产不可。子大叔曰:'宝,以保民也。若有火,国几亡。可以救亡,子何爱焉?'子曰:'天道远,人道迩,非所及也,何以知之?灶焉知天道?是亦多言矣,岂不或信?'遂不与。亦不复火。"(左丘明,1990)¹³⁹⁵ 子产以天道远、人道近为由,认为神灶不知天道,拒绝了神灶提出来的免除灾祸的修省措施。虽然后来事情的发展证明子产是正确的,但也从侧面反映出当时在人们的观念中,像神灶、梓慎一类的知天数者,能够通过星占来知天道。也就是说对天道的把握可以通过星占来进行。

木,其帝大浩(皞),其丞句芒(芒),其神上为岁星。"①(刘乐贤,2004)²⁹不过很明显,在具体的论述中这种神灵的作用相当弱化。

《史记·天官书》是上述四种著作中时代最为靠后的作品,大致完成于汉武帝征和二年(公元前91年)左右。该作品是司马迁在参考批判前人诸多工作的基础上精心编纂而成,可以说是此前星占发展之集大成。《天官书》标志着传统军国星占的基本成熟,奠定了传统军国星占的基本形态。它总体可分为正文与赞论两部分。正文主要是占法内容,赞论表达了太史公关于星占的其他认识。析而言之,《天官书》内容中的面向主要可以划分为以下五个方面,它们均成为此后传统军国星占不可或缺的重要维度。

第一,占法技术层面。太史公总结此前星占技术并融会以自己的理解,将传统军国星占大致划分为三种类型(占星、占气、占岁)以及基础性的分野学说。其中占星可细分为恒星占、五星占、日占(日晕占、日食占)、月占(月行占、月食占)、特殊星体占,占气指望云与望气,占岁包括八风占、云风日结合占、其他杂占。为了直观显示《天官书》诸占法,笔者将其列于表2.1。太史公的占法内容与编纂方式对后世产生了重要影响。②

表2.1 《天官书》星占类型表

总类	细目	占法特点	实例
占星	恒星占	恒星被分为中宫、东宫、南宫、西宫、北宫,各宫有星官若干,星官之名称对应于世间事物。主要以星官中恒星闪动、大小、明暗、颜色异常的变化占验	魁下六星,两两相比者,名曰三能。三能色齐,君臣和;不齐,为乖戾。辅星明近,辅臣亲强;斥小,疏弱。
占星	五星占	可分为岁星占、荧惑占、填星占、太白占、辰星占,主要以五种行星的运行(如凌犯、去留、出入)、动摇、颜色、大小等异常变化占验	太白……当出不出,未当入而入,天下偃兵,兵在外,入。未当出而出,当入而不入,天下起兵,有破国。其当期出也,其国昌。其出东为东,入东为北方;出西为西,入西为南方。所居久,其乡利;易,其乡凶……白角,有丧;黑圜角,忧,有水事;青圜小角,忧,有木事;黄圜和角,有土事,有年。

---

① 此种与阴阳五行干支甲子的结合以《五星占》最为明显。关于《天文气象杂占》《日月风雨云气占》《五星占》请参看刘乐贤(2004)的论述。章启群曾指出战国时期星占学与邹衍阴阳五行学说结合,产生了重要发展,并影响到两汉经学。(章启群,2013)。

② 上述论述与表格内容,参考自赵继宁(2015)的论述。

续表

总类	细目	占法特点	实例
占星	日占	可分为日晕占与日食占,以太阳周围气晕以及日食占验	两军相当,日晕。晕等,力钧;厚长大,有胜;薄短小,无胜。其食,食所不利;复生,生所利;而食益尽,为主位。以其直及日所宿,加以日时,用命其国也。
	月占	包括对月亮运行情况的占验,以及月亮掩食行星、恒星的占验	月行中道,安宁和平。阴间,多水,阴事……月蚀岁星,其宿地,饥若亡……蚀大角,主命者恶之。
	特殊星体占	对一些特殊流星、彗星等星体的占验	大贼星,出正南方之野。星去地可六丈,大而赤,数动,有光。司危星,出正西西方之野。星去地可六丈,大而白,类太白。
占气	望云	对云形状、颜色等特征的占验	稍云精白者,其将悍,其士怯。其大根而前绝远者,当战。青白,其前低者,战胜;其前赤而仰者,战不胜。
	望气	对日旁气、各地山川水土人民物类之气等的占验	故北夷之气如群畜穹闾,南夷之气类舟船幡旗。大水处,败军场,破国之虚,下有积钱,金宝之上,皆有气,不可不察。
占岁	八风占	以特殊日期的风向进行占验	而汉魏鲜集腊明正月旦决八风。风从南方来,大旱;西南,小旱;西方,有兵;西北,戎菽为小雨,趣兵;北方,为中岁;东北,为上岁;东方,大水;东南,民有疾疫,岁恶。
	云风日结合占	观察特殊日子是否有云、风、日综合判断农作物丰歉	欲终日有云,有风,有日。日,当其时者,深而多实;无云有风日,当其时,浅而多实;有云风,无日,当其时,深而少实;有日,无云,不风,当其时者稼有败。
	其他杂占	包括以特殊时日的云气占验所宜种植的农作物;以特殊时日的雨雪天气占验来年收成;以岁首听都邑人民之声占验一岁情况;从"正月旦"开始连续计算下雨的日数,据以占卜某地或整个天下的全年粮食、水旱	是日光明,听都邑人民之声。声宫,则岁善,吉;商,则有兵;徵,旱;羽,水;角,岁恶。各以其时用云色占种所宜。或从正月旦比数雨。率日食一升,至七升而极;过之,不占。

续表

总类	细目	占法特点	实例
分野		分野是将天区与地面区域对应的学说。通过此学说,可以将天象预示的人事变化对应于特定的区域。《天官书》介绍了北斗分野、二十八宿分野、行星与恒星结合的分野、辰星分野、日月食天干分野、气之分野	角、亢、氐,兖州。房、心,豫州。尾、箕,幽州。斗、江、湖。牵牛、婺女,扬州。虚、危,青州。营室至东壁,并州。奎、娄、胃,徐州。昴、毕,冀州。觜觿、参,益州。东井、舆鬼,雍州。柳、七星、张,三河。翼、轸,荆州。

第二,关于占验原则。太史公明确提出了一直到明末仍被星占家广泛奉行的"凡天变,过度乃占"(司马迁,1959)[1351]。"凡天变,过度乃占"即是占变原则,意指传统军国星占所占验的对象主要是变异天象,而非正常天象。如在古人的认识中恒星正常的状态是位置固定。但当肉眼观测时,一些由大气现象造成视觉效果上的恒星移动被古人归结为恒星真实的位置移动,但属于异常现象,所以可被付诸占验。又如对五星的运行,一直至明代传统主流历法都无法计算纬度,而只能计算经度,所以五星凌犯一直被主流地认为是无法计算的变异天象。在《天官书》一类的史志星占文献中充斥着大量关于五星凌犯占的记录。

前文曾论及,春秋时期的占法中占验正常天象与异常天象并存,难以区分主次。如在上述伶州鸠武王伐纣的天象占验论述中,几乎看不出占验异常天象的痕迹。及至战国与汉初文献的记录中,占验特殊与异常天象逐渐成为主流,所以才有太史公所强调的"凡天变,过度乃占"。这种占验特殊异常天象的星占,有别于以正常天象占验的星占学(以希腊化时期发展成熟的天宫图星占学为代表),可以称之为天变星占学(Pertent Astrology)。(Nakayama Shigeru,1966;张哲嘉,2010)因为这种现象属于异常情况,所以理论上只能观测而得,无法准确计算。这也揭示了传统军国星占与历法所具有的微妙关系。历法的目的是精确计算天体运行、日月循环以观象授时,以得常道。传统军国星占则主要关注正常之外的变化异常。所以历法对于星占来说并不具有直接意义,而是提供一种常道标准的参考,以突出变化与异常。此种常道越是丰富细腻,所对应的异常也会因此而变化细致。这也是为何战国以来星占学的大发展伴随着历法进步的原因。(孙小淳,2009;张嘉凤,2010)同时,历法中探讨的一些关于天体正常运行的情况也会被收入星占文本中以作为凸显异常的依据。所以在《史记》中太史公虽然将历法与星占的探讨分属于《历书》与《天官书》两部分,但《天官书》中亦可见对五星运行情况的简单记载。此外,历法的进步也会将一些以前认为异常的现象纳入正常,从而对传统军国星占产生影响,如司马迁在《天官书》中详论了月食发生的周期问题,最后将月食归结为常。相应的,在后面的行文中太史公只是简单提及了月食"将相当之"之说,并没有相关占法的介绍。(司马迁,1959)$^{1332-1333}$ 上述在太史公工作中出现的历法与传统军国星占的区别、联系直至明末依然存在。

第三,《天官书》体现了太史公以星占学穷天人之际的努力。在《天官书》赞论部分太史公指出天运有大、中、小变之分。小变三十年,中变百岁,大变五百载。三次大变即一千五百年为一纪,三纪四千五百岁而天运大备。主持国政者要高度重视此种天命循环的周期,需要考察上下千年级别的变化,然后才能充分了解"天人之际"的大义。此种"天人之际"即是天命,是有关皇朝政治民生等重大问题的天命观。那此种大、中、小变的天运又如何去了解呢?太史公穷天人之际的重要手段便是星占学。[(张维华,1980)(章启群,2013)$^{295-300}$(赵继宁,2015)$^{335-340}$] 如此我们便可以理解太史公为何在赞论部分将历史事件的编年叙事与天象的变化联系,他是在考察天象之变与人事之间的对应以穷究天人之际。①

第四,太史公以星占穷天人之际的目的赋予星占丰富的维度。穷天人之际是以特定宇宙论为基础,是在特殊的世界结构中实现的。在《天官书》中太史公论述了六种组成天人结构的维度——天、地、人、物、气、神。地是人所居之夷狄中国之地;物是地上万物;气不仅是云气一类的存在,也包括阴阳五行,是天地的组成部分;神则是太一一类的神祇:

> 天则有日月,地则有阴阳。天有五星,地有五行。天则有列宿,地则有州域。三光者,阴阳之精,气本在地,而圣人统理之。
> 中宫,天极星,其一明者,太一常居也。旁三星三公,或曰子属。后句

---

① 太史公云:"太史公推古天变,未有可考于今者。盖略以春秋二百四十二年之间,日蚀三十六,彗星三见,宋襄公时星陨如雨。天子微,诸侯力政,五伯代兴,更为主命,自是之后,众暴寡,大并小。秦、楚、吴、越,夷狄也,为强伯。田氏篡齐,三家分晋,并为战国。争于攻取,兵革更起,城邑数屠,因以饥馑疾疫焦苦,臣主共忧患,其察禨祥候星气尤急。""秦始皇之时,十五年彗星四见,久者八十日,长或竟天。其后秦遂以兵灭六王,并中国,外攘四夷,死人如乱麻,因以张楚并起,三十年之间兵相骀藉,不可胜数。自蚩尤以来,未尝若斯也。项羽救巨鹿,枉矢西流,山东遂合从诸侯,西坑秦人,诛屠咸阳。汉之兴,五星聚于东井。平城之围,月晕参、毕七重。诸吕作乱,日蚀,昼晦。吴楚七国叛逆,彗星数丈,天狗过梁野;及兵起,遂伏尸流血其下。元光、元狩,蚩尤之旗再见,长则半天。其后京师师四出,诛夷狄者数十年,而伐胡尤甚。越之亡,荧惑守斗。朝鲜之拔,星茀于河戍。兵征大宛,星茀招摇。此其荦荦大者。若至委曲小变,不可胜道。由是观之,未有不先形见而应随之者也。"(司马迁,1963)$^{1344,1348-1349}$

四星,末大星正妃,余三星后宫之属也。环之匡卫十二星,藩臣。皆曰紫宫。(司马迁,1959)^{1289,1342}

天包括天象与天运两部分。天象不仅涵盖日月五星与恒星,而且包括云、风雷、雨雪一类。天运即是天命,具有周期性,太史公也以天数、天道表示此意。①天运通过天象显示而地上之国家大事之变相感相应,"由是观之,未有不先形见而应随之者也"(司马迁,1959)¹³⁴⁹。此种变化并非类似古巴比伦或中国商代者一般是传达神旨意的征象(Pingree,1997)¹¹⁻²⁰。它们具有周期性的特征,是去神化、天人合一思维的产物。当然,关于此种天命的具体来源,太史公的论述并不明确。但可以较为肯定的是,虽然不能排除太史公所论太一等具有一定神祇的色彩,但神祇和天命关系不大。太史公在论述天象所揭示的地上事应时,更多地受到阴阳五行学说的影响。在《天官书》中他以阴阳五行对天体进行分类,并决定星占的方法、结果与占候时间,同时用到联想比拟的原则。②可以说,通过与邹衍阴阳五行说结合,在《天官书》中神祇的作用已经相当微弱,而更多显示出自然哲学化特征。这与战国以来的星占发展一脉相承。

神祇作用的降低实际上揭示出太史公的星占世界图景是一种天地人式的结构。这种结构的宇宙论基础可以通过太史公的宇宙论主张得知,即天如半圆覆于上、地如方盘承于下式的盖天说。③(唐群,2017)人在盖天说式的宇宙中与天地万物,甚至包括神祇共存。具有去神化特征的天命(也可能即是天道、天数)以特殊异常的天体现象周期性地影响或显示人类社会的发展,与人类社会相感相应。通过对这种感应的考察,太史公或可认为已达至穷究天人之际的目的,而星占也成为一种特殊的天人之学。④

因为此种天人之学所关注的主要是军国大事,而非普通个人的柴米油盐,所以获得的认知主要被特殊的对象即王朝的统治者所关注,甚至垄断。作为

---

① 太史公云:"幽厉以往,尚矣。所见天变,皆国殊窟穴,家占物怪,以合时应,其文图籍礼祥不法。是以孔子论六经,纪异而说不书。至天道命,不传;传其人,不待告;告非其人,虽言不著。""昔之传天数者:高辛之前,重、黎;于唐、虞,羲、和;有夏,昆吾;殷商,巫咸;周室,史佚、苌弘;于宋,子韦;郑则裨灶;在齐,甘公;楚,唐昧;赵,尹皋;魏,石申。"(司马迁,1959)¹³⁴³此处的"天数"被置于星占语境之中,并非指具有现代科学理性色彩的天体运行之数,而应当更多地指天运一类具有天命色彩的数。

② "中国于四海内则在东南,为阳;阳则日、岁星、荧惑、填星;占于街南,毕主之。"(司马迁,1959)¹³⁴⁷关于此部分的更多讨论参看赵继宁(2015)¹⁹⁰⁻¹⁹⁹的论述。

③ 关于盖天说的介绍,请参看陈美东(2003)¹³⁷⁻¹⁴⁴的论述。

④ 需要指出的是,直观来看太史公所论天命、天数、天道似乎有本体论意涵。但考虑到汉代整体宇宙论的发达、本体论的微弱,以及太史公自身的论述,笔者认为太史公所论更多地属于宇宙论而非本体论范畴。

星占家的学者也主要希冀此种天人之际的认知能够为君相所知,进而作出相应的反应,顺应天命。因此,传统军国星占发展了一套与帝王将相相应的工夫论体系。太史公在《天官书》中即称为国者当重此学:"为国者必贵三五。上下各千岁,然后天人之际续备。"(司马迁,1959)[1344]那么当君相以传统军国星占获得相关认知后应该采取怎样的反应顺应天命呢?太史公说:

> 日变修德,月变省刑,星变结和。凡天变,过度乃占。国君强大,有德者昌;弱小,饰诈者亡。太上修德,其次修政,其次修救,其次修禳,正下无之。(司马迁,1959)[1351]

其中省刑是减省刑罚,结和是与邻邦交好,可以归结到修政中。因此太史公所强调的包括四点:修德、修政、修救、修禳。其中德最为根本与重要,政事次之,临时补救再次之,以祭祀等仪式攘除最次。这些均是针对统治者而言。统治者通过如此反应便可以对天命作出反应,做到顺承天命的目标。

第五,太史公星占系统存在天人之间物理因果性不明问题。太史公以变异天象占验,但对于变异天象的物理来源并未给出说明。从逻辑上来说,此种变异天象有三种可能来源。(1)完全来自神的意志,如古巴比伦文明中以天象为神意的显现。(2)来自蕴含有天命、天道、天意的上天。它们具有一定的宗教神学特征,但亦属于偏哲学化的存在。这种情况根据天象的来源又可分为两种情况:①上天通过天象影响人事的发展。上天天象的警示是因,而地面的期应是果。②地面人类行为作用于上天,从而使得上天显出相应的天象作为警示或预示。(3)来自更为纯粹化的蕴含有天道、天命的上天。天脱去宗教神学色彩,几乎完全是哲学性的存在。此类情况与第二种类似,也可根据因果特征分为两种:①上天的天象是因,地面的人类反应是果。②地面的人类行为是因,感应于上天而出现相应的天象是果。

从太史公的论述来看,他的神学倾向虽不能排除,但并不明显。同时他认为天运有周期性,强调天数,所以应当属于第二种。但从因果性看具体属于哪一种却很难确定。如果说地面人事是因,天象是果,那么这与太史公的论述似有冲突。因太史公变异天象显现出的天运具有周期性,这种周期性具有一定宿命论特征,不应当由人类的行为所决定。若说天象是因,地面人事是果,虽然这种情况符合天运的周期性要求,也似乎和天象在前、事应在后的占法叙述方式切合;① 但有些论述似又以人事为因、天体的现象为果,且以三光之气本于地:"中坐,成形,皆群下从谋也。""三光者,阴阳之精,气本在地,而圣人统理

---

① 如"辅星明近,辅臣亲强;斥小,疏弱"。(司马迁,1959)[1293]

之。"(司马迁,1959)¹²⁹⁹,¹³⁴² 这在云气之象中更为明显,因云气乃山川人民之所聚积:

> 故北夷之气如群畜穹闾,南夷之气类舟船幡旗。大水处,败军场,破国之虚,下有积钱,金宝之上,皆有气,不可不察。海旁蜃气象楼台;广野气成宫阙然。云气各象其山川人民所聚积。(司马迁,1959)¹³³⁸

因此,很难断定太史公所主因果性到底属于哪一种,也许两者皆有之。实际上,这也是此后传统军国星占一直含混不清的地方。①

总之,从战国到汉初期间,传统军国星占经历了重要的发展时期,最终在太史公《天官书》中集于大成。太史公所介绍的占法技术、占验原则、所蕴含的天人宇宙结构、顺应天命的工夫论以及因果性问题,均对后世产生了重要影响。

2.1.3 汉初之后直至明末的发展

《天官书》之后至唐代,传统军国星占一直为主流学者所肯定与关注。随着历法技术的发展、宇宙论思想的演变以及现实情况的改变,传统军国星占在占法(更加细腻与多样化)、分野(适应新的疆域划分)、划分天区方式(三垣二十八宿的使用)、宇宙论背景(浑天说的采纳)等方面获得了重要发展,并在唐代中期通过李淳风(602—670年)《乙巳占》与瞿昙悉达《开元占经》的编纂达到高潮。今以《乙巳占》为例作简要说明。

《乙巳占》约成书于唐显庆元年(656年)稍后,是李淳风在广泛总结前人工作基础上完成的百科全书式星占著作。(关增建,2002)该书共分为十卷,在占法方面依次介绍了天占(天裂、天雨等)、日占(日自身行度、日色、日晕、日食等)、月占(月自身行度、月色、月相、月晕、月食、月掩犯恒星行星等)、所遵分野与一些前人分野说法、占法条例与特征说明、以日辰干支等确定发生灾祸地点的占法("日辰占")、天象变异所示灾祥因应日期的占法("占期")、五星占(五星颜色明暗、五星自我单独的运行、五星干犯列宿星官、五星自相干犯相合)、流星占(流星犯日月五星与列宿星官)、客星占(客星犯列宿星官、客星自身行度)、彗孛占(彗孛犯月五星列宿星官)、杂星妖星占(天棓、天枪、天狗、枉矢、天

---

① 这一点可能受到古代气哲学影响。古代的气哲学中天地人均由气组成,所以天人可以相互同类相感。这与古希腊亚里士多德自然哲学不同。亚里士多德将月上界的元素归结为以太,将月下界归结为水土火气。月上界可以影响地面事物而月下界无法影响月上界。受亚里士多德哲学影响的希腊化时期托勒密天宫图星占学即明确地将因归于天界,果归于地界。

锋、蓬星)、云气占(云气入三垣、五星之气、云气入列宿星官、云气形状颜色)、一些其他特殊星体的占验(国皇星、蚩尤旗、天橇星)、雾占(颜色形状、弥漫程度)、特殊人物或事所具有的气象占(帝王气象占、将军气象占、军胜气象占、军败气象占、城胜气象占、屠城气象占、伏兵气象占、暴兵气象占、战阵气象占、图谋气象占、九土异气象占)、风占(风吹杆末鸡毛之情状、风触物之情状、八方暴风、三辰八角风、道路宫室中风、十二辰风、与阴阳五音刑德等术数元素结合的占验)。这些占法从类型上说大致不出《天官书》范围,但明显介绍更为翔实。

此外,与司马迁一样,李淳风亦以星占为探索天道的学问,不过李淳风是在新的语境下进行的论述。《乙巳占》序言从《易传·系辞》中取材,论述了天地神妙的玄运造化乃是圣人之道的来源:"夫神功造化,大易无以测其源;玄运自然,阴阳不可推其末。故乾元资始,通变之理不穷;坤元资生,利用之途无尽。无源无末,众妙之门大矣;无穷无尽,圣人之道备矣。"而天象的变化乃是道之表征表法,圣人法则于天象所示现的吉凶以顺应于道:"故曰天垂象、见凶吉,圣人则之,天生变化,圣人效之。法象莫大乎天地,变通莫大于四时,悬象著明莫大乎日月。是知天地符观,日月耀明,圣人备法,致用远矣。"能否顺应于道是历代治乱的关键。三代之治在于敬历天象,克顺于天,后世之乱在于亵渎于天:"昔在唐尧,则历象日月,敬授人时,爰及虞舜,在璿玑玉衡,以齐七政。暨乎三王五霸,克念在兹,先后从顺,则鼎祚永隆;悖逆庸违,乃社稷颠覆;是非利害,岂不然矣!"而此道也是天道,天道会以设教方式谴告人以祸福,其方式具有多样性,但三光之垂照乃是大端。所以通过对天象的观测,以天象之变即可推测天道之吉凶谴告:"至于天道神教,福善祸淫,谴告多方,鉴戒非一。故列三光以垂照,布六气以效祥,候鸟兽以通灵,因谣歌而表异。"星占无疑即是了解天道的重要学问。此种学问可以窥测天道,了知天命,所以圣人君子均非常重视此种学问,顺应从其中获得的天道天命:"是故圣人宝之,君子勤之,将有兴也,咨焉而已,从事受命,而莫之违。"(李淳风,1993)[456-457] 显然,以星占了解天道天命也是李淳风本人的目的。①

李淳风的上述论述无疑要比太史公清晰,其对天道的理解具有两个角度。一是从天地造化的宇宙论角度立论,认为道乃是天地玄妙造化之道。② 二是从谴告的角度讨论,这使得天道有一定神道设教的意志化特征。这种谴告的思

---

① 《乙巳占》中另外有:"若乃天道幽远,变化非一,至理难测,应感讵同?故梓慎裨灶占或未周,况术斯已下,焉足可说?"亦以天象所显乃是天道。(李淳风,1993)[504]

② 与司马迁类似,《乙巳占》中有关天道的论述亦以宇宙论角度为主,而非本体论。

想与汉代董仲舒的天人感应学说相似。① 这些都说明李淳风对于天道的理解具有复杂性与混合性。

李淳风对天道的论述是置于天地人三维结构中的,因而《乙巳占》是在天地人式的宇宙结构中了解天道。不过在李淳风的思想中,宇宙结构并不是太史公所主张的盖天说,而是张衡的浑天说。中国古代出现过很多种类型的宇宙论,如盖天说、宣夜说、昕天说、安天说、方天说、穹天说等。但论影响最大且成为古人主流认识者还属浑天说。浑天说的起源可追溯至先秦时期,到西汉太初改历期间,已有浑仪的发明。扬雄载此事云:"或问浑天。曰:下闳营之,鲜于妄人度之,耿中丞象之。几乎几乎!莫之能违也。"(扬雄,1987)³²⁰ 至东汉,张衡总结前人之说,对此进行了系统讨论。此后至唐代,学者们虽有所修正,但大致都遵从张衡之说。在《乙巳占》卷一,李淳风在批评诸家宇宙结构说的基础上肯定了张衡的浑天之说,并大段引用了其中的论述:

> 太素之前,幽清玄静,寂寞冥默,不可为象。厥中唯虚,厥外唯无,如是者永久焉。斯谓溟涬,盖乃道之根也。道根既建,自无自有,太素始萌,萌而未兆,并气同色,混沌不分。故《道志》之言云有物浑成,先天地生。其气体故未可得而形也,其迟速故未可得而纪也。如是者又永久焉,斯谓庞鸿,盖乃道之幹也。道幹既育,有物成体,于是元气剖判,刚柔始分,清浊异位。天成于外,地定于内,天体于阳故圆以动,地体于阴故平以静。动以行施,静以合化,埋郁构精,时育庶类,斯谓天元,盖乃道之实也。在天成象,在地成形。天有九位,地有九域。天有三辰,地有三形。有象可效,有形可度。情性万殊,傍通感薄。自然相生,莫之能纪。于是人之精者作圣,实始纪纲,经纬八极。地之维径二亿三万二千三百里,南北则短减千里,东西则广增千里,自地至天半于八极……(李淳风,1993)⁴⁶¹

在上述宇宙论图景中,张衡将宇宙的生成演化离析为溟涬(道根)、庞鸿(道干、太素、元气),以及元气剖判后阴阳清浊之气分离,形成天地万物诸阶段。其最终生成的形态便是浑天说式的天地万物结构。天地在其中相形相类,相互感通。万物法象于天,度形于地,自然化生天地之中。人于其间与天地万物共生。它们均是由元气分化而来,亦均是由气组成。人之精者乃圣人。圣人仰观俯察,纪纲天地。至此,天地人三才式的浑天宇宙从元气中形成,宇宙也为一气贯通。结合李淳风序言可知,人正是在此种宇宙结构中仰观天象

---

① 董仲舒说:"凡灾异之本,尽生于国家之失。国家之失乃始萌芽,而天出灾害以谴告之。谴告之而不知变,乃见怪异以惊骇之。惊骇之尚不知畏恐,其殃咎乃至。以此见天意之仁而不欲陷人也。"(董仲舒,1992)²⁵⁹

以星占查知天道。

　　这一浑天宇宙观,为传统军国星占占验的可能性提供了自然哲学基础。(徐光台,2005)天地万物既然由元气剖判而成,那么它们之间不仅会有某种相似性,也会存在一气的感通。那么,当地上的人类世界出现变化,上天可有相应的感应,根据此感应可以查知地上的变化(人感天)。当天象出现某种变化,地上人类世界也会出现相应变化,根据天的变化可以推知地上世界的变化(天感人)。因此,传统军国星占才能实现占验的功能。在《乙巳占》中,我们可以看出李淳风已经开始明确意识到天感人与人感天两种模式:

> 或人疑之,以为日月之亏蚀可以算理推穷,皆先期知之,蚀分多少,时节早晚,所起皆如符契左右,此岂天灾之意耶?夫月毁于天,鱼脑减于泉,月岂为螺蚌之灾而毁其体乎?但阴阳之气,迭相感应,自然耳。东风至而酒湛溢,东风非故为溢酒而来至也,风逼至而酒适溢耳。此岂不相感应者欤?若然油水之类也,东风至油水不溢,而酒独溢,犹天灾见有德之君修德而无咎,暴乱之王行酷而招灾,岂不然也?(李淳风,1993)[474]

月与风不是因为鱼脑和酒而来,恰恰相反,是因月之毁于天而感于鱼脑、风之来而感于酒。所以日食可以计算并不代表不能成为天灾,日食恰恰可以感应于地,只是有道之君会因日食修德而无灾,无道之君不知修道无法弥平灾害。此是天感人。①《乙巳占》又云:

> 夫天地者,万物之父母也。覆载育养,左右无方。况人禀最灵之性,君为率上之宗。天见人君得失之迹也,必报吉凶。故随其所在,以见变异。天有灾变者,所以谴告人君觉悟之,令其悔过慎思虑也。行有玷缺,气逆于天,精气感出,变见以诫之。若天忽变色,是谓易常,四夷来侵,不出八年有兵战。若阳不足,臣盛将害君上,则天裂。(李淳风,1993)[466]

天见人君之失必然报之以天象,此是人感天。实际上,人感天和天感人是两种区别较大的机制,《乙巳占》虽然认识到这两种模式,但和《天官书》一样,未能

---

① 《乙巳占》中还有类似的论述,如"同声相应,鸣鹤闻于九皋;同气相求,飞龙吟乎千里。兼复日亏麟斗,月减珠消,晕逐灰移,慧因鱼出。门之所召,随类毕臻;应之所授,待感斯发;无情尚尔,况在人乎?"(李淳风,1993)[456]

在具体的星占占法与星占类型讨论中严格区分二者。①

由前论不难得知,李淳风认为三代治世的重要来源便是顺天敬天,后世乱世则根于忤天逆天。上天谴告的目的也是为了能够让君王警醒,实现人间治平。因此,以传统军国星占认知天道的目的是顺应于天,达至治世。此两者亦可说是李淳风意欲通过星占达致的境界,属于境界论认识。那么,当以星占了知天道之后,又该作出怎样的具体反应呢?与太史公相似,李淳风强调了君相的修德、修政、修救、修禳。不过,在他的论述中,它们不仅被论述在"修德"章节下,而且有以修德涵摄其他三者的意味,因而突出了以德为本的传统思想:

> 夫修德者,变恶从善,改乱为治之谓也。上天垂象见其吉凶,谴告之义,人君见机变斋戒洗心,修政以道,顺天之教也……故日日变修德,礼重责躬。月变省刑,恩从肆赦。星变结和,义敦邻睦。是以明君宰相随变而改,积善以应天也……不遵正道,疏绝宗戚,异姓擅权,无知小人作威作福,则天降灾祥以示其变,望其修德以禳之也。不修德以救,则天裂地动,日月薄蚀,五星错度,四序愆期。(李淳风,1993)503

此外,李淳风所论具体修德修救的方式也较《天官书》的论述更为详细,可谓后来居上矣:

> 其救之也,君治以道,臣谏以忠。进用贤良,退黜谗佞。恤刑缓狱,存孤育寡。薄赋宽徭,矜赡无告。散后宫积旷之女,配天下鳏独之男。齐七政于天象,顺四时以布令。舆人之诵必听,刍荛之言勿弃。行束帛以贲丘园,进安车以搜岩穴。然后广建贤戚,蕃屏皇家,盘石维城,本枝百世。然则此灾可消也,国可保也,身可安也,颂太平者将比肩于市里矣,击壤行歌者岂一老夫哉!(李淳风,1993)502-503

从宋代开始,传统军国星占逐渐受到较多的批判。自此之后日渐式微,影响也日益减弱。[(雒启坤,1998)3-12(李志超,2004)(刘韶军,2009)6-29]不过,尽管明代已经处于此前学者断言的传统军国星占日渐式微时期,但就明代中后期来说,传统军国星占受到的关注实际上并不微弱。

首先让我们考察一下明代中后期传统军国星占著作的数量。表 2.2 是笔

---

① 或许这种不区分是有意为之。李淳风在他处曾论及天感人、人感天两者俱有,理若循环:"夫气者,万物之象,日月光明,照之使见。是故天地之性人最为贵,其所应感亦大矣。人有忧乐喜怒诚诈之心,则气随心而见,日月照之,以形其象。或运数当有,斯气感召,召人事与之相应。理若循环矣。"(李淳风,1993)471

者主要依据明代目录类书籍及相关丛书收集的明代传统军国星占著作。① 从中可以明显看出两点。第一，嘉靖之后传统军国星占书籍明显增多。从洪武元年（1368年）到嘉靖初年（1521年）的154年时间里，笔者找到的可能是传统军国星占的书籍总共14种，其中可以确定的有9种；从嘉靖初年至明代灭亡（1644年）的124年中，找到的可能是传统军国星占的书籍有34种，其中可以确定的有19种，是前者的2倍多。换言之，嘉靖之后星占学应该开始受到更多的关注。第二，明末承续了嘉靖之后增多的趋势，出现了更多的星占学著作。表2.2中在万历之后的著作有22种，可以确定为传统军国星占的著作有12种，占整个明代总数的将近50%。由此可见明末传统军国星占著作的丰富。

其次，还可以从文字记载中看出传统军国星占在明代后期流行之一斑。作于弘治三年（1490年）庚戌的《〈天文鬼料窍〉序》曾表达了作者想学习传统军国星占而乏人问津的苦闷："孔门教人，皆切日用事实，况天文伏见早晚邪正存亡……抱珥虹霓，迅雷妖风，怪云变气，虽格物穷理者，在所当知，而实非讲□

---

① 丛书包括《四库全书》《续修四库全书》《四库全书存目丛书》《四库未收书辑刊》《四库禁毁书丛刊》《四库禁毁书丛刊补编》《四部丛刊》《丛书集成初编》《丛书集成续编》《丛书集成三编》《丛书集成新编》。目录类书籍包括《四库采进目》《绛云楼书目》《千顷堂书目》《明代书目题跋丛刊》《明史艺文志·补编·附编》。其中《明代书目题跋丛刊》是目前收录明代目录类书籍的权威之作，所收目录书籍涵盖了整个明代，包括《文渊阁书目》二十卷、《国史经籍志》五卷加"附录"一卷、《南雍志经籍考》二卷、《内阁藏书目录》八卷、《明太学经籍志》、《内板经书纪略》、《人可重刻书目》、《秘阁书目》、《晁氏宝文堂书目》三卷、《世善堂藏书目录》二卷、《汲古阁校刻书目》、《菉竹堂书目》三卷、《澹生堂藏书目》十四卷、《万卷堂书目》四卷、《古今书刻》二卷、《近古堂书目》二卷、《濮阳蒲汀李先生家藏目录》、《百川书志》二十卷、《江阴李氏得月楼书目摘录》、《脉望馆书目》、《玄赏斋书目》八卷、《会稽钮氏世学楼珍藏图书目》、《赵定宇书目》、《徐氏家藏书目》七卷、《道藏目录详注》四卷、《曲品》二卷、《医藏书目》、《隐湖题跋》二卷、《南濠居士文跋》四卷、《重编红雨楼题跋》二卷。《明史艺文志·补编·附编》包括《明史·艺文志》《明书·经籍志》《续文献通考·经籍考》《钦定文献通考·经籍考》《国史经籍志》《国史经籍志补》。笔者所参考的目录类图书及丛书当然无法反应明代传统军国星占著作的完整情况，但它们无疑具有相当的代表性，是学界了解明代著作时经常提及的参考书目。因此，据此而得到的表格有一定的合理性。此外，笔者主要查阅了上述书目、丛书中的子部天文或阴阳等类。表2.2所收书籍是笔者可以确定成书时代的明代书籍。无法确定为明代的书籍，虽属于明代但无法推测时间者，均未收。虽属于明代但无法推测时间的书籍包括《天文秘略》一卷、黄钟和《天文星象考》一卷（以上二书见《明史·艺文志》）、《注解祥异赋》七卷、《白猿经风雨占候说》一卷（以上二书见《四库全书总目》）、《三垣七政二十八宿周天精鉴》（见《续修四库全书》）、《精订天文异实纂要》不分卷（见《续修四库全书总目提要》）、《皇明玉历祥异赋图注类纂》十五卷（见《四库未收书辑刊》）。《皇明玉历祥异赋图注类纂》与《天元玉历祥异赋》内容相近，或是相同文本。《白猿经风雨占候说》旧题明刘基撰，或是伪托。《四库全书存目丛书》子部六十册收录有《白猿风雨图》一卷，可能是同一作品。而《白猿风雨图》序言署期为至元庚申，若可信则此书或乃元朝之作。此外，还有些虽涉及传统军国星占，但涉及很少，也未收入，如王祎《重修革象新书》。

表2.2 明代传统军国星占著作一览表

	书 名	作 者	完成时间
1	清类天文分野之书(二十四卷)		洪武(1368—1398年)年间
2	天文分野书抄(一卷)	刘基(1311—1375年)*	或为洪武年间
3	灵台秘苑(一百二十卷)		或为明初之作
4	天文志杂占(一卷)	吴云,元末至洪武年间人	或为洪武年间
5	诸家占法★	娄元礼,元末明初人	
6	元理(一卷)★	叶子奇,元末明初人,或至建文年间去世	或为洪武年间
7	天文指掌录★	储顗,明初人,与郑和同时	或为永乐年间
8	天元玉历祥异赋(七卷)		明仁宗(1425年在位)制序,颁赐群臣
9	天象录(六册、又七册、又二册)		当分别为洪武、宣德(1426—1435年)年间所编
10	璇玑图★	周文安,即周洪谟,正统十年(1445年)进士及第	当在正统(1436—1449年)年间
11	经史言天录(二十六卷)	叶盛,正统十年(1445年)进士及第	可能在正统至弘治二年(1489年)年间
12	彗星占验	袁祥(1448—1504年)	由生平可知此书作于正统至弘治年间(1488—1505年)
13	天文鬼料窍		弘治庚戌岁(三年,1490年)
14	天文要义(二卷)★	吴琬,正德年间卒	可能为正德(1491—1521年)年间或之前所作
15	天文会通(一卷)	王应电,嘉靖(1522—1567年)间人	当为嘉靖末年或之后不久
16	天文图学(一卷)★	周述学,嘉靖间人	当为嘉靖年间之作
17	象纬汇编	韩万钟	嘉靖十一年(1532年)
18	图书编天文各图说	章潢(1527—1608年)	编于嘉靖四十一年壬戌(1562年)到万历五年丁丑(1577年)

续表

	书　名	作　者	完成时间
19	天文绪论★	徐常吉,嘉靖四十三年(1564年)举于乡	当为嘉靖或之后著作
20	天文地理星度分野集要(四卷)	陆侹,嘉靖间曾任教谕	当为嘉靖或之后著作
21	嘉隆天象录(四十五卷)		据书名为嘉靖隆庆之后所作
22	星官笔记★	程廷策,嘉靖万历间人	嘉靖或之后著作
23	浑象析观★	钟继元,嘉靖四十一年(1562年)进士	嘉靖或之后著作
24	世庙天象录		可能在明世宗嘉靖时期之后
25	古今灾异类考(五卷)★	潘元和	可能在嘉靖至万历年间
26	穆庙天象录		可能在明穆宗隆庆时期(1567—1572年)后
27	天文图会考	王圻(1530—1615年)	《三才图会》约刊于万历三十七年(1609年)
28	天文辑	王鸣鹤	万历年间(1573—1620年)
29	玉历辑	王鸣鹤	万历年间
30	管窥略(三卷)★	黄履	或是万历年间或之后
31	天文书(四卷)	杨唯休,卒于天启年间	可能是万历年间前后
32	祥异图说(七卷)	余文龙,万历辛丑(1601年)进士	万历己未(四十七年,1619年)
33	史异编(十七卷)★	余文龙	可能是万历年间
34	天官举正(六卷)	范守己	此书自序署期万历甲申(十二年,1584年)
35	天文备考★	尹遂祈,万历辛丑(二十九年,1591年)进士	万历或之后
36	玑衡要旨★	尹遂祈	万历或之后
37	天文月镜★	陈钟盛,万历己未(四十七年,1619年)进士	万历或之后
38	象纬全书		万历年间
39	星占(三卷)	刘孔昭	当在天启年间前后

续表

	书　名	作　者	完成时间
40	纬谭★	魏浚,万历甲辰(三十二年,1604年)进士	天启之后完成
41	乾象图说(一卷)★	王应遴	万历末年至崇祯年间
42	乾象图说(一卷)★	李元庚	可能是万历末年至崇祯年间
43	象林(一卷)	陈荩谟	当为天启至崇祯年间所作
44	贤相通占	魏文魁	可能是崇祯年间或之前作品
45	天文地理图说(二卷)	陈胤昌	当为明末之作
46	天文躔次★	陈胤昌	当为明末之作
47	岁时占验	陈胤昌	当为明末之作
48	天道管窥★	颜茂猷,崇祯七年(1634年)进士	或为崇祯年间前后作品

注：表中带星号★者表示笔者未见原书，根据书名虽无法完全肯定是传统军国星占著作，但其可能性较大。本表著作的具体考证见附录1。

* 刘基、吴云、娄元礼、叶子奇等人均跨越元明两朝，其著作有可能是元朝时期所作。由于未见原本，无法确定，姑收于此。

之所务也。予尝读诸经传，仰而观俯而思，异固已知，而知未然，无书可印，无人可质，卒付之无可奈何而已。及闻有《步天歌》者，历访求之。或有图而无文，或有文而无注。"(佚名,1997)¹²⁴可知作者当时所能借助的书籍很少，也乏人问难。这一情况到明代后期发生完全转变。范守己在万历甲申(十二年，1584年)所作《〈天官举正〉自序》中形象地说明传统军国星占在当时广受关注的情形：

盖不佞既为浑天仪，观者脱履错户外，咸谓得平子遗智云。第仪间所步恒星两曜，外不具也。恒星第验其出没，而芒角动摇诸占，不能悉其态。两曜第穷其寒暑弦朔，交合亏食，而朓朒盈缩，掩犯诸征，不能陈其数。其他五纬之错行，孛彗气祲之纷拏，凌杂米盐，莫可究诘。更仆未易殚其类者，岂弹丸尺寸中可尽彰灼也。故观者往往按图而索，玄黄未晰□韫。盖有与不佞掷麈尾，脱落餐饭中，至落忘食者。不佞即不为连挂其口，然而喉吻亦孔焊矣。(范守己,1997a)⁵⁶³

范守己因游览司天台，发现原来仪器已经年久失用，徒具框架，所以自己制作了浑天仪。(范守己,1997b)²³因时人所好，导致观者如潮。由于浑天仪无法演示恒星"芒角动摇诸占""五纬之错行,孛彗气祲之纷拏"等信息(这些均与传统军国星占有关),而来观者对此又十分感兴趣,使得范守己因回答此类问题以至于口干舌燥。因此,他不得不抽空完成《天官举正》一书,以解众人之疑。(江晓原,2007)⁵⁵这一情况可以说和上述弘治年间的境况有天壤之别。

就笔者所见,明代中后期多数传统军国星占著作基本上保持了早先的占法特征。以范守己《天官举正》为例,其中介绍了对恒星、五星、日月、杂星、云气等的占验,涉及恒星占、日月食占、月五星凌犯占、云气占、杂星占等占法。它们基本延续了此前传统的占验对象、占法类型与占验异常天象(占变)的特征。如对于恒星是否明润、摇动、客星守、月五星凌犯等进行占验:"史臣称职则二史明小。新君即位,二枢明润,不则反是。"(范守己,1997a)⁵⁷⁰"府右九星岐卷曰天钩,斜入汉湄也。直则地动。"(范守己,1997a)⁵⁷¹"郎位北七星曰常陈,天子之宿位,备强御也。动摇,天子自出,明,兵用,微,兵弱。"(范守己,1997a)⁵⁷²"少微,处士星也……月五星守犯,处士忧,宰相易。"(范守己,1997a)⁵⁷²对于五星,以其失次,当出不出,当入不入,颜色变化等占验:"木星……当居不居,居之左右摇。未当去,去之,与他星会,其国凶。"(范守己,1997a)⁵⁸³"当出不出,当入不入,是谓失舍,不有破军,必有国君之篡。""政缓则岁星不行,荧惑太白辰星不出,填星不还。急则岁星过分,填星过舍,荧惑太白辰星不入。各不失行,则年谷丰昌。"(范守己,1997a)⁵⁸⁴⁻⁵⁸⁶对日月以一些怪异的云气、光现象、不正常的运行占验:"青气三角在日上曰日提,国君制于奸邪,无能有为。"(范守己,1997a)⁵⁸⁸"日光相荡,奸臣谋。"(范守己,1997a)⁵⁸⁸"月……始生复没,天下兵起,将帅微弱。昼明奸邪僭妄。当出入不出入,当圆缺不圆缺,女后擅权,将帅僭乱,历官有咎。"(范守己,1997a)⁵⁹¹至于杂星、云气,范守己更是直接以"不常""氛祲""妖祥"论之:"杂星者,休咎客流诸星也。在天不常有,其出无常期,其行无常度。"(范守己,1997a)⁵⁹³"古有灵台,察氛祲,《周礼》眡祲氏掌十辉之法,以观妖祥。"(范守己,1997a)⁵⁹⁷类似的记录也可以在《天王会通》、《象纬汇编》、《祥异图说》、《三才图会》天文部分、《玉历辑》等书中看到,只不过各有侧重而已。

明代中后期学者一般将传统军国星占占验的天象看作异常天象,还可以从其他论述更直接地认识。徐光启等在《崇祯历书·五纬历指·五纬凌犯叙目》中指出,由于当时人们不明五星运行的规律,所以将凌犯看作一种"变异":

> 按《大统》及古历皆粗定五星见伏之限而已,其纬行不见于书,意亦未讲明及此。又凡于两星相会著为灾祥之说,于理更谬。盖天上诸星纷布,自古迄今其行不忒,合所不得不合,会所不得不会,皆理之常,初无犯庚。

缘历家未明合朔凌犯之故，庶民因不知会合之宜，骇为变异耳。（徐光启等，2009）[451]

朱载堉也指出："盖闻天文之家，其学有二。曰推步者，推其一定之气朔，乃理之常者也。曰占验者，占其未来之休咎，乃天之变者也。"（朱载堉，1983）[453]

值得注意的是，在上述主流发展之外，我们从魏文魁与周述学两人的著作中可以看出，这一时期传统军国星占占法开始出现新的特殊发展。魏文魁是明末崇祯改历中法派的代表人物，与明末著名天文学家邢云路是挚友。他不仅精通传统历法，而且对传统军国星占颇有研究。崇祯四年（1631年），徐光启和钦天监官生周胤等人就历法问题曾与魏文魁发生过一场争论，周胤等便说："闻处士以占候自命，未知果否？果尔，则七政之学，尤宜虚心究之。"（徐光启等，2009）[1795]占候即指传统军国星占而言，周胤等人攻击魏文魁的自负，可见魏文魁对传统军国星占的重视。魏文魁星占著作目前没有单行本存世，而是被收入薛凤祚《历学会通·致用部·中法占验部》中。（薛凤祚，2008）[796-807]此书署名"玉山魏文奎辑"（魏文奎即魏文魁）、"海岱薛凤祚订"。据薛凤祚称，他对《贤相通占》是"录其全文"（薛凤祚，2008）[784]，可见薛凤祚当只是加以校订，未大幅度删改节录，《历学会通》所收录者应该能够代表魏文魁原著。此书除二十八宿（从角宿开始到星宿的御女）外，还收录了太微垣的灵台、上将星、次将、内屏、右执法、上相星。每个星宿下附有月五星凌犯与日月食的占法。有些占法颇为有意思，如在日月食占中强调干支："如星高以咸断，下以方断，日月食查干支论。"（薛凤祚，2008）[797]甚至还利用《周易》中的经文作为占辞："月掩中行独复"①，"金犯守，乘马班如，泣血涟如，年岁如是。"②（薛凤祚，2008）[805]细考这些恒星还可发现，它们基本上都在黄纬八度以内③，亦即为月五星可以凌犯所及范围："纬星掩食凌犯，止能及黄道八度以内者"。（薛凤祚，2008）[784]也就是说，《贤相通占》凌犯占与当时一般传统军国星占著作如钦天监使用的《观象玩占》相比，更加考虑了月五星实际运行情况。魏文魁不谙欧洲与伊斯兰天文学，这种发展可能是他在自己研究传统历法与星占的基础上发展而来的。这也许是魏文魁以"占候自命"的原因。

---

① "中行独复"出自复卦六四爻辞。
② "乘马班如，泣血涟如"来自屯卦六二爻辞。
③ 《贤相通占》所选恒星黄纬超过八度仅有角宿中一星为八度一六，氐宿中一星为八度五八，井宿八星中一星黄道纬度系十点〇九度，内屏四星中第三星为八点三十四度。各星黄道纬度据《崇祯历书·恒星经纬表》。（徐光启等，2009）[527-574]

前已论及，自《太初历》后，随着传统历法的发展，人们对于天体运行规律了解得更深入，以占变为主的传统军国星占自然也受到相应的影响而处于发展之中。如汉代月食计算水平的发展使得前后《汉书》中将月食作为异常天象记录并加以占辞的情况远较日食为少。《史记》中甚至表达了"故月蚀，常也"的想法。(司马迁，1959)[1332]又随着日食计算的发展，《乙巳占》等著作中亦可见质疑日食占验的记载。①(李淳风，2002)[36]虽然《乙巳占》以传统阴阳感应学说为回应，依然坚持日食为天灾，但查看《乙巳占》日食占可以发现占法中所描述的日食所在位置，基本上是角、亢等二十八宿处。(李淳风，2002)[38-39]这应该是考虑了太阳正常行度后的结果。魏文魁上述工作正是在历法与传统军国星占的互动中发展而来。

不过，中国古代星占自有其独立性，历法的发展对星占的影响不宜过于夸大。《汉书》作者班固就曾认为当时历法中已经可以计算的五星逆行并不能看作正常运行，而应该称为"小变"，为占验保留了地位。(石云里、邢钢，2006)而一些可比较精确计算的部分，虽然精度日见提高，认识日见深入，传统历法依然为其保留了发生变异的可能性。以《授时历》为例，在介绍冬至时刻时，郭守敬依次罗列了《大衍历》《宣明历》《纪元历》《统天历》《大明历》《授时历》的数据。比较之后，他列出了与《授时历》不合的十条记录。郭守敬在肯定十条记录正确的情况下认为《授时历》的不符合并非来自计算错误，而是日度失行："以此知春秋所书昭公冬至，乃日度失行之验。"(宋濂等，1976)[1139]在介绍历代所测周天列宿度不同的原因时，郭守敬虽然认为可能是前人所测未密，但也不排除恒星的微有移动："然列舍相距度数，历代所测不同，非微有动移，则前人所测或有未密。"(宋濂等，1976)[1142]所以，在郭守敬等人的观念里，太阳虽有一定之数可以计算推测，但可能时有变异运行。恒星虽然基本固定，但不免微有移动。这些均为占变的传统军国星占留下了余地。至于五星，因传统历法无法计算纬度，所受历法影响恐比太阳更加微弱。这也许是明代中后期大部分著作依然保持前代著作特征的重要原因。

这一时期传统军国星占的另一新发展来自《回回历法》的刺激。以元代《授时历》为代表的中国传统历法只能计算月五星经度，不能计算月五星纬度，所以凌犯占只能进行观测而不能用历法精确推算。洪武年间，朱元璋下令翻译《回回历法》，并成立专门的回回科负责《回回历法》推算等事宜。《回回历法》

---

① 另外《观象玩占》有相似记录："算食分多少，早晚起复，莫不先期知之，此天灾之耶？夫月毁于天而鱼脑减于水，阴阳之气，迭相感应，自然之理。东风至而酒湛溢，东风非故为酒来也，风至而酒自溢。象见于天而灾应于下，理固然耳。有道之君修德而无咎，暴乱之主傲虐而成灾。譬之阳燧取火，方诸取水，似他镜求之而不得感召之理，信不诬矣。"(佚名Ⅱ，2002)[170]

属于伊斯兰数理天文学，与欧洲古典天文学类似，可以计算月五星纬度，所以回回科官方天文学工作者所负责的事宜中即有提前计算月五星凌犯以供占验。(石云里、李亮、李辉芳，2013)这对传统月五星凌犯占来说是新的发展。不过，《回回历法》自翻译之后在明代早期的影响主要局限于官方层面，似乎并未在民间产生回响。至明代中期情况开始发生变化。此时民间天文学研究日渐兴起，《回回历法》也受到学者关注。其中便包括推算月五星凌犯的功能。如颇为重视凌犯占验的周述学①在论及《回回历法》时称赞道："其用以推步，分经纬之度，著凌犯之占，历家以为最密。元之季世，其历始东逮我，高皇帝造《大统历》，得西人之精于历者，命钦天监以其历与中国历相参推步，迄今用之。"(周述学，2002b)⁴⁰⁹这甚至成为唐顺之、周述学研究《回回历法》的重要原因："至我祖宗得西域经纬历，始闻推步经纬凌犯之说。然哈麻立法非唯度数与中历不同，而名度亦与中历甚异。司台虽闻其说，而莫能演其法也。余与荆川唐公慨中历凌犯之艰步，欲创纬法。"(周述学，[1592])卷之一:3a

周述学与唐顺之努力的结果，是最终在《历宗中经》中尝试实现对凌犯的计算。不过此项工作完成之前唐顺之先逝，剩余工作由周述学完成："凡几更岁，以穷中西会通之理，较宫度多寡之法，讫成唐公卒而弗果。余勉以克终，乃演纬法，入推凌犯，附于若思《弧矢历源》，共为《中经》七卷，千古历学至是而大成矣。"(周述学，[1592])卷之一:3a可惜的是周述学与唐顺之的努力成果今天已经散失，难以知道细节内容。但从附录于郭守敬弧矢割圆术著作《弧矢历源》来看，《历宗中经》"乃演纬法，入推凌犯"可能主要指纬度或凌犯计算方法，没有涉及相关凌犯占法。②

与实现凌犯计算相伴随的是周述学在传统军国星占观念与占法方面的新发展。与占验需要依靠观测的传统观念不同，周述学开始明确强调凌犯可以不再根据观测，而是以计算为基础直接推算天象以占验："由是乾象不必登灵台，守更漏，候瞻其变，几席之内，已神睹其凌犯之见，吉凶之动矣。是书阐造化之奥，赞治化之机，至神至妙，冠古今，盖华夏，无以加此。兹乃圣王敬天之至，上帝昭格以与其能，以彰当代之盛典也与？"(周述学，[1592])卷之一:3另外，周述学还指出推算过往天象的结果可与事应结合验证占法的可靠性，推算未来天

---

① 周述学以凌犯占为沟通天人的重要方式："天人一理，感应至神，唯观天象之凌犯，则知人事之吉凶。"(周述学，[1592])卷之一:2b

② 周述学曾在《五星常变差十》中论及他如何根据《回回历法》推算凌犯，或可帮助我们了解一二："若夫步纬古所未闻也。余因哈麻之术入求纬，视其星入历度分及入合日分……若遇交黄道者所得分多如未定纬度分，内减去未定纬度分，为得所求在黄道南北纬度也。视纬星经宿经纬相同在一度以下者取用相减，则得其上下左右相并相离之分秒，而可以考其凌犯之亲疏矣。"(周述学，[1592])卷之二:36b-37a

象的结果可用于预测将来的事应:"夫推往之星度,既有准的。以之推来,自不忒矣。占前之星变已有应验,以之而占后,自不惑矣。"①(周述学,[1592])^{卷之一:2}有意思的是,我们可以在后来薛凤祚的论述中看到类似思想。

此外,周述学也开始发展并改造传统凌犯占法。周述学现存《论合犯》一文专论凌犯定义与占法,在《回回历法》影响下,其中对凌犯的定义特别强调了纬度的重要性:"合在经度而纬度去远则不相犯,如经纬相合,则其星戎形体相掩,或光芒相侵,则谓之凌犯矣。"(周述学,[1592])^{卷之三:28a}又周述学曾有《天文通志》一书,今已不存。但从序言可知,此书与古代《天文志》类似,是对古人认为的特殊天文现象的记录。但与此前类似著作记录杂乱、涉及二曜五星慧孛客流不同,周述学非常重视天象行度可考者。所以,他未将慧孛客流一类无法考察行度的天象收录,而是辑录二曜五星可考经纬之度者,并以《授时历》《回回历法》经纬度计算之法进行二曜五星行度验证。周述学验证的目的便有考订甘石占验之文,以改造发展传统军国星占:

> 《天文通志》何以作也?作以志天文也。志何谓通,以古之《天文通志》也。《通志》天文何以唯志二曜五星而慧孛客流弗及焉。兹志二曜五星者为可以考经纬之度也,为可以考凌犯之占也。弗及慧孛客流者,以其虽有形气之可占而无行度之可考也。既往星度考何用?曷已作耶?夫志以考往,甚切于用。以考经纬之度,而较其得失,则郭马之法可整也。以考凌犯之占而证其应占,则甘石之文可订也。然则《通志》之用,历法星占皆由之以可正欤?②(周述学,[1592])^{卷之一:1b-2a}

---

① 需要指出的是,周述学上述工作实际上可能蕴含着凌犯占在观念上的一种新变化。古人将凌犯归于异常天象进行记录观测,进而得到占验结果。但周述学受《回回历法》影响,认为凌犯皆可计算,则有可能进一步发展将凌犯看作一种正常而非变异的天象。凌犯占因而成为占常而非占变。不过,这一点笔者目前尚未发现周述学的直接论述,只能从其关于五星凌犯的论述中得到一些间接的可能性证据:"视纬星经宿经纬相同在一度以下者取用相减,则得其上下左右相并相离之分秒,而可以考其凌犯之亲疏矣。约其大周,木星八十三年而周天,与日合者七十六,合期约三百九十九日……水星四十六年之间合于日者一百四十五,退合亦然,约一百一十六日而顺逆两合,此其常也。先视土木所在之辰,以考其政之合局,辨其主客,论其休王,亦可以见气运之更变矣。"(周述学,[1592])^{卷之二:37}此处周述学在论述完凌犯算法后,一一列举五星运行周期,以"此其常也"总括。又后面论述占验气运之改变时以"七政之合局"为言,似将凌犯与合局相等同。合局在表示星体之间关系时,一般不出现在传统军国星占而出现在星命术中。如《星学大成》中多次出现此一词语。星命术以七政四余的正常运行占验,具有占常特征。因此,此处周述学也似乎有可能将凌犯看作和星命术一样,具有占常的特征。此外袁黄在《历法新书》中也通过研究《回回历法》给出凌犯计算,还有月五星纬度所及范围,但笔者尚未发现其对凌犯占占法、思想方面的认识。(袁黄,1996)⁷⁶³⁻⁸⁶²

② 文中郭马之法当指郭守敬《授时历》、马哈麻《回回历法》。

上述讨论主要集中在和占法技术有关的层面。下面讨论明代中后期的传统军国星占作为天人之学被置于怎样的一种宇宙图景中。总体来看，此一时期的传统军国星占依然被置于浑天说的宇宙世界里。我们以《观象玩占》与范守己《天官举正》为代表进行介绍。

《观象玩占》是明代钦天监遵用的官用占书（王云婕，2016）[45]，其宇宙图景也是浑天说。该书受李淳风《乙巳占》影响，在第一卷《天论》部分罗列了历史上八家言天之说，以浑天说为最合理："古之言天凡有八家。一曰浑天，即今所载张衡《灵宪》是也。二曰宣夜，绝无师学。三曰盖天，《周髀》所在。四曰轩天，姚信所说。五曰穹天，虞耸所拟。六曰安天，虞喜所述。七曰方天，王充所论。八曰四天，祆胡寓言。独浑天一家最为近理。"（佚名Ⅱ，2002）[153]可知《观象玩占》所遵从的宇宙论是张衡式浑天说。

由前述《〈天官举正〉自序》可知，范守己曾作浑天仪。关于此浑仪形制，他于《天官举正》前有附图（图2.1），并在《浑天行》中以诗意的语言仔细描述、称赞了浑天说，批评了盖天说与宣夜说：

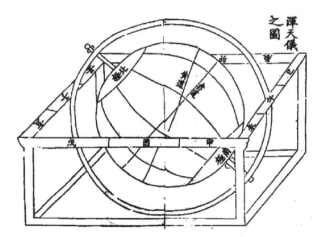

图2.1 范守己《天官举正》中"浑天仪之图"

浑沌浩无极，三辰谁区分。璇衡窥天轨，四维露其真。玄哲有巫咸，甘德与石申。可名三百二，黑白粲有伦。周髀迷斗极，宣夜暗屈伸。浑天宗唐洛，经营有妄人。千载绝师模，具体徒囷轮。予欲识天倪，淫思疲精神。恍惚凌倒影，摹形为具陈。紫微奠枢纽，银汉倚天津。太微与天市，帝座环臣邻。十二列辰次，四七辨晓昏。黄白横二道，交如路相侵。日月跃二丸，迟速互追寻。昼夜随迁变，弦朔认加临。薄食按计罗，起复有根因。举目窥元化，指掌遍苍旻。自笑在尘宇，揶揄弄乾坤。（范守己，1997b）[23]

可惜的是，我们目前无法从现有资料得知范守己的宇宙论与朱熹或张衡之间的异同。经张衡系统总结之后，浑天说逐渐成为古代主流的宇宙论认识。此后至唐代学者们虽有所修正，但大致遵从张衡之说。自五代邱光庭开始，学者逐渐对张衡浑天说进行反思并尝试改革，中经北宋邵雍、张载等人，最终在南宋由朱熹完成了一种新的浑天说。此后新浑天说成为主流派，学者的间或修正、五代之前的张衡说法亦时而并存，直至明末耶稣会士传入新的宇宙论（陈美东，2007）[121-167]。范守己虽然身处明代，但目前没有证据确认他主宗何家。①

关于此浑天式宇宙，范守己认为由一气构成，天地人物也是由一气分化而来："人物之始，其与天地并生乎？当其混沌而人物天地固浑涵于一气中矣。"（范守己，1997a）[528]此气进一步可分为相互联系的阴阳与五行："阳非阴不化，阴非阳不凝。""阴阳互变，参错不一。五气互布，杂糅不齐。"（范守己，1997a）[528]此气不仅组成人和万物的物质，也是人精神的根源。人之心来源于天地之心，天心则是阴阳之气之至纯、至粹、至虚、至神者：

> 天心至虚而善应，至顺而善成。至虚，阳之灵也。至顺，阴之灵也。
> 夫人得天地之气以为形，则得天地之心以为心。
> 天地之心，其纯有常。天地之气，或错杂无常。
> 喜怒哀乐之未发，人心之中，人心之纯也。阴阳五气之未形，天心之纯，天心之中也。
> 至纯至虚至神，天地之心耶？
> 良知，阳之虚也，达之为智为义。良能，阴之顺也，达之为仁为礼。（范守己，1997a）[529-531]

可以看出，范守己的说法受到了阳明心学的影响。这与他所处时代契合。

除以宇宙论理解之外，更为重要的是，在宋明理学语境下学者们开始了和星占有关的新表达，其中蕴含着宋明理学普遍流行的本体论认识。如周述学在介绍传统军国星占中凌犯占时说："天人一理，感应至神，唯观天象之凌犯，则知人事之吉凶。"（周述学，[1592]）[卷之一:2b]天与人一理贯通，这是周述学受程朱理学影响对天人关系的新表述。天人的感应、观天象之凌犯以知人事的吉凶并不仅仅因为一气联通的缘由，更在于天人一理。此处虽未论及凌犯占是对天人之理的认识，但周述学明显将凌犯占与理这一宋明理学范畴联系，以理

---

① 范守己曾在《肤语》卷之四论及如果九州之外更有九州，则会地广而天狭。（范守己，1997a）[554]这似乎说明他认为天和地同样大小，这属于张衡浑天说的特征。但其他地方尚未发现进一步证据。

作为凌犯占的本体论基础。此外,韩万钟《象纬汇编》云:"天文之说微矣,理以维之,气以运之,系其象若有依焉,廓其化若有原焉,安其次若有定焉,循其分若有辨焉。"(韩万钟,1995)[106]理、气为宋明理学本体论范畴。韩万钟以理、气作为维系天象运行变化的根据,是在《象纬汇编》具体内容中的天象实体(宇宙论)之外,突出了对世界本体层面的理解。

最后需要指出的是,明代中后期传统军国星占依然存在以星占认识天道的思想,并强调可根据星占所获认识采取相应的行为以得一定的境界。如《象纬汇编》说:"是故观象而纲缊散殊之道器著矣。"(韩万钟,1995)[106]道器是宋明理学相当于理气的范畴,道即是天道。此外,范守己称:"纂录而删定之,以视观者,庶一翻阅而乾道之变化可默契于言意之表矣!况休咎诸占,灼然具存,苟存心于观察,大而赞化临戎,小而行迈力积,未必不补益万一云。"(范守己,1997a)[563]即传统军国星占关乎乾道(天道)变化。了知乾道后,人们可以据此落实相应的实践工夫,小者补益行军打仗,大者参赞天地化育,实现传统儒家治世的理想。

2.2 前三轮域外星占的传入与多样化命运

中国地处欧亚大陆东边,西北环山与沙漠,东南临海,地理位置相对隔绝。在近代世界大交通以前所受威胁主要来自北方游牧民族,与历史上的印度、波斯、阿拉伯及以西的拜占庭、西罗马等主要文明体未产生过军事政治方面较大的冲突。不过,中国自汉代以来即重视与"西方"①的交流,有丝绸之路的开通,海路也相当成熟。这些交流在实现商业共利、互通货物的同时,也带来了一轮又一轮的异域文化输入与中外文化互动,深刻影响了中华文化的多元化发展。此种"西方"文化输入虽然以宗教的传播为重要动力,但也伴随着文学、建筑、技术、天文等方面的广泛交流。其中,域外星占学作为古代天文学的重要组成部分自汉末已传入中国,并先后经历了四轮重要的输入——汉唐时期传入的印度宿曜术、唐代传入的希腊化生辰星占术、明初译介的伊斯兰星占,以及明末清初耶稣会士翻译的欧洲星占术。此四次输入各有其特点,持续时间、影响范围、本土化程度也有区别。下面分别介绍前三轮域外星占学的输入,欧洲星

---

① 此处的"西方"指地理上处于中国以西的欧亚大陆文明体。

占术的传入在第3章论述。

2.2.1 第一轮传入的宿曜术——译介与湮灭

宿曜术是具有印度特色的星占术。印度星占起源颇早。吠陀时代的宗教文献《梵书》《奥义书》中已有少量天文认识的记载，如对于一年5个或6个季节的划分，白天和黑夜分别划分为十五牟呼栗多（Muhūrta），二十七宿与二十八宿两种月宿（Nakṣatra）的建立等。(大桥由纪夫，1997)尽管此种知识颇为粗略与隐晦，但已经揭示出印度星占的一些独有特征。尤其是将神、月宿以及相应的宗教仪式结合的方式，成为后世星占文献如Jyotiṣavedāṅga、Śārdūlakarṇāvadāna中宿曜术的滥觞。① 公元前6世纪，波斯大流士王举兵入侵印度北部，为巴比伦天文学进入印度提供了契机。之后，印度星占学对天象的关注更为广泛，从显耀的日月扩展到了隐晦的行星。此后亚历山大的入侵印度，以及罗马与印度贸易在公元前1世纪的攀升，均为印度与巴比伦-希腊天文学的交流提供了途经。至公元2世纪，承袭自巴比伦并在希腊化时期发展起来的天宫图星占学被译为梵文在印度流传，并产生了重要影响，使得印度星占呈现出更加复杂多样的变化与发展。同时，印度星占也因商业宗教的交流对欧亚大陆的其他重要文明体（波斯萨珊王朝、伊斯兰世界、拜占庭、西欧以及中国）的星占学产生影响。[(Pingree，1963)(Brennan，2017)[127]]

通过佛教传入中国的星占术最早可以追溯到汉末安息国皇太子安世高的译介，可惜所译已经不存。(矢野道雄，2014)[117-118]三国吴黄龙二年（230年），竺律炎、支谦合译了《摩登伽经》，这是现存第一部有关印度宿曜术的汉文佛经文献。此书梵文底本为Śārdūlakarṇāvadāna，以佛向众人说法的形式概述了印度古代数理天文学与星占的基本内容。译本分为上下卷共七品。其中第一至第四以善业因果反驳印度种姓制度；第五至第七介绍天文星占，包括二十八宿各宿之名称、组成星数、形貌以及宿曜术中的宿占——月行二十八宿②占法：

月离昴宿，是日生者，有大名称，人所恭敬。
月离毕宿，所立城邑，其中人民，悉修善业。多饶财务，习诵经典，少

---

① 如在吠陀经典 Sankhayana Grihya Sutra 中云："And let him offer oblations to the lunar day (tithi) of (the child's) birth and to three constellations with their (presiding) deities. Let him place in the middle the oblation to that constellation under which (the child) has been born; the deity, however, is constantly to precede (the corresponding nakṣatra)."（Gonda，1975）[560] 即是类似后来宿曜术占法的记录。

② 印度传统有二十七宿、二十八宿两种划分月宿的方式。汉译佛经一般将其与中国古代二十八宿对应。二十七宿少牛宿，以昴宿为首。(Kotyk，2017)[23-24]

于贪欲。

　　夏月在参,天雨八寸,宜种下田。所有财务,当密藏隐。其年饶贼,应严兵仗,及有三疾。

　　月在七宿,若有蚀者,种甘蔗人,当被毁害。

　　月在张宿,宜造璎珞,着新净衣。种植果木,造立市肆。宜为善事,葺宅雇人。此日生者,少发端正。其日有雨,秋多成熟。

　　凡地动者,必多兵起。其一地动,三大亦然。三月地动,不过一旬当有兵起。

　　月在翼宿,而地动者,诸商贾人,依山住者,并大臣衰。(竺律炎、支谦,1993)[1,9-12]

可以看出,《摩登伽经》介绍的印度二十八宿占法主要是以月亮所在宿的位置占验个人命运性格、城中民众风俗、天雨气象、国家灾害、疾病兵戎、宜忌选择等。此外,二十八宿占法还与发生时日、日月食、地动现象以及四大(地水火风)观念结合,在占验所依据的对象上表现出丰富的特征。

《摩登伽经》之后,随着佛教在中国传播的兴盛,诸多包括宿曜术的佛经,尤其是密教经典被译出,如《舍头谏太子二十八宿经》《大方等大集经》《文殊师利菩萨及诸仙所说凶吉时日善恶宿曜经》《七曜攘灾诀》《炽盛光大威德消灾吉祥陀罗尼经》《大圣妙吉祥菩萨说除灾教令法轮》等。(靳志佳,2020)[27-28]这些著作除引入月行二十八宿占外,还介绍了二十八宿值日法①、二十七宿值日法②、七曜攘灾法③、九曜攘灾法④、七曜值日法⑤、九曜行年法⑥等印度星占方法。这些宿曜术占法以宿(二十八或二十七宿)所值之日,曜(日月五星七曜或加罗睺、计都)所值之日或年、所临之宿为占验依据,同时结合了日月食等元素,对

---

　　① 此法见《大方等大集经》。它以二十八宿所值之日断定此日生病之人情况、此日出生之人一生总体的吉凶情况与在其他宿日需要注意的宜忌行为。至于具体宿日,则根据印度传统宿值日计时制度,通过专门的表格对照获得,而非通过天文观测或历法计算。因此,此种值日之法一定程度上已经脱离天象,具有术数特征。

　　② 二十七宿值日法最早出现于《文殊师利菩萨及诸仙所说吉凶时日善恶宿曜经》(即《宿曜经》)中。关于《宿曜经》请参见 Michio Yano(1987)[125-134]的论述。

　　③ 此法见《七曜攘灾诀》,乃以七曜(日月五星)临入一宿、后天十二宫某宫的情况占验吉凶。其中七曜所临之宿最为重要的是命宿,命宿即人之出生时月亮所在的星宿。除命宿外,还有四方宿、事宿、意宿等说法。

　　④ 此法见《梵天火罗九曜》,主要关于九曜(日月五星和罗睺、计都)临人命宿的占法。

　　⑤ 七曜值日法最先出现在《宿曜经》中。此法依七曜值日顺序(即"星期"),对各曜日的吉凶善恶情况进行说明,以得出此日宜忌、个人命况及作战对策等。

　　⑥ 九曜行年法见《梵天火罗九曜》,即九曜九年一个周期,每曜值一年。因九曜吉凶不同,生于各曜所执年份的人,就有不同的命况以及避灾法。

吉凶宜忌、个人命况、世俗军国进行占验。从占验所据对象来看，与中国传统军国星占中占变方式不同，宿曜术基本具有占常的特征。① 从所指向的占验结果来看，宿曜术广泛涉及希腊化天宫图星占学中的个人生辰占、普遍星占术、选择术以及医药星占、气象占所关注的主题。不过这些占法与希腊化天宫图占法并不相同，它们主要单一地以宿或曜所临位置或日子占验，并未涉及在天宫图中综合考虑七曜、先天十二宫、后天十二宫、喜乐宫、界等复杂元素的希腊化占法。② 它们主要属于印度早期星占占法发展的产物，保留了鲜明的印度特征。即便在《七曜攘灾诀》《宿曜经》一类涉及后天十二宫、三方主等希腊化天宫图星占学元素的文献中，也主要是一种简单的曜临宫位的占法。这与曜临宿占法类似，可以看作曜临宿占法的一种延伸。因此，它们并非以综合考虑不同因素的希腊化占法为导向，而是仅仅表现出一种吸收部分希腊化天宫图元素的趋向。③

与宿曜术占法紧密联系的是在得到吉凶宜忌占验结果之后的应对行为。在中国传统军国星占中也有此一步骤，如前述太史公在《天官书》中强调修德、修政、修救、修禳。宿曜术因在佛经中被介绍，与佛教尤其是密教关系密切。其占验后相应的行为除了遵循占验结果的宜忌事项行动之外，还有浓厚宗教色彩的供奉、攘灾行为。供奉与攘灾可涉及神像、咒语等具体对象与内容。如《七曜攘灾诀》中的"画形法"，通过画一神形当颈项戴之，并最终烧毁而攘灾；"真言法"则以念诵真言去灾。（李辉，2011）[70-72, 159]

与攘灾的工夫论面向一致，宿曜术在宇宙论层面也存在与印度"四大"一类自然哲学元素结合的情况。如前述《摩登伽经》将占法与"四大"结合。但此种占法自印度上古便与《吠陀经》等宗教文献紧密联系，传入中国者亦是佛教经典，尤其是密教著作。这使得宿曜术诸宿诸曜具有明显的神灵属性，将宿曜绘成诸神灵形象极为常见。如《宿曜经》七曜值日法中七曜既是运行于天的天体，也是可以下值人间的神灵，所掌吉凶祸福极为灵验不爽，二十八宿亦各为

---

① 有意思的是，中国在东汉初期似乎已经出现了以正常天象占验人命运的认识，王充（27-97年？）在《论衡》中云："天施气而众星布精，天所施气而众星之气在其中矣。人禀气而生，含气而长，得贵则贵，得贱则贱。贵或秩有高下，富或资有多少，皆星位尊卑小大之所授也。"此种认识或表明曾有中国本土的生辰占法产生，不过后来不幸湮灭了。（张哲嘉，2010）

② 上述关于汉译佛经中宿曜术的讨论基本参考自李辉（2011）的论文。

③ 麦文彪在划分佛经中星占类型时，将《宿曜经》划入基于九曜与二十七宿的天宫图星占学范畴（Horoscopy based on 9 grahas/nakṣatras）。（Mak，2015a）李辉在论述《七曜攘灾诀》时将类似占法归入宿曜术范畴。笔者此处倾向于李辉的观点，认为虽然在《宿曜经》和《七曜攘灾诀》出现了后天十二宫等天宫图星占学元素，但并没有系统而综合地应用天宫图星占学元素进行占验。"这种曜至十二位的星占系统，可能是曜至黄道十二宫的某种附会或者变形。"（李辉，2011）

一神灵：

> 亢一星，形如火珠，风神也。
>
> 女三星，形如梨格，毘薮幻神也。
>
> 夫七曜日月五星也，其精上曜于天，其神下直于人，所以司善恶而主理吉凶也。
>
> 右件七曜上运行于天，下直于人间。其精灵神验。（不空，1993）²⁹⁻³¹,³⁸

又《七曜攘灾诀》中精炼描述了五星神灵的拟人形象：金星之神是一位女人，穿着黄色衣服，头戴鸡冠，手弹琵琶；木星之神是一位老人，着青衣，戴猪冠，容貌俨然可敬。（金俱吒，1993）⁶⁶这种特征与前述传统军国星占情况有较大区别。在时代相近的李淳风《乙巳占》中，虽然受董仲舒天人感应思想的影响，李淳风的论述颇见意志之天的特征，但此种意志之天并无类似宿曜术中宗教神的拟人形象。他在序言中也着力强调了极具自然哲学特征的天道。即便是更早的《天官书》中，传统军国星占已经开始与宇宙论、阴阳五行学说紧密结合，表现出强烈的自然哲学特征。虽然无法排除其中具有神灵色彩，但神灵的重要性难以超越自然哲学特征。

宿曜术中曜宿的强烈神灵特征自然和佛教尤其是密教的宗教背景密切联系，而这或许成为其在古代中国逐渐失传的重要原因。密宗在唐以后的汉语圈失传。唐代开始流行的佛教中国禅宗化运动以及宋代大盛的新儒学运动均对此类宿曜神灵没有多大需求。神灵崇拜在主流知识人群体中不占据重要地位，甚至被排斥。与此密切相关的宿曜术自然受到影响。（Kotyk，2017）²³⁸因此，虽然宿曜术在中国产生了一些影响，如《梵天火罗九曜》的纂集（钮卫星，2019）¹⁶⁶⁻¹⁸³，明清时期的通书中仍然有"蜜"（即星期日）字注日（李辉，2011）⁹³，但此种影响似乎是局部性的，短暂且不甚重要。作为一种占法，它似乎未能被宋以后的汉语圈学者完整地实践。①（Kotyk，2017）²³⁷⁻²³⁸

需要指出的是，宿曜术虽然并不属于天宫图星占学系统，但其传入过程不时包含了一些天宫图星占学信息。如公元6世纪命宫曾被译入《大方等大集经》中。（Mak，2014，2015b）公元8世纪完成的《七曜攘灾诀》《宿曜经》中亦有后天十二宫。（金俱吒，1993）²⁹⁻³¹,⁴¹⁻⁶⁹在印度，具有希腊化渊源的天宫图星占学在公元6世纪已经成为主流星占学之一。译介佛经的佛教徒似乎并不特别关注此种占法，但还是受到了一定的影响。真正系统传入天宫图星占学的应当

---

① 有意思的是，宿曜术类型的占法最终在日本流传与发展起来，以宿曜道为名被实践到今天。（矢野道雄，1986）¹³⁵⁻¹⁷⁸

是波斯景教徒。

2.2.2　第二轮——天宫图生辰星占术的系统传入与高度本土化

希腊化时期发展成熟的天宫图星占学应该是古代世界最为流行的星占学类型。此种星占学类型起源于古巴比伦文明。古巴比伦位于亚洲西部肥沃的幼发拉底河、底格里斯河流域，是四大文明古国之一。古巴比伦人最早含有星占预兆的文献可以被追溯到公元前2000年。(约翰·斯蒂尔，2018)[18] 公元前16世纪，他们已经开始将一系列的天象和军国大事对应。(Holden，2006)[1] 这种传统一直持续，占验记录也被集结保存。收藏于公元前7世纪尼尼微皇家图书馆的泥版书文献《埃努马·阿努·恩利尔》(Enūma Anu Enil)，有多达7000个的天象记录。(Barton，1994)[12] 这些文献被书写在70块泥版上，因内容总是以Enūma Anu Enil (当阿努神、恩利尔神)①开始，故有此名。与中国传统军国星占类似，《埃努马·阿努·恩利尔》也是以天变现象占验军国大事。如其中有关木星的占验说："如果木星从金星的右侧经过，那么古蒂(Guti)将会被一种强大的武器征服。"这也预示着在古比伦人所理解的世界中，宇宙一般是有秩序的，但此种秩序可能被改变。在被改变时天象会作为预兆。此种改变天象的力量在古比伦人看来属于神的意志。因此，天象的征兆是神意志的体现。正因如此，此种征兆只是预示着神将要在地上的作为，并不是地上发生事情的原因。星占家通过对天象征兆与相关事应的解读，便可以了解神意，进而决定如何行动。(约翰·斯蒂尔，2018)[17-20]

到了公元前750年至公元1世纪的晚巴比伦时期，巴比伦人的天文学研究获得了巨大发展：第一次系统地每天观测天文，发明黄道十二宫作为测量天体位置的参考系统，形成计算天体视运行情况的算数方法等。这些发展为计算天体的运行带来了可能，加之动荡社会需要占星师迎合普通大众的需求来预测普通人的命运，大约在公元前5世纪，关注个人命运的"天宫图"生辰星占开始出现。目前有28块古巴比伦生辰星占泥版"天宫图"为我们所知，最早的一块可以被追溯到公元前410年，最晚的是公元前69年。(Rochberg，1998)[3] 此类"天宫图"包含有命主出生(有时是受孕)时刻行星日月的位置，用于确定位置的黄道十二宫，临近日期的日月食、朔望月，以及行星的升起隐没等信息。一般"天宫图"中不包含对命主的占辞。此种对天文数据的解读由星占师口述给命主。不过有时候还是可以看到一些占辞，如"他将有多个男孩"。[(Barton，1994)[14-17] (约翰·斯蒂尔，2018)[31-32]]

---

① Anu 和 Enil 分别是巴比伦信仰中的天之神、地之神。

此类巴比伦"天宫图"生辰星占虽然以出生或受孕时刻的实际天象的一些特征占验,但还不是严格意义上的希腊化天宫图星占学。对巴比伦"天宫图"天象的解读缺少希腊化天宫图星占学中非常重要的元素:以出生时刻太阳所在位置(上升点)确定的命宫及进而得到的后天十二宫,以及相关的四柱(Cardinals,天顶、天底、上升点、下降点)观念。此外,黄道十二宫在巴比伦生辰占中似乎也不具有阴阳(Gender)、行星本宫(House)一类的属性。(Brennan,2017)[4]可以说,巴比伦"天宫图"生辰星占是一种原初天宫图(Proto-horoscopes)(Pingree,1997)[22]星占术。希腊化天宫图星占即是在此基础上发展而得。

古希腊学者自公元前6世纪即受巴比伦天文学影响。(Barton,1994)[21]至公元前4世纪,雅典可能已经有学者了解到巴比伦生辰星占术。(Pingree,1997)[25]但后世天宫图星占学的重要发展发生在希腊化托勒密王朝的埃及亚历山大城。公元前334年,年轻的马其顿亚历山大大帝挥师小亚细亚(今土耳其),正式开始他的征战生涯。至公元前323年,他建立了横跨欧亚非三洲的帝国。这一年的意外死亡使他的帝国事业中断。他所征服的土地落入三位将军手中,从此开始希腊化时代。其中马其顿人托勒密掌握了埃及,以亚历山大城为首都。该城市经济繁荣,交通便利,与外界交往频繁。尤其是城中有当时世界最大的图书馆,各地学者云集,文化鼎盛。希腊化天宫图星占学的出现与形成可能就是在托勒密王朝亚历山大城。

至迟到公元前3世纪初,古巴比伦星占学已经由美索不达米亚的天文学家带入希腊化的托勒密王朝。据记载大约在公元前280年,古巴比伦学者贝洛索斯(Berossus)移居托勒密王朝统治下的科斯岛(Kos),并在那里建立起学校教授巴比伦星占学。他在希腊学者中颇为有名,后世因其占验准确有黄金舌(Golden Tongue)之称。他的学生与相关著作可能进入了当时的学术中心亚历山大城。当然,贝洛索斯应当只是引介巴比伦星占学到托勒密王朝的其中一位学者。经过一定时间融合发展,在希腊文化与巴比伦文化以及其他文化因素(如古埃及)综合作用下,最终在公元前2世纪末至公元前1世纪初发展出了成熟的天宫图星占学。这一成熟的天宫图星占学包括日月五星、相位(Aspect)、后天十二宫、黄道十二宫等元素,成为后世天宫图星占学的基础。①(Brennan,2017)[11-18]。

天宫图星占学形成后不久,托勒密王朝覆灭于罗马人铁骑,欧亚大陆西边

---

① 希腊化天宫图星占学的确切起源时间是个有争议的问题。James Herschel Holden 在其重要著作 A History of Horoscopic Astrology 中认为是公元前3世纪到公元前2世纪,Chris Brennan 和 David Pingree 认为是公元2世纪末1世纪初。此处从后者。[(Pingree,1997)[26](Holden,2006)[12]]

进入罗马帝国时代。此一时期对天宫图星占学的发展极为重要。天宫图星占学虽然成形于希腊化托勒密王朝,但我们今天所看到的最早的系统著作均完成于公元1世纪后的罗马帝国时期。如在古代社会颇为重要的多罗修斯五卷本《星占之歌》,托勒密(Claudius Ptolemy,约100—178年)的星占《四门经》(Tetrabiblos),维提乌斯·瓦伦斯(Vettius Valens,约120—175年)的《选集》(Anthology)。这些著作有些随着欧亚大陆交流的持续与深入,进入印度、波斯、阿拉伯世界,最终进一步向东,传入了中国。

目前来看,尽管中国与西域很早就有交通,且在宿曜术中已经包含了命宫或上升宫等天宫图星占学元素,但天宫图星占学并未经过佛教徒系统传入中国。其系统译介颇迟,可能是在公元8世纪的唐代中晚期。译本据称为《都利聿斯经》,译者可能是官至唐司天监的波斯后裔景教徒李素(743—817年)。其底本可能是由波斯景教徒阿罗本带入中国并流传于中东地区的希腊-波斯星占文本,且很有可能是多罗修斯的《星占之歌》。(Mak,2014)

多罗修斯的《星占之歌》又称《五卷》(Pentateuch),大概完成于公元75年。该书希腊文全本已经散轶,现存最全的文本是由'Umar al-Tabarī于公元800年左右根据波斯译本翻译的阿拉伯译本。可惜的是,书中有不少错误与后世加入的内容。[①] 此书以诗歌形式介绍了当时流行的两种主要类型的天宫图星占学分支——生辰占与选择术。其中第一卷到第四卷介绍生辰占,第五卷介绍选择术。第五卷出现了卜卦星占学的萌芽。[②] 多罗修斯的介绍非常实用化,并不像托勒密《四门经》那样寻求以古希腊亚里士多德自然哲学作为基础,并对星占中所涉及的一些物理哲学问题进行讨论。他代表了希腊化星占学中重实践操作的传统。这实际上是当时的主流传统。

多罗修斯的著作在波斯萨珊王朝早期已经被引进。公元3世纪波斯萨珊王朝兴起。在国王阿尔达希尔一世(Ardashīr Ⅰ)与其子沙普尔一世(Shāpūr Ⅰ)统治期间(222—267年),统治阶层极为重视文化的发展,曾派使者到中国、印度和罗马访求典籍。其中便包括多罗修斯的《星占之歌》、瓦伦斯的《选集》。它们和其他一些星占著作在波斯萨珊王朝流传开来,成为波斯星占家实践的基础。(Brennan,2017)[130-131] 经过数百年在中东的流传,尽管萨珊王朝在公元651

---

① 目前此书有两个译本,分别是 Dorotheus of Sidon(2019)和 Dorotheus of Sidon(2005)的译本。
② 卜卦星占学盛行于中世纪与文艺复兴时期,在印度、波斯与阿拉伯世界也有流行。但在希腊化时期以及罗马早期似乎并不流行。有些学者如平格里认为卜卦星占学并不是公元前后希腊化天宫图星占学固有的传统,而是由印度学者结合希腊化天宫图星占学传统与自身传统发展而来。但最新的研究认为卜卦星占学的萌芽已经在多罗修斯的著作中出现,很可能是选择术的一个分支,由此而逐渐发展起来。关于这个问题的讨论,请参看 Pingree(1997)[36]、Brennan(2017)[56-57]的论述。

年被新兴的阿拉伯推翻,但多罗修斯的《星占之歌》经波斯景教徒之手传入了中国,成为目前所知第一部系统传入中国的希腊化天宫图星占学著作。

以《聿斯经》为名传入中国的《星占之歌》主要介绍生辰占。在被译介之后,天宫图生辰占逐渐在中国产生了广泛影响,并发展、本土化为一种特定的星占类型——星命术。不仅一些学者如杜牧、苏轼、杨万里、真德秀在文学作品中提及其中的元素、占法,在民间星命术也极受欢迎。星占家将其发展,写出一大批有关星命术的著作,如唐及五代的《秤星灵台秘要经》《灵台经》、杜光庭《广成集》,南宋钱如璧《三辰通载》,元代郑希诚《观星要诀》。(宋神秘,2014;靳志佳,2020)总体来看,在经历了宋代的高潮与元代的平稳过渡之后(靳志佳,2020)[32],至明代,星命术承袭余绪,在总结前代著作的基础上,开始出现一些新的发展,呈现出极为复杂的特征。

明代星命术颇为流行。明初开国功臣宋濂在《禄命辨》中论及星命术渊源特征,从论述来看他对此道熟悉有加。万历年间由于星命著作畅销,利润丰厚,故原版书籍多被坊间翻刻。商家兜售需要打出标记以标志版权,并呼吁大众购买正版。(薛承爱,2003)[74-76]一些星占师虽行走江湖,声名却远达朝堂。如南京户部尚书韩擢曾为陆位辑《果老星宗》作序言,其中不仅对陆位称赞有加,还称他以星命术游于世,因太受欢迎可以无入而不得。(袁树珊,1998)[356]

明代星命著作留存于世以及有关记载较前代为多。经过查找,笔者初步得到可以确定为星命著作的书籍为九种(见表2.3),其中三种未见原书。这些著作可以帮助我们比较深入地了解当时星命术的发展情况。

表2.3　明代星命著作一览表

	书　名	作　者	出版时间	存世情况
1	星学源流(二十卷)	杨源	成化至正德年间	不明
2	增补星平会海命学全书*	月金山人	天顺(1457—1464年)或之后	收入《四库全书存目丛书》
3	星学大成(三十卷)	万民英	嘉靖四十二年(1563年)	收入《四库全书》
4	星学纲目正传(二十卷)	杨淙	万历十年(1582年)	日本名古屋市蓬左文库藏
5	神道大编象宗华天五星(九卷)	周述学	万历十年(1582年)	收入《续修四库全书》
6	张果星宗	陆位	万历年间	未见

续表

	书　名	作　者	出版时间	存世情况
7	新编分类当代名公文武星案（六卷）	陆位	万历四十四年（1616年）刊刻，万历四十八年（1620年）续补	《心一堂术数珍本古籍丛刊》本
8	五星玉镜	华善继	万历年间	未见
9	新刻星平总会命海全编	薛承爱撰、夏青山子编集	万历三十九年（1611年）	收入《美国哈佛大学哈佛燕京图书馆藏中文善本汇刊》

注：表中著作的具体考证见附录1。此表是以表2.1的标准从《四库全书》《明代书目题跋丛刊》等丛书、书目中统计而来。其中因无法确定时间所以未列入表者为：洪理《历府大成》，欧阳忠《星命秘诀望斗真经》三卷，《星平总会》十卷（《澹生堂书目》收录，《美国哈佛大学哈佛燕京图书馆藏中文善本汇刊》24—25册有《新刻星平总会命海全编》十卷首一卷，题明薛承爱撰、夏青山子编集，乃万历年间刻本，不知是不是此书），《星平会海》（《千顷堂书目》收录，《四库存目》子部67册有《增补星平会海命学全书》十卷首一卷，署名武当山月金山人霞阳水中龙编集，或即此书。《四库全书总目》以为明人所编），《五星考》（据《四库全书总目》卷一百一十一记载为明人所作），《星命溯源》（据《四库全书总目》卷一百〇九记载书中称李澄遇张果于嘉靖年间以授，则或为嘉靖之后最终完成）。

*《增补星平会海命学全书》简称《星平会海》，万斯同《明史》收录有条目，序言未提及刊刻时间。但书中提及明英宗朱祁镇自鞑靼返明第二次登基后的天顺年号，可知当在天顺或之后："万公由吏员精于命理，因断天顺皇帝能出高墙，位得至于尚书。"（月金山人，1995）[342]

经过宋元的积淀，明代星命术著作内容已颇为繁复，学者也似乎开始有意识地总结、删减。这以万民英《星学大成》为代表。万民英，明代大宁都司①人，字汝豪，号育吾，嘉靖庚戌（1550年）进士。历任南直隶武进知县、河南道御史、山东佥事、福建兴泉兵备等职，善武功，曾巡守北界，又抗倭有功。[（黄任，[1882]）卷之三十:1a-2b（张登高，[1747]）卷五:22]《星学大成》乃嘉靖四十二年（1563年）完成的星命学著作。书中所引前人著作逾三十种②，卷帙达三十卷之多。四库馆臣评价为"五星之大全"："然其鸠集众说，多术家不传之本，实为五星之大全……后来言果老术者，参互考证，要必于是取资焉。"（纪昀等，1983）[362]万民英

---

① 明代洪武二十年（1387年）置，治所在大宁卫（今内蒙古宁城县西老哈河北岸大名城）。
② 据笔者统计，包括《百煞经》《括苍季宗舒琴堂五星总断》《窦陶氏十问》《陈都宪十二宫安命论》《郑幼学二十八宿元髓血脉经》《栏驾经》《天星标本》《步天经》《十二宫安命论》《三辰通载》《琅玕经》《鉴心经》《总龟算法》《紫府珍藏星命总龟》《紫府珍藏星命总龟续集》《唐一行禅师十六两金》《唐一行禅师聚论详议批注》《琴堂易览批注》《唐一行禅师五星秘文批注》《星辰霄鉴经》《星辰瀛海经》《玉衡经》《磨镜赋》《五星碧玉真经》《玉衢真经》《灵台经》《续步天经警》《邓太史乔拗经句》《天机渊微》等。

在书中也表达了总结厘定诸家学说之意。如在前面三卷介绍星曜吉凶运行、神煞用法等内容的凡例中,他指出前人著作或藏头漏尾,或有缺失,均不能明示于人星曜、神煞诸要素吉凶性情的所以然之理,所以才有此凡例之作。(万民英,1983b)[288]

万民英除《星学大成》之外,还编撰有子平八字术著作《三命通会》。这一同时重视星命术与子平术的倾向是明代禄命学的重要特征。学者经常将星命术与子平术一并讨论,两者被看作并行的主流推命术。除万民英外,《星平会海命学全书》《星学纲目正传》《新刻星平总会命海全编》诸书的作者更是直接将子平术与星命术二者置于同帙。其体例或是将子平置于前,如《星学纲目正传》序言在介绍书中内容时称:"于是取子平五星诸书而厘正之,合为一帙,名为《星学纲目正传》。揭子平于前维,五星于后,布列有图,分辨有注。"(杨淙,[1582])[2b-3a] 或是将子平置于后,如《星平会海命学全书》前五卷论星命,后论子平。后来薛凤祚在论及禄命术时专举子平与星命为言,当是受明代此种特征的影响。

明代星命术已经高度本土化。这主要体现在占法及星命术的宇宙论、本体论基础等方面。笔者以陆位《文武星案》与万民英《星学大成》为例说明。

陆位字斗南,是一名佛教居士,活跃于万历年间,善星命、占卜之术。除《文武星案》外,辑录有《张果星宗》。《张果星宗》介绍的是星命术占法理论技术,《文武星案》则是通过具体的命主实例帮助读者掌握实际星盘的解读,最能说明星命术实践中使用的星占元素与解读方式。(陆位,2012)[25]《文武星案》初刊于万历四十四年(1616年),四年后万历四十八年(1620年)续补。开始部分为"入门起例"与"入门看法",将星命术中使用的纳音、天干地支、十一曜[①]、神煞、十二宫、星曜行度、相位、格局、行限等基础知识以极为简洁的方式列出,作为解读天宫图的基础。陆位称之为"星家纲领、学者模范",并建议读者需要"熟玩自得于心"。(陆位,2012)[27-44] 之后是陆位经数十年广搜博采的近1100个星案,命主上至王侯将相,下至贩夫走卒。如图2.2为书中第二个星案,从中可知命主为明武宗朱厚照正德皇帝(1491—1522年)。此星案可以分为两部分,其中下面十二边形图是天宫图或星盘。该星盘由内到外分为八层。最中间的

[①] 十一曜即七政四余,包括日月五星、罗睺、计都、月孛、紫气。四余含义在中国古代经历了复杂的变迁,关于此一过程请参看钮卫星(2019)[225-254] 的论述。

是命度①所在位置,通过此位置可以得到命宫所在为戌宫(白羊宫)。第二层为黄道十二宫,以传统地支表示,顺时针排列。第三层是命主出生时刻十一曜所在位置。第四层是后天十二宫——命宫、财帛宫、兄弟宫、田宅宫、男女宫、奴仆宫、妻妾宫、疾厄宫、迁移宫、官禄宫、福德宫、相貌宫,以逆时针排列。此一层还包括行限——人一生运势的一种推算方式,即以后天十二宫划分人生的

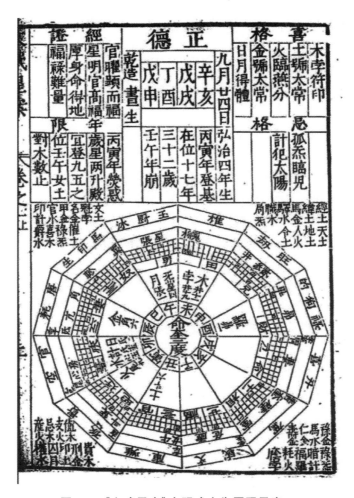

图2.2 《文武星案》中明武宗朱厚照星案

---

① 命度是星命术中与命宫相关的概念,其计算方式是"以太阳之度对着命宫之度,即是命度也"(陆位,2012)34。即将出生时太阳所在宫位度数直接对应于命宫所在宫位度数,通过此度数得到相应的二十八宿位置,就是命度。此命度的真实含义指出生时东方地平所对应的二十八宿位置,只是其算法程式化,后世星占师较少讨论其真实意涵。

第2章 天人之学 涵容他方——新变革前的星占学发展背景

不同年龄阶段①。明武宗朱厚照的行限命宫一岁起,行十年;相貌宫十一岁起,留十年;福德宫二十一岁始,行十一年;官禄宫三十二岁始,留十五年;迁移宫四十七岁始,留八年;疾厄宫五十五岁起,行七年;妻妾宫六十二岁起,行十一年;奴仆宫七十三岁始。

天宫图第四层、第五层是一个整体。第五层是二十八宿与黄道十二宫的对应示意层。陆位在《文武星案》中曾以诗歌形式讨论过两者的对应关系。由此可知天宫图中的标志指示一种简单对应,如卯天蝎位置天宫图中对应于房心尾三宿。但《文武星案》中又称"氐一房心尾并存",还包括氐宿一部分。(陆位,2012)[30] 第四层是网格,十二份对应十二宫,每份三十个。此种网格所对应者当是周天度数。因中国古代以太阳行度为标准度量天区,太阳一天走一度,故周天度数并非巴比伦传统的360度,而是365度有奇。这就给360网格对应周天度数带来不便。可惜陆位在《文武星案》中未介绍具体对应方式。仔细观察,可发现第四层网格中有一些小符号,如鬼柳二宿下第三层网格有两个符号。这些符号所在位置各天宫图一致,当是二十八宿距度标志。② 如星宿据陆位介绍大致为六度,张宿与星宿下网格符号逆时针方向竖排顺序数起,正好是六格,对应于六度。又柳宿大致为十二度,柳和星宿下符号之间网格亦间隔十二格。可见陆位应该是将周天365度有奇以360网格平分,因误差过小并未留意5度有奇的差距。

第六层是第四层所对应的行限甲子。如相貌宫行限十一岁始,明武宗朱厚照生于1491辛亥年,十一岁为1501辛酉年,第六层在正对第四层十一岁的位置所标即辛酉。另外还有辛亥(命宫,一岁)、辛未(福德宫,廿一岁,1511年)、壬午(官禄宫,三十二岁,1522年)、丁酉(迁移宫,四十七岁,1537年)、乙巳(疾厄宫,五十五岁,1545年)、壬子(妻妾宫,六十二岁,1552年)。第七层是天宫图最后一层,是十二长生与星命术中使用的神煞。如对应于申宫的"劫、旺"是指劫杀、帝旺。劫杀是神煞,帝旺是十二长生(长生、沐浴、冠带、临官、帝旺、衰、病、死、墓、绝、胎、养)之一。劫杀一类神煞的位置由生年干支确认。对于劫杀来说命主生年地支亥对应于申,即入申宫。十二长生与六十甲子对应,可以根据命主出生年干支获得。明武宗朱厚照的生年干支为辛亥,长生对应于巳宫,

---

① 行限的定限度法,陆位在《文武星案》中有简要介绍。其中命宫所分年龄段不一,命宫之后福德宫、相貌宫等所占年限固定。关于此种推限方式请参看靳志佳(2020)[123-129]的论述。
② 此种符号分为两种,一种是圈内一个"一"字即⊖,一种是圈内一个"刀"字。刘韶军曾介绍相似的两种符号○与⊖,以前者为标记宿度零度到一度,以后者标记宿度一度。可能陆位天宫图中此两种符号也可以对应于此。(刘韶军,2009)[194]

沐浴对应于午宫,依次类推,冠带对应未宫,临官申宫,帝旺酉宫[①],衰戌宫,病亥宫,死子宫,墓丑宫,绝寅宫,胎卯宫,养辰宫。在天宫图之外的四角,有一系列的"禄金禄气"(右下角)类文字,乃是化曜,是由出生年干支与十一曜相合化成。"禄金"即辛亥年辛年干与金星化为禄元,"禄气"是辛年干与紫气化为天禄。化曜和神煞是论断命主命运的重要元素。

明武宗星案中还有一部分内容位置在十二边形星盘上方。此内容分为五个部分。最中间是命主信息——姓名(正德)、八字(辛亥戊戌丁酉戊申)、性别(乾造,即男)、出生昼夜情况(昼生)、大致生平(九月廿四日弘治四年生,丙寅年登基,在位十七年,三十二岁壬午年崩)。右上方是对天宫图中所呈现出的有利格局(喜格)的罗列,右下侧是对不利格局(忌格)的介绍。左下侧"行限"是对明武宗登基之丙寅年(1506年)以及驾崩之壬午年(1522年)行限格局的分析。最后左上方"经证"可能是根据格局论断的结果与星命经典(例如《聿斯经》或其他星命书籍)的相互印证。[②]

上述星案陆位虽然未给出详细的论断过程,但从中我们已经可以了解到明代中期星命术占验所主要依据的要素、方式。对比多罗修斯《星占之歌》、托勒密星占《四门经》等古罗马时期希腊化天宫图星占学代表著作以及现存的《西天聿斯经》,上述占验要素中化曜神煞、行限、二十八宿、天干地支、紫气月孛等主要论断元素均是在中国后期加入发展。而据陆位《文武星案》最开始"入门起例"与"入门看法"中所介绍的五行纳音等规则可知,其论断过程的依据也中国五行化了。这些情况均说明明代星命术在占法层面已经高度本土化。

其实,天宫图生辰占自传入中国以后,在早期已经显示出非常强烈的本土化取向(靳志佳,2020)[31],如南宋《三辰通载》的五行化倾向、神煞的使用:"天禄星(官禄)""天福星(迁移)""天囚星(疾厄)""天荫星(妻妾)""太阳属火,太阴属水,月孛罗睺属金,紫气属木,计都属土。"(钱如璧,2016)[490,507-511]元代郑希诚天宫图样式已经相当成熟,并成为陆位天宫图样式的原型(见图2.4)。[③]这说明,明代星命术是在希腊化生辰星占本土化的基础上发展而来。

---

① 图中长生在巳宫,沐浴在午宫,但帝旺在申宫,当误,应该为酉宫。
② 如其中"身命得地,福禄难量"在《星命溯源》中可以看到。关于《星命溯源》请参看宋神秘(2019)的论述。
③ 郑希诚的天宫图见《古今图书集成·博物汇编艺术典·星命部·张果星宗·郑氏星案》,陆位的样式与郑希诚接近,当是受其影响。《张果星宗·郑氏星案》前即有陆位引言,《郑氏星案》或即陆位所编。关于《郑氏星案》中星盘的介绍,参见张哲嘉(2010)[439-441]。笔者对陆位《文武星案》明武宗星案的解读亦参考此书,另外还参考了宋神秘(2014)、靳志佳(2020)、刘韶军(2009)的论述。

技术的本土化只是希腊化生辰星占被中国传统影响的一个面向。生辰星占是以天体占验个人命运的学问。这种学问明显地拥有两个维度——天与人。这也使得生辰星占自然会被归结为传统的天人之学。很多学者表达了这一看法，如《新刻星平总会命海全编》序言云："盖星命之说，亦留心考究，颇得要领旨趣。病世之专门者不达天人之故。"（月金山人，1995）[74]万民英于《耶律学士星命秘诀序》中说："耶律五星……洞究天人，后虽有作者，弗可易也。"（万民英，1983b）[469]相应地，作为天人之学所包含的必然面向——对宇宙或世界的理解、对人生成与作用的阐明、对人相应于天之行为的确定、对天命或天道的认识、通过星命所达人生目标的说明等（宇宙论、工夫论、本体论、境界论）——均是除占法技术之外星命术所囊括的重要维度，同时也是本土化的重要体现之处。在明代星占家中，此方面最典型地体现在万民英的著作中。

万民英作为进士出生的学者，受宋明理学影响，将实践星命术的世界背景理解为朱子理学式兼顾宇宙论、本体论特征的世界。他发挥朱熹《太极图说解》传统，以太极、阴阳（天地）、五行、万物的生化发展论述宇宙的形成，同时将此宇宙纳入理气本体论中：

> 天之化也运诸气而贞夫理。
>
> 太极肇分天地位，二气斡旋生万类。中有人为物最灵，均受五行之秀气。
>
> 夫五行者，木火土金水也。在天曰五星，在地曰五行，在人曰五常。太极既判，天地初分，合乎至道，体乎自然。一动一静，万物生焉。①（万民英，1983b）[287,428-429,472-473]

这便构成了一个兼具宇宙生化与理气本体特征的世界。此世界由太极分化形成天地，进而生成万物。万物均由气生成，同时万物均有太极之理的赋予。万物一太极，可以影响感通。但这种感通在万民英星命术思想中并非如前述传统军国星占中含混不清的双向感通，而更多强调了天影响人：

> 天象之高，天道之幽远，一星辰变异，皆足以兆妖祥而基理乱。近则岁月，远至数十年外，无有不验。况人禀天地五行之气以生，其初诞之时，

---

① 星命术所依据的世界图景中国化并不是万民英才开始，早在南宋《三辰通载》中便载有："太极肇分天地位，二分斡旋生万类，中有人为物最灵，均受五行之秀气。"（钱如璧，2016）[737]

> 群曜变于上而会逢其适，人事协于下而感与天通。①（万民英，1983b）287

星辰在天区的变异会在地面产生或预示相应的妖祥与治乱，这是传统军国星占所考察的内容。同样，个人出生时头顶的璀璨天空星体，也会感通于人，对命运产生形塑。正是基于这种感通，星命术的占验——根据人出生时刻的日月五星、四余（罗睺、计都、月孛、紫气）的正常运行位置（占常）以及由此衍生的神煞系统——得以实现。星命术是对此种感通的认识。这样，星命术能够了解人之命运的基础成功建立。

因为气不离理，理为形而上之道，气为形而下之器，（万民英，1983a）³ 所以此种天影响于人的结果不单单由气组成，而是一种理、气交织的天之化、天命："盖尝论之，天之化也运诸气而贞夫理。气有纯驳而理则无二。命也者，合理与气言之也。"（万民英，1983b）287 同时也和数有关："亦理数自然之符也。"（万民英，1983b）287 也因此，学者通过星命术的探究所得天命是一种理、气、数相合的状态。至此，星命术所探讨的星命之命也被理学化，成为传统理学式的命理观。

不过，理学家如朱熹基于道德理想主义，强调通过自觉与实践天所赋予人的天理来克服天所赋予的气质之偏薄，以理御气。所以在根据此天命所作实践中朱熹强调变化气质的格物穷理、主敬涵养工夫，最终希望达至纯乎天理的圣人境界。万民英则似乎更强调天命的难以改变特征，所以更突出"居易以俟命""素富贵行乎富贵，素贫贱行乎贫贱"的自我修省工夫，希冀以通达天人，乐

---

① 这一点在万民英的《三命通会》中有更为系统的论述。从中可以看出万民英继承了古代多种本体论、宇宙论思想，在发挥朱子《太极图说解》的思想中加以整合："老子曰无名天地之始，有名万物之母。有物混成先天地生。《列御寇》曰有形生于无形，天地之初，有太易，有太初，有太始，有太素。太易者，未见气。太初者，气之始。太始者，形之始。太素者，质之始。气与形质合而未离曰浑沦。《历纪》云未有天地之时，混沌如鸡子，溟涬始芽，鸿蒙滋萌。《律历志》云太极元气，函三为一。《易》曰易有太极，是生两仪，两仪生四象，四象生八卦，八卦定吉凶。《易疏》云太极谓天地未分之前，元气混而为一。蒙泉子曰太初者，理之始也。太虚者，气之始也。太素者，象之始也。太乙者，数之始也。太极者，兼理气象数之始也。由数论言之，可见浑沦未判之先，只一气混合，杳冥昏昧，而理未尝不在其中，与道为一，是谓太极。庄子以道在太极之先，所谓太极乃是指天地人三者气形已具而未判者之名，而道又别是一悬空底物，在太极之先。不知道即太极，太极即道。以其理之通行者言则曰道，以其理之极至者言则曰太极。又何尝有二邪？向非周子启其秘，朱子阐而明之，孰知太极之为理，而与气自不相离也哉？所谓太极者，乃阴阳动静之本体，不离于形气而实无声臭，不穷于变化而实有准则。故一动一静，互为其根，分阴分阳，两仪立焉。仪者物也，凡物未始无对，而亦未尝独立。天以气覆而依乎地，地以形载而附乎天。有理斯有气，阴阳之谓也。有气斯有形，天地之谓也。天地不生于天地而生于阴阳，阴阳不生于阴阳而生于动静，动静不生于动静而生于太极。盖太极者本然之妙也。动静者所乘之机也。阴阳者所生之本也。太极，形而上道也。阴阳，形而下器也。动静无端阴阳无始，此造化所由立焉。"（万民英，1983a）2-3

天安命,达到"齐得丧,一死生"的境界:

> 孔子作《春秋》,纪灾异而事应不书,天道命不言,虽言不著,盖皆欲人之以理御气,居易以俟命而已。余非知天者,然星命之说亦留心考究,颇得要领旨趣……是书之行,使知命之士观之,遇富贵则曰命也,吾不可以幸致。遇贫贱则曰命也,吾不可以苟免。行法以俟,夭寿不二,将齐得丧,一死生,其为教不既多乎?(万民英,1983b)²⁸⁷⁻²⁸⁸

同时,他也强调了不可以恃命肆恶、侥幸苟免:

> 或者谓是书之行,将使君子恃命而怠于为善,小人恃命而敢于肆恶,毋乃不可欤?
>
> 若恃命之将通而冥行径趋,见命之将否而侥幸苟免,是则桎梏而死,立乎严墙之下者,虽圣贤亦未如之何矣。(万民英,1983b)²⁸⁷⁻²⁸⁸

正因为通过命理之学可以达到此种教化效果,所以万民英甚至认为此书可以比拟《易经》开物成务、参赞化育的功能:"六十四卦,三百八十四爻,无非此理。盖圣人幽赞神明,开物成务之精意,余之心亦若是也。"①(万民英,1983b)²⁸⁷不难看出,多罗修斯《星占之歌》文本传入中国后经过发展,在万民英等学者的努力下,不仅在占法方面,而且在星命术所关联的宇宙、本体、工夫与境界层面,展现出高度本土化特征。

明代的星命术除受中国传统元素影响之外,还开始受到域外传入的伊斯兰星占(《天文书》)与历法(《回回历法》)的影响。关于伊斯兰天文学传入的背景以及星占的影响笔者在后文论述。此处介绍《回回历法》对星命术的新刺激。

《回回历法》是一部标准的阿拉伯天文历表(包括用表指南)著作,根据其中内容可以推算历谱、日月食、日月五星位置。尤其是月五星纬度的计算,这是以《授时历》为代表的传统天文学所没有的内容。明代已经开始将《回回历法》对月五星经纬度的计算应用到传统军国星占的凌犯占中。同样,笔者在周述学的著作中发现他尝试将《回回历法》中的纬度计算与星命术中星体之间距离、效力联系在一起:

> 七政运行,度有经纬。自角初而抵轸末,东西转运为经。自黄南而至

---

① 此外,在周述学《神道大编象宗华天五星》序言中表达了星命术乃推求天地造化、以至理为根据的学问:"予故本河图五行,更制华天五星,斯得造化之正,以推贵贱祸福如桴鼓。是非根于理之至,岂能应之神也如此哉?"(周述学,2002a)²¹⁵

黄北,南北升降为纬。先贤以经论星生克之情,可谓晰矣。然不能通纬,生克之变未能尽也……如经度火木同缠角二,水缠角七,其经相去五度,论火木生之亲而水克之疏矣。纬度水火同缠于黄南八度,木在黄北七度,其纬相去一十五度则经同而纬远者,力不及生,经远而纬近者势实相克也。岂得谓火木相生而水火不相克耶?(周述学,2002a)[220]

由于传统历法不能计算纬度,所以前人在讨论星命术五星之间的相生相克关系时只考虑经度之间的距离。这有可能造成生克关系的错误判断。周述学曾和唐顺之一起研究过《回回历法》,据称可以计算月五星纬度。所以他认为在考虑星命术星盘中星曜之间[①]生克关系时,需要通过计算纬度讨论生克之情。他以水星、火星、木星为例阐述了这一思想。可以看出,在《回回历法》影响下,周述学对星命术中星体位置关系的考虑更加细密。

2.2.3 域外星占第三轮传入与渐受关注的伊斯兰星占

当波斯后裔李素在中国唐代钦天监任职之时,中亚地区已经发生天翻地覆变化达百年之久。公元570年,穆罕默德在阿拉伯半岛麦加城出生,阿拉伯世界开始进入新的历史阶段。7世纪上半叶,伊斯兰教的创立使得散乱的阿拉伯半岛凝聚起来。在席卷阿拉伯半岛之后伊斯兰教徒继续扩张,很快他们覆灭波斯萨珊王朝,并在一个世纪之内占领了两河流域、巴勒斯坦,以至埃及、北非、西班牙的横跨经度70°的长条区域。该区域与当时的西欧和东罗马帝国相望,成对峙之势。伍麦叶王朝(661—750年)的建立,促进了不同民族与信仰的人群——犹太人、基督徒等——与伊斯兰文明的交流。阿拔斯帝国(750—1258年)第二任哈里发曼苏尔(约754—775年在位)迁都巴格达后,帝国开始在文化事业上长足发展。在继任者哈里发马赫迪(约775—786年在位)、哈伦·拉希德(约786—809年在位)、马蒙(约813—833年在位)等与大臣的持续推动下,一场以"智慧宫"建立为标志的阿拔斯帝国大翻译运动(约750—1000年)在首都巴格达兴起。印度、波斯尤其是古希腊文明中的哲学、科学著作被译为阿拉伯语。之后,伊斯兰世界成为欧亚大陆的重要学术中心,其科学研究水平一直领先欧洲至科学革命时期。

在伊斯兰纪元(公元622年作为元年)的第一个世纪里,与希腊、印度、波斯文明实质性交流之前,伊斯兰世界已经拥有自己的数理天文学与星占学传统。当然,这种传统中数理天文学较为简单,包括对太阳、月亮的认识,将一年划分

---

① 从周述学所举例子来看主要是距离相近的星体。

为十三天周期（Thirteen-day Periods，Anwaʻ）。这主要用于日期确定、节日安排和宗教需求。关于星占学的早期记录也较为单薄。早期记载表明有一位星占师曾预言了穆罕默德的降生。(Blake, 2016)[26-27]在进入翻译运动之后，托勒密的《至大论》、波罗摩笈多（Brahmagupta，约598—约660年）的天文学著作 *Brahma-Sphuta Siddhanta*、亚里士多德的自然哲学被介绍到伊斯兰世界，促进了数理天文学的发展。同时，多罗修斯的《星占之歌》、托勒密的星占《四门经》以及印度、波斯星占著作也被译介，伊斯兰世界的星占学开始被希腊化，天宫图星占学成为主流。

中世纪的伊斯兰产生了一大批著名的星占学家以及有影响力的著作。早期比较有名的当属波斯人诺伯赫特（Nawbakht the Persian，679—777年），他是哈里发曼苏尔的宫廷星占师，虽未留下星占著作，却领导了一个顾问小组确定巴格达建基时间为762年7月31日下午两点左右。他所使用的方法是选择星占术。不久，伊斯兰世界便诞生了极为重要的天文学家阿布·玛撒尔（Albumasar，约787—886年）。他是宫廷星占师，著述颇丰，有五十种左右著作归于他的名下，其中最著名的当属《大会合》（*The Great Conjunctions*）和《星相学全论》（*The Great Introduction*）。《大会合》详细介绍和发展了起源于波斯萨珊王朝的土木相会占法——以土星木星的相会时间排出一系列天宫图占验国家大事、王朝命运。此种星占术属于普遍星占术的特殊分支，是一种具有历史哲学性质的星占术（Historical Astrology）。《星相学全论》则是一本全面细致介绍各种类型星占学以及基础知识的著作。此两种著作后来被翻译为拉丁语，在欧洲与伊斯兰世界均产生了重要影响。此外，伊斯兰世界还诞生了阿拉-恰比提尔斯（Alchabitius，？—967年）、阿拉·金迪（Kindi，？—873年）等重要的星占家。(Holden, 2006)[115-130]

盛行于伊斯兰世界的天宫图星占学已经基本齐全，其分支包括普遍星占术、卜卦星占学、选择星占术、生辰星占术。这些星占类型在希腊、波斯、印度以及伊斯兰文化的综合作用下，在伊斯兰世界获得了很好的发展。其中，普遍星占术中的土木会合占，与选择术有关的、具有印度来源的军事星占（Military Astrology），个人生辰占中的太阳回年（Solar Return），将宗教、政治、历史、星占紧密结合的讨论（如阿布·玛撒尔的《宗教与朝代》）等，均是具有伊斯兰世界特征的重要工作，不同程度影响了中世纪及文艺复兴以后的欧洲以及东方的中国。(Holden, 2006)[105,120-126]

在唐代经历印度与波斯天文学家影响之后，中国从宋代开始受到伊斯兰天文学家的影响。据《怀宁马氏宗谱》记载，宋初太祖赵匡胤诏修历时，穆斯林马依泽于建隆二年(961年)自西域鲁穆国来中国,应召参与编修历法;建隆四年(963年)新历《应天历》编成,被授职司天监,后封侯爵。《应天历》中将星期制度纳入历法推算等方式即是受到马依泽影响。(陈久金,1996)[52-60]不过,虽然宋代有大批阿拉伯商人来华经商,并且由于宗教需求将伊斯兰历法带到中国,但他们和中国学者没有实质性交流,伊斯兰天文学也未广泛影响到中国社会。一直到元代,由于蒙古王朝的征战,大批阿拉伯人、中亚人随着蒙古军队来到中国腹地,开始转化为中国农民、牧民。他们保留了自己的信仰,但与汉人通婚,学习汉语。他们也按照自己的历法安排生活与宗教活动。

与其他帝王一样,元世祖忽必烈于中统元年(1260年)在开平登基汗位后非常重视王朝对天文学的掌控。他承袭金人旧制,设置了司天监。后1271年,忽必烈改国号大元,增置行监("回回司天监"),并任命曾于1267年制作过七件西域天文学仪器的扎马鲁丁为提点(司天监负责人)。"回回司天监"除执掌观测、推算、占卜天象之外,还编算《万年历》服务中国的穆斯林,满足他们的宗教生活需求。他们推算占卜所参考的书籍包括《至大论》《几何原本》《诸星决断》《占卜必读》等。当然这些书籍并未翻译成中文。(陈久金,1996)[67-105]

元代虽然官方设置了"回回司天监",但是汉族与回族天文学家之间似乎并未有明显的交流迹象,历史也未留下他们在天文学方面的交流成果。这一情况到明代得到了改变。明代开国皇帝朱元璋特别重视传统星占与历法的功能,将它们看作皇朝合法性的重要基础。(李亮,2019)[20-26]在攻打完北京与开平之后,他便召集汉族与回族天文学家到明代的首都南京,在那里分别设置了司天监(后改名钦天监)。同时,包括一批阿拉伯语与波斯语数理天文学、星占学著作在内的元朝皇家图书馆图书也被运到南京。朱元璋还派遣使者到西域聘请阿拉伯天文学家。1369年,马德鲁丁和他的三个儿子马沙亦黑、马哈麻、马哈沙于应召来到南京,马德鲁丁被任命为"回回司天监"监正。(Shi Yunli, 2014)

作为统治者的朱元璋对从元大都运来的伊斯兰天文学书籍很感兴趣,但苦于语言隔阂无法阅览。1382年10月24日,他命令吴伯宗(1334—1384年)、李翀与海达尔、阿达吾丁、马沙亦黑、马哈麻合作翻译《天文书》,并至迟于1383年4月即已完成。同样的,一份标准的阿拉伯天文历表(包括用表指南)《回回历法》似乎也由他们完成。(Shi Yunli, 2014)

《天文书》是中国古代第一部,也是唯一一部译介的伊斯兰古典天宫图星占学著作。底本为阔识牙尔(Kūšyār ibn Labbān ibn Bāšahrī alJīlī)《星学技艺入门》(al-Madkhal fī Ṣinā at Aḥkām al-Nujūm,简称Madkhal)的某个阿拉伯语或波斯语本。① 阔识牙尔出生于伊朗里海之南的吉兰（Gīlān）省，是活跃于公元1000年左右的天文学家。除此书外，阔识牙尔另有两部积尺（天文历表）、一部关于星盘的小书和一本数学著作。[（陈鹰，1989）³⁷⁻⁴⁶（Michio Yano，1997）^{v-vii}]

和底本 Madkhal 一致，《天文书》译本亦由四类组成。

第一类"总说题目"，共二十三门，介绍天宫图星占中的基本概念。它们可以分为五类——日月五星、黄道十二宫、恒星、命宫等后天十二宫、特殊点。此五类元素各有其特征，如日月五星的冷热干湿、吉凶（Beneficent & Maleficent）、阴阳（Masculine & Feminine）、昼夜（Diurnal & Nocturnal）、东出西入（Accident & Oriental）属性，黄道十二宫的阴阳昼夜、转宫定宫二体宫（Movable, Fixed, Common）分类，后天十二宫各宫所主人生事项等。同时，它们也以所属、对应关系或相互之间特殊位置的方式产生联系。如日月五星在黄道十二宫中有自己的本宫（Domicile）、庙旺（Exaltation）。太阳的本宫是狮子，庙旺是白羊十九度，太阳在本宫和庙旺时会增强效力，当其他星体在此两宫时也有可能和太阳发生关系。此外，此类联系还通过相位、界（Bound）等概念实现。这些内容是不同占验类型论断吉凶结果的基础。

第二类"断说世事吉凶"共十二门，属于普遍星占术。该占法以天宫图占验战争、灾荒、天气、物价、世运等具有普遍性、大群体的事件。此部分内容中比较特殊的是第十一门"说土木二星同度相缠"与十二门"说世运"。此两者是具有探讨历史发展性质的占法，均源于波斯萨珊王朝，经过伊斯兰世界的发展而广泛流行，最终影响了中世纪后期以及后来的欧洲。（Michio Yano，1997）^{vii} 前述阿布·玛撒尔的名著《大会合》讨论的主题即是此类。后来它们为薛凤祚所重视与发展，与中国王朝命运联系在一起。中国学者也实践了它们探讨历史发展的特质。

第三类"说人命运并流年"是生辰星占术，关注的是个人命运。此部分共二十门，主要讨论性格相貌、寿命长短、身体旅行、父母兄弟姐妹、财帛福禄、职业婚姻、朋友仇人等主题。其中最后一门"说流年并小限"附有一副"当生流年小限星图"（图2.3），系明初翻译之时译者所绘天宫图。此图由内（包括最内部圆圈）到外共七圈。第二圈是与十二支对应的黄带十二宫。第三层是日月五星、罗睺计都的黄道经度。第四层是"流年"十二宫，第五层是"小限"位置。"流年"即《天步真原》中"回年"，指以太阳返回出生时刻位置安命宫占验的方法。因每年太阳均会返回出生时刻位置，所以出生之后每年均会有"流年"盘。此种盘是判断个人命运的重要参考。"小限"即《天步真原》中"流年"，从出生时刻

---

① 此书名据矢野道雄所提供的阿拉伯名翻译。

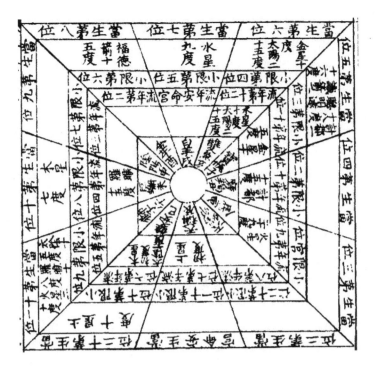

图2.3 《天文书》"当生流年小限星图"(上)与阿拉伯底本 *Madkhal* 星盘英译版(下)

所安命宫开始,一年一宫。如出生盘命宫在天秤,那么"小限"第一年也是天秤,第二年为天蝎。"当生流年小限星图"中小限在人马,说明此星盘是在出生后 $2+12n$(n 为 0 或正整数)年所绘制。"小限"法与托勒密《四门经》Ⅲ 10 "论寿数"(*Of Length of Life*)有关,但更直接的是来自 Ⅳ 10 "论时间的划分"(*Of the Division of Times*)中的介绍。①(Ptolemy,1940)[453]

星盘第七层为当生宫位,即命主出生时刻所安命宫等后天十二宫的位置。其中在底部的"当生安命宫"是命宫,对应于"天称辰",可知命主出生时刻命宫在天秤宫。接着,按逆时针方面排列"当生第二位"直至"当生第十二位"的后天十二宫。②

与第七层紧邻的第六层是另外一组日月五星与罗睺计都数据。该组数据可以和 1245 年 3 月 12 日的数据对应。(Michio Yano,1997)[XXII]除日月五星、罗睺计都外,此组数据还有福德箭、聪明远识之箭的度数。福德箭、聪明远识之箭系特殊点。特殊点起源于希腊化时期,发扬于伊斯兰世界,又称阿拉伯点,是天宫图星占中使用的特殊占验元素。福德箭今名福点或幸运点(Lot of Fortune,Part of Fortune),根据特殊算法获得,在托勒密星占《四门经》与多罗修斯《星占之歌》中均能找到记载。《天文书》的介绍在第一类第二十二门"说福德等箭"。③聪明远识之箭亦载第二十二门,今不常见,亦未见于托勒密星占《四门

---

① 《天文书》第三类第二十门内容主要来自托勒密星占《四门经》Ⅳ 10 "论时间的划分"(*Of the Division of Times*)。矢野道雄认为来自 Ⅲ 10 "论寿数"(*Of Length of Life*)似误。(Michio Yano,1997)[vii. 290]

② 《天文书》提及后天十二宫的名称有:命宫、财帛宫、兄弟宫、父亲宫/母亲宫、男女宫、疾病宫/奴仆宫、迁移远方宫/迁移宫、婚姻宫、死亡凶险宫、官禄宫、朋友并想望宫、仇恨并囚狱大畜宫、田宅宫。它们和今天的说法有同有异。(李翀、马哈麻等,1993)[92-96,100,123]

③ 《天文书》曾给出福德箭的定义、算法以及实例:"凡论福德等箭,箭者言其疾也。第一福德之箭,昼生人,从太阳数至太阴几度,夜生人,从太阴数至太阳几度。又将安命度数添在其上,看总计几度,命宫分与三十度,其与财帛等宫每宫各分与三十度,余剩零数有几度,在何宫分,此为福德之箭。如人安命在白羊宫第十度,太阳在狮子宫二十度,太阴在天称宫第十五度。夜生人从太阴数起,至太阳处三百零五度。将命宫十度,添于此处,合为三百一十五度。命宫分与三十度,金牛宫至摩羯宫各分与三十度,余一十五度在宝瓶宫,则宝瓶宫第十五度上乃是夜生人福德之箭。"即是将福点的计算分为昼生与夜生两种。夜生是从太阴数至太阳,昼生是从太阳数至太阴,数度数的顺序是沿着白羊金牛等黄道十二宫顺数。得此度数之后再加出生时刻上升点安命度数(此安命度数比较特殊,解释见正文),以此总数沿着黄道十二宫顺序分配于命宫、财帛宫等。用公式表示为福德箭(昼生)=命宫初始位置+命宫度数+月亮-太阳,福德箭(夜生)=命宫初始位置+安命度数+太阳-月亮,其中命宫初始位置为安命度数所在宫位的初度,如上例中安命度数在白羊第十度,命宫初始位置就是白羊初度。(李翀、马哈麻等,1993)[94]

经》与多罗修斯《星占之歌》，或为伊斯兰世界发展起来的特殊点。① 这两个特殊点的数值为福德箭金牛十五度（45度）、聪明远识之箭宝瓶二十六度（326度）。因太阴在狮子十五度（135度），太阳在双鱼二十五度（355度），上升点在天秤宫，上升宫即命宫初始位置在天秤宫初度即180度，福德箭在金牛十五度（45度）。据公式，昼生：聪明远识之箭=命宫初始位置+安命度数+太阳-月亮，福德箭=命宫初始位置+安命度数+月亮-太阳；夜生：福德箭=命宫初始位置+安命度数+太阳-月亮，聪明远识之箭=命宫初始位置+安命度数+月亮-太阳，检验昼生和夜生两种情况，得到夜生情况下安命度数为5或6便可以满足上述公式与数据。②

在伊斯兰传统中有两种特殊点算法。一种是将两个点（如太阳和月亮）之间的黄道经度差值（如上例中140度）直接加载上升点所在度数（如金牛二十度，即50度），进而确定特殊点位置（即190度，为天秤十度）。这一传统符合我们今天对特殊点的计算习惯，如福点（夜生）=ASC+太阳-月亮。另一种传统为伊斯兰星占家阿布·玛撒尔、阿拉-恰比提尔斯等所推崇，被认为是更为古老的一种算法，即《天文书》中所介绍的方法——将两个点之间的黄道经度加在安命度数上，再将所得度数从命宫开始分配得到特殊点所在。此处的安命度数特指上升点所在度数与上升点所在宫初始位置之间的差值，如上升在金牛五度，上升宫位金牛宫，所以安命度数为5度。这种方式所得到的数值和第一种一致，只不过突出了命宫初始位置与安命度数这两个元素。(Dykes, 2010)[283] 不难看出，上述安命度数为5度或6度表明命主出生时刻地平所在位置为天秤宫5度或6度。

"当生流年小限星图"的总体样式颇为特殊，是综合了伊斯兰世界流行的天宫图样式与星命术天宫图样式之后的结果。图2.3中另一幅图为普遍流行于伊斯兰世界的天宫图样式，也是《天文书》阿拉伯底本中的图式。③ 该图式从里至外有四层，最中间方框为三方主星。这表明阿拉伯本对三方主的重视。

---

① 《天文书》："又一等，聪明远识出众之箭。昼生人，从太阴数起，至太阳，是几度，将安命度数，合为一处，总该多少度数，从命宫分与三十度，财帛等宫，各分与三十度，至何宫分，余下几度，便是昼生人聪明远识出众之箭。夜生人，从太阳数起，至太阴是几度，将安命度数，合为一处，总该多少，命宫分与三十度，财帛等宫，各分与三十度，余数几度在何宫分，便是夜生人聪明远识出众之箭。"此算法与福德箭类似，只不过昼生人是太阴数至太阳，夜生人是太阳数至太阴。顺序与福德箭相反。用公式表示为聪明远识箭（昼生）=命宫初始位置+命宫度数+太阳-月亮，福德箭（夜生）=命宫初始位置+安命度数+月亮-太阳。(李翀、马哈麻等，1993)[94-95]

② 5度和6度的差别或许来源于安命度数原本并非整数，而是五点几度，不过具体数值目前似乎不能确认。

③ 该图来自Michio Yano的著作 *Kūyār Ibn Labbān's Introduction to Astrology*。

第二层为回年(即《天文书》中的"流年",Transfer)的后天十二宫,上升宫(命宫)在正上方,其余十一宫以逆时针方向排列。这是伊斯兰图式中命宫位置的一般所在,与欧洲文艺复兴时期命宫在天宫图正左侧不同。不过在常见图式中,似乎是命主出生时刻(当生)命宫在正上方。(Dorotheus of Sidon, 2019)[100-106]此处却是回年命宫在正上方,当生命宫在其他地方。此一层还标记了行星(Planet)字样,表明日月五星位置在此层标志。由于是在回年十二宫中,所以此处日月五星位置当也是回年时刻星体位置,而非出生时刻。第三层是"小限"(Intihā')所在宫,从图中可以看到"小限"第一宫与回年十二宫中第三宫对应。最外层为当生(Base)十二宫,即命主出生时刻所安宫位。图中显示命主出生时刻命宫对应于回年十二宫中第十一宫。当生十二宫也是以逆时针方向排列。

对比阿拉伯底本星盘与"当生流年小限星图"不难发现两者有相似之处,也有不同。从总体样式来看,两者均为方形间套模式,均有表示当生、回年、"小限"的区层。回年的命宫也在正上方。但不同之处也非常明显:"当生流年小限星图"最中间为圆形,底本星盘为方形;"星图"中间未标志三方主;"星图"有七层,底本四层,"星图"中加入外盘星体位置(第六层)、黄道十二宫标志(第二层)以及单独隔开的内盘星体位置(第三层);划分十二宫的辐射线条模式也不相同,"星图"流年是从最里层的圆形平均地辐射出去,而底本星盘则是不均匀辐射。

我们将这些区别与元代郑希诚《郑氏星案》中的天宫图案例比较,就会发现,《天文书》的译者马哈麻、吴伯宗等人当是参考当时中国已有的星命术天宫图样式对"当生流年小限星图"进行了改造。郑希诚的天宫图即图2.4下方的十二边形图。前面介绍过的陆位《文武星案》中天宫图即参照郑希诚星盘发展而来。该图最中间是圆形,划分十二宫的方式也是均分的辐射状。第二层为以十二地支表示的黄道十二宫。如果去掉表示二十八宿度数的网格层(从内向外为第五层),恰恰为七层。这些均与《天文书》"当生流年小限星图"一致。可见,《天文书》译者在绘制"当生流年小限星图"时,应当参考了当时流行的星命术星盘样式。即"当生流年小限星图"是在综合伊斯兰天宫图样式与已被本土化的星命术天宫图样式后得到的结果。①

---

① 麦文彪根据"双女"等元素的译名指出《天文书》受到了《聿斯经》的影响。(Mak, 2014)《聿斯经》是星命术的源头,这一论述也可以看作《天文书》受到星命术影响的一种体现。但"双女"较为普通,其来源难以较为确定地认为是星命术,更难以确认是《聿斯经》。此处天宫图样式所受星命术影响显然更为明显与可靠。

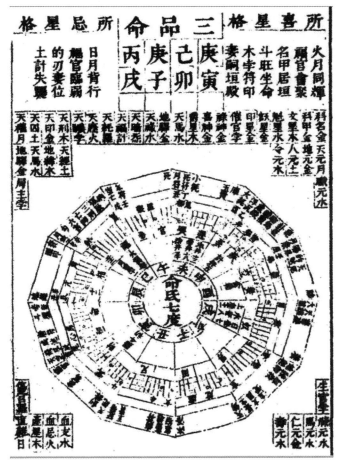

图2.4 郑希诚《郑氏星案》中天宫图案例（收入《古今图书集成·张果星宗》）

第四类"说一切选择"，主要讨论选择星占术。选择术是希腊化星占学中的一个重要门类。多罗修斯《星占之歌》第五卷中讨论此主题，不过托勒密未涉及。选择术后来传入伊斯兰世界，为伊斯兰星占学家所重视。第四类共三门。其中前两门是对选择术的总论与分论。最后一门"总结推用此书之理"是对全书的总结，强调了占验判断中所需要注意的事项。

总体来看，《天文书》深受托勒密星占《四门经》影响，托勒密也是阔识牙尔在 Mahkhal 中唯一提及的一位古代星占学家。（Michio Yano，1997）[vi-vii]不过，《天文书》并不是严格意义上遵循托勒密传统的著作。该书日月五星在黄道十二宫中庙旺的位置与多罗修斯相同，与托勒密并不一致。（Mak，2014）第一类第二十一门对后天十二宫的细致介绍、第二十二门对特殊点的论述，我们也在托勒密著作中看不到。此外,虽然《天文书》第二类普遍星占学的传统来自托勒密,第四类选择术却是非托勒密传统,这些元素反而可以在多罗修斯的作品中看到。因此,可以说,虽然《天文书》深受托勒密星占《四门经》的影响,但其内容所代表的传统却是后世多流派综合的结果。《天文书》与严格意义上的托勒密星占《四门经》尚相差较大距离。

在《天文书》的翻译过程中我们还可以看到儒学影响之处。《天文书》中有一篇序言,里面称:

> 天理无象。其生人也,恩厚无穷。人之感恩而报天也,心亦罔极。然而大道在天地间,茫昧无闻,必有聪明睿智圣人者出,心得神会斯道之妙,立教于当世。后之贤人,接踵相承,又得上古圣人所传之妙,以垂教于来世也。圣人马合麻,及后贤辈出。有功于大道者,昭然可考。逮阔识牙耳大贤者生,阐扬至理,作为此书。极其精妙,后人信守尊崇。纵有明智,不能加规而过矩也。(李翀、马哈麻等,1993)[73]

这段文字以圣贤称述从事著述、传习星占的星占家,足见对星占的重视。文中以圣人可以心神会大道之妙,创法立教。贤者步迹于圣人之后,阐扬发挥。这种论述方式符合儒家"圣人作,贤者述"的认识。对比阿拉伯底本可以发现,在底本中与星占密切联系、予以星占合法性的最高存在真主①,在此也变为天理、天道。星占成为探索天道、天理的重要学问。此无象之天理,茫昧之大道,正如朱子所论无形无象、无声无臭的天理、太极、道一般,正是程朱理学语境中的本体论范畴。亦即在译者看来,是程朱理学中的最高范畴而非真主为《天文书》提供了本体论层面的基础。《天文书》因此而成为圣贤之学,与程朱理学一致,是认识天理、天道的重要学问。

至于了解天理后该如何实践工夫,上述序言未曾论及,《天文书》第一类第一门介绍书中占法时则有相关介绍:

> 如太阳性热且燥,太阴性湿润……此是显然之理,自古相传至今。若人参透各星性情衰旺,及相遇度数,则知四时寒暑旱涝疾疫,又知人事祸福吉凶。既能先知,凡事可以预备。(李翀、马哈麻等,1993)[76]

即以伊斯兰星占获得旱涝灾害、人事吉凶结果后,人需要作相应的修救预备工作。不过,此段文字与《天文书》的翻译底本有关,和序言并没有直接联系。

---

① 在阿拉伯底本开头即说:"In the name of God the merciful, the compassionate." "I asked God for right guidance." (Michio Yano, 1997)[3]

《天文书》成书之后,似乎较长时期一直在禁宫或钦天监珍藏。这导致其影响受到限制。现代学者甚至多认为《天文书》在翻译之后并未产生多少反响,直到明末清初欧洲天文学与星占学传入后,尤其是随着薛凤祚《天步真原》的翻译(1652—1653年),才使该书受到关注。(陈鹰,1989)不过从笔者发现的材料来看,《天文书》实际上在明代中后期已经从宫廷走向民间。当时的一些学者已经开始研究《天文书》中的占法,尝试将其融入早已高度本土化的星命术。

周述学有一部星命术著作《神道大编象宗华天五星》。此书序言称"万历壬午岁山阴周云渊子书"(周述学,2002a)[215],可知成书当在万历九年(1582年)。书中收录《天文书》第一类第二十二门论述特殊点的"说福德等箭"内容。周述学在论及这些概念的来源时说:"此法出于天竺八替列木思辈,天纲不能步算,置之不用,予特演例以续其传云。"(周述学,2002a)[224]"八替列木思"就是《天文书》中对托勒密名字Ptolemaios的音译。(Michio Yano,1997)[282]而称托勒密来自"天竺",当是周述学将《天文书》的来源归结到"天竺"。①

周述学在自己的著作中收入这些《天文书》内容的目的,是为了将它们与星命术结合起来。在周述学看来,星命术传自"天竺":"星命肇自天竺。"(周述学,2002a)[224]而《天文书》"说福德等箭"也来自"天竺"。则在周述学看来"说福德等箭"之法甚至《天文书》整体可能与星命术同源,将其中内容收入星命术著作以作为补充便成题中应有之义。②不过,由于在《天文书》中这些概念的计算以黄道十二宫为依据,但星命术中计算基本概念时是以二十八宿为依据;所以,在将这些概念纳入星命术时,他便以二十八宿为根据计算。周述学还给出了以二十八宿为依据计算"福德箭"的具体算例。③

周述学的工作影响了后来的星命家。刊刻于万历年间的星命术著作《星

---

① 徐阶所撰《山阴云渊周子传》中称:"国初天竺贡马哈麻纬法以步五星。"亦以"天竺"称述《回回历法》来源。(周述学,[1592])[2a]

② 万民英在《星学大成》中也表达了相似看法,不过他使用的不是"天竺",而是"西天":"星命之说其法传自西天。今西天《都例聿斯》等经,散载诸家,余弗获睹厥全。然我朝钦天监有回回科,每年推算七政度数,二曜交蚀,较汉历为尤准。乃知西天之法的有真传,信不诬也。耶律五星,耶律纯传自高丽国禅师,国师传自西天。"(万民英,1983b)[469]

③ 周述学说:"假令夜生人太阳在中宫井三度,太阴在戌宫娄宿一十二度,求福德箭。夜生人从太阴数至太阳,置太阴在娄宿全度分用黄道十二度三十六分,减至太阴在娄宿一十二度余三十六分,以次挨宿而累加,至太阳井宿三度止,共得五十七度八分。又加安命度昴宿十度共得六十七度八分。就以昴宿全度分除起,以次挨宿除讫,余为福德箭,入井宿二十九度一十七分,他类推。西法分之以宫,中法分之以宿,盖中法宫有阔狭,度有多寡之殊耳。"(周述学,2002a)[224]其中"西法""中法"之说当指伊斯兰天文学与中国传统天文学。如在讨论《回回历法》与传统历法时周述学称:"中法入历以冬至加时为始,西法入历以夏至加时为初。"(周述学,2002b)[403]

学纲目正传》对《天文书》中"福德等箭"有所论及,其作者杨淙也知道周述学的工作:"己丑冬,一日于叶东卿架部家得见明万历间刻《星学正传》一书,书厚尺许,载有命家诸宫箭例。第一福德箭,不分昼夜……凡十四箭,下原注云此法出于天竺八替列木思辈,袁天纲不能步算,因置不用。云渊周述学演其算例云云。"[(温葆深,2000)³⁴⁸ (杨淙,[1582])卷十八:13a-15a]《天文书》的内容也被明代中后期其他非星命类著作所提及。清末温葆深指出万历年间徐常吉《诸家要指》中有对《天文书》的引述:

  尝见万历间武进徐常吉《诸家要指》,其引西域回回天文云:日所照物燥热;月所照物滋润;土所照寒,微燥;木温热多润少;火极燥热;金亦温和,热少润多;水性不定,遇寒则寒,遇热则热。又曰水属气生风。(温葆深,2000)³⁴⁶

徐常吉所引内容来自《天文书》第一类第二门"说七曜性情",尽管系节录而非完整引用,也可看出徐常吉的确读过《天文书》。此外,明末邢云路在《古今律历考》中也提到了《天文书》:

  又其要者译《天文书》,当今大法也。盖以日躔之宫,加所用之时,视东方何宫何度出地平环上为主,即用此宫安命定日,以步田宅、奴仆、官禄、相貌、迁移、福德于上。付之于七政四余,以视出地平环之宫何星为主,又落何星,及视各宫所落何星,各主祸福。(邢云路,1983)⁶⁹¹

从"译《天文书》,当今大法也"不难看出,在邢云路写作《古今律历考》时①,《天文书》已经具有一定影响力。但可惜的是,邢云路所介绍的安命宫法并不准确,这也成为后来困惑薛凤祚的重要问题。

  与星命术、传统军国星占不同,除上述《天文书》序言之外,明代中后期没有直接将《天文书》和天道、修省联系起来的论述。总体来看,尽管《天文书》在翻译之后长时间内似乎无人问津,但至迟在明代中期已被较多地关注,产生了一定的影响。不过,学者对《天文书》的理解还只停留在"福德箭"一类简单的概念,并未触及到复杂的计算与占法。此外,从《神道大编象宗华天五星》与《星学正传》对《天文书》的引用不难看出,明末学者对《天文书》的关注和星命术关系密切,即《天文书》是被收录于星命术著作中以作为补充。到了清初这种情况开始发生变化。与星命术的联系被另外一种方式取代,即《天文书》开始与欧洲星占学合流而作为西法星占的重要组成部分。完成这种转变的正是

---

① 《古今律历考》至迟在万历己亥(1600年)秋已经完成,见王淼(2005)⁹³的论述。

薛凤祚。

2.3 总　结

在欧洲星占系统传入中国之时，华夏大地的汉语圈已经具有了丰富而复杂的星占传统。有四种星占形态先后在这片土地产生、传播、发展，甚至湮灭。

其中传统军国星占是土生土长的星占类型。它根植于华夏原始文化之中，在先秦时期获得重要发展，并定型于西汉初年太史公《天官书》。《天官书》不仅确立了基本的占法细目——恒星占、五星占、日占、月占、特殊星体占、望云、望气、八风占、其他杂占、分野等，而且明确指出以变异天象为占验的占变原则。在此之后，经过唐代《乙巳占》等著作的集大成式发展，进入宋代之后传统军国星占开始走下坡路。但作为一种具有深厚传统的占验类型，一直到明代中后期传统军国星占依然具有顽强的生命力与一定的影响力。明代中后期的传统军国星占总体上还是以占变为主，即此时的星占家认为他们所占验的主要是一些无法预知、不属于常态的现象。由于这种占变的态度，加之当时历法水平的限制，所以很多今天看来正常的天象，在占书中也被当作异常来占验，如日月食及一些黄道附近的月、五星凌犯现象。甚至占书中还会有根本不存在的天象。① 这一特征也成为传教士与薛凤祚、梅文鼎等中国学者批评、改造传统军国星占的重要背景。但值得注意的是，尚未受欧洲学术影响的传统军国星占在明代中后期开始出现新的发展。这种新发展部分来自伊斯兰天文学的影响，部分可能是传统历法与星占自身发展的结果。活跃于嘉靖年间的周述学开始尝试会通中国传统历法与《回回历法》。《回回历法》的纬度计算功能成为重点关注对象。在完成对纬度计算的研究之后，周述学相应地对传统军国星占产生了新认识与思想，并着手改造传统占法。这成为此一时期传统军国星占发展的重要成果。晚明的魏文魁研究传统历法，但在《贤相通占》中他一改此前星占著作所列月五星凌犯天象混乱、与实际天象差别过大的情况，所列占法更加符合月五星的实际运行情况。这些新发展未受到明末传入的西学的影响，但与受西学影响颇深的薛凤祚工作有相通之处。

需要指出的是，虽然《回回历法》或周述学的工作被明末清初其他学者提

---

① 对于这两种情况最为经典且全面的论述，当属梅文鼎的《学历说》。(梅文鼎，1996)356-359

及①,但这些学者受其影响并不可观,在星占认识与思想转变方面所受的影响似乎更是微弱。随着欧洲学术的传入,周述学受《回回历法》影响对传统军国星占产生新发展与改造的萌芽,开始被更为系统的欧洲天文学等学科知识的影响取代。

第二种星占类型是宿曜术。该类型伴随着佛经尤其是密教经典(《摩登伽经》《舍头谏太子二十八宿经》《文殊师利菩萨及诸仙所说凶吉时日善恶宿曜经》《七曜攘灾诀》《炽盛光大威德消灾吉祥陀罗尼经》《大圣妙吉祥菩萨说除灾教令法轮》等)的翻译而自汉末以至唐代时有传入。在占法特征上,虽然后期传入的《宿曜经》等经典开始融入一些希腊化天宫图星占学元素,但总体上具有强烈的印度传统色彩。这些占法以宿(二十八或二十七宿)所值之日,曜(日月五星七曜或加罗睺计都)所值之日或年、所临之宿为占验依据,同时结合了日月食等元素,对吉凶宜忌、个人命况、世俗军国进行占验。占法有月行二十八宿占、二十八宿值日法、二十七宿值日法、七曜攘灾法、九曜攘灾法、七曜值日法、九曜行年法等。这些宿曜术占法从占验所据对象来看,基本属于占常的类型。除少量元素为后世历注等学术形态继承外,宿曜术在宋代以后的汉语圈中逐渐失传。

第三种是星命术。不同于宿曜术的传统印度起源,星命术是具有希腊化天宫图星占学渊源的星占类型。其源头可以追溯至《都利聿斯经》的翻译。该书的译介可能是在公元8世纪的唐代中晚期。译者可能是官至唐司天监的波斯后裔景教徒李素。其底本可能是由波斯景教徒阿罗本带入中国的流传于中东地区的希腊-波斯星占文本,且很有可能是多罗修斯的《星占之歌》。该书传入中国之后逐渐流行。其中的占法至迟在南宋已经高度本土化,形成以日月五星、罗睺、计都、紫气、月孛的正常运行位置结合黄道十二宫、后天十二宫、本宫等古希腊生辰星占术元素,以及神煞化曜、阴阳五行等中国传统元素进行推断的星命术。至明代,在学者总结前代著作的基础上,星命术亦出现一些新的发展。如周述学尝试将《回回历法》中的纬度计算与星命术中星体之间距离、效力情况联系在一起。此外,周述学等人还尝试融会少量《天文书》内容于星命术之中,开启了一种特殊的会通融合之旅。但这种融合并不深入,《天文书》未能改变星命术的占法技术体系。

第四种是伊斯兰星占。明初洪武年间,朱元璋下令翻译的《天文书》是目

---

① 如方以智在《通雅》中引用了周述学《神道大编历宗通议》关于《回回历法》的论述[(周述学,2002a)409(方以智,1983a)281],王英明在《历体略》中(王英明,1993)35、揭暄在《璇玑遗述》中(揭暄,1993)364提及"回回历"。

前所知中国古代唯一一部被译介的伊斯兰星占著作。底本为阔识牙尔的《星学技艺入门》。该作品分为四门，包括星占基本知识、普遍星占术、个人生辰占以及选择星占术。从内容来看，《天文书》深受托勒密体系影响，同时也综合了多罗修斯传统，以及波斯、伊斯兰等传统。此外，在汉译过程中，译者参考了当时流行于中国的一些星命术内容。该书在明初颇为沉寂，鲜有学者关注。至明代中后期，除周述学将其应用于星命术之外，其他一些学者也开始关注其中的一些简单占法。当然，这种关注并未深入堂奥，对于一些基础性的问题，如《天文书》中宫位制的混乱不明，此时并未察觉。这到后来经过薛凤祚的深入研究之后才被发现。

以上主要聚焦于占法技术层面，此外在宇宙论、本体论、工夫论、境界论层面，上述占法也有相关讨论。传统军国星占在《天官书》中已明显包含了宇宙论与工夫论的论述。太史公将传统军国星占纳入天、地、人、物、气、神的宇宙框架中。其中神虽然有一定地位但颇为微弱，使得整个宇宙框架呈现出天地人三才式特征与极为强烈的自然哲学倾向。根据太史公所持宇宙模型可知，此种宇宙论的基础为盖天说模型。对于与星占有关的工夫论，太史公提出了修德、修政、修救、修禳的系统工夫体系，对后世传统军国星占的工夫论认识产生了重要影响。不过，受汉代宇宙论思维的强烈影响，太史公在《天官书》中并未表达明显的本体论认识。他关于天运、天数、天道的议论也应该是在宇宙论框架下进行。对于实践星占所能达成的境界，太史公虽在《天官书》中提及圣人、天道、天运等，但未明言星占实践与这些范畴的关系。至唐代，在《乙巳占》中，李淳风不仅在三才式气论浑天说的宇宙模型之下讨论传统军国星占所具有的宇宙论维度，而且将星占与圣人、天道、治世紧密联系，以星占为圣人认识和顺应天道的重要学问。而顺应天道是达到治世的条件。所以在境界论层面，李淳风更为明确地认为对传统军国星占的实践可以实现顺应天道的圣人境界，亦可达至治世。工夫论层面，李淳风强调了君相的修德、修政、修救、修禳，以修德涵摄其余三者，突出了以德为本的传统思想。只是，李淳风与太史公类似，并未在本体论方面有明显表达。宋明时期，随着儒家本体论思维的兴盛与流行，在传统军国星占方面最为重要的发展当属出现明显的本体论意涵。周述学、韩万忠等人均在宋明理学语境中赋予传统军国星占理、气等本体论基础。此外，此一时期传统军国星占也表达了宇宙论、工夫论、境界论诸维度。可以说，至明代，传统军国星占所具有的五方架构已经成型。

除传统军国星占之外，宿曜术、星命术、伊斯兰星占在宇宙论等层面也有论述。甚至星命术较传统军国星占中的论述更为完整和系统。宿曜术在宇宙论层面与印度"四大"一类自然哲学元素结合,但其中诸宿诸曜具有明显的神灵属性,宗教神学色彩浓厚,自然哲学倾向微弱。宿曜术中也表达了占验后相应的工夫实践,但主要是与宗教有关的修禳之术。对于实践宿曜术之后的最终境界似乎亦停留于吉凶的顺应与躲避,并未有更为深入的表达。星命术则以万民英的工作为代表。在《星学大成》中他发挥朱子《太极图说解》思想,将太极、阴阳、五行的宇宙演化模式纳入理气的本体论中,表述了具有宋明理学特征的宇宙-本体世界。在天地人宇宙中,天可以影响人。此影响即星命术所探究的天命。因理不离气,天命并非纯属气范畴,而是理和气的结合。人需要学习圣人,采取以理御气、安命俟命、"素富贵行乎富贵"的工夫论实践。通过星命术人可达到"齐得丧,一死生"的境界。最后,虽然未在明代中后期关于伊斯兰星占学的论述中看到上述思想,但明初翻译的《天文书》文本本身中也有关于天理、修救的表述。

第3章 新潮注入 因革裂变

——明末清初星占学与西学东渐

15世纪的欧洲迎来了大航海时代。伴随着海外殖民的扩张、财富的积累、宗教改革的刺激，天主教的传教事业也开始全面进入全球传教阶段。1552年12月2日晚，作为耶稣会的创始人之一、亚洲传教运动的推动者方济各·沙勿略在紧靠广东海岸的上川岛突发疟疾病逝。不过，他的目标（在中国传教以福音化中国）为后来者所继承。后继者在准备进入中国传教时发现，面对一个具有深厚文化底蕴与高度制度组织的国度，他们难以实践在一些低程度发展地区中应用过的具有强烈欧洲中心主义色彩的策略。经过深思熟虑，他们决定采取文化适应政策，将天主教嫁接到中国文化的躯干上生根发芽，最终使之产生内在变化。（邓恩，2003）[4]这种策略要求传教士借助中国已有的元素、通过中文表达天主教，与中国已有认识能够部分融合。同时他们又不能失去自我，丧失天主教自身的特征。这也需要传教士在中国人能够认同的前提下破除或合理化一些天主教教会反对的异端思想、学问，代之以教会认同的部分。破、立的实现以及合理化的新阐释，需要平衡中国文化与天主教教义等多方面的诉求，蕴含着一种新的文化创造，难度巨大。

1597年7月，意大利耶稣会士罗明坚（Michaele Ruggieri，1543—1607年）到

达葡萄牙人掌控的澳门。依照耶稣会东方巡察使范礼安（Alessandro Valignano，1538—1606年）的指示，他投入中文的读、写、说学习之中。这标志着传教士正式开始对中国传教事业实践文化适应政策。1580年11月，罗明坚跟随一些葡萄牙商人来到广东，得到了礼遇。三年后的1583年9月10日，他与利玛窦再次来到广东。他们得到总督的同意，在肇庆获得了一片土地，建造了中国内地的第一所天主教建筑。(邓恩，2003)[1-7]自此之后，在利玛窦的开拓下，耶稣会士在中国开启了崭新的传教事业。他们的福音化中国的理想当然没有实现，至康熙三十九年（1700年）天主教徒人数不超过20万，相对于当时超过两亿的中国人口微乎其微(钟鸣旦，2009)[5]。但利玛窦等传教士对西学的引入，促成了欧洲学术在中国系统而广泛的传播，正式拉开了著名的第一次西学东渐。

  第一次西学东渐传入中国的欧洲学问种类繁复，覆盖了宗教、技术、哲学、科学等多个领域。它们的流传在中国的影响直到今天依然难以估量其深度与广度。毋庸置疑的是，欧洲天文学在中国的影响用"巨大"来形容恐怕也不为过。明代中期以来，中国人对于自然知识的兴趣持续高涨。嘉靖到万历年间，唐顺之、周述学、顾应祥（1483—1565年）、李时珍（1518—1593年）、朱载堉、邢云路等一大批重要学者从事天文、医学、律学等学问的研究，取得了丰硕成果。恰值此时，耶稣会士来华。他们以文化适应政策为指导，在摸索的过程中逐渐发现了中国人对于自然知识的重视。尤其是当时中国官方历法《大统历》已经行用二百多年之久，误差越来越大，预报日月食错误频仍。由于历法象征了皇权统治，又是皇朝颁朔授时、调顺阴阳的根本，所以嘉靖、万历年间改历呼声日见高涨。(王淼，2003)[8-19]因此，经过利玛窦、邓玉函（Johann Terrenz，1576—1630年）、汤若望、李之藻、徐光启等人的努力，崇祯皇帝最终在执政之后开设西局，下令以官方名义系统引进欧洲天文学。其结果便是崇祯改历期间纂集了以第谷体系为主的百科全书式欧洲天文学著作《崇祯历书》。该著作进入清代之后被汤若望改名为《西洋新法历书》献给清廷，并被采纳为官方历法。以此为基础推算的《时宪历》也颁行朝野。从此，以元代郭守敬《授时历》为代表的传统历法体系被《崇祯历书》取代。这一改变对历法的发展产生了重要影响，甚至被认为是中国的"科学革命"。

  与历法同样属于古代天文学重要组成部分的星占学，虽然由于其被拒知识的色彩少有现代学者问津，却在明末清初同样受到了巨大的冲击，发生了重要变革。包括薛凤祚、梅文鼎在内的很多重要天文学家对星占的认识与述作出现了前所未有的变化。这一变革与明代中期以来星占的发展有关，更为重要的是受到了西学东渐过程中传教士工作的影响。一方面，在传播教义的同时,传教士从多个角度针对中国人所相信的传统军国星占、星命术、历注展开批判,同时为了满足中国人与自身的需求而引进了欧洲星占学。此种批判与引进因对话主体与环境的不同展现出不同的交流模式与特征。另一方面,随着地球说、欧洲数理天文学、宇宙论等知识的传播,一些观念与认识,如地为球形、不同经度地区有时差、恒星数目固定少有变异、日月五星运行有其常度而可被精密推算等,逐渐被广泛接受。传统军国星占所依赖的天体变异等观念认识的局限性被凸显,从而受到新观念与新认识的剧烈影响。

薛凤祚星占工作正是直接根植、融入于上述背景中。下面就从三个方面论述西学东渐背景下的明末清初星占。首先概论性地介绍星占学在欧洲的发展情况,以作为在华耶稣会传教士与星占有关工作的背景;其次讨论传教士在华期间对星占的批评与引进工作;最后详细揭示当时一些天文学家对于星占认识的多元性变化,从细节处展示明末清初星占变革,并以此突显薛凤祚星占工作的特征。

3.1 欧洲星占学背景

欧洲早期的星占学主要承袭希腊化时期天宫图星占学传统,在古罗马帝国时期逐渐发展起来。经历中世纪的沉寂与复兴后,在文艺复兴时期星占获得了重要发展。科学革命阶段的星占学在大众需求、印刷术流行、罗马教廷禁令等多种因素作用下出现复杂的发展局面。这些均直接或间接地构成了来华耶稣会士对于星占认识的重要背景。

3.1.1 流行到沉寂的两次循环发展

希腊化天宫图星占学在亚历山大城逐渐成熟之后,随着罗马的统治,逐渐在早期欧洲发展起来。据说罗马帝国第一任元首屋大维·奥古斯都(公元前63—公元14年)在流放期间曾向星占师咨询过自己的命运,在得知自己的伟大前程之后深信不疑。成为罗马帝国最高统治者的他公开了自己的算命天宫图,并将出生时的摩羯宫星图刻在硬币上。(苏维托尼乌斯,2009)[122]这种氛围催生出了多罗修斯、瓦伦斯、托勒密等伟大星占家,奠定了古典天宫图星占学基础。不过,此时欧亚大陆新力量基督教兴起。逮至君士坦丁大帝转信基督教,狄奥多西(约379—395年)确定基督教为罗马帝国的国教,包括星占在内的异端开始受到打压。最终到6世纪,国家权力与信仰结合的基督教世界战胜了星占。东罗马帝国拜占庭的星占学从6世纪以后至少有两个世纪归于沉寂,以至于8世纪末来自波斯的星占家称自己将星占学重新引入君士坦丁堡。这种情形在北方蛮族入侵下处于混乱之中的原西罗马地区更为严重,直到12世纪大翻译运动开始,图书馆目录中才可以重新看到星占学书籍名称。(Barton,1994)[64-79]

其实,类似中国古代统治者在重申星占禁令的同时以钦天监、司天监一类机构独掌传统军国星占之权,基督教化之前的罗马帝国统治者也制定了禁止星占的法规,却有自己御用的星占师。这类政府行为只是从国家管理与控制角度着眼,对星占发展所发挥的限制作用与影响无法与基督教比拟。一方面,基督教提供的是一套强势而整全的世界观,是对世界的全新理解。这套新的世界图景为星占作出新的价值、地位评价,成为了星占需要融入的新背景。另一方面,《圣经》中有关星占的记载存在着张力。如《马太福音》记载了星体指引东方三博士在伯利恒找到刚刚诞生的耶稣,可以作为支持星占的依据。但《马可福音》又称"但那日子、那时辰没有人知道,连天上的使者也不知道,子也不知道,唯有父知道。"又认为只有上帝而非他人能够预测未来,进而否定星占。

在这种情况下,如何面对异教的星占学,不同的基督徒会产生不同的反应与辩护。此种反应与辩护形塑和突出了基督教自身特征,同时为星占在新的世界图景中或被融入或被放弃提供了理性支撑。早在公元2世纪游斯汀(Justin Martyr)即曾激烈批评过星占,将星占看作魔鬼引诱的背叛。(Campion,2012)[168] 而基督教发展早期对星占最为著名的认识与批评来自奥古斯丁(St. Augustine,354—430年)。奥古斯丁早年曾对星占发生过浓厚的兴趣。后来从摩尼教转信基督教之后,他开始系统忏悔自己的行为,包括早年对星占的迷执。这也预示着奥古斯丁对星占的反思是极为专业且深入的。他反对三种有关星占的定位与认识。第一种认为人的行为由星体决定,与神无关。这是一种类似托勒密自然哲学式解释的认识。奥古斯丁以无神论视之,径直否定之。第二种是与基督教结合的认识。星辰的位置依赖于上帝的意愿,星辰分享了上帝的权能,对人产生善恶、性格方面的影响。奥古斯丁以星辰所决定的人的邪恶不可能来自上帝否定了此种认识。第三种是将星辰看作一种象征。星辰只是描述或指代事物发展的语言,而不是影响的原因。奥古斯丁通过对星占师用语的分析进行了批驳。因为星占师不会说火星在金牛宫表示谋杀,而是说会发生谋杀,所以星占表达的是影响而非指代。在此基础上,奥古斯丁还以双胞胎为例对星占本身所具有的可靠性与解释力提出了强有力的质疑,并对人们以选择术选择结婚或播种一类事情时间的行为进行了批评。最后他强调所谓命运并非来自星辰的位置,而是依据上帝意愿的各种原因综合作用的结果;命运来自上帝,对未来的预见只有上帝才具有;星占家是受到了邪恶精灵的挑唆,按照某种并不存在的技艺给出奇怪的预测。[(奥古斯丁,2006)[183-194](Hegedus,2007)[45-61]]

奥古斯丁有关星占的辩论影响很大,为后来的罗马天主教会长期遵循。星占在中世纪欧洲的冷寂与奥古斯丁的影响不无关系。不过,奥古斯丁在否定星占的同时肯定了星辰对地上事物的影响,如太阳的运行与季节的变化,月亮盈亏与海胆牡蛎身体的变化、潮汐的涌泄。当然他强调这些事情不涉及个人自由意志,认为和星占无关。这种认识却显示出某种张力。此张力随着12世纪星占著作的流传而加剧,并导致了天主教新认识的出现。(Campion,2012)[169-170]

西罗马帝国因北方蛮族而灭亡之后,西欧陷入长达五百年的大混乱时期(500—1000年)。虽然其间有雄才大略的查理大帝(Charlemagne,约800—814年在位)奋发图治,但西欧总体未能获得好的秩序,文化水平也急剧下降。这一时期的基督教已深深扎根于欧洲,蛮族逐渐归化于信仰之光中。基督教成为维系欧洲文明的主要载体,但教士对于此前希腊哲学、科学传统的了解非常微弱。1085年,西班牙半岛上的基督教王国从伊斯兰教徒手中收复半岛重镇托莱多,获得了大批阿拉伯典籍,并将许多伊斯兰学者归入治下。这成为西欧基督教世界通过阿拉伯文献了解希腊学术的重要窗口。接着十字军东征的开展,也为欧洲世界带来了希腊学术的新鲜血液。进入12世纪,多个翻译中心如托莱多、西西里先后出现,大批翻译家涌现,如英国的阿德拉(Adelard of Bath,约1080—1160年)、塞维尔的约翰(John of Seville)、意大利蒂沃利的普拉托(Plato of Tivoli,活跃于1132—1146年),尤其是意大利的吉拉德(Gerard of Gremona,约1114—1187年)。他们翻译的作品包括亚里士多德哲学、数学、医学、数理天文学等,当然也包括伊斯兰世界继承与发展的希腊化天宫图星占学。受此影响,欧洲的拉丁语学者如圭多·博纳托(Guido Bonatti)、坎帕努斯(Campanus of Novara,1220—1296年)、利奥波德(Leopold of Austria)、约翰(John of Ashendon)、杰弗里·乔叟(Geoffrey Chaucer,1340—1400年)等,开始广泛而热情地投入星占学研究中。其中活跃于13世纪的意大利天文学家圭多·博纳托(Guido Bonatti)在晚年写作了《星体作用引论》(*Liber Introductorius ad Iudicia Stellarum*),以十部分内容广泛讨论了伊斯兰世界流行的星占学内容。其

目录如下：(Holden，2006)[138]

1.	概论
2.	星占的基础内容
3.	星体的属性
4.	会合
5.	146条思考
6.	卜卦星占学
7.	选择星占术
8.	世界与会合的周期盘
9.	生辰星占术
10.	风暴与天气变化

与早期罗马帝国的托勒密星占《四门经》、多罗修斯《星占之歌》等著作相比，该目录所包含的星占种类明显要更为丰富。其中有些种类可以在早期罗马时期的著作中找到较多讨论，如选择星占术、生辰星占术、预测风暴与天气变化的气象占。有些则是后来经由波斯萨珊王朝、印度文明以及伊斯兰文明逐渐发展成熟的占法，如会合占法（以土木相会为代表）、卜卦星占学。可以说，圭多·博纳托所介绍的占法已经基本上囊括了古典星占学的所有门类，同时体现出了极为突出的伊斯兰特色。

与圭多·博纳托时代相近的另一位重要星占家是意大利学者坎帕努斯（Campanus of Novara，1220—1296年）。他发明了坎帕努斯宫位制。该宫位制以主垂圈与东方地平线交点为起点，在十二均分主垂圈的基础上将等分点通过定位圈投影到黄道上，形成不等分黄道的结果。该宫位制的计算颇为精巧与复杂，对后来的雷格蒙塔努斯宫位制产生了影响，还传入清代的中国。①

15世纪，随着印刷术在欧洲的出现与流行，知识阶层兴起，文化广泛普及。相应地，星占书籍也广泛流通。12世纪开始翻译的伊斯兰星占著作也被出版发行。很多大学开设了星占讲席，不少学生（尤其是学习医学的学生）广泛接触有关星占的知识。星占迎来了一个新的发展纪元。此时诞生了雷格蒙塔努斯（Regiomontanus，1436—1476年）、卢卡·高里克（Luca Gaurico，1476—1558年）、约翰·舍纳（Johann Schöner，1477—1547年）、杰罗姆·卡丹（Jerome Caedan，1501—1576年）、吉罗拉莫·卡尔达诺等重要星占学家。一直到科学革命时期，

---

① 主垂圈指天球中通过天顶天底与正东正西四个点的大圆。定位圈指天球中同时穿过子午圈与地平圈两个交点与另外一个特殊点（此处为主垂圈中的等分点）的大圆。(郑玉敏，2016)[20-21]

星占依然较为流行。我们所熟知的对近现代科学发展作出重要贡献的天文学家第谷（Tycho Brahe，1546—1601年）、开普勒（John Kepler，1571—1630年）均是星占学家。第谷以其精确的天文观测而闻名。他进行观测的重要原因之一，是认为需要以精确的星表安排日月五星位置，星占师才能够得到准确的占验结果。同样，他关注1572年11月出现的超新星的原因也不是纯粹的数理天文学追求，而是和星占有关。通过超新星，他预测1592年开始欧洲会在宗教与政治方面产生大的变动。开普勒是第谷的助手，也是鲁道夫二世（Rudolph Ⅱ，1571—1630年）的宫廷数学家。他是一位非常活跃的星占师，在为鲁道夫二世服务期间，曾为皇室成员绘制过不少生辰天宫图。他也有不少关于其他主题如超新星的星占文本。1602年，开普勒出版了第一部星占著作《论星占的更确切基础》（*De Fundamentis Astrologiae Certioribus*）。紧接着1603年出版了《火属性三方的论断》（*Judicium de Trigono Igneo*）。1606年，他又出版了《论蛇夫星座足部的新星》（*De Stella Nova in Pede Serpentarii*）。十三年之后，另外一部有关彗星占验的著作《彗星三论》（*De Cometis，Libelli Tres*）也在他的努力下完成。开普勒还发明出了一系列新的相位——18°、24°、30°、36°、45°、72°、108°、135°、144°、150°。其中30°、45°、135°、150°为后世普遍采用。（Holden，2006）[170-173]

进入17世纪末，除英国外，星占开始在欧洲进入沉寂时期。英国在17世纪迎来了星占发展的黄金时代，出现了威廉·利里（Willian Lilly，1602—1681年）等星占学家。这使得星占在18世纪初期依然保持了一定的发展。不过，很快英国也进入了星占的冬季，只有少数星占内容以日历的形式为公众所关注。直到18世纪末星占才开始在英国出现新的复苏，逐渐地发展为现代多元的形态。造成17世纪末星占快速衰退的原因很多，如科学革命时期实验数理科学的兴起使得学生的兴趣发生了转移，报纸等娱乐咨询方式的增加使得星占在公众中的吸引力降低，还有大学讲席被撤销，等等。（Holden，2006）[180-192]此外，这一衰退也和罗马教廷的严厉禁止有一定程度的关系。

3.1.2　16、17世纪罗马教廷的禁令

12世纪翻译运动带来的古希腊学术对当时欧洲心灵的冲击程度可谓巨大。面对汹涌澎湃的新知涌入，秉持完整世界观的天主教神学家寻求着包括星占在内的新知与教义的融合。罗马教廷当然也期待此种融合。这些天主教神学家中最为著名且有影响力的是经院哲学家托马斯·阿奎那（Tomas Aquinas，1225—1274年）。他综合新输入的知识学问完成了气势磅礴的经院哲学构建，其中便包括对星占的重新定位。

托马斯·阿奎那将占卜分为三类。第一类明确地寻求魔鬼以得到占卜的结果，这属于"问鬼或招魂"。如占梦、相火、相气、相藏，均是魔鬼或示现于人的梦，或依附于火、气、动物的内脏来帮助人达到占卜的目的。第二类和第三类并未明确地寻求魔鬼的帮助，而是魔鬼在暗处间接地帮助人获得占卜。第二类通过观察另一种东西的位置或行动来占卜，这属于"征兆"类。如通过人的某个动作或出现的某个迹象占卜会发生的事情。相手、相面也属于此类。第三类是人做一件事以便探知隐秘的未知，如抓阄的方式。这三类占卜或明或暗均靠魔鬼而发生效力，所关注的是人们不能通过自己理性合理推测的事情，也不是上帝给人的启示。能通过人类理性推测者，是确定性原因导致确定的或者较大概率发生的事。这种事情是物理的，如母鸡怀了小鸡我们可以推测小鸡要出生的时间。上帝给人的启示则是天主将属于自己的权柄和计划赐予人，让人以某种方式表达出来，以彰显上帝的荣耀与全能。这两类均不属于占卜，不是迷信行为。而上述三类占卜靠魔鬼而得到预测，所以均属于迷信行为。它们会束缚人的心灵，使人依赖于魔鬼而非上帝，产生《圣经》所反对的虚伪。(多马斯·阿奎那，2008)^{第十册：198-205}

那么星占是否是占卜迷信的学问呢？托马斯·阿奎那指出这就需要对星占的占验对象与方式区别对待。受亚里士多德自然哲学影响，阿奎那肯定了天体是一些现象产生的原因。这可以分为两类。一是必然性的，如天体导致日食的发生。此种事情可以完全预测。另一种不是常常必然发生，只是在大多数情况下产生，也会偶然不出现。此种事情是天体因上帝赋予权能而对月下界具有影响力，进而导致月下界一些现象的产生。此类现象有限，仅仅止于形体自然之物，如天气的变化、瘟疫的爆发、人身体可能得的疾病。值得指出的是，这也包括人身体情欲、感觉能力、性格的一些倾向①等。它们具有自然哲学属性，是物理的、真实性、直接的，可以通过理性来推论。在这种情况下星占是一种自然哲学，而非占卜，是可以接受的。

月下界还有些现象，天体并不是它们产生的原因，因而不能通过星占来推论。首先是偶然发生的事件，不管是人类还是自然界事件。如一块大石头落下引发地震，人挖掘出宝贝。在托马斯·阿奎那看来偶然发生的事情并非实

---

① 托马斯·阿奎那说："不过，它们可能给自由意志作些事前的准备，使它有这种倾向。这是因为它们影响人的身体，因而影响身体器官的感觉能力，而这些能力影响人性行为使它有一种倾向。"(多马斯·阿奎那，2008)^{第十册：210}魏特在论述托马斯·阿奎那对星占的认识时举例说，如果一个人在火星当权时出生，那他以后可能因为火星对性格产生影响的缘故成为一个战士或者强霸的人物。(魏特，1960)⁴⁴³

有,并非一件单一的事,而是由几件事共同组成,无法从天体一类单一的原因中推测出来,所以无法预测。另外一种是有关人自由意志的行为。人的构成不仅有身体以及自然情欲一类机能,还包括理智与意志。意志由上帝决定。理智和天使有关,当然这也是上帝赋予天使的权能。意志与理智不是物质性的。天体并不能直接且决定地影响人的意志与理智。天体和人的灵魂无关。不过,因为理智与意志都多少需要通过与身体关联的机能才能发挥作用,所以天体可以间接地、非决定性地对人产生影响。其中天体对理智的影响要更大一些。因理智必然地由下级知觉机能才能发挥作用,而天体会影响到人的知觉机能。人的意志则时刻具有自由性。天体会在特定时刻让人产生情欲的自然冲动,但选择是否顺从此情欲的意志则直接来自上帝,不受天体的影响。因此,在涉及自由意志与理智时,天体的影响是间接的、偶然的、非物理性的,且不能作出有效的推论。(Dooley,2014)[100]在这些情况下,星占能够成功地预言是因为直接或间接地借助了魔鬼的力量,属于占卜迷信行为,是要被禁止的。

根据以上区分,托马斯·阿奎那大致给出了一些可以接受的星占类型。星占在预测自然形体物的情况时是有效的,比如涉及诊断、治疗、预知疾病的医学星占,涉及预测天气阴晴雨雪的气象占,对于农业收成情况的占验。① 甚至由于大多数人都是顺从自我的情欲,所以预测大范围事件的普遍星占术也是有效的。不过,天体虽然可以影响人的身体、情欲,但因为个人具有理智、自由意志,所以个人事件的预测效果微弱,尤其是对可以通过自由意志控制情欲的人。[(Tarrant,2020)(托马斯·阿奎那,2008)第三册:476—485;第十册:198—211]

可以看出,托马斯·阿奎那认同占验天气、灾害、战争、区域(国家、城市)整体情况、群体疾病(瘟疫)的普遍星占术,也赞同选择星占术中根据天体位置选择治病时间、播种收割时间的部分。对于生辰占,他并未完全反对,认为在涉及身体自然机能、情欲或(性格)倾向的主题时星占或许有效,但由于人有理智与自由意志,所以生辰占的有效性有限。至于卜卦星占学,阿奎那似乎并未提及。

托马斯·阿奎那的论述存在着对星占类型的一种划分方式,即着眼于星占是否涉及自由意志与是否具有自然哲学属性,将其划分为决意星占学与自然星占学。自然星占学不涉及自由意志,主要关涉自然物体、自然机能。此类型

---

① 关于医学星占,托马斯·阿奎那认同通过天体运行情况选择治疗疾病的时间,也认同预测可能发生的群体性疾病状况,如瘟疫。他反对以星占预测个人疾病的具体情况。因为个人疾病是一个偶然性事件,和个人状态、环境等多种因素有关,以天体作为根据的星占学无法准确预测。关于农业,托马斯·阿奎那强调了农民可以通过星占选择合适的播种、收割时间,预测收成的丰歉。关于航海,他强调出发时要避免满月等情况。(Tarrant,2020)

具有自然哲学属性,是物理的,关注的是天体直接影响所产生的结果。决意星占学涉及自由意志,天体的影响是偶然性、间接性的。这两种星占的分类源头可以最早追溯到托勒密星占《四门经》。在其中第一书托勒密介绍了星占的基本概念,第二书介绍了普遍星占术,第三和第四书是生辰占。在第二书第一节中托勒密提出了自己的划分,指出一类星占(普遍星占术)关涉具有广域性、普遍性特征的事件或对象,如天气、战争,另一类(个人生辰占)则只关注个人。他还将生辰占与普遍星占术联系,因为个人命运和大的环境息息相关。(Ptolemy,1940)[117-119] 托勒密的分类为后世提供了基础与启发。后世有些学者将普遍星占学与自然星占学对应,个人生辰占与决意星占学对应。(Scofeld,2010)[3] 后来,奥古斯丁在《上帝之城》中也强调了天体对自然之物的影响,如月亮对潮汐的作用。但是奥古斯丁并未细分星占类型,对星占秉持普遍否定态度。托马斯·阿奎那基于他的经院哲学,相较奥古斯丁似乎其论述更为精致。

由于托马斯·阿奎那的重要地位,他的上述认识在此后颇为流行,很多学者甚至几个世纪之后的哥白尼也秉持此种观点(魏特,1960)[443]。罗马天主教廷对星占的判定与认识也深受他的影响。他的认识与奥古斯丁的相比,态度较为温和且具有伸缩性,所以在一定程度上为星占的流行开了一扇门。

经过14—15世纪星占大流行之后,进入16世纪罗马教廷就开始增强对星占的控制与打压力度。这一方面是由于借着印刷出版方便之力加速传播的星占越来越受到人们的关注,以至于影响到基督教信仰。另一方面当时的宗教改革刺激了罗马教廷对于异端的惩罚力度,占卜、新教均被当作异端。1487年,罗马教皇依诺森八世(Innocent Ⅷ,约1484—1492年在位)通过了一项政策,允许天主教区各地主教具有部分审查出版书籍的权力。1520年代,鲁汶大学列出了一张禁书目录。接着该目录被巴黎大学与意大利各地区接受。1542年,因感到新教威胁越发厉害,教皇保罗三世(Paul Ⅲ,约1534—1549年在位)下令成立了罗马宗教裁判所(Roman Inquisition),以实行严格的审查制度。裁判所列有禁书目录,包括新教、占卜迷信、犹太法典书籍等。不过,此一时期的禁书目录还未收录星占著作。1557年,教皇保罗四世(Paul Ⅳ,约1555—1559年在位)批准了一项新的禁书目录。其中规定禁止有关个人出生、经历、死亡、未来事件、一些特定事情的结果与情形的星占占验。尽管所指较为隐晦不明,星占俨然开始正式被列入禁书目录。1558年12月30日,裁判所发布了新的禁书目录。该目录通常被称作目录1559,明确禁止通过星占占验偶然事件的未来、人事的结果以及机遇的选择，只允许有关航海①、农业②、医学③的占验。且对航海、农业、医药的占验要建立在自然观测的天象的基础上。这其实是应用了托马斯·阿奎那决意星占学与自然星占学的划分。只不过该目录的解释更为严格，并未将国家、城市以及人的行为倾向纳入考虑范围。

这一标准严格的目录在下一任教皇比约四世（Pius Ⅳ，约 1559—1565 年在位）任内得到了缓和。通过特伦托宗教会议④成立的一个委员会，1564 年教皇发布了新的目录。目录 1564 依然反对决意星占学，强调自然星占学在航海、农业、医疗方面的应用。但在措辞上，该目录明显放宽了对决意星占学的定义标准，甚至隐形地承认对人的行为性格倾向占验的合理性。(Tarrant，2020)

目录 1564 的宽松政策在某种程度上是个例外。该目录在经历更换与恢复之后，到了 1585 年，励精图治的教皇西克斯图斯五世（Sixtus Ⅴ，1585—1590 年在位）加冕。作为一系列振兴天主教信仰的举动之一，1586 年 1 月 5 日他发布了著名的禁令，严厉禁止决意星占学及其他类型占卜的实践和相关书籍的出版。该禁令继承目录 1559 的精神，只允许有关航海、农业与医药的自然星占学，将占验人的行为倾向的生辰占类型也归入迷信禁止行列，也不允许进行卜卦、选择以及其他星占类型。在教皇的支持下，宗教裁判所重新受到重视，广

---

① 星占与航海在 16—17 世纪的关系至少体现在三个方面。首先，在航海过程中用星体确定位置的操作会涉及星占。这主要涉及的是数理天文学。但由于此时星占与数理天文学并没有严格区分，所以此一方面也和星占有一定关联。其次，是星占的天气预测（气象占）对于航海的帮助。最后，是通过月亮的位置预测潮汐。因为在当时星占所探讨的是天体对地上物体的影响，所以此部分在早期也当属于星占范畴。关于此一时期欧洲航海与星占、数理天文学的关系，参看 Howse (1986)、Dunn (1994) 的论述。

② 与农业有关的星占至少包括以下两个方面。一是以星占选择播种收割的时间。这其实属于选择星占学的分支，所考虑的天象主要是月亮的运行。二是以星占预测收成情况如何。三是和气象占有关。因为天气对农业影响很大，所以气象占也和农业密切关联。关于此方面的讨论，请参看前面对托马斯·阿奎那的论述以及 Lewis (2003)[11-13] 的讨论。

③ 与医学相关的有一类专门的星占类型——医学星占。此种星占形态颇为复杂多样，包括了生辰星占学、卜卦星占学、普遍星占学与非天宫图星占类型。虽然教廷允许与医学有关的星占，但上述类型似乎并不能均被接受。如卜卦星占学中以病人咨询时间或委托人带病人物品或尿液到诊所的时间绘制天宫图的做法，应该是教廷所禁止的。因为其所依据的天象并不能成为病人病情分析的物理依据，而占验结果的获得可能是来自魔鬼的力量。当然，罗马教廷似乎并未有细节性规定，审查具体占法的权力在审查员手中，不同审查员理解也可能不同。但上述四种类型的医学星占不能被完全接受应该是合理的推测。关于文艺复兴与科学革命时期流行的医学星占的具体形态，请参看本书 5.1.1 小节。关于不同审查员可能具有不同的态度，请参看 Lanuza-Navarro 和 Ávalos-Flores (2007) 的文章。

④ 特伦托会议（The Council of Trent）是天主教教廷在 1545 年到 1563 年于意大利北部小镇特伦托召开的一系列会议，以应对当时新教的冲击、自身的改革等问题。该系列会议在天主教发展历史上具有重要意义。

泛开展严格审查。(Thorndike, 1951)[156-157] 该禁令对后来的政策产生了重要影响,甚至17世纪中叶依然为执行审查者所参考。(Lanuza-Navarro, Ávalos-Flores, 2007)

西克斯图斯五世的禁令的确发挥了作用。16世纪末叶,罗马教廷势力所及的意大利地区星占流行情况受到较为严重的打击,星占出版物也开始急剧下降。(Thorndike, 1951)[157] 不过此种作用也不容夸大。一是禁令主要在罗马教廷势力范围内施行,尤其是意大利和西班牙。二是禁令除针对星占之外,还针对魔法、巫术等其他迷信活动,此外还有新教、希伯来法典,所以在具体执行过程中并不专门针对星占。三是禁令受托马斯·阿奎那影响,未禁止航海、农业、医学方面的自然星占。这在一定程度上为星占的发展开了一扇门。至17世纪上半叶的1631年,或许有鉴于占验迷信活动的继续猖獗,或许也为星占师预测自己死亡日期的行为所恼怒,(Holden, 2006)[180] 教皇乌尔班八世(Urban Ⅷ, 1623—1644年在位)重申了1586年禁令,强调任何身份的人都不能脱离禁令的约束,惩罚措施可至处死。乌尔班八世的禁令还着重指出绝不允许占验政治、教皇寿命、教内事物。(Thorndike, 1951)[171] 可见星占实践实难在当时被彻底杜绝,教皇实为此类占验所惹怒。

3.1.3 耶稣会的基本态度

耶稣会(Societas Jesu, S. J.)由依纳爵·罗耀拉(Ignatius Loyola, 1491—1556年)、方济各·沙勿略等人发起,1540年9月27日教皇保罗三世批准成立。与多明我修会、方济各修会相比,耶稣会是天主教中极为年轻与特殊的修会。它的创立与天主教因宗教改革与自身问题带来的困境有关。在经历13世纪黄金时代之后,天主教教会逐渐走向衰落。15世纪的教廷腐败而无力,神职人员与他们的情妇公开姘居。教会的大分裂,世俗权力、战争、阴谋的侵蚀,使得教会的威信日减。16世纪初新教宗教改革运动兴起。以德国马丁·路德(Martin Luther, 1483—1546年)为领袖的路德宗宣扬"因信称义",信徒可以通过自己的信心直接得到上帝救赎,教会的神职人员不再是得到救赎的中间必需渠道。法国的约翰·加尔文(John Calvin, 1509—1564年)领导的加尔文宗强调"预定论"。个人的救赎只能靠上帝的恩典,与自身的努力无关。他们在德国及欧洲北部的挪威、丹麦、瑞典,以至法国、英国均具有重要影响,对天主教产生了巨大冲击。(胡斯托 L. 冈萨雷斯, 2016)[上册:357-436;下册:1-150] 在此内忧外患日益加重的情况下,天主教内部改革呼声日渐高涨。耶稣会也在此种历史背景中产生,希望以新方法回应新的时代问题。作为一个全球性修会,耶稣会采取了中央集权与军事化的严格组织方式;同时放弃了修会的统一服装与咏唱日课,采取灵活的形式,使得会士能够因地制宜。耶稣会主张"文化适应"政策,传教成绩突出。修会还特别重视会士的精英式文化教育,秉持人文主义,在宗教和文化领域培养了众多人才,在全球传教中促进了不同文化之间的交流。其中,南美洲巴拉圭的"耶稣会国"以及明末清初在中国的重要影响,均是其代表性成就。①

规定耶稣会基本准则的《耶稣会会宪》并未明确提及对于星占的态度。②不过,《会宪》要求耶稣会士除贞洁、神贫、听命三愿(即绝色、绝财、绝意)之外,另增第四愿,即效忠教皇,必须做到"绝对服从",强调为"愈显主荣"而战斗。因此,耶稣会士一般均严格地服从教皇的规定。[(The Institution of Jsuit Sources, 1996)[24-25](李新德,2015)[48]]另外,由于耶稣会总体偏向于一种较为严格的标准,所以从早期开始耶稣会士便倾向于目录1559的严格禁令而非目录1564的宽松禁令,后期更是倾向于教皇西克斯图斯五世1586年禁令。甚至有些人物持比1586年禁令更为严格的态度。以下以具有代表性的贝拉明(Robert Bellarmine,1542—1621年)、安吉利斯(Alexander de Angelis of Spoleto)与达乃尔(Adam Tanner,1572—1632年)说明之。

贝拉明出生于意大利,1560年便加入耶稣会见习生行列。1569年被送往旧鲁汶大学(The Old University of Leuven)学习。他在那里完成了学业,获得了教职与牧师资格,是第一位在旧鲁汶大学任教的耶稣会士。1599年他成为枢机主教,曾任职于宗教裁判所,和布鲁诺、伽利略的审讯均有关。贝拉明关于星占的看法主要体现在1570年他在旧鲁汶大学所作的一系列有关托马斯·阿奎那的讲座中。他将包括星占在内的占验(Prediction)分为三种类型——自然占验、非自然占验、兼具自然与非自然的混合占验。自然占验指向具有自然原因的事件,可以通过自然原因推论相应结果。它有两种情况。一是具有必然性自然原因的推论,如今天归属于数理天文学的日月食、月相推测。二是具有可能性而非必然性的推论,但其原因却是自然的,如以天象推论人的疾病、阴晴雨旱。此种情况所得到的结果具有可能性,无法似第一种具有必然性。非自然占验指涉具有非自然、非必然原因的现象,包括具有自由意志的人的未来行为,以及源自上帝意志的现象——神迹(Miracles)。人的行为与神迹均非来自自然原因,因而自然占验无法预测。如果有人预测了它们,只有两种可能——来自上帝的启示以及借助魔鬼的力量。上帝的启示不可求,而

---

① 关于耶稣会的历史、特征等请参看彼得·克劳斯·哈特曼(2003)的论述。
② 该《会宪》由依纳爵·罗耀拉起草,于1553年首先以西班牙语施行,五年之后被译为拉丁语。今有英文与中文译本,参见(The Institution of Jsuit Sources,1996)、耶稣会中华省(2010)的论述。

借助魔鬼的力量则是绝对拒斥的。因而此类占验并不似第一类可以被接受,而是需要被摈弃。第三类混合占验常常是具有自然占验的操作与根据,却通过魔鬼的帮助得到结果。此类占验也不可接受。决意星占学就属于混合占验。因为它以自然的天象为推论基础,所得到的结果却是来自魔鬼的帮助。(Tarrant, 2020)可以看出,贝拉明的上述分类其实依然遵循托马斯·阿奎那的认识,只是他将决意星占学纳入混合占验之中。

有意思的是,虽然贝拉明遵循了托马斯·阿奎那的分类,对于托马斯·阿奎那的尊崇地位也接受不违,但对阿奎那所肯定的人的倾向性行为的占验却不能认同。他在《对星占师的批判》(*Disputation Against the Astrologers*)一文中将前述属于混合占验的决意星占继续分为两类。一类认为星体是上帝显示他未来计划的征象(Sign),通过星占我们便可揭示上帝的安排。第二类认为星体可以影响人的行为,如火星激发人的战斗激情、金星挑拨人的性欲,因而可以通过星占预测人的行为。这实际上包含了托马斯·阿奎那所认可的倾向性影响。但对于贝拉明来说却不能接受。总体来看,贝拉明遵守了目录1559的严格标准,将星占中可以接受的类型局限于有关农业、天气、医疗方面的预测,拒绝了托马斯·阿奎那所认同的对于人的倾向性的占验。他的观点也与西克斯图斯五世1586年禁令一致。在1586年他参与了教皇西克斯图斯五世安排的特殊任务——重新解读宽松的目录1564,以与教皇的禁令一致。在此任务中贝拉明重申了自己的上述严格观点。(Tarrant, 2020)

安吉利斯是罗马耶稣会士学院的院长。他在1615年出版了《星占师五论》(*In Astrologos Conjectores Libri Quinque*),集中批评了星占的不合理。该书由五部分组成。第一部分从自然哲学角度认为天上星体对地上事物虽然有影响,但程度有限。地上物体并不完全依赖于天界影响。第二部分重点讨论了人的怀孕与胎儿。他认为星占师以怀孕时刻推测胎儿情况的行为并不可靠。星占师无法得到所有影响胎儿的因素,胎儿受母亲饮食的影响要比星体的影响更为强烈。他同时也批评了当时流行的黄道十二宫人——以黄道十二宫分主人不同身体部位。紧接着第三部分安吉利斯论述了是否可以根据人出生分娩的时间推测人的命运。他认为星占师其实无法准确推测人出生时刻的宫位。在成长过程中人所受教育与饮食的影响要比星体更大。另外,其他环境、医疗、风俗等因素均可以影响人的命运与行为,所以星占并不可靠。第四部分他从自设原则出发,认为星体的力量实际无法被准确检测,所以星占的准确性无法得到保障。他还认为星占中先天与后天十二宫的分类、相位等基本元素颇为武断,并无多大意义;选择星占术与大会合占法亦不合理。对于为教皇和耶稣排天宫图的行为,他表示极大的愤怒。第五部分他通过梳理历史上对星占的批评言论总结了自己的看法,呼吁摒弃星占。(Thorndike,1951)[202-204]总的来看,虽然安吉利斯批评的主要理由——事物的状态并非仅由单一天界影响,已经被此前学者广为强调,但就其所涉及的系统性来说亦有可观之处。他的论述涉及了星占的自然哲学基础、基本元素以及包括选择星占术在内的不同种类占法。他应当对星占的占法技术有较多的了解。此外,从态度上可以看出他似乎更加遵循奥古斯丁而非托马斯·阿奎那的认识,即对医学星占一类属于自然星占的类型也概以否定。在第二部分他说既然星体主要影响人的身体而非思想,那么我们更应该相信医生与哲学家,而非星占师。(Thorndike,1951)[203]安吉利斯相对于贝拉明来说似乎持更为严格的态度。

达乃尔是出生于奥地利的耶稣会士、神学家。他于1603年被邀请加入英戈尔施塔特耶稣会学院并在英戈尔施塔特大学担任神学讲席,十五年后(1618年)离开德国前往维也纳大学任职。1615年他发表了《占星神学》(*Astrologia Sacra*),里面引述了上一年十一月十九日一位学生关于"在哪一种范围内我们可以接受占星家之预言"的回答。借此学生之口,达乃尔将星占所涉及的预言分为四类。第一类关于纯以人自由意志为转移的事情与行动。这一类要绝对鄙弃。第二类关于不以人的自由意志为转移的情况,如天气的阴晴、农业的丰歉等。预言此类情况的星占不能说不合理或迷信,不过此种预言的准确度并不可靠,因为很难将影响因素考虑完全。因此甚至可以说这种星占是愚妄欺人的。第三类关于人类可以直接受天上星宿影响的行动的执行时间与其他状态,如医学上的放血与农事中的播种时间。此类预测如果是根据可靠的经验且不离谱,则可以接受。第四类是根据天体自然运行所作的推算,如日月食与行星轨道位置,这是教会所绝对允许的。(魏特,1960)[445]这一认识承袭了教会惯用的自然星占学与决意星占学分类,所允许的星占类型也局限在农业、医学等教皇禁令中强调的主题。比较特别的是,达乃尔对第三类中涉及选择时间的星占预测比较认可,而对第二类托马斯·阿奎那所认可的部分虽然认为有部分合理性,但却倾向于否定。与安吉利斯一样,达乃尔似乎对星占也持比较严格的态度。

3.2 在华耶稣会传教士与星占

当罗明坚、利玛窦等耶稣会士来到中国传播福音时，他们所面对的是一个文化与社会高度发达的皇朝。基督教是一种整全的教义。在现代性意识凸显之前，福音化目标最终指向个人、团体以及社会习俗、学问等各方面整体的转变。接受天主教信仰的个人、团体或社会，不仅需要对上帝的坚定信仰，生活方式、日常行为的调整，以及实践与学习合乎教义的学问，还需要破除异端，维护正信。其中，一个社会中的占验行为，往往由于与个人信仰信念、政治、风俗联系密切，且具有广泛的接受度，从而成为传教士批评、分疏的重要对象。如《利玛窦中国札记》中非常详细地记载了明末中国人对星占、卜卦、择日、八字等的热衷。(利玛窦、金尼阁，1983)[87-90]占验以及相关的习俗，因此也成为大部分耶稣会士福音化中国过程中努力廓清需破除与确立新边界的对象。作为当时重要占验学问的星占自不例外。

下面重点介绍在华传教士[①]与星占有关的论述、行为。这些论述与行为的目的比较多样，包括批评、否定、禁止传统军国星占与星命术（批评）、引进符合教会要求的欧洲星占（引进）、以欧洲星占代替中国传统军国星占（代替）、权衡后的妥协（妥协）、利用传统军国星占达到自己的目的（利用）、欧洲星占的最终实践（实践）。就行为主体传教士所针对与关涉的对象和背景来说，可以分为民间与官方两个层面。就所涉及的基本底线而言，分为调适（因某些原因改变或调整天主教禁令与教义所规定的界限）与保守（坚守天主教禁令与教义所规定的界限而不让步）两种。就所涉及的交流类型而言，包括命令型、说服型、供用型与谋用型四种。[②]笔者将以民间、官方作为基本分类，论述不同目的下传教士与星占有关的论述、行为的脉络与交流模式，以及涉及的政治、文明等深层次因素。

最后需要指出的是，明末清初传教士对中国人的星占认识最重要的影响因素并非是他们对星占的批评等，而是他们所系统介绍的欧洲数理天文学、地理学等知识。但欧洲数理天文学、地理学等内容前人已在不同著作中系统论

---

① 此处所论的传教士不包括穆尼阁。笔者将在下一章介绍与薛凤祚合作的穆尼阁。
② 关于这些类型与分类的介绍，见本书1.4节。

述^①,且当时传教士与中国士人在讨论星占时均有提及。因此此处将不再单独讨论,而是在行文论及之处适当介绍,以避免赘述。

3.2.1 保守:民间层面传教士对星占的禁止、批评

传教士针对民间群体采取了按照教义规定强制禁止星占、以对话交流方式批评星占两种主要方式。他们的行为严格按照天主教禁令规定,显示出保守特征。交流模式包括命令型与说服型两种。

3.2.1.1 以命令型为主者

早在传教士入华之后不久的1584年,罗明坚与利玛窦合编的《天主圣教实录·解释第一面碑文章》中已经出现不得崇信选择占卜之术的告诫。罗明坚解释摩西十诫中第一诫"要诚心奉敬一天主"时,指出守诫者不要敬信天地或其他神祇,不要相信梦有吉凶,也不可以"寻择日辰、占卜卦术等事":

> 第一条要诚心奉敬一天主,不可祭拜别等神像……如守此诫,不得敬天地日月及诸鬼神,夜梦不祥、吉凶有兆、寻择日辰、占卜卦术等事。(罗明坚、利玛窦,1966)[828]

这种在天主教戒律的框架中反对星占术数的论述比较常见,如后来艾儒略《涤罪正规》(艾儒略,2002b)[379-380]、苏如望(P. Jean Soerio,1566—1607年)《天主圣教约言》(苏如望,2002)[269]、庞迪我(Diego de Pantoja,1571—1618年)《七克》(庞迪我,1965)[668-689]、施若翰(García, Juan de Leon,1605—1665年)《天主圣教入门问答》(施若翰,2002)[420-421]、利类思(Luigi Buglio,1606—1682年)《司铎典要》(利类思,2009)[178,180]、何大化(António de Gouvea,1592—1677年)《天主圣教蒙引要览》(何大化,2009)[511-516]、南怀仁《教要序论》(南怀仁,2009a)[39-40]等均有是说。

当时不少传教士还将通晓星占术数的人称为魔鬼,将他们与道教徒、佛教徒相提并论。如庞迪我《庞子遗诠》第四卷"论天神魔鬼"说:"或示以推测卜度,如星相诸家……或示以存神守气,呼风吸露……或现庄严佛像,辄言慈悲……其中百端妖异,不可尽数。此皆鬼魔之为也。"(庞迪我,2002)[213-214]王丰肃(Alfonso Vagnoni,1566—1640年)^②在《教要解略》里也提及魔鬼、释道、堪舆日者、师巫诡术均是诱惑人入于邪恶、坏人心术者。(王丰肃,2002)[134]

上述论述角度不同,或以天主教戒律径直禁止占验,或以说教的语气直接

---

① 具体可参看孙承晟(2018)、江晓原(2015)、陈美东(2003)、Chu Longfei(2017)、石云里(1996a)的论述。

② 王丰肃又名高一志,后文脚注不作统一。

否定占验。虽然在对戒律的论述中有时会应用一定的推论方式,具有说服型特征,但戒律本身即是强制规定,具有极为强烈的权威性。以此规定为依据的推论本身具有很大的强迫性。亦即整体而言上述论述是一种具有强迫性的施加,不接受辩驳与反对,不具有对话的性质,并非是一种沟通。这一模式可以称为命令型。这种类型与哈里·科林斯等发展的交易区普遍模式中的颠覆型类似,最终需要在同质文化中才能实现,所以其针对的对象是接受了天主教信仰的天主教徒。如对于中国的天主教徒来说,对于信仰的接受意味着他们必须按照戒律要求放弃对于传统星占术数的迷信。因此,命令型虽然对于天主教徒来说是必要的,但所面对的接受者非常有限,并不具有代表性。面对一般读者与对象,说服型是常用模式。

3.2.1.2 以说服型为主者

说服型与命令型既相近又不同。两者均是一方希望将自己见解、看法等施加于另一方。但说服型是以沟通而非强迫命令的方式进行。说服型中,另一方或没有相关诉求,或暂时不认同或不了解说服者所持见解、看法等,也不需要两方之间的同质性。说服者需要通过依据一定的理据进行推论去说服对方。此种理据真实有效性的来源可以是感情、利益、权威或理性。推论是说服型交易区的主要内容。与命令型不同,说服型预设对方有权力不接受、反对或质疑,对方并不一定处于弱势地位。但说服者的态度、出发点与目的常常固定不变,或在一定时期内固定不变。说服者在交流过程中经常是自我见解、观念的输出与施加。传教士在批评、引进、代替、妥协与实践星占的过程中均表现出说服型模式。只是就民间层面来说,其目标较为单一,主要是批评星占。

民间层面传教士为批评星占所构建的交易区主要以推论为内容,即给出一定的事实、道理或诠释,推断星占命题的前提、组成元素、意涵与此事实、道理或诠释不符,进而否定星占命题的有效性。此交易区并非直接诉诸传统学问(如儒家经典)或习俗戒律的权威、利益的权衡、情感的诉求等。作为推论依据的事实、道理与诠释的可靠性来源则或与权威有关。除此之外,儒家经典的权威性不仅作为推论理据的可靠性依据,因推论过程具有整体性特征,所以此种权威性也间接地施加于中国学者本身。因此,儒家经典的权威性也成为交易区的一部分。这使得传教士表达的观点能为中国学者接受,并利用权威给中国学者以强迫。亦即传教士的说服型行为又具有一定命令型的特征。但显而易见,这种成分不占据主导地位。下面根据批评推论中的理据,将说服型分为以科学认识为主要依据者和以义理为主要依据者两种给予介绍。

3.2.1.2.1 以科学认识为主要依据者

科学知识是传教士试图福音化中国的附带物。早在肇庆传教时期，利玛窦、罗明坚等人便已经开始利用西方天文学、地理学知识传教。随后，西方科学知识获得了持久而深入的传播，产生了不少译作。这些科学知识帮助传教士扩大影响，吸引中国学者的注意力。最终传教士进入钦天监参与改历，扎稳在皇朝的根基。同时，在传教士等天主教人士看来，科学作为具有逻辑性质的系统认知，不仅可以训练人心智的推理能力，"剖散心疑"、"心思细密"①，而且可以借助自然理性，以推理能力认识上帝的真理。②此外，科学知识也被用作批评星占的推论根据，以实现与中国人展开对话交流的交易区的营建。以科学知识为依据批评星占的论述，艾儒略《口铎日抄》和南怀仁《妄占辩》具有代表性。《妄占辩》与传教士在官方层面引进欧洲星占以代替中国传统占验有关，将在下一小节介绍。此部分主要论述艾儒略的《口铎日抄》。

在以问答形式记载了1630—1640年间谈话的《口铎日抄》中，艾儒略应用天文学等知识讨论了星占的不可信。艾儒略的应用均是在对话中展开。根据对话中使用科学知识的情况可以分为两种类型。第一种是纯粹以科学知识为依据展开的对话。如据《口铎日抄》载，一日艾儒略与李九标讨论了一番天文学问题后，艾儒略拿出星图展示给李九标。此时的李九标已经具有一定天文学知识，所以问道五星躔次有迟留逆行顺行的区别，为何图中所画"一定而无参错"。艾儒略回答说此图只是画出诸星宿简要的情况，未能细画日月五星在诸天的运行。其运行需要推算而得，图中无法显示。进一步，他将话题引到金星，指出金星的明暗大小变化与月亮相似，是其正常运行所造成，而星占家"必执明暗小大，为休咎之祥，亦大迁诞而失真者矣"。③[（艾儒略，2002a）124（张振国，2014）]

艾儒略此处所批评的是传统军国星占中与星体颜色明暗有关的占验。《观

---

① 徐光启于《刻〈几何原本〉序》云："顾唯先生之学，略有三种。大者修身事天，小者格物穷理。物理之一端，别为象数。"利玛窦《译〈几何原本〉引》云："然虚理隐理之论，虽据有真指，而释疑不尽者，尚可以他理驳焉。能引人以是之而不能使人信其无或非也。独实理者明理者，剖散心疑，能强人不得不是之，不复有理以疵之。"徐光启《〈几何原本〉杂议》云："下学工夫，有理有事。此书为益，能令学理者祛其浮气，练其精心；学事者资其定法，发其巧思。故举世无一人不当学。闻西国古有大学，师门生常数百千人，来学者先问能通此书，乃听入。何故？欲其心思细密而已。其门下所出名士极多。"（徐光启、利玛窦，1965）1927-1929,1941

② 这一方式来自托马斯·阿奎那对亚里士多德哲学的吸收，是为了调和天启神学与自然科学之间的关系发展而来。（孙尚扬，2013）42

③ 关于金星的这一现象，《崇祯历书·五纬历指》卷一中也曾论及："解曰：用远镜见金星如月，有晦朔弦望，必在太阳之上，有时在下。"（徐光启等，2017）646

象玩占》说：

> 甘氏曰：太白在秋日王，其色比狼精白而有光，仲秋之时有芒角。在四季日相，其色精明而无芒角。在冬日休，其色精明而无光。在春日囚，其色青黄而不明。在夏日死，其色赤黑，细小而不明。此其常也。（佚名Ⅱ，2002）228

可见，在星占家看来，正常情况下太白在不同季节有不同颜色、明暗、大小，而这与金星的五行及王相休囚废①联系。当金星发生明暗、大小、颜色的变化时，中国古人认为这是天地五行精气失常的体现，是变异情况，因而具有相应的占验意义：

> 太白细小不明，天下盗贼多而不发觉，所居国尤甚。
> 巫咸曰：太白出而大，甲兵煌煌，旌旗相望；太白出而小，有城不能守者，有兵不能战。（佚名Ⅱ，2002）229-230

这一类占法被称为"太白行色变异占"。实际上，金星和月亮相似，其明暗大小与会合周期内不同位置对应的不同相位有关。伽利略最早用望远镜观测到这一现象，并将其写入《星际使者》（1610年出版）。汤若望于天启六年（1626年）刊刻的《远镜说》中专门介绍了这一发现并给出示意图"金星消长上下弦之图"。艾儒略也熟知这一事实，在上述对话中他便应用了这一认识。艾儒略之意即金星明暗大小的变化属于正常现象，而中国人却以此为异常现象，这一认识前提显然有误，以之施于占验自是不合理。

纯粹以科学知识为依据进行批评的另一例子与星命术有关。《口铎日抄》载，一日将午，艾儒略与中国学者步于庭中，看到壁上所挂罗马地图，艾儒略便说罗马此时尚未举行弥撒，进而引申出地球上各地时间不同、有时差的论述。在艾儒略的引导之下，李九标说："夫星家之择日推命也，以为普天之下，同此时耳。今即王会之内，便已不同若此，彼星家安所凭以定吉凶乎？"星命家占验时使用的时间主要为个人生辰的年月日时。由于地球与时差观念直到传教士进入中国才被逐渐认识与接受（关增建，2013）191-193，当时中国的星命家一般并不了解，所以不论命主出生何处，星命术士均不考虑时差问题。因此一点之误，李九标认为可推知星命术整体之不可信。艾儒略对此深表赞同。（艾儒略，2002a）42-43

不过，艾儒略与李九标批评星命术之处实为笼统。从当时星命术占法来

---

① 关于四时休王请参看萧吉（2001）34-36的论述。

看,他们的批评所涉及的只是安命宫之法中的"逢卯安命"。在星命术中,与个人出生信息有关的步骤主要集中在获得天宫图阶段。星命家在以星命术推算个人命运时,可以从命主处获得出生时刻的信息,亦可以根据命主八字得知。据此日期,星命家可以:①按照"逢卯安命"之法获得后天十二宫的排列;②依据七政台历、长历等获得七政四余位置,排入天宫图中;③按照生辰干支等信息以一定规则获得天宫图神煞位置、化曜信息。步骤②所依据的七政台历、长历的七政四余运行位置精确度集中在天的范围,且依据星命术占验时对各星体位置并不要求具有很高的精确度。所以,在当时明代的主要疆域范围内,时差问题对于七政四余位置数据没有重要影响。步骤③不涉及天体运行位置,和八字干支联系密切。命主八字包括四柱——年柱、月柱、日柱、时柱,分别是出生年月日时所对应的干支甲子。八字的确定有不同的方法。一般年柱、月柱与日柱可以通过古代的七政台历、长历获得。对于李九标时期的中国星命术士来说,年柱、月柱与日柱的确定与时差无关。时柱则需要依据日干与时支以一定规则推知。此规则被称为"日上起时法"。①因为古代没有时差概念,时支一般按照当地情况获得,所以时支所对应的应当为地方时。时支确定,时干亦可根据日干确定。所以尽管星命家不知时差,但对以地方时为主要依据的八字的获得却并无多大影响,因而对步骤③影响不大。至于步骤①则较为复杂。"逢卯安命"是星命术中普遍采用的排布后天十二宫的方法。其具体规则在《张果星宗》中有简要介绍:

> 以生时加在太阳宫顺数遇卯即是命宫也。如太阳在子宫,酉时生人,以酉时加在子宫,顺数到午遇卯即是命宫也。盖日出在卯,故以卯为命宫。(陆位,1978)第11页中栏

即将出生时辰加在命主生时太阳所在黄道宫,从太阳所在宫出发将出生时辰顺时针数至卯,此时与卯时刻重合的那个宫位即是卯时黄道十二宫,即命宫。如酉时生人,此时太阳在子宫,将酉时加在子宫,酉时顺数至卯。酉时太阳所在宫子宫也随着顺数至午宫,即卯时所在宫为午宫。午宫为命宫。

此一方法的实质是根据出生时刻太阳所在位置反推此时地平圈所在宫位。由于古人一般按地方时确定八字或出生时辰,所以古人虽然不知各地有时差问题,却暗合上述安命宫的算法要求。不过,"逢卯安命"预设各地均卯时日出。这显示出古人没有认识到不同节气与纬度条件下日出时刻会不同。虽

---

① 此方法又称"五鼠遁":"甲己还加甲,乙庚丙作初。丙辛从戊起,丁壬庚子居。戊癸何方发,壬子是真途。"(刘韶军,2009)[170-171]

然嘉靖年间的一些星命学家如万民英考虑到了不同季节日出时间不同,提出应该随季节变化而调整安命之法,但万民英等人在论述这一问题时并不考虑不同个体所处地理纬度不同所带来的差异。只是从相关论述来看,艾儒略、李九标等人恐怕也难以清晰认识到这么多的层次。他们的批评处于模糊认识阶段的可能性较大。

第二种是科学知识与其他知识的理据同时使用的情况。一日,艾儒略与林太学等人登城南之楼。林太学认为人当敬奉上界星体。遭到艾儒略的反驳后,他以"自来名臣将相,俱言上应列宿,故见星坠落,则曰某方某将相死"为由质疑艾儒略。艾儒略说:"信如斯言,从古名将大臣,凋谢者不知几千万人,将天上星亦坠落殆尽矣。何以古今星数,并不少减也?"①(艾儒略,2002a)210艾儒略此处使用归谬法否定林太学的观点。他从欧洲天文学角度出发,认为天上星体数量不变。假设名臣将相上应星体,他们之死可致星坠,那么星体数量将发生变化。这与星体数量不变的事实不符,所以此种认识错误。

不过,艾儒略上述回答未能说服林太学与众人。众人从天主教自身记载出发,质疑艾儒略为何天主教书中记载耶稣诞生时"景宿告祥,三君睹耀"。艾儒略回答说:"星犹火也,向既言之矣。所云'景宿告祥'者,盖天主降生时,特以星光示人,有天神导之,非星自有灵也。譬如国君莅朝,必先有灯燎前导,岂得以灯燎为有灵乎?"(艾儒略,2012)428《圣经》记载耶稣在伯利恒诞生时曾有耀眼星体指引东方博士们找到耶稣。博士们献上了黄金、乳香、没药等礼物。这一事件中星体扮演了一种标志(Sign)的角色。若是单纯从星占角度来说,可以和强调征兆的传统军国星占相通,即以星体的某种异常现象预测地界特殊事情的发生。但天主教教义并不承认征兆类星占学。托马斯·阿奎那在《神学大全》中说:

> 可是牧童和贤士却是致力于有形事物的人,于是借着有形可见的物体显现,将基督的诞生彰显给他们。由于这一诞生不纯粹是属于地上的,多少也是属于天上的,所以基督的诞生也借着天上的标记,而彰显给(牧童和贤士)这两种人。因为正如奥斯定在《证道集》第二〇四篇"论主显节"证道词中所说的:"天使居于高天,而星辰装饰高天。所以,'高天'是在向这两种人'陈述天主的光荣'。"(多马斯·阿奎那,2008)第十四册:145

亦即在正统天主教教义看来,耶稣诞生时的星辰是被特异安排来彰显基督诞生的荣耀。所以艾儒略回答称景宿是天神引导作为祥瑞,而非自己有灵,与星

---

① 相关讨论另参看祝平一(2013)的论述。

占无关。星类似火,就像国君上朝有灯引导一样,耶稣诞生也有星火作为前导。

林太学进一步追问,如果星体没有灵性那就只是一死物,为何中国有观象占星的传统。艾儒略没有正面批评中国传统星占的迷误,而是指出占验天象的真实用处只是"时之寒暑,岁之丰凶"。这是教会所允许的与气象与农业有关的自然星占内容。林太学显然不满意此说,进一步指出此前金星见南斗为刀兵之兆,后来果有辽东之变的事应。他从实际事实案例的角度认为星占可以占验国事吉凶。艾儒略称:"夫有刀兵之灾,谓必金星见斗。余入中邦廿余年矣,何年无兵?何处无变?不是滇南江右,便是山东蓟北,岂俱占星而预知乎?"(艾儒略,2002a)[210]艾儒略指出若谓有刀兵之灾必然金星见斗,那么他自己进入中国二十余年,可谓年年有兵。但他并未见到连年金星见斗,难道刀兵之灾可以通过星占预知吗?即艾儒略以上述预测只是偶然相合而已,没有必然性。

上述对话中艾儒略是以天上星体数目的不变来论证中国传统军国星占以星坠占验将相之死的荒谬。星坠占验可能与传统军国星占中陨星占、流星占两种占法有关。陨星在古人认识中属于特殊的星体。在传统阴阳五行学说影响下的宇宙论中,古人将天上星体看作地之精气上达、散布于天的结果。如人之精气可衰可旺而对应于人之生死,星体精气充沛则安于天上位置,若精气衰竭则会掉落于地,即为陨星:

> 星阳之余,五星如人五脏,诸星如人四肢,百骸精血。神守精存,则丽其职而宣其明。神歇精敛,则如人之有死,是以星陨则石。朱汉上曰:精敛气歇,坎极离见,乃有陨星。其光烛地,离也。陨为石为堆阜尘沙者,艮也。光耀既散,气凝为石,亦犹人之体魄降于地也。(鲍云龙,1983)[133]

> 夫三光同形而有似珠玉,神守精存,丽其职而宣其明。及其衰也,神歇精敛,于是乎有陨星。(李淳风,2002)[23]

又由于陨星落地后较小,所以古人推测此类星体在天为微星:"星之至微如尘沙者陨为堆阜。又曰星陨地为石。"(鲍云龙,1983)[133]不过也有大星陨落的说法。(佚名Ⅱ,2002)[500]在关于陨星的占法中有云:"星坠为石,其国兵败军忧。""星春坠,武臣被害,其岁登忧。""奔星所坠,其地有破军杀将。"(佚名Ⅱ,2002)[500]

另一种为流星占。流星在星占家看来也属于星体的一种,是"天皇之使,五行之散精"(佚名Ⅱ,2002)[495],所以容易从天奔散,预示吉凶。关于流星的占法有云:"大流星有音如雷,望之如火光所至之地,有大战,破军杀将。"①(佚名Ⅱ,2002)⁴⁹⁶《晋书·天文志》述及诸葛亮去世时也有流星投奔亮军营的说法:

> 蜀后主建兴十三年,诸葛亮帅大众伐魏,屯于渭南。有长星赤而芒角,自东北西南流,投亮营,三投再还,往大还小。占曰:"两军相当,有大流星来走军上,及坠军中者,皆破败之征也。"九月亮卒于军,焚营而退,群帅交怨,多相诛残。(房玄龄等,1974)³⁹⁶

中国古人既以天上星体是地之精气所成,又对星体坠落是否会造成星体数目减少这类问题并不关注,所以对星体坠落的占验自然不会怀疑。作为耶稣会士的艾儒略则有不同的认识。在艾儒略看来,恒星属于月上界天体,没有变异,数目一定。流星并非来自恒星所在区域,而是油腻之气敛浮到空中为太阳点燃所成:"非星也,气也。时至夏秋之交,有油腻之气。其浮敛空中者,受烈日所晒,遂着火而明。唯一着则俱着,故似有飞度之象耳。"②(艾儒略,2002a)¹³¹这是典型的亚里士多德自然哲学,以月上界、月下界的两界说讨论自然问题。(祝平一,2013)这背后是艾儒略所秉持的不同于中国古人的宇宙论体系。

耶稣会士在华传播的宇宙体系可分为两种类型。一是早期传播的水晶球体系。该体系在经院哲学传统下融合亚里士多德哲学与基督教而成。诸多传教士文献如罗明坚《天主实录》、高母羡(Juan Cobo,1546—1592年)《辩正教真传实录》、利玛窦《乾坤体义》、傅泛际《寰有诠》均有介绍。以利玛窦为例,在《乾坤体义》中他介绍了十一重天水晶球体系。其基本特点是以地球为中心,将天分为月下界与月上界。月上界由第五元素以太组成,永无坏异,包括月轮天、水星天、金星天、日轮天、火星天、土星天、列宿天、无星天、宗动天、永静天。各天绕地球而成。月下界由水土火气四元素构成,自月球天以下,依次为火、气、水、土各圈层。四种元素的转化、分离、组合,构成了包括流星、陨星在内的形形色色自然现象。(孙承晟,2018)³¹⁻⁷²二是第谷体系。第谷对超新星、彗星的

---

① 《观象玩占》中还有营首占、天狗占的占辞是下坠将死:"天狗者,五星之气出西南,金火气合而为天狗。""石氏曰天狗所下,必有大战,破军杀将,伏尸流血。""大流星陨于军上谓之营首,亦曰营头之星,不有破军,必有死将。"(佚名Ⅱ,2002)⁵⁰⁰据此,营首即是流星,可归入流星占中。天狗是五星之气混合而成,或与此处艾儒略所论无关。

② 有意思的是,利玛窦在《乾坤体义》中论及陨星产生问题时,其反驳陨星乃星体的说法与艾儒略一致,均是以天上星体数目不变为说:"夜间数见空中火似星陨,横直飞流,其诚非星,乃烟气从地冲腾,而至火处着点耳。盖天星自古迄今原有定数,而成数宿象,不能减亏焉。如夜夜果落几星,何以计其数乎?何像之成乎?天星不几于尽亡乎?况天上事不克坏,岂落之有乎?"(利玛窦,2001)⁵³²

观测,以及伽利略使用望远镜的观测,给传统水晶球宇宙论体系带来了巨大冲击。耶稣会开始考虑新的宇宙论,并最终接受了第谷体系。(邓可卉,2011a)[36-43]该体系与水晶球体系的主要区别在《崇祯历书》中有专门介绍(图3.1):

> 古图中心为诸天及地球之心,第一小圈内函容地球,水附焉,次气,次火,是为四元行。月圈以上,各有本名。各星本天中,又有不同心圈,有小轮。因论天为实体,不相通而相切。新图则地球居中,其心为日、月、恒星三天之心。又日为心作两小圈,为金星、水星两天。又一大圈,稍截太阳本天之圈,为火星天。其外又作两大圈,为木星之天、土星之天。此图圈数与古图天数等,第论五星行度其法不一。
>
> 古曰五星之行,皆以地心为本天之心;今曰五星以太阳之体为心。古曰各星自有本天,重重包裹,不能相通,而天体为实体;今曰诸圈能相入,即能相通,不得为实体。古曰土木火星恒居太阳之外;今曰火星有时在太阳之内。(徐光启等,2017)[646]

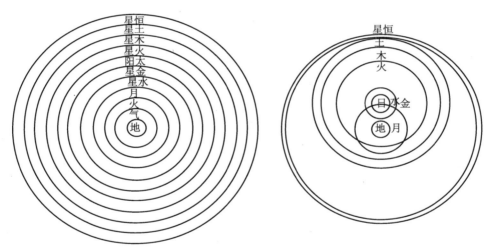

图3.1 《崇祯历书》中"七政次序古图"(左)与"七政次序新图"(右)

古图即水晶球体系,新图是第谷体系。不难看出第谷体系中五星之天是以太阳为中心,而水晶球体系以地球为中心。水晶球体系的火星一定在太阳之外,而第谷体系有时在太阳内。又水晶球体系诸天为实体,第谷体系因太阳圈与水金火三圈相割,不能说是实体。此外,古图中有水土火气圈层,而新图中不涉及四者。这其实表明《崇祯历书》只是提供宇宙形式模型、天体计算方法,而不深究其中的物理学问题。《崇祯历书》曾论及此类物理学问题"自为物理之学,不关历学",他书如《寰有诠》中有专门讨论。① 这其实是以回避的方式调和第谷体系所带来的物理性难题,也是在采用第谷体系的前提下,将物理学问题维持为早先亚里士多德哲学传统的解释。

艾儒略在崇祯元年(1628年)出版的《万物真原》中论述过水晶球体系。②(杜升云,2013)⁷⁹ 但在稍后的《口铎日抄》中他论及金星的朔望问题,此问题在第谷体系中方能解释。可知他早期秉持水晶球体系,而在和林太学讨论之时,很可能对第谷体系也有了解。他与《崇祯历书》编译者的态度保持一致,依然保持着亚里士多德式的自然哲学解释,所以将流星归结为月下界现象,而认为天上星体数目不会减少。

另外一个类似的对话也论及星坠。一日,艾儒略与林君及在厅堂谈话,李九标加入进去。或许是刚才论及星坠之说的主题,艾儒略问李九标:听闻中国有星坠之说,不知是否有道理。李九标答道:曾闻及此说,但终觉未安。艾儒略正面解释道:"如星能坠地,则从来谈星坠者多矣,宜天之星数,必加少焉。乃自古及今,并未有增也,夫何疑?"(艾儒略,2002a)¹³⁰⁻¹³¹ 李九标认同艾儒略的说法,但同时也说出自己的困惑:为何经常看到夏秋之交有流星一类物体坠落?艾儒略以亚里士多德自然哲学解释:流星是油腻之气敛浮到空中为太阳点燃所成。

此时,或许因为星坠之说与星占有关,在一旁的林君及开始更广泛地论及星占,问出"诸星之度数,亦主吉凶否"。从占法角度看,此问可能是指传统军国星占中五星凌犯占与恒星占。五星凌犯以五星干犯其他天体为占验,涉及度数运行。恒星被认为具有恒常特征,一般位置固定不变。但在中国传统认识中既然天上星体是地上精气上升形成,星体可能会陨落,那么位置的移动虽然属非正常状态,但也可出现。所以在星占家的占书中会有恒星摇动甚至恒星争斗的占法:"天星尽摇,天下民劳。""恒星斗,天下大乱。"(佚名Ⅱ,2002)⁴⁸⁴⁻⁴⁸⁵ 当然也会出现度数的改变、位置的移动:"谒者一星在太微宫中,左执法之东

---

① 《崇祯历书·五纬历指》卷一载:"问:古者诸家曰天体为坚为实为彻照,今法火星圈割太阳之圈,得非明背昔贤之成法乎?曰:自古以来,测候所急,追天为本。必所造之法与密测所得略无乖爽,乃为正法。苟为不然,安得泥古而违天乎?以事理论之,大抵古测稍粗,又以目所见为准,则更粗。今测较古,其精十倍,又用远镜为准,其精百倍。是以舍古从今,良非自作聪明,妄违迪哲。""正解曰:地体不动,宗动天为诸星最上大球,自有本极,自有本行。而向内诸天,其各两极皆函于宗动天中,不得不与偕行。如人行船中,蚁行磨上,自有本行,又不得不随船、磨行也。求宗动天之厚薄及其体其色等,及诸天之体色等,自为物理之学,不关历学,他书详之。(如《寰有诠》等)历家言有動天、诸小轮、诸不同心圈等,皆以齐诸曜之行度而已,匪能实见其然,故有异同之说。今但以测算为本,孰是孰非,未须深论。"(徐光启等,2017)^{644,648}

② 关于来华耶稣会士水晶球宇宙论体系的讨论见孙承晟(2018)的论述。

北,主宾客,辨疑惑……谒者移近内屏,宜防奸客。"①(佚名Ⅱ,2002)³⁷⁷

艾儒略的回答先径直指出人之吉凶无关星度,而是由人自招。接着他说:

> 中邦经书有云:"作善降之百祥,作不善降之百殃。"又云:"积善之家,必有余庆;积不善之家,必有余殃。"可见人有吉凶,各随人之善恶,于星宿何与焉?(艾儒略,2002a)¹³¹

"作善降之百祥,作不善降之百殃"出自《尚书·伊训》,"积善之家,必有余庆;积不善之家,必有余殃"出自《周易》。可见,艾儒略以儒家经典的权威使得中国士人首先认同人的吉凶乃是人的善恶所招,进而由此推论出与星体度数无关。在此一过程中,儒家经典的权威性成为推论理据可靠性的来源。同时,因为儒家经典所强调的吉凶自招本身的确意味着吉凶与星体无关,所以儒家经典的权威性也顺延此一推论施加于中国学者,成为传教士说服中国学者接受自己言说的理由。儒家经典的权威性也成为交易区的实质性内容。

艾儒略在诉诸儒家经典之后,从天文学角度指出"若诸星之宿离留逆,则俱有一定之准,可推步而知者",即星体度数运行有常度,均可以通过历法推知。"谓人之吉凶系焉,此必无之理也"。而星体所能够影响的,是天气的冷热寒暑,气候的旱涝,农业的丰歉。(艾儒略,2002a)¹³¹⁻¹³²

前已论及,中国古代以《授时历》为代表的传统历法无法计算月五星纬度,而《回回历法》直到明末尚未被广泛关注。加之古代宇宙论认为天地均是一气组成,天地之间可以发生感应。所以天体运行虽然有其常态,但也会出现变异。这些变异现象从而成为传统军国星占占验的对象。在这种情况下,传统军国星占一直保持了占变的基本特征。一般的古代中国人也认同天上诸星体有变异的认识。对于星体运行有常、可推步而知,进而可以通过星体正常运行情况占验的想法,虽然在星命术、伊斯兰星占的传播中会有涉及,但两者的传播广度与接受程度自是有限,难以与史书中广泛分布的传统军国星占以及广为接受的传统宇宙论造成的影响相比。耶稣会士则不同。他们秉持的亚里士多德式自然哲学认为天上星体乃是由以太构成,天上星体具有恒常不坏的特征。耶稣会士所遵循的第谷数理天文学体系可以较精确地计算天体的经纬度,并有一系列历算著作被翻译出版,如《浑盖通宪图说》《简平仪说》《表度

---

① 单从"诸星之度数,亦主吉凶否"一语来看,林君及的论述也可能涉及星命术或伊斯兰星占学。星命术与伊斯兰星占学以日月五星的正常运行占验,七政行度是很重要的占验依据。但中国士人以古代史书所载帝王将相皆上应列宿为理由进一步质疑,而艾儒略以贯索回应,乃是传统军国星占中占法。可知此处所论非星命术或伊斯兰星占,而是传统军国星占。

说》,尤其是《崇祯历书》。因而他们秉持天体运行有常、可推步而知的认识。他们也在相关论著、场景中如艾儒略一般多次宣传自然科学知识以提高地位,或批评以变异天象为占验对象的传统军国星占。如在《崇祯历书·五纬历指》卷八"五纬凌犯叙目"中针对当时中国人以凌犯为一种变异天象的认识,耶稣会士指出凌犯乃是天行之常态,可以被精确计算,所以凌犯占不合理。(徐光启等,2009)[451]进入清代,随着欧洲天文学在中国得到系统而广泛的传播,相似认识被更多人接受与表达,从而对传统军国星占造成重要而持续的影响。可见,艾儒略的上述批评具有一定的代表性。

上述对话中艾儒略回答结束后,李九标承认人类吉凶并不系于星度。但他受传统史书影响,认为将相之属可以上应星宿,占候者因此可以根据星宿的变化断定将相的吉凶。亦即将相吉凶不系于星宿,非星宿影响所致,但星宿的变化可以成为将相吉凶的表征与指示。针对李九标的认识,艾儒略指出星宿中所谓帝星将星,乃是随人而定名称与属性,并没有通论。如贯宿一星,中国传统认为主牢狱,乃凶星,欧洲则称为冕旒,是吉星。而且中国传统占法中有贯宿中出现小星主大臣系狱的说法。但是天上恒星数目一定,贯宿并无增减,明代的大臣却被苛责无数。以天上星宿表征将相之属的吉凶实为无理之说,史书所载并不准确。

史书,尤其是正史在古代士人中具有权威性。在闻及艾儒略否定史书所载内容后,李九标继续以史书中应验的星占记录为理由,质疑艾儒略对史书记载的否定。艾儒略认为这种应验的记载只是一时的偶然相合,没有一定而必然应验的道理。与占卜术数一样,实际情况是不应验的占大多数,特以少数偶然相合的事例惑人耳目。经此论述,李九标认同了艾儒略的观点。他指出在明熹宗七年丁卯(1627年)曾亲眼看到火星入南斗,时间长达数月。按史书说法这是凶兆。他刚开始也怀疑。如今崇祯皇帝圣明在位,皇图永固。可见火星入南斗是天行一定之数,和国家吉凶无关。

从上述论述不难看出,艾儒略批评星占是通过与中国士人对话的形式展开。参与对话的双方基本上处于自愿与认真沟通的状态。被誉为西来孔子的艾儒略并非高高在上,以命令或说教的方式批评中国士人对于星占的认可,而是以中国士人能够理解的道理展开对话。中国士人虽然尊敬艾儒略的人品学识,但对艾儒略并非盲从,而是在对话中展示出了质疑性的互动,表现出理性交流而非被动接受的状态。以理据为基础的推论成为艾儒略与中国士人达成对话与协调的交易区。这使得艾儒略与中国士人处于一种自愿交流的状态中。

艾儒略与中国士人以理据为基础的推论作为交易区展开有关星占的交流并非偶然。以理为依据与中国学者交流是利玛窦等耶稣会士尝试与中国文化、社会融合过程中发展的认识。① 受宋明理学深刻影响的中国士人对于理有深刻的认同，要求从乎天理而弃非理。秉承经院哲学的传教士也认为人的灵魂有明悟之能，可以"理推"（Reasoning），亦可通过此种推理达到认识上帝与批评迷信的目的。[（祝平一，2013）（孙尚扬，2013）42] 虽然传教士与中国学者具有不同的世界观架构，这一对理的共同认同显然成为了一个良好的沟通媒介。以理据为基础的推论使得艾儒略与中国学者的对话可以以说理形式展开。艾儒略能够表达自己的理据，中国学者能够认同与反驳。

以推论作为交易区还涉及理据的具体内容。从中国学者的推论来看，他们所使用的理据主要是经验性事实（李九标所说夏秋之交有流星一类物体坠落；林太学指出金星见南斗，占书认为是刀兵之兆，后来果有辽东之变的事应）、权威经典如史书中星占的记载（如林九标认为将相之属可以上应星宿）、当时社会流行的常识（如林太学称"自来名臣将相，俱言上应列宿"）以及一般逻辑推理（如林太学称如果星体只是一死物，为何中国有观象占星的传统）。这些是当时士人认识事物的常用理据。对于具有欧洲文化背景的艾儒略来说，他使用的理据需要有一个拣择过程。是否构成有效理据的影响因素不仅包括人性基础，同时也包含文化因素。耶稣会士与中国士人所认同的理据显然不能完全重合。如耶稣会士认为天主教教义具有合理性，一般中国士人就难以产生共鸣。所以在艾儒略与中国士人有关星占的对话中，他很少应用宗教方面的理据。② 他所选择的除儒家义理（"积善之家，必有余庆；积不善之家，必有余殃"）、一般道理（史书中传统军国星占应验的记载只是一时的偶然相合，没有一定而必然应验的道理，不应验的占大多数，特以少数偶然相合事例炫人耳目）外，最主要的还是自然哲学与天文学方面的科学认知。这些科学认知来自欧洲传统，与中国传统不同。艾儒略秉承利玛窦等传教士的认识，将它们纳入中国传统"格物穷理"的框架，赋予理的属性。③ 从对话来看，这些知

---

① 利玛窦在《〈几何原本〉引》中称："夫儒者之学，亟致其知，致其知当由明达物理耳。物理眇隐，人才顽昏，不因既明累推其未明，吾知奚至哉？吾西陬国虽褊小，而其庠校所业，格物穷理之法，视诸列邦为独备焉。"（徐光启、利玛窦，1965）1929

② 文中所举事例中仅出现一次宗教理据的应用，即对于耶稣诞生时"景宿告祥，三君睹耀"的回应。从对话来看，这显然没有取得共鸣。

③《口铎日抄》载："余复请曰，向云气动为风，其动也奚从乎？先生曰，格物穷理之学，谈风所由动，虽更仆未易竟也。约言之，大都水气腾则为雨，土气腾则为风。"（艾儒略，2012）416 此处艾儒略以欧洲自然哲学为格物穷理之学。

识对于李九标等非专业科学家群体表现出了一定的可靠性、权威性。其可靠性与权威性的来源恐怕不仅与艾儒略科学素养强于李九标等人有关,也与以科学知识作为自身传教武器的耶稣会士一直以来在科学方面的声誉(尤其进入官方钦天监编纂历书、参与改历)、当时翻译的欧洲科学书籍的影响有关。从《口铎日抄》的记载来看,科学知识是艾儒略与李九标等士人日常对话的一个重要组成部分。艾儒略不仅会用欧洲科学知识解释一些自然现象,而且会展示一些图书、星图、地图、浑天仪等科学实物作为塑造自身可靠性的工具。这种可靠性的建立使得欧洲科学知识所表达的内容为中国士人所接受,使得对话得以有效进行。

此外,艾儒略在对话中使用的科学术语对于中国士人来说并非完全新颖。与利玛窦、汤若望等传教士一样,他所表述的科学术语深刻地借鉴了中国本身的传统。如在讨论贯索时,他只是出于论证的需要提出此一星宿在欧洲称为冕旒。当论证结束后,和中国士人的对话依然以贯索称之。这在《口铎日抄》涉及科学知识的其他地方也可以看到。加之艾儒略在涉及儒家义理等其他理据时所使用的语言基本上是中国人所熟知者,所以整个对话实际上展示出一种同质性的倾向。对话者在使用同一套语言,相互之间可以达到较为有效的理解。

当然,这种对话也显示出一种隐性的不对称。即艾儒略总是处于把握真知的状态,他所秉持的耶稣会士对于星占的基本态度不会改变,所改变的是不同场景下不同对话方式的展开与机锋的流露。他或以论辩的方式,或夹杂以启发引导的方式与中国学者对话。中国学者虽然有质疑,但对艾儒略的认识并没有实质性改变。中国学者是被说服的对象,他们的疑问总是被置于不符合道理的境地而被合理反驳。文本中展示出的这种情况一方面或许与记录者的加工、择取有关,另一方面也与对话双方认知层面的不平等有关。与艾儒略对话的李九标、林君及等士人,对星占的认识较为粗浅。他们所涉及的星占知识经常停留在一般史书中的内容。此前汉语世界中丰富的星命术、伊斯兰星占学以及传统军国星占内容,他们或未触及,或认识粗浅。对于星占在欧洲的情形,如前文论及的欧洲古典星占类型等,他们更是一无所知。比如对林君及"诸星之度数,亦主吉凶否"的问题,艾儒略回答以星体度数运行有常度,均可以通过历法推知,"谓人之吉凶系焉,此必无之理也"。若是林君及了解明初所译伊斯兰星占著作《天文书》,他就可以进一步提出艾儒略的论据并不具有有效性。因为《天文书》即是以星体的正常运行度数占验吉凶。此外,他们对于艾儒略论述中的逻辑漏洞也无所察觉。如李九标在艾儒略引导之下通过星命家不知时差这一点否定星命术整体,在逻辑上并不严密。因为星命术颇为复杂,难以通过对一小部分内容的质疑达成对全局性的否定。又如与林太学有关金星见南斗有刀兵之灾的对话中,艾儒略称"夫有刀兵之灾,谓必金星见斗",进而以连年兵灾但无连年金星见斗为由推论星占之谬误。这实际上将因果倒置。因林太学所称乃是金星见南斗有刀兵之灾,而非谓有刀兵之灾金星必见南斗。星占中预测有刀兵之灾的天象很多,不止于金星见南斗一种。同样的情况也出现在贯索星宿与大臣被苛责的事例中。正是由于这些认识上的不足,导致中国士人在与艾儒略的对话中有时虽显露一些较为合理的质疑,但难以将其深入推进。

艾儒略不同。从论述来看,他熟谙中国典籍,所具有的中国传统星占知识当和李九标等士人不相伯仲。受过耶稣会严格教育的他所具有的数理天文学、自然哲学知识,以及天主教悠久辩护过程中对星占的认知,均使他在对话中处于优势地位。所以艾儒略可以在中国士人有限的认知范围内较为容易地推论他们原有星占认识的不合理性,而不需要涉及更为深入的讨论。如对林君及的质疑,艾儒略可以选择星体有正常运行、能够推算来反驳。这一反驳对于林君及以及在场的李九标来说已经足够,无需虑及是否无效。艾儒略的目的本身就是根据情形改变中国士人对星占的认同。这种实用性目的要求他能够使中国士人接受他的论据即可。他不需要使自身处于一个开放状态,向中国士人普及在欧洲广泛存在的以星体正常度数占验吉凶的星占类型,也无需说这种类型因为触及自由意志等问题所以被禁止。显然,认知层面的不对等使得艾儒略有更大的选择空间与灵活性,以达到自身破除星占学的目的。

艾儒略对推论理据的精心选择与中国学者的相对弱势,揭示出对话中交易区的一个较隐性的特征。虽然中国学者参与对话出于自愿,具有反驳与质疑的权利,但对于艾儒略来说他的基本观点已经固定。这显示出强烈的保守特征。当面对中国人有关星占的不同对话、反馈与场景,他需要在保证自己基本观点不变的情况下以自己丰富的学识作出不同的应对,以丰富交易区的理据内容说服中国学者。有时自己的理据可以用自己所拥有的知识背景推翻(如关于星体度数主吉凶的回答),或者出现逻辑漏洞亦未尝不可。中国学者的反驳虽然也以借助经典记载、观察经验等理据展开推论论说,但无法有效地达成质疑。营造交易区的主动权一直在艾儒略手中。因此,艾儒略在批评星占时虽然考虑到中国人的接受程度,注意使用中国人熟悉的语言,但基本态度是封闭的。中国学者虽然看似平等参与了对话,却一直处于被说服的地位,无法展开真正有效的交流。当然,中国学者依然保留了自我的选择权利,他们可

以选择接受或者不接受艾儒略的说服。艾儒略无法强迫他们接受。(图3.2)

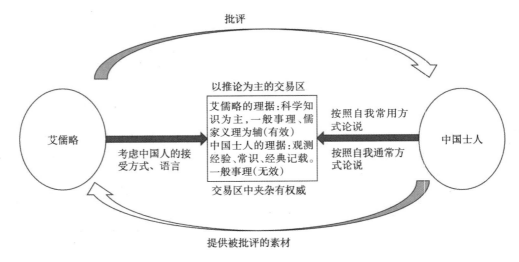

图3.2　艾儒略与中国士人以说服型为主的交流模式图

3.2.1.2.2　以义理为主要依据者

在利玛窦初刻于1608年的《畸人十篇·妄询未来自速身凶第九》中,我们看到相似策略的使用。该作大篇幅地批判了星命术数,但这种批评并非建立在具有强迫性质的教规命令上,而是以一种沟通方式展开。与此种策略相适应,在行文方式上,利玛窦采取了与相信星命术的郭生(郭敦华)对话的形式。在行文中郭生不被看作命令型中需要无条件遵从的接受者,而是一个需要通过推论式的沟通被说服的对话者。在具体推论中,利玛窦用到了三种义理作为理据:天主教教义(依据自由意志认为天下没有任何外物可以强迫人作恶,因此也不能强迫人入于凶地,所以人心是强于星体的)、一般事理(以人的心理预期会加强凶事的来临解释为何星命术士能够准确预期凶灾;以常人所认为的星命术士的神算乃因巧术或一二偶然准确的预测被放大所致;吉凶祸福只有贤智之人而非星命术士才能知晓)、儒家义理(吉凶来自个人善恶,改恶迁善才是迎吉避凶之道。君子行为应当以事理为准则,儒家圣贤不为星命术士之行)。这三者中事理逻辑与儒家义理占重要地位。显然,利玛窦在论述中从接受者的角度考虑了对话的有效性与可接受性。他引用儒家义理作为理据陈述自己的观点,重视一般事理逻辑的应用,均是这种努力的结果。这种方式一定程度上消除了与读者的隔阂,使得这篇文字能够更多地与中国读者产生共鸣。当然,天主教教义、天主的作用在对话中会被提及,文章最后也归结于对于天主的正信。但是在流畅的行文中,儒家圣人学说与天主教的区别在整个对话中被忽视或转变,利玛窦耶儒会通的思想使得两者以一种融合的方式在汉语中表达出来。(利玛窦,1965)[259-272]这使得交流与推论向文化同质性的方向发展。这种同质性并非简单地是一种新术语、行话的出现,而是综合了天主教与儒学的整全世界观架构,蕴含的广度与深度是惊人的。显然,利玛窦想走得更远。① 与《天主实义》一样,这篇文字是他融会儒学以福音化中国的一部分,是他在自我创造的会通耶儒模式中批评星占的代表作。

从模式上来说,利玛窦的批评与艾儒略类似。利玛窦对话中的交易区也是以推论为主要内容。同样,利玛窦使用的儒家圣人言语、对儒家圣贤的强调也使得交易区夹杂有一定权威的成分。利玛窦虽然在行文中展示出与中国学者平等交流的模式,考虑到中国学者的接受方式与语言,不过他的基本态度也是固定与封闭的。中国学者虽然以自己的经验(如郭生言自己的经历符合术士所言占验结果)与一般性事理(如称"卜未来,喜其吉,不惧其凶,不亦可乎")作为理据反驳回应,但其结果亦如质疑艾儒略的中国士人一般是无效的。郭生的言说亦更多地充当提供问题、素材的作用,无法实质性参与到交易区的营造中。不过,艾儒略与利玛窦又有区别。艾儒略营造交易区的推论理据主要为科学知识,利玛窦则不是。《口铎日抄》所描绘的场景虽然难免有加工,但相对于《畸人十篇》来说更加真实,中国士人反对的理据也更为多样性,参与更为积极。《畸人十篇》更多地展示出文学创作的属性,中国士人郭生更加具有工具人的特征。

除利玛窦外,以义理为主要理据批评星占还可以在潘国光(Frarcuis Brancati,1607—1671年)《未来辩论》中看到。该作是一个12页的短文,前有许缵曾作于顺治十六年(1659年)的序言。与利玛窦《畸人十篇》一样,该作以问答形式展开,展示出一种对话交流的情景。不过,与利玛窦不同的是,潘国光的论述更多地应用了天主教的教义、话语。对于儒学的应用虽然可见,但不仅在比例上很少,且在重要性程度上无法与利玛窦的应用相提并论。整体来看,虽然潘国光试图以对话推论的方式说服潜在的中国读者,但在与中国人的共同文化空间构建上远弱于利玛窦。这使得他的作品更加凸显出欧洲中心主义的

---

① 需要指出的是,这种更大世界观的植入与引人入教的最后目的也会带来负面效果。认同利玛窦会通耶儒思想的中国学者并非多数。他在事理逻辑与儒家义理层面对星命批评的努力可能会因读者对耶儒会通的反对而受到影响。然而,利玛窦以儒者之理与事理逻辑批评星命术的论述也可能会发生一定作用。利玛窦的这篇文章显然比戒律性规定更具有传播性与说服力。

特征。①

3.2.2 保守与调适：官方层面传教士对星占的批评、引进、代替、妥协、利用与实践

明末清初在华传教期间，耶稣会士星占工作更为重要的部分是他们在皇朝钦天监参与改历与任职期间的努力。根据这一努力所融入的场域我们可界定为与民间层面相对的官方层面。相对于前述民间层面来说，传教士在官方层面的努力更为复杂，和皇朝的制度、权力、政治密切关联。就具体过程来说，大致可以分为两个阶段。一是从明代万历到清朝鼎立（顺治元年，1644年）时期。此阶段传教士秉持严格的态度，尝试建立新的语境、诠释角度批评中国传统军国星占与选择术，引进欧洲星占以代替二者。二是从顺治元年汤若望执掌钦天监至康熙年间南怀仁去世。此时传教士迫于环境压力以及出于实用目的，开始不再严格坚持原先对星占、选择术的批判。他们在多种因素作用下采取调适态度，践行不同的妥协方式，甚至利用传统星占达到自身目的。同时，这一阶段传教士以欧洲星占代替中国传统占术的想法已经不明显，但最终南怀仁还是有限地实践了欧洲星占。

3.2.2.1 时期一：从"度数"之学至《天文实用》上奏顺治皇帝

从福音化中国的角度来说，耶稣会士引进欧洲星占的目的自然是代替中国固有星占术数，以在此方面符合天主教教义与禁令规定。作为严格遵从与拥护教皇的群体，耶稣会士需要引进符合教皇禁令规定的自然星占术。但实现自然星占术的引进需要解决两个基本问题——以什么方式或名义引进、如何确定其可以被接受。第一个问题涉及自然星占术在中国学术体系下的表达。第二个问题则涉及与其他星占术数相比欧洲星占权威性、优越性或重要性的确立，即在批评或破除其他星占术数时如何突出欧洲星占。二者相互紧密联系。

对传教士来说，在教会与殖民统治力所不逮、福音化事业刚刚起步的中国，这一引进目标无法通过强硬的政策命令与手段来实现。对欧洲星占的表达也不可能生硬地以欧洲天主教固有方式进行。自然星占术在天主教教义中的自然哲学属性，中国传统学术固有的脉络、语言，传教士要传播的对象与对话群体，均是非常重要的影响因素。在文化适应、学术传教、上层路线思想的

---

① 另有《破迷》一书更是包括"破人迷风水地理""破迷命理""迷信择日星宿吉凶""破迷占卜""破世人迷相面"等多节内容，远较此前各书系统全面。此书据徐宗泽考证，当为清初抄本。但作者不详，目前难以确认为传教士。此处不再详论。（徐宗泽，1989）[111]

作用下,随着传教士与中国士人接触日深,对中国文化了解益多,他们逐渐发展出一套特殊的表达方式与思想,以实现对符合教皇规定的欧洲自然星占术的引进。

这一引进虽以编纂《崇祯历书》为契机,但其源头我们可以追溯到利玛窦。他在万历三十五年(1607年)所作《译〈几何原本〉引》中罗列了"几何家正属"以及"其余家大道小道,无不借几何之论以成其业者"的十多个方面学问,其中包括有关农业的气象占和医学星占两者:

> 自不知天文,而特信他人传说,多为伪术所乱荧也。农人不豫知天时,无以播殖百嘉种,无以备旱干水溢之灾而保国本也。医者不知察日月五星躔次,与病体相视乖和逆顺,而妄施药石针砭,非徒无益,抑有大害。(徐光启、利玛窦,2010)[8]

此段论述有三点值得注意。首先,利玛窦明显是以前述罗马天主教教皇的禁令为根据。在教皇禁令中,有关农业、航海与医学的占验因为属于自然哲学而被允许。不过,在利玛窦的表述中,他所倾向的主要是气象占在农业中的应用,以及医学星占在确定病人治疗时间、机会方面的作用。当时欧洲农业星占中种植时间的选择、农业收成的预测和医学星占中卜卦类、生辰类、普遍星占类占法均未被重视,这是对星占持严格态度的结果。

其次,教皇禁令所依据的主要是经院哲学。占验迷信被认为借助魔鬼的力量、违背人的自由意志。利玛窦的叙述显然没有强调教皇禁令的权威,也没有诉诸自由意志一类天主教教义内容。他采取了新的叙述方式,对不符合教义的占验冠以"伪术"之名,并认为真正知晓天文之人不会为伪术所惑乱。"天文"一词在中国传统语境中包括日月五星、恒星等天象,也包括云气风雷、日月晕等大气现象,且具有显著的占验特点,被用来与军国大事、人间吉凶联系。①历代《天文志》即是古人对天文认识的代表著作。②此种"天文"为天主教所禁止,属于利玛窦所论"伪术"部分。可见,利玛窦此处在考虑使用中国学者所能接受的话语时,已将传统"天文"一词所表达的意涵改变,将其转化为可以破除

---

① 以"天文"指代占验在《汉书·艺文志·第十》中有明确记载:"天文者,序二十八宿、步五星日月以纪吉凶之象,圣王所以参政也。"(班固,1964)[1765]

② 《汉书·天文志》说:"凡天文在图籍昭昭可知者,经星常宿中外官凡百一十八名,积数七百八十三星,皆有州国官宫物类之象。其伏见蚤晚,邪正存亡,虚实阔狭。及五星所行,合散犯守,陵历斗食,彗孛飞流,日月薄食,晕适背穴,抱珥虹蜺,迅雷风袄,怪云变气。此皆阴阳之精,其本在地,而上发于天者也。"(班固,1964)[1273]此后,正史《天文志》所记载的天文现象也多因循《汉书·天文志》而作损益。

迷信占验的根据:不知天文之人方会听信别人附会之说,迷惑自己以伪术;真知天文之人,则将仅仅实践与农业占验、医学星占有关的学问,而不会迷惑于其他伪术。

最后,气象占与医学星占在经院哲学中被肯定的原因,是它们属于亚里士多德自然哲学,相应的占验结果具有自然根据,可以用理性推论。利玛窦在面对中国学者时并没有采用这一叙述路径,而是将它们与"几何"之学联系,以其为"借几何之论以成其业者"。(利玛窦,2001)²⁹⁹ 因为利玛窦将"度""数"作为"几何"的核心范畴,① 所以这使得欧洲气象占、星占医学与"度""数"联系在一起,在逻辑上便成为"度""数"可以延伸的学问。同时,利玛窦也将"几何"之学归入中国传统的"格物穷理"之学,并且在论述中以"实理""明理"等宋明理学范畴称述"几何一家"。② 从逻辑上来说,这使得包括欧洲气象占、星占医学在内的"几何"之学与"实理""格物穷理"等儒家传统范畴关联。欧洲气象占、星占医学从而融入儒家学问系统中。

利玛窦之后,艾儒略在《西学凡》中也强调农业中使用的气象占与医学星占为度数之学,因而可以被承认:"此度与数,所关最巨……而农以此知旱潦,医以此察运气。"(艾儒略,1965)³⁸⁻³⁹ 不过,在艾儒略的论述中,医学星占的用语被中国化,以传统中医的"运气"一词指代。相较于利玛窦,这种表述将天体对病人身体的影响扩大化。因为运气不仅可以影响到利玛窦所说的"病体",也在官司方层面可影响到普通无病之人。

崇祯二年(1629年),徐光启受利玛窦影响,在改历的奏疏中以"度数旁通十事"的名义推广"几何"之学。其中便包括气象占与医学星占。这正式开启了以度数之学引进欧洲星占的序幕:

> 历象既正,除天文一家言灾祥祸福、律例所禁外,若考求七政行度性情,下合地宜,则一切晴雨水旱,可以约略预知,修救修备,于民生财计,大有利益……医药之家宜审运气,历数既明,可以察知日月五星躔次,与病体相视乖和顺逆,因而药石针砭,不致差误,大为生民利益。(徐光启等,2009)¹⁵⁶⁴

徐光启区分了"天文"与"历象"③,以"天文"指称星占,"历象"表述历法。这一区分使利玛窦语境中属于合理学问的"天文"得到重新表述,更为符合中

---

① 利玛窦说:"几何家者,专察物之分限者也。其分者若截以为数,则显物几何众也;若完以为度,则指物几何大也。"(利玛窦,2001)²⁹⁸

② 利玛窦说:"独实理者明理者,剖散心疑,能强人不得不是之,不复有理以疵之,其所致之知且深且固,则无有若几何一家者矣。"(利玛窦,2001)²⁹⁸

③ "历象"一词源自《尚书·尧典》"历象日月星辰,敬授民时"。徐光启用此一词汇指称历法。

国古代将"天文"与占验联系起来的传统用法。从论述来看,他似乎进一步将谈及"灾祥祸福"的"天文"与占验气象、医学的"天文"进行了区分,以"言灾祥祸福"的"天文"为律例所禁,以预测天气、实践医学的"天文"为有益民生、值得推广者。利玛窦从学问合理与否角度规定"伪术"的路径被徐光启替换为国家禁令。这种政治化的语境可以更好地契合上奏皇帝的情景,更容易引起皇帝共鸣,为改历期间传教士避免从事不符合教会规定的"言灾祥祸福"的星占实践提供依据。这无疑是一种非常巧妙而又实际的做法。①

比较利玛窦所论可以发现,在徐光启的论述中气象占的应用不再局限于农业,而是广泛地与民生财计相关联。论述医学星占时,徐光启在援引利玛窦说法的同时,将其与传统中医运气联系,也强调了"大为生民利益"。这种对实用的突出应当是徐光启有心为之。他虽然强调了气象占与医学星占为"度数旁通"学问,且非律例所禁止者,但对于奏疏的读者崇祯皇帝来说这无法构成改历期间从事此种学问的积极理由。崇祯皇帝对"度数"之学并不了解或认同多少。"度数"之学的合理化与话语权是一个复杂的构建过程,在奏疏中也无法细致展开与介绍。非律例禁止是消极而非积极的理由。只有突出其重要的实用价值,对崇祯皇帝来说气象占与医学星占才能够具有意义,进而为气象占与星占医学的实践提供较为可靠的依据。

虽然徐光启积极提倡,但在他有生之年,作为旁通之学的欧洲星占学未能被提上引介议程。在他主持改历期间,我们只能在德国耶稣会士邓玉函(Johann Terrenz,1576—1630年)成书于1629—1630年的《测天说约》中看到一处关于宫位制中"十二舍"(即后天十二宫)的简单介绍文字,以及相关的天宫图、十二圈划分图。(图3.3)该天宫图是欧洲文艺复兴以及科学革命时期流行的典型样式——两个方框中间以十二个三角分隔后天十二宫,左手为东,左正中间为第一宫,逆时针依次排列十二宫。所以与此前《天文书》与《文武星案》天宫图不同,《测天说约》中的天宫图天底在正下方,天顶在正上方。不过,十二宫的宫位制划分方式从图中与介绍文字中我们无法明确。另外一副十二圈划分图以甲丁乙为地平圈,丙丁壬为东西圈,丙甲壬乙为子午南北圈。十二宫中甲丁乙为地平第一宫起始线,甲丙乙为第十宫起始线,甲壬乙为天底第四宫起始线。它们分别对应于十二宫图中的甲、戊、己点。该图的类似形态在《天

---

① 不过,这一对禁令的强调并非独特。我们也可以在徐光启的前辈朱载堉身上见到。朱载堉云:"盖闻天文之家,其学有二。曰推步者,推其一定之气朔,乃理之常者也。曰占验者,占其未来之休咎,乃天之变者也。天之变者,不许术士妄谈祸福惑世诬民。律法之所禁者此耳,而怪力乱神亦儒者之所耻言也。"(朱载堉,1983)[453]

步真原·人命部》中也曾出现,不过穆尼阁的介绍更为复杂与明确。(薛凤祚,2008)⁶³¹邓玉函还在《测天说约》中强调后天十二宫的用途时说"此法为用甚大,医家、农家及航海者所必须也"。①虽然非常简略,但显然较刻板地继承了罗马教廷禁令的思想。在利玛窦和徐光启所强调的农业与医学之外,邓玉函加入了欧洲所重视的航海。

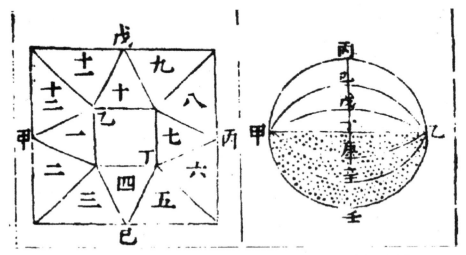

图3.3 《测天说约》中的天宫图(左)与后天十二宫圈划分图(右)

《测天说约》对星占知识的介绍止于极为简单的普及状态,与徐光启和传教士基于"度数旁通十事"翻译欧洲星占的规划无直接关系。徐光启在有生之年基本主持完成了欧洲数理天文学的译介。在他于崇祯六年(1933年)去世之后,时任山东布政使李天经被徐光启举荐,负责督修历法事宜。按徐光启的规划,历书既然已经完成,则以其为基础的旁通之学需要被提上日程。②同时,大明王朝此时已经日薄西山。朝廷内部政局的不稳,国内的灾荒与动乱,北方边境的纷扰,均使得徐光启所规划的度数旁通之学正当所需。所以,崇祯八年(1635年)四月二十七日李天经重申徐光启"度数旁通十事",强调了旁通之学的实用性与重要性。虽然李天经基本上基于徐光启的奏疏论述,但我们还是可以发现二者的差别。对于奏疏中与气象占有关的第一条,李天经并未如徐

---

① 《测天约说》是《崇祯历书》中收录的一种作品。它分上下两卷,简要介绍了西方球面天文学和天体测量学理论。关于书中介绍"十二舍"的情况,陈亚君也有论述,但并未指出是关于星占宫位制中的后天十二宫,且对于划分方式也未论及。[(陈亚君,2016)³⁸⁻⁴¹(徐光启等,2009)¹¹⁵¹]

② 李天经在崇祯八年(1935年)八月二十日奏疏中称:"臣历书虽成矣,缘方从事旁通,尚未遑及。姑俟稍有次第,另疏请旨。"可见历书完成后,旁通之事已经提上日程。(徐光启等,2009)¹⁶⁴⁴

光启一般,提及律例禁止妄谈灾祥。而且该条的"预知"范围明显扩大,"水旱"之外,加入"虫蝗、疾疠、兵戎"三者,①显示了与紧张时局的呼应。

在此之后,李天经及传教士根据上述奏疏中与气象占有关的第一条,翻译了《浑天仪说》。此书乃汤若望所编撰,是对西式浑天仪用法的介绍。李天经在崇祯九年(1636年)四月二十八日的奏疏中称此《浑仪书》可以为考求七政性情的基础,至于具体占法则需另加推求:"年来并力,已完得《浑仪书》四卷计一套,浑天仪一具,星球一具。此依陪臣汤若望法,用以考求七政性情之始基,而占法犹俟再加推衍者也,是第一款中之一端也。"(徐光启等,2009)[1666] 阅读《浑天仪说》就会发现该书的确介绍了包括雷格蒙塔努斯宫位制在内的一些非占法类欧洲星占基础知识(见附录2)。

据崇祯九年四月二十八日奏疏题本,李天经等人进呈上述《浑天仪说》之时,作为旁通致用"第一款"的成果之一,他们一并完成了"星球"一座以供皇帝御观。"星球"与中国的浑象类似,是将天象铸于球面的天球仪。崇祯皇帝显然对此天文仪器发生了兴趣。或许因其过小,他很快于五月初五下旨李天经等人铸造一架更大者,且嘱咐"一切星象不可遗漏"。九年十一月,"星球"尚未完成,崇祯皇帝下旨督促,着令尽快完成进览。由于工艺与经费限制,直到十年(1637年)闰四月初一,李天经方才上奏竣工。在得到安置于中正殿的御令后,李天经、汤若望等于当月即摘录《浑天仪说》中与"星球"使用方法相关的内容,汇集而成《星球用法》进呈崇祯皇帝。在李天经的叙述中,此仪器可以考求七政与恒星出没,对于星体运行的推步计算和占验均有大用。(徐光启等,2009)[1682] 据此或许可以推测《星球用法》中李天经等人摘录了少许《浑天仪说》星占内容。不过此书尚未发现存本,具体内容不得而知。

李天经、汤若望所进呈的"星球"较为特殊。受制于中国地理纬度限制,无法被肉眼观测到的南天区星体未被传统浑象收录。欧洲在早期也和中国一样,随着地理大发现与大航海时代来临,南天区肉眼可见星体逐渐被发现。汤若望所进献的天球仪便包括了它们。或许出于显示西法优越的目的,李天经

---

① 这一点或许可以说早在徐光启主持编纂《崇祯历书》时期即有前兆。崇祯五年四月初四(1632年5月22日)汤若望进呈的《交食历指·交食历指叙》中提到可以提前预备的内容时便称"豫备一法,则所谓灾害者,不过水旱、虫蝗、疾疠、兵戎数事而已"。(徐光启等,2009)[214] 不过,入清之后随着时局的变化,传教士改变了上述说法。南怀仁在《妄占吉凶辩》中称:"推吉凶者,尚不能推定目前之天象,如日月食,五星行动等。岂能推定眼目所不见,未来之灾祥乎?其中风雨旱涝等验,与天象有因性相连,并系固然之效者,尚不能推知其十分之一。况能知将来有兵起,天下乱,大臣擅权等,与天象无因性相连,其效与不效,全由人自主而定者乎?"此处又将兵戎之事与风雨旱涝区别开来。(南怀仁,2009c)[317-318]

在奏疏中强调了这些新增的南天恒星,并不无夸张地说此"星球"乃钦若昊天的重器,"我皇上手握玑衡,非若前代徒托空文者比也"。(徐光启等,2017)[105]崇祯皇帝显然为李天经的介绍吸引,所以于十年十月二十日下旨询问新进"星球"上南天区所增"蛇""鸟""小斗"等星官"有无占验"。李天经于二十五日奏称将一面撰述"蛇""鸟"等星官的性情占验进呈崇祯皇帝,一面督促"西洋陪臣"罗雅谷(Giacomo Rho,1593—1638年)、汤若望完成有关各星占验征应情况的《天文实用》一书次第进览。(徐光启等,2017)[107-108]至此欧洲星占著作《天文实用》的编译之路正式被开启。不过,或许由于时局原因,汤若望等人对此事似乎并未投入太多时间。崇祯皇帝也因国势紧张、日理万机,未能督促。所以直到顺治元年(1644年)此书才据称翻译完成了首卷,被汤若望进呈顺治皇帝御览。其间具体的翻译情况不得而知,崇祯皇帝或许始终未见《天文实用》译本。

从现存《天文实用》首卷孤本来看,此一卷的主要内容是七政、恒星、黄道十二宫、后天十二宫等的基本性情、特征,以及七政在黄道十二宫位置上分配所得的本宫、庙旺、三方、界、位等基本概念。它们基本属于托勒密星占《四门经》第一书中内容,可能是根据16—17世纪欧洲托勒密著作的评注本翻译改编而成。书中还有部分内容(如"七政相照之情")和阿拉伯天文学家 Al-Qabisi(？—967年)《占星术导论》(*Liber Introductorius*, Venice, 1485)中"星体相位"(De Aspectibus Planetarum)有关。(韩琦,2013)

虽然体量较小,《天文实用》在中外星占交流史上却占有重要地位。当时广泛流传于中国的星命术主要源自多罗修斯《星占之歌》传统,明初翻译的伊斯兰星占学著作《天文书》也在一些基本概念的取用上与《星占之歌》相同。《天文实用》则第一次较完整地引入了托勒密传统的星占基本概念。如庙旺在《西天津斯经》、星命术书籍以及《天文书》中均出现。《西天津斯经》《天文书》的定义遵循多罗修斯《星占之歌》传统,精确到黄道十二宫度数。(Mak, 2014)《天文实用》则遵从托勒密星占《四门经》的定义,直接以黄道十二宫表示。三方主星在多罗修斯传统中有三颗天体,《天文书》遵从多罗修斯传统。《天文实用》与《四门经》同为两颗。(表3.1)《天文实用》中界与托勒密书中第三种划分方法相近。① 本宫和位也与托勒密相同。

---

① 《天文实用》说:"而各星各界不同,今依多禄某立表。"(汤若望,[1644])[21b]"多禄某"即托勒密。托勒密在星占《四门经》中提及了三种界的划分方式,和《天文实用》相近的是第三种。该方式据托勒密介绍来自一个他所获得的古抄本。

表3.1 《天文实用》《天文书》三方主对比

	《天文书》 Ⅰ.15	《天文实用》 p21b-22a	《四门经》 Ⅰ.18	《星占之歌》 Ⅰ.1
白羊、狮子、人马	日/木/土	日/木	日/木	日/木/土
金牛、室女、摩羯	金/月/火	金/月	金/月	金/月/火(水)
双子、天秤、宝瓶	土/水/木	土/水	土/水	土/水/木
巨蟹、天蝎、双鱼	金/火/月	火/金(月)	火/金(月)	金/火/月

当然,对于一部完成于17世纪的星占著作来说,完全遵从托勒密星占《四门经》传统并不现实。历史发展所引起的融合或多或少地会改变早期代表者本来的学说。比如宋明理学家的理想是回到真正的孔孟传统,但从理学家们对孔孟的解读中不难看出佛道的影响。前述《天文书》阿拉伯底本作者阔识牙尔虽然推崇托勒密,在其著作 Madkhal 中展示的却是融汇了多罗修斯《星占之歌》、波斯元素等的复杂综合体。这甚至让人怀疑其是否可以称为以托勒密传统为主。后面将要论及的《天步真原》也一样,该书在托勒密传统之外也有其他传统元素的加入。《天文实用》中不符合托勒密传统的部分主要体现在对后天十二宫的介绍。这也是其中较为特殊的部分。在《四门经》中,托勒密虽然提及将黄道按地平、天顶为标准划分为十二宫,并以地平、天顶为依据论述了十二宫中的一些宫位。但后天十二宫并没有得到系统而明确地介绍,在具体占法中也不占有重要地位。比如第七宫是和婚姻有关的宫位。在多罗修斯《星占之歌》中,占验婚姻一类事项特别突出了第七宫。但托勒密在星占《四门经》中介绍婚姻占验方式时根本没有使用第七宫。[(Ptolemy,1940)[69-71,271-275,317](Holden,2006)[49-50]]汤若望在《天文实用》中则集中而详细地介绍了十二宫的分类(四象限、"角舍""随舍""倒舍"),各宫的强弱,尤其是在天宫图中详细标志了十二宫的位置、次序、所代表的事项。(图3.4)这与多罗修斯《星占之歌》、瓦伦斯《选集》传统接近,而不是托勒密星占《四门经》。

不过,虽然汤若望给出了上述天宫图图示,却未详细介绍各宫代表事项。天宫图中标志的诸事项主要关于人生命运,属于教会禁止的生辰星占术。汤若望自是清楚从遵守教廷规定出发不该翻译这些内容。从整体来看,汤若望的确遵循了教廷基本要求。《天文实用》主要从水土火气、冷热干湿、运行位置等角度介绍基本概念,且格外突出了星占元素在天气、气候方面的效应功能。如对于恒星效能的介绍,托勒密第一书仅仅从恒星所具有的金水木火土五星属性论述,《天文实用》则不时强调恒星所对应的风雨雪雾天气情况。[(Ptolemy,1940)[47-59](汤若望,[1644])]那么,汤若望为何还要给出少量生辰占图示信息而不作详述？一个可能的解释是他考虑到中国读者对生辰占的兴趣，所以出示此图以吸引他们的注意力。同时他也考虑到教廷的规定，故采取了示而不论的策略。这样汤若望可以达两全的效果。①

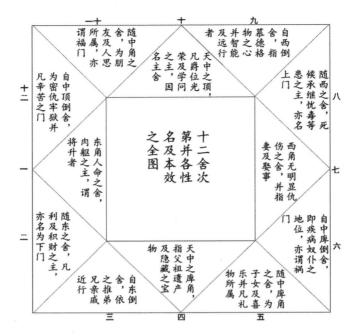

图 3.4 《天文实用》中的天宫图图示

《天文实用》的编译虽与崇祯皇帝的兴趣有关，但结合李天经关于度数旁通的奏疏、《天文实用》的内容可以看出，该书实属度数旁通十用中第一项与第九项有关星占部分的作品。李天经在崇祯九年四月上呈《浑天仪书》、星球、浑天仪时，曾称这些工作属于旁通致用第一项的一部分。崇祯皇帝对南天区星官星占功能的兴趣，恰恰也属于占法层面问题。所以，当李天经得知崇祯的兴趣之后，原本属于旁通致用计划中有关星占占法的译介工作便被顺势推出。只是，受传统星占文化熏陶且备受混乱时局困扰的崇祯皇帝，所希冀的当是用

---

① 相同的情况在《浑天仪说》中也有出现。《浑天仪说·求两星于立象圈上相合之时》云："凡两星本各无力，一合即增力，此实足为所立象损益之原也。故以初得某星某宫度，主人生命等事者，安东地平（依本地北极高），即应查其与某星相合否。"（徐光启等，2009）1839 这段文字介绍的是天宫图星占内容（见附录2），里面提及了个人生辰占（"主人生命等事者"）。生辰占与星命术相似，均以预测个人命运为主，本为传教士所反对。此处出现也应当是汤若望为了迎合当时中国人的要求。实际上，早先由钦天监在局学习的中国官生周胤、贾良栋等署名的攻击魏文魁的文章中，官生们便提及生辰占："其一推人生命，知其禀受，刚柔善恶，可用以矫偏克已。"（徐光启等，2009）1796 可见当时汤若望应该以此种方式吸引过中国人。

来占验军国大事的占法。汤若望等翻译《天文实用》的重要目的,则是想以属于度数之学的《天文实用》中符合教廷规定的内容,取代中国传统星占术数有关人事吉凶的占法。亦即《天文实用》并不能满足崇祯皇帝的诉求,传教士只是借着他的兴趣编译出计划之中的著作而已。

以符合教会规定的欧洲星占代替中国传统星占术数是传教士以及奉教天主教徒长期以来的愿望。前已论及,早在利玛窦与徐光启翻译《几何原本》时,利玛窦便特别突出有关农业、医疗的自然星占,并将其他占术称为"伪术"。他希望能够以"几何"之学的名义为自然星占带来合法性,从而禁止和代替其他星占术数,以实现福音化中国理想中对于占验学问的廓清。徐光启在改历期间继承了利玛窦的思想。他区分了有关"历象"的历法和"天文"的星占,以律例禁止为由否定了"天文"中言及吉凶者。他还将有关农业、气象与医疗的星占纳入"度数旁通十事",视为"天文"之正。在汤若望于崇祯五年(1632年)四月初四进呈的《崇祯历书·法原部·交食一》中这一思想被更为详细地表述:

> 曰:日月薄食,是灾变乎?非灾变乎?……曰:既称灾变,凡厥事应可豫占乎?可豫备乎?曰:从古历家不言事应,言事应者天文也。天文之学,牵合傅会,倘过信其说,非唯无益,害乃滋大。欲辨真伪,总之能言其所以然者近是。如日月薄蚀,宜论其时,论其地。论时则正照者灾深,论地则食少者灾减。然月食天下皆同,宜专计时。日食九服各异,宜并记地矣。迨于五纬恒星,其与二曜各有顺逆乖违之性,亢害承制之理,方隅冲合之势。为其术者,一一持之有故,然以为必然不爽,终不可得也。唯豫备一法,则所谓灾害者,不过水旱、虫蝗、疾疠兵戎数事而已。诚以钦若昭事之衷,修勤临顾畏之实,过求凤戒,时至而救之者裕如,则所谓天不能使之灾,又何必征休咎于梓慎,问禨祥于京翼乎?(徐光启等,2017)[533-534]

上述关于日月食占验的论述中,汤若望区分了研究历法的"历家"以及言事应的"天文之学",指出"天文之学"有真有伪,真伪的根据在于是否能够言其"所以然"。"所以然"是宋明理学话语,与理学中最高与权威范畴天理联系,常被称为"所以然之故""所以然之理"。汤若望借用此语是想为天文占验的真伪分辨提供一个新的理论言说框架。他想以是否能够言说所以然之理作为判断标准,也想以此具有儒学背景的标准作为理据展开论证,从而创造与中国学者对话和协商的空间,为论证欧洲星占与中国传统星占的优劣找到基础。从汤若望所举例子来看,此种"所以然"主要是日月五星的性情,以及它们的真实准确运行情况在不同地区和时刻所呈现出的格局差异。日月五星"乖违顺逆"的性情与它们不同的"方隅冲合"格局在一定时刻和地区会产生相应的地面效应。它们是地面效应产生的真实的所以然之理。这是星占的自然哲学解释方式,是汤若望熟悉的欧洲古典星占术具有的特征。中国传统军国星占将日月食看作变异天象,且不考虑地区事件差异,所以并不能够道出"所以然",故为伪术而非真术。因而,以"所以然"为理据的推论,成为了汤若望与中国学者对话交流的交易区。这一方式后来被汤若望沿用,在南怀仁著作中也被发现。这成为他们与中国人沟通星占问题的最重要空间。此外,对于"天文之学"所言之灾异也被局限在"水旱虫蝗、疾疠兵戎"。除兵戎外,这些内容基本上符合罗马教廷关于星占的规定。可见,在汤若望所构建的话语体系中,他所推崇的正术是符合"所以然"且被教廷允许的欧洲自然星占术。中国传统军国星占则是伪术。

《交食一》由徐光启于崇祯五年进呈崇祯皇帝。从上述论述可知,此时传教士所针对与意欲辟除的主要是传统军国星占。他们似乎还未触及更为棘手的历注问题。崇祯六年徐光启去世,李天经接管西局。此时有关历注的争论逐渐浮出水面,汤若望开始将《天文实用》与历注联系起来。

在进一步论述之前有必要介绍一下历注。中国古代制定历法、敬授民时,除告知民众相应的农业节气、统一皇朝时间、显示皇朝权威之外,还有一个重要作用便是提供时日的宜忌选择。这一功能是以历书为载体实现的。历书类似于今天的老黄历。它由两部分组成——历谱与历注。历谱是历法计算内容,包括年月日、朔闰、月大小、干支、节气等。历注是在历谱时日信息下所注释的信息。这类信息主要是人们在具体时间内选择做某事(如理发、沐浴、出行、结婚、动土等涵盖极广泛的事情)的宜忌预言。亦即历注是一种选择术。中国古代历注历史悠久,可以追溯到先秦的《日书》。(Harper, Kalinowski, 2017)[57-90]早期的历书注释简单。如从汉简历注来看,汉代永元六年(94年)历书已经有建除、反支、天李等历注项目。但标注之日行事究竟有何避忌,汉简历注并未明说,需要通过查找历注学工具书获知。(杨帅,2019)[1-2]至唐代,随着印刷术的应用,官印历书开始铺注大量吉凶宜忌事宜。(江晓原,1992)[155]这一传统虽在内容上屡经变革,却一直被保留。此外,官印历书常常因为内容与价格限制难以满足普通大众对历注的需求。民间自己便逐渐开始私造历书以贩卖。还有一些学者编著专门介绍历注规则的书籍。(黄一农,2004c)

中国传统历注至宋代已经变得异常繁复。元代《授时历》创立了历书新格式,使得历书简洁明晰。这为明清所继承。(张培瑜、卢央,1994)明代的历注逐日条目下有三段内容,包括朔望盈虚、昼夜时刻、节气、日出入时刻、二十八宿、社日序干支、纳音、建除、用事宜忌、土王用事等。吉凶神煞——天恩、天赦、毋食、天德合、日游神、逐日人神所在等——不被列于逐日条目下,而被列于岁首。七十二候则分别集中于月前,亦不再被列于逐日条目之下。清代的历书每日首端加注吉凶神煞等。(张培瑜、徐振韬、卢央,1984)明清历注选择吉凶主要以干支甲子、五行纳音、吉凶神煞等元素获得,与实际的日月五星天体天象基本无关。如当时流行的九星术是将洛书方阵的数字加上颜色,进而分配在年月日时,同时考虑五行生克规律鉴定人事吉凶。(图3.5)这并非关于真实星体的占法。①

四绿	九紫	二黑
三碧	五黄	七赤
八白	一白	六白

图3.5 历注中的九星术

明清时期秉承唐代以来传统,历书的发行为皇朝(明清时期为礼部)所控制。其中的历注铺注由国家天文机构钦天监负责。钦天监根据官方认可的历法(明代是《大统历》)预先计算出来年时日排列顺序等信息之后,再根据与甲子神煞等有关的宜忌规则进行铺注。样本获得通过后正式得到来年历书,国家进而负责刊刻发行。历书的样式也极为多样化。除民历外,还有专门为统治权贵编订的历书。如明代钦天监分四科:"曰天文,曰漏刻,曰回回,曰历(即《大统历》——笔者注)。"(纪昀等,1989)[669]其中有监正、监副、五官正、五官司历、五官监候、五官灵台郎、保章正、天文生等官员设置。灵台郎、保章正的职司为天象观候与占验,即与传统军国星占有关:"灵台郎辨日月星辰之躔次分野,以占候天文之变;观象台四面,面四天文生轮司测候;保章正专志天文之变,定其吉凶之占。"(纪昀等,1989)[669]而五官正、五官司历、五官监候负责推正历法,定四时,进《大统历》《御览月令历》《七政躔度历》《六壬遁甲历》《四季天

---

① 关于上述名词与历注内容、选择方法的介绍,请参看陈遵妫(1982)[1587-1669],张培瑜、徐振韬和卢央(1984),黄一农(2004a)[121-193],杨帅(2019)的论述。

象录》等,并提前进呈来年历样以备刊造颁行。钦天监所造大统历日种类,有上历(皇帝御用)、东宫历、王历(各藩属国王历)、民历。皇后皇太后也有专供之历。各历除在样式上不同外,所注内容亦根据身份而有区别。上历有祭祀、施恩封拜、颁诏、冠带、宴会等。民历有(民间)祭祀、嫁娶、会亲友、出行、入学等。①(王云婕,2016)[50-51]

从上述丰富的内容与受众可以看出,历书已经深入到当时社会生活的方方面面,与皇朝生活秩序密切相关。加之颁历授朔自古以来便是传统政权合法性的重要象征,也是中国传统天下观中宗主国与附庸国关系的重要标志。所以历书以及其中的历注所关乎的不只是学术问题,而且牵涉政治、社会、文化等多个方面。(王玉民,2019)[167-169]

历注在中国传统社会与钦天监职责中所具有的上述文化、制度结构,成为传教士进入钦天监需要面对的重要难题。一方面,根据皇朝天文机构惯例,历法推步与历书编纂一体难分。而历书不仅重要且所涉及面极广,可以说牵涉每个人的生活。所以,进行有关历注的选择铺注事宜自然地会成为对传教士的合理要求。另一方面,传统历书中历注主要以干支甲子、五行纳音、吉凶神煞决定人们的吉凶选择。这属于天主教神学教义与禁令中严格禁止的内容。这显然是一个非常棘手的问题。这一问题在崇祯九年的李天经奏疏中开始出现:

> 陈士兰等推算得《七政经纬》各一册,装潢成帙,进呈御览……然臣所职掌止此有数可求、有理可论者耳。至若神煞之宜忌、干支之生克,上历所注三十事,民历所注三十二事,复加删改,是在部监诸臣璨酌,非臣等所得与闻也。(徐光启等,2009)[1674-1675]

此时《崇祯历书》数理天文学计算部分的译介告一段落。开始进入用新法编著历书的阶段。前已述及,钦天监所编包括普通大众使用的民历、涉及皇家特殊事宜的御用历,还有《御览月令历》《七政躔度历》和《六壬遁甲历》。李天经在崇祯九年所上奏疏中《七政经纬》当指《七政躔度历》。该历是推算七政运行躔度的一种星表,并不涉及类似历注的吉凶神煞。②但对于钦天监需要另外

---

① 《明史》亦称钦天监:"习业分四科,曰天文,曰漏刻,曰回回,曰历。自五官正下至天文生、阴阳人,各分科肄业。每岁冬至日呈奏明岁《大统历》(成化十五年改颁明岁历于十月朔日)移送礼部颁行。其《御览月令历》《七政躔度历》《六壬遁甲历》《四季天象录》并先期进呈。凡历注、御历注三十事(如祭祀、颁诏、行幸等类),民历三十二事,壬遁历七十二事。"(张廷玉,1995)[1810]

② 有关《七政躔度历》的内容与形式,参看国家图书馆藏《大明嘉靖十年岁次辛卯七政躔度》。此历被收入《中国科学技术典籍通汇·天文卷》,薄树人先生对其有介绍。(佚名Ⅱ,1993)

推算的民用与御用历书,李天经所代表的西局只能以所掌管者乃是"有数可求、有理可论者"的历算部分、至于历注则不是他们所得与闻为由开脱。不过,历注部分显然不能被割弃,所以李天经将铺注任务推诿给钦天监其他官员。这样便形成历书推算中时日推算依照新法、铺注依照旧法的局面。此种局面被清朝一直沿用。

上述新旧兼杂的局面曾引起崇祯皇帝的疑问。李天经于十三年(1640年)十二月二十六日所上奏疏及崇祯皇帝十四年(1641年)正月初四所下圣旨称:

> 该臣督同在局诸臣依新法推算得崇祯十四年辛巳岁《七政经纬新历》各一册,装潢成帙,进呈……如交食经纬、晦朔弦望及节气七政,当遵旨以更新。如神煞宜忌月令诸款,宜仍用旧。庶可备一代之良法,立万世之章程……十四年正月初四日奉圣旨:这所进十四年《经纬新历》知道了。李天经还着细心测验,不得速求结局。本内交食节气等项用新,神煞月令诸款用旧,务求折衷画一,以归至当。即着礼部详确看议来说。(徐光启等,2009)$^{1724-1725}$

崇祯皇帝认为李天经所推算的《经纬新历》尚可。但奏疏中"交食节气"推算用新法、"神煞月令"历注部分用旧法,引起了崇祯皇帝注意。他希望能够"折衷画一,以归至当",即新旧两法能够统一。礼部十四年十二月奏本回护了李天经等人,称"诚如所言'交食节气用新,神煞月令诸款用旧',未为不可"。(徐光启等,2009)^{1741}至此,此事不见下文。或许当时时局已紧,这件事情只能不了了之。

崇祯年间对历注采取消极规避的方法,说明徐光启、李天经以及传教士在早期太多关注于传统军国星占,未能注意到历注问题。当此难题随着历法改革推进而逐渐浮出水面,汤若望等人亦尚未想到如何正面处理。此时的明王朝气数已尽。崇祯十七年(1644年)三月李自成攻克北京。很快李自成为清军与吴三桂所败。五月多尔衮率清军入京,定鼎中原。汤若望当时留守北京,希望能够获得新政权的庇护。顺治元年(1644年)七月,汤若望用新法推算民历,奏请通行天下。其中铺注宜忌采取《大统历》旧式。(徐光启等,2000)$^{第383册:10-11}$新法民历获准在明年颁行。此月底,汤若望的"西洋新法"在与《大统历》《回回历法》两法的竞争中胜出。汤若望最终获得多尔衮的青睐。(黄一农,1990)①稍后,或许有感于在新朝廷境遇的平顺,汤若望开始尝试提出一种解决历注的新

---

① 多尔衮称:"览卿本知远臣汤若望所用西洋新法测验日食时刻分秒方位一一精确,密合天行,尽善尽美。见今定造时宪新历颁行天下,宜悉依此法为准,以钦崇天道,敬授人时。该监旧法岁久自差,非由各官推算之误。以后都着精习新法,不得怠玩。"(徐光启等,2000)$^{第383册:17}$

方法。即以《天文实用》新法铺注代替违背天主教信仰的中国传统历注。[(黄一农,2004b)[102-103](韩琦,2013)[435]]他将这一想法陈述在十月十五日给顺治皇帝的奏疏中,希望能被采纳:

> 修政历法臣汤若望谨奏,为敬陈本局应行紧要新法事宜,以抒葵赤事。窃照历法大典所关万世,匪直夸耀一时而已。目今宝历既已大定,则行远传后之计不可不亟讲也。而微臣又再四思维,历之所可贵者,上合天行,下应人事也。苟徒矜推测密合之美名,而遗置裨益民用之实学,聊将一切宜忌仍依旧法铺注,终非臣心之所安。以故历局诸务徐俟异日续请,若目前紧要之事,谨约举条议二款,伏乞圣鉴施行。
> 计开:一、考验七政情性,原与人事各有所宜,不明此理,则一切水旱灾荒无从预修救备之术,而兵农医贾总属乖违。臣西庠是以有《天文实用》一书,已经纂译首卷,未暇讲求。合无恭请敕下臣局陆续纂成,嗣后悉依《实用》新法铺注,庶国计民生大有裨益矣。至若占验一事,原系该监职业,相应仍照旧规,敕令天文科官生昼夜轮直,在台占测。俟臣局《天文实用》纂毕呈进之日,另依新法占报,伏候圣裁。(徐光启等,2000)[第383册:26-27]

与早先李天经奏疏不同,汤若望此时明确指出历法所可贵者不仅在计算日月五星等天体运行方面"上合天行",而且还需将此天行下应人事。今新法在计算方面密合天行,已有美名。但在裨益民用的下应人事之实学方面,新法却有缺略,一切有关历注选择的宜忌仍然按照旧法而非新法铺注。为补此缺,他奏称目前历局的紧要任务是讲求和继续翻译已经完成首卷的《天文实用》。待翻译完毕后即用有关气象、农业、灾荒、疾病占验的新法铺注,以使农兵医贾根据真正的天文选择,从而新法选择术可以代替中国传统历注的干支选择术。至于有关传统军国星占的占验,他也希望能在《天文实用》纂译完毕后使用新法。① 此外,结合此前讨论与这段论述,我们可以推知他将所译书籍命名为

---

① 清代钦天监负责占候的是天文科。该科掌管对天文、大气现象的系统观测和记录,并根据占书对一些天象给出吉凶占验。比如康熙十七年(1678年)五月二十二日钦天监监正宜塔喇题观候天象本称:"据天文科该直五官灵台郎黄巩等呈报,本年五月二十一日庚申辰时,观见西南方有流星一个,如弹丸大,赤色有光,往下行。臣等谨按占书曰:流星昼见,有阴谋臣,欲夺主国,诛杀贤良。远期一年,中二百日,近百日。一曰:流星色赤,为兵为旱。又巳时观见金星,见于午位,测得相离太阳四十五度,躔于昴宿度。臣等谨按占书曰:太白昼见,有兵兵止,无兵兵起。一曰:为兵丧,为不臣,为更王,强国弱,弱国强。一曰:太白秦星也,秦地兵强。一曰:太白昼见,与日争明,女主乱政,大臣执权,四海兵起。在昴宿度属赵分。"(中国第一历史档案馆等,1997)[162-163]这些钦天监例行的观测占验内容乃是依据异常天象占验祸福吉凶。因此,本质上说,钦天监天文科的观测占候违背教廷规定,为传教士所不认同。汤若望希望以新法占候代替传统占候即是出于此因。不过,新法占候的具体内容汤若望并未明言。

《天文实用》的原因："天文"指关于占验的星占学问，与历法相对而不同；"实用"则表明该书所介绍的是能够道出"所以然"之理的真术，是"裨益民用之实学"，而非传统军国星占或历注一般的伪术、虚妄之用之学。

近代耶稣会士魏特（Alfons Väth）曾说汤若望有将中国传统历书变为基督教历书的目标。(魏特，1960)[451]是否如此尚需寻找进一步的证据。但汤若望在奏疏中的想法或是受到了欧洲历书的影响。只是，他将内容限定在教会允许的范围之内。当时欧洲的历书十分风行，如在英国一年的历书销售量达到四十五万册。这些历书除记录日期、七政运行及日月食资料、黄道带人等之外，还有气候、收成预测、吉日凶日等。(黄一农，2004b)[108]至此我们可以明确得知，汤若望至迟在顺治元年就已经形成以下想法：以《天文实用》中符合教会规定的欧洲自然星占同时代替传统军国星占与历注。只是，上述奏疏虽然很快在十八日得到"礼部看了来说"的圣旨，但"得旨下部未覆"，未能获得最终的批复。这说明汤若望的奏疏并没有得到礼部与皇帝认同。

3.2.2.2 时期二：从汤若望执掌钦天监后的妥协到南怀仁对欧洲星占的艰难实践

上述奏疏不了了之后，汤若望很快执掌钦天监监印，掌管钦天监事务。清朝的钦天监基本承袭明制，初设一厅四科——主簿厅与"天文、时宪、漏刻、回回四科"(赵尔巽等，1977)[3324]。回回科负责以《回回历法》推算天象。后因传教士传入欧洲数理天文学胜出、《回回历法》推算有误，在顺治与康熙年间两度取消之后，《回回历法》最终废止。主簿厅职掌章奏文移等事务。时宪科"推算日月交食，七政经纬躔度、合朔弦望、节气交宫；开具御览总历、时宪民历，颁行中外；校对小本历日，择选祀册日期，校正祀册日期，校正春图；督令工匠办造历本，校对样板等事"。即其主要负责推算交食节气等历法事宜，编订《时宪历》历书。天文科"掌管天象，书云物礼祥"，对天文现象、大气现象等进行系统观测和记录，并根据占书对一些天象给出吉凶占验。漏刻科"掌调壶漏，测中星，审纬度；祭祀、朝会、营建诹吉日，卜营建，辨禁忌"，即负责壶漏时间、中星纬度的测量，以及选择吉日吉地。①

在此制度之下，掌管钦天监事务意味着需要负责每年历书的铺注，定期的占测与占验汇报。严格意义上说，它们都属于教会禁止的迷信活动。不过，传教士此时在新朝廷内部已经没有类似徐光启一样的柱石型人物。执掌钦天监、发挥政治影响力，对于他们在新环境中站稳脚跟的益处自是不小，具有必

---

① 清朝初年的钦天监制度参考史玉民（2001a，2001b[45-56]）的论述。

要性。同时,上述奏疏或许已经让汤若望了解到以《天文实用》代替中国传统历注与占验的困难。在这种局面下,汤若望颇为务实而开放地采用了妥协方案。他选择尊重中国传统历注模式,顺应中国的传统。在他执掌钦天监期间历注按照原有制度被铺注。(黄一农,1996)对于《天文实用》的翻译汤若望也未坚持。这使得《天文实用》除一卷之外,未见续纂,成为未竟之作。

更有甚者,执掌钦天监的汤若望曾多次利用传统军国星占上奏皇帝,以达到自己的目的。如顺治九年(1552年)达赖喇嘛计划入觐清廷。当时藏传佛教在满洲贵族中盛行,顺治皇帝起初决定至关外亲自迎接。在达赖喇嘛尚未入京时,汤若望奏称日体中出现的斑点乃喇嘛僧徒掩盖皇帝光辉所致。当达赖入京觐见之后,汤若望又上疏将当时战事不利、痘疫流行等事附会为上天对人们过于敬重喇嘛的警示。通过此种利用传统军国星占的方式,汤若望希望达到压制藏传佛教的目的。(黄一农,1991c)又如1654年1月1日,汤若望上奏了一份关于日珥的奏疏:

> 汤若望占。顺治十年十一月十三日乙巳辰时,观见日生右珥。占曰:日有珥,人主有喜。一曰:日珥,有风。日有珥,日君有重宫妇阴事。日朝珥,国主有耽乐之事,其不可行。女人戒之,不则有忧。臣汤若望。①

该奏疏据称或许是汤若望为了规劝顺治皇帝不要沉溺女色而呈递,汤若望想以此避免顺治皇帝越来越远离天主教。(李集雅,2020)从语言来看,汤若望的上述陈奏已完全中国化。他为了自身的目标似乎完全融入了中国传统语境中。自身的欧洲背景不再在奏疏的语言中有任何明显的显示。这种奏疏显然已经不符合教廷禁令的规定,属于被教廷禁止的内容。但是,汤若望此种做法到底是不是在明知不可为的情况下,为达到自己目的而为之呢?即是否为了实现目的而完全忽视了过程的正当与合理性?他是否内心实在不认可这类陈奏,以此为迷信,而迫于在中国的境遇不得不做呢?此事目前难以确知,亦恐非如此简单。据汤若望后来寄送罗马的辩解书信称,他如此做乃是将这些特殊天象看作天主对中国皇帝的警诫。他通过上奏传达天主的信息,以谏正与警告中国皇帝。他认同这样一种认识,即:"天主用非常现象,不仅只用可以视为神奇的现象,乃亦是用其他的。正因其系非寻常所能得见,因而易使人注意的现象。在迫切的状况里,向人类宣告,向人类示警示诫,向人类预言伟大事体之将降临。"在书信中,汤若望还声称《圣经》有诸多记载可以证明这一点,如洪水后天空中出现的彩虹,摩西在埃及所做的神奇事迹,伯利恒上空指示耶稣诞生的明星,耶稣临死时的日食等。(魏特,1960)[452-453]

---

① 转引自李集雅(2020)的文章。

据此，汤若望虽然在奏疏中完全使用了中国化语言，他似乎已经完全顺合了中国传统，但在潜台词中他将特殊天象看作天主的警示，将传统军国星占看作解释与传达此种警示的方便法门。由于上述特殊天象是天主的旨意，所以在天主教中并不属于星占领域。汤若望对传统军国星占的利用虽然在中国人看来符合天人感应思维，但在他看来却符合天主教教义。当然，如果上述说法成立，那为何汤若望早期要坚持批评传统军国星占，要用自然星占学代替传统军国星占？艾儒略等人又为何亦要强烈地批评传统军国星占？是否说明耶稣会士认为他们拥有特权？他们可以在合适的时间地点使用传统军国星占，而一般中国人的使用则属于被禁止的行为？这一问题还需要进行更深入的研究。

汤若望上述行为无疑顺合了中国人的传统与习俗，对巩固自己在钦天监的地位以及传教士在中国的传教事业有利。但处于权力中心的他开始卷入一系列风波之中。耶稣会士立有不接受会外荣誉职位的誓愿。汤若望执掌钦天监监印虽然出于有益传教的考虑，却违背了此一誓愿。此外，作为钦天监监正的汤若望尽管不用亲自注历，但因职位缘故而对历注的内容负有责任。然而历注并未能够按照汤若望的意愿改为符合教会规定的新法。历注依然是包含吉凶神煞、干支甲子的中国传统学问，属于教廷禁止的占卜领域。这一明末不曾具有的局面激起传教士内部一些成员的强烈不满。1648年，汤若望被耶稣会士安文思（Gabriel de Magalhaes，1609—1677年）等人控告违反教会规定担任会外职位，并且负责违背教会规定的历书等。这一事件造成轩然大波，引发了一场旷日持久的争论。至1664年此事件才获得罗马教廷的最终裁决。罗马宗教裁判所论定汤若望并未涉及违背禁令的行为，可以继续执掌钦天监。①

争论期间的康熙元年（1662年），汤若望在南怀仁的辅助下写就《民历铺注解惑》。在此书中，汤若望开始在教会要求、清廷制度与中国传统间寻求平衡。他另辟蹊径，在不能以教会允许的《天文实用》代替传统历注的情况下，尝试用新的方式诠释钦天监所编历注。他从道理与经传证明两方面论证颁行历注的原因有二：一是凭借历注中古昔遗俗遗规，使人心思古敬古；二是"一好恶、同风俗"，维护社会秩序，以达长治久安。他还指出历注的根源并非其他，而是天地之道；人可据历注而顺从天地自然之道。即便是所谓的天恩天赦等神煞，亦是从天道及五行中推出，具有自然哲学性质，并非真正存在的神煞。历书前的年神方位图也并非表示有真正的年神，只是一种盖造修营的规模图示。至于铺注的方法，汤若望认为乃是古人以自我意见，用干支、八卦、黄黑二道等比附

---

① 关于这场争论，请参看魏特（1960）[420-470]的论述。

牵合而成,"撰出许多宜忌,以决人疑"。只是因为民心信之已久,朝廷为了能够治平天下所以才编纂,并非真的认为这些干支八卦可以产生宜忌吉凶。汤若望还在其中顺势指出干支并非与天文有关,"非本于日月星宿行天之性情"。干支无法对地面物体产生实质性物理影响。因而用干支铺注并非获得真实有据宜忌的方式。能够与下界物体相应的是七政恒星,尤其是人的身体疾病深受七政恒星影响。因此,"真实有据之宜忌",应该完全按照七政行星运行及其性情铺注而得,并非依据干支甲子。只是因为民众沿用已久的习惯,《时宪历》目前采用了传统方式,"未及用西法铺注也"而已。(汤若望,1996)显然,汤若望还是更希望能够用符合教廷规定的欧洲自然星占学代替中国传统历注。值得注意的是,他在此处进一步明确提出欧洲自然星占的优越性在于将宜忌根植于实际天体的真实运行。即汤若望强调应将宜忌与天体对下界所产生的物理效应联系,而非不具有真实本体的干支甲子。这一思想也可以在薛凤祚的论述中看到。

汤若望写作《民历铺注解惑》的目的应该包括两方面。一方面,他可能试图以新的诠释淡化教会内部的反对意见。该著作完成后,中文原作连带一篇拉丁译文被寄往罗马,以证明他所负责的历注事宜未违背禁令。[(黄一农,1992)[152](魏特,1960)[462]]另一方面,汤若望或许亦希望能够改变中国人对于历注的传统看法。在序言部分他论述了一个与中国客人对话的场景。客人问:"附历之铺注,此亦西法否乎?历家何为而有此宜与忌之纷纷乎?"汤若望就此展开自己的简要回答,并称:"如客之殷勤过问者,时遇其人。因尝汇阅历家论述诸书,参酌成编,以代应对。"(汤若望,1996)[1]可见,此书写作过程中所针对的读者应当也包括中国士人。汤若望应当希望此书能够在中国学者间流传,以澄清历注问题,改变中国士人的看法。

正因汤若望此书具有两方面目的,所以他力图采用能够同时说服教会与中国人的方式著述此书。在书的序言后他罗列了28名钦天监官员的署名信息,落之以"共参"。这不仅可以在中国读者中增强著作的权威性,还可以让教会方面知道自己的解读并非臆想,而是具有官方性质的钦天监众多人员的共同认识。在行文中推论历注目的时,汤若望采用了儒家经典推论("以经传证上论")与义理推论("以理证上论")两种方式。此二者是儒家学者在思考讨论某件事项时经常采用的方式。处于经典注释阶段的他们思考问题所诉诸的权威根据经常是儒家经传与内心义理。同时,对以权威经典和道理进行推论的方式,深受经院哲学影响的天主教教士亦不陌生。故而通过这两种方式汤若望可以实现面向两种不同群体诉说与论述的目的。汤若望对历注中具体神煞等内容的诠释也诉诸义理与前人经典,与对历注目的的论证策略相同。

汤若望重新诠释的最终目标是通过礼俗、政治教化、阴阳五行、天道的解释将历注的内容理性化、自然哲学化。这一目标同时顾及了教会与中国读者两方面。对于双方来说这种解读其实均具有一定的可接受性。教会所允许的自然星占术本身属于自然哲学范畴。至于中国学者也有将历注自然哲学化的倾向。历注的发展史颇为复杂。其中所涉及的干支、八卦、神煞等所指代内容、意涵的复杂流变至今尚未有深入而系统的研究。从目前来看,它们中某些内容的确在当时被看作真正存在的神灵实体。南怀仁在《妄择辩》中就批评自己的对手杨光先说:"其以干支八卦等人物之形象,不以为形象,反以为实人实物。何异以泥人为活人,以房屋之影为真房屋乎?"(南怀仁,2002d)[273]这种情况恐怕在民俗信仰中较为普遍。但是,随着宋代理学的兴起与流行,敬鬼神而远之、崇尚天理、具有较强理性化倾向的理学为历注的内容附加了较为浓厚的理性化解释。如宋太史令吴景鸾说:"天地间不过阴阳二气,五行生克,其要根极于理。神杀星曜,名号虽殊,总之阴阳消息,衰旺向背而已。"(南怀仁,2002d)[272]《御定星历考原·选择总论》称:"夫神煞之名,不过即五行之生旺休囚、干支之刑冲合会以为断耳。术数之徒乃甚言其吉凶,以骇众而震俗。偶有所验,群焉信之,而古之立说茫乎莫知其所由来矣。"(李光地等,1983)[96]《协纪辨方书》云:"论十干则分阴阳,论五行则阳统阴,尤天地自然之义。故凡言数者皆祖之,此吉凶神煞所由起也。"(允禄等,1983)[150]可见,汤若望自然哲学化历注的方向并非简单地迎合教会的要求,也与当时理学思潮影响下历注认识的发展相合。因此,他的诠释并非不能打动中国读者,只是他在论述中不免生硬之处。如汤若望认为年神方位图(图3.6)是修盖营造中比例、色样、方向等方面的规模图示:

> 此一图,乃盖造修营的一个大规模……凡盖造者必求比例,前后偏正各宜相称,而此其象矣。又此图既具诸色,而诸色又每岁递迁。虽则周流八虚,悉有定序不乱。凡盖造者必求方向,今年向此,明年向彼。舍其旧而新是图,而此又其象矣。(汤若望,1996)[9-10]

而年神方位图的真正意涵则是从年而起的吉凶神煞:

> 吉凶神杀有从年起者,有从月起者,有从日从时起者。此乃从年起之神杀。其图按九宫八卦二十四山布成定位,以便查览。如欲葬埋修造动作,但查所用山方位上有何吉凶神杀,详其吉凶衰旺宜忌趋避之理,而酌用之。(缪之晋,1996)[667]

不难看出,汤若望此种类型的解释很难说服中国读者,难免使其在中国学者中的影响打上折扣。

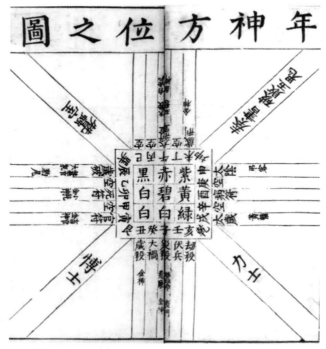

图 3.6　汤若望主持编算的顺治三年(1646 年)《时宪历》年神方位图

康熙三年(1664 年)罗马教廷的裁决尘埃落定,汤若望获得最终胜利。此一消息或许还未到达中国,该年七月,杨光先再次展开行动,上疏攻讦传教士。他向礼部密告历官李祖白造传《天学真传》惑众,教会图谋不轨。杨光先早在顺治十七年(1660 年)便上疏攻击钦天监所制历法以及荣亲王葬期所用选择术,且攻讦天主教为邪教。但或许由于汤若望在当时的政坛上拥有相当大的影响力,所以奏疏未获受理。顺治皇帝因出痘病重而驾崩后,孝庄皇后与辅政大臣执政。一向为顺治皇帝赏识且与汉族官员交好的汤若望失势。所以当康熙三年杨光先再次控告时,情形发生了巨大变化。杨光先得到辅政大臣苏克萨哈的支持。因荣亲王择日时间问题被钦天监控告革职的前礼部尚书恩格德也积极活动。数日后礼部、吏部便奉旨会审汤若望、南怀仁等耶稣会士以及李祖白等中国籍监官、奉教人士。各省教士也被地方官拘禁候处。稍后,杨光先又重进《摘谬论》指摘耶稣会士所编译历算新法十谬,进《选择议》指摘监官选择荣亲王葬期时对选择术的误用。案件审理持续了半年多。康熙四年(1665 年)四月初三日,全案得到最终结果。李祖白等五位奉教中国籍天文官"俱着即处斩",汤若望等得旨"俱着免"。(黄一农,1991c)出狱后的汤若望元气大伤,最终于次年(1666年)逝世。选择术,因汤若望深陷权力漩涡与不同文化结构的交锋中,成为他意想不到灾难的重要发酵因子。他所希冀的以《天文实用》代替传统军国星占与历注选择的想法,似乎甚至未见尝试性的实践。这一工作最终为他的助手南怀仁所继承,尽管未能如他们所愿代替传统军国星占与历注。

南怀仁1623年出生于比利时的皮藤(Pittem),1641年入天主教耶稣会修道。1647年及1655年他曾两度想去南美洲传教,均未成功。在卫匡国(Martino Martini,1614—1661年)的影响下,1657年他自欧启程前往中国传教。顺治十七年(1660年)南怀仁离陕进京,开始协助汤若望修历治历。康熙三年(1664年),历狱兴起,南怀仁曾一度被监禁审讯,于次年因星变、地震的恩赦方获开释。历狱结案后,杨光先担任钦天监监正,吴明烜担任钦天监监副。《时宪历》被废弃不用,清廷复用《大统历》《回回历法》。杨光先本是江湖术数之人,对于历法并不擅长。吴明烜所据《回回历法》内容亦多舛误。六年(1667年)康熙皇帝亲政,历狱翻案迎来转机。七年(1668年)十一月,康熙皇帝命令钦天监官员杨光先、胡振钺、李光显、吴明烜等人与南怀仁等共同参与测验,比较优劣。南怀仁所推与天象密合。在康熙皇帝的要求下,南怀仁指摘出吴明烜所编历书诸种错误。最终,杨光先遭革职,南怀仁被任命为钦天监监副。或许有鉴于此前汤若望担任官职所带来的灾难,南怀仁一再恳辞。最终康熙皇帝答应他以无正式官称的方式入职钦天监,职务名称为"钦天监治理历法"。南怀仁以此种方式供职钦天监直至去世。(黄一农,1991c;古伟瀛,2001)

在此过程中,南怀仁不仅在妥协的同时批评了传统星占术数,而且最终实践了《天文实用》中所强调的自然星占术。先是,历注选择问题被牵入南怀仁与杨光先等人的争论中。康熙八年(1669年)正月初,上命钦天监与南怀仁同选建造太和殿的日期。① 南怀仁回称:

> 凡关系天文历法,如某日日月五星在某宫某宿某度,某日时刻,相合相对,顺行逆行等项,诸凡有据者,南怀仁可以预定,并可以测验。又凡天下与天上相应之效验,如某日宜疗病针刺,宜沐浴,宜伐木,宜栽种与收成等项,南怀仁依天象实理实据,亦可以预定。若云某日吉,某日凶等项,则南怀仁未见有何实据,故不敢妄定。(南怀仁,2009b)[396]

---

① 《民历铺注解惑·附摘》云:"康熙八年奉旨命钦天监选择起建太和殿日期。"(汤若望,1996)[16] 又太和殿动工时间为八年正月二十六日(马奇等,1978)卷二十八,故知康熙皇帝命钦天监择日的时间为八年正月初。

面对选择营造太和殿日期的择日要求,南怀仁表现出较为直接与强硬的语气。他用"天象实理实据"为理据,指出自己能够预定的是历法计算内容,以及关于农业、医疗等方面选择事宜。对于时日吉凶他认为未见有何实据,正面给出了否定。从上下文可以看出,"天象实理实据"与汤若望在《民历铺注解惑》中强调的"日月星宿行天之性情"一样,指天体的准确真实运行情况以及给下界带来效验的性情。不过,南怀仁较为直接的态度与汤若望向顺治皇帝所上奏疏明显不同。这或许是因南怀仁并无官职约束在身,且受到历狱刺激的缘故。

面对南怀仁的回答,缺少了解的杨光先与吴明烜未能够理解"实理实据"的择日事宜为何。他们以历法无关选择则"历法何用"为由攻讦南怀仁,以期顺势攻击南怀仁的新历法。南怀仁似乎注意到自己所说"天象实理实据"的择日杨、吴二人并不了解,所以改变回答方式。他指出历法选择各有所司,并无直接关系,且历法高于、重要于选择。针对此事,康熙皇帝颇为包容。不过他似乎亦比较疑惑南怀仁所坚称的真实有据选择术为何,是否意味着历书上干支与铺注的不统一。他令人传旨称:"皇上不叫你选择,只问历日下铺注与你历上所用之支干相同与否?"南怀仁就此回答说:

> 若论支干,新旧二历如一。若论铺注,原不关系天行,非从历理所推而定。唯从明季以来,沿习旧历而行。今南怀仁所习者,皆天文实用,历法正理而已。此二端实南怀仁所用,选择之根本也。如定兵农医贾诸事,宜忌从此而定。务期日后与天有相应之效验,与历年所报各节气天象,历历可证。若光先、明烜之选择,悉随伊等所习之天文历法,前已种种颠倒错乱,则选择之差谬概可知矣。(南怀仁,2009b)³⁹⁹⁻⁴⁰⁰

此处南怀仁非常明确地将教会所认可的自然星占学与历法计算定义为符合"天文实用"与"历法正理"的学问。"天文实用"与"历法正理"并用,当取天文实在之用、实理之用的意涵,而非指《天文实用》著作。以此二端为择日之根本,亦是将择日根植于实际天象,以择日"关系天行"的思想。通过此类理据,南怀仁不仅突出了自然星占学的合理性与优越性,而且批评了根据时日干支与神煞选择吉凶时日的传统历注。

不过,康熙皇帝的疑问应当来自一位帝王对秩序维护的顾虑。历注选择作为重要的传统在中国沿袭甚久,和普通民众与权贵的生活、国家治理关系密切。如果新法推算所得日期的干支与历注无法对应,历注便处于极为混乱与失效状态。皇朝所颁发历书势必难以满足普通民众与统治者的需求,进而会对整个王朝的稳定秩序产生影响,对国家权威造成损伤。所以对于康熙皇帝来说,南怀仁是否真正参与选择术活动并不重要,应用新法推算的历书中的历注是否依然可以发挥正常作用才最为重要。在得知南怀仁的回答——新法在时日、日月五星昏旦时刻推算上与旧法不同,但就所使用的干支体系来说新旧二历如一——之后,康熙帝没有进一步追问。他也应当是得到了自己想要的答案。但南怀仁似乎没有理解康熙皇帝关心的重点。他依然强调了与兵农医贾诸事宜有关的自然星占术,并说"务期日后与天有相应之效验,与历年所报各节气天象,历历可证",即表达了想在以后实践自然星占术的愿望。

　　康熙八年(1669年),南怀仁在与杨光先、吴明烜的聚讼中获胜,五月奉旨"南怀仁历法天文一切事,务俱殚心料理"。(南怀仁,2009d)[265] 或许有激于此,他开始从破与立两方面展开星占、选择术方面的工作。首先,他一口气写出三种作品《妄择辩》《妄推吉凶辩》《妄占辩》刊刻流布。此三者落款时间均为康熙八年五月上旬,乃是批评杨光先式星占选择之术、重新诠释钦天监星占选择行为的作品。

　　《妄择辩》中南怀仁在新的诠释框架下诉诸推论,批评了杨光先的选择术数实践,并予钦天监的选择行为以合理性。南怀仁认为选择乃是"顺天地之道而已"。(南怀仁,2009d)[268-269] 此"天地之道"并非是形而上的太极本体,而是天地的"所"与"时"两者。"所"指亚里士多德式宇宙体系中天上星体运行的位置与地上土水气火的结构。"时"是天体在不同位置对应的不同节气、气候、时日,与近地面各应其时的风雨露雷。人和物顺应于此天地"时""所"即是"顺应天地之道"。至于历注所用干支与八卦之类只是"比论比象",即用此代指阴阳五行、天象而已。(南怀仁,2009d)[270-271] 他分辨了"实有"与"表指"以论"比论比象"。如《历事明原》论祭灶宜用癸日。癸在干支中属水,但癸只是表指水的属性,而非真正指水。灶和火有关。通过癸日表指水,历注可被用来提醒人们谨慎用火,预先备好克火之水。因此,干支八卦之类也只是"表指""比象"阴阳五行、天象属性而已,不能说就是指实体。(南怀仁,2009d)[273-274] 南怀仁认为杨光先一辈实际是以与实际天象历法并无直接关系的表指,偷历日之高明。杨光先一辈实不懂历法历理。

　　通过上述议论铺垫以及对儒家经典《礼记》"丧事先远日,吉事先近日"的诠释,南怀仁力图证明自古以来选择之真意为杨光先等人扭曲与误解,杨光先等人自称本于圣贤却发展出背离圣贤的异端学说。经此破除之后,南怀仁继续指出"古来选择相度之原意,不过定其日之便用与其地之相称而已"。(南怀仁,2009d)[284-285] 此种"日之便用"与"地之相称"即是吉日吉地本义,反之可知凶日凶地。此即吉凶本义。而钦天监之所以从事于斯,乃是按照常例选择不远不近之吉日,合适相称、方向适宜之吉地。同时,钦天监也是根据干支等所表指的阴阳五行顺逆,表著谨慎钦重之心情与愿望而已:

> 明显本监所行谨慎，又明显见在各部院衙门所行之例。如本监选定营造宫殿等项之吉日，亦如相度营造各工之吉地。所谓吉地者，即东西南北相称之宽大，相称之方向，并无丑看凶物之比形，如似尸骸毒蛇等物类是也。所谓吉日者，即相称之日期不近不远，并无干支等字，表指神煞五行逆情之比象在其中也。如此之谨慎，以查日期干支等字，为吉凶之比象者，不过表著其钦重朝廷之愿情，并于营造宫殿等项，表指其谨慎之心。不但凡应用之物，无所不用。尚一干一支，不吉之比象，一地一向，不吉之比形，亦不容留在其中也。此即本监用选择相度之正意耳。(南怀仁，2009d)²⁸²⁻²⁸³

《妄推吉凶辩》是南怀仁同一时期所作关于历注选择的另一著作。此作主要批评杨光先等人实践的历注风水选择之术的虚妄。南怀仁使用的主要方式与利玛窦使用的相似，亦是诉诸推论的交易区。只是推论依据基本上都是逻辑事理，如风水诸家记载的自相矛盾。天主教教义、天主本身以及儒家义理在论证中仅各出现一次。因此，该作与《妄择辩》侧重于从正面详细给出历注选择的新诠释框架不同。不过，新诠释框架下的推论亦被南怀仁适量采用。如他分辨了选择之实用与虚用二者。虚用与实用之区别，在于是否合乎"理"。合"理"是指合乎《民历铺注解惑》对历注自然哲学式与功用式的理解。如选择风水的含义是实现选择地形之相称、时间之缓急合适的功用。至于以选择风水求富贵福禄则是不合"理"的，为虚妄：

> 所谓实用者，合理之用也。虚用者，非理之用也。其民历所载年神方位之图，铺注所开列某日之宜，某日之忌等，并选择之实用，详载《民历铺注解惑》一书。其相度之实用，全以理为主，故本名谓之地理也。
>
> 古来看风水之原义，不过定各地美看，并与其本用相称之形，此亦风水并吉凶总论合理之用耳。若分论吉凶，如富贵之地，高寿之地，多生子孙之地等项，皆为风水并吉凶虚妄，非理之用也。此系后世谋利之徒，趋奉愚人之语。譬如商贾面前，加一好看之招牌，以便行其买卖耳。(南怀仁，2009c)³²²⁻³²³,³²⁶⁻³²⁷

在此基础上南怀仁作出妥协。他强调了《妄择辩》中的相似观点，以钦天监例行的选择事宜为合理。钦天监遵循具有自然哲学与实用功能特征的历注选择的"古例"，与杨光先一辈术数之徒所为不同。此一结论的重要证据是钦天监咨文中并没有涉及富贵高寿一类虚妄之理的文字。钦天监所选吉日吉地常因日期不便用、大小长宽不合适被驳回。(南怀仁，2009c)³²⁸⁻³²⁹ 不难看出，通过《妄择吉凶辩》《妄择辩》，南怀仁将钦天监所行历注选择解释为符合圣贤古例的合

"理"者。而选择求富贵功名的杨光先之辈被认为是异端,欺妄圣贤之徒。杨光先所行乃虚妄之术,毫无理据可言。

《妄占辩》是南怀仁有关传统军国星占的专作。与《妄择辩》《妄推吉凶辩》一致,他采取了批评与妥协并存的路径。南怀仁一方面批评杨光先之辈迷信占验行为,一方面在新的诠释框架下诉诸推论方式将钦天监例行占验行为合理化。借助对儒家经典的重新解释与"比象"说法,他将钦天监的占验公务诠释为一种警诫修省行为,并认为这是古来之正意:

> 古者论星,多以朝廷之尊位,及其宫殿,并其宫殿内外所用之事物,取定其名字。而以其星座,定为人君及宫殿等物之比象,以表恭敬之意。其因比象之理,凡所占,与君臣国家关系事物者,即借天象以为警戒修省,望人君自思密查:此等奏闻所占之事务,现在于天下,果有与否耳。犹如说此非臣等之言,乃上天之所告焉。
>
> 奏闻各占之原意,上第七章已解明,但光先之辈,不顾古来之实意,唯恢张吉凶之大话,以卖弄其自知天文之名号,因而图其所售趋避之利耳……光先之辈,推占而信本年有旱涝之灾与天下太平不太平等重大之事,则明显其拘泥吉凶之占,并不知奏闻之原意也。(南怀仁,2009e)[359-360,368-370]

南怀仁认为,在古人眼中天上星体只是比拟人君宫殿等("比象"),而非与地上的人君宫殿等有实质性的物理或吉凶因果关系。钦天监以传统军国星占为依据的观候占验公务,乃是因"比象"的道理,表著对于上天的恭敬之情。通过钦天监的观候占验,人君可以借天象警诫修省。此等行为并非真正的吉凶占验。杨光先不知古人之正意,反以此种表征性的"比象"有实际吉凶因果性。这是欺妄于人,卖弄大话以自售趋利。杨光先把持下的钦天监所行种种吉凶占验,亦是无知欺妄之行。他不知古来奏闻天象占验结果之原意,是以表征性的天象提示人君自我反思、密查己过而已。钦天监例行占验之古来原意,与杨光先一类趋利自大之人所思所想完全不同。

南怀仁批评杨光先的方式亦主要是诉诸推论。推论为南怀仁展开批评的交易区。与《妄择辩》《妄择吉凶辩》不同,南怀仁在《妄占辩》中对杨光先的讨伐主要不是应用逻辑事理,而是天文历法之"实理""实学"。他在行文伊始即用虚实的分类指出杨光先不懂天文历法。杨光先所知为"天文虚罔之用",是欲以"小术之虚名,而蒙混实理之奥妙"。具体而言,"天文实理"有五端:天体运行数据与宇宙结构的数理推算、天文观测仪器的制造、天文模拟测算仪器(如简平仪)、天文观测方法的简化创新、大气现象与海潮气候的天文原因。这些实理集中在传教士编译的《西洋新法历书》《仪象志》等书中。(南怀仁,

2014)³³⁵⁻³⁴¹

在南怀仁看来,杨光先使用的《天文主管》等著作,可以通过《仪象志》等书中的"天文实理"推论其虚妄。如古代分野学说一般只是将中国与全天星区相对应,而不考虑中国以外的地区。南怀仁应用地理学与天文学知识指出中国所横跨的地球经度不过360度中的20度,怎么可以包涵全天360度呢?由此进一步指出分野说是人为任意划分而成,为虚妄之事:"因此可见中国之二十度,所包满全天三百六十度之分者,皆由人自意而定,非由天地之理所必分应也。"①(南怀仁,2014)³⁵⁴⁻³⁵⁵古人认为月有失行之时。南怀仁以为月行有常,能因历法一一推得,不可说是失行。古人以五星运行若不依历书则为失常乱行,据此则可占验。南怀仁认为五星运行有常,西法历书可一一推知,其乱行只是古人历书有误,不是天行有失。星占书有以土木火等星食月、土木火金水五星见月中的天象占验的记载。南怀仁指出月亮在诸星之下,离地最近,不可能出现这种情况。(南怀仁,2014)³⁴¹⁻³⁴⁶通过这种方式,南怀仁依据天文实理一一批驳了传统星占著作中对日月五星的错误记载,并指出天行有常,日月交食、月五星凌犯②等无关吉凶:

> 凡依天行自然常有之天象者,不可以为异象,不可以为异占之实据。今夫日月交食,太阴及五星,在同度彼此相会。太白昼见等,皆天上有常度,依天行自然,不得不然者。(南怀仁,2014)³⁶²⁻³⁶³

不难看出,南怀仁批评传统军国星占依据的科学知识,如天行有常、星体可以历法推测等,与艾儒略所依据者相近,只不过更具系统性。③

在写作《妄择辩》等之前,南怀仁还开始在钦天监实践教会所允许的欧洲自然星占学。作于康熙二十一年(1682)的《预推纪验》载:

> 康熙七八年,九乡科道,大臣二十位,奉旨屡次同怀仁及监员,赴观象台。已经测验新法之历,密合天行。其旧法暨回回历与天疏远之处,公同启奏在案。当时蒙皇上面谕,着南怀仁以后将每年天象,预推奏闻,钦此钦遵。自康熙八年起,照《天文实用》将每年于春夏秋冬四正节,及四立

---

① 关于分野学说的一般介绍,以及明末清初学者对分野说的批评,请参看徐光台(2009b)的论述。

② 古代有些凌犯占系依据观测事实得来。虽然古人可能认为它们是失行,但实际上的确有此天象可以计算得知。那么,是否可以将其保留下来,作为占常的一部分?南怀仁没有直接回答这个问题。但下面引文"太阴及五星,在同度彼此相会"即与凌犯占相近。他否定了对此天象的占验。这意味着将凌犯占纳入占常的范围也是其所不允许的。

③ 关于《口铎日抄》《妄占辩》对星占的批判,祝平一、马伟华也有讨论。参看马伟华(2019)、祝平一(2013)的论述。

节,并交食等日之天象,因而预推。凡于各季所主天气人物之变动效验,如空际天气变冷热干湿,阴云风雨霜雪等项,有验与否?下土有旱涝,五谷百果,有收成与否?人身之血气,调和不调和,疾病多寡,用药治理,以何日顺天,何日不顺天等项,种种大有关系,奏闻在案。(南怀仁,2002)$^{547-548}$

据此可知,南怀仁在与杨光先、吴明烜历法竞争中获胜时,康熙皇帝面谕他从八年始将自然星占术实践并奏闻。(黄一农,2004b)^{113}康熙皇帝之所以有此面谕的原因可能是有感于这一事实:南怀仁在与杨光先等人的争论中提及杨光先选择占验之术的虚妄,推崇欧洲自然星占术的有理有据。[①]南怀仁的奏闻从康熙八年一直持续到十九年(1680年)。据奏疏可知奏闻包括两个类别:一是预推一年八节时刻天象,一是交食时刻天象的推占。所推天象的占验均有关于天气、农业收成、人体疾病医药。即南怀仁严格遵守教会的规定。在今存南怀仁题本中我们的确可以看到此两类推占。如康熙十六年(1677年)五月二十二日夏至题本称:

> 臣南怀仁谨按法预推得,自夏至迄立秋,太阴为天象之主。夏至本日,太阴在下弦相近。又土星在夏至限近宫度,主本季炎,日稍减。夏至初旬内,太阴受诸曜吉照照临下土,主此旬内宜收成,及服药调理为顺。小暑节土木火三曜互相照之象,主天气多变。又太阴之性易随诸星所感,主有云雨、雷电、暴风忽然而起。依各省地势,多寡不同。于本月二十七日及六月初一、初五、初九、十二、十九、二十一、二十五并七月初一、初三相近之日有验。(中国第一历史档案馆等,1997)^{161}

同年十月十六日月食题本称:

> 窃照本年十月十五日戊午夜望月食,分秒时刻并起复方位已经具题外。臣南怀仁谨按法预推得,食甚时,土星为天象之主。月失光,与土星在同舍,主人物属阴之气受伤。但月不全失光,又其失光在天象十一舍,与地平相近,并失光不久,主伤物不甚大。太阳及火星与太阴及土星在相冲之舍。主相近之日多有风有雪。(中国第一历史档案馆等,1997)^{162}

题本中所用占验方法属于欧洲自然星占术,占验对象集中在天气、疾病与农业。不过有所区别的是,夏至题本所预推的是在夏至之后至立秋的特征性

[①] 如前所述,据《钦定新历测验纪略》中载,杨光先在历法竞争失败后,以不懂选择术即是历法无用为说辞质疑南怀仁。南怀仁答以自然星占术方是有实理实据且可以预推的"天文实用"之学。(南怀仁,2009b)$^{395-396}$

天象,月食题本是在倒推十月十五日月食发生时的天象。这些特征在笔者所见现存相关题本中具有普遍性。(中国第一历史档案馆等,1997)^161-165

上述《预推纪验》引文中还有一个记载值得注意,即南怀仁称自己预推的依据是"照《天文实用》"。《天文实用》即汤若望所译作品。从表3.2可以看出,邓玉函、汤若望与南怀仁,这些致力于改历的传教士们在星占术语的翻译上具有一种明显的脉络。而且,虽然汤若望、南怀仁使用的欧洲星占术占法与当时在中国流传的星命术、伊斯兰星占术同样具有希腊化源头,但他们的术语却显示出独立性:除黄道十二宫一类与历法有关者外,他们的术语很少见到受星命术、伊斯兰星占学术语的影响痕迹。(见附录4)此外,题本中使用的天宫图样式也与《天文实用》一致。(图3.7)所以,南怀仁的确受到汤若望《天文实用》的影响。

表3.2 邓玉函、汤若望、南怀仁星占术语对比

邓玉函《测天说约》	汤若望《浑天仪说》	汤若望《天文实用》	南怀仁题本
十二舍	十二舍	十二舍	十二舍
	命宫	人命之舍	
		主星	主星
	四角	四角	
	会合	会照	相会
	六照	六照	
	四照	四照	四照
	三照	三照	三照
	望照	望照	相冲
	左照	左(照)	
	右照	右(照)	

但是,如果就此认为南怀仁主要按照《天文实用》预推占验则失之草率。从表3.2和图3.7中可以看出,在题本有限使用的术语中南怀仁进行了一些变更。《天文实用》天宫图外围从第一宫到第十二宫的标志也被他改为十二支。其中东方第一宫表示为卯,天顶第十宫为午,是中国传统十二宫表示方法。更为重要的是,目前所见《天文实用》一卷只是星占基本概念,没有涉及能够断定具体天象占验结果的占法。① 我们无法在《天文实用》中找到南怀仁题本的占法。亦即仅仅根据《天文实用》,南怀仁无法得到具体占验结果。故可以推知,南怀仁在写就题本时虽然的确受到汤若望《天文实用》的一些影响,但他在术

---

① 后人如乾隆年间在钦天监任职的张永祚也仅见此一卷。(韩琦,2013)

语尤其是占法层面定是另有所本。他身边应该有相应的欧洲星占著作。这些著作或许只是拉丁语本,没有被译为中文。因此,南怀仁所说"照《天文实用》"只是他想让读者知道的情况,是一种策略性使用,并不是事实陈述。①

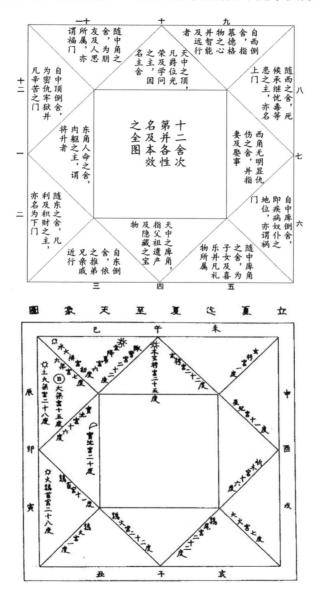

图 3.7　汤若望《天文实用》天宫图图示(上)与南怀仁题本天宫图(下)

---

① 黄一农曾以此为事实性陈述,恐有误。(黄一农,2004b)¹¹³

那么，为何南怀仁希望他的读者知道"照《天文实用》"这一并不符合真实的"事实"呢？此种原因自然很难在南怀仁的著述中找到直接论述。从当时情况可以推断，南怀仁的这种策略性使用应当主要出于以下两个原因。首先，强调《天文实用》可以将他的工作与此前的论述、汤若望的工作联系成为一个整体，进而突出一致性，以避免不必要的怀疑。前已述及，早在顺治初年汤若望在奏疏中就希望将《天文实用》剩余内容陆续纂译完毕。这样，他便可以据纂译完毕的《天文实用》新法铺注历书、观测占候，以代替干支历注与占验吉凶的传统军国星占。只是当时掌权的多尔衮以及负责相应议题的礼部并未复议。在新政权中脚跟未稳而又务实的汤若望亦未坚持。后来历狱发生，汤若望备受打击，罹难身死。终其一生，汤若望亦未实践这一想法。作为汤若望助手与继承人的南怀仁，在汤若望生前便与《天文实用》产生了关联。康熙元年（1662年）刊刻的《民历铺注解惑》将汤若望顺治年间论述《天文实用》的奏疏收入"附摘"，此书署名"南怀仁校"。（汤若望，1996）[15] 汤若望去世后，南怀仁在康熙八年初与杨光先、吴明烜的斗争中亦曾提及自己所习乃是"天文实用，历法正理而已"（南怀仁，2009b）[399]。虽然此处"天文实用"与"历法正理"联系，并非指《天文实用》著作。不过，了解与关注传教士工作后，对历狱颇为重视的康熙皇帝应当不难将其与汤若望《天文实用》联系。所以，当稍后得到康熙皇帝有关实践欧洲星占的面谕，并且在13年后写作《预推纪验》时，南怀仁以"照《天文实用》"为说辞，显然可以保持前后相符，这样便可以给包括康熙皇帝在内的读者以一致性的感觉，不至于引起不必要的怀疑。

其次，强调《天文实用》，将自己与汤若望联系起来，似乎也暗含南怀仁想通过此种方式完成汤若望未竟之业的愿望。汤若望虽然在顺治初年表达了实践《天文实用》的意愿，但终其一生均未能够践行。南怀仁作为汤若望助手与后继者，对汤若望非常尊敬。历狱期间受审之时，汤若望因年老体衰，口齿不清，南怀仁被命为代言人帮他辩护。南怀仁极力抗争。汤若望去世后，在追悼的哀文中南怀仁极力称赞了汤若望，给予他很高的评价："全仁全爱的上帝令他在这座葡萄园中困苦艰难地做工了四十年之后。便把他一切的，凡属一个人于这一生里所珍贵视之的事物都又给他劫夺了去，并且更又给他发下了这样多的苦痛艰难。足见天主要玉成他的至意了，也实在是天主慈父的先见和对于死者底选拔上的一个特殊的信号。"（魏特，1960）[525] 因而，将自己对自然星占的实践归结到汤若望所译《天文实用》，南怀仁不仅可以保持与此前论述一致，还可能表达了一种对他所尊重的汤若望未竟之业的延续与完成。

不过，相较于汤若望的目标，南怀仁的实践远远不足。首先，汤若望希望能够纂译《天文实用》后续占法，目前看来他在生前未能着手此事，南怀仁亦未开展相关工作。钦天监题本以及《预推纪验》均是占验结果的陈述,而非占法条文的介绍。其次,汤若望希望将有关气象、农业、灾荒、疾病的新法占验用于历书铺注代替中国传统干支历注,将传统军国星占占候转变为新法占候。南怀仁在占文中的确涉及了气象、农业、疾病的占验,也具有一定指导兵农医贾选择的价值。如:

> 又木金水三星与太阴相照之日,主空际有云雨。
>
> 九月初二日连至初七日,又十一、十二、十八、十九、二十日,七政互相照之象,主服药调理更为有效。
>
> 从本月二十日至十一月初一日,伐营造之木得宜。
>
> 又本月二十五、二十六、二十七、二十八日之天象,主春分节内栽树木者依此日为佳。自三月初二日至初七日,又初九至十五日天象,主本季所应种之品物得宜。(中国第一历史档案馆等,1997)[161,164-165]

但这些占文均在题本中,并非铺注于历书。南怀仁供职钦天监时期的历书依旧按照传统方法铺注。此外,他的题本可与天文科有关传统军国星占的题本对应,似乎是对传统军国星占的替代①。但在上报题奏期间,至少从康熙十六年开始,天文科例行的奏报在康熙皇帝要求下继续进行,依旧是按照传统模式。②(马伟华,2015)南怀仁也在上奏西法自然星占期间以中国传统军国星占上奏题本。③因此,《预推纪验》中所提康熙八年至十九年的欧洲星占实践,并不能与汤若望早期目标相提并论。

总体来看,从利玛窦到南怀仁,我们可以看到一条官方层面传教士有关星

---

① 就笔者目前所见,南怀仁的题本以"观候天象本""观候月食本"等题奏。负责使用传统军国星占占验的天文科也以"观候天象本""观候本"等题奏。两者从形式上可以对应。此外,在《预推纪验》中南怀仁称:"前经奏闻预推天象,后与观候相合之记录。""据观象台该值官生,于本年以上诸日观候得,与所预推一一相符在案。"(南怀仁,2002)[553,557] 观候天象主要是天文科的职事。所以,从钦天监制度来看,南怀仁的观候题本应当属于天文科。

② 如康熙十六年九月十九日"钦天监监正宜塔喇题观候天象本":"钦天监监正加一级臣宜塔喇谨题,为观候天象事。据天文科该直五官灵台郎阿沙里等呈报,本年九月十九日癸乙卯初初刻,观见月犯土星。随时测得月在上,相离十六分。臣等谨按占书曰月犯镇星,女主丧败。一曰天下有大丧。一曰其国贵人以兵死,天下乱。一曰先举事者败,若天下有大风之灾。"(中国第一历史档案馆等,1997)[161-162]

③ 如康熙十六年三月十八日"钦天监治理历法南怀仁题观候天象本":"钦天监治理历法加太常寺卿臣南怀仁等谨题,为观候天象事。据天文科该直五官灵台郎索博等十八日卯时呈报,本年三月十七日癸巳申时,有尘气从西北方起,四方昏浊,候至昏刻,天雨土。臣等谨按占书曰天雨土,君失封。一曰是谓黄土失其性也,百姓劳苦而无功。一曰内淫乱,百姓劳,不肖者禄,则天雨土;下人叛,民人负子,东西莫知其乡。一曰主不安,外戚有谋。"(中国第一历史档案馆等,1997)[172]

占交流的历史脉络。在七十多年历程中,他们的努力与尝试经历了复杂历史——对中国传统军国星占与历注选择的批评,按照教会规定引进与实践欧洲星占以代替中国传统军国星占与历注选择,为了传教而妥协甚至利用中国传统军国星占。其间伴随着说服型、供用型、命令型、谋用型的交流类型,同时也伴随着交易区的尝试性建立、制度习俗的壁垒、政治的考量、知识的隐蔽、不同力量作用下的选择、不同文明之间的冲突。下面对此给出更深入的分析。

汤若望等人所欲引进的欧洲自然星占术是一种具有复杂背景的新学问。由于教会规定的限制以及传教士福音化中国目标的要求,这种引进同时也需要达到替代中国固有占验术数的目标。亦即批评、替代中国固有占验术数与引进教会允许的欧洲星占术是一体两面,不能分离。由于传教士他者文化身份与势力上的弱势地位,以及中国本身对于此种代替、批评与引进没有多少需求、认识,所以他们必须通过说服型等交流方式达到目的。他们要建立与中国学者沟通、对话、协调的空间以达到说服的目的。早在《译〈几何原本〉引》中利玛窦已经开始尝试营造这种空间,实践说服型与供用型两种方式。利玛窦利用新的诠释框架将欧洲星占纳入"几何"之学范畴,而"几何"之学被归入中国"格物穷理"之学,与"实理""明理"联系。这种方式将星占的引进、批评与"理"联系在一起。在宋明理学与经院哲学的双重背景下,"理"及相关表述、范畴成为传教士的重要推论依据。"理"营造了重要的交易区空间。对于欧洲自然星占的肯定、中国传统占验的批评,均以此为重要基础。如利玛窦强调真知"天文"即不会为"伪术"所惑乱。这是初步表达了"伪术"占验与真正星占的区别在于是否真知"天文"。而"天文"即"几何"四大支流之一,是具有"实理""明理"之学。此外,《译〈几何原本〉引》还强调了欧洲星占的实际应用价值。实用价值不仅成为推论欧洲星占重要性的理据,从而成为说服型中论证的依据;而且实用价值本身也是可能会引起中国人兴趣与沟通的交易区,使得利玛窦的论述具有供用型特征。

推论与实际应用,两者自此成为传教士与中国官方、学者沟通欧洲星占经常使用的交易区。它们被徐光启等人丰富起来。在崇祯改历期间出于实际政治考量,徐光启在给崇祯皇帝奏疏中强调欧洲星占属于"度数旁通"之学。"度数"之学在徐光启看来即"格物穷理"之学,"度数旁通"之学亦因"格物穷理"获得合法性。只是碍于奏疏形质,他并未展开论述,使此种合法性理据未能明显表征出来。但徐光启在奏疏中格外强调了它们的实际应用价值。这相对于以"格物穷理"为交易区的"度数"来说,更加符合崇祯皇帝的治国需求。

之后,在《交食历指》中汤若望将说服型中的"理"具体化为真实天象的准确运行格局及天体性情。汤若望以此作为天文占验真伪的判断依据,深化了利玛窦、徐光启的认识。汤若望将自己所译欧洲星占书籍命名为《天文实用》。其中"实"字表现出可以言"所以然"之理的真术意涵;"用"则一方面强调了欧洲星占的实际应用价值,另一方面突出了真实之用,进而指向中国传统占术的虚妄之用。在《民历铺注解惑》中,汤若望以"西历悉照天行铺注,是谓真实有据之宜忌"为根据突出了欧洲星占优于中国传统历注,以"非本于日月星宿行天之性情"隐微批评了历注。他的这些依据即天体正常运行及其性情,亦即《交食历指》中"所以然"之理。在用礼俗、政治教化、阴阳五行自然哲学重新诠释历注时,他更是表举"以理证上论"。理据的内容也扩展到一般的逻辑事理。南怀仁在《钦定新历测验纪略》中强调欧洲星占、批评中国传统选择术时也使用了与"日月星宿行天之性情"一致的"天象实理实据"。在《妄占辩》中他更是根据实际天象运行情况的"天文实理"系统批评了杨光先等人以传统军国星占论断吉凶的虚妄。

  对欧洲星占的突出与对中国传统占术的批评,传教士所依据交易区的相同之处在于推论的应用。至于实用价值,由于传统占术在古代社会生活中具有广泛应用,判断其是否有应用价值无法构成对它们的有效批评。传教士只能从推论角度指出传统占术的应用为虚用。因而在批评中我们无法看到供用型的交流方式。但在欧洲星占的引入尝试中可以看到利玛窦、汤若望等通过对欧洲星占实用价值的强调展开的供用型交流。只是这种对应用价值的强调多停留于传教士自身的想象,未能得到中国人的回应,处于供无所需的状态。但是,《天文实用》的翻译却展示了另外一种供用型形态——供不应需。翻译《天文实用》的重要契机是崇祯皇帝的兴趣——李天经、汤若望等人进呈的天球仪新增南天区星官是否有占验之用。此种对占验之用的兴趣很大程度上受刺激于李天经在奏疏中对新增南天星官以及对天球仪在占验方面重要用处的强调:"按法运仪,以求七政之经纬、群星之出没,于推步占验大有用焉""我皇上手握玑衡,非若前代徒托空文者比也"。(徐光启等,2017)[105]虽然倾向于传教士的李天经此处并未明言占验对象为何,亦即对于李天经来说这种论述可以被解释为不违背教会禁令的自然星占术占验;但这无疑使得星占的实用价值成为崇祯皇帝的关注对象。崇祯皇帝对这些新增星官占验之用的关注,使得传教士有理由以官方名义展开《天文实用》翻译。亦即《天文实用》因其实用价值而获得官方译介的合法性。不过,汤若望所译自然星占术著作《天文实用》并不能满足崇祯皇帝具有传统军国星占倾向的需求。《天文实用》的翻译虽然以实用价值作为沟通的交易区,但对需求的满足并非双向。传教士的不真诚策略达到了译介欧洲星占的目的,但未能提供满足中国人(崇祯皇帝)需求的结果。崇祯皇帝并未达到他的目的。这种交流成为一种单方面的供用型模式,而非双方面的合作型模式。

在对历注选择的批评中传教士还诉诸另外一种重要的交易区,即儒家经传与其他重要著作所具有的权威性。在《民历铺注解惑》中"以经传证上论"支撑自己论点时,汤若望所引包括《大学》《中庸》《尚书》、刘基的著作等。在对月建等历注元素的自然哲学化解释中,他引用了曹震圭、刘基等人言论。南怀仁在《妄择辩》中也多处应用儒家经传与中国先贤著作支撑自己观点。与艾儒略的案例类似,儒家经传不仅作为说服型交流中的理据,也产生了一种以权威为内容的交易区。这使得汤若望等人的论述具有一定的命令型特征。

推论、圣贤经传权威、实用价值交易区的营造,以及相应的说服型、命令型与供用型交流方式,不仅应合具有宋明理学思想与话语背景的中国社会,也与天主教相关背景有所契合。这些背景包括:经院哲学认识证明上帝的理性方式,天主教的《圣经》注释传统,以及西方哲学对借着理智研究事物原理的强调(钟鸣旦,2001)。通过它们,传教士一方面可以展开与中国学者的交流,另一方面也能够较好地切入这种交流。可见,这些交易区与交流型的选择是经过传教士深思熟虑的结果。不过,传教士以交易区所展开的讨论对中国学者来说难免有隔阂之处。如以理为交易区讨论时,汤若望以形与模的经院哲学解释选择术如何赞天地之化育。(祝平一,2013)南怀仁以"比象"论证钦天监占验行为的合理性。但同时,有些讨论亦能引起中国人共鸣。如汤若望在《民历铺注解惑》中以《历事明原》等为依据强调历注的自然哲学性质。南怀仁《妄占辩》根据实际天象运行情况批判传统军国星占占法的臆造。《妄推吉凶辩》以风水诸家记载的矛盾等逻辑事理推论杨光先之辈选择术的虚妄。它们或者顺应宋明理学影响下历注内容理性化的发展;或者诉诸中国经典的权威;或者根据人类所共有的逻辑能力;或者立足于传教士在天文计算方面的优越性。这些并非不能打动中国读者。我们在薛凤祚等学者的著作中也能看到一些类似论述。

只是汤若望等人本来的预期是用欧洲自然星占取代钦天监内部行用的历注选择与传统军国星占。或许在汤若望心中还预想着,在钦天监的取代可以进一步给中国民间流行的有违上帝信仰的占验选择行为带来深刻影响。这种猜测并非无稽之谈。汤若望、南怀仁本身就有希望顺治、康熙皇帝能够皈依天主教,从而实现福音化中国的愿望。(古伟瀛,2001)传教士在历法层面的上层路线胜利有目共睹。但历法的胜利有一系列的条件:历法层面中国本身有改历需求;西法与中法有一个共通测试标准,即历法计算结果与实际天象运行的相符程度,这是中国自古以来一以贯之的历法评判标准,朝野之间皆有共识;历法属专家之学,普通人难以评判技术性计算内容,因而欧洲数理天文学与传统历法所具有的几何三角与方程计算方法的显著差别、宇宙论背景的改变、西法对《大统历》的改变(刘钝、王扬宗,2002)[509-510]不会为多少人所关注;历法计算过程亦与普通人生活无关,只要历法计算最终结果即每年颁行的历书、礼仪行政的日期安排等不受实质性影响即可。所以,进入清代当汤若望在交食测验中的精确性被确证之后,《西洋新法历书》可以被新朝廷没有争议地采用。对于朝廷来说,历法计算是几何三角法还是方程法、背后的宇宙模型是第谷体系还是浑天模型并不重要。清代统治者所需要的是年月日安排以及天体运行方面的精确结果,以保证历书的颁行、相关朝廷衙门的统一运转、国民生活的有序、交食救护礼仪活动的正常进行、大一统秩序的维护等。亦即在历法技术层面,欧洲数理天文学对传统中法的取代并不会在社会、政治、礼俗等方面带来多少触动。这些问题只能被类似王锡阐这样的少数学者所关注。但传统军国星占、历注选择不同。钦天监占验选择行为根植于中国上千年的文化传统中,与传统阴阳五行、理气世界观相契合。传统军国星占尤其历注的实践在钦天监已经被高度制度化,与皇朝政事、民间习俗、日常生活、世俗信仰息息相关。在钦天监内部改变历注选择,希图以新法代替旧法进行铺注,所牵涉的绝非仅仅是学问本身的合理性问题,而是广泛地与国家秩序、政治治理联系。所以当汤若望上奏多尔衮摄政时期的顺治皇帝,希望完成《天文实用》的翻译以实现新法占候与铺注,其结果是下礼部商议后不了了之。当南怀仁声称自己不会参与太和殿营造日期的选择并批评选择术的虚妄、彰显欧洲自然星占的优越时,康熙皇帝确认的是新历法对于传统历注干支有没有影响,并未再深究其他。后来他面谕南怀仁可以在钦天监实践欧洲自然星占,也仅仅局限为题本上奏的形式。这无疑将影响掌控在康熙皇帝自己手中。南怀仁的实践并未能取代传统军国星占,对历注也没有影响。正如康熙皇帝虽一直对南怀仁亲重,但并未对南怀仁试图宣扬的天主教发生兴趣。皇朝统治者的处理无疑是政治考量的结果。(古伟瀛,2001)同样,将关乎政府、民生日用方方面面的历注改为传教士所推崇的自然星占术,所带来的政治后果也是为统治者所不允许的。因此,汤若望等人的努力在说服一般学者上或许会产生一定效果。但要改变一种涉及国家制度与秩序的元素,对从皇朝治理角度考虑问题的统治者,或习于风俗习惯的一般大众来说,这种说服与努力的疲乏无力可想而知。

是故汤若望等人所尝试的几乎是不可能完成的任务。务实的汤若望在顺治初年之后未再坚持《天文实用》的编纂与新法铺注,似乎亦是察觉到了困难之处。他作出妥协,不再坚持新法铺注,对于钦天监的例行占候与历书编纂也听之任之。甚至为了福音化中国的事业,他进一步使用完全中国化的语言从事传统军国星占实践。他以中国人本身具有的思维习惯、语言认识为交易区展开谋用型的星占实践。但掌管钦天监的他已然处于文明冲突的夹缝之中。既然面对中国强大的礼俗信仰、政治制度,汤若望无力以教会许可的星占取代中国传统占术;那么,他所负责的钦天监从事的占验行为难免让传教士群体起疑心。安文思等人控告汤若望负责具有迷信性质的历书,亦具有合理性。因为,如果严格坚持教廷的规定,中国历书中的选择术的确属于违背信仰的内容,传教士本身不能将其实践。面对难以改变的中国以及教廷的严格规定,处于夹缝中的汤若望必须平衡两方面的诉求。在《民历铺注解惑》中可以看出夹缝中的汤若望如何用心寻求平衡。他在试图保持钦天监原来历注形式不变的情况下给出新的理解方式,以达到符合教会与中国两方面要求的目标。而当汤若望在与安文思等人的辩诉中胜利后,杨光先掀起了历狱。他无法取代的历注选择再次成为被控诉的原因之一。身处夹缝中的汤若望经此之后精力耗尽,直至去世。

在文明冲突夹缝中求取平衡妥协的举措我们也可以在南怀仁身上看到。康熙八年正月初,谕令南怀仁参与太和殿营建择日时,南怀仁或因康熙历狱与选择术相关,尚表现出对中国传统选择术的批评态度。但至该年五月上旬,在顺利反击杨光先、康熙皇帝欲任命南怀仁为钦天监监副且不允南怀仁辞退之际,南怀仁开始采取新的策略。(马伟华,2015)首先,他在新的解释框架下推论杨光先之辈所为的占候选择与钦天监例行占候选择的区别。他将杨光先之辈的吉凶占验归结为虚妄迷信,而将钦天监例行公事解释为按照古来之常例表著谨慎钦重之情的行为。此种策略一举三得:满足教会不涉及违背信仰内容的要求,维持钦天监的原来制度,批评杨光先之辈的吉凶占验。同时,南怀仁在五月上疏再次力辞钦天监监副一职。经过努力,他最终担任治理历法,"专办历务,免选择相度等监副、监正之职"(南怀仁,2006)[57,133]。这样,他避免了负责可能引起传教士内部争议的内容,专司历法。这些策略无疑是南怀仁权衡教会、清廷、自我等不同主体诉求之后妥协平衡的结果。

纵观汤若望、南怀仁等人的努力,他们以推论、圣贤经传权威、实用价值等内容构建交易区的尝试,实际基本处于一种"一厢情愿"的单向状态。不像历法层面有改历的需求,中国皇朝对于历注、传统军国星占并没有改变意愿。传教士只是出于福音化中国的考虑,自己试图去建立交易区来达到代替和批评历注选择、传统军国星占的目的。而且,他们囿于天主教背景,在知识层面隐瞒了欧洲星占中涉及吉凶占验的生辰星占术、选择星占术、普遍星占术等内容。这些内容相对于气象、医疗的占候更为中国统治阶层感兴趣。这均使汤若望、南怀仁苦心营建的交易区无法达到让沟通对象真正感兴趣的目的。不同的亚文化之间没有形成真正的互动。汤若望等发展的欧洲星占语言也未能产生多少影响。汤若望等人与他们试图言说的对象并非合作关系,而是单方面说服、强加与利用的关系。只是他们身处天主教教会与欧洲列国势力范围不及的中国,自身处于劣势地位。中国皇朝统治者有自己的政治、文化考量,对欧洲自然星占并未有多少兴趣。汤若望、南怀仁无力的努力只能换来失败的结果罢了。

3.3 新旧交织下中国学者对星占的多元化认识

明末清初西学的输入,尤其是西方天文学、地理学等自然科学知识的传入在中国产生了重要影响。它们不仅改变了中国学者对世界、天体运行等方面的认识,也影响到他们对于星占的态度。同时,来华耶稣会士对星占的认识也随着他们与中国学者的交流、著作的传播而发挥作用。这些因素与当时中国固有星占发展背景、中国学者自身特征相结合,使得他们对星占的态度与认识呈现出前所未有的变化。此变化颇为复杂,全面而细致的论述异常困难且非本书篇幅允许。因此,笔者将对一部分具有深厚天文学背景的中国学者加以初步讨论,以作为我们理解薛凤祚星占工作的重要背景与参考。

3.3.1 普及性天文学者眼中的星占:王英明

王英明,字子晦,河南濮阳人,万历三十四年(1606年)进士。《历体略》是一本普及性天文学著作,乃王英明有感于当时儒者学问空疏而作。该书介绍了中国传统与传教士传入的一些基本天文学知识,如赤道、黄道、天球、日月五星运行情况等,其中对占变的传统军国星占批评甚厉。如《五纬》节认为"五曜之各一天","伏见顺逆"等运行,都有常轨常度,"不得其轨而妄言事应,诬天甚矣!"(王英明,1993)[14]这当是受到利玛窦、李之藻《浑盖通宪图说》《坤舆万国全图》等作中水晶球宇宙体系、天文学知识的影响。王英明在《历体略》卷下有对利玛窦、李之藻工作的专门引述。[(石云里,1993)(孙承晟,2018)[123]] 在《极宫》一节,他强调"特表紫薇中宫而斥两外垣于不伍"的目的,"盖为历数著,不为占候著也。"(王英明,1993)[21]他还认为星体的命名或者与其形状、光色、德性有关,或者与官国、人物、事务有关,只不过"种种借义,咸以便司天氏之仰观耳",(王英明,1993)³⁵⁻³⁶ 即与占验无关。

不过,王英明应该不完全反对星占。在《附录》讲完七政值日与七政排一日的二十四分之后,王英民继以:"西国以此论人禄命及占候祸祥,今畴人相沿用之而不知其自,故附见于此。"七政值日、二十四分和宿曜术有关,在《宿曜经》中就可以看到七政值日记载。但宿曜术此时已经不作为占法单独使用。王英明此处或本指星命术而言,却误将其与七政值日联系。不管怎样,此处的"禄命及占候祸祥"当指以正常天象为占验基础的星占。虽然并没有直接表达赞同,但在措辞上可以看出要比对传统军国星占的肯定更多一些。①

3.3.2 历算学家的反应:徐光启、王锡阐、梅文鼎

明末崇祯改历引进西方天文学的主要推动人物徐光启,早年曾专注于中国传统学问的研究。1603年,徐光启受利玛窦等人的影响加入天主教。他于第二年万历三十二年(1604年)考中进士,后于同年七月考选为翰林院庶吉士,入翰林馆学习。在他的馆课习作中,有一篇专门论述星占的作品《拟东方朔陈泰阶六符奏》。② 其中徐光启以东方朔的口吻说日月五星运行有常度,三垣二十八宿终古不变。因此,"泰阶"③ 并无"可坼之理"。所谓开坼,是由"蒙气"造成的。"蒙气"则由人心所感。人心所感之气不同,有大有小。"泰阶"变化是稍薄者,是对较小失德的天象的警示。而彗孛则为大者,是对较大失德的天象警示。(徐光启,2010)³⁶³⁻³⁶⁵ 不难发现,徐光启的论述坚持了人与天地的相互感通。同时,他承认在天星体实际并无变异,而将变异的原因归结到大气作用。徐光启的思路应该是受西学影响下对传统军国星占作出的初步调整。④ 不过,徐光启的这一认识并未保留到最后。崇祯年间督修历法时他并未给传统军国星占留以位置。他以律例所禁为由,禁止言传统军国星占者入历局。上述以人心

---

① 《历体略》中有:"其所谓宿者,盖取七曜经行止宿之义,且用以便于测算精度,又谓其各能主施德也。"这种强调天体能够影响人类的思维也和西法星占有相通处,可作为王英民对具有占常性质的星占较变异的传统军国星占肯定的旁证。(王英明,1993)³⁵

② 《拟东方朔陈泰阶六符奏》选自《甲辰科翰林馆课》。据王重民介绍,此书所选为万历三十二(甲辰)与三十三年(1604—1605年)馆课作品。(徐光启,1986)⁵⁹³

③ "泰阶"是紫微垣与太微垣之间的六颗恒星,两两相对,似台阶一般。

④ 传统军国星占认为星体有变异,所以泰阶的"可坼"不会被认为只是一种大气现象。后文方以智等人认为在天星体没有变化,"灾异之占"与"天之客气"有关。这与徐光启此处认识有相近之处。而方以智此种态度受西学影响而产生。又《拟东方朔陈泰阶六符奏》选自万历三十二与三十三年(1604—1605年)馆课作品。徐光启1603年入教,这一时期与利玛窦交往频繁。他应该通过利玛窦对西方天文学有所了解。徐光启的上述态度或许是受传教士影响而对传统军国星占所作的初步调整。

感应蒙气的说法亦未被提及。可见,徐光启对传统军国星占的态度后来又有所转变。不过,受传教士的影响,徐光启在改历期间强调了欧洲气象占与医学星占的重要性。(黄一农,2004b)改历期间的徐光启对星占的认识更加契合传教士的态度。这当是他信仰日坚、了解西学益多以及受传教士影响更深的结果。

王锡阐,字寅旭,江苏吴江人,清初著名天文学家。他对天文家以日月五星的失行占验表示"窃笑"。他认为传统军国星占中所言"日月乱行""五星违次"均是"步推之舛",以此占验是"傅以征应,则殃庆祯异,唯历师之所为矣。"[①]他还评价了当时的历注之争,认为神煞月令相对于"历数"来说无足轻重。(王锡阐,1989)[784]对星命术王锡阐也持批判态度,认为"合神之说"是星命家"猥言",为明理之士不道。(王锡阐,2009)[701]总体来讲,王锡阐更重视历法理数探讨,对星占则持否定态度。

梅文鼎,安徽宣城梅氏家族人,清初著名天文学家、数学家。梅文鼎曾称自己毕生研究历学的目的之一就是破除传统军国星占不经之说。(张永堂,1994)[270]由于深谙《崇祯历书》传入的西法历算,所以他对传统军国星占的批评甚为系统。在《学历说》中,他一一列举了传统军国星占中日月食占、月行占、五星占、恒星占的说法。梅文鼎指出这些占法或将正常天象当作异常以占验,或以不可能存在的天象占验,或将大气濛气现象造成的天体视觉晃动看作天体自身真实的晃动。[②]它们均是欺人妄言之说。而之所以此种妄言之学不得禁止是因历学不够昌明。历学昌明则"占家无所容其欺,妄言之徒不待禁而戢其说","禨祥小数,无所依托而自不得行"。这对于政教也不无小补。(梅文鼎,1996)[357]梅文鼎还特别区别了"历家"(研究历法者)与"天文家"(研究传统军国星占者),以"天文家"为律例所禁。显然,在梅文鼎看来,"历家"可以破除"天文家"不经之说。

不过,这并非说梅文鼎完全否定星占。实际上,他相信天戒,认为"长星"是灾变。(梅文鼎,1983)[794册:94]他还对五星凌犯占、五星行度占进行了评论。《学历说》称五星运行过程中的句巳等状态、凌犯等现象均有常度推算。只是先前中国传统历法不能计算五星纬度,所以占者才称为"失行"。因而,以五星凌犯、句巳运行状态可以占验,但认为失行则不可:

> 五星出入黄道,亦如日月。故所犯星座可以预求也。而古法无纬度,

---

① 转引自席泽宗(2002)[93]的文章。
② 张永堂对《学历说》已有详细论述,见张永堂《梅文鼎对术数的态度》。(张永堂,1994)[265-273]

于是占者以为失行,而为之例曰陵,曰犯,曰斗,曰食,曰掩,曰合,曰句巳,曰围绕。夫句巳、凌犯,占可也,以为失行非也。(梅文鼎,1996)³⁵⁸

于此可以看出,梅文鼎实际上对占常的星占类型是有所肯定的。他在《学历说》中还提及薛凤祚老师魏文魁的传统军国星占著作《贤相通占》。对该书删去实际天象中不可能出现的部分五星凌犯占内容,梅文鼎表示了肯定。①这表明他认同以正常的五星运行占验。不过,目前尚未见到梅文鼎关于此方面的系统著作。

对于星命术,梅文鼎《历学答问》中记载了关于分宫问题(星命术中黄道十二宫与二十八宿的分配对应方式)的问答:"历法最难解者,未宫鬼金羊为主,今未宫全系井度而鬼反在午。室火猪只十度在亥而余皆入戌。不知天运何年西下,诸宿移而天盘动?"(梅文鼎,1983)^{第794册:94}梅文鼎就分宫问题先作了回应,然后说:

> 以星推命,不知始于何时……每见推五星者,率用溪口历,则于七政躔度疏远。若依新法,则宫度之迁改不常,二者已如枘凿之不相入,又安望其术之能验乎?夫欲求至当,则宜有变通。然其故多端,实难轻议。或姑以古法分宫,而取今算之七政布之,则既不违其本术,亦不谬乎悬象。虽未知验否何如,而于理庶几可通矣。请以质之高明。(梅文鼎,1983)^{第794册:95}

"以星推命"即指星命术。星命术士一般使用"溪口历"等简单民历将七政躔度排入天宫图,而这种历法并不准确。此外,在星命术中,子丑等宫本来与二十八宿有固定对应关系。如"未宫鬼金羊为主"指未宫在星命术中与鬼宿对应。②但是,由于《时宪历》采用以节气分宫的方式,同时也考虑岁差的因素,使得各宫所对应的二十八宿逐年改变。如将丑宫位置与冬至相对应,这样丑宫所对二十八宿便因岁差一年与一年不同。原来在星命术中宫宿固定的对应关系也就被打乱。梅文鼎首先指出了当时星命术所面临的这两个重要问题,然后对星命学说提出了改造建议。他认为宫宿之法还是用"古法",使宫宿有固定的对应关系,但是对于七政的排布则用新法,这样可以更为准确。不过至于验与不验,非梅文鼎所关心,而只管从理上来讲"庶几可通"。③可以看出,梅文鼎虽然未像薛凤祚那样究心于星命术,但也未直接否定。此外,清末温葆深

---

① 梅文鼎说:"五星离黄道不过八度,则中宫紫微及外宫距远之星,必无犯理。而占书皆有之。近世有著《贤相通占》删去古占黄道极远之星,亦既知其非是矣。"(梅文鼎,1996)³⁵⁸

② 鬼宿属未宫,室宿属亥宫。

③ 张永堂对此也有论述,但省略了技术性知识的讨论。(张永堂,1994)²⁷²⁻²⁷³

在《西法星命丛说》中曾说:"国朝言星命三家,梅氏有黄赤互推求古盘法。薛凤祚刊传尼阁书。唯杨学山氏著《七论》成卷,专言西儒命术至详尽。"(温葆深,2000)[353] "古盘"应该即指星命术中的天宫图。由温葆深所论可推测梅文鼎或许曾发展过天宫图推求方法。这与上述命宫分法问题相类。两者或有关系。

对于欧洲与伊斯兰星占,梅文鼎不仅颇为了解,甚至有可能还有著述。《拟璇玑玉衡赋》中说:"隅各三宫兮东方为初,次第右环兮大权以区,三合六合之照兮凶吉分途。"(梅文鼎,1996)[340] 这种对天宫图后天十二宫分法及吉凶的论述,比揭暄等人要专业得多。另外,《勿庵历算书记》记载梅文鼎有《西域天文书补注》,是对明初所译伊斯兰星占著作《天文书》的"补注"。他介绍此书时将伊斯兰星占与术数之流区别开来。梅文鼎认为《天文书》第一类第一门中所说"然非一定之理,间有不验之时,不可因其不验,遂废此书也"(李翀、马哈麻等,1993)[76] 像有道者说的话,"非术数家所能及也"。(梅文鼎,1983)[第795册:969] 可惜此书至今尚未发现存本,无法确知其具体内容。此外,康乾年间张永祚及近人方豪曾提及梅文鼎关于欧洲星占的著作。张永祚甚至引用了梅文鼎对《天步真原·选择部》的批注。① 由于这些著作笔者尚未见到原作,具体内容不得而知。不过,梅文鼎认同欧洲与伊斯兰星占当没问题。

3.3.3 自然哲学家的认识:熊明遇、方以智、揭暄及游艺

熊明遇在万历三十六年(1608年)转任礼部给事中之后,由于任职需要,开始学习《史记·天官书》等传统军国星占著作。后于万历四十一年(1613年)到四十三年(1615年),由于和传教士、徐光启的交游,他开始接受传教士的宇宙论认识,对传统军国星占的态度也发生了变化。他用欧洲自然哲学解释了诸多原来在传统军国星占中应用的天象,如恒星摇动、天裂等。这便意味着他在一定程度上反对占变的传统军国星占。(徐光台,2005,2009a) 不过,熊明遇在《格致草》中强调了本地之气在占候中的作用:"凡占候之类,唯本地之气有验。"②(熊明遇,1993)[113] 本地之气有吉凶,可以上冲空中,进而出现种种灾祥之象:

> 盖气由地起。如此地有吉气,上征为青云紫氛,龙文萧彩。人在气中生养,自有圣贤豪杰挺生。有凶气上蒸为风霾旱魃,淫雨搀枪晕背,人在气中生养,自有饥馑兵戈横出。(熊明遇,1993)[62]

---

① 见本书7.3节论述。
② 王刚指出熊明遇保留了气应,与笔者说法相通。(王刚、马来平,2014)[39]

甚至传统中认为属于天体的飞流彗孛,在熊明遇接受亚里士多德自然哲学后,也被纳入本地之气所生祥恶天象中:

> 或见二日,或见两月。其中乃至晕适珥玦,彗孛飞流,负耳虹蜺,种种恶相。但此国见,彼国众生本所不见,亦复不闻。盖气由地起……故吉征非能生祥,由气先祥也。凶征非能生孽,由气先孽也。(熊明遇,1993)⁶²

因吉凶灾祥之象属于本地之气所生,所以传统军国星占中望气以观吉凶是可能的。但通过望气,我们也只能论一地一时之事,不能论寰宇之事。①此种种灾祥之象只是吉凶之表征,是由本地之气所生,并非吉凶之原因。吉凶是本地之气的属性,由灾祥之象可知其是吉是凶。那么,此本地之气因何而吉凶?则是一定之数,而"实胚胎于人事也"。因此最终强调人事决定了本地之气的吉凶:"或曰地气一也,何为此方吉彼方凶?此时吉彼时凶?曰是则数为之也,实胚胎于人事也。"(熊明遇,1993)⁶²

《天经或问·前集》曾引方以智语论传统军国星占云:"星宿极高,无变异之理。灾异之占,《天官书》云晕适风云,天之客气,发见亦有大运。"(游艺,1993)²¹⁶可见,方以智接受了传教士关于天体没有变异的论述,但突出了对"晕适风云"一类大气现象的占验。方以智还承认日月食占验。《物理小识》卷之一"日月食"条在论述完日月食数理原理之后说:"此质测也。古人以占,君相致儆者,类应之心几也。"(方以智,1983b)⁷⁷³

方以智当对西法星占持肯定态度。《物理小识·占最高法》中"密缀所言五星行最高以定占"(方以智,1983b)⁷⁷⁶,乃用五星的正常运行占验,当属于西法星占。②方以智还论及薛凤祚说:"薛仪甫言以最高占土木同度为限,亦以推命。"(方以智,1983b)⁸⁰²"土木同度"可能指《天步真原·世界部》"在天大小会"部分,其中有关于土木相会的内容。③可能方以智看到《天步真原》此部分内容,所以提及。此外,方以智曾给薛凤祚与穆尼阁的《天步真原》写序言,称天文研究可以通性命、体大道。(石云里,2006)《天步真原》中便包括了大量西法星占内容。

方以智也应当承认星命术,不过认为没有欧洲星占优越。在《周易时论合编》中方以智说:"其术论宫主度主,喜恩忌难,然不可执一也。昼生视命度主,

---

① 熊明遇说:"故望气者止宜于当土辨祸福入国邑而息耗,不宜于普天率土百年易世,一概牵合。"(熊明遇,1993)⁶²

② "最高"当指远地点。在为薛凤祚《天步真原》写的序言中,方以智论述欧洲天文学时有"最高象限之测"之语。(石云里,2006)

③《世界部》说:"土星木星相会白羊初度七百九十五年。""五星最高自一宫移一宫,有大权。"(薛凤祚、穆尼阁,2018)²⁸⁵⁻²⁸⁶

夜生视身度主,或以太阴为身星。"①(方孔炤、方以智,1996)[118] 此段文字在卷五《五行祲变附》"《都聿利斯经》十一曜命五行"条。可以看出,对于星命术,方以智应当是肯定的,但强调"不可执一",即可以为参照,但不可胶着。接着论演禽时说"堪舆星命"皆用演禽之说,但"非可执也,耶稣有一法,(维)经曜行高行交者,为近理云"。(方孔炤、方以智,1996)[119] 可见,在方以智看来,演禽之说也是不可胶执的,但是"耶稣有一法"却为近理。"耶稣有一法"即指欧洲星占。"行高行交"当指星体通过轨道最高点或交点之类的位置。欧洲星占强调相位与天体实际运行位置。这比演禽中那种带有随机性的"约以木金土日月火水,配四方七宿而已"更具有天文学依据。或许出于此种区别,所以方以智认为欧洲星占更有道理。方以智对星命术评价是"不可执一也",而此处对欧洲星占的评价为"为近理云"。可见,我们可以说在方以智看来欧洲星占当更具有合理性。②

值得注意的是,方以智不仅将星占保留,而且正如阪出祥伸所指出,他还将占验纳入"通几"之内。③之所以将星占纳入"通几",当与他对占验理论基础的认识有关。在方以智看来,占验的基础是人心之"几"与气之"几"的感通。天地阴阳之气有其"几",人物亦有其"几"。天人相与,两种"几"相互作用。④所以当发生某种天象时,天象之"几"与人物之"几"相感应。星占通过天象占验人事,即是认识天之"几"与人之"几"的感应,也就具有了"通几"性质。

将星占纳入"通几"体现了三个重要认识。首先,在方以智学术体系中,"质测"是"通几"的基础。星占与"通几"相联系,意味着星占是以历法一类"质测"之学为基础。所以在上文"日月食"条他首言日月食原理的"质测",再言

---

① 《周易时论合编》的作者是有争议的问题。笔者认为当是方以智与方孔炤合著。此处文字无法完全确定是否一定是方以智所作。但从后文所提"耶稣有一法"中"行高行交"来看,说此语者当对欧洲星占与数理天文学具有一定的了解。方以智曾读过薛凤祚与穆尼阁《天步真原》中的欧洲数理天文学与星占学,前文也提及方以智《物理小识》中说"薛仪甫言以最高占土木同度为限,亦以推命"。方孔炤则似乎没有这样的经历。所以笔者认为这段话与紧接着的后文应当出自方以智之手。

② 在《物理小识》"四余"条中方以智论《宿曜经》说:"《宿曜经》出于佛藏,而世以占命,则物物可以端几应言之耳。术家执之,世士不解,岂悟极数之深几乎?"此处方以智说《宿曜经》"世以占命",与王英明类似,当亦是误将星命术与宿曜术混淆。(方以智,1983b)[773]

③ 据阪出祥伸的说法,"通几"是会通心几与气几,而理则是使感应现象流行的神秘法则性。占验与"通几"联系在一起,占法是以类相应的规矩。(阪出祥伸,2003)[238-239]

④ 这可从游艺所引方以智的话中看出:"气几心几,二而一也。阴阳之气,人事之变,各自为几,而适与之合。岁有寒暑风雨,而蟪蛄与蜗蠋,当之自灾,可取譬矣。儒者求端于天,天人相与,甚可畏也。静深明理之士,触其几而知之,然不欲尽泄。至于圣人,则不为阴阳所转矣。时愆气沴,孱夫则病,壮夫则否。周王龟焦著折,刘裕竿坏幡亡,又何碍乎?焦京管郭崔浩戴洋,一端之中耳。关子明之如响,举人事与天道消息之,此中论也。邵子观其深矣。用三余一,岂思虑所能测度乎?"(游艺,1993)[216]

"古人以占"的"通几"。其次,星占以"质测"为基础,可能表明传统军国星占中占变特征被改变,占常被突出。"质测"是对事物之理的探寻①,其结果是将天象看作合理的。如"日月食"条方以智论述日月食原理称:

> 蔡邕言侧匿,许慎言朓朒,解以朔晦月见,此历差耳。月质以日映为光,合朔日食,月质掩日也。望有月食,地球之影隔日也。凡见月之处,见食皆同,而日食则异。其不当顶而斜迤者,皆不见日食也,故分秒各别。此质测也。(方以智,1983b)⁷⁷³

显然,方以智了解日月食可以预测,所以日月食对他来说应当是正常天象。而他依然保留星占,可能说明他对星占的认识有占常倾向。最后,在方以智的认识中"质测"属于物理层次,是物物各具之太极。"通几"属于至理层次,是万物所共之太极,至理是所以物理的公理:

> 考测天地之家,象数、律历、声音、医药之说,皆质之通者也,皆物理也。专言治教,则宰理也。专言通几,则所以为物之至理也,皆以通而通其质者也。
>
> 有物理,有宰理,所以物、所以宰者,至理也,三而一也。②

所以星占相对于对个别物理的研究("质测")来说,是属于较高层次的至理研究学问。

揭暄对传统军国星占持严厉批评态度。在传统元气说基础上,他批判地吸收耶稣会士传入的宇宙体系,提出自己的宇宙论——元气涡旋说。(孙承晟,2018)¹²⁶⁻¹³⁴依托于自己的宇宙论体系,他对古人因不知天行有常而妄为占验的举动批评道:

> 至以日当食而不食,不当食而食为变异,于王者有涉。晦而月见西方谓朓,则候王舒。朔而月见东方为亡匿,则候王其肃。月行房中央曰天街,则天下和平。由南间阳道曰阳环,则主丧。由北间阴道曰阴环,则主水。月始生正西仰,天下有兵。又曰月初生而偃,有兵兵罢,无兵兵起。又曰当见不见,不当见而见,魄质成早也。以日食四面露光为金环,为阳德盛。以五星逆行为灾,当去而居,当居而去反,凌犯斗食掩合句巳围绕为失行变异,不知皆可推算者。又以恒星移动,如王良策马,车骑满野,天钩直则地维坼,泰阶平人主有福,老人星见,王者多寿。不知日月星皆活

---

① 阪出祥伸认为方以智的"质测""相当于朱子所谓对个别之理的追求"。(阪出祥伸,2003)²¹⁶
② 转引自廖璨璨(2016)的文章。

珠流滚于天气中,故有盈有缩,有上下轮圈,黄赤相交,又有斜正升降。在地有南北里差,在时有清蒙视差,皆一定理数,未审厥故,遂妄臆为变耳。(揭暄,1993)358-359

上述文字中揭暄一一列举了传统军国星占中常用的一些占法。这些占法包括日食占("日当食而不食")、月行占("晦而月见西方""朔而月见东方",月行南北、月生月见、日环食)、五星占(五星逆行、凌犯、相斗、相食、相掩、相合、运行成句巳状、围绕而行)、恒星占(王良星、泰阶、老人星等传统星官)。这四类可以说是传统军国星占中有关天体本身占验的基本类型。揭暄认为这些天体现象(如应当日食而没有日食、月出西方等)是正常的天象,它们都是由日月五星和恒星像滚动的珠子一样在天气带动之下运行而得。天体运行过程有盈有缩,有上下轮圈、黄赤交角、斜正升降。我们在观测时也有南北纬度差异、大气清蒙视差。这些都有一定的理数。只是前人不懂此理数,所以妄意对变异天象进行占验。此种占验,在揭暄看来,实为无理妄为。

揭暄上述批评可谓不遗余力。他自己甚至以彰明国家对此类占验的禁令为己任。但是,他曾提及在看到梅文鼎的批评后,以自己的批评不如梅文鼎而自愧:"余于写天,言及占验,辄大施距辟,以张禁令。不意得定九勿庵集,更加详明,未免敲残。"(揭暄,1993)359 比较揭暄上述批评,可以发现揭暄的文字的确受到梅文鼎《学历说》影响(见附录3)。可见,揭暄曾在早期就开始批评传统军国星占。后看到梅文鼎著作,他在写作《璇玑遗述》时进行了参考。

在批评传统军国星占的同时,揭暄还给出了他心目中真正意义上利用天体现象占验的行为:

至于人事则诸书备言之矣,如楚卫之诗"定之方中,作于楚宫",《夏令》"收而场功,待而畚梮,营室之中,土功其始,火之初见,期于司理"。凡土功龙见而戒事,火见而致用,水昏正而栽,日至而毕,此言版筑也。《豳风》之诗"七月流火,九月授衣",言裘褐也。申丰曰古曰北陆藏冰,西陆朝觌……清风戒寒而修城郭宫室,皆依候以言人事,非妄言祸福也。(揭暄,1993)358

可见,在揭暄看来,利用天象以占验,乃是类似《月令》中物候信息来指导人事,而非以天象占验人事吉凶,妄言祸福一类。

此外,揭暄还强调了王者应该戒惧修省,谨慎天戒:

至占验不经,则宜深忌。唯是王者恐惧修省,乃克谨天戒,如天大雷电以风,邦人大恐,以迎周公。圣人遇迅雷风烈,虽抱心无怍,亦必变若

> 帝王经纶天下，安不忘危，治不忘乱，虽升平亦必警惕，宁待日食乃修德，月食乃修刑乎？但遇变更加谨耳。(揭暄，1993)³⁵⁹

中国古代有日食月食后修省道德刑法的传统，也有相关的攘除修省仪式。揭暄批评了上述看法。他认为帝王修省乃是常事，虽国泰民安也应如此，不必在日月食时才如此，只不过有天变时更需要修省。需要指出的是，揭暄受当时欧洲天文学影响，认为日月食乃正常天象。此处所谓的"变"当并非指日月食为变异的不正常天象，而是指不常见现象。

尽管批评以天象妄言人事吉凶的占验，但揭暄依然相信人事可以影响"天"。反过来，"天"显然也会表明一些人事。不过这种"天"是指《尚书·洪范·庶征》中风雨酷暑寒燠一类和大气气候有关的现象，而不是上述日月五星的变异天象：

> 况天亦因乎人，如《洪范》八庶征，其一雨旸燠寒风，能肃乂哲谋圣，则休征，应以时若。如狂僭豫急蒙，则咎征，应以恒若。天必因材而笃，人实能转移于天。故祸福实自己操。(揭暄，1993)³⁵⁹

此外，在《风雨实征》"各种风"的小字注释中他还保留了很多传统风角内容：

> 凡回风扶摇羊角旋风，皆为飘娄类。或起宫宅内，或自外入，皆有卒暴事。若发人屋宇，扬人衣物，并忧火烛，伤损财务。或起坐席，防失脱物事。行道从面逆冲而旋，防有伏匿相谋，切勿前进。从后来逐人，或从旁起侧行，或横冲而过，皆要防凶。或从四面绕覆人首，俱宜回避。凡扶摇触尘，猝起在军营中，恐有反者，宜为提防。(揭暄，1993)³⁷⁰

这些风角内容与《尚书·洪范·庶征》相似，均是一些当时未能深入认识的大气现象。总体来看，对于传统军国星占，揭暄实际上批评了在他看来具有一定理数的日月五星天体运行部分，一定程度上保留了大气占验部分。

揭暄对于大气现象的保留一方面或许与他对上述现象规律的认识不足有关，另一方面，也当与其思想中关于气、人心与"变象灾应"的认识有关。他在《璇玑遗述》中曾引用方以智之语云：

> 愚者曰据其实动，无非南冥初激，天象时位，自在其中。至于变象灾应，此系各地之气，人心为之端机，各各不相知，各各互为用。理属通机，不可思议，质测精详，固不相阂也。(揭暄，1993)³⁴¹

天体之象在宇宙中自有其位,而各地之气却和人心相通。人心的变化端几会影响到大气现象,进而通过大气现象可以占验人事吉凶。相似的思想,我们也可以从揭暄好友游艺身上见到。

受传教士批评星占论述的影响,揭暄对生辰占持否定态度,对气象占与医学星占则予以肯定:

> 有谓顶轮一带,与其地正同纬者,生人时适值某星正临头上,即以为一生身命占。似矣!究之其位环转,其气流行,生时偶值,顷刻便过,安有专指私应哉?(他国亦有以此为命术者,《寰有诠》云所著不越千有二百余里①,必以某星为某人所生,占殊不能尽也。)唯是以星占星乃为至当不易之理,何也?盖星象虽并系于天而其拘蕴则实不同,各有本德本效所抱者,冷热干湿所召者,风雨霜雪所应者,草木生长,蠢动变化,人身康否,风之顺逆,诸事而已。故农家医家行商当识其性情施效,预计而迎之避之,于以燮理,赞助人事,布护则受益宏多矣,猥云吉凶乎?②(揭暄,1993)³¹³

在论述中揭暄引用了《寰有诠》的文字来批判生辰占③。在其他地方他还引用过对星占也有批评的《西方答问》④。其对生辰占或星命术的态度当受此二书影响。

游艺在《天经或问前集·占候》(游艺,1993)²¹⁵⁻²¹⁶中强调吉凶是人心所造,祸福出于自己。所以他认为天文学的测算与占验吉凶无关。对于天文研究游艺也持探索万物之祖及万物理性所来之本原的态度。(张永堂,1994)⁷⁷他对宇宙结构的认识受到揭暄、熊明遇、方以智以及传教士的影响。他认为星宿远近距离不一,极为高远,且无变异。⑤可见,对于传统军国星占中以星体变异占验的方式他当不认同。不过,与熊明遇类似,游艺以地上之气上达天空解释"客流妖瑞彗孛等星"。他认为这些气是灾祥之气⑥,因而可以据此灾祥之征占验。此外,"摇星、陨星、斗星、飞星"等特殊星体,甚至"凌犯守留芒角掩"等有关月五星的正常运行,均可"各以类占之"。(游艺,1993)¹⁹²所以,游艺不仅强调了各

---

① 此处"里"据《寰有诠》原文当为"星"字。(傅泛际,1993)⁵⁴⁸
② 此段引语"唯是以星占星乃为至当不易之理"前是对命理占验的批判,后半部分是对气象占、医学星占的肯定。
③ 《寰有诠》卷四"动施篇下"之"论天地不能夺人所志"有对西法星占的批判。(傅泛际,1993)⁵⁴⁵⁻⁵⁵⁰
④ 揭暄在《璇玑遗述·附分野考》中有对《西方答问》的引述。(揭暄,1993)³¹⁴艾儒略《西方答问》卷下"历法"中也有对西法星占的论述。
⑤ 游艺曾引用方以智的话说:"星宿极高,无变异之理。"[(游艺,1993)²¹⁶(孙承晟,2018)¹³²]
⑥ 游艺说:"客流妖瑞彗孛等星,俱是地上灾祥之气,上着于空。故出无常处,见无常时,而亦无常体也。"(游艺,1993)¹⁹²

地之气吉凶之征的特征,因而一定程度上突出了望各地之气而占验的重要性[①],也似乎对月五星的占常有所肯定。此外,游艺对分野说也有保留。在《前集·分野》中他就叹息当时没有神明之士以"复位中土之分野"。(游艺,1993)[204]

对于欧洲星占与伊斯兰星占,游艺在《天经或问》前后集中并未提及。他或并不了解二者。不过,他与熊明遇都承认"星光有下施之功,能为人物方隅机祥所由,理或不诬"(游艺,1993)[203]。按此推演,既然星光有下施之能,进而导致人物区域吉凶不同,那么欧洲星占与伊斯兰星占此类强调星体对地界人物影响的星占在逻辑上是不被游艺否认的。但在《天经或问后集·轮回生死》中游艺引述了揭暄对于星命学说的批评。[②](游艺,1993)[263] 而揭暄所论星命学说与欧洲、伊斯兰星占相近。可见,虽然游艺承认星体对人的影响,但即使他了解欧洲星占与伊斯兰星占,或许也是持批评态度。[③]

3.4 总 结

当历史步伐进入明末清初,中华帝国不仅迎来了传统学术与政治秩序的大变局,亦开启了著名的第一次西学东渐。在这一大的历史背景下,作为古代特殊学问的星占,也获得了极为重要的发展与变革。此一发展与变革所涉及的深度与广度极为复杂,全面揭示非本章所能胜任。但最为重要的是具有关联的两个方面——耶稣会士在中国展开的有关星占的论述、活动,以及具有天

---

① 游艺说:"星文无变征,以各地之气为变征。"(游艺,1993)[203]游艺还有《望气》一节,专门讲述帝王之气等,或许正是他重视气在占验中作用的体现。(游艺,1993)[214]熊明遇在《格致草》中也有《望气辨》一节。(熊明遇,1993)[98] 实际上,在游艺看来,望气实有深微之理。《望气》言:"问:弥天地皆气,望气知妖祥何辩乎? 曰:物理云一切物皆气所为也,空皆气所实也。物有则,空亦有则,以费知隐,丝毫不爽。其则也,理之可征也,而神在其中矣。"(游艺,1993)[214]王刚也指出游艺强调望气。(王刚、马来平,2014)[36]

② 游艺引揭暄言"如星无时不转,人无时不生,有何定应,有何推算,况一刻之间,生物者千万,未必尽比而同也",此语当来自《揭子昊书》"星命"(卷七)"星无时不转,人无时不生,有何定应,而可推算。况一刻之间,生物者千万,未必尽比而同也。故吕才曰长平坑卒,未闻尽犯三刑,南阳贵士,宁必重当六合"。这种以人生时算人命的星命学说,与西法星占中生辰占有相近之处。关于星命学说与西法星占的关系,可参看邝芷人(2003)[379-413]的论述。

③ 其实这也并不难理解。虽然天可以影响人,但在游艺看来人更为重要,人也可以改变定数。如他在"数"一节中说"虽定数,亦能挽矣"。(游艺,1993)[219]

文学背景的代表性中国士人对星占认识、态度的多元化转变。这两个方面是我们理解薛凤祚星占工作极为重要的背景与参考。

耶稣会士在中国的星占实践深受欧洲天主教教皇禁令政策的影响。随着中世纪后期大翻译运动的展开，在西欧地区几近湮灭的星占学开始流传开来。伴随着此种流传，天主教内部就星占问题产生了新的诠释与定位。其中代表性人物是经院哲学集大成人物托马斯·阿奎那。在继承前人认识基础上，他确立了中世纪后期至科学革命时期天主教对星占学的基本认识。他将星占分为涉及自由意志的决意星占学与关乎自然事物过程的自然星占学。决意星占学为天主教禁止，自然星占学因为不涉及人的自由意志及其自然哲学属性被天主教所允许。16世纪宗教改革与异教知识大流行刺激了教会。教会开始颁布禁令，开展严格的审查制度。星占在内的多种占验知识被教廷列入禁止流传目录。其中教皇西克斯图斯五世1586年1月5日发布了著名的禁令。该禁令继承此前目录1559的严格精神，严厉禁止决意星占学以及其他类型占验实践和书籍的出版。禁令只允许有关航海、农业与医药的自然星占学，将占验人行为倾向的生辰占类型也归入禁止行列，也不允许卜卦、选择以及其他星占类型。1631年，教皇乌尔班八世重申1586年禁令。此禁令成为罗马天主教廷有关星占的标准禁令文件。这为1540年成立的年轻修会耶稣会严格遵守。甚至一些代表人物如耶稣会士罗伯特·贝拉明、安吉利斯与达乃尔表现出更严格的倾向。

对上述天主教星占认识传统的传承与星占禁令的遵守成为来华耶稣会士星占态度的基础。传教士在中国基本遵循1586年禁令规定。他们提倡有关航海、农业与医药的自然星占，突出它们的自然哲学属性。同时，他们批评其他类型星占术，试图引进欧洲自然星占代替中国已有占术。但相对于天主教势力、文化范围之内的欧洲或殖民地区，具有深厚文化传统与政治独立性的中国使得传教士面临的情况更为复杂。

总体来看，耶稣会士在中国展开的星占论述、活动可以分为民间与官方两个层面。民间层面以艾儒略、利玛窦、罗明坚等传教士为代表。[①] 他们严格依据1586年禁令，多方面批评中国传统星占术数。他们的目标是破除不符合天主教教义的"迷信"行为，因而表现出保守性。就交流类型来说，艾儒略、利玛窦、罗明坚等人的批评可以分为命令型与说服型两种。命令型的交易区诉诸权威（包括了天主教自身戒律以及儒家经典），不接受反驳。说服型的交易区是推论，接受质疑与反驳。推论的理据虽然包括天主教教义，更为重要的则是

---

① 如前所论，本章对民间层面的分析不包括穆尼阁。关于穆尼阁将在第四章论述。

儒家义理以及自然科学知识。说服型体现出耶稣会士的文化适用特征。

　　民间层面耶稣会士的星占论述、活动虽然涉及人物较多，但其目的主要是批评，所遇到的情境也较为简单。官方层面则不同，由于涉及复杂背景，以汤若望、南怀仁等为主导的官方层面展现出极为丰富的星占实践活动。在1607年所作《译〈几何原本〉引》中利玛窦将教会所认可的欧洲气象占、星占医学介绍为"籍几何之论以成其业者"，是真正知晓"天文"的人所赞同的学问。通过这种认识，欧洲气象占、星占医学与不符合教义的占验类型"伪术"相区别。此种在新文化背景下的表述有两个重要作用。一方面，这种表述使得利玛窦赋予"几何"的"度""数""格物穷理""明理""实理"等范畴在逻辑上与气象占、星占医学关联，使得它们在中国语境中获得表达自我与确立合理性的方式。另一方面，欧洲气象占、星占医学与中国传统占验术数被巧妙区别开来，它们成为对抗与代替传统占验术数的学问。受此影响，于崇祯二年（1629年）改历伊始，徐光启在纂修历法之外提出"度数旁通十事"。他将气象占与医学星占纳入"度数旁通"之学，突出它们对国计民生的益处。他区分了"历象"（历法）与"天文"（星占），以国家律例为依据将谈及祸福吉凶的"天文"列为禁止内容，较隐晦地突出气象占、医学星占的真"天文"地位。这为改历期间引进欧洲星占铺平道路。此后，汤若望于崇祯五年（1632年）进呈的《交食历指》中综合利玛窦与徐光启认识，明确区分"历家"与"天文"家，以及"天文"中"真伪"学问。汤若望秉承利玛窦结合宋明理学话语的方式，指出"天文之学"真伪的根据在于是否能够言其"所以然"之理。此种"所以然"主要是日月五星的性情与真实准确运行情况，在不同地区和时刻所呈现出的格局差异。对于"天文之学"所言之灾异也被局限在"水旱虫蝗、疾疠兵戎"。通过此种学理上的新诠释，汤若望推崇符合教会规定的欧洲自然星占学，批评了中国传统军国星占。他表现出以教廷允许的自然星占代替中国传统星占的想法。

　　上述努力仅停留于理论与话语铺垫阶段。崇祯七年（1635年）十二月初三，李天经第五次进呈历法部分书稿。至此，历法主体部分已经完成。加之时局日紧，实用技术学问为朝廷所急需。改历期间的书籍译编进入与星占有关的"度数旁通十事"阶段。先是，李天经于崇祯八年（1636年）重申徐光启"度数旁通十事"。此后，汤若望根据上述奏疏中与气象占有关的第一条，翻译了《浑天仪说》，于九年（1636年）上奏。接着，李天经等完成"星球"一座，并根据《浑天仪说》辑录《星球用法》。十年（1637年）崇祯皇帝下旨询问新进"星球"南天区所增"蛇""鸟""小斗"等星官"有无占验"。李天经等回称将完成有关星占的《天文实用》一书次第进览。这正式开启欧洲星占著作《天文实用》的编译之路。不过，直到顺治元年（1644年）此书才翻译完成介绍星占基本概念的首卷，上奏顺治皇帝。虽然汤若望声称将次第完成剩余占法部分,但目前来看,终汤若望一生也未见相关工作。其后继者南怀仁也未见有继续纂译。

按汤若望的想法,《天文实用》的目的是代替钦天监中不符合教会规定的历注选择与传统军国星占两种主要占验学问。他似乎认识到了这一想法面临的巨大阻力。所以在顺治初年掌管钦天监后,他采取了务实态度。他并没有坚持自己的这一想法,甚至主动利用传统军国星占达到有利天主教在中国传播的目的。但此时的汤若望已经处于文明冲突的夹缝中。他的务实行为虽然顺应中国社会,却不为耶稣会同仁所认同。1648年,汤若望被耶稣会士安文思等人控告违反教会规定担任会外职位,且负责具有违背禁令性质的历书等。这一事件引发旷日持久的争论。其间,为淡化教会内部的反对意见,抑或许同时为改变中国人对历注的传统看法,汤若望还撰著了《民历铺注解惑》一文。汤若望在该作中从自然哲学、习俗、古代经传权威等角度为自己负责编纂的历注内容进行理性诠释。汤若望以推论与权威为交易区阐述自己的观点。虽然有些地方应用亚里士多德哲学时不免生硬,但其中关于历注自然哲学化的诠释和宋明理学以来的思潮契合,并非不能打动中国学者。康熙三年(1664年)罗马教廷最终裁决认同汤若望的说法。只是此一年杨光先掀起康熙历狱。汤若望、南怀仁等均被系狱。虽然康熙四年(1665年)汤若望被释放,但已元气大伤,最终于次年(1666年)逝世。他所希冀的以教会允许的欧洲自然星占《天文实用》代替传统军国星占与历注选择的想法,终其一生未能实践。

汤若望之后,其后继者南怀仁于康熙八年(1669年)经康熙皇帝面谕,开始在钦天监以观候天象奏本的形式实践欧洲自然星占学。从南怀仁的题本中可以看出他虽然受到《天文实用》的影响,但在术语尤其是占法层面另有所本。我们不能说南怀仁即是依照《天文实用》占验。不过,或许出于前后一致性以及继承汤若望遗志的考虑,南怀仁依然声称自己是依据《天文实用》占验。只是与汤若望早期的想法比较,南怀仁努力的最终结果远远不够。具有政治头脑的康熙皇帝虽然对南怀仁所声称的真正"天文"占验之学感兴趣,但从皇朝秩序角度仅仅将他的实践局限在上奏题本状态,以处于能够控制的范围。南怀仁努力实践的自然星占并未能取代历注选择与传统军国星占,进而对中国社会产生更大的影响。此外,南怀仁在实践欧洲自然星占的同时,也撰述了三篇文章——《妄占辩》《妄择吉凶辩》《妄择辩》。撰写此三篇论著的目的是批评杨光先之辈占验选择行为,并将钦天监的选择占验合理化。他采用了区分策略。南怀仁以推论方式将杨光先等人的行为归结为虚妄,将钦天监的相同实践给予重新的诠释。他指出钦天监的选择占验实践是按古来之常例表著谨慎钦重之情的行为,与杨光先之辈吉凶占验不同。显然,南怀仁想达到既批评杨光先又为钦天监的日常行为提供合理性解释的双重目的。这可以说是一种极为巧妙的妥协方式。

不难看出，明末清初官方层面耶稣会士的星占论述、活动的酝酿与展开，持续了七十多年之久。在这期间，汤若望等人的目的随着时间推移展示出多样性特征，包括批评或禁止传统星占（批评）、引进欧洲自然星占（引进）、以欧洲自然星占代替中国传统星占（代替）、权衡后的妥协（妥协）、利用传统军国星占以达到自己目的（谋用）、欧洲自然星占的最终实践（实践）。传教士的态度也逐渐从保守转向调适。对话与论述过程中所涉及的交流类型亦远较民间层面丰富，包括了说服型、命令型、谋用型以及供用型四种模式。交易区的内容最重要的是以科学知识、儒家义理、一般事理、新诠释框架下的义理为主要理据的推论，也包括了儒家经典权威、实用价值二者。可以说，汤若望等人在星占方面"用心良苦"。但就汤若望等人所交流或欲交流的对象来说，崇祯皇帝、顺治皇帝、康熙皇帝、礼部官员等并没有相应的诉求。他们之间并没有产生有效的沟通与互动。崇祯皇帝对南区星官的兴趣是传统军国星占意义层面的，汤若望的《天文实用》无法满足。康熙皇帝的兴趣也在可以控制的前提下，以保证王朝秩序。星占历注的变革和历法改革不同。星占历注涉及了更为复杂的政治、秩序、礼俗等因素。这使得汤若望等人不得不作出妥协。他们批评与代替的努力注定要付诸东流。

与上述传教士开始有关星占著述和活动的同时，明末清初一批具有天文学背景的代表性学者对于星占的态度发生了前所未有的变化，呈现出多元化的特征。受传教士影响，徐光启最后只肯定了气象占与医学星占，而反对其他占术。王英民受欧洲天文学影响，批评中国传统军国星占不知天行有常而妄为占验。但是，他对星命术却有所肯定。熊明遇则因接受了亚里士多德式的自然哲学，对诸多用于传统军国星占的天象作出了合理解释。他在一定程度上反对占变的传统军国星占，但还是强调了本地之气对占候的意义。游艺也认为天行无变异，但他强调了摇星、陨星、斗星、飞星等特殊星体，以及"凌犯守留芒角掩"一类有关月五星正常运行的占法。他还认为各地之气可以成祥，因之可以占验，并希望有人能够重订中土分野。方以智不仅认同西法星占、星命术、传统军国星占，强调气在占验中的作用，还将星占纳入"通几"的范畴，突出了星占占常的一面。这使星占成为更深层次的学问。揭暄在严厉批评传统军国星占的同时，一定程度上保留了风角。他还受传教士影响，肯定了气象占与医学星占。梅文鼎和揭暄一样，对传统军国星占的批评不遗余力，但他对五星的句巳凌犯占持不否定态度。更重要的是，他很可能有关于西法星占的著述。

此外，对星命术他还提出意见，认为分宫之法可以依旧用"古法"，使宫宿有固定的对应关系，但对于七政的排布则用精确的新历法，这样可以更为准确。至于王锡阐，则较少谈及星占。他在提及之处亦对星占持较为彻底的否定态度。

由于思想、背景以及著作时代不同，我们很难在有限的篇幅中理清方以智等学者细致的思想脉络。不过，我们还是可以就此得出几点特征。第一，方以智等学者的多元化认识主要受到中国固有星占发展背景、学者自身特征以及传教士所带来的学术、认识的影响。其中欧洲数理天文学、地理学等自然科学知识影响最大。前述传教士有关星占的认识亦发挥了一定作用。第二，传统军国星占由于存在大量不符合天象的占验，所以在这段时间里受到严厉的批判。这以梅文鼎与揭暄为代表。第三，尽管星占受到严厉批评，但这并不代表当时学者就放弃了以天体占验人事的想法。有些学者强调了传统军国星占中有实际天象根据的占法，同时对西法星占这一以正常天象为占验对象的星占类型有所措意。如王英民对西法星占较中法肯定。揭暄保留了气象占与医学星占。梅文鼎则甚至可能有关于西法星占的著述。这似乎说明星占有一种由占变向占常的转变，尽管这一转变的广泛性有待考察。第四，从熊明遇与游艺身上我们可以看出，大气现象在占验中的地位有所上升。这或许可以看作他们认识到天象恒定之后，对占验的一种调整。第五，从梅文鼎强调将精确的历法与星命术结合可以看出，将准确的历法与计算纳入星占之中，以得到精确占验的想法，并非独属薛凤祚一人。而方以智将星占纳入"通几"这一更高的层次，也与薛凤祚以星占实现以数合天理想这一最高目标有相通之处。关于薛凤祚的这些特征，我们将在后文论述。

第4章 博学诸家 钟意天文

——薛凤祚的早期星占占验之术学习

1636年,年方26岁的波兰青年穆尼阁放弃平步青云的政治事业加入耶稣会。经过一系列学习与考验,穆尼阁于1644年被派往中国。他从葡萄牙出发,1646年抵达澳门,1648年来到福建,在那里传教3年。接着,穆尼阁来到南京开展新的福音事业。此时的薛凤祚已过知天命之年,在学术上措意累年,有所成就。对心学、传统历算星占、《周易》术数以及兵法实用之学他颇窥其要,并有著述践行。只是,西学东渐为历算星占之学带来的巨大冲击与影响已经不再允许学者固蔽于自身传统。开放的薛凤祚不仅关注伊斯兰天文学,亦开始探索带来冲击与机遇的欧洲天文学。他在自我摸索的道路上遇到了新旧知识的颇多问题。这些问题让薛凤祚无法释怀。当穆尼阁来到南京之际,有所耳闻的薛凤祚也来到金陵古都,并拜这位比他小十岁的传教士为师。接着,他与穆尼阁亦师亦友,共同合作谱写了中西天文学交流史的重要一环。他们以惊人的毅力,用一年多时间翻译了中西数理天文学与星占交流史上的巨著——《天步真原》。至此为止(1653年),薛凤祚不仅得到了他所追求的不同于《崇祯历书》的新数理天文学体系①,更是结束了二十多年来对包括星占在内的多种

---

① 关于《天步真原》数理天文学部分的介绍与研究,见褚龙飞(2014)的论文。

占验之术的学习与寻访。他解决了积存在心中多年的关于星占的疑惑与追求,为下一阶段的会通之旅做好了准备。

4.1 薛凤祚拜穆尼阁为师前的占验研究

与当时大多数传统士人一般,薛凤祚早年熏习儒学。除承袭家学渊源外,从17岁(1616年)开始他随父进京,追随明末心学大师鹿善继与孙奇逢学习。虽然所学不免举业帖括之类,但这一时期孙奇逢、鹿善继亦将自己有关"理道问学"的心学思想传授于薛凤祚:

> 不肖祚前丙辰岁年十七龄从孙先生习举子业,得闻理道问学之旨。两先生梓里相望,凤联姻眷。吾辈尝游于门者,往来考业,亦无彼此之殊。(薛凤祚,[1676])^{第一册:16}

尤其是鹿善继①以自己所著《认理提纲》《四书说约》教学。他在其中强调了体用一源、体用合一的体用论思想:"体用一源,显微无间,虚为实君,无能有,有还无也。静为动根,暗能章,章还暗也。"(薛凤祚,[1676])^{第一册:6}并认为高远的本体正是在对卑迹事功实事的实践中认知:

> 故天下别无高,只干卑的便高。别无远,只走迹的便远。君子终身,只是卑迹。非曰从卑迹上做后却高远也。远而高卑,乃活字眼,不可以定在求,不可以穷尽言也。故下学上达一事也。(薛凤祚,[1676])^{第三册:5-6}

这不仅使得经世致用之学与儒家心性之学不相悖,而且经世之学是心性之学的内在要求——上达本心之学正是在卑迹的日用实践、天下实事中,事功之学是将本心落实于家国天下事实践时所必需。鹿善继一生勇于任事,辅佐边疆兵事,最终杀身成仁,而不是成为书斋先生,正是最好的说明。②这些思想为薛凤祚早年所学习。在明代末年朝野动荡、北方战事不休、内部矛盾日促的情况下,薛凤祚外感时局,内承心性实践于事功的思想,转向了对包括星占等占验

---

① 孙奇逢这一时期研习阳明学刚刚起步,远未成熟,也未有著述。薛凤祚跟随时间也较短。所以此一时期薛凤祚受孙奇逢影响有限。

② 这也是韩梦周所说鹿善继"宗法阳明,常慨然欲有建树于时,不为空谈以炫人耳目"的真实原因。(薛凤祚,[1677a])¹

之术在内的经世致用之学的学习。

4.1.1 奇门遁甲与象数易占

目前来看,至迟1631年,薛凤祚已开始研究经世致用之学,并小有所成。《两河清汇易览》附录"事实册"载:"本生于崇祯间预识登镇之变①,善为区画,及兵起祸本郡时,感服名德,戢禁劫掠,一方皆免害。"(薛凤祚,[1677b])附录:"事实册"韩梦周《薛先生小传》亦称:"时天下已乱,先生喜谈兵。毛文龙为岛帅,将不用命,先生策其必变,预为备兵,至舍去。"(薛凤祚,[1677a])韩梦周.薛先生小传 可见,在1631年薛凤祚已经研究兵法有成。他不仅可预识兵变,且可部署防备,保一方平安。除兵法外,这一时期薛凤祚还应该研究过其他两种占验之术——奇门遁甲以及象数易占。

奇门遁甲是古代三式占之一(其他两者为太乙、六壬),是古代术数文化的重要代表。在薛凤祚现存著作中,有《甲遁真授秘集》一书,即他研究奇门遁甲的成果。此书为薛凤祚"参著"之作,主体部分非他自著,当为钦天监世守之嫡传内容。(刘兴明、曾庆明,2011)从《珍本术数丛书》所收清咸丰二年(1852年)花雨书巢活字印本《甲遁真授秘籍》内容来看,此书可能成书于崇祯四年辛未(1631年)。首先,该书并未提及入清之后顺治、康熙年号,而是多处提及崇祯。如"释年卦值"说:"崇祯元年戊辰为节卦,己巳为旅卦,庚午为中孚卦,辛未为小过。"(薛凤祚,1995)97"月奇诸例"说:"十二月卦,一月易一宫,一爻管一候,积算至崇祯辛未年甲午月,在中元内,姤卦值月,五爻起,乙未月为遁卦,余仿此。"(薛凤祚,1995)116其次,书中多次将时间下限限定在崇祯四年辛未。如"年奇诸例"说"至今崇祯辛未岁":"六十四卦,一年一卦,积算至今崇祯辛未岁,小过值年,越三十二卦,而定次年之卦。"(薛凤祚,1995)100"月卦变爻例"说:"崇祯四年三月,谷雨中元,二十六日,缘释卦值,乃即以此为例。今年系中元甲子之后,推算过卦值岁,辰月乃夬卦用事。"(薛凤祚,1995)106"推算过卦值岁"即指崇祯四年(1631年)是小过卦值年,则"今年"即指崇祯四年。在"释纪年"一节有更明确地说到自开辟之后至崇祯四年为"年之本数",以后是将来:

> 夏禹甲子为午会之初,迄今洪武元年,三千五百八十有五年。自洪武二年迄天启癸亥,计二百五十有五年。夏禹以前子至巳六会,每会万八百,而六积之,得六万四千八百。增今会内数,共得六万八千六百四十年。再加天启四五六七年,崇祯之元二三四年,总积以为年之本数,欲求将来,

---

① "登镇之变"即崇祯四年(1631年)闰十一月孔有德(?—1652年)、耿仲明(1604—1649年)等发动的"吴桥兵变"。

> 一年加一策,以三元一百八十年除之,余六十八算。除六十上元之数,不及除者八算,是为天启甲子至崇祯辛未年数,于是则天启甲子为中元明矣。"(薛凤祚,1995)[94-95]

可知,此书完成的时间可能是在崇祯四年。

此外,还可从其他角度旁证《甲遁真授秘集》的完成时间。"释日卦值"说:"夫天地之间,阴阳进退动静之理,非卦无以测吉凶,度悔吝,而为趋避也。"(薛凤祚,1995)[120] 以非易卦"无以测吉凶,度悔吝",这应当是薛凤祚早期的思想。他后来完成的《天步真原》等著作不仅很少论及易学内容,而且对以天象测吉凶的星占极为推崇。这显然与上论矛盾。因此,推测《甲遁真授秘集》可能在崇祯四年完成是符合薛凤祚思想特征的。

从内容来看,此书分为六个部分。其中前三部分是关于奇门遁甲理论基础(先天后天八卦、河图洛书、天干地支等)、排盘方式(年奇、月奇、日奇等)、基本元素(神煞、八门等)等内容的介绍。第四部分开始介绍具体占法。第五、六部分是占验之辞。占辞分甲子戊、甲戌己、甲申庚、甲午辛、甲辰壬、甲寅癸六仪,各仪下系六十四组占辞,共得三百八十四组。(刘兴明、曾庆明,2011)上述内容的占验对象繁多,从世运、出行、起造,到贸易、求财、疾病、人品,不一而足。其中亦不乏对军事的占验,如甲子戊仪中有利以水攻之占:"三河者,三卦三见坎也。甲子时为之安静,六戊时为之伏吟,不利举动。唯艮稍吉,故曰山高可托。此方唯利水攻。"(薛凤祚,1995)[307] 已有研究认为奇门遁甲的占验主要应用在军事中(何丙郁,1998)。《甲遁真授秘集》是否如此或可商榷,但其中军事是重要的占验对象则不可否认。结合同一时期薛凤祚习于兵法,或可推测,他学习遁甲之术与其学习兵法有关。

前人曾指出,《甲遁真授秘集》除具有其他奇门之术的一般特征之外,最为重要的是将奇门根源于象数易学。该作将八卦卦象乃至六爻爻象纳入其中,使奇门在根源及学理上获得《易经》经典的切实根据,因而又被称为"薛氏奇门"。(刘兴明、曾庆明,2011)的确,翻阅《甲遁真授秘集》不难发现,书中有大量文字讨论象数易学。除比较常见的对河图洛书、先天后天八卦、易卦取象的讨论外①,最为特殊的,当属对六仪仪辞的解释。在占全书将近40%的篇幅里,该书用《周易》卦象诠释了"甲子戊仪""甲戌己仪"等六仪的仪辞。如"甲午辛仪"有"邹鲁之邑,仁义所集;兵刃不至,舆马堪入"之辞,其解云:

> 右辛统天冲直符临巽,二木比和,正卦上震,变卦上坤互震,震乃东方

---

① 见"释河图""释洛书""先天卦位""后天卦位""卦象"诸内容。

之卦，邹鲁东方之邑。仁者象山，义者象路，盖指正卦上震综艮也。集指坤也。兵刃不到，无离象也。坤为舆，震为马，巽为入也。此方宜上官移徙婚姻商贾，诸事皆吉。(薛凤祚，1995)$^{416-417}$

"天冲"对应震卦，临巽卦，所以此仪是恒卦（下巽上震）。巽、震同为木①，所以说二木相比。四爻动，所以变卦上由震变为坤，是升卦（下巽上坤）。升卦三四五爻互震。震主东方，所以仪辞说东方之邑"邹鲁"。正卦上震的综卦为艮卦，震为路，艮为山，《论语》说"仁者乐山"，所以"仁者象山"。义是事物之宜，乃人行为所由，所以"象"路。坤为地为众，所以"集指坤也"。故说"邹鲁之邑，仁义所集"。离为戈兵，正卦、变卦、互卦、综卦均无离卦，所以说"兵刃不至"。坤为舆车，震为马，巽为入，所以说"舆马堪入"。不难发现，薛凤祚在解释仪辞时使用了变卦、互卦、综卦等象数易学的概念，解释方式与象数派解易类似。②

这一特征告诉我们，在研究遁甲之术时薛凤祚应当对另一种占验方式——易占——具有相当了解。除在仪辞中独具特色地应用上述变卦、互卦等之外，《甲遁真授秘集》中还多次提及邵雍。如"释年奇"中说："此规邵氏先天之学，伏羲六十四卦圆图为准。"（薛凤祚，1995)^{91}"释日奇"说："邵尧夫所谓一日即天地之始终。"（薛凤祚，1995)^{117} "释日卦值"说"宋贤邵子"。（薛凤祚，1995)^{121} 不只如此，《甲遁真授秘集》还以邵雍元会运世的世界历史年谱纪年。前引"释纪年"中"夏禹甲子为午会之初"即指邵雍年谱中以夏禹八年为第七会午会之初。（邵雍，1983)^{584} 从午会之初算至洪武元年为3585年，也与邵雍《皇极经世书》相符。可见，薛凤祚对邵雍易学当颇为了解。《薛氏世谱》称他"精易经"（薛氏族人，1995)^{45}，韩梦周在他传记中称"精《皇极》，数多奇中"（薛氏族人，1995)$^{5-6}$，即指薛凤祚善于邵雍易占。他们的论述当非虚语。

4.1.2 传统军国星占、历注、子平八字与星命术

不晚于1633年，薛凤祚开始师从明末崇祯改历中法派的核心人物魏文魁学习传统天文学。（褚龙飞，2014)^{14} 魏文魁不仅精通传统历法，而且对天文占验之学——传统军国星占——颇有研究。崇祯四年（1631年），徐光启、钦天监官生周胤等人曾与魏文魁发生过一场争论。周胤等说："闻处士以占候自命，未知果否？果尔，则七政之学，尤宜虚心究之。"（徐光启等，2009)^{1795} "占候"即指传统军国星占。周胤等人攻击魏文魁对传统军国星占的自负，可见魏文魁对

---

① 八卦取象请参见"释卦象"一节。(薛凤祚，1995)$^{263-265}$

② 对仪辞的解释还可以参见刘兴明和曾庆明（2011）的论述。该文已经指出了薛凤祚的这种象数思维方式。

其的重视。因此,魏文魁在教授薛凤祚历法知识的同时,也当会重视教授传统军国星占。如前所述,在《历学会通·致用部·中法占验部》中收录的《贤相通占》一书,当是薛凤祚追随魏文魁时所得。

除占法学习外,追随魏文魁学习传统军国星占也昭示出薛凤祚思想上一种可能性的变化。如前所述,《甲遁真授秘集》中有云:"夫天地之间,阴阳进退动静之理,非卦无以测吉凶,度悔吝,而为趋避也。"(薛凤祚,1995)[120]即将《周易》卦象看作占验吉凶的唯一之道。但学习星占意味着薛凤祚已接受以天象占验吉凶。实际的天象而非仅仅抽象的卦象,成为揭示世间万物吉凶变化的根据。虽然很难推测此时在薛凤祚思想中以天象而占与以卦象而占孰轻孰重,但天象的地位开始凸显则可确定。这一思想最终为薛凤祚所发展,成为其学术工作中的核心思想之一。

薛凤祚早期所学传统军国星占当不止于《贤相通占》。《历学会通·中法占验部》中曾称他在"中法占验部"所收录的李淳风《乙巳占》、朱熹《天元玉历》、刘基《大明清类天文分野之书》、张庄愚《周天易览》等书,只是"近理者数种","百存一二"。其他还有大量传统军国星占著作,均穿凿鄙俚,所以"悉皆刊落"。(薛凤祚,2008)[783-784,796-807]可见,在完成《历学会通》时,薛凤祚手头实有大量传统军国星占著作。这些著作中应该有不少与其早期学习有关。此外,据韩梦周《薛先生小传》可知,薛凤祚还著有《乾象类占》。(薛氏族人,1995)[5]从书名来看,此书应当是传统军国星占著作。由于译完《天步真原》之后,薛凤祚在星占方面的主要注意力转向了西法(欧洲与伊斯兰)星占的学习、补充以及对中法星占的改造,所以此书很可能是他的早期著作。不过该书已亡佚,具体细节不得而知。

在跟随魏文魁学习传统历法时,薛凤祚应该还研究过历注。历注是传统历学中的重要组成部分,古代著名的天文学家多留心此道。如郭守敬反对以钟律卦气言历,这在今天看来似乎具有理性精神。(蒋广学,2012)[637]但他本人对与理性精神相悖的历注却情有独钟。在他的著述中,《转神选择》与《上中下三历注式》专门探讨历注问题。(陈美东,2011)[280-281]在魏文魁参与编辑的《古今律历考》中,也强调历注是历的重要组成部分:"恒气既乖,置闰失当,将盈虚没灭,建除满平之类,吉凶宜忌,一切皆错,不可以为历矣。"(邢云路,1983)[689]因此,在薛凤祚学习传统历法时,也应该研究过历注。《历学会通·中法选择部》以及《历学会通·中法占验部·九宫贵神》均是传统历注内容,或许与这段时期的学习有关。

这一时期,薛凤祚还对命理术广泛探求,深入研究。《人命叙》提到他在拜

穆尼阁为师学习欧洲星占学之前,对子平、星命术等命理之术"多曾讲求":

> 谭命多家,除烦杂不归正道者不论,近理者,有子平、五星二种。子平专言干支,其法传于李虚中,近世精于其道者,谭理微中,可以十得七八。至于五星,何茫然也?五星旧法,出自钦察,而所传之法甚略。如论日格,不过有日出扶桑(卯)、日朝北户(巳)、日帝居阳(午)、日遇白羊(戌)、日帝朝天(亥)五法。论午宫格,不过有日帝居阳(日)、太阴升殿(月)、南枝向暖(木)、水名荣显(水)、孛骑狮子(孛)、木蔽阳光(木)六法,外顾寥寥也。他如天官文昌兼以化曜诸说,然验与否,皆居其半。予于诸书多曾讲求,终不能自信于心也。(薛凤祚,2008)⁵⁹⁸

可见,薛凤祚在研究了当时多种命理术之后,认为子平、星命术是"谭命"诸家中"近理"的两种。其中子平八字创自李虚中,占法专言干支。精于此道者,可算准十之七八。而星命术则占法简略。其"日格"不过"日出扶桑"等五种格局,"午宫格"仅"日帝居阳"等六种格局。其他还有十干化曜之属。但总体上占验准确程度只能达到一半。所以他对这些占法均不能"自信于心"。不难看出,薛凤祚早期对子平与星命术用心颇深。他不仅对占法了解细致,而且重视占验的准确率。^①

除以上各种占术外,这一时期薛凤祚还深入研究过伊斯兰星占著作《天文书》。由于这一点与他拜穆尼阁为师有关,所以笔者将在后文论述。

4.2 《天步真原》星占部分的编译因缘

1652年春薛凤祚来到南京,开始师从穆尼阁学习欧洲天文学。在后面的一年多时间中,他和穆尼阁合作翻译完成了《天步真原》。该书的欧洲星占部分极为特殊。穆尼阁并未遵从教会的禁令,类似汤若望、南怀仁一般仅限于传播气象占、医学星占内容,而是系统介绍了欧洲星占术。其中所包含的占验个人命运的生辰占、国家大事的普遍星占、帮助个人选择做事时间的选择术,均

---

① 《历学会通·中法命理》有"琴堂五星",即薛凤祚所说的"五星"术,也许就是这一时期学习所得。此外,《历学会通·中法命理部》还收录了《气化迁流·十干化曜》,也是星命术著作。不过由于该作是在薛凤祚晚年所著《气化迁流》里,得到此书的时间当靠后。

属于教会禁止内容。这些占法是一般在中国传教的耶稣会士谈及欧洲星占时均讳莫如深、不愿提及的部分。所以,按照传教士的一般认识,《天步真原》欧洲星占部分是无法被译介的。这甚至导致有些早期学者认为这些星占作品不可能是穆尼阁所翻译,而是薛凤祚假托之作。(钟鸣旦,2010)那么,穆尼阁到底为什么要翻译此种违背禁令的作品?薛凤祚在其中扮演了什么角色?穆尼阁翻译此作品的可能目的是什么呢?这些均可以说是《天步真原》星占部分翻译的因缘问题。

4.2.1 薛凤祚学习、翻译欧洲星占的原因

薛凤祚在与穆尼阁相处期间学习并翻译欧洲星占,并非是一个被动过程,而是他计划中的一部分。(Shi Yunli, 2007)从现有材料所提供的线索推测,薛凤祚学习并翻译欧洲星占至少与四个因素有关。

4.2.1.1 解决伊斯兰星占宫位制问题

如前所述,《天文书》在明初翻译之后并未流传开来。直到明代中后期它才逐渐为学者们更多地关注,并被纳入星命术著作中。与此背景相应,中年时期便开始关注占验之学的薛凤祚在拜穆尼阁为师之前曾研究过"出自钦察①"的五星术。但他认为其中占法过于简单,并不详备明了,因此他转向同样出自西域地区的伊斯兰星占学著作《天文书》寻求理解。在认真研读《天文书》并与星命术比较之后,他认为《天文书》占法较星命术详备。但是,在研究过程中一个新的问题开始困扰他。他发现《天文书》有十二宫分度不均等的现象,却无相应的解释。这一问题困扰他很久,促使他向穆尼阁学习欧洲星占学:

> 至于五星,何茫然也?五星旧法,出自钦察,而所传之法甚略……予于诸书多曾讲求,终不能自信于心也。窃思其法,传之西域。尝读洪武癸亥儒臣吴伯宗译西法天文,似称稍备,而十二宫分度有参差不等者,乃独秘之。予久求其说而不解,不知其玄奥正在于此。壬辰,予来白下,暨西儒穆先生闲居讲译,详悉参求,益以愚见,得其理为旧法所未及者,有数种焉。(薛凤祚,2008)[598-599]

薛凤祚疑惑的十二宫分度不等当是指《天文书》中的宫位制问题。伊斯兰星占学与欧洲星占学同出一源,都以天宫图为占验基础。天宫图是根据占验时刻与地点绘制的图形,里面包括日月五星、十二宫(包括黄道十二宫与后天十二宫两种)等元素。黄道十二宫指白羊、金牛等宫,各宫均30度,不存在分度

---

① "钦察"指蒙古四大汗国之一的钦察汗国(1243—1502年),位于欧亚大陆西部。

不等问题,所以又称为先天十二宫。后天十二宫则是人为划分,每一宫具有各自所主的命相和属性。如第一宫主"命",第二宫主"财帛",等等。后天十二宫的划分方式我们便称为宫位制。由某种宫位制划分出的十二宫并不一定都是30度,各宫起始位置也可能并非黄道十二宫起始位置。① 因此,薛凤祚所指的"十二宫分度有参差不等者"当指后天十二宫而言。由于宫位制是得到天宫图的基础,所以这一疑惑便意味着薛凤祚无法使用《天文书》来占验。这无疑关系重大。

研读《天文书》就会发现,尽管其中对有关占法的基本概念和论断条件等交代得十分详细,但对关键性的、需要使用球面天文学与球面三角学知识的天宫图构造过程(包括划分十二宫的宫位制问题)却没有介绍。这一缺陷的形成一定程度上与阔识牙耳的原著有关。实际上他可能将天宫图计算过程的介绍和讨论置于另外两本著作之中了,也就是 al-Zīj al-Jāmi' 和 al-Zīj al-Bālig (al-Zīj al-Jāmi' 的简本)。② 如在《天文书》的底本 Madkhal 第三类第二十节③中,阔识牙耳即反复强调他在这两本著作中解释了关于流年命宫的取法④与流年的计算⑤。另一方面,这一知识缺陷也与《天文书》的翻译者不无关系。他们并没有翻译阔识牙耳介绍命宫计算方法的著作,甚至对 Madkhal 中原有的一些计算方面的内容亦未作翻译,对有些内容有调整。如在 Madkhal 第三类第二十章的最后,阔识牙耳提供了一幅星图,并在此章最后三段内容对这幅星图的结构与构造方法有一些介绍。(Michio Yano,1997)[225] 此外,在紧接着的第二十一章中,阔识牙耳用整节的内容介绍了命宫图中命限的计算问题。(Michio Yano,1997)[XXI]《天文书》中收入了这幅命宫图,命名为"当生流年小限星图"。但翻译者删掉了介绍星图结构与构造的此章最后三段文字与后面第二十一章内容,并对此图进行了调整。如底本中命宫图只有一处填写日月五星等星体位置的地方,但《天文书》版本中有内外两处。(Michio Yano,1997)[XXI-XXIII] 此外,通过对比也可以发现小限与当生排列方式不同。最中间方格内《天文书》中是黄道十

---

① 有关一些宫位制的介绍见 Collins(2009)[100-104]。一些宫位制的计算方法,见 Eshelman(1987)[89-90]的论述。

② 有关两本积尺的信息,参见 Michio Yano(1997)[VI]的论述。

③ 即"On the Revolution of the Years of the Natives and the Prorogation of the Indications Pertaining to the Base Horoscope and the Revolutionary Horoscope",对应于《天文书》中"说流年并小限"。(Michio Yano,1997)[217]

④ "We have explained how to derive it [the ascendant of the revolution] in the two Zījes, the Extensive and the Abbreviated [viz. al-Zīj al-Jāmi' and its abbreviation al-Zīj al-Bālig]."(Michio Yano,1997)[217]

⑤ "Its operations [viz. the computation of the revolution] are based on what we have explained in the Zīj."(Michio Yano,1997)[225]

二宫，*Madkhal* 中则是三合宫主星。尤其是《天文书》将最中间方格内写为黄道十二宫。这使得该图中黄道十二宫与当生、小限等宫位一一对应，以致此图表现出整宫制（Whole Sign House System）特征。（图2.3）但这恐不能代表《天文书》自身的宫位制。（Michio Yano, 1997）XVII-XVIII 实际上，《天文书》中就有记载说：

> 假如安命在金牛宫十二度，对黄道的赤道度数，是二十三度五十四分。第七位，是天蝎宫十二度。太阴为寿主星，在人马宫十二度。其对冲，是阴阳宫十二度，对黄道的赤道度数，是五十四度三十七分。以命宫赤道度数二十三度五十四分于此数内除之，余剩三十度四十三分。（李翀、马哈麻等，1993）[129]

命宫是第一宫，起始位置是金牛宫十二度。如取十二宫平分黄道，第二宫起始位置就是双子宫（"阴阳宫"，金牛宫之后一宫）十二度。但如此一来，第二宫赤道度数减命宫赤道度数是三十度四十三分，并非三十度。① 这就造成了十二宫分度不等问题。如此，则分宫制并非整宫制。但仅凭此又不能断定《天文书》中分宫制具体为何种，其他地方也鲜有论及。这或许正是薛凤祚所说"乃独秘之"的原因吧。

后来，薛凤祚与穆尼阁在《人命部》中卷通过具体实例系统地介绍了天宫图的计算过程。这一计算包括十二宫的划分与将日月五星排入天宫图两部分。（薛凤祚，2008）[627-638] 实际上，这部分内容并非译自卡尔达诺对托勒密星占《四门经》的评注，而是由穆尼阁编写而成。（钟鸣旦，2010）考虑到薛凤祚是带着《天文书》中十二宫不等的疑惑而拜穆尼阁为师，有理由相信这部分内容正是穆尼阁为回答他的疑问而编写的。由此也可看出，对《天文书》宫位制的疑惑的确是促使薛凤祚学习欧洲星占学的重要原因。

4.2.1.2 欧洲星占与中西星占会通

薛凤祚学习并翻译欧洲星占的第二个原因，可能与他会通中西星占的目的有关。（宋芝业，2011a）从明代中叶开始，学者已经在伊斯兰数理天文学的刺激之下尝试改造传统军国星占，并试图将伊斯兰星占学纳入星命术中。（周述学，2002a）[224] 这实际上已经开启了改造与会通星占的序幕。万历年间，耶稣会士来华。他们在传教的同时系统引介欧洲数理天文学、星占学、地理学等知识，并展开对传统军国星占、星命术、历注等占术的系统批评，深刻加剧了星占所面临的变革。薛凤祚生当其年。在南京拜师穆尼阁之前，他不仅曾追随崇

---

① 第二宫赤道度数为"阴阳十二度"对应的五十四度三十七分。命宫为金牛十二度对应的二十三度五十四分。两者相减，即三十度四十三分。

祯改历期间中法派代表人物魏文魁为师,且与汤若望、罗雅谷有交游。(褚龙飞,2015)他应当对当时星占历注所处的变革境地有所感触。在与穆尼阁合译的《天步真原·选择部》中有"太阴十二宫二十八舍之用"与"太阴会合五星太阳之能"两节,并不见于《天步真原》星占著作的主要底本卡尔达诺著作中。该两节可能是穆尼阁应薛凤祚要求译自其他著作。它们即介绍欧洲选择术内容,其功能与中国选择术历注相似。其翻译就有薛凤祚尝试比较中西选择术的意图。(钟鸣旦,2010)所以在《选择部》序言中薛凤祚说:"选择之理,中法不及七政,西法不及干支。从来传法大师,或有深意,第予偶一见之,不欲偏有所废,且述其优劣如此。"(薛凤祚,2008)⁶⁶⁸ 因此,薛凤祚翻译欧洲星占的原因中,应当也有比较与会通中西的成分。最终,在《天步真原》之后薛凤祚进一步完成《历学会通》,实现了对中西星占的比较与会通。

4.2.1.3　完备与准确占术的寻求

薛凤祚自而立之年开始学习占验之术。至翻译《天步真原》时,他已经先后研究过多种占术。由于材料的限制,此一阶段他对奇门遁甲、邵氏易占、传统军国星占、历注的态度与想法我们难以得知。但在有关子平八字、星命术、伊斯兰星占学、欧洲星占学的论述中可以看出,从子平到欧洲星占学的学习过程中,他一直在寻求更为完备与准确占法的占术。欧洲星占学的翻译正是他这一寻求的结果,是这一寻求的终点。

前已述及,薛凤祚早期对子平八字、星命术"多曾将求",研究甚深。但通过自己的学习、实践与比较,他认为子平之术"谭理微中,可以十得七八",星命术则占法"顾寥寥也","然验与否,皆居其半"。薛凤祚均无法对两者的占法详备情况与准确程度"自信于心"。之后,他因认为星命术与伊斯兰星占有相同的起源地,所以将目光转向《天文书》。看到《天文书》后他认为其中的占法虽比星命术优异,但也是"似称稍备",而未大备。① 因此,虽然对子平、星命术、伊斯兰星占措意颇深,但这些终未能解决薛凤祚对完备而准确占法的寻求问题。可以想见,这一问题应当会是薛凤祚翻译《天步真原》欧洲星占的重要原因。

在翻译《天步真原》欧洲星占内容后,薛凤祚的确得到了更为详备与认可的占法。在《人命部》序言中他说:

> 壬辰,予来白下,暨西儒穆先生闲居讲译,详悉参求,益以愚见,得其

---

① 《康熙字典》解释"稍"字云:"《广韵》均也,小也。《周礼·天官·小宰》'凡王之稍事'。'注'郑司农云非日中大举时而闲食,谓之稍事。一说有小事而稍酒。"可见"稍备"并非大备。

理为旧法所未及者,有数种焉。一为生时不真,如子至丑一时,而论人生则非刻漏之时,而过午时圈之时。一子时有三十度,过午圈则子有三十时矣。子时过午圈一也,南北极出地又有无穷之异,则子时且不可以数计矣。财帛等十二宫,赤道皆三十度,然不当用赤道而变为黄道,其宫分多寡有差五六十度者。日月等《七政台历》,皆本星黄道,然不当用黄道而变为赤道,其出入宫分有差至三四十度者。至于吉凶之迟速,又全不关黄赤道,而论升度。而正球升度亦止午圈之一点,外此斜升斜降,随极高下,益不可齐。以上数大法,旧传皆略得其似,遂认为真。而况各宫与七政性情相离相逐,得力不得力,如旧日格、午宫格者,万未及一。安敢以为天地之情即在是也?此书幽渺玄奥,非人思力可及。他如回年行年,流月流日,细分缕晰,皆指诸掌。岂非为此道特开生面乎?(薛凤祚、穆尼阁,2018)[300-301]

此处薛凤祚一一列举了他在《人命部》中获得的新占法与认识。如出生时刻需要根据出生时太阳所在精确位置,而不是像星命术中泛泛地以一宫为度量,只能精确到时辰。在安天宫图时需要考虑纬度问题,而不是仅仅像此前一样只考虑时间不考虑地点的纬度。关于"财帛等十二宫"划分方式需要综合赤道度数与黄道度数。赤道度数平分为三十度,所对应的黄道度数则不齐。七政在纳入十二宫时要考虑赤道度,而不是黄道度。占验时还要考虑正球升度、斜球升度、正球降度、斜球降度。此外,还有七政相离相逐的运行,得力不得力的区别,回年行年,流年流日等占法。这些新的占法内容,是以前星命术"日格、午宫格者"所"万未及一"者,可为"此道特开生面"。最后,薛凤祚兴奋地说:"予喜得其理,恐写本流传易湮,勉力付梓。有志此道者,尚留意于斯。"(薛凤祚、穆尼阁,2018)[301]可见,薛凤祚通过《天步真原》中的欧洲星占解决了他对占术完备性与准确性的追求。而这一追求正是他翻译《天步真原》欧洲星占的重要原因。

4.2.1.4 实现以星占救灾的理想

薛凤祚翻译欧洲星占的第四个原因,当与完成以星占预测灾害而救世的理想有关。这一想法,《天步真原·人命部·人命》曾论及:

> 历数所以统天,而人之命与运亦天也。故言天而不及人,则理不备;言人而不本于天,则术不真。凡人不可不知此学者三。日月星历,迟速常变,皆非不可知者,唯人能赋天地之全能,不明其理,是负天地之生也。在世水旱饥疫,人苦不知,若能知之,则凡事可以预备,诚持世者之急务。昔圣贤先务以前民用,如取水于月,可愈病苦,求火于镜,可灼山林之类,物

理可推,历法皆能旁通及之,诚便民之大者。(薛凤祚,2008)[601]

上述引文在《人命部》上卷开始论述历学思想的部分,完成于薛凤祚师从穆尼阁期间。该引文是时代确切且较为早期的文字,能够反映薛凤祚的早期思想。所谓"不可不知此学者三"中:第一条明日月五星迟速常变之理者指历法;第二条预知在世水旱灾害以预备即指星占而言,因为星占可以提前预测灾害的发生,所以人们可以通过星占的预测来备灾;第三条历法所能旁通的物理致用学问则指实用技术。这三者正好对应于薛凤祚师从穆尼阁期间所翻译内容:译自兰斯玻格《永恒天体运行表》的数理天文学内容,译自卡尔达诺星占著作的星占学部分,以及关于火器使用技术的"火法"①等(图4.1)。此三者也与后来薛凤祚在《历学会通》中所收录学问类型一致。可见,在师从穆尼阁翻译《天步真原》欧洲星占内容时,将星占内容应用于预测灾害以救世是薛凤祚的重要目的。这也当是他为何翻译欧洲星占的原因之一。

图4.1 《历学会通·中西火法部》书影

事实上,通过比较可以看出《人命部·人命》的论述应当受到崇祯改历期间"度数旁通十事"思想的影响。正如前述,这一思想由徐光启在崇祯二年(1629年)上呈崇祯皇帝的奏疏中提出。后来为李天经所继承,于崇祯八年(1635年)

---

① "火法"虽未见《天步真原》刊本,但从署名可知为穆尼阁与薛凤祚合译,是薛凤祚师从穆尼阁在南京相会期间所完成。

再次上疏时被论及。薛凤祚在《历学会通·致用部》序言中曾提及李天经此一奏疏："丙子岁,东省李性参藩伯疏题罗列款目,今逐段详核,莫不各有至理。"（薛凤祚,2008）[720]藩伯为当时布政使之称,李天经字性参,为山东布政使,所以薛凤祚称其为"李性参藩伯"。丙子乃崇祯九年（1636年）。李天经奏疏当为崇祯八年（1635年）四月,可见丙子为薛凤祚误记。"罗列款目"即指李天经所罗列的"度数旁通十事"条目。比较李天经奏疏与《人命部·人命》,其中"其一考求七政行度性情,下合地宜,一切水旱虫蝗,疾疠兵戎,可以约略预知,则凡先事修救。如农家因之勤稼穑,兵家因之备边储,其于民生国计大有利益"（徐光启等,2009）[1641-1642],与薛凤祚所列第二条相近。而"度数旁通十事"的思想,即在历法修讫后能够将历法中所论"度数"旁通及于其他国计民生实用领域,与薛凤祚所论首先将历法阐明（第一条）,继而可以通过历法旁通于实用学问（第三条）的想法一致。后来,薛凤祚更是在《历学会通·致用部》中实践了"度数旁通十事"思想。薛凤祚也在与穆尼阁翻译的"火法"部分序言中论及度与数："今于其有度有数之事,深奥幽渺之理,详其名目与其物性。"（薛凤祚,2008）[20-21]因此,有理由相信《人命部·人命》中思想应当受到崇祯改历期间"度数旁通十事"的影响。①

不过,细绎《崇祯历书》中"度数旁通十事"与《人命部·人命》内容就会发现,尽管两者有相近之处,但也存在重要区别。在"度数旁通十事"中,第一条星占是被纳入度数旁通的范围之内。而《人命部》将星占部分独立列出,历法旁通部分并不包括星占而是"取水于月""取火于镜"一类实用学问。亦即在薛凤祚思想中星占的地位明显比在"度数旁通十事"中要高。如果我们再将《历学会通》中对星占内容的处理方式（既将西法星占置于《考验部》与历法并列,又将传统军国星占、星命术等星占类型置于《致用部》）结合,可以看出《历学会通》的做法正是综合了《人命部》与"度数旁通十事"两者之后的结果。《人命部》思想呈现出一种过渡形态的特征。

---

① 薛凤祚在追随穆尼阁学习之前就曾学习过《崇祯历书》。《历学会通·中法四线引》称："历数之原本于算数。算法在予阅四变矣。癸酉之冬,予从玉山魏先生得开方之法。置从来上下廉隅从益诸方不用,而别为双单奇偶等数。此因羲和相传之旧而特取其捷径者。既而于长安复于皇清顺治《时宪历》得八线,有正弦、余弦、切线、余切线、割线、余割线、矢线,亦即中法开方诸术,而其方法易为圆法,亦加精加倍矣。然而苦其乘除之不易。壬辰春日,予来白下,去癸酉且二十年,复得与弥阁穆先生求三角法,又求对数及对数四线表。"（薛凤祚,2008）[905]《崇祯历书》入清后被汤若望更名《西洋新法历书》进献清廷,据以编订的历书被清廷以《时宪历》为名颁行全国。"皇清顺治《时宪历》得八线"即指《崇祯历书》。此外,石云里曾指出薛凤祚翻译《天步真原》星占内容当是受到了"度数旁通十事"思想的影响。（Shi Yunli,2007）

除"度数旁通十事"外,薛凤祚在《人命部》中对星占预测灾害功能的强调,还应当与他此前学习星占所获得的认识有关。薛凤祚早年曾研究过《天文书》。其中第一类第一门说:"如太阳性热且燥,太阴性湿润……此是显然之理,自古相传至今。若人参透各星性情衰旺,及相遇度数,则知四时寒暑旱涝疾疫,又知人事祸福吉凶。既能先知,凡事可以预备。"(李翀、马哈麻等,1993)[76]这一说法与《人命部》类似。又在薛凤祚早期研究过的《贤相通占》中,可见不少关于灾害的占验:"平道西星……水留水涝梁颓""罗堰下星,主堤堰水潦,不欲明,明则水溢"。(薛凤祚,2008)[796,799]这些内容当对《人命部》中认识有促进作用。

《人命部》为穆尼阁与薛凤祚合译之作,如何确知上述《人命部·人命》中文字不属于穆尼阁所作,或者不是来自翻译的底本?首先,与底本对比可知《人命部·人命》上述内容应当不是来自翻译。① 其次,由前可知上述文字中三种学问正好与薛凤祚师从穆尼阁时翻译的内容对应,也对应于他会通中西的《历学会通》。其中关于星占的思想呈现出一种过渡形态的特征。历法旁通的思想也最终在《历学会通》中被实践。亦即,《人命部·人命》中文字的思想、内容和薛凤祚后期工作有高度关系与对应性,在薛凤祚思想发展中具有重要地位。但薛凤祚并未在著作中提及穆尼阁曾论述过此种思想。《致用部》中论及历法旁通事宜时提及的是李天经在崇祯改历期间的"度数旁通十事"。可见,《人命部·人命》中上述文字与穆尼阁关系当不大,当是薛凤祚思想的结晶。

4.2.2 穆尼阁对星占的策略性开放

《天步真原》星占内容的编译中,穆尼阁的作用一直是一个颇有争议的问题。学术界早期否定穆尼阁参与翻译欧洲星占,后来虽然承认穆尼阁的作用,但对其动机与原因表示疑惑。到目前为止,由于材料限制等原因,前人尚未能就穆尼阁的作用、其行为的动机等问题给出具有说服力且详细的阐释。这无疑对于我们深入理解薛穆二人的合作颇为不利。下面,笔者就结合更多的材料对此问题进行论述,以期获得一种较有说服力的解释。

由于对星占的译介并非传教所必须,且具有违背禁令的危险,我们难以推测是穆尼阁主动提出翻译欧洲星占术。由前可知,薛凤祚早期的学习经历使他产生了一系列有关星占的问题、诉求需要被解决。因此,在南京拜穆尼阁为师期间,薛凤祚必然将某些或某个疑惑、诉求告诉了穆尼阁并寻求解决。亦

---

① 钟鸣旦先生热心地帮助笔者查对了《人命部》拉丁文底本,认为这段话应当并非翻译之作。在此表示衷心感谢。

即,穆尼阁对欧洲星占的编译应当是在薛凤祚诉求之下实现的。从知识储备来说,面对薛凤祚的诉求与疑惑,穆尼阁当然知道应用哪些知识可以解决。但是,问题在于具有天主教背景且在知识上占优势地位的穆尼阁此时可以有多种选择。他可以声称这些问题自己无法回答。他也可以声称这些问题自己可以解决,但占法上掌握的是有关气象占、医学星占的内容,进而避免翻译违背教会禁令的内容。然而,从《天步真原》内容来看,穆尼阁不仅将当时流行的托勒密星占体系系统译介,而且特意编纂章节解决薛凤祚关于宫位制、选择术的疑惑。这种尽心尽力和一般在华传教士在星占上的保守性极为不同。一般传教士基本上遵循了教会禁令。在论及欧洲星占时他们只提及有关农业、航海、医疗的气象占、医学星占内容,对欧洲丰富而悠久的生辰占、选择术、普遍星占术闭口不提。

那么,穆尼阁为何如此热心、尽心地帮助薛凤祚,宁可违背教会的禁令? 首先,我们不能假设穆尼阁不尊重教会教皇,恶意违背教会规定。耶稣会士的会规极为严苛,在入会之时所发誓言之一就是对教皇的忠诚。耶稣会《会宪》中也规定耶稣会士"应当"完全投入"服从的美德之中,首先服从教宗,其次服从修会上司"。(彼得·克劳斯·哈特曼,2003)[13] 其次,我们也不能假设穆尼阁是单纯地为了传播欧洲数理天文学、星占学等知识而来到中国。福音化中国、传播天主教自是其最终目标。知识只是达成传播信仰的工具。利玛窦以科学知识辅助传教的策略在欧洲为耶稣会士讨论,穆尼阁也对此种策略颇为了解。在来中国的旅途中,他随身携带了数学、天文一类的书籍、一些科学仪器。(Kosibowicz,1929)在和薛凤祚编译完成《天步真原》之后,他因科学家声誉被顺治皇帝召入北京。在与顺治皇帝的面谈中,穆尼阁就表达了清朝基督教化后的美好前景。他甚至拒绝留在北京宫廷的建议,离开北京到海南等地传教,最终在传教过程中客死肇庆。(Gesiak,2010)因此,穆尼阁对于信仰是非常坚定的,其目标依然是传播天主教、福音化中国,而非为了与薛凤祚合作传播知识。

还有一种说法,即穆尼阁故乡波兰的开放氛围是导致他翻译违背教皇禁令内容的重要原因。① 笔者对此持怀疑态度。穆尼阁是一位被耶稣会严格训练方式培养出的、具有极大奉献精神与信仰信心的海外传教人员。如果家乡氛围熏陶下或自己经历中所获得的认识与自己所抉择的信仰体系相违背,穆尼阁符合常理的做法是遵从信仰而放弃自身以前的认识。这也是信仰的题中应有之义。正如一位世俗之人在一种肉食的环境中长大,从小食肉。但当他

---

① 韩琦指出:"穆尼阁所出生的波兰,是哥白尼的故乡,思想相对活跃。这可以帮助我们从一个侧面理解穆尼阁勇于传播哥白尼的学说和教会所禁止的部分星占术内容。"(韩琦,2018)[36]

决定皈依佛门、发誓守戒之后,肉食自是应该断绝,不可因此前经历为理由继续食肉。除非此人并非坚定的信徒。穆尼阁放弃了自己辉煌的世俗前途,选择最终客死他乡的海外传教。我们无法断言穆尼阁为非坚定的信徒。此佛教徒亦可能因一时潜意识或疏忽大意染指禁脔,但此仅一时之过而已。穆尼阁选择与薛凤祚合作翻译违背教皇禁令的欧洲星占持续时间长达一年多。这并非可以因一时潜意识或疏忽大意来解释。

那么,穆尼阁同意并践行翻译欧洲星占学的原因是什么呢?笔者认为可以借鉴儒学中的经权观来理解。一位秉持儒家价值观的士人有自己遵守的常经之道(经)。但根据不同的情况,为灵活处理儒者常常会诉诸权变(权)。权变并不来自恶意地违背常道常理,而是面对特殊情况的特殊应对。应对需要权不离经,即权变可以打破一些条条框框的规定或表面看起来违背一些常理,但不能离开儒家所认同的大本之道。如朱子称"经是万世常行之道,权是不得已而用之";经是万世不变之中,而权则是"一时之中";"经是常行道理。权则是那常理行不得处,不得已而有所通变底道理";经与权不可谓之一,但是二者又不能截然分离,它们共同统一于道。① 同样,笔者认为穆尼阁具有超出一般传教士很多的灵活性或权变性,在面对具体情形时能够变通或者通过一些特殊策略,以达到自己更好传教的目的。他虽然会因一些情况违背教会的硬性规定,但其大本(对上帝的坚定信仰以及偏离此硬性规定可以促进天主教的传播)却不失。引进违背教会规定的欧洲星占学正是这种灵活性策略的权变应用。

穆尼阁出生于政治世家,其祖父与父亲均在政治上有很大成功。尽管父亲在他8岁时即不幸离世,他依然在母亲的护佑与关心之下受到很好的教育。在弗赖堡、帕多瓦和罗马完成学业之后,他于1629年19岁之时回到波兰,开始了自己的政治生涯。他显然对于充满不确定性与钩心斗角的政治领域游刃有余。1632年他成为选举国会议员的代表,并参加波兰国王弗瓦迪斯瓦夫四世的加冕礼,1634年出任负责军队饷银的官员。1636年年仅26岁时他便荣升国会议员并任纳洛克市的市长。就在此年,他中断了冉冉上升的政治仕途,听从心灵信仰的感召,于12月加入耶稣会,正式开始为基督的事业服务。

耶稣会在天主教修会中以灵活传教、因地制宜、"文化适应"著称。(彼得·克劳斯·哈特曼,2003)更重要的是,加之上述政治经历,使得穆尼阁在加入耶稣会士期间成为一个有谋略、灵活性很强的人。在1641年写给耶稣会负责

---

① 转引自刘增光(2011)的文章。

人的indipetae①中,穆尼阁陈述了自己到中国传教的决心与理由。在这种正式与重要的文件中,穆尼阁并没有真实论述自己优越的教育背景,而是声称并未获得学院教育资格证书,才能也不在平庸之辈之上。此外,他还将indipetae的陈述格式机械化处理,以显示出自己水平平庸。这样,他似乎就可以传递出信息——自己无法在欧洲获得施展的机会,因而得以去中国传教。最终,他的陈述说服了负责人。1644年他得以起航正式踏上前往中国之路。(Monika,2018)

穆尼阁来到中国之后,具体传教方法亦颇为灵活。"他想向中国人展示一个同样是为了中国人而提出的基督教,尽管这一宗教来自西方世界。他希望信仰可以渗透到当地的观念和风俗之中,而且他在礼拜仪式上使用中文。他还在许多其他方面做了调整以适应当地文化,以此使当地人相信福音并非是推动欧洲入侵中国的手段,而是给中国人的一种精神讯息。这种讯息同样写在了中国人自己的文化传统和风俗习惯之中。"(Gesiak,2010)此外,他还针对不同对象展开不同交往策略。对于普通民众,他教导基本信仰。(Leszek Gesiak,2010)而在与中国士大夫的交往中,穆尼阁一方面并不强人入教;一方面通过利玛窦所开创的方式,以科学知识吸引士大夫的注意力,以提升自己的声誉与影响力。他甚至因与士大夫交往过程中表现出的非宗教目的被后世中国学者称为耶稣会士中的"笃信君子"。②在被顺治皇帝召见后,穆尼阁并没有利用此次机会直接劝服顺治皇帝转信天主教,而是颇有政治头脑地向顺治帝宣扬了清朝基督教化之后的美好前景。尽管未能打动顺治皇帝,但这无疑更为契合帝王从皇朝治理方面考虑问题的角度,更具有政治智慧。与早期在葡萄牙宫廷获得葡萄牙国王的欢心一样,熟谙政治之道的他也获得了顺治皇帝的欢心与赏识。顺治皇帝希望穆尼阁能够留在宫廷效力。穆尼阁拒绝了他的建议,但还是获得皇帝颁发的传教合法性应许诏书,获准在整个中国传播福音。后来这封诏书给穆尼阁带来了很大的便利,帮助他收回了被海南官吏没收的耶稣会士住院与物品,恢复了海南的传教事业。(Gesiak,2010)适应当地文化传播信仰、礼拜仪式中使用中文、普通民众与士大夫区别对待、尝试使用策略说服皇帝、从皇帝处得到传教许可与诏书、利用诏书革除中国地方上的阻碍以恢复海南传教等,这些均显示出穆尼阁在传教方式与策略上颇具政治家的智慧与灵活性,非一般传教士所能比肩。

---

① 即表达去亚洲传教意愿的简短书信(Litterae ad Indiam petentes)。
②《四库全书提要》云:"顺治中,穆尼阁寄寓江宁,喜与人谈算术,而不招人入耶稣会,在彼教中号为笃实君子。"(纪昀等,1983)第3册:297 杭世骏称:"穆尼阁,泰西人,久居白门,喜与人言历,而不强人入教,君子人也。"(杭世骏,2002a)512

论述至此,让我们回到他和薛凤祚的南京之会。穆尼阁此次是第二次到达南京。他于1644年启程欧洲,1645年到达爪哇后停留,并于1646年抵达中国。在澳门停留一段时间之后便被派往南京耶稣会传教团。当时清廷立脚未稳,南京是南明和清廷互相争夺的主战场。不久,他被迫逃离南京,来到更为东南的福建开展了四年(1647—1511年)的传教生涯。据说在福建期间穆尼阁曾追随艾儒略一起工作。不过,虽然他渊博的科学与人文素养为他带来了一定的声誉与便利①,也获得了一些信众,但动乱的局势使得穆尼阁的传教事业备受阻碍。(Kosibowicz,1929)加之福建位置偏僻,穆尼阁所遵循的以科学知识辅助传教的策略实难在士大夫群体中获得大的影响力。之后,局势渐稳,穆尼阁再次来到南方经济、学术与文化重镇南京。在这里,他得到了一个可以更好地发挥自己作用的平台。

不过,此时的情形与明末已经不同。自利玛窦确立以科学知识辅助传教的路线以来,欧洲科学知识成为传教士得以稳定立足于中国的重要凭借。至穆尼阁第二次到达南京时,传教士已经翻译了大量科学知识著作。除《浑盖通宪图说》《乾坤体义》《几何原本》等一系列传教士与中国学者自行合作翻译的科学著作外,通过官方译介、系统介绍欧洲数理天文学的《崇祯历书》,在进入清代后成为新朝廷认可的官方历法。亦即穆尼阁当时面临的中国学者群体已经对于欧洲天文学等科学知识不再感到新奇与陌生,且官方并没有明末时期的改历需求。这与利玛窦等人所面临的环境自是不同。这种情况下,想通过科学知识辅助获得与士大夫阶层的交往与影响力,简单凭借普通的或传教士已经译介的科学知识未免会大打折扣。穆尼阁似乎了解这一点。所以从现有一些记载中我们可以看到,为了突出自身特殊性,穆尼阁在言谈之中颇为强调自己科学知识的新奇性与独特性。如据《物理小识》记载,穆尼阁曾对方以智引述的欧洲九重天天体运行知识给出评价,称"道犹未精也"。(方以智,1983b)[766]薛凤祚与穆尼阁合作编译的《天步真原》亦被称为"新西法"。而正是这种新科学知识,为穆尼阁带来了声誉的迅速提升。最终他声名远播,传到了顺治皇帝处,并于1653年被召到北京。(刘晶晶,2011)他不仅得以向顺治皇帝表达福音化清朝的美好前景,也得以得到皇帝诏书。这为后面传教的顺利进行获得了来自中国最高权力者的保证。这是颇具政治智慧的促进传教的策略与路线。

将穆尼阁与薛凤祚合作翻译欧洲星占学置于上述语境,结合儒家经权观的启发,我们可以对穆尼阁愿意尽心翻译违背教皇禁令的欧洲星占内容给出一种逻辑上更为自洽与严密的理解。对于穆尼阁来说,早期个人出色而独特

---

① 如在福建建阳时,他的科学素养给当地负责人留下了深刻印象。(Kosibowicz,1929)

的政治经历,以及耶稣会本身所具有的灵活传教特征,给他带来了较一般耶稣会士更为灵活的传教思路。对他来说,虽然最终目标还是福音化中国,但达到此目标的手段可以不拘泥于教皇所规定的一些条条框框,亦即可以灵活变通。他与薛凤祚在南京的相会无疑对于在福建四年备受阻碍的穆尼阁来说意义重大。薛凤祚具有深厚的学术基础与强烈的意愿学习欧洲天文学知识,同时亦具有不一般的社会地位与影响力。① 穆尼阁亦需要通过与薛凤祚的合作成就自己更大的声誉,以有效地获得更为广泛的影响力,进而更有效地传教。但当时的官方历法已经是西洋之法。穆尼阁因此在数理天文学方面选择了兰斯玻格《永恒天体运行表》的数理天文学内容。兰斯玻格是哥白尼学说信徒。《永恒天体运行表》以违背教会规定的哥白尼日心地动说为基础。但毫无疑问这对于当时的中国学者来说属于新知。同样,面对薛凤祚对于星占的强烈诉求,具有政治灵活性的穆尼阁亦能够不拘泥于教皇的条条框框规定,系统译介了欧洲古典星占术。我们看到,穆尼阁所选择的策略性开放的确为他带来了更大的影响力。他的声誉日升,并得以被顺治皇帝召见,开启了新的传教旅程。他的这种策略性开放(图4.2)最终也使得欧洲古典星占术在中国得以完整流传,产生重要的影响。

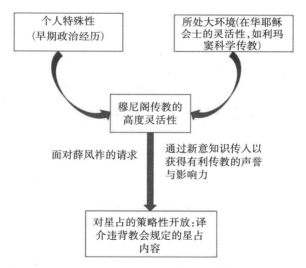

图4.2 穆尼阁译介违背教会规定星占内容的策略性开放说明图

---

① 薛凤祚父亲薛近洙曾在明末被授征仕郎、中书科中书舍人。儒学老师鹿善继、孙奇逢均是明末清初心学大家。尤其是孙奇逢进入清代后实为北方儒学重要人物,影响甚大。另其传统历算星占老师魏文魁是明末传统历法的代表人物,是崇祯改历期间中法派的核心。这些背景可谓非同寻常。关于薛凤祚不同寻常的背景请参看刘钝(2015b)的论述。

4.3 《天步真原》星占内容——欧洲与伊斯兰星占组成的西法

1652年春天,薛凤祚带着问题与诉求来到南京拜穆尼阁为师。他的到来为践行以科学知识辅助传教的穆尼阁带来了新的机遇。薛凤祚的问题与诉求获得了具有开放灵活传教方式的穆尼阁的回应。穆尼阁也因此获得了更为广泛的声誉。他们在接下来的近两年时间里展开了系列的编译工作。编译的方式应该和当时其他传教士与中国学者合作方式一致,主要是由传教士穆尼阁口译,薛凤祚笔述。从《天步真原》所提供的信息来看,参与校对参订工作的还有颍州刘衍仁和薛凤祚的儿子薛嗣桂、侄子薛嗣瑜等。(薛凤祚,2008)[601]至1653年,《天步真原》正式在团队协作之下完成。其中不仅传入了以兰斯玻治《永恒天体运行表》为底本的日心说体系,而且将教会禁止却为薛凤祚所希望学习的欧洲生辰占、选择术、普遍星占术一并译介。这不仅意味着在《崇祯历书》之外一套新的数理天文学体系被引进,更标志着文艺复兴以来欧洲古典星占学在中国的系统传播。在初始的《天步真原》版本中,薛凤祚还收录了一些《天文书》内容。这一做法改变了明代中后期将《天文书》收录于星命术以会通的传统,使得伊斯兰星占与欧洲星占合流,对后世产生了重要影响。从此,欧洲星占与伊斯兰星占开始被认为属于同一占法类型——西法星占。西法星占在中国流布,鼎立于当时的传统军国星占、星命术,成为中国学者星占研究的重要组成部分。此外,薛凤祚还通过序言等方式为《天步真原》西法星占赋予了宇宙论等丰富维度。那么,《天步真原》中主要引进了哪些欧洲星占学内容?薛凤祚为何要在《天步真原》中加入伊斯兰星占学呢?《天步真原》西法星占内容具有哪些特征与维度呢?

4.3.1 薛凤祚星占著作分期与《天步真原》中所包括的星占著作

在正式介绍这些问题之前,首先要确定《天步真原》中包括哪些星占著作,以及另一相关问题——薛凤祚星占著作分期情况。这一问题的出现与薛凤祚现存著作的特点有关。尽管在完成《天步真原》之后薛凤祚便刊刻以广流传,但随着时间流逝,目前并未发现单行本《天步真原》存世。刊刻《天步真原》之后,薛凤祚又刊刻了另外一个版本——《天步真原丛书》。此书当是《天步真原》再版,且沿用了第一版的刻版。接着,薛凤祚完成初步会通之后出版了《天学会通》。与《天步真原》一样,《天步真原丛书》《天学会通》亦无单行本存世。在《天学会通》基础上,经过进一步修订,可能在1664年薛凤祚基本完成了《历学会通》。①《历学会通》有刻本存世。该书是薛凤祚此前历学研究的集大成之作,共60卷,分为《正集》《考验部》《致用部》三部分,主要包括历法、星占、实用技术三种学问。其中星占集中在《考验部》与《致用部》。《考验部》收有五部西法星占著作,分别是《纬星性情部》《经星部》《世界部》《人命部》《选择部》。《致用部》则包括《中法占验部》《中法命理》与西法星占著作《西法医药部》。另外,《致用部》的《中法选择部》,从严格意义上来讲并非星占著作。但《中法选择部》与西法《选择部》相对应,也可以算作是薛凤祚星占工作的一部分。

由于《历学会通》旨在会通此前所学,所以内容上多沿用原来诸书。在其中薛凤祚保留了《天步真原》初版的全部以及《天学会通》部分刻版。以上各书在不同时期刊刻,字体上留下了不同特征。大体上,《天步真原》全部与《天学会通》的一部分系仿宋体(如图4.3,图4.6),而《天学会通》的另一部分与《历学会通》是宋体(如图4.4)。(Shi Yunli,2007)

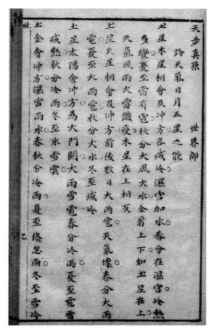

图4.3 《世界部》正文首页

图4.4 《历学会通·正集》目录

---

① 《历学会通》的完成与刊刻时间是个有争论的问题。考虑到目前《历学会通》序言落款时间最晚者为1664年,所以目前学者大都认为《历学会通》大致完成于1664年(康熙三年)。至于其刊刻时间则是另外一个问题,尚无定论。(褚龙飞,2014)[17-18,20]

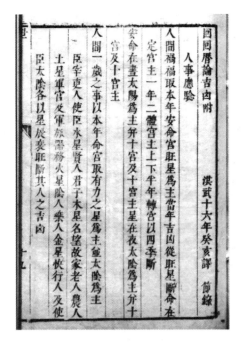 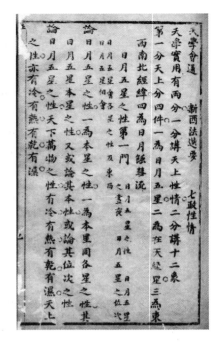

图4.5 《回回历论吉凶附》正文首页　　图4.6 《纬星性情部》正文首页

结合上述出版与字体信息就会发现,《世界部》(不包括《回回历论吉凶附》,图4.3)、《人命部》与《选择部》不管是卷首目录还是正文第一页右上角标题都是《天步真原》,而且字体均为仿宋体。这显示它们在1653年刊刻之后便未曾改动,刻版一直被用到《历学会通》中。《经星部》与《纬星性情部》则卷首目录标为《天步真原》,正文第一页标题却为《天学会通·新西法选要》(图4.6)。这表明此两卷曾作为《天步真原》的一部分在1653年刊刻,但后来很有可能在出版《天学会通》时被重新修订。(Shi Yunli,2007)《西法医药部》正文标题为《天学会通》。据研究,其中涉及星占的内容实际上是《纬星性情部》与《人命部》相关章节的撮要。可见这部分是在《天学会通》中才出现,并不属于《天步真原》。另外,《世界部》所附《回回历论吉凶附》(图4.5),字体系宋体,与前面《天步真原·世界部》的仿宋体有明显区别。可知《回回历论吉凶附》实际上并不属于《天步真原》,而是后来在《天学会通》或《历学会通》刊刻时才加入。《致用部》中《中法命理部》《中法选择部》《中法占验部》卷首目录与正文第一页右上角标题均是《历学会通》,字体为宋体。这表明它们属于《历学会通》阶段。

因此,《历学会通》中星占著作按完成时间至少可以分为三个时期。第一是《天步真原》时期。此时期出版了《经星部》、《纬星性情部》、《世界部》(不包括《回回历论吉凶附》)、《人命部》与《选择部》。第二是《天学会通》时期。这一时期薛凤祚在《天学会通》中应该保持了《世界部》《人命部》《选择部》在《天步真原》时期的刊刻原貌,对《经星部》与《纬星性情部》可能进行了修订。同时,他节录了《纬星性情部》与《人命部》中相关内容完成简短的《西法医药部》在《天学会通》中出版。第三是《历学会通》时期。此时他在《致用部》中收录了《中法命理部》《中法选择部》《中法占验部》。此外,薛凤祚在第二或第三时期还节录了《天文书》中内容完成《回回历论吉凶附》,附于《世界部》之后。该部分目前还无法确定属于《天学会通》抑或《历学会通》时期。①

可见,《天步真原》中的西法星占主要包括五种:《经星部》、《纬星性情部》、《世界部》(不包括《回回历论吉凶附》)、《人命部》、《选择部》。其中《纬星性情部》论述了黄道十二宫、日月五星的性情与分类,还有相冲、界等星占中的基本术语。②《世界部》则主要预测战争饥荒、气候灾害,还有国家命运等,属于普遍星占学。《人命部》是生辰星占术,包括三卷,主要以人出生时刻来推算个人命运。上卷介绍生辰星占术的基本概念与占法。中卷演示天宫图推算,另外还讲述了许星、照星、流年、流日等概念。下卷列出十六幅天宫图,其中十五幅属于生辰占,最后一幅属于普遍星占术。《选择部》是择日术,乃以天象为依据,选择执行某事时间。《经星部》介绍了黄道附近恒星的名称、性情、星等大小、黄赤经纬等。天宫图中有时会加入恒星作为占验元素,《经星部》便在这种情况下发挥作用。

4.3.2 薛穆二人合译的《天步真原》欧洲星占内容

仔细研究《天步真原》星占著作可以发现,其中《选择部》中"附回回历选法""附回回历论物价贵贱"辑录自《天文书》。《经星部》亦非译作,乃根据《西洋新法历书·恒星经纬表》删减而成。(褚龙飞,2014)[139]因此,真正属于穆尼阁编译的欧洲星占内容是《纬星性情部》、《世界部》(除《回回历论吉凶附》)、《人命部》,以及《选择部》"太阴十二宫二十八舍之用"与"太阴会合五星太阳之能"。

---

① 笔者更倾向于《回回历论吉凶附》是在《天学会通》时期完成。因薛凤祚对《西法医药部》的节录是在《天学会通》时期,对《天文书》的节录在同一时期的可能性较大。但我们并不能排除《历学会通》时期的可能性。此外,《致用部》收录有属于《气化迁流》的《五运六气》《十干化曜》以补充《西法医药部》与《中法命理部》。《气化迁流》是在薛凤祚完成《历学会通》之后编著的另外一部巨著,所以这两种著作并不属于会通阶段,应该是在后期收录。不过,由于这两种著作是对《致用部》内容的补充,笔者在第5章也会一并讨论。

② 钟鸣旦在其文章中并未对《纬星性情部》作介绍。韩琦已经指出这一点。(Han Qi,2011)从内容来看,此部分大致可与托勒密星占《四门经》中第一书(BOOK Ⅰ)相对应,当是穆尼阁译自卡尔达诺对托勒密星占《四门经》第一书的评注。

这些内容基本属于托勒密体系。它们在星占术语的翻译上亦是颇为复杂。薛凤祚与穆尼阁综合了中国古代流行的星命术、伊斯兰星占著作《天文书》与拉丁语底本。其中所介绍的宫位制、回年、流年、流月、流日等内容或补此前汉语星占界之不足，或较此前更为细致，均具有重要意义。

4.3.2.1 体系：托勒密星占传统

《天步真原》欧洲星占部分的主要底本是卡尔达诺对托勒密星占《四门经》的评注，其所遵循的自是托勒密传统。笔者将代表性基本概念如三方主、庙旺（即"升"）、降列入表 4.1 中。可以看出，《天步真原》与托勒密星占《四门经》一致，与多罗修斯《星占之歌》不同。

表 4.1 《天步真原》中的三方主与庙旺/降对照表

	《天步真原·纬星性情部》	《天文实用》P21b−22a	《四门经》Ⅰ.18	《天文书》Ⅰ.15	《星占之歌》Ⅰ.1
三方主					
白羊、狮子、人马	日/木	日/木	日/木	日/木/土	日/木/土
金牛、室女、摩羯	金/月	金/月	金/月	金/月/火	金/月/火（水）
双子、天秤、宝瓶	土/水	土/水	土/水	土/水/木	土/水/木
巨蟹、天蝎、双鱼	火/金（月）	火/金（月）	火/金（月）	金/火/月	金/火/月
庙旺/降					
	《天步真原·纬星性情部》	《天文实用》P21	《四门经》Ⅰ.19	《天文书》Ⅰ.15	《星占之歌》Ⅰ.2
日	白羊/天秤	白羊/天秤	白羊/天秤	白羊19°/天秤19°	白羊19°/天秤19°
月	金牛/天蝎	金牛/天蝎	金牛/天蝎	金牛3°/天蝎3°	金牛3°/天蝎3°
土	天秤/白羊	天秤/白羊	天秤/白羊	天秤21°/白羊21°	天秤21°/白羊21°
木	巨蟹/摩羯	巨蟹/摩羯	巨蟹/摩羯	巨蟹15°/摩羯15°	巨蟹15°/摩羯15°
火	摩羯/巨蟹	摩羯/巨蟹	摩羯/巨蟹	摩羯28°/巨蟹28°	摩羯28°/巨蟹28°
金	双鱼/双女	双鱼/双女	双鱼/双女	双鱼27°/双女27°	双鱼27°/双女27°
水	双女/双鱼	双女/双鱼	双女/双鱼	双女15°/双鱼15°	双女15°/双鱼15°

对托勒密星占《四门经》,清初的中国学者似乎并不会陌生。明初翻译的《天文书》,尽管其底本是伊斯兰世界综合此前多种传统的结果,但与托勒密星占《四门经》有重要关联。托勒密是底本作者阔识牙尔唯一提及的星占家。(Michio Yano,1997)至迟顺治初年已经完成的汤若望《天文实用》首卷则第一次较完整地传入托勒密传统的星占基本概念。其底本可能是16—17世纪欧洲有关托勒密著作的评注本。因此,直观来看,若从介绍托勒密传统来说,《天步真原》中的欧洲星占学似乎并没有什么特殊之处。不过,正如笔者前面所论与表格所显示,《天文实用》只是星占基本概念的介绍,并没有相应占法;《天文书》在三方主、庙旺、降等基本概念与选择术的介绍上属于多罗修斯传统,大运、土木相会等占法属于波斯传统,与托勒密传统并不一致。《天步真原》与托勒密星占《四门经》在占法层面也有差别。如《天步真原》强调后天十二宫的重要性。穆尼阁受薛凤祚之请翻译了少量、简单的选择术。其中有类似土木相会的在天大小会占法。但是,《天步真原》基本概念与托勒密系统基本一致,占法上也较《天文书》更接近托勒密星占《四门经》①。甚至有些译文乃径直从托勒密星占《四门经》翻译而来。(钟鸣旦,2010)因此,《天步真原》相对于《天文书》来说属于更为纯粹的托勒密系统,相对《天文实用》则更为全面。从这两个角度便可看出《天步真原》的重要与独特性。

《天步真原》欧洲星占部分之所以相较《天文书》属于更为纯粹的托勒密传统,与欧洲星占学自文艺复兴以来的发展密切相关。自中世纪后半期开始大翻译运动以来,星占在欧洲获得了普遍的流行与发展。但这一时期的星占深受伊斯兰星占学的影响。至文艺复兴时期,星占学开始出现两个重要的发展趋势。一是逐渐脱离深受伊斯兰星占术影响的中世纪传统,二是强调直接接触古典星占家尤其是托勒密的工作。新趋势的结果便是欧洲学者不再满足于早期从阿拉伯语转译的托勒密著作,而是直接从希腊语翻译了《四门经》,以追求更为纯粹的古典占法。1535年,《四门经》的前两书被 J. Camerarius 直接从希腊语译出并出版。之后, A. Gogava 从希腊语翻译了全本《四门经》,并于1548年出版。1554年,受回归托勒密趋势影响的意大利百科全书式学者卡尔达诺在旅途中对 A. Gogava 的译本进行了研究,完成了对托勒密星占《四门经》的评注(*in Cl. Ptolemaei Pelusiensi* Ⅳ *de Astrorum Iudici-js*,…*Praetera Geniturarum* Ⅻ)(见附录6)。该评注本后来成为16、17世纪的权威注本。(Faracovi,2014)约一个世纪之后,当穆尼阁来到中国时身边定是携带了此书。有意或无意受到回

---

① 如《天步真原》对特殊点的应用只有幸运点("福")一种,这与托勒密一致。《天文书》中则介绍了大量的特殊点,与多罗修斯《星占之歌》传统接近。

归托勒密星占传统背景影响的穆尼阁,最终在南京以一个世纪之前卡尔达诺对《四门经》的评注为主要底本,翻译了《天步真原》。最终,穆尼阁与薛凤祚为中国学者呈现了较为纯粹和全面的托勒密传统星占学内容。

4.3.2.2 基本术语:新旧综合的译介

术语是一门学问中基本范畴、概念的表达工具,具有专业性特征。术语的翻译不仅需要译介者遣词费心,而且能体现出译介者对于此门学问前期已有成果的了解、尊重与推进情况。《天步真原》星占术语颇为丰富,从其术语的表达可以看出,薛凤祚与穆尼阁译介时广泛参考了中国当时已有的天宫图星占学用语,并斟酌了拉丁语表达。这体现出一种高度综合的状态。

附录 4 是笔者统计的《天步真原》基本术语情况,以及与星命术著作、《天文书》、《天文实用》、《天步真原》拉丁语底本的对照表。[①]从表中可以看出,《天步真原》的术语深受《天文书》的影响。如容许度(Orb)《天文书》中翻译为"光"[②],《天步真原》中也是"光"[③]。"位"概念《天文书》与《天步真原》相同。《天文书》"降宫",《天步真原》称为"降"或"本降宫"。[(薛凤祚,2008)605(李翀、马哈麻等,1993)98]《天文书》中有"喜乐位分",在《天步真原》翻译相同含义的概念时使用了相近的表达"快乐宫"。[(薛凤祚,2008)551(李翀、马哈麻等,1993)89-90]《天文书》以相位为 90°的四组黄道十二宫为"三合宫",《天步真原》中有些段落以"分"来表达,有些地方则以"三合宫"来表达。[(薛凤祚,2008)550,597(李翀、马哈麻等,1993)86]此外,《天文书》将后天十二宫"某宫"称为"某位",如"第一宫命宫"称为"第一位",《天步真原》中也有一样的表达。(薛凤祚,2008)580(李翀、马哈麻等,1993)143 还有"定宫""弦照""二体宫""四正柱""四柱"等。从这些术语的名称我们不难看出《天文书》与《天步真原》之间的紧密联系。这说明薛凤祚早期对《天文书》的研究在术语上深刻影响了《天步真原》的翻译。他与穆尼阁在一起翻译时定然就《天步真原》与《天文书》之间概念的相似性进行了深入沟通。

---

① 其中财帛宫等后天十二宫,《天步真原》并没有类似星命术一般将它们称为财帛宫等,而是表述为:"第一宫称命宫,关人命,吉凶皆在其中;二宫财帛;三宫兄弟、姊妹、亲戚及不远道路;四宫父祖及亲者家事,为天下门;五宫男女;六宫疾病、家人;七宫妻妾、仇人;八宫死亡;九宫移徙道路;十宫功名;十一宫福禄、朋友;十二宫祸门、监狱。"(薛凤祚,2008)602

② "凡七曜相照,在经度上有八等。一相会,一相冲,二弦,二六合,二三合,共八等。太阳前后光一十五度,太阴一十二度,土木火三星,各九度,金水二星,各七度。"(李翀、马哈麻等,1993)90

③ "会冲等有二。其一正相遇,一秒不异。其一不正相遇,论本星光之半数。土星光十度,木星光十二度,火星光七度三十秒,太阳光十七度,金星光八度,水星光七度,太阴光十二度三十秒。"(薛凤祚,2008)549

除《天文书》外，薛凤祚早期亦曾研究星命术。《历学会通》中收录有《琴堂五星》，或即他早年所研习。但由附录4可知，《琴堂五星》与早期具有代表性的星命术著作《西天聿斯经》《三辰通载》术语，除妻妾宫与《天步真原》相近而与《天文书》《天文实用》不同之外，其他与《天步真原》相近相同者如兄弟宫、财帛宫、主星、昼夜、男女，均亦与《天文书》相近或相同。因此，尽管无法排除星命术对《天步真原》术语的影响，但从表格术语来看，《天步真原》受星命术著作的影响要比《天文书》小得多。

有意思的是《天文实用》与《天步真原》的术语关系。从表格中可以看出，《天文实用》术语较为特殊。其中黄道十二宫宫名、"主星"、"昼夜"、"光界"、"冲"与《天文书》、星命术著作相近或相同。但这些名词除"光界"之外均太过普通，无法说明《天文实用》与其他著作之间的联系。其他术语则表现出与星命术著作、《天文书》完全不同的用词风格。因此，总体来看，汤若望的翻译似乎在追求着一种脱离中国本土已有星占资源的表达方式，以得到新的星占术语体系。①这也与汤若望试图以教会允许的星占取代中国本土星占的想法相合。从术语来看，《天步真原》与《天文实用》有相近之处。除黄道十二宫名称、"主星"、"水土火气"这些普通常见术语相近或相同之外，一些特殊的词汇也相近或相同。如"界"在《天步真原》与《天文实用》中相同。"十二门"不见于《天文书》，却可以在《天文实用》中找到将后天十二宫命名为"门"的例子。《天步真原》也将"田宅宫"称为"天下门"。另外，"角"的概念虽然在《天文书》中出现，但指称的是第一宫到第十宫、第七宫到第四宫、第十宫到第七宫、第一宫到第四宫四个象限。②在《天文实用》与《天步真原》中均用"四角"指称第一宫、第四宫、第十宫、第七宫。那么，这是否表明《天步真原》术语受到《天文实用》影响呢？

《天文实用》在清初曾刊刻流通。王锡阐、吕留良即表达过购买《天文实用》的意愿。（韩琦，2013）不过，从现有材料看，薛凤祚和穆尼阁并没有读到过《天文实用》的记录。薛凤祚在他关于星占学习的历程中并未论及《天文实

---

① 汤若望并非对中国本土已有的星占术语毫无了解，在其所著《浑天仪说》中，他在小字中标注有"命宫"一词，乃是来自中国星占术语体系。（徐光启等，2017）[1793]

② 《天文书》云："上古先贤，将太阳为寿星者，看太阳在六阳宫，或命宫至十位，一角，七位至四位，一角，皆属阳。在此宫位，则为寿星也。取太阴为寿星者，看太阴在六阴宫，或十位至七位，一角，四位至命宫，一角，皆属阴。在此宫位，则为寿星也。若太阳、太阴在第三，六，第九，第十二，四弱位，则不堪为寿星。"（李翀、马哈麻等，1993）[130]

用》,且在《天步真原》之后的著作中也未论及此书。[①]而上述"角""界"等名词,我们也可以从另外一个角度获得诠释。"角"所对应的拉丁语底本用词为"Angulis","界"是"Finis"。因《天步真原》《天文实用》均使用拉丁语底本,故两者被译为"角"与"界"亦在情理之中。再考虑到《天文实用》其他术语与《天步真原》的明显区别,笔者更倾向于认为《天步真原》并未受到《天文实用》的影响。

"角"与"界"两个词汇与拉丁语的对应启发我们《天步真原》术语的另外一个重要来源——拉丁语底本。术语中最为明显地受到底本影响的是"升"。该术语并不见于星命术著作、《天文书》《天文实用》之中,而是与底本中的拉丁语名词"Altitudo"对应。此外,附录4表格中其他术语,如"舍""上升/递上星/上来宫""降下四宫/递下星/降角/降下宫/下降角/降下角/下去宫"也明显受到拉丁语底本的影响。

总体来看,《天步真原》星占术语是在综合考虑中国本土已有星占术语与拉丁语底本之后共同产生的结果。这两种资源所呈现出来的影响,似乎也难以简单地得出孰大孰小的比较。我们也不必去作出如此比较。从上述术语的特征已经可以得知,穆尼阁与薛凤祚对星占的翻译是经历了深层次对话、沟通与学习的结果。穆尼阁与薛凤祚在翻译过程中必然对各自所不熟悉的资源[②]进行了细致对比与沟通。这使得他们认识到中国本土资源与欧洲资源的共通性,为《天步真原》术语系统的综合特征提供了可能。他们也表现出对他者的尊重。穆尼阁并没有坚持创造一种新的术语体系,与中国本土术语资源区别,而是确定相应概念的共通性,选择已有资源进行有效利用。薛凤祚也未坚持完全使用已有概念,而是在与穆尼阁的对话中因有革,使得术语系统展现出新面貌。

4.3.2.3　后天十二宫计算:详细而实用的雷格蒙塔努斯宫位制

在《天步真原》所介绍的欧洲星占学知识中,最重要的可能要属不均等划分后天十二宫的分宫方法——雷格蒙塔努斯宫位制。在《人命部》中卷前半部分(薛凤祚,2008)[627-638],穆尼阁以"壬辰四月初七日申时,金陵太阳午后申时"为例,详细演示了这一宫位制。

图4.7是《人命部·中卷》十二宫图(右)。其中庚甲己丁为子午圈,甲丙丁

[①] 一个可能的线索是《纬星性情部》中提及"天学实用":"天学实用有两分,一分讲天上性情,二分讲十二象。"(薛凤祚,2008)[547] 但此亦有可能是薛凤祚研究《西洋新法历书》时受到汤若望论述《天文实用》奏疏文字影响的结果。此证据难以说明他读到过《天文实用》。

[②] 如穆尼阁之于《天文书》,薛凤祚之于卡尔达诺托勒密星占《四门经》的评注。

为黄道,乙丙戊为赤道,丙点为秋分点,庚卯己为地平圈[①],庚壬己等为十二宫各宫圈。首先以上述时间与地点[②]得到十宫所对应的赤道度数,即图中乙点的赤道度数。再以乙点为基准十二平分赤道(即图中乙壬、壬丑、丑辰、辰未等均为三十度)得到十二宫与赤道交点,如壬、丑、辰等点。分别通过这些交点与庚、己点作大圆便可得到十二宫圈。此十二宫圈通过黄道与之相交,接着便计算各宫圈与黄道交点(如壬点所对辛点,丑点所对寅点,卯点所对辰点等)的度数。先算出十宫赤道度所对应的黄道度数,即通过丙乙边得到丙甲边。[③]在此基础上,书中介绍了三种方法计算各宫圈赤道度数所对应的黄道度数。第一种用解球面斜边三角形的方法来计算,解说最为详细。以十一宫为例,即算壬丙辛三角。通过已知的丙壬边[④]、丙角,还有辛壬丑角[⑤],利用讷氏比例式(Napier's Analogies),得到丙辛,再求得黄道度数。第二种是"用表算"法,通过查阅"黄赤道正升"表(薛凤祚,2008)[507-508]与"北极斜升"表(薛凤祚,2008)[508-515]得到结果。第三种为"用三角算十二宫"法。通过上述方法得到各宫度圈与黄道交点的度数后,十二宫位置便完全确定。接着便可以排入七政进行占验。

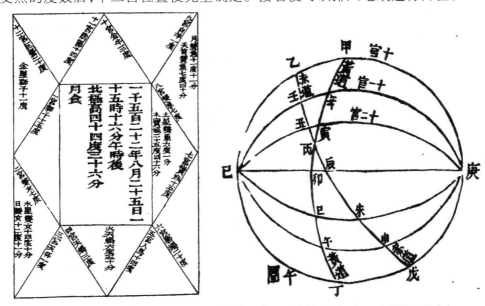

图 4.7 守山阁本《天步真原·人命部》天宫图实例(左)与十二宫划分图(右)

---

① 也即为第一宫圈。
② 纬度与时间是计算过程中的两个基本量。地点即金陵,可提供纬度值,时间为申时。
③ 甲乙丙角为直角。已知丙乙边为黄赤交角,前算已得出丙己边,故可得丙甲边。
④ 180°减乙丙边与30°得到丙壬边。丙点并非春分点,而是秋分点。
⑤ 辛壬丑角通过前算北极离各宫圈度得到。北极离各宫圈度的算法见薛凤祚(2008)[629-630]的著作。

从以上计算过程可以明显看出,这种宫位制具有以下三个重要特征:①它以东方地平线和赤道的交点为起点平分赤道为12份。②它用穿过地平线、子午线交点(即图4.7中庚、己点)与赤道分割点(即图4.7中壬、丑等点)的大圆来圈定十二宫各圈。③各宫位置以赤道分割点投影在黄道上的点来确定。这正是当时欧洲颇为有名的雷格蒙塔努斯宫位制的主要特征。

前面已经指出,雷格蒙塔努斯宫位制早在汤若望《浑天仪说》中已经引进。但是由于《浑天仪说》并非星占专著,汤若望又是基于浑天仪解说如何得到此宫位制,所以影响有限。穆尼阁则通过详细算例给出演示,加之又在专门介绍星占学的《人命部》中讨论,因此对后世产生了重要影响,在中西星占交流史及中国星占发展史上具有重要意义。

让我们简单回顾一下宫位制在中国的历史,以更好地理解《天步真原》雷格蒙塔努斯宫位制的地位。宫位制是希腊化天宫图星占学的基础。历史上最早传入我国的宫位制是整宫制,① 时间目前来看是唐代。至迟于公元8世纪,通过中亚等途径并由景教徒翻译传至中国的星占著作《聿斯经》(Mak, 2014)就使用了整宫制。稍后,在公元9世纪由入华印度婆罗门僧人金俱吒编撰的汉文星占学手册《七曜攘灾诀》中也介绍了整宫制。(郑玉敏,朱浩浩,石云里,2016)经过唐宋的融合发展,到了明代,星命术已经相当繁复,其安命宫法一般也会有专门介绍。如万民英《星学大成》中就有多处介绍了安命之法。卷三"起立命"中说:"看太阳在何宫,以生时加太阳宫起顺数。如太阳在子,即从子上起生时,挨丑顺数至卯,便是立命宫。"(万民英,1983b)[337-338] 其分宫方法就是整宫制。又万民英在"安命论"一节也讨论了安命宫问题:

> 星家源流以太阳为命之所自出,太阳出卯,故人之立命亦在卯。不知太阳出卯者,举大较也。以大较例人安命,此命之所以不准。今以太阳东升考之,小寒至芒种,小暑至大雪,俱出卯。若冬至后十九日昼极短而出辰初初刻,夏至后十五日昼极长而出寅正四刻,人立命既以太阳为体,则所生所出时候亦当随太阳推迁。以余观之,凡日出卯时,则立命在卯,若出寅辰,则立命当在寅辰。通关加盘,俱因轮转。方足以体造化之妙。(万民英,1983b)[397]

不难看出,虽然他主张不能只是"逢卯安命",应当依照太阳东升位置作出相应

---

① 整宫制是最为原始的宫位制。它以黄道坐标为准,命宫等十二宫就是白羊宫等黄道十二宫(在中国一般表示为星纪等十二次)。整宫制后天十二宫的初始位置是十二星座的开始位置,后天十二宫与十二星座完全重合。关于整宫制的介绍可参看班杰明·戴克(2013)[125-130]的论述。

调整，但整宫制并未改变。一直到明末邢云路，整宫制还是当时中国学者普遍使用的宫位制：

> 盖以日躔之宫，加所用之时，视东方何宫何度出地平环上为主，即用此宫安命定日，以步田宅、奴仆、官禄、相貌、迁移、福德于上。付之于七政四余，以视出地平环之宫何星为主。又落何星及视各宫所落何星，各主祸福。如万历己亥岁秋正后十日壬辰午时用事，是日申初一刻日躔寿星，午时仍用巳，将以巳加午，顺布地平环上是寅，即以寅宫为主，木星为命。（邢云路，1983）[691]

除了星命术外，以《天文书》为代表的伊斯兰星占术也是以天宫图为占验基础，因此在使用时也需要依靠一定的宫位制。如前所述，图2.3是《天文书》中给出的唯一一幅天宫图——"当生流年小限星图"，其中显示出的是整宫制特征。但《天文书》中实际的宫位制如何并不明确，对后世也没有多大影响。

可见，自域外星占学传入中国以来直到明末，中国主要流传的是整宫制。整宫制尽管有其优点，但作为最为原始的宫位制，其局限性也很明显。比如，整宫制中后天十二宫只有十二种分布方式。这显然相对于繁杂的人类社会来说太过简单。又由于古人在应用整宫制时所考虑的最小时间单位是时辰（即2小时），且未考虑纬度因素；所以对于在同一时辰出生的人，不管其纬度大小，所排出的后天十二宫会完全一样。雷格蒙塔努斯宫位制则不同，其所考虑的最小时间单位更加精确，而且考虑纬度因素。所以相对于整宫制来说雷格蒙塔努斯宫位制远为精细与复杂。正如倪荣桂在嘉靖七年（1802年）所说：

> 古法立命以太阳躔宫加本生时轮，至卯上安命。太阳进宫一度，亦进宫一度安命。太阳进宫十度，亦进宫十度安命，谓之原躔。其法一时只有一命度，一日十二时，命盘只有十二种之分。夫安命之法，视天轮旋转至东地平处为命度。天体至圆，周围三百六十度，天行至健，一时运行三十度。一度一种人，一日内应有三百六十种人。岂有板定一时只移一度，而谓十二时中只有十二度可以安命，只生十二种人之理？此是古人以东方出地平度难以测识，而强取一度以定之。元耶律楚材谓千古无真命度者，以此也。今西洋推命之法，度度可以立命。一日之内有三百六十种命盘，西法之精于古法，不已可知乎？又古法之立命也，南土与北地无殊，中华与外域不异。岂知太阳由黄道而行，命度依黄道之出地平而立。而北极出地有高卑，则地平弧线有曲直。北极高则弧线曲。而春分后日躔戌酉申未午巳六宫，其出地平常早。秋分后日躔辰卯寅丑子亥六宫，其出地平

常晚。北极卑则弧线直,而春分后日躔戌酉申未午巳六宫,其出地平较晚。秋分后日躔辰卯寅丑子亥六宫,其出地平较早。日出既随地而异,即安命亦随地而异。今西法安命法随在而盘各不同,西法之精于古法,不更可知乎?(倪荣桂. [1880]^{西法命盘图说自序:1a–2a})

论述整宫制算法之后,倪荣桂以元代耶律楚材"千古无真命度者"批评整宫制的粗糙。接着他指出"西法"(即雷格蒙塔努斯宫位制)之精,在时刻与地点计算上的优越性,认为"西法之精于古法,不更可知乎"。亦即,在倪荣桂看来,雷格蒙塔努斯宫位制的出现真正解决了"千古无真命度"的问题。作为广泛传播雷格蒙塔努斯宫位制的《天步真原》,其重要意义可见一斑。

4.3.2.4　占法:以许星、照星、煞星、解星、回年、流年、流月、流日、月离逐日与五星为例

《天步真原》欧洲星占占法主要分为生辰占、普遍星占术与选择术三种。生辰占与普遍星占术是托勒密星占《四门经》中介绍的两种星占类型《天步真原》对此两种占法的译介可以与主要底本卡尔达诺对《四门经》的评注对应。选择术在《四门经》中未论述。受评注体例和当时回归托勒密思想的影响,卡尔达诺评注中亦未涉及。《天步真原》所介绍的少量选择术内容当是穆尼阁应薛凤祚之请从其他作品译出。总体来看,《天步真原》欧洲星占占法的主体部分是生辰占与普遍星占术。尤其生辰占最为丰富,达三万多字,近四倍于普遍星占术。相较于当时中国已有的天宫图星占学资源——星命术著作、《天文书》与《天文实用》,其中较为特殊与重要的是照星、许星、解星、煞星、回年、流年、流月、流日、月离逐日与五星。

照星(又称征象主星或体星,Significator)与许星(或称允星或流年星,Promittor)经常被用在星占推运的主限向运法(Primary Direction)中。星盘中某个行星或者位置代表某类事物(即照星),另有一具有相位或其他关系的星体或点向它移动(即许星),或照星向许星移动,进而通过两者之间弧度得到某类事情的发生时间。(Dykes,2010)[360–367]《天步真原》介绍了照星、许星取用规则,弧度与发生时间的球面三角计算方法。如其中强调照星取法繁多,定人命运取用止于五件即可:日、月、一宫、幸运点、十宫。此五者各自代表了人生中的某个面向。又如强调照星、许星的规定性运行方式有正有反,从许星到照星为反,从照星到许星为正,应该取正不取反。(薛凤祚,2008)[642–649]需要指出的是,在《天步真原》之前,《浑天仪说》已经简单论述了照星与许星。汤若望将它们称为"照元"(照星)与"增力元"(许星)。(见附录2)只是,汤若望的介绍止于

概念,没有具体规则占法,相应的计算也是在浑天仪上操作。《浑天仪说》的介绍并不具有多少实践意义。

煞星、解星也是与照星相关的星体。据《天步真原》介绍,煞星主要是与照星有相位关系的两颗恶星——土星与火星。因为土星与火星在西法星占中经常代表凶恶的事项意涵,所以它们与照星发生相位关系时,会影响到命主吉凶。解星是能够化解煞星对照星凶恶影响的星体。如煞星若在吉星旁,或吉星的吉照内,则吉星即为解星。但《天步真原》强调,如若煞星太强或有恶星相助,则不能化解。(薛凤祚,2008)[645-646]

回年、流年、流月、流日亦是生辰星占术中重要占法。据《天步真原》,回年以太阳返回出生时刻位置安命宫占验个人命运。流年、流月、流日类似于特殊点,并不是实际天体。流年从出生时刻所安命宫开始,一年一宫。流月、流日与流年相关,是对时间更为细致划分的结果。流月一月一宫,一月规定为二十八日两小时十七分三十七秒,十三月一年(回归年长度)。一年运行十三宫。流日两日三小时五十二分零八秒行一宫,一日行十三度五十一分。当流月行一宫时,流日行十三宫与流月起点重合。因流月起始于流年所在宫位,流日接流月度分起,所以当一个回归年结束,流年、流月、流日均回相同的起点。如流年在金牛六度,流月亦起金牛六度,流日亦起金牛六度。《天步真原》给出了一个具体算例以作说明:

> 假令九月初二日卯时生人,日在天秤十六度,二十年后十一月初三日子时三十分,求流年、流月、流日法。
> 二十年去十二余八,从天秤命宫加八宫到金牛十六度十分,为流年。
> 完二十年到二十一年起,九月初二卯时到十一月初三日子时三十分,作两大月,即六十一日一十二时三十分。午时起取小数二月,去五十六日四小时三十五分十四秒。加二宫,从金牛十六度十分起到巨蟹十六度十分,少五日七小时五十四分四十六秒。用三率法,五日得五度二十分二十秒,七时得十八分四十一秒,五十四分得二分二十四秒,合之五度四十一分二十五秒,当到巨蟹二十一度五十一分二十五秒,为流月之日时。用表同。
> 流日用前算五日七小时五十四分四十六秒,或用三率或用表,五日行二宫九度二十四分二十一秒,七时行四度二分五十五秒,五十四分行三十一秒十四微,合之共二宫十三度二十七分四十七秒。从巨蟹十六度十分起算,加二宫,是双女二十九度三十七分四十七秒,为流日。(薛凤祚,2008)[651]

算例中遵循了上述原则——一年之后流年、流月、流日重新回到共同起点，一月之后流月、流日回到共同起点。

上述四个概念中，回年、流年在《天步真原》之前已经传入中国。流年早在《西天津斯经》中已经出现，称为"行年"："星运要知灾福时，却向行年宫上推。行年初起从东起，还将一岁一宫移。每岁皆须就日生，数至今年宫上推。"（钱如璧，2016）[746] 南宋《三辰通载》似将流年称为"行年""小限""流年"三者。① 《天文书》则称为"小限"："若论小限。从当生安命宫生日后数起，一岁命宫，二岁财帛宫，三岁兄弟宫之类是也。"（李翀、马哈麻等，1993）[146] 回年在《天文书》中也已经出现，称为"流年"："凡论流年之法。看当生安命太阳，在何宫几度几分几秒上。却看流年太阳，到此宫几度几分几秒时。看此时东方是何宫度出地平环上。以此宫度分秒，为流年安命宫也。"（李翀、马哈麻等，1993）[146] 流日、流月未在星命术中见到。在《天文书》表格中有"排月小限度数"和"排日度数"，与流月、流日的特征相近，当即是指流月、流日。② 可惜的是在《天文书》中并没有相应的文字介绍。这使得流月与流日无法被理解，并没有实践意义。流月、流日真正明确而系统的传入正是在《天步真原》中。

月离逐日与五星并不是穆尼阁翻译自卡尔达诺对托勒密星占《四门经》评注的占法，而是来自另一著作 *De Septem Erraticis Stellis Liber*。该占法与月行有关，以月离开某一天体或特殊的点（通常为与星体有相位关系的点）同时追逐另外一个天体或点的情况占验。如"月离土星逐木星，月加光时作福有大官，得亲人遗财，土内寻银，各样大福"。（薛凤祚，2008）[618] 逐离亦可以有虚逐虚离，即所离开或所追逐的位置没有天体或特殊的点。在《天步真原》中薛凤祚与穆尼阁对月离逐日与五星占法非常推崇，称"深微之理，皆系于此"。（薛凤祚，2008）[618] 薛凤祚在《人命部》序言中亦称赞此种占法的微妙，为星命术所未及："而况各宫与七政性情相离相逐，得力不得力，如旧日格、午宫格者，万未及一。安敢以为天地之情即在是也？此书幽渺玄奥，非人思力可及。"（薛凤祚，2008）[599]

4.3.2.5　实践指导：细致的天宫图实例解说

除宫位制之外，《天步真原》天宫图实例也较为特别。在《人命部》下卷穆

---

① 《西天津斯经》本身收录于《三辰通载》中。又《三辰通载·论洞微行年小限》称："要识星行祸福时，须在流年位上推。起于东出常为例，一宫一岁逆移之。交来每过生日后，不问阴阳总若斯。流年小限立例，始于寿命，顺天轮而转，次至财帛。若在地盘则为逆矣。"可见在《三辰通载》中似将流年称为"行年""小限""流年"三者。（钱如璧，2016）[735]

② 《天文书》阿拉伯语底本中有流月表格，可以与《天文书》中"排月小限度数"对应。（Michio Yano, 1997）[227]

尼阁给出了十六幅天宫图①及其解说文字。其中十五幅属于占验个人命运的生辰占②；一幅有关月食（图4.7），属于普遍星占术。这些天宫图系卡尔达诺的作品（钟鸣旦，2010），是穆尼阁为帮助薛凤祚理解如何解说与应用天宫图而翻译。这种处理无疑对于学习星占大有裨益。读者在阅读了具体占法概念与原则之后，再结合这些丰富的事例，很容易对占验方式有所理解。③如《人命部》下卷"先贱后为大侯王"天宫图（图4.8）④及其部分解说文字云：

> 火在第一宫，行疾，上行。有日水六合照，有金星弦照，木星三合照。日、水星皆在木星之宫，故为人有胆力才干。日月五星皆疾行，诸事俱能。日月五星皆在地平上，各处有声名。
>
> 月冲火星，心狠好杀，有胆力，作事勉强。月有水星弦照，故聪明。月在七宫近地平，在下弦，娶亲迟（月在人马故）。月有金星六合照，娶于富贵之家。金在十一宫，将近十宫，是尊贵帝王之女。日月弦照，夫妻不和。（薛凤祚，2008）655

上述解说文字中的基本概念，如相位（三合照、六合照、弦照、冲），本宫（"木星之宫"，即《纬星性情部》中"舍"），以及论断依据如"月有水星弦照，故聪明"等，我们可以在《天步真原》找到一些相似的或直接的依据。但若无相应实例，对这些概念与论断的实际应用情况难免有所隔阂。这些实例显然对理解《天步真原》欧洲星占具有重要意义。

---

① 有关《人命部》中卷天宫图的图形特征等问题，桥本敬造与钟鸣旦已经有了一些论述。[（桥本敬造，2012）183-193（钟鸣旦，2010）]

② 其中一幅的命主是一怪物。（薛凤祚，2008）661

③ 南怀仁也引进了类似的天宫图，但相比穆尼阁，南怀仁的引进时代偏晚。（黄一农，2004b）114

④ 文中"先贱后为大侯王"图是欧洲文艺复兴至科学革命时期常见的古典方形天宫图。该图由内外两个方框组成。内部方框代表地与人，信息分别是占验人物（"先贱后为大侯王"之人），人物出生日期（"一千四百六十八年第二月十三日三小时二十二分午时észter"），出生地点纬度（"北极高四十三度二十七分"）。其中日期和地点纬度非常重要，天宫图即依据此两者以一定算法绘制。外部方框代表天。其中有十二条斜线将内外方框所夹部分分割为十二区域。这十二区域为后天十二宫。从第一宫（又称第一门）开始依次为命宫、财帛宫、兄弟宫、田宅宫、男女宫、奴仆宫、妻妾宫、疾厄宫、迁移宫、官禄宫、福德宫和相貌宫。这十二宫代表了人生不同面向，如命宫主生命身体，财帛宫主财产等。十二条线上标有"一门金牛一分""二门阴阳八度"等，表示命宫起始位置是金牛一分，财帛宫为双子八度。十二宫中有日月五星、"天首"（月亮升交点）、"福"（幸运点）的位置，如火星为金牛二度二十八分，即依据出生时刻通过历法计算得到的正常运行位置。占星师即依据日月五星等正常运行位置及它们在后天十二宫的分布，结合后天十二宫所主，依据具体占法占验。生辰占之外还有其他类型占法，依旧是依此元素与方法占验，只是日月五星、后天十二宫等所代表含义不同。

图4.8 守山阁本《天步真原·人命部》
"先贱后为大侯王"天宫图实例

与《天步真原》相比,《天文书》在这方面就相差甚远。尽管《天文书》占法详备,但星图只有一幅有关个人生辰占的"当生流年小限星图",且没有相应解说文字。其后果是《天文书》的应用性大打折扣。除此之外,《人命部》月食图属于普遍星占术。而普遍星占术尽管在《天文书》中已经翻译,却没有相应的天宫图及解说文字。《人命部》月食图无疑为普遍星占术的应用提供了实例。

4.3.3 薛凤祚以《天文书》补充《天步真原》欧洲星占内容

阅读《天步真原·选择部》还会发现一个现象。《选择部》中属于穆尼阁翻译的"太阴十二宫二十八舍之用"与"太阴会合五星太阳之能"不到8页,仅约占整体的1/4。而后面所附《天文书》第四类"说一切选择"、第二类第九门"说物价贵贱",有24页之多。前人在提及《天文书》的影响时,曾认为薛凤祚收录《天文书》的目的主要是着眼于西术,为求西术之源或为了与之进行对比而评论伊斯兰星占。①考察薛凤祚的论述与《选择部》内容,我们很难讲收入《天文书》内容是为了寻求西术之源或对比。从篇幅上来讲,穆尼阁翻译的内容约占

---

① 陈鹰认为在清初欧洲星占学流传之后,《天文书》内容或节选频频出现在星占著作中,但人们最为主要的目的是"着眼于西术,为求西术之源或为了与之进行对比而将回回占星术评论一番"。这种目的在薛凤祚身上表现得就很强烈。(陈鹰,1989)

《选择部》内容的1/4。假如是为了对比或寻求西术之源,何必收入如此之多的《天文书》,其中还包括并不属于《天文书》选择术的"说物价贵贱"?① 此外,薛凤祚并没有显示多少寻求西术(包括选择术与其他类型星占)之源的兴趣,他也很少比较伊斯兰星占术与欧洲星占之间的异同。② 其实,薛凤祚的真实意图可以从对《选择部》内容的分析中看出。

在中国古代,选择术在社会各阶层的日常生活中均占有重要地位。国家所颁民历的主要内容便是吉凶宜忌一类的选择。另外还有多种多样的选择方法,可以满足人们在私人与公共生活领域的各种需要。薛凤祚就说:"治历者齐七政,以授民时,选择其要务也。"(薛凤祚,2008)[829] 不过,在薛凤祚看来,中国原有的选择术却不如西法优越:"今新西法出,取其切要于日用者,理辞简切,以视附会神煞诸说,殆爝火之于日月也。""神煞诸说"即指中国原有历注选择之术。因此,薛凤祚非常重视对西法选择术的学习,并以西法选择术不能够行世为念:"回回历旧有选择一书,译于洪武癸亥,缺略不备,难以行世。"(薛凤祚,2008)[668] 但穆尼阁所提供给薛凤祚的仅仅是8页简单短少的选择术内容,这无疑无法餍足薛凤祚对西法选择术的要求。所以,他只能通过收录更多的材料来补充《天步真原》选择术的不足。其结果便是附录了24页之多的《天文书》内容,3倍于他和穆尼阁译作本身的内容。

实际上,对比穆尼阁所介绍的选择术内容与薛凤祚的收录就会发现,《选择部》借用的《天文书》内容不仅是简单的补充,更是使《选择部》内容完整的保证。可以说,如果没有这部分内容,《选择部》将丧失介绍西法选择术的功能。西法选择术的目的是获得做某事的最佳时间。要获得这一最佳时间,所考虑的因素很多。首先,选择术以择日盘③为基础,择日时各元素的关系均要置于择日盘中考虑。其次,确定时间时所考虑的星占元素不仅包括日月五星、黄道十二宫的位置关系,还得考虑命宫度数、天顶度数、用事宫及各自的主星等。(Robson,2005)[21-31] 最后,一般还需将择日盘与个人的本命盘或流年盘等结合起来,综合分析,避免冲突。(Robson,2005)[14]

穆尼阁介绍的选择术基本上是以月亮与黄道十二宫、太阳、五星的位置关系来作为选取时间的标准,如"土去月九十度不宜与老人共事,不宜耕种出行"

---

① "说物价贵贱"在《天文书》中属于第二类"断说世事吉凶",是普遍星占术。

② 笔者将陈鹰所说的"对比"理解为比较伊斯兰与欧洲星占术。目前在《天步真原》中仅发现一处比较文字:"送子要星在十宫,十宫属亩亦属兄弟,大抵母吉弟多,子女亦多。其次十一宫,其次一宫,其次二宫,次七宫、八宫、五宫、四宫。宫内有子女许星,皆有子。回回算子止用五宫。"(薛凤祚,2008)[615]

③ 择日盘即根据所选时间与用事地点绘制的天宫图。

（薛凤祚，2008）[670]之类。这些内容过于简单，无法显示西法选择术的基本特征。而上述所有选择术因素在《选择部·附回回历选法》中均有论及。该部分开始便说："凡论选择，必选一时辰，看东方是何宫度出地平环以上，以此宫度为主，安一命宫。又将其人当生命宫，并流年命宫，与选择时安命宫相合看之。"（薛凤祚，2008）[671]即强调要绘制择日盘（"选择时安命宫"），并且与本命盘（"当生命宫"）、流年盘（"流年命宫"）相结合。又在论述需要考虑的星占元素时说："凡一切选择吉凶，专看太阴并太阴所在宫主星；又看所求之事干系何位，并其位宫主星；又看其事所主之星要吉，又看所选时安命宫并宫主星，及四柱皆要吉。"（薛凤祚，2008）[671]可见要求考虑的元素很多，其中便包括用事宫（"所求之事干系何位"）及其主星等。《附回回历选法》的复杂性还在具体选择事项中有所体现，如关于上学时间的选择条件就相当多："若选入学，要太阴在人马宫、双女宫、阴阳宫三宫内一宫，与水星吉照；水星又先太阳东出，其太阳、太阴不要与凶星相照；又当时安命宫亦在已上三宫内一宫，或在双鱼宫；命宫主星又与太阴水星吉照；又要木星与命宫相照；又要水星在命宫；又太阴在第三位，或第五位；则吉。"（薛凤祚，2008）[673]相比之下，穆尼阁所介绍的上学条件则异常简单："水冲月，宜入学、交易。"（薛凤祚，2008）[671]即只要水星与月亮相距大概180°即可。两者其差别显而易见。此外，或许由于上述选择涉及买卖经商和合伙经营等事项，薛凤祚还将本不属于选择术的《天文书·说物价贵贱》收录于《选择部》，以丰富选择术的内容。

穆尼阁所译选择术过于简单，当与他翻译《天步真原》星占部分时所遵用的底本有关。选择术在欧洲并不薄弱。生活在公元75年的星占师及诗人多罗修斯的著作中就有现存最早的西法选择术内容。后来，13世纪意大利著名星占师波拿第（Guido Bonatti）在其著作中也有专门章节介绍选择术。（Holden，2006）[33, 43, 137-138]但托勒密在其星占名著《四门经》中并未介绍这一占法。穆尼阁所介绍的选择术内容也不见于作为《天步真原》星占部分主要底本的卡尔达诺对《四门经》的评注中。大概是在薛凤祚请求之下，穆尼阁才从其他资料或凭其记忆所及译出少量选择术内容。（钟鸣旦，2010）可见，穆尼阁当受限于所携书籍，使得他不能提供给薛凤祚完整的选择术内容。

4.3.4 薛凤祚在星占宇宙论、本体论、工夫论、境界论维度的初步表达

在第1章与第2章中我们已经揭示出，在传统学术语境中，星占自身所包含的不仅仅是具体的占法与占验结果，还有更为丰富的层面。同样，在薛凤祚与穆尼阁合作编译的《天步真原》西法星占中，我们既可以看到完备的占法与

宫位制计算方法,具体的占验事例;也可以从薛凤祚自己的论述中窥探到他赋予西法星占本体论、宇宙论、工夫论、境界论诸层面的初步思考与认识。这些层面不属于薛穆二人合译的部分,而是薛凤祚自我思想的体现。但与占法一样,上述层面与此前薛凤祚的学习、研究密切相关,并在后来的工作中进一步发展,从而显示出其星占工作的独特脉络与复杂特征。

从薛凤祚论述来看,这一时期他讨论星占的宇宙论背景时,依然秉持传统的天地人三才式简单宇宙结构,并以一气作为充满天地之间的元素:

> 夫养生者,吐故纳新,欲令形气不朽。呼者,饮食之气,亦即人原禀两间之气也。吸者,天地之气,亦即随时五行推移之气也。则人原生吉凶与其流运祸福,有所从受,概可睹已。(薛凤祚、穆尼阁,2018)³⁰⁰

在薛凤祚的描述中,宇宙由天地、天地之气、人等构成。人在天地间吸纳天地之气,所以人与天地以气相连,天地可以影响人。此天地复杂的物理结构薛凤祚并不关心。① 因天地之气可以归入天地,所以上述论述明显是传统三才式宇宙结构。

此处值得注意的是"天地之气,亦即随时五行推移之气也",即三才式宇宙中气的运行可以归结为"五行推移之气"。中国古人一般以气理解宇宙,天地之气合可为一,分可为阴阳五行。天地间气化流行亦即阴阳五行之气的流行。② 薛凤祚虽然数理天文学主宗西法,在《天步真原》中也引入了四元素说的一些论述③,但在自然哲学层面并未受到西法四元素说影响,依然以传统阴阳五行气论思想为主。所以从语境脉络可见此处"五行推移之气"当是指金木水火土五行之气。④ 不过,此处"五行"当含有另外一层含义,即指五星。早在《史

---

① 需要指出的是,薛凤祚与穆尼阁翻译的《天步真原》历法部分引入了比利时天文学家兰斯玻治《永恒天体运行表》中的宇宙模式。兰斯玻治是哥白尼学说的信从者,主宗日心地动理论。从《天步真原》现有版本看,其中的日地位置最终作了人为颠倒,呈现出地心模式。(石云理,2000)不过此一奇特的地心宇宙模式在薛凤祚著作中一般充当描述日月五星运动几何模型的角色,以作为计算之用。薛凤祚将此宇宙模型物理实体化的考虑并不明确。除上述简单的"天地""两间"说法外,薛凤祚也未有明确关于宇宙整体物理构型的细致论述。所以笔者此处以三才式宇宙结构为论。

② 董仲舒《春秋繁露·五行相生》称:"天地之气,合而为一,分为阴阳,判为四时,列为五行。"(董仲舒,1992)³⁶²

③ 《天步真原·纬星性情部》云:"黄道一属火,白羊、狮子、人马。一属土,金牛、双女、磨羯。一属气,阴阳、天枰、宝瓶。一属水,巨蟹、天蝎、双鱼。"(薛凤祚、穆尼阁,2018)²⁷⁴

④ 薛凤祚在早期《甲遁真授秘集》中有关于五行的讨论:"所谓阳奇阴偶,五行各依其生。"他也在后来的《历学会通》中论及五行:"历法以授时占验为大用。中法专论五行生克干支喜忌。"[(薛凤祚,1995)⁴⁵(薛凤祚,2008)⁹]

记·天官书》中，太史公即将五行与五星对应："天则有日月，地则有阴阳。天有五星，地有五行。"（司马迁，1963）[1342]《晋书·天文志》引张衡之语，认为日月乃阴阳之精，五星乃五行之精："文曜丽乎天，其动者有七，日月五星是也。日者，阳精之宗。月者，阴精之宗。五星，五行之精。"（房玄龄等，1974）[288] 与薛凤祚时代相近的明代中期周述学在《神道大编历宗通议》中以日月五星为阴阳五行之精，强调可以此究造化之妙，非其他星体所能比拟："夫在天成象，日月星辰皆象也。而日月五星独异于众星，自有行度者，此阴阳五行之精，可以为造化之妙，非众星之比也。日月五星体性不齐，故迟疾有异，亦当以阴阳五行别之也。"（周述学，2002b）[359] 薛凤祚继承传统认识，在《选择部》中也以五行指五星："但今用诸星曜，如禄存十二煞、太岁十二煞，以及鹤神、科文星等类，种种错出，不可枚悉，而用者乃皆推本之以日月五行之属。夫七政既可以关切人事，若直取其真体本行，较之求于诸神煞性情之属，于七政者不更著明径捷乎？"（薛凤祚，2008）[668]"五行推移之气"出自《人命部》，乃专以日月五星论人命运的生辰占部分。《人命部》与《选择部》同属西法星占，则"五行推移之气"当与《选择部》所论相近，也可指五星。因此，在传统思想影响下，薛凤祚以天地之气即"五行推移之气"所表达的当是：五星为五行的代表，在天地人三才式宇宙中天地之气是五星运行之气，也是五行推移之气。这正是为何薛凤祚认为可以通过对日月五星运行情况的星占占验来了解人事的物理性原因。

那么，天又是如何通过气来影响万物呢？此一问题薛凤祚在《天步真原》阶段提供了两种不同的作用模式。一可称为禀赋模式。即日月五星为代表的天体将阴阳五行之气赋予天地间存在物。此阴阳五行之气成为存在物的一部分，进而影响万物。如前述引文中关于天如何影响人，薛凤祚以养生中吐故纳新为比喻形象说明天将气赋予人进而影响于人："夫养生者，吐故纳新，欲令形气不朽。呼者，饮食之气，亦即人原禀两间之气也。吸者，天地之气，亦即随时五行推移之气也。则人原生吉凶与其流运祸福，有所从受，概可睹已。"（薛凤祚、穆尼阁，2018）[300] 这一思想在后来《历学会通》中有更为明确的表达："以原禀者言之，天道左旋一日一周天。人自受气之辰，至明日此时，周天之气即全赋之矣。嗣后悔吝吉凶，一岁一度，莫可逭也。以流年言之，日用呼吸皆出其食息之气，纳天地清淑之气。燥湿温寒，与时盈虚，以辅禀赋之质，同运共行。此造化之所由生也。则天地命运即人之命运，无二道已。"（薛凤祚，2008）[858] 此处薛凤祚根据本命、流年思想进一步分离出生时所受之命与以后流年之运两种不同的影响情况，认为均是天所赋予人。

第二种按薛凤祚的用语可称为机应模式。《天步真原·世界部·世界叙》云：

"人之行与事亦非人所能主,大抵机动于上而下应之,其相召与为所召者俱有不得不尔之势。"(薛凤祚、穆尼阁,2018)281 据语境,"机"指以日月五星精气为主的天之气变化。因其为变化之发动处、根源处、细微处,但会产生后续一系列变化,如强弩扳机一般,所以称为"机"。日月五星等阴阳五行之精在天区(上)发生细微的变化,会感应到在地(下)之人发生相应的变化。阴阳五行之精感应在地之人,以及被感应之人受影响发生变化,均是天地万物本身的属性,有不得不发生之势。不难看出,机应说植根于古代气哲学的感应思想,并未强调在天之气成为在下之一部分,而是通过感应发生作用。它是和禀赋说不同的作用机制。不过这两者其实相互补充,缺一不可。如果我们用星占中占法区分两者,那么禀赋说所针对的乃是本命盘一类根据出生时刻占验人一生情况的命理分析,而机应说适合于选择术一类一时性或短时性的占验分析。此两种模式即日月五星所代表的在天之阴阳五行之精影响人的物理机制,亦即星占何以能够占验或解释世间万物发展的自然哲学根据。

在薛凤祚的宇宙图景中,天和人还有另外一种影响机制,即人作用于天,影响到天的状态。《天步真原·世界部·世界叙》云:"上古圣人以人事卜天行,在天为雨旸燠寒风,在人为狂僭豫急蒙,綦相切已。"(薛凤祚、穆尼阁,2018)281 此段话中,"雨旸燠寒风""狂僭豫急蒙"出自《尚书·洪范》"庶征"。薛凤祚在后来的《历学会通》中也引用了此部分内容,并以《洪范》为占法之鼻祖。按《洪范》之义,如果君王恭敬,则会雨水有时;修治则天气适时阳光充足;明哲则气候适时温暖;深谋远虑则适时寒冷;通达事理则刮风有时。与此相反,若君王行为狂妄("狂")则上天一直降雨("雨");有差错("僭")则久旱不雨("旸");贪图安逸("豫")则炎热不消("燠");急躁("急")则寒冷不退("寒");昏暗("蒙")则大风不停("风")。(孔子等,2004)228-229 即人(主要是君王)可以作用于天("以人事卜天行"),影响气候、气象的情况。薛凤祚后来在《历学会通·中法占验部·中法占验叙》中云"抑且君相造命,统天立极,凶吉成于惠逆,祯祥本之敬怠"(薛凤祚,2008)783① 即是此意。不过,从薛凤祚的整体著作与体系来看,此种君王影响天气的思想处于极为次要地位,且君王的影响只是停留于雨旸燠寒风等气候、气象层面,并不能如早期传统军国星占中的思想一般,影响到天体的正常运行。这一问题涉及薛凤祚对传统军国星占占法的改造,后文还会

---

① 此句话中,"君相造命"出自《新唐书·列传第六十四·李泌》:"夫命者,已然之言。主相造命,不当言命。言命,则不复赏善罚恶矣。"(欧阳修、宋祁,1972)4637 "统天"出自《周易》:"大哉乾元,万物资始乃统天。""惠逆"与"敬怠"当出自《尚书·大禹谟》:"惠迪吉,从逆凶,唯影响。"《尚书·泰誓》:"今商王受狎侮五常,荒怠弗敬,自绝于天,结怨于民。"

论述。

在本体论层面,薛凤祚在《天步真原》中已尝试将星占与理、气、天、数、道(天道)联系。它们后来成为他星占工作以及天文学体系的重要范畴。如《人命部·人命》将天作为人命运的来源,认为星占能够探讨人之命运正是因为有此命运之天①作为依据:"历数所以统天,而人之命与运亦天也。"(薛凤祚、穆尼阁,2018)303 "人命叙""世界叙"将占法内容、方法或原理称为理:"近世精此道者,谭理微中。""予喜得其理,恐写本流传易湮,勉力付梓。""洪武癸亥,西儒叙此书之言曰此书实至精至微之理,虽有不验之时,不可因其有不验遂废此理也。"(薛凤祚、穆尼阁,2018)281,300,301 或将一般道理称为理:"谭命多家,除繁杂不归正道者不论,近理者,有子平五星二种。"(薛凤祚、穆尼阁,2018)300 "人命叙"将气看作星占宇宙论背景的基本组成元素,是天与人联系的媒介。《世界部》则以数作为命运吉凶所依据之定数:"后有言天变不足畏者,先儒皆深非之。是吉凶皆本于一定之数,则人之修悖何与焉?"(薛凤祚、穆尼阁,2018)281 需要说明的是,此"吉凶皆本于一定之数"有两种理解方式。一为描述性理解,即"一定之数"是指国家或人生命运所显现的确定性特征与脉络,是作为这种脉络的指称或描述。从薛凤祚所论来看,此一种可能性不大,对应的表述也应该是"有一定之数",而非"本于一定之数"。另外一种类似于本质或规定性理解,以"一定之数"为国家与个人命运的内在规定、根据,即此"一定之数"规定、决定了国家兴亡、人生祸福的状态。此一种当是薛凤祚所表达之意。这一点可以为《历学会通》中论述所证明。

至于道,薛凤祚在《天步真原》论及星占时表述颇多。有一般习惯性用语层面表达的"正道":"谭命多家,除烦杂不归正道者不论,近理者,有子平、五星二种。"(薛凤祚、穆尼阁,2018)300 也有指称一种学问:"子平专言干支,其法传于李虚中,近世精于其道者,谭理微中,可以十得七八。"(薛凤祚、穆尼阁,2018)300 这些均不具有本体论意义,也在薛凤祚后来的论述中较为常见。比较重要的是他在《世界部》序言的论述:"所贵乎知道者,朝夕凛惕与乾坤之善气迎,不为乾坤之厉气迎尔。"(薛凤祚、穆尼阁,2018)281 此处的道据上下文之义乃指普遍星占术所预测得知的乾坤善恶之气的情状。这一用法与张载"由气化有道之名"相近。又薛凤祚在《人命部》中也表述了一样的认识:"前人云天

---

① 笔者对天含义的区分以冯友兰在《中国哲学史》里提出的"天"之五义为标准:"曰物质之天,即与地相对之天;曰主宰之天,即所谓皇天上帝,有人格的天帝;曰运命之天,乃指人生中吾人所无奈何者,如孟子所谓'若夫成功则天也'之天是也;曰自然之天,乃指自然之运行,如《荀子·天论篇》所说之天是也。曰义理之天,乃谓宇宙之最高原理,如《中庸》所说'天命之为性'之天是也。"(冯友兰,1961)55

道患不能知,及知又虞泄漏。况人命动多关系,若能自省克以代蓍蔡固善,不则能为人祸,甚不可也。"(薛凤祚、穆尼阁,2018)³⁰³ 此处他用"天道"指称由生辰占占验所得的人之命运。因人之命运本质上乃是天所赋予和机应之气,所以此处的"天道"与《世界部》用"道"指称乾坤善恶之气情状(普遍星占术占验所得)一致。这一用法表明,实际上薛凤祚是将天地气化流行的情状作为具有哲学意义的道。

上述本体论范畴的认识并非薛凤祚翻译《天步真原》时获得,而是与他此前的学习密切相关。首先,在早年师从鹿善继学习儒学的教学著作《四书说约》中有:"性以理言,命以数言,俱出于天。"(鹿善继,1997)¹⁸⁵ 虽然此处理、数分别指向心性之学,但"命以数言"与薛凤祚所论"吉凶皆本于一定之数"不无相似。鹿善继还说:"阴阳非二气,就此气之伸为阳,就此气之屈为阴也。""一理为二气,二气为五行,穷天罄地,无一物非阴阳之所鼓铸。"(鹿善继,1997)²⁹ 虽然薛凤祚并没有"一理为二气"的思想,天地中无一物非阴阳所生成流变却与鹿善继所论相同。其次,在崇祯年间完成的《甲遁真授秘集》中,也可见关于理、数、气的讨论:"故周十二纪而天地之气一变矣。""以先天用卦爻隐,后天用洛书数显,其理实一。"(薛凤祚,1995)²⁸,⁵⁴ 复次,薛凤祚传统历算与军国占的老师魏文魁曾说:"历者数也,数生于象。""天之高也,至于测验皆实理也。"(魏文魁,2002)⁷⁶² 在历法研究中,象即是天。以测验之法为实理,与《天步真原》中以占法内容为理相近。又次,薛凤祚曾在完成《天步真原》前研究过《西洋新法历书》,在其中也可以见到理、数、天:"欲测候,既无象可明。欲推算,复无数可定。欲论述,又无理可据。"(徐光启等,2000)第386册:191《五纬历指》卷二说"依上二测,可知所定诸数,悉为正法,合天故也。"(徐光启等,2000)第385册:128 最后,正如在第1章所论,在星命术、传统军国星占著作中学者也会讨论上述范畴,所以薛凤祚也很有可能受到星占传统的影响。总之,由于理数天气道在传统学术中普遍存在,所以薛凤祚可以通过多种学术门类获得认识。在编译《天步真原》时薛凤祚根据此前所习,将星占与这些范畴关联,正是建立在先前认识的基础上。不过,这一时期他对这些范畴的思考尚未成熟,认识也较零散。我们也很难确定其认识的确切影响来源。这些问题要到《历学会通》与《气化迁流》阶段才逐渐明确。

星占的工夫论一般是和星占的实际功能在同一个语境下介绍。薛凤祚在《世界部》序言中间接表达了普遍星占术可以了解乾坤善恶之气。针对涉及群体的乾坤善恶之气,普通个人显然无力改变。但个人可以通过"朝夕凛惕"的工夫顺迎善气,避开恶气:

>人之行与事亦非人所能主,大抵机动于上而下应之。其相召与为所召者,俱有不得不尔之势。所贵乎知道者,朝夕凛惕与乾坤之善气迎,不为乾坤之厉气迎尔。(薛凤祚、穆尼阁,2018)²⁸¹

"朝夕凛惕"即随时保持凛然敬畏戒惧之心。此种工夫具有深厚的儒家传统。《周易》乾卦九三爻云:"君子终日乾乾,夕惕厉,若无咎。"《朱子语类》载朱子解此爻说:"如云:'夕惕若厉,无咎。'若占得这爻,必是朝兢夕惕,戒慎恐惧,可以无咎。若自家不曾如此,便自有咎。"(朱熹,1986)¹⁶⁰⁷又薛凤祚儒学老师鹿善继解《孟子》"禹恶旨酒章"云:"忧勤惕厉,天理所以常存,人心所以不死。解得当,唯各举其一事,尚可商量。几希是性,存性以戒慎恐惧。"(鹿善继,1997)¹⁴²薛凤祚一生以儒学为宗,他的此种工夫论认识当与儒学背景有关。只不过他将其应用在星占中,以"朝夕凛惕"迎乾坤之善气、避乾坤之恶气。

与《世界部》的普遍星占术不同,《人命部》涉及的是生辰占。此种占法占验的是天地之气所影响人的个人命运。(薛凤祚、穆尼阁,2018)³⁰⁰不似乾坤善恶之气可以迎亦可以避,这种命运之气个体必须承受。但面对于此,人非无可作为。《人命部》说:

>命之理,圣人不轻言,而为益世教未尝无也。穷通有定,择术在人,或为五帝之圣焉而死,或为操莽之愚焉而死。凉薄时有益坚之念,赫奕时有饮冰之思。人能知命,即能寡过人也。予喜得其理,恐写本流传易湮,勉力付梓。(薛凤祚、穆尼阁,2018)³⁰¹

在薛凤祚看来,人在穷蹇之命时需要秉持更加坚定之志向克服困难,在亨通之运时则需有清冷之心,不可骄逸。这才是真正的知命,如此则是寡过之人。虽然圣人不轻易谈论命理,但《人命部》也可以为益世教。可见,在面对生辰占所得到的个人命运时薛凤祚强调了自我道德修养。只有知道命运后更好地修身才算是真正的"知命",而非功利地去趋吉避凶,甚至通过一些特殊方式(如风水布局)去改变命运。这与孟子所说"富贵不能淫,贫贱不能移,威武不能屈"相近,是传统儒者自我省察修身的工夫与对待命运的方式。

既然人在通过生辰占得知自己命运后需要努力自我修身,穷而益坚、富而思冷,才算是真正的知命,才能够寡过;那么,自我修身无疑具有重要地位。进一步,薛凤祚在《人命部·人命》强调了占卜的不可恃,自我省察克制的重要性:"前人云天道患不能知,及知又虞泄漏。况人命动多关系,若能自省克以代蓍蔡固善,不则能为人祸,甚不可也。"(薛凤祚、穆尼阁,2018)³⁰³生辰占占验得到的个人命运是天道,但落实到个人身上的具体显现却并非天道一个因素所完全决定("动多关系"),还有其他因素的作用。所以作为个人不可完全信从恃赖占验所得到的结果,而应该高扬自我修省克制的道德修养工夫,突出自己道德的主体性。不然若是依赖于命运反而会造成灾祸。这一论述看似在否定生辰占,实则并非如此。薛凤祚应该是针对有些人过度依赖个人命运、一切以命运为准则的心态而发。这在今天也很常见。强调以自我省克代替占卜一方面强化了得知个人命运时自我修养的重要性;另一方面也表明他给予个人修养以主体地位,即不管是否通过生辰占占验知道命运,均需要有恒常性的自我修身。

其实,薛凤祚所讨论的了解个人命运后应采取何种工夫是占验个人命运的占法中常见主题。如在《星学大成》中,万民英就强调该书可以为益世教,知命之士通过此书了知命运后,应该不俸致于富贵,不苟免于贫贱,无不践行合理的行为:"是书之行,使知命之士观之,遇富贵则曰命也,吾不可以俸致。遇贫贱则曰命也,吾不可以苟免。行法以俟,夭寿不二,将齐得丧,一死生,其为教不既多乎?"(万民英,1983b)[288] 这种论述与薛凤祚实为相近。

还有两种工夫也与《天步真原》星占有关。其中一种在《天步真原》中未被突出表达,但已有端倪。在《人命部·人命》薛凤祚认为星占可以预测灾害以作预备:"在世水旱饥疫,人苦不知。若能知之,则凡事可以预备,诚持世者之急务。"(薛凤祚、穆尼阁,2018)[303] 这一功能所对应的是救灾的工夫,亦即星占中修救之说。不过直到《历学会通·中法占验部》修救才被突出。第二种是在涉及星占的数理计算时,薛凤祚强调了排除杂念、静心静虑而深入细密("息心入密")的工夫:"变度之法,或以祸为福,或移急就缓,万有不一,非息心入密,不易得真。"(薛凤祚、穆尼阁,2018)[303] 类似工夫在后来也有表达。如在《气化迁流》气象占部分强调"澄心定气":"但其数奥赜难明,临期往往辨在几微,失已千里。非平时澄心定气,立有成规,取用能无误哉?"(薛凤祚,[1675])[卷之九:2a] 不过,这种工夫在论述星占时只是顺带提及。实际上它指向作为星占基础的历法数理计算,是历法所具有的工夫论维度。

古人做工夫与学问的目的是最终实现一种理想境界。这便涉及古人对境界状态、特征的直接或间接表述——境界论。从薛凤祚学术发展来看,他对研究星占所最终要达到的境界——合德于天的圣人——是在《气化迁流》中才最终显豁。但《天步真原》中已经出现了一些端倪。这主要体现在薛凤祚对于圣人与星占关系的论述中。《天步真原·世界部·世界叙》称:"上古圣人以人事卜天行,在天为雨旸燠寒风,在人为狂僭豫急蒙,綮关切已。"(薛凤祚、穆尼阁,2018)[281] 这实际上将有关星占、占卜的学问看作圣人之学。此处虽未明言圣人境界以及实现途径如何,但可以推测其所隐含的意蕴便是星占为达到圣人境界的途径。这一可能性最终在《气化迁流》中得到了实现。①

除《天步真原》星占之外,薛凤祚也将理、数、天等范畴纳入历法的讨论中。《天步真原·入历叙》将理(历理)作为历法基本组成部分:"历学理有解、图有式、表有说,斯云大备。"(薛凤祚、穆尼阁,2018)⁶⁷《表中卷》序言论及理数:"七政用表,特为简捷,虽不若三角之理数兼备,然以互相参求,实不可缺。"(薛凤祚、穆尼阁,2018)¹⁴⁷而在《人命部·人命》,历法与数、天联系:"历数所以统天。"(薛凤祚、穆尼阁,2018)³⁰³即历法计算之数被用来统纪自然之天的运行情况。这一思想后来在《历学会通》中得到进一步应用与发展,使得包括星占在内的《历学会通》诸学问构成一个紧密有机体。

4.4 总　结

本章我们主要以时间为顺序,阐述了薛凤祚拜穆尼阁为师之前与期间对星占等占术的研究。在拜穆尼阁为师之前,薛凤祚泛滥诸家。从相关资料来看,他至少研究过奇门遁甲、象数易占、子平八字、星命术、传统军国星占、历注选择、伊斯兰星占。有关传统军国星占的著作《乾象类占》与奇门遁甲著作《甲遁真授秘籍》可能就在这一时期完成。薛凤祚对上述占术的研究并非草草,"人命叙"就说"予于诸书多曾讲求,终不能自信于心也"。(薛凤祚,2008)⁵⁹⁸他发现《天文书》中分宫不等问题,也表明其研究的深入。这说明,在去南京追随穆尼阁之前,薛凤祚已经是精通多种占术的学者。

薛凤祚追随穆尼阁在南京编译《天步真原》欧洲星占绝非偶然,至少存在四方面原因。首先是为了解决早期研究《天文书》时产生的十二宫分宫不等疑惑。这是关于《天文书》宫位制的问题,是他在研究过程中长久未能解决的疑惑。其次是实现以星占预测灾害进而救世的愿望。这一愿望主要受到《崇祯历书》"度数旁通十事"思想的影响,也与薛凤祚早期星占学习以及经历了明清鼎革的天翻地覆社会变革有关。再次是与会通中西星占的需求有关。这与明

---

① 此外,《人命部·人命》也以历法旁通之实用技术学问为圣贤"先务以前民用"之学:"昔圣贤先务以前民用,如取水于月可愈病苦,求火于镜可灼山林之类。物理可推,历法皆能旁通及之,诚便民之大者。"(薛凤祚、穆尼阁,2018)³⁰³

末清初星占所受到的冲击勾连。最后,也是最为重要的原因,是实现他对完备与准确占法的追求。薛凤祚曾在早期一直寻求占法完备、占验结果准确的占术系统,但一直未能解决,直到他学习并编译《天步真原》欧洲星占之后才得到满意的答案。考察这四种原因可以看出,薛凤祚追随穆尼阁翻译星占的原因包含多种面向——有解决星占技术的渴望(第一种与第四种),也有对星占发展状态的关注(第三种),以及应用星占解决现实问题的诉求(第二种)。这些方面总体体现出薛凤祚当时对星占的重视。这种重视一直被延续,从早期学习到《天步真原》《历学会通》的编著,最后在《气化迁流》达到顶峰。可以说薛凤祚对星占的重视贯穿了他整个中年之后的学术生涯。

《天步真原》星占内容能够编译不仅来自薛凤祚的诉求,亦得益于穆尼阁的策略性开放。《天步真原》星占内容涉及违背教皇禁令、妨碍个人自由意志的占验类型,按照教会规定当被禁止译介。当时除穆尼阁之外的传教士基本上都遵循了教皇的禁令。穆尼阁是虔诚的耶稣会士,拥有坚定的信仰,发誓效忠教皇。他并非因生长大环境的思想活跃而罔视禁令,有意违背教皇。这与穆尼阁拥有坚定信仰与受到系统训练的背景不符。他之所以系统翻译欧洲星占亦非为了纯粹地传播知识,信仰依然是他的最终目的。只是穆尼阁早年成功的政治经历以及耶稣会士"文化适应"的传教方式使得他较一般传教士更为灵活。他在早年写给耶稣会负责人的 indipetae(表达去亚洲传教意愿的简短书信)中便展露了此种灵活性。到中国之后他的具体传教方式也颇为灵活。他在礼拜仪式上使用中文,希望信仰可以渗透到当地的观念和风俗之中。更为重要的是,他还针对不同对象展开不同交往策略。对于普通民众,他教导基本信仰。而在与中国士大夫的交往中,穆尼阁一方面并不强人入教,一方面通过利玛窦所开创的方式,以具有新意、有别于已传入西学的科学知识吸引士大夫的注意力。他甚至因与士大夫交往过程中所表现出的非宗教性特征被后世中国学者称为耶稣会士中的"笃信君子"。这一策略使得穆尼阁可以广泛接触中国士大夫,声誉与影响力迅速提升。他在南京不到三年便因科学素养声名远播,被顺治皇帝召见,获得说服顺治皇帝福音化清朝的机会。尽管未能成功,他还是获得顺治皇帝颁发的传教专门诏书,这为他后来在海南等地传教提供了极大便利。而穆尼阁之所以答应薛凤祚的请求,翻译违背禁令的星占内容,正是为了通过与薛凤祚的合作成就自己更大的声誉,以有效地获得更为广泛的影响力,进而更有效地传教。这是穆尼阁权变的结果,但权不离经,他最终的目标依然是传播天主教。

上述因缘促成了《天步真原》欧洲星占内容的译介。具体来说,《天步直原》欧洲星占内容包括四部分:《纬星性情部》、《人命部》、《世界部》(除"回回历论吉凶附"之外)、《选择部》(除"附回回历选法""附回回历论物价贵贱"之外)。从版式和内容特征我们可以推测这些著作应该分为两类。一是《人命部》《世界部》《选择部》。它们在南京翻译之后基本未变地收录于《历学会通》(也有可能收录于《天学会通》)中。一是《纬星性情部》。该部分在早期编译后可能于《天学会通》中被修订。通过这些内容,薛凤祚与穆尼阁系统引进了欧洲文艺复兴时期著名学者卡尔达诺对托勒密星占系统的评注。虽然早在此前所译《天文书》与《天文实用》中,托勒密星占系统已有不同程度的介绍,但《天步真原》欧洲星占自是有其重要性与独特性。《天步真原》欧洲星占部分相对于《天文书》属于更为纯粹的托勒密系统,相对《天文实用》来说内容更为全面。此外,《人命部》上卷通过详细算例演示了雷格蒙塔努斯宫位制算法,彻底改变了延续千年的整宫制传统,对后世的星占著作产生了重要影响。《人命部》下卷的天宫图实例为学者了解如何具体将西法星占应用于实际占例提供了重要参考。许星、照星、煞星、解星、回年、流年、流月、流日、月离逐日与五星的讨论也有其独特之处。《天步真原》星占术语体系亦颇为特别。这些术语是薛凤祚、穆尼阁二人在深度对话基础上广泛参考中国当时已有天宫图星占学(以伊斯兰星占为主,星命术为辅)用语,并斟酌了拉丁语表达后的综合状态。它们为后世研习欧洲星占的学者所遵从。

上述内容属于薛穆二人合作翻译的部分。除此之外,在最终刊刻的《天步真原》星占内容中,薛凤祚还加入了其他内容与思想。在《选择部》,薛凤祚收录了《天文书》第四类"说一切选择"、第二类第九门"说物价贵贱"内容,冠名为"附回回历选法""附回回历论物价贵贱"。它们是《选择部》翻译内容的三倍。这些内容并非前人所指出的是为了对比或寻求西术之源,而是薛凤祚为补《天步真原》不足所收录。薛凤祚的收录具有重要意义,不仅补充了《天步真原》的不足,也改变了自明末以来将《天文书》与星命术结合的传统,开创了将伊斯兰星占与欧洲星占合流的方式,对后世学者具有深刻影响。此外,《天步真原》星占部分的《经星部》亦非译作,当是薛凤祚根据《西洋新法历书·恒星经纬表》删减而成。

除占法层面外,薛凤祚通过一系列的序言等文字,在《天步真原》星占部分刊刻时,初步透露出自己关于星占的宇宙论、本体论、工夫论、境界论的思考。尽管在《天步真原》中引进了新的宇宙几何模型与亚里士多德四元素说,但薛凤祚对宇宙论图景的讨论依然强调了天地定位、人与万物在其中、天地间一气流行的传统天地人三才式宇宙结构。他强调五星是传统五行的代表,天地之气是五星运行之气,也是五行推移之气。天与世间万物发生影响的物理途径有三种:一是天赋予万物以气而影响万物发展(禀赋说);二是天的精气变化之机变动于上而下之万物应之(机应说);三是君王等人的精神行为影响到气候气象等属于天气层面的现象。这些为薛凤祚星占工作提供了宇宙论基础,让我们明晰了薛凤祚星占工作得以发生的宇宙空间构型、物理影响机制等。

在本体论层面,薛凤祚开始将星占与天、理、数、气、道或天道联系。如以命运之天作为星占占验的依据,以命运之数为天下国家、个人事物吉凶祸福状态的内在规定和根据,将《人命部》《世界部》中占法内容称为理,以气作为星占宇宙论背景的基本组成元素、天人联系的媒介,以道为星占所占测乾坤之气的情状。此外,他在论述历法时也同样应用了理、数、天一类范畴。当然,此时薛凤祚对上述范畴的认识远未成熟与明确。不过它们也开始显露出一些后期特征,如将历法、星占纳入同一范畴体系中考虑,突出天的地位,对道这一传统哲学核心范畴的不重视等。

薛凤祚还在论述普遍星占术、生辰占功能时表达了相应的工夫论。如在《世界部》他强调普遍星占术可以预测大规模的天地善恶之气,人所要做的相应工夫是"朝夕凛惕"(随时保持凛然敬畏戒惧之心)迎乾坤之善气、避乾坤之恶气。《人命部》以生辰占占验获得个人命运之后他突出了穷而益坚、富而思冷的自我修养工夫,并且强调个人省察克制一类道德修养的重要性与恒常性。最后,在境界论方面,薛凤祚虽然未能似后来《历学会通》中一般有明确的表达,但已经将星占、实用技术等学问与圣人联系。这逻辑性地存在一种可能性,即通过这些学问可以达到圣人境界。这一可能性最终在《气化迁流》中实现。

上述分析揭示出《天步真原》欧洲星占编译的交流情形。总体来看,薛凤祚与穆尼阁所表现出的交流模式迥异于前述汤若望等人。他们符合合作型交流类型。穆尼阁与薛凤祚具有不同的世界观。薛凤祚秉承传统理念,认为世界由拥有五行属性的一气构成,天、理、数、气、道或天道是与星占有关的本体论范畴,修身、敬畏是个人实践的工夫。穆尼阁则以上帝为最高信仰,世界由上帝创造,符合耶稣会灵修的实践是个人采取的工夫。但这种亚文化的不同并没有阻碍他们就星占翻译展开交流。他们均有各自的诉求。薛凤祚希望通过穆尼阁的帮助解决一系列有关星占的问题——伊斯兰星占宫位制、中西星占会通、完备而准确占法的获得、实现以星占救灾的理想。穆尼阁希望通过与薛凤祚的合作获得更好的声誉与影响。虽然有违背教会禁令之嫌,但他认为他的策略性开放与灵活最终能够更好地实现传教目的。双方的诉求均在翻译《天步真原》中获得满足。这一诉求的契合成为交流得以实现的交易区。穆尼阁不因为教会禁令与世界观的不同对薛凤祚的诉求有所保留,而是尽量满足。

薛凤祚亦未因穆尼阁的信仰、欧洲星占的四元行基础等区别而心生隔阂，而是尊重穆尼阁所译介的欧洲星占内容。两种亚文化的差异在双方诉求的满足中获得消融，双方均具有强烈的他者意识。这使得他们的翻译处于自愿合作的状态之中，使得他们能够深入交流，彼此学习，"闲居讲译，详悉参求"（薛凤祚，2008）[598-599]。最终，《天步真原》欧洲星占展示出高度融合的特征。在术语方面，他们合译的欧洲星占综合了中国当时已有的天宫图星占学著作与拉丁语底本二者，并非如汤若望《天文实用》一般对中国已有资源置若罔闻。在形态方面，《天步真原》欧洲星占基本遵循了底本的托勒密体系，但也因薛凤祚的诉求加入了少量欧洲选择术。相较于《天文实用》，他们所创造的术语与内容显然更契合中国人的需求。《天步真原》欧洲星占最终也产生了一套新的语言体系（克里奥耳语），为后世所沿用。可以说，经过协商交流，穆尼阁与薛凤祚合译的《天步真原》欧洲星占文本表现出的合作交流型模式更加契合哈利·科林斯等人所言中介语言型（Interlanguage），是颇为理想的交流模式。

当然，《天步真原》星占部分最终展示出的结果并非仅仅是二人合译的欧洲星占。薛凤祚在刊刻时不仅加入了伊斯兰星占中的选择术等内容，而且将自我关于星占宇宙论、本体论、工夫论、境界论的认识通过序言等方式加入。这些当然已经超出了与穆尼阁交流的环节，而属于新的文本被译介之后中国学者自我理解与改造的环节。这正如后文《历学会通》阶段一般。

第5章 融汇中西 入我型模

——薛凤祚对中西星占的会通

  1653年刊刻《天步真原》之后，薛凤祚完成了他人生中的历学学习阶段，开始漫长的会通之役。已过知天命之年的薛凤祚甘于淡泊，苦心孤诣，独辟蹊径，一心投入会通工作中。经历了《天步真原丛书》《天学会通》的阶段性工作，可能在1664年他完成了60卷之多的会通历学巨著《历学会通》。该书分为三大部分：《正集》《考验部》《致用部》，主要包含三种学问：历法、星占、实用技术。此三者亦是薛凤祚对历学所包含内容的特殊理解。《正集》12卷首一卷是历法的主体部分，乃薛凤祚在《天步真原》基础上会通中西历法而成的"新中法"（又名"会通中法"）。"新中法"也是薛凤祚最后所认同的历法。《考验部》除包括《天步真原》西法星占内容外，更重要的是收录了当时最重要的四种历法：《授时历》（《大统历》）、《崇祯历书》、《回回历法》与《天步真原》。《考验部》收各家历法之所长，成为了一个历法资料库，以预备以后的历法改革。《致用部》是薛凤祚历学旁通致用内容，包括十部分：《三角算法》《律吕》《西法医药部》《中法占验部》《中法选择部》《中法命理部》《中外水法部》《中西火法部》《重学部》《中外师学部》。（褚龙飞，2014）[30-32,165]除《三角算法》《律吕》外，剩余八者属于星占与实用技术。①

对应于上述学问,在经过《天学会通》《历学会通》后,薛凤祚最终实现了三个方面的会通。第一是他对当时中西历法的会通,并预备了今后改革的资料(《正集》与《考验部》主要部分)。(褚龙飞、石云里,2014)第二是受徐光启在崇祯改历期间提出的"度数旁通十事"影响,薛凤祚会通多种实用技术学问,并搜集了相关的中西著作(《致用部》中的《中外水法部》《中西火法部》《重学部》《中外师学部》)。最后是在比较了中西星占学之后,薛凤祚认为两者难以在形式上会通;因此,他补充西法星占内容,调整中法星占占术,将两者置于同一框架中,建立了特殊的星占会通体系。下面对星占会通工作进行介绍。

5.1 会通阶段对西法星占内容的因仍与补充

由前可知,《历学会通》中的星占著作,主要集中在《考验部》与《致用部》。《考验部》收有5部西法星占著作,分别是《纬星性情部》《经星部》《世界部》《人命部》《选择部》。《致用部》则包括《中法占验部》《中法命理》与《西法医药部》(西法星占著作)。《致用部》的《中法选择部》属于传统干支历注,从严格意义上来讲并非星占著作。但《中法选择部》与西法《选择部》相对应,也可算作是薛凤祚星占工作的一部分。此外,《西法医药部》后收录的《五运六气》,《中法命理部》后收录的《十干化曜》,并不属于《历学会通》,而属于薛凤祚在《历学会通》后完成的另外一部巨著《气化迁流》。但由于两者后期被收录在《历学会通》中作为补充文本,所以笔者也将在此部分进行讨论。

上述工作中属于西法的是《纬星性情部》《经星部》《世界部》《人命部》《选择部》《西法医药部》。这些工作完成于不同时期。在早期的《天步真原》阶段,薛凤祚编译《经星部》、《纬星性情部》、《世界部》(不包括《回回历论吉凶附》)、《人命部》与《选择部》,并在此后的工作中未对后三者作改变。在《天学会通》阶段,薛凤祚可能对《经星部》与《纬星性情部》进行了修订,并节录了《纬星性

---

① 《三角算法》是算学著作。薛凤祚以度数之学皆取用于《三角算法》,所以置于《致用部》开始位置:"算学有勾股三率,于数无所不统。天文家又有三边三角诸法,盖度数之法皆取之。"(薛凤祚,2008)721《律吕》是传统律学著作。《西法医药部》《中法占验部》《中法选择部》《中法命理部》属于星占著作,笔者将在后文介绍。《中外水法部》有关引水器械,《中西火法部》论述火器,《重学部》探讨引重机械,《中外师学部》介绍兵学。四者属于实用技术学问。

情部》与《人命部》中相关内容完成简短的《西法医药部》。最后,他还节录了《天文书》中内容完成《回回历论吉凶附》,在《天学会通》或《历学会通》出版时加在《世界部》之后。由于《天步真原》版《经星部》与《纬星性情部》今已不存,我们无从得知会通阶段修订的具体情况,所以此两项工作只能在此处提及。①笔者将主要介绍《西法医药部》与《回回历论吉凶附》两项工作。

5.1.1 欧洲医学星占的纂集

《西法医药部》被收录于《致用部》,是薛凤祚摘录《纬星性情部》与《人命部》中相关内容完成的医学星占著作。其内容较为简短,主要包括三部分:"太阴十二象论人身""七政主治""人命有四"。(薛凤祚,2008)[764-765]"七政主治"撮要自《纬星性情部·日月五星之性第一门》。如第一条"太阳性热性干,地中主金与宝石,主人心与脉",来自《纬星性情部·日月五星之性第一门》中有关太阳的论述:"太阳性热性干,主人命二十二岁外十九年。主君王,主人长命有福,主贤良聪明,得君宠。性宽宏,主人心,主人脉,地中主金与宝石"。(薛凤祚,2008)[547,765]"太阴十二象论人身"则基本上摘抄自《人命部·太阴十二象之能第三门》,但还是作了部分改变。如《人命部》"白羊主头,金牛主项"在《西法医药部》中变为"戌主头,酉主项",(薛凤祚,2008)[602,764]即将黄道十二宫名称变为传统用法。另外,在"人命有四"一段中,薛凤祚将原来《人命部》缺少的黄道宫补充完整。综上可见,《西法医药部》实际上是薛凤祚自己在研究了相关内容后所作的辑录,而非专门翻译之作。

为了理解上述内容特征,让我们回到医学星占在欧洲的发展背景。医学星占是以天象为依据给出疾病治疗、诊断、预测信息的星占类型。它在欧洲具有悠久的历史,可以被追溯到希腊化亚历山大时期。托勒密在星占《四门经》中称:"这些在星占上拥有最先进能力的人——埃及人,已经完全地将医学与天文预测结合了起来。"(Ptolemy,1940)[31]中世纪翻译运动之后,医学星占在西欧颇为流行。15—16世纪很多欧洲医学院均开设了相关课程教授星占。随着16世纪末到17世纪星占学的衰落时期到来,医学经验的累积,新发现与理论的出现②,医学星占也迎来寒冬季节。此后,医学星占逐渐在西方医生群体中受到冷落,只有少数星占师有所实践与发展。这一情况持续到了今天。

---

① 前面笔者依据字体特征,提及会通阶段薛凤祚可能修订过《经星部》与《纬星性情部》。由于缺少《天步真原》初期刊刻时的资料,这一问题的讨论只能付之阙如。不过,由于这两部分所介绍的是星占中的基本概念,不涉及占法,这种修订很可能只是一种整理工作,不会像薛凤祚改造传统军国星占那样删减其中不合理的成分。

② 如哈维(W. Harvey,1578—1657)血液循环理论的提出。

（Holden，2006）[285-286]

文艺复兴与科学革命时期欧洲流行的医学星占颇为复杂，大致可以分为四种类型。第一种是根据病人或健康人的出生时刻与地点绘制天宫图，从天宫图中预测命主生命健康与疾病、寿命等方面的信息。此一类型属于生辰占范畴。星占师或医生会比较注重生辰天宫图揭示的身体方面信息，因此我们可以称之为生辰类。在具体占测中，实践者会经常使用黄道十二宫人体（Zodiac Man，图5.1）、日月五星与人体对应情况一类知识。后天十二宫中第六宫有关疾病，第八宫有关死亡，所以此两宫特别被重视。（Lewis，2003）[434-439]当然，这些知识以及对第六宫、第八宫的重视在其他医学星占类型中也可以见到。生辰类实例我们可以从薛凤祚与穆尼阁所译《天步真原·人命部》下卷发现。其中有"医生自己算"的天宫图实例，详细记载了卡尔达诺（"医生"即卡尔达诺）对自己命运的解读。解读内容中便有很多关于个人身体情况的信息。（薛凤祚、穆尼阁，2018）[377-380]

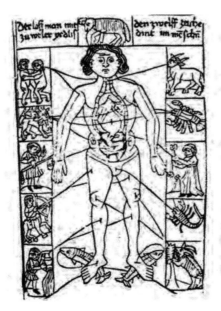

图5.1　15世纪后欧洲流行的黄道十二宫人体图

第二种属于卜卦星占学，可被命名为卜卦类。根据问诊病人生病的时刻，或病人咨询的时间，或病人所接触的物体或尿液被送到诊所①的时间，医生或星占师绘制天宫图，进而判断病人生病情况，帮助治病。不过后面两种时间选

---

① 此种情况下可能病人因病不能亲自前来，而委托其他人帮自己咨询或问诊。

择方式一般被严格信仰基督教或崇奉理性特质的星占家所不齿。因为在他们看来此两种方式属于迷妄、没有意义的行为,或许私下借助了魔鬼的力量。卜卦型有一套自己的后天十二宫分析方法。以英国著名星占家西蒙·福曼(Simon Forman,1552—1611年)为例。在他所给出的卜卦类天宫图后天十二宫中,第一宫代表病人,是生命之宫;第二宫代表病人与医生的关系,尤其是病人是否会支付诊费;第三宫代表第三方,尤其是指替病人咨询的人;第四宫是医药与治疗结束的情况;第五宫是人体的四种机能(Virtue)——吸收的、消化的、保持的、排他的(Attractive,Digestive,Retentive,Exclusive),可从此宫判断人体机能的强弱;第六宫代表疾病;第七宫是患者;第八宫是生死之宫;第九宫是医生;第十宫是上帝,可以看出病因是否是神意;第十一宫与四宫类似,代指医药,或如何开始、结束治疗;第十二宫指示病因是自然还是非自然因素(如魔法)。[(Kassell,2005)[132-133](赵秀荣,2020)]

第三种属于普遍星占术,预测一个群体的健康状态或者瘟疫、流行病。此类占法在《天步真原·世界部》中可以看到:"日食在天枰摩羯宝瓶,大瘟疫,以三宫能坏人命。"(薛凤祚、穆尼阁,2018)[288]第四种与前三种不同。此种类型不需要使用天宫图,而是类似于宿曜术,直接以星表查看星体所在位置给出治疗措施,甚至是药物混合时间的指导。被特别关注的星体是月亮。因为月亮被看作最能够影响人体平衡,进而引起健康问题。在《天步真原·选择部·太阴十二宫二十八舍之用》中有此类记载:太阴在"白羊八度至二十一度十三分,性稳,宜用药,宜出游。"(薛凤祚、穆尼阁,2018)[384]选择放血治疗的时间也属于此种类型。①

在了解医学星占的欧洲背景之后,让我们再次审视《西法医药部》内容。不难看出,"七政主治"实际介绍的是日月五星与人体的对应关系。此种对应被延伸到矿物之中,从而所对应的矿物可以治疗相应病症:"脏腑不足者补以其属。如心病以金与宝石末之煎服,亦以金作片佩心间。他并同。"(薛凤祚,2008)[763]"太阴十二象论人身"是黄道十二宫与人体对应关系(黄道十二宫人体)。只是这种对应不是用在上述第一类生辰类医学星占,而是第四类以月亮所在位置给出医疗实践指导:"如太阳(应该是太阴——笔者注)在戌,宜将养头上。"(薛凤祚,2008)[764]"人命有四"介绍了四种人体机能"用""受""化""去",及它们所对应的冷热干湿、日月五星。这是古希腊医学的基本内容,在上述第二类医学星占中曾提及。②(表5.1)可见,上述内容是当时医学星占中典型的

---

① 关于上面四种医学星占的介绍请参看Grafton(2006)的论述。

② [2021-5-31]. http://www.greekmedicine.net/physiology/Digestive_Tract.html

基础知识。薛凤祚将它们选择在一起辑成医学星占文本符合欧洲医学星占特征。但是,对比薛凤祚的辑录和上述背景介绍不难看出,他实际并未将《天步真原》中出现的全部星占医学内容辑录。所辑者无法全面展示欧洲医学星占类型、特征,以及所涉及的复杂占法。或许我们可以推测,薛凤祚其实对医学星占并没有那么重视。他在南京时并未专门就医学星占请教穆尼阁。他对欧洲医学星占的了解并不深入。

表5.1 《西法医药部》内容

"七政主治"							
七政	日	月	土	火	木	金	水
性情	热、干	冷、湿	冷、干	热、干	热、湿	热、湿	热、干(合太阳、金星)/热、湿(合木星、金星)
对应金属	金、宝石	银	黑铅	铁	锡	铜	水银
所主人体	人心、脉	人目、睛、脑髓、白痰、妇人月事	肝	黄痰	肺	肾	肺脘
"太阴十二象论人身"											
十二宫	白羊	金牛	双子	巨蟹	狮子	室女	天枰	天蝎	人马	摩羯	宝瓶	双鱼
十二地支代号	戌	酉	申	未	午	巳	辰	卯	寅	丑	子	亥
所主人体	头	项	肩背	胸胃脾肺脘	两肢、心、脐	小腹	下焦、膀胱并两边	阴阳(即下体性器官)	左右大腿	两膝	小腿	两足
"人命有四"				
四种机能	吸收的机能	保持的机能	消化的机能	排他的机能
《天步真原》用名	用	受	化	去
对应性质	热干	冷干	热湿	冷湿
对应七政	太阳	土星	木星	太阴

问题是薛凤祚既然对欧洲医学星占并没有那么热心，他为什么要在《致用部》单独列出一卷讨论西法医学星占？从目前资料来看，他的这一安排当是受《崇祯历书》"度数旁通十事"的影响。前已论及，薛凤祚在《致用部》序言曾提及李天经根据徐光启论述上奏崇祯皇帝的"度数旁通十事"。其中便论及医学星占的内容："其九，医药之家，宜审运气，历数既明，可以查知日月五星躔次，与病体相视乖和顺逆，因而药石针砭，不致差误，大为生民利益。"（徐光启等，2009）[1642] 以"日月五星躔次"来指导"药石针砭"，即是医学星占的主要功能。《致用部》即薛凤祚整体上受"度数旁通十事"影响所作，所以他将《西法医药部》置于《致用部》，作为历法旁通的学问。只是或许欧洲医学星占并非他所重视，故而薛凤祚草草辑录了三部分内容，并未有系统而深入的工作。

薛凤祚对欧洲医学星占的不重视也可以从他所了解的欧洲药物知识看出。他在《西法医药部》声称："西法治病多以草药单服，既名称不同，辨识未易，再俟讲求补足。"（薛凤祚，2008）[764] 就当时传入中国的欧洲药物来说，大概可以分为石类、水类、木类、草类、兽类、虫类六种。且16—17世纪欧洲药物以金石为主。（马伯英等，1993）[302] 薛凤祚当对此不了解，未能获得相关书籍，所以使得其著作中"西法医药"内容颇为简单。此后我们也未见他的"讲求补足"。不过，有意思的是，薛凤祚以另外一种方式对《西法医药部》的整体进行了补充，即将《气化迁流》中《五运六气》收入《历学会通》，置于《西法医药部》之后。（图5.2）

《五运六气》是传统中医五运六气学说著作。五运六气简称运气，是中医研究天地气化特征的学问。五运指木火土金水五行的运行，六气指太阳寒水、厥阴风木、少阴君火、少阳相火、太阴湿土、阳明燥金六气的变化。其权威文献以《黄帝内经·素问》中《六节藏象论》《天元纪大论》《五运行大论》《六微旨大论》《气交变大论》《五常政大论》《六元正纪大论》《至真要大论》为主。（任应秋，1959）[1] 薛凤祚《五运六气》对《黄帝内经》内容有收录。他之所以使用《五运六气》补充西法医学星占，一方面可能和李天经奏疏中提及"运气"有关（"医药之家，宜审运气"），另一方面当和《五运六气》、医学星占在思路上相近有关。薛凤祚在《五运六气》序言中介绍了他对该作的认识。在他看来，由于人与天地不可分离，所以一人之病，并非仅仅看有关自身的血气等内因，还应该注意天地气化所造成的影响。天地气化颇为复杂。天地间五行之气的不同，不仅会造成不同疾病，还会造成物类的不同感应。所以外在的天地对于为医者至关重要。可以说医学是以天地为本，"天地诚医学之大本"。而薛凤祚编著此书的目的，就是使医生对疾病的考虑不只是以气血等内因为主，还需综合天地气化的复杂外因：

图 5.2 《西法医药部》（左）与《五运六气》书影（右）

养生者言人有呼与吸，皆出日用食息之气，纳天地清淑之气。推陈致新，形神始能不腐。是人与天地不独言亲，且不得为两也。天地之气化不齐，人感之则形病互异，焉可诬也。世之言医者，患逐末遗本。明气与血、痰与郁之为病，不明风与火、暑湿与燥寒之为病。明运与气为恒气，不明主与客之相临御、相扶抑。太徵之岁，火气太过，则心以实病，肺以虚病。以至于五行皆然。盖司天在泉不同之化，难可稽数……天地诚医学之大本……今特收其要者，无支词复语而义亦略备。使言医者知血气内因之症，又知气化外因之症。神明于圆机之中，当不至于虚虚实实也。（薛凤祚，2008）[762-763]

显然，《五运六气》这种考虑天地气化的特征与医学星占以外在天象决定治疗的思路有所相似。

5.1.2 伊斯兰星占《回回历论吉凶附》的节录

薛凤祚会通阶段关于西法星占的第二项工作，是完成《回回历论吉凶附》的编纂。该部分共五节内容。经对比可以发现，它们选自《天文书》第二类《断说世事吉凶》十二门内容中的五门（表5.2），是对《天文书》原文的"节录"，而非直接转录。各章节与《天文书》的具体对应关系如下。"人世应验"取自第二类第二门"论上下等第应验"的前半部分内容，"若以上星在无力位分，又与各星恶照者，诸事皆不吉也"以下未收。(李翀、马哈麻等，1993)100 其中"若命宫数至小限有吉凶星，其吉凶亦以此类推"一句《天文书》中无直接对照语句，很有可能是《天文书》第二门最后一句的总结。"天灾疾病"来自第二类第四门"说天灾疾病"，节录全部。(李翀、马哈麻等，1993)100 "天时寒热风雨"节录第二类第五门"说天时寒热风雨"。"若年命星盘是火宫"至"火星在内则减寒"未收，三处有句子被省去。一处原文为大字，薛凤祚改为注释性小字。(李翀、马哈麻等，1993)103 "阴雨湿润"节取第二类第六门"说阴雨湿润"，三处有句子被省去。(李翀、马哈麻等，1993)105-106 "天地显象"节取第二类第七门"说天地显象之事"，部分语句语序有调整。(李翀、马哈麻等，1993)107

表5.2 《回回历论吉凶附》对应的《天文书》章节

《天文书》章节	《天文书》	《天步真原》
2.1	总论题目	—
2.2	论上下等第应验	人事应验
2.3	说灾祸征战之事	—
2.4	说天灾疫病	天灾疾病
2.5	说天时寒热风雨	天时寒热风雨
2.6	说阴雨湿润	阴雨湿润
2.7	说天地显象之事	天地显象
2.8	断说天象	—
2.9	说物价贵贱	—
2.10	说日月交食	—
2.11	说土木二星同度相缠	—
2.12	说世运	—

注：该表格中"2.1"表示《天文书》第二类第一门，依次类推。

薛凤祚的"节录"几乎将《天文书》原文句句改动，且非泛泛，乃建立在深入理解的基础上。有些地方的语义经过"节录"更加显明。例如，《天文书》有言："先定当年安年命宫，又当年交年之前，太阳与太阴相会或相望时，取一命宫。看此二命宫，并命主星俱要看太阴。若二命宫，并命主星，并太阴，六件，皆居吉位。又无凶星相照。主其年人民安乐无病。"(李翀、马哈麻等，1993)103 其中

"六件"指何并不明了。薛凤祚改为:"当年命宫及年前朔望命宫及命主星,又看太阴所在宫及宫主星,其六处,有吉星照,无凶星照,主其年人安无病。"(薛凤祚,2008)⁵⁸⁷如此则"六件"所指明显很多。更有意思的是,薛凤祚的"节录"在某些地方还有合理发挥。如"节录"提到:"年命宫主星,与第六宫主星相遇相照,太阴又不得地,其年必有灾病。与八宫主星相遇相照,太阴又不得地,其年人多死亡,朔望命宫并四季命亦同。"(薛凤祚,2008)⁵⁸⁷这段原文为《天文书》第二类第四门"说天灾疾病"中"若年命宫主星,与第六宫主星,相遇相照,太阴又不得地,其年必有天灾人病。其太阳与太阴相会或相望时命宫及四季安命宫亦同此例。若年命宫主星与第八宫主星相遇相照,太阴又不得地,其年人多死亡"(李翀、马哈麻等,1993)¹⁰³。若按原文正常语序理解,则"与第八宫主星相遇相照"并不包括朔望命宫及四季命宫主星,但薛凤祚调整原文语序,将"与第八宫主星相遇相照"的占验也和朔望命宫及四季命宫主星联系起来。实际上这更符合《天文书》阿拉伯语底本的原意。①

不过,由于薛凤祚的节录过于精简,有些地方如果缺少一定的知识基础,便会难以理解。如第二类第六门"若安年命宫,或四季命宫,或朔望命宫,太阴在四柱上,主大水。年命见之应其年,四季命宫见之应在各季,朔望命宫见之应在其月,朔系上半月,望系下半月"(李翀、马哈麻等,1993)¹⁰⁶,薛凤祚改为"年命宫四季命宫,太阴在四柱上,大水,各以其年季朔望日时主之"(薛凤祚,2008)⁵⁸⁹,反而变得晦涩。但总体上并无多大影响。

与收录《天文书》选择术目的相似,薛凤祚节录《回回历论吉凶附》亦是补充《天步真原》的内容。《回回历论吉凶附》与《天步真原·世界部》属于西法普遍星占术。西法普遍星占术与中国传统军国星占类似,以天象占验人类灾害、疾疫、气候、军国大事等具有普遍、广众性特征的事件、对象。这对于身处明清变革时期、怀有经世济民情怀的薛凤祚来说无疑非常重要。薛凤祚在《人命部·人命》所述三条规划中第二条"在世水旱饥疫,人苦不知,若能知之,则凡事可

---

① 底本此段说"The application of the lord of the ascendant of the revolution or of the quarter or the lord of the ascendant of the conjunction and opposition which precede the revolution or the quarter to the lord of the sixth place with the corruption of the Moon indicates disease and illnesses. If the application is to the lord of the eighth place with the corruption of the Moon, it indicates many deaths. The varieties of diseases are in accordance with the nature of the injurious planet"。(Michio Yano,1997)⁸⁵ 可知阿拉伯语底本是将"年命宫主星"("the lord of the ascendant of the revolution")与"朔望命宫及四季命宫主星"("the lord of the ascendant ... of the quarter or the lord of the ascendant of the conjunction and opposition which precede the revolution or the quarter")置于六宫("sixth place")与八宫("eighth place")之前,是总括两者的。而明初译文则置于六宫、八宫之间,反使语义不明。薛凤祚当然不知《天文书》阿拉伯语底本,但其"节录"却正好符合原意,可见其理解之深。

以预备，诚持世者之急务"（薛凤祚、穆尼阁，2018）³⁰³，即需要普遍星占术来完成。薛凤祚对此占法非常重视，《天步直原·世界部》称："今新西法有《七政世界部》一书，于日月五星冲合所主特为明晰，而在天大小会一说又中法所未曾及。篇目不烦而义已兼至，其于乾象岂小补者？"（薛凤祚，2008）⁵⁷⁷因此，虽然《天步真原·世界部》中翻译的普遍星占术篇幅已经相当可观，但能够补充更多占法无疑更能帮助薛凤祚实现经世致用的理想。

此外，仔细对比《回回历论吉凶附》与《天步真原·世界部》中翻译部分就可发现，尽管两者同属普遍星占术，但还是存在很大的区别。首先，两者在占法上不同。这可分为四种情况。第一，两者占法类似而侧重点不同。如《回回历论吉凶附·人事应验》与《世界部·五星在地平吉凶》中均有对一年吉凶的占验，但前者侧重于论述与占验对象相应的星占元素（如老人与土星对应），后者则是由条件得到占验结果的一般论述。（薛凤祚，2008）⁵⁸³⁻⁵⁸⁴,⁵⁸⁷第二，两者尽管属于同一占法而所考虑的具体条件却不同。如《回回历论吉凶附》"天时寒热风雨""阴雨湿润"之于《世界部》对天气的预测。第三是《回回历论吉凶附》介绍了新的占法。如"天灾人病"通过五大行星与月亮的位置关系来预测人群所易出现的疾病，"天地显象"预测彗星红云。这些穆尼阁均未介绍。（薛凤祚，2008）⁵⁸³⁻⁵⁸⁴,⁵⁸⁷⁻⁵⁸⁹第四，两者分类方式不同。《世界部》中属于穆尼阁翻译的包括17节72页内容，各节主要根据天象或占法来分类，如"天气日月五星之能""太阴五星杂用""扫星""流火""日月食彗孛"等。（薛凤祚，2008）⁵⁷⁸⁻⁵⁸⁶《回回历论吉凶附》则包括5节22页内容。这些内容大多根据具体占验事件分类，如"天灾疾病""天时寒热风雨"与"阴雨湿润"。另外两节"人事应验"与"天地显象之事"则是对普遍星占术中一些一般原则的介绍。（薛凤祚，2008）⁵⁸⁷⁻⁵⁸⁹因此，薛凤祚当正是有鉴于普遍星占术的重要性、《天文书》内容与《世界部》的不同，所以才节录《天文书》以补充《世界部》。

5.2 会通阶段对中法星占的重塑

在会通阶段，薛凤祚还编著了中法星占部分。这些著作均被收录在《致用部》。其中《中法占验部》是传统军国星占作品，《中法命理部》讨论星命术，《中法选择部》则有关传统历注。通过它们，薛凤祚不仅以自己的方式将中法与西法对应，而且回应了时代给这些占术所带来的挑战与机遇。

5.2.1 对传统军国星占的改造

《历学会通》传统军国星占著作集中在《中法占验部》。《中法占验部》共收录七种传统军国星占著作：《尚书·洪范》、李淳风《乙巳占》、魏文魁《贤相通占》、《天元玉历》、《授时历·九宫贵神》、刘基《论分野》、张庄愚《周天易览》。这些著作中《洪范》是"占学模范"，《乙巳占》《贤相通占》《天元玉历》是主体，《授时历·九宫贵神》是补充，《论分野》《周天易览》是传统军国星占的基础分野理论。它们是薛凤祚改造之后的结果。

"洪范"一词来自儒家经典《尚书·洪范》篇名。《尚书·洪范》据称是周武王克殷商后第二年箕子回答武王问题的记录，论述了天道如何下施作用于民。但《中法占验部·洪范》并非对《尚书·洪范》完整录用，而是主要收录其中的"庶征"节。"庶征"部分集中阐释人事对天象气候的征验，具有占验意义。除将"庶征"部分"曰王省唯岁，卿士唯月，师尹唯日"顺序调整外，薛凤祚还加入了少量"书传"与占书中内容。(薛凤祚，2008)[787-788] 可能当时人们在论述《洪范》占验功能时多与刘向《洪范五行传论》联系，所以薛凤祚特意提及不录此书内容："刘向《五行传》不录。"(薛凤祚，2008)[784] 而且认为"加以刘向诸人，则如蜮如鬼矣"(薛凤祚，2008)[784]。① 此部分内容在薛凤祚心目中甚为重要，被认为是"占法之祖"与"占学模范"："《尚书·洪范·庶征》，占法之祖。"(薛凤祚，2008)[784] "首册《洪范·庶征》一段，淳厚大雅，是为占学模范。"(薛凤祚，2008)[784] 所以他将《洪范》置于《中法占验部》首位。

《乙巳占》是对恒星占的介绍，包括对恒星颜色明暗变化、彗孛出入恒星等的占验："以上诸座，凡飞流慧孛客星干犯，各依其位之所主占之。青为忧，黄为喜，赤为兵旱，白为兵气，黑为疾疫。依岁月日时刑德干支远近占之，不可一途取执。"(薛凤祚，2008)[795] 所涉及的恒星，据薛凤祚称主要是三垣二十八宿中黄道纬度在八度之外的较高黄纬星官："经星……玩其星名而占法自备，至黄道内外近八度者，凌犯多变，详见下卷。"② 不过，细查书中所列恒星可以发现，虽然在 200 多星官中，近 180 种超过八度，但其中也有 10% 在八度以内。如平道二星黄道纬度均在一度多，但薛凤祚依然在《乙巳占》中列入："平道，天子八达之道。"[(薛凤祚，2008)[791](徐光启等，2009)[552]] 又如天门、云雨、虚梁、外屏、天街、天高、司怪等星也均未超过黄纬八度。[(薛凤祚，2008)[792-795](徐光启等，

---

① 至于为何加入刘向等人之书便"如蜮如鬼"，薛凤祚并未明论，可能是认为刘向之说附会之故。
② "下卷"即《贤相通占》。(薛凤祚，2008)[788]

2009)[529,538,539,554,572,573]这或许与薛凤祚未能细致核对有关。

从《乙巳占》书名来看,该部分应来自李淳风的同名书,但比较之后就会发现并非如此。薛凤祚所录体例基本上是先叙述恒星名称与特征,再加以占辞。有很多甚至没有占辞。如对北辰的介绍:"紫微北辰也,众星拱之,天运无穷,三光迭辉,而极星不移。第一星主月,太子,第二星最明者天星大帝,北辰之正位……北极星亡期八年,中国无主,佞臣在位。"(薛凤祚,2008)[788]而李淳风《乙巳占》中并没有单独列出恒星占的章节,也没有对恒星本身特征的介绍。如上所举介绍北辰的内容在李淳风《乙巳占》中根本见不到。不仅如此,薛凤祚所列不少星宿名称,如农丈人、天桴、奚仲等①,在《乙巳占》中也没有出现。可见,此部分内容恐并非来自李淳风《乙巳占》。

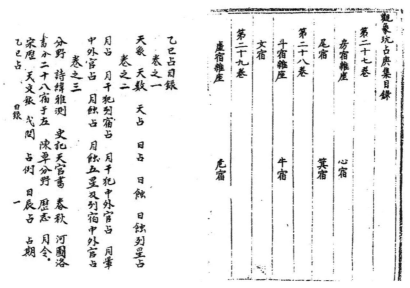

图5.3 《乙巳占》(左)与《观象玩占》(右)书影

事实上,相较于《乙巳占》,《观象玩占》(图5.3)更有可能是这部分内容的主要来源。《观象玩占》是明代钦天监官方用书。薛凤祚在《世界部》序言中曾将其与《乙巳占》并提:"中法《观象玩占》及《乙巳占》二书,为司天者蓍蔡。"(薛凤祚,2008)[577]考察《观象玩占》就会发现,薛凤祚所收内容基本上可以找到相

---

① 此外,还有瓠瓜、罗堰、离瑜、天垒、人星、司禄、司危、司非、车府、杵臼、虚梁、天钱、八魁、天纲、铁锁、云雨、霹雳、雷电、策星、更蓁、天溷、外屏、天阴、天园、月星、天节、军井、司怪、座旗、天罇、传舍、水府、阙丘、野鸡、天社、天记、天稷、外厨、内平、灵台、军门、器府、天庙等星也未在《乙巳占》中出现。笔者运用了基本古籍库检索系统获得此结论。

应者。当然，由于是节录①，这种对应并非完全相应。但其内容基本上不出《观象玩占》范围。还需指出的是，这部分内容应该还有其他来源。如"天子不事名山，不敬鬼神，则第一星不明……不修江河淮济之祠，第七星不明"（薛凤祚，2008）[790]，在《开元占经》所引《援神契》中可以找到较好的对应者（瞿昙悉达，1994）[461]。"黄星出勾陈旁，外国有进美女，黄气亦然，亦后宫有喜，又曰立后妃"（薛凤祚，2008）[788]在《灵台秘苑》中可以找到较好的对应者（庾季才，1983）[83]。可见，《中法占验部·乙巳占》来源复杂，当是薛凤祚以《观象玩占》为主，会合多家著作节录而来。

《中法占验部》的第三种著作是薛凤祚老师魏文魁的《贤相通占》。前已述及，此书主要是二十八宿与太微垣中一些星官的凌犯占与日月食占。此外该部分还收录了太微垣的灵台、上将星、次将、内屏、右执法、上相星等星。这些恒星的黄道纬度主要在八度以内，为月五星凌犯与月食所及范围。显然，这部分内容与《乙巳占》中强调的八度以外星官相为补充，正是属于"至黄道内外近八度者，凌犯多变，详见下卷"（薛凤祚，2008）[788]者。

在介绍完恒星占、月五星干犯占以及日月食占之后，薛凤祚开始论述云气、流星、彗星、望气、风角以及日月五星自身运行、颜色一类占法。薛凤祚对于云气风角占验颇为重视，他说："日月五星之外，别有云气风角之异。殆如人生相貌骨格既定于有生之前。及祸福将至，又复发有气色以示见于外，其事弥真，其救弥急。"（薛凤祚，2008）[783] 在薛凤祚看来，云气风角之占是日月五星占验的重要补充，且在时间上和将要出现的占验结果更为接近。这类似于人在祸福将至时有气色显现，极为真切。这一思想承袭有自。我们在《史记·天官书》中也可发现类似论述："夫常星之变希见，而三光之占亟用。日月晕适，云风，此天之客气，其发见亦有大运。然其与政事俯仰，最近天人之符。"（司马迁，1963）[1351]薛凤祚当是受到了传统军国星占思想的影响。

从内容来看，薛凤祚对云气、流星、彗星、望气、风角的介绍主要来自《天元玉历》。该书即明代颇为流行的传统军国星占著作《天元玉历祥异赋》，系明仁宗朱高炽颁赐群臣之作。与美国国会图书馆藏本相比，薛凤祚收录的《天元玉历》最大变化是将文中有关干支刑德的"立成图"（佚名，[1425]）[卷七：3a-3b]改为附

---

① 《中法占验部·中法占验叙》说："在天经星，从来少变。其云气流星等，顾名思义，占法俱足，不必别有添设。兹节录《乙巳占》文。"（薛凤祚，2008）[784]

在最后的"附占"(薛凤祚,2008)^823,内容也作了一定调整。① 之所以如此,可能和《中法占验部》内容的编排有关。在《中法占验部·洪范》中,薛凤祚引"占书"云:"庶征发于何方,见于何日,各从岁月日时刑德来……刑德详见风角。"(薛凤祚,2008)^787-788 又《中法占验部·乙巳占》中说"以上诸座,凡飞流彗孛,客星干犯,各依其位之所主占之……依岁月日时刑德干支远近占之,不可一途取执。"(薛凤祚,2008)^975 可见干支刑德等是传统军国星占中通用的概念,而"附占"介绍的正是此内容。所以薛凤祚将其置于《天元玉历》最后,以便可以作为《乙巳占》等其他传统军国星占内容的基础。

《天元玉历》之后为《九宫贵神》。此部分在占法上并不属于传统军国星占,而与历注中九星术②有关。这一点,薛凤祚也曾论及:"九星八门③,天文所无,历学取用,今附集中。"(薛凤祚,2008)^784 "天文"即指星占而言。《九宫贵神》先总括性地介绍九宫排序的规则,后分述排序的九种基本形式,最后是"八门占"。与《中法占验部》其他内容类似,这部分内容的来源在标题处有标注,由此可知为《授时历》历注(图5.4)。《历学会通·中法选择部》中薛凤祚曾提及"《九宫贵神》入《中法占验部》",即《九宫贵神》原属于《中法选择部》历注内容的一部分。但是,《中法选择部》历注来自《大统历注》的某个版本。(褚龙飞,2014)^153 可知此处薛凤祚当是将《大统历》与《授时历》等同。这与他在其他地方的做法一致。④ 那么,问题是薛凤祚为何将不属于传统军国星占的《九宫贵神》置于此处,而不是在同为历注的《中法选择部》呢?

这一点薛凤祚并未提及。不过,我们或许可以从《九宫贵神》占验对象中获得理解。尽管《九宫贵神》属于《授时历》历注,但其所占验对象并非选择做事的时间,而是气候、灾害、战争事宜,如"临坎冬至雨雪水涌;临坤江河泛,土功兴,小兵;临震春分霜降雷旱,角虫兴;临巽立夏水伤禾,土功兴,下臣专"。(薛凤祚,2008)^824 这与《中法选择部》中以选择做事时间为主要目的的择日术

---

① 与《中国科学技术典籍通汇》所收版本不同的是,薛凤祚收录的《天元玉历》仅是赋文本身,不包括史志内容,且薛凤祚本内容不全。美国国会图书馆藏《天元玉历祥异赋》与薛凤祚收录的一样,没有史志内容。美国国会图书馆藏本七卷,与仁宗颁赐本卷数相合,或为《天元玉历祥异赋》明代原刊本。(佚名Ⅰ,1993)^650-888

② 九星术是历注中用到的一种选择类型。虽然称九星,实际与天上星体关系不大。有关九星术的介绍参见陈遵妫(1982)^1655-1663 的论述。

③ 八门即开、休、生、伤、杜、景、死、惊。八门是九宫占验中的基本元素。

④ 《历学会通·考验叙》称:"至元郭太史守敬而大备,三百年后渐不合天。崇祯初年,魏山人文奎改立新法。"《旧中法选要叙》云:"至元郭太吏守敬、王恂创造简仪器……历成名曰授时,遵用三百余年。"此处均将《大统历》归入《授时历》讨论。又薛凤祚在《新中法选要》中亦将此二者看作相同历法未作区分。(薛凤祚,2008)^270,274-330,409

不合，反而与传统军国星占的占验对象一致。所以，可能有鉴于此，薛凤祚便将《九宫贵神》附入《中法占验部》传统军国星占占法之后，从而在传统军国星占之外纳入新的占法占验军国大事、灾荒气候，成为对《中法占验部》内容的补充。

图 5.4 《九宫贵神》书影

《中法占验部》最后一部分内容是分野理论——传统军国星占中将天象与人间区域对应的学问。薛凤祚主要收录了两种文献《论分野》与《周天易览》。《论分野》摘录自刘基等人编著的《大明清类天文分野之书》"凡例"部分，实际即《新唐书·天文志》著录的唐代一行"山河两戒说"。(欧阳修，1972)[817-819]《周天易览》题名张庄愚所作，但具体来源尚不清楚。(褚龙飞，2014)[153]薛凤祚选取此二者各有目的。其中《周天易览》是他为了在分野中使用当时的地区名称而收录："天官十二分野，古异今名，不足取准……《周天易览》，可以释疑。"(薛凤祚，2008)[785]《论分野》则是为了化解当时对分野的疑虑。明末清初，随着地球说与世界地图等知识的传入，传统分野学说受到很大冲击。(徐光台，2009b)鉴于这种情况，薛凤祚指出，中国区域不能周遍世界并不影响到分野学说的有效性。因为分野学说的基础是"山海风气阴阳燥湿"，而非机械地按照地区的方位大小："又有疑中土封域不能遍海舆大地者，不知天官分野原以山海风气阴阳燥湿论，非以一隅之东西南北论也。"(薛凤祚，2008)[785]所以他选取了《论分野》一文来证明他的观点，以消解众人的疑虑。阅读《论分野》就会发现，当讨论十二辰次在中国的分野时,此文并不是按照区域大小划分,而是遵从唐代一行的"山河两戒说"将中国"两河"(黄河、长江)南北与天上银河在一年中的位置变化相对应。其中便涉及薛凤祚所说的"山海风气阴阳燥湿":"于易五月一阴生而云汉萌于天稷之下,进及井钺间,得坤维之气。阴始达于地上,而云汉上升始交于列宿,七纬之气通矣。东井据百川上流,故鹑首为秦属虚,得两戒山河之首。"(薛凤祚,2008)[826] 可以看出,面对西学对分野学说的冲击,薛凤祚以传统分野学说中已有理论给予了回应。

以上主要介绍了《中法占验部》各部分的内容、来源及特征。下面着重探讨薛凤祚对传统军国星占的改造。总体来说,薛凤祚对传统军国星占的改造主要可分为两个方面。

一是占法。与古代具有代表性的星占著作《观象玩占》比较就会发现,薛凤祚对传统军国星占占法的改造首先体现在月五星凌犯恒星的占法。由于古人对月五星运动规律认识不足,月五星凌犯占不仅涉及黄道附近恒星,还包括远离黄道、月五星行度不及者。① 如天一星黄道纬度达65°多(徐光启等,2009)[545],非月五星所能及,但《观象玩占》列出了五星凌犯天一的占辞:"五星守犯天一,幸臣谋乱,兵起,人主忧。"(佚名Ⅱ,2002)[386] 又如天棓五星,黄纬均七八十度(徐光启等,2009)[560],《观象玩占》还是列出了占辞(佚名Ⅱ,2002)[397]。三公在49°多(徐光启等,2009)[549],《观象玩占》也认为月五星可以干犯:"三公星……月五星客星流行慧孛犯乘,三公有忧,不则将相有诛。"(佚名Ⅱ,2002)[377] 这些违背月五星运行规律的凌犯占在《中法占验部》中不再出现。薛凤祚明确说:"纬星掩食凌犯,止能及黄道八度以内者。"(薛凤祚,2008)[784]《中法占验部》的月五星凌犯恒星占主要在《贤相通占》中,所选恒星的确基本上都在黄纬八度以内。可见,由于对月五星运行规律认识的提高,薛凤祚将凌犯占缩减到月五星行度可及的范围,使月五星凌犯占与实际天象相符。

其次,与五星自身运行规律不符的一些占法也被他舍弃。如《观象玩占》中有类似"荧惑当出不出,民流亡。当入不入,其所在国有忧"(佚名Ⅱ,2002)[222]的占辞,这显然违背五星运行规律。《中法占验部》五星占中也基本未出现类似说法。② 除此之外,其余与月五星、恒星有关的占法,以及有关太阳、云气风角、飞流彗孛的占法,如日食占、日变占、云气占、月五星之间的凌犯、孛干犯恒

---

① 五星运行黄纬最大是8°多,月亮则仅6°。考虑到古代定义中,两个星体接近0.7°或1°(也有一度多的情况)即被视为发生凌犯,两者加起来也不超过9°。关于月五星凌犯占的详细讨论,见Li Liang(2019)、李亮(2020)的论述。

② 不过,薛凤祚保留了一处"失度"与"失舍"的说法,或许是不审造成:"失度吐舌,旱火从宫殿高台而发。""失舍则为破军而亡国。"(薛凤祚,2008)[813-814]

星、恒星自身变化等,则变化不大。

第二个方面是观念上的改变。中国古代传统军国星占强调"常则不占,变则占"。对日月食、五星运行迟留、月五星凌犯等天象的占验,一般是基于将其看作一种变异天象。如前述《崇祯历书》在批评凌犯占时就说:"又凡于两星相会著为灾祥之说,于理更谬……缘历家未明合朔凌犯之故,庶民因不知会合之宜,骇为变异耳。"(徐光启等,2009)⁴⁵¹ 由于天文学的进步,日月食、五星行度可以被精确计算。这种占验在薛凤祚看来已经变为对正常天象的占验:

> 七政变异,皆归之于失行,今算术既密,乃知绝无失行之事。其顺逆迟留,掩食凌犯,一一皆数之当然。此无烦仰观,但一推步,皆可坐照于数千百年之前。若预行饬备,令灾不为灾,为力更易。(薛凤祚,2008)⁷⁸³

七政运行无所谓变异。一一皆数之当然状态,均可被计算。人不需要仰观。但它们依然可以被用来占验,只是学者可以通过推步提前获得占验结果。所以,薛凤祚虽然保留了对七政"顺逆迟留、掩食凌犯"一类涉及运行状态的占验,但认识已经从占变转为占常。

薛凤祚对恒星占的观念也应该发生了变化。他说:"在天经星,从来少变。"(薛凤祚,2008)⁷⁸⁴ 在前人看来恒星占中位置移动、明暗变化等占法①与恒星本身变化有关。薛凤祚在保留这些占法的同时(薛凤祚,2008)⁷⁹⁰,强调恒星并没有多少变化。至于这些占法所涉及的现象如何出现,是否是由于大气层面的濛气造成视觉上位置的移动、明暗的变化,他并没有明确论述。

可见,薛凤祚对传统军国星占的改造务求符合当时对天体运行规律、天象变化的认识。所以他去除月五星凌犯恒星不及之处、五星自我运行不合理之处,强调以日月五星正常运行及恒星"少变"为占验对象的占常之法。② 而云气风角、飞流彗孛等,由于是实有天象,所以他也保留了它们。这样,薛凤祚不仅使传统军国星占占法最大限度地获得了保留,而且也更符合实际的天象运行

---

① 如《观象玩占》说:"天津九星……明而动,则兵起如流沙。"(佚名Ⅱ,2002)⁴³³ 又说:"天牢六星,在北斗魁下,贵人牢也,主绳愆禁淫。其中无星,则天下安,有星则贤士伤。星众则贵人多下狱。"(佚名Ⅱ,2002)³⁹⁶

② 虽然薛凤祚强调占常,但占变在他的观念中或许还有一定的地位。很多现象如飞流彗孛、日晕月晕、风角是无法被预测计算的,薛凤祚也没有如熊明遇一样利用西方自然哲学给出解释。(徐光台,2005)所以对于这部分内容他虽说"其云气流星等,顾名思义",但有可能还认为是一种变异天象。不过,由于笔者尚未发现薛凤祚的其他论述,这一问题还需进一步考察。但占常在薛凤祚身上凸显则是没问题的。

规律。① 正如薛凤祚所说:"其于占法亦无不备,大抵意有蕴藉,理烦推琢,庶乎此道足重。"(薛凤祚,2008)⁷⁸⁴

需要指出的是,薛凤祚上述认识的获得显然是受到当时传入的欧洲数理天文学的影响。他深入研究过《崇祯历书》与《天步真原》,并会通完成了自己满意的"新中法"。他当然深谙日月五星等天体的运行规律,所以在论述月五星凌犯占时说"纬星掩食凌犯,止能及黄道八度以内者"。对于恒星少变的论述我们也可以在《崇祯历书》与传教士的多种文献中看到。不过,前已述及,未受欧洲数理天文学影响的《贤相通占》已经将月五星凌犯基本限定在黄道八度以内;对于月五星凌犯可以通过预先计算而占验的论述我们也可以在明代中期周述学的工作中看到。所以,从占法来说,薛凤祚对传统军国星占的改造很难说完全是因欧洲数理天文学传入所作出的调整,而应该是此前传统军国星占的固有变化与西学传入共同作用的结果。②

5.2.2 使历注简洁有当

薛凤祚调整中法占验的第二项努力是历注。这体现在《历学会通·致用部·中法选择部》中。历注是以干支为基础的中国传统选择术,主要存在于唐以后朝廷颁行的历书中。《中法选择部》所收历注据称是洪武年间所定历书的内容,为《大统历》历注某个版本。(褚龙飞,2014)¹⁵³ 此部分先罗列了一年中甲子及其宜忌,后附录长短星、太岁、年神方位与四大良时等,以作为选择时的参考。其内容不出传统历注选择术范围。

薛凤祚收录中法选择,是以选择为治历者之要务。对于为何在《历学会通》中收录洪武年间所定历书,他也有自己的说明:

> 选择……一曰干支,则因诸神煞及德合刑冲之类,以详喜忌,其说从来泛而难稽。洪武中当事者深明象纬,征天下名儒,订正讲求,定为官民历各数十事。此自不必别求损益者。今刻本纷纭错出,不可几及,此则未知当时立法不能易也。因仍旧简,无容更置,非甚易而实是乎?(薛凤祚,2008)⁸²⁹

---

① 之所以说更符合天象而非完全符合天象,是因为薛凤祚保留的少量天象在今天看来也是不可能的。如《天元玉历》中说:"日陨则为鼎立,而为失政。"(薛凤祚,2008)⁸⁰⁸ 薛凤祚没有作相关说明,不知他为何将其保留。

② 薛凤祚对传统军国星占的改造受当时亚里士多德自然哲学影响的可能性很小。他还是以天地间一气论述宇宙,而且虽然认为恒星少变,但对"云气流星"一类现象并没有解释,更未有迹象如揭暄、熊明遇一般去尝试通过亚里士多德哲学解释。

可见,传统历注内容十分丰富,十二建除、吉凶神、年神、忌日、良时、八专、十方墓、九星、六曜等等不一而足。① 随着时间的推移,便产生了历书过于繁复,神煞过于庞杂,"泛而无稽"的流弊。而他所选洪武年间所定历书立法有当,不可更置,显然不存在前述"泛而难稽"情况。即在薛凤祚看来,他的这一举动使得历注简洁有当。

与其他历注比较,或许可以帮助我们更清楚地理解薛凤祚的用意。如《中法选择部》与《续修四库全书》所收明代《大统历注》相比,其最大特征是吉凶神煞较少,又没有十二建除(图5.5)。(佚名Ⅰ,2002)⁵⁰¹ 这种缩减无疑使得《中法选择部》更加清晰易明,不至于泛滥无归。此外,《中法选择部》在最后附有长短星、太岁、年神方位、四大良时等,并且详细列出其来源、推算规则。而续修四库本《大统历注》最后并未附录,只是将其中一些内容插入各日条目中。② 这种附于最后的方式是否出于薛凤祚的安排不得而知。但此方式无疑使得读者更容易明白这些元素的根据与规则,也符合薛凤祚避免"泛而难稽"的想法。

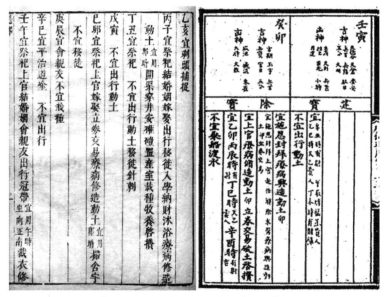

图5.5 《中法选择部》(左)与《大统历注》(右)书影

如前所述,明末清初历注颇受争论。耶稣会士汤若望、南怀仁等曾以无关天体实际运行等理由系统批评过历注,且欲以欧洲气象占、医学星占取代传统历注,实践新的铺注。薛凤祚曾与汤若望交游,当对历注的争论、批评有所耳

---

① 有关上述名词及历注的介绍参见陈遵妫(1982)¹⁶⁴⁸⁻¹⁶⁶⁹的论述。
② 奎章阁本《大统历注》最后也未附录。(佚名,2010)

闻。不过,从《中法选择部》可以看出,薛凤祚并未受汤若望等人批评的影响而对传统历注加以改造。他只是保留其原有特征未作改变,不满其泛滥无稽而已。薛凤祚曾在《选择部》序言中说:"选择之理,中法不及七政,西法不及干支。从来传法大师,或有深意,第予偶一见及之,不欲偏有所废,且述其优劣如此。"(薛凤祚,2008)[668] 显然,薛凤祚的做法根基于他对中西选择术区别的认识。西法以七政选择,中法以干支。而这些方法均有传承及其深意,所以不能偏废,也无需改造。薛凤祚以自己的方式回应了当时对于历法的争论。

5.2.3 以星命术为中法命理

薛凤祚会通中法占验的最后一项工作是《中法命理部》的星命术。《中法命理部》由《琴堂五星》与《十干化曜》两部分组成。《琴堂五星》属于《历学会通》。《十干化曜》则属于《气化迁流》,是在完成《历学会通》后进一步的补充。《琴堂五星》介绍了安命宫方法,财帛宫等后天十二宫,寿格、贤格、愚格等星命术格局。这些都是星命术的基本知识。《十干化曜》则进一步深入,讨论命理中使用的诸种神煞及其来源、用法等。之所以如此安排,与薛凤祚学习星命术的经历有关。他在《中法命理部》序言中说:

> 世传琴堂诸书,唯十二宫吉凶及富贵等八格、妇命格皆为近理。至于元禄,则禄暗福耗荫贵刑印囚权等十干化曜是也,徒存其名,绝无诠解。将谓其说非耶?何以能存至今。而且天经地纬,寿元禄元等神煞,不可数记,大半皆取于元禄,亦皆存而不论,其为缺略何疑?(薛凤祚,2008)[858]

据此可知,薛凤祚在早期研究了琴堂派星命术之后,认为命宫、财帛宫等十二宫与八种格局等还称"近理",可以接受;而元禄等十干化曜则毫无诠解,不知所据。这未免让他产生了十干化曜、神煞等说是否正确的疑问,并且认为早期所学琴堂诸书实为"缺略何疑"。而阅读《十干化曜》可以发现,里面所介绍的正是元禄、文昌、禄马等神煞(薛凤祚,2008)[886-904]。可见,在最初完成《历学会通》时,薛凤祚只是收录了有关星命术的一些基本知识。后来他通过将属于《气化迁流》的《十干化曜》收入《历学会通》,解决了学习星命术时神煞无根无据、不知所从来的疑惑。

与《中法选择部》一样,虽然薛凤祚受到当时四余存废、觜参先后之争的影响,但研读《中法命理部》可以发现,他以保守的态度进行了回应。如紫气是传统四余之一,由于没有实际天文意义,在明末清初受到耶稣会士攻击并要求废除。但紫气是星命术不可或缺的占验元素。薛凤祚即以紫气在星命术中具有重要意义为主要缘由,认为应该保留而不可轻易改变:"紫气西法所无,中法亦为闲星,其去留关系亦轻。但中法命理以为辛年元禄,不可少也。即土木相会二十年一周天,依占法步算,不宜径删。"(薛凤祚,2008)⁹所以他在《中法命理部》保留了紫气,如"紫气入二宫不吉,日木扶持则吉","太阳共水星主美,有紫气水星尤佳"。(薛凤祚,2008)⁸⁶⁰⁻⁸⁶¹此外,星命术中还经常用到二十八宿作为占验元素(图5.6)。当时耶稣会士根据实测认为觜参顺序需要调换。薛凤祚则在《历学会通》中强调传统顺序具有重要占验意义,所以不可改变:"黄道变易,实测觜居参后,此正法也。中法原以七宿分属七政,觜火参水,犹之尾火箕水、室火壁水、翼火轸水,非无义理者,此今宜仍用古法。而参距移西第二星。"(薛凤祚,2008)⁹这些均显示出薛凤祚从其个人认识出发在四余存废、觜参先后之争的环境中保留了传统星命术的特征。

值得注意的是,星命术其实是自域外传入并高度本土化发展而来的。至明代中期,学者如周述学依然以其来自"天竺"而视其为域外之法:"星命肇自天竺。"(周述学,2002b)²²⁴万民英以其来自"西天"而认为与《回回历法》具有相同来源:"星命之说其法传自西天。今西天《都例津斯》等经散载诸家,余弗获睹厥全。然我朝钦天监有回回科,每年推算七政度数,二曜交蚀较汉历为尤准。乃知西天之法,的有真传,信不诬也。"不过,薛凤祚似乎并未受到此种认识的影响,而以其为中法。这种认识的来源目前不得而知。

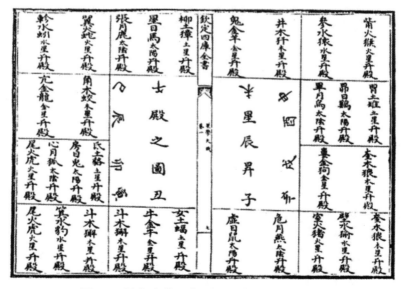

图5.6 星命术著作《星学大成》中的二十八宿

5.3 《历学会通》中西星占会通系统的特征

《天学会通》《历学会通》的目的,是会通中西历法、星占、实用技术之学。如薛凤祚最终在《历学会通·正集部》完成的"新中法",在三个方面实现了中西历法的会通。首先,它以《天步真原》中穆尼阁"新西法"为主体,融合了《回回历法》《授时历》《崇祯历书》中部分内容;其次,它在形式上回归了传统历法形态;最后,"新西法"还突出了传统历学所重视的占验功能。(褚龙飞、石云里,2014)相应于历法,对于中西星占,薛凤祚似乎也应给出会通之后的占法。这方才符合"会通"之名。但由前面的论述不难发现,他只是对中西星占各自补充调整,并未在内容与占法上融合会通而归于统一。这样的结果,便是在《历学会通》中并存了西法与中法两套星占系统(表5.3)。那么,薛凤祚为何只是并存中西星占体系,而不是像历法一样,将它们会通归一呢?

表5.3 《历学会通》西法与中法星占对照表[①]

中法	所在位置	西法	所在位置	占验类型
《中法占验部》	《致用部》	《世界部》	《考验部》	传统军国星占、普遍星占术
《中法选择部》	《致用部》	《选择部》	《考验部》	选择术
《中法命理》	《致用部》	《人命部》	《考验部》	星命术、生辰占

[①] 西法还有《经星部》与《纬星性情部》,其是对星占概念、七政恒星性情的基础介绍。因未涉及具体占法,与中法无对应者,故不列入。《西法医药部》由薛凤祚自己选编,在《历学会通》阶段没有对应的中法,也不列入。此外,上述表格中《中法占验部》与《世界部》对应,《中法选择部》与《选择部》对应,《中法命理》与《人命部》对应。之所以如此,从薛凤祚的论述中可以找到根据。中法传统军国星占与西法普遍星占术都依据天象预测军国大事、气候灾害,所以在《世界部·世界叙》中薛凤祚将两者对应:"中法《观象玩占》及《乙巳占》二书,为司天者蓍蔡。今新西法有七政《世界部》一书……其于乾象岂小补者,予叙历法因并之。"(薛凤祚,2008)577 同样,在《人命部·人命叙》他以西法生辰占与星命术为同类占法:"壬辰,予来白下,暨西儒穆先生闲居讲译,详悉参求,益以愚见,得其理为旧法所未及者,有数种焉……以上数大法,旧传皆略得其似,遂认为真。而况各宫与七政性情相离相逐,得力不得力,如旧日格、午宫格者,万未及一。"(薛凤祚,2008)599 "旧日格、午宫格者"即指星命术。以星命术"万未及一"于生辰占,显然是将生辰占与星命术视为对应性占法。此外,薛凤祚在《选择部·选择叙》将中法选择与西法选择相提并论:"选择之理中法不及七政,西法不及干支。"(薛凤祚,2008)668

事实上，薛凤祚并非不想会通中西占法。只是，在他看来由于两者差异太大，所以不能在形式上会通归一，只能并存。如他曾提及由于中法选择主要依据五行干支的性情属性论断，而西法选择所据是星体之间的吉照①等相位关系与"斜降斜升"②。两者相差太大，不能在占法上会通归一："选择之理，中法不及七政，西法不及干支，从来传法大师或有深意。"（薛凤祚，2008）668"历法以授时占验为大用，中法专论五行生克，干支喜忌。西法专论吉照吉凶，斜降斜升。二者绝无一字可通。"（薛凤祚，2008）9

对于《中法命理》中的星命术来讲，由于是具有希腊化天宫图星占学渊源的星占术，所以与西法生辰占并非"绝无一字可通"。如它们的占验均需在天宫图中进行，都要依据七政。明代周述学等人就尝试将星命术与西法中的伊斯兰星占术融合。但薛凤祚的态度颇为保守，在他看来星命术和西法还是差别很大。如在讨论罗睺（天首）、计都（天尾）时他就指出罗睺、计都两者在中西命理中用法不同，只能各从其义，不可混论："天首为罗，天尾为计，皆交道非有星形……唯命理用之，中法计为壬年元禄，罗为癸年元禄。西法则罗在命甚强，计在命甚弱。各从原名，亦各从原义，不可易也。"（薛凤祚，2008）9而紫气也是不同："紫气西法所无，中法亦为闲星，其去留关系亦轻。但中法命理以为辛年元禄，不可少也。即土木相会二十年一周天，依占法步算，不宜径删。"（薛凤祚，2008）9实际上，由于星命术在占法上已经高度中国化，与阴阳五行干支神煞联系紧密，希冀与西法生辰占会通归一的确不易。薛凤祚或许正是基于这样的认识，才将中西命理并存，而没有去进一步会通归一。

和星命术相似，中法传统军国星占与西法普遍星占术也有相通之处，但占法上差别同样很大。比如，传统军国星占中凌犯占一般考虑五星、月亮与恒星相互之间的接近会合，这与西法星占中相合的相位类似。但凌犯占主要单一地根据一种凌犯现象作出占验判断，而西法中相合相位只是诸多论断条件中一种，所以两者并不相同。更重要的是，西法的会合纳入天宫图中占验，中法凌犯则不使用天宫图。又如，依据日月食占验在传统军国星占与普遍星占术中都有出现。但同样，西法需要纳入天宫图占验，中法则不是。此外，中法会

---

① 吉照是指两星体之间的相照具有吉利属性。吉照与否与星体之间的位置关系或星体本身吉凶有关。

② "斜升斜降"当主要指《人命部》中卷提及的"斜球升度"与"斜球降度"。在计算天宫图、计算吉凶的发生时刻等时，均涉及升度斜降。（薛凤祚，2008）626-652薛凤祚在《人命部·人命叙》中就说："至于吉凶之迟速，全又不关黄赤道，而论升度。而正球升度亦止午圈之一点，外此斜升斜降，随极高下，益不可齐。"（薛凤祚，2008）599

辅助以干支刑德,西法并不涉及。①因此,薛凤祚对两者并存而不会通是很正常的。

那么,薛凤祚将中西占法并存,是否意味着他只是将它们随意收入《历学会通》,毫无体系可言呢?其实并非如此。仔细研究就会发现,薛凤祚实际在《历学会通》中构造了一种特殊的星占会通体系。总体来看,这一体系主要有以下特征。

5.3.1 西法为主,中法为次

尽管薛凤祚将中西星占并存,但以西法星占为主,中法为次。这一结论,可以从薛凤祚认为西法远较中法优越而得出。如在《选择部·选择叙》中他认为西法选择优于中法选择:"今新西法出,取其切要于日用者,理辞简切,以视附会神煞诸说,殆爝火之于日月也……述其优劣如此。"(薛凤祚,2008)⁶⁶⁸"附会神煞诸说"即指中法选择,因历注中有不少年神一类的占验元素。以中法之于西法,不啻爝火②之于日月,西法之较中法优越可谓不啻百倍。同样,薛凤祚也认为星命术不及西法生辰占。《人命部》序言说:"壬辰,予来白下,暨西儒穆先生闲居讲译,详悉参求,益以愚见,得其理为旧法所未及者,有数种焉……以上数大法,旧传皆略得其似,遂认为真。而况各宫与七政性情相离相逐,得力不得力,如旧日格、午宫格者,万未及一。安敢以为天地之情即在是也?此书幽渺玄奥,非人思力可及。"(薛凤祚,2008)⁵⁹⁹⁻⁶⁰⁰ "旧日格、午宫格"即指星命术。以星命术万未及一于《人命部》生辰占,两者优劣可想而知。另外,从薛凤祚对西法普遍星占术与中法军国星占的评价也可以看出他对两者的态度。他认为西法普遍星占术特为明晰,虽然篇目较少但义已兼至。尤其是"在天大小会"为中法所未曾及,实于乾象之占验有大补:"中法《观象玩占》及《乙巳占》二书,为司天者蓍蔡。今新西法有七政《世界部》一书,于日月五星冲合所主,特为明晰,而在天大小会一说,又中法所未及。篇目不烦而义已兼至,其于乾象岂小补者?予叙历法因并及之。"(薛凤祚,2008)⁵⁷⁷而对于中法传统军国星占,他则希望在改造之后,"庶乎此道足重":"第占验之书,皆不根据理要,往往以穿凿之见,鄙俚之谭,谩相传授,如画鬼者然,恣为险诞。不唯令观者讶其妄,而且恶其谬戾也。今取近理者数种,余悉刊落,付之巨焰,不过百存一二。其于占

---

① 如在《乙巳占·占期》部分就依据干支刑德判断占验的应验时间。(李淳风,2002)⁷² 传统军国星占中还利用客星、云气等占验,这与西法普遍星占差别更大。

② 爝火出自《庄子·逍遥游》:"日月出矣,而爝火不息;其于光也,不亦难乎!"成玄英疏云:"爝火,犹炬火也,亦小火也。"

法亦无不备。大抵意有蕴藉,理烦推琢,庶乎此道足重。"(薛凤祚,2008)[784]由此可知,薛凤祚是以西法普遍星占术为重。

可见,尽管薛凤祚以并存而非会通归一的方式处理《历学会通》中西星占内容,但在占法上他以西法为主中法为辅。这样一方面保持了中西占法的多样性与全面性,在面对同一占验对象时可以通过中西多种渠道去获得认识,相互补充;另一方面也使得占法层面有主有次,多而有序,在面对同一占验对象时可以知所取舍,有先有后。在薛凤祚看来,也最终可以得到更为满意的占验结果。

5.3.2 真术体系

薛凤祚早年曾泛滥于多种占验之术,如子平八字、奇门遁甲。后来他将注意力集中于《历学会通》所收诸占术上。其原因与他对真术的认识有关。《人命部》开始部分他曾说与人事占验有关的占术本于天,才算是真术:"历数所以统天,而人之命与运亦天也。言天而不及人,则理不备;言人而不本于天,则术不真。"(薛凤祚,2008)[601]以此标准来衡量《历学会通》中的占术就会发现,它们共同组成了一个本于天的真术体系。

首先,薛凤祚追随穆尼阁期间所译欧洲星占学无疑是本于天象的占验之术,这也是此段话出现在《人命部》的原因。欧洲星占学预测结果时所依据的元素并没有像星命术一般使用大量具有人为因素的神煞,而主要是利用天体本身及其相位等,即主要是直接依据正常的天象占验。此外,安命宫时欧洲星占学使用的并非原始简单的整宫制,而是更加精确的雷格蒙塔努斯宫位制。选取安命宫的时刻也不泛用刻漏,而是悉心入微,力求其真。向天宫图里安排七政等星体时欧洲星占学所使用的不是简单的台历,而是由精确的欧洲数理天文学计算所得的结果:"命之时与星不真,则吉凶大异。故安星不泛用台历,取时不泛用刻漏,必晰入细微,方能有准。"(薛凤祚,2008)[601]这样,欧洲星占学成了以准确的天象占验人事之术,在薛凤祚看来无疑是本于天之真术。

如果我们再结合薛凤祚早期对占术的学习,就可以获得更清楚的认识。由上可知,薛凤祚早年曾对诸多书籍广泛讲求,但还是未能得到能够"自信于心"的占法。(薛凤祚,2008)[598]接着,他将目光投向《天文书》,后来又翻译了《天步真原》。也就是说,薛凤祚将目光投向《天文书》是因为他在寻找能够"自信于心"的占术。他最终翻译了欧洲星占术,无疑可以"自信于心"。所以他对其大加赞扬。如评论生辰占时说:"安敢以为天地之情即在是也。此书幽渺玄奥,非人思力可及。他如回年行年,流月流日,细分缕晰,皆指诸掌,岂非为此道特开生面乎?"(薛凤祚,2008)[600]既为自信于心的占术,则为真术可知。

其次,伊斯兰星占学、传统军国星占、星命术、中法选择术也本于天。《天步真原》的欧洲星占术与天象无直接关系的特殊点使用较少,《天文书》中介绍了不少特殊点(李翀、马哈麻等,1993)$^{94-96}$。但总体而言,伊斯兰星占与欧洲星占具有相同的占验特征。薛凤祚即将伊斯兰星占与欧洲星占同称西法,一并收入《天步真原》,以伊斯兰星占补充欧洲星占。因此,伊斯兰星占术在薛凤祚心中为真术可知。传统军国星占主要是以天象作为占验对象。星命术尽管使用大量神煞、阴阳五行、甲子干支,但其本质上就是生辰占,与天文历法仍然有着密切的联系。(宋神秘,2014)^{2}中法选择尽管主要以干支五行为论断依据,但事实上,薛凤祚将其置于《致用部》,以其为研究天象的历法旁通致用内容。即薛凤祚将其间接地与天文相联系。可见,不管是直接还是间接,伊斯兰星占术、传统军国星占、星命术、中法选择也符合薛凤祚对真术的要求。《历学会通》中西星占共同构成了一套真术体系。

5.3.3 本体论等维度的统摄

除在技术层面将中西星占区分主次、构成一套真术体系之外,薛凤祚还赋予它们以统一的本体论、宇宙论、工夫论、境界论维度。其中,宇宙论维度依然承袭《天步真原》,强调星占所依据的三才式气论宇宙结构。(薛凤祚,2008)^{858}境界论层面,虽然薛凤祚在《历学会通》中更广泛地将历法、星占、实用技术与圣人之学联系,并给出了圣人境界的状态要求——合德于天。(薛凤祚,2008)^{720,866}不过,他在《历学会通》中表述星占与圣人境界关系的论述和《天步真原》中尚且一致。他只是以星占与圣人之学有关,并没有明确言说星占是合德于天而成圣的最重要学问。这一点要到《气化迁流》中才显豁。笔者将在后文详论。此节详述薛凤祚在《历学会通》星占系统本体论与工夫论层面的认识与发展。

5.3.3.1 气、天、理、数、道贯穿

在《历学会通》中,薛凤祚继承《天步真原》阶段对天、数、气、理、道的讨论。他不仅在原有基础上进一步发展出诸范畴更为复杂的含义与面向,而且开始自觉地讨论或思考它们之间的关系,尝试构成一个有序整体。通过这些努力,《历学会通》中的中西星占内容最终与历法、实用技术一起被天、数、气、理、道诸范畴贯穿,从而使得中西不同星占占法获得相同的本体论依托。

对于气,薛凤祚在《历学会通》中基本继承《天步真原》期间的认识,认为气是天地中万物的基本组成元素:"天地中一气充塞,遍满无间。"(薛凤祚,2008)^{868}人由气组成:"人生于天地,得其气以成形。"(薛凤祚,2008)^{858}其他物质如水也

是由气组成:"以水言之,有为气之所生者焉,有为气之所升者焉。"(薛凤祚,2008)[868]概言之,天地中万物一气,析言之有不同的气:"食息之气""周天之气""水星之气""五行推移之气""饮食之气"。(薛凤祚,2008)[598,601,858]这些气还分善恶等性情特征:"与乾坤之善气迎,不为乾坤之厉气迎尔。"(薛凤祚,2008)[576]通过气,天地与万物相通,天地影响万物。如对于人来说,人与天地不可分言,不得为二。天地之命运即人之命运,人的状态会受天地的影响。而其媒介就是气:

> 以原禀者言之,天道左旋一日一周天。人自受气之辰,至明日此时,周天之气即全赋之矣。嗣后悔吝吉凶,一岁一度,莫可逭也。以流年言之,日用呼吸皆出其食息之气,纳天地清淑之气。燥湿温寒,与时盈虚,以辅禀赋之质,同运共行。此造化之所由生也。则天地命运即人之命运,无二道已。(薛凤祚,2008)[858]

所以,气是天地之化的媒介、物质基础。事物处于天地之气的运化作用之中。而此天地之气又可归结为"五行推移之气",即五星运行之气,亦即传统五行之气:"吸者,天地之气,亦即随时五行推移之气也。"(薛凤祚,2008)[598]

会通阶段薛凤祚对天的理解较为复杂。他认为是由三种含义复合而成。首先是自然之天:"吸者天地之气。"(薛凤祚,2008)[598]"而在天大小会一说,又中法所未曾及。"(薛凤祚,2008)[577]这还表现在一些与天相关的名词中:"历学《周礼》冯相氏会天位,辨四时之叙。"(薛凤祚,2008)[335]"至元郭太史守敬而大备,三百年后渐不合天。"(薛凤祚,2008)[409]其次是命运之天:"历数所以统天,而人之命与运亦天也。"(薛凤祚,2008)[601]需要说明的是,此处显然将自然之天与命运之天放在同一语境下论述,是对两者的结合。自然与命运之天在《天步真原》中已经出现。最后类似义理之天的理解是会通阶段的新发展。《致用部·致用叙》说:"人事无一事不本于天。"(薛凤祚,2008)[719]人事所包括内容极为广泛,它们均以天为本。《致用部·律吕叙》进一步详细阐述道:

> 宇宙万事皆本于天,而论黄钟者,亦以为万事根本。夫天者,理之自出,亦数之所由生也。圣人制历以纪天,凡夫数有盈缩,气有盈虚,物有盛衰,一皆出于自然,而即有不得不然之势,孰为之哉?(薛凤祚,2008)[739]

可知,薛凤祚以天为宇宙万事根本,理与数所自出。如此,是天具有最高存在、万物根本的意义,属于义理之天。但《律吕叙》所表达的义理之天并非如一般意义上的义理之天具有强烈的道德意味(方克立,1994)[73],或宋明理学家"天者理也""心即天"等将天抽象化、心性化的认识(张岱年,2010)[21]。它更具外在化、形质化天的蕴意。这可以从"圣人制历以纪天"明显看出。是故薛凤祚保留了命运之天的命理特征,理学中义理之天的最高原理角色。但他并不是将天抽象化,而还是倾向于一种外在的、形质的自然之天。这是他对天认识的特殊之处,也是其天文研究工作的重要思想基础。

与天一样,薛凤祚对理的论述也可分为多种情况。如以理称历理或算理:"历数之理,奥秘纷赜,非一人一时之智力所能遽窥。"(薛凤祚,2008)[409]"历学理有解,图有式,表有说。"(薛凤祚,2008)[412]以理表示一般的道理:"丙子岁,东省李性参藩伯疏题罗列款目,今逐段详核,莫不各有至理。"(薛凤祚,2008)[720]此外,他还以理指称占验之术的方法或原理:"得其理为旧法所未及者有数种焉。一为生时不真……"(薛凤祚,2008)[599]或者直接指称一种学问:"其理自占验选择之外,种种多端。"(薛凤祚,2008)[719]或者沿袭宋明理学的论述以之为所以然:"圣人体天之撰以前民用,行习于其中者,咸知其当然矣,而不明其所以然。不知深微之理即在此日用寻常中也。"(薛凤祚,2008)[719]

除了上述种种未加定义的"理"之外,薛凤祚在《致用部·水法叙》还给出了理的唯一明确定义。这是他在会通阶段的新认识:

> 象数之学,大者为历法,为律吕。至其他有形有质之物,有度有数之事,无不赖以为用,用之无不尽巧极工者。盖霄壤中不越一理,试取一物而以度数成之,则有其当然与其不得不然者,即理也。(薛凤祚,2008)[866]

可以看出,薛凤祚对理的解释是为了说明为何事物可以依赖"象数之学"以为用,并且用来无不尽巧极工。他认为天地之间不外乎一理。而这一理并非其他,正是以度数"成"物时所表现出的"当然"与"不得不然者"。其中"当然"①指合当遵循处,"不得不然"指不可不如此处,不可违背处。它们均是当时儒学家常用语。"成"字较难理解。由这段话的目的是解释为何"象数之学"可使事物"用之无不尽巧极工者"可知,"成"当有将度数应用于物,并且使物很好地发挥功能的含义。可见,理是指以度数应用于事物时,事物所显现出的一种应当遵循与不得不然的状态。由于"当然"与"不得不然"是由度数加于物所显现的,即通过度数把握事物时,事物所呈现的;所以这种理不是单一地指物或度数,乃由度数与物相合而成。这种理是指这种相合所呈现出的一种"当然"与"不

---

① "当然"是理学家言理的一种方式。陈淳《北溪字义》释理说:"理无形状,如何见得?只是事物上一个当然之则,则便是理。则是准则法则,有个确定不易底意。只是事物上正当合做处,便是当然。即这恰好无过些亦无不及些,便是则。如为君止于仁,止仁便是为君当然之则……理是在物当然之则。"(陈荣捷,1996)[135,137]

得不然"状态。实际上,此处薛凤祚将此段话置于属于实用技术的《水法部》,其直接用意乃实用技术的功能、制作与使用被科学之数规定或决定时显示出的不得不然与当然的状态即是理。进一步可以推知,薛凤祚通过星占占法以天体运行之数推测认识事物发展状态亦符合理的定义。这一点后文将会论述。

不难看出,薛凤祚在《历学会通》中对理的理解颇为多样。不过,这些理的含义并没有像上述天一般有明显的重叠使用情况,也难以区分主次。实际上,从薛凤祚学术整体发展来看,《历学会通》中他对理的理解显示出混乱与过渡的状态。《气化迁流》完成后,他的学术形态最终定型。我们方可确定其对理的主要而特殊的理解方式。

关于数,薛凤祚在《历学会通》中提及之处颇多。其用法大致可以分为两类。第一类是历数、算数等具有历算意义的数[①]:"历数之原本于算数。"(薛凤祚,2008)[20]"日月星辰,有生之类莫不仰之,而人莫克详其数,其故何也?"(薛凤祚,2008)[245]这一类数在《天步真原》中多有论及,《历学会通》基本沿用了其中的用法。第二类是作为万事万物依据、规定了万事万物发展状态的本体规定之数:"人事无一事不本于天,则亦无一事不本于数。其理自占验选择之外,种种多端,特以未经指明,相沿相忘之日久矣。"(薛凤祚,2008)[719-720]此类数是前章所述《世界部·世界叙》"是吉凶皆本于一定之数,则人之修悖何与焉"中"一定之数"的真实内涵。即"一定之数"乃是本质性之数,规定、决定了吉凶情况。它是吉凶的根据,而非吉凶确定性特征的描述。不过,薛凤祚在《天步真原·世界部》中的论述尚属于初步阶段,在《历学会通》中他明显将范围扩大,从吉凶推广到"无一事不本于数"。这使得此类数具有明显的本体论特征。

这一类数用法比较特殊。初看之下,它有点类似于易学中"数有神理""大衍之数五十……所以行变化而成鬼神也"之数,具有神秘色彩而可生万物。薛凤祚受早期易学术数研究影响,在《历学会通》中的确也保留了易数或术数之数:"先天甲己子午九,乙庚丑未八,丙辛寅申七,丁壬卯酉六,戊癸辰戌五,巳亥四。以大衍用数四十九减之余,以五行生数水火木金土,数至某行,以所生为纳音。""天数终于九,为阳之九,黄钟阳声之始也。"(薛凤祚,2008)[97,740]此类数除具有取象之数、宇宙论特征外,也具有本体论色彩。(丁四新,2019;张其成,1998)不过,此类易数或术数之数在《历学会通》中非常少见,地位并不重要。薛凤祚在《致用部·致用叙》所表达的本体规定之数的主要意涵并非指此。

[①] 此处具有历算意义的数指历法与数学计算所得的数。这种数具有现代数理科学特征,后文会称之为"历算之数"。

那么，我们应该如何理解这一类数具体所指呢？它是如何规定事物呢？

这一点，薛凤祚对理的理解提供了线索。他在《致用部·水法叙》中对理有唯一的定义："盖霄壤中不越一理，试取一物而以度数成之，则有其当然与其不得不然者，即理也。"（薛凤祚，2008）[866] 此定义中"当然"与"不得不然"指物的状态而言。而此物的状态由"度数成之"后显示，即由度数所决定。此正符合"无一事不本于数"之义。不过，薛凤祚在《致用部·水法叙》中论述上述定义时所言度数，主要是历法与数学计算的历算之数。"以度数成之"所表达的度数规定特性是指将历算之数应用在实用技术的使用与制造中，以规定或决定这些实用技术的功能、制作与使用。这种被度数规定的功能、制作与使用会有不得不然与当然的状态，亦即是理。如《水法部》论及龙尾车车轴时以勾股算法及数据规定轴的形制：

> 凡作轴皆度岸，以勾三股四弦五之法准之，则岸高九尺者，轴当长一丈五尺。
>
> 二十五分其轴之长，以其二为之径。轴长一丈，径当八寸，此略言轴欲大耳。若径三寸以上，不嫌长，丈八寸以上不嫌长，二丈过小，则水不升。（薛凤祚，2008）[871-872]

上面引文将轴长与岸高数据、水的上升与否和轴的形制数据直接联系，此即明显具有"以度数成之""无一事不本于数"之义。又如《中西火法部·叙》称："今于其有度有数之事，深奥幽渺之理，详其名目。"（薛凤祚，2008）[905]"弹有铅铁石之别，照度数用之。"（薛凤祚，2008）[908] 其所说度数即指《中西火法部》所收"割圆切线小表"一类历算之数。而他将此度数与火法联系起来的方式也与《水法部》类似，是应用此等历算之数规定火器形制、火药配比以及火器使用："神威将军第一等长一丈一尺三寸半，两耳各长三寸，口至耳五寸……弹一斤至八斤，药照弹配九斤至十七斤。"（薛凤祚，2008）[906]"测远图，卯为人目，巳为远……假令寅丑二乘子丑五得十，以子午卯除之得五〇〇〇〇为丑巳，加寅丑二得七。"（薛凤祚，2008）[911]

以历算之数的度数决定、规定实用技术器械的制作与使用，虽然符合"本于数"的内涵，但并不能涵盖《世界部》所说"是吉凶皆本于一定之数"的情况，更不能完全对称"无一事不本于数"此类具有普遍性的论述。表面来看，薛凤祚此处的数是指事物发展状态的本体规定之数。但结合《历学会通》中的星占与宇宙论背景可以发现，此本体规定之数可以落实到在天阴阳五行精气状态的本体规定之数，或者更进一步，是规定在天日月五星等天体元素分布的数。更确切地说，它是规定阴阳五行精气（日月五星等天体即是阴阳五行之精的代表)分布的数,是具有历算特征的本体规定之数。

  在薛凤祚《历学会通》诸学问中,历法主要计算天体运行的历算之数,即不同时刻天体的运行位置。实用技术是对水车、火器一类知识的介绍。星占的功能特殊,是以天象预测或解释国家命运、气候灾异、个人祸福等天地间事物发展变化的学问。《历学会通》星占占法以西法为主。西法星占将日月五星等天体的正常运行位置排入天宫图中,以相关占法占验。亦即薛凤祚可以通过日月五星的运行状态以及占法获得对天地间事物的理解。而通过日月五星运行状态理解万物变化之所以可能,与薛凤祚的宇宙图景有关。前已述及,他认为天地间一气充塞,遍满无间,万事万物均受天地之气的影响。这种影响不只是简单地停留在呼吸饮食、温暖寒湿层面,而是通过禀赋、机应的作用机制影响、决定了事物的发展态势。不仅包括无生命的物质,还包括有生命的人。① 更重要的是,天地之气并非散乱无纪,也无需通过对天地之气的直接考察获得影响万物情况的认识。因为天地之气即是金木水火土五行运行之气,也是作为五行之精的金星、木星、水星、火星、土星运行之气:"天地之气,亦即随时五行推移之气也。"(薛凤祚、穆尼阁,2018)[300] 所以,薛凤祚之所以认为日月五星运行情况可以理解天地万物发展,正是因为日月五星代表了天地阴阳五行之精气,日月五星的运行情况代表了此精气的状态。此精气的状态进而决定了天地之气的发展。此精气也通过禀赋、机应作用方式决定了天地万物的状态。

  薛凤祚既以天地间万物的发展为日月五星运行所代表的阴阳五行之精状态所决定,那么进一步逆推,决定此阴阳五行之精状态的本体规定之数亦即决定天地万物发展的数。可以推测,在他看来,从禀赋模式分析,决定此在天阴阳五行之精状态的本体规定之数有可能通过天气赋予下界之物时,亦被赋予下界之物。下界之物的发展变化便由此本体规定之数所决定。从机应模式考虑,此本体规定之数规定在天阴阳五行之精气的状态,此状态感应在下之事物发生不得不发生的变化。本体规定之数亦即同时通过此感应规定了在下之事物的发展。此即薛凤祚所言"无一事不本于数""吉凶本于一定之数"的真正意涵。

  上述讨论是基于薛凤祚思路的推理,对于阴阳五行之精状态的本体规定之数的具体意涵与特征尚未有直观认识。下面我们结合星占实例以及上述思想进一步论述本体规定之数具体所指为何,以及此本体规定之数所展现出的薛凤祚特殊思想面向。

  我们以占验个人命运吉凶的例子切入。在《天步真原·人命部》卷下有关

---

① 薛凤祚云:"亦或山泽洞穴,温气上腾,上遇清气,露零如雨,积泉涓涓,二者皆气之所生也。至于泉出滂湃,顿成巨浸,则皆下有伏流,乘气上升。故山上有泉,成潭数里,流为江河,如人颠顶髓海。盖督脉所起,血乘上行,如水因气溢,气尽水继者,同是为气法,是为水理。"(薛凤祚,2008)[868]

于"医生自己算"的个人命运命宫图实例(图5.7)。命宫图分为两圈,内部方框是医生自己的出生时间、地点纬度信息,代表人。外面大方框排入了日月五星、黄道十二宫、后天十二宫、福德箭、天首天尾等星占元素,代表对人施加影响的天。在具体分析天如何影响人命运时,原文多从日月五星之间的相位关系、运行情况、所在十二宫(黄道或后天十二宫)位置等方面,并结合它们具体属性占验,如:

> 土星有金星一百二十三合照,父高寿。
> 火星有月弦照,为人多怒,无主意,性急,好赌钱。
> 月有火星照,主妻性傲。月在吉星宫,主聪明。在双鱼,在阳宫有照,能生子。(薛凤祚、穆尼阁,2018)[378-379]

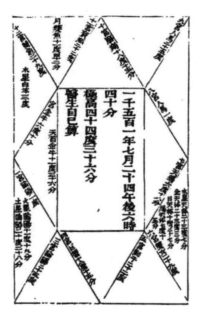

图5.7 《天步真原·人命部》卷下
"医生自己算"实例

将这种占验方式纳入上述宇宙论、本体论层面分析,可以做出如下解读。以第一个占验为例。直观来看,在第一例中土星与金星一百二十度的三合照形成了父亲高寿的精气,此精气通过赋予或者感应使得在地之父亲获得人生发展状态。如果结合本体规定之数细绎上述脉络,本体规定之数应该是规定父亲具有高寿精气的数。它作用于精气产生父亲高寿的精气状态。而因为土与金星三合照产生父亲高寿的精气状态,所以可以推出金土二星一百二十度三合等价于本体规定之数作用于精气。因为金土二星代表了金土二种精气,所以金星土星三合即金土二精气三合。这便可产生父亲高寿的精气状态。至此可以发现,薛凤祚的本体规定之数应当就是指金土二星所具有的三合相位关系,亦即金土二精气所具有的三合相位。将此分析纳入其他星占实例不难推知,本体规定之数主要是指天宫图中日月五星、黄道十二宫、后天十二宫等星占元素所具有的位置、相位、相互关系等。此种位置、相互关系规定了日月五星等星占元素的格局与分布。我们可以称之为规定分布状态之数。因为日月五星、黄道十二宫等本身即代表了阴阳五行等在天之精气,所以这种规定其格局与分布的数即规定了在天阴阳五行之精气的分布与状态。从而,这种规定阴阳五行精气或日月五星分布状态的数也可说正是阴阳五行所本之数。这种数规定在天阴阳五行精气的状态,进而通过天影响万物、决定在下事物发展的状态。这正契合薛凤祚所言"无一事不本于数"的思想。

上述论证可以结合薛凤祚对理的定义获得佐证。他对理的定义称:"盖霄壤中不越一理,试取一物而以度数成之,则有其当然与其不得不然者,即理也。"(薛凤祚,2008)[866] 由于天地之间由一气组成,日月五星是阴阳五行之精气,世间之物也是气,所以定义中"一物"可以被气所取代。而薛凤祚的星占占法,如上述例子"土星有金星一百二十三合照,父高寿"中,在地上的"父高寿"状态或者在天的"父高寿"精气属于已经产生的状态,是"当然与其不得不然者"。土星与金星是金土二精气。三合是度数,也是精气的本体规定之数。此占法正好符合上述定义的模式,即将三合相位这一本体规定之数作用于土金二精气或物,可以产生父亲高寿的精气,进而作用于在下的父亲获得相应的高寿状态。

不难看出,薛凤祚的本体规定之数——决定天体所代表精气状态的相位、位置、相互关系——是在历法以及相关算法计算日月五星等元素位置的基础上得到的。该数与历算具有极为紧密的联系,具有明显的历算之数特征。

以现代科学理性的眼光来看,本体规定之数规定包括吉凶祸福在内的事物发展状态,具有强烈的神秘色彩,而历算之数则属于数理计算的科学领域。① 两者具有本质区别。薛凤祚的上述联系未免缺少现代科学眼光。这种评价有其特有角度,但对于我们同情地理解薛凤祚思想并无益处。从薛凤祚论述可知,他所追求正是减少神秘性、直接以实际存在的天体为根据的占法。如《天步真原·选择部》序言称:"日家者言似出幻妄。然七政在天,善恶喜忌各有攸属,人生本命与之相应。其休咎悔吝必有相叶应者,难尽诬也。但今用诸

---

① 王刚曾论及薛凤祚"天道有定数"两层含义(王刚,2011a)[82-86],与此处区分相近。

星曜,如禄存十二煞、太岁十二煞,以及鹤神、科文星等类,种种错出,不可枚悉,而用者乃皆推本之以日月五行之属。夫七政既可以关切人事,若直取其真体本行,较之求于诸神煞性情之属,于七政者不更著明径捷乎?""今西法出,取其切要于日用者,理辞简切,以视附会神煞诸说,殆爝火之于日月也。"(薛凤祚、穆尼阁,2018)[382]薛凤祚以传统择日术中神煞之说不足为凭,牵强附会,不如以日月五星的运行为依据占验更为明了直接。这无疑是在摒弃传统占法中神秘与繁杂的面向,追求将占法根植于真实客观之物(天体运行)的基础上。此外,薛凤祚还强调要以精确的历法计算之数为基础占验:"七政……其顺逆迟留,掩食凌犯,一一皆数之当然。此无烦仰观,但一推步,皆可坐照于数千百年之前。若预行饬备,令灾不为灾,为力更易。"(薛凤祚,2008)[783]这些均与他将本体规定之数与历算之数紧密联系、使得本体规定之数具有历算之数特征的思想倾向一致。他最终在《气化迁流》中发展应用西法星占了解天地气化,也是将本体规定之数与历算之数紧密联系。以历算之数作为规定之数的基础,正是薛凤祚星占研究甚至天文学研究的重要追求,是他对早期学习的易学与术数中神秘本体之数的修正与发展。这是理解其思想的重要角度。

  需要指出的是,虽然本体规定之数与历算之数具有紧密联系,但本体规定之数并不完全等同于历算之数。本体规定之数是规定日月五星等天体元素(或者更确切与直接地说是规定阴阳五行之精气)的位置、关系、分布状态的数,是在历算之数计算基础上得到的。它代表的是阴阳五行精气的分布。而历算之数是纯粹地对天体运行情况的计算,以及一些三角、对数等算法的操作。它是关于数的计算,并不和在天阴阳五行物理属性直接联系。所以,它们实际属于两个不同的讨论语境。一个只是和位置、运行的数据计算以及其他算法有关(历算之数),一个则是讨论以日月五星为代表的阴阳五行之精气的分布问题(本体规定之数)。薛凤祚的星占,尤其是西法星占,由于是以日月五星的正常运行为占验基础,日月五星又是阴阳五行之精,所以就成为了联系二者的桥梁。星占使得本体规定之数与历算之数紧密联系。星占使得本体规定之数具有历算之数的特征。

  最后让我们讨论一下道。在《历学会通》中,薛凤祚以道指某种特定学问:"自诸书以及八线皆取其六数通以十数,然后羲和旧新二法、《时宪》旧新二法合而为一,或可备此道阶梯矣。""但天文中乘除位数繁多,难以尝用,愚今授以新法,变乘除为加减,较旧术特为便截,其于斯道未必无补。"(薛凤祚、穆尼阁,2018)[424,715]或以道指天地之气的情状:"前人云天道患不能知,及知又虞泄漏。况人命动多关系,若能自省克以代菁蔡固善,不则能为人祸,甚不可也。"(薛凤祚、穆尼阁,2018)[303]这些是继承自《天步真原》的看法。又《历学会通·正集部·正集叙》说:"天道有定数而无恒数,可以步算而知者,不可以一途而执。"(薛凤祚,2008)[1]"天道"本来有浓厚的形而上意味,但薛凤祚此处所谈均是天文步算之事,可知其用法偏向实际天象,主要指天体运行。这是对天道的另外一种新理解。

此外,薛凤祚还尝试论述道的唯一性、尊崇性与合理性。如《正集部》序言说:"要必先自立于无过之地,而后吾道始尊,此会通之不可缓也。"《历学会通·中法四线引》云:"不然算为历原,天下岂有二道哉?"(薛凤祚、穆尼阁,2018)[411,424]《历学会通·致用部·命理叙》载:"以流年言之则天地命运即人之命运,无二道矣。"《致用部·致用叙》说:"兼就正有道,反覆讨论,略窥半斑。"(薛凤祚,2008)[720,858]不过,这些认识或从个人学问角度立言("吾道""兼正有道"),或从学问、事物应有状态、所遵循脉络角度论述("岂有二道""无二道"),并不似《道德经》"道生一,一生二,二生三,三生万物"、朱熹"道是太极"一般从最高实体、万事根本的角度讨论。

同样的情况也出现在《致用部·中外水法部·水法叙》:"圣人之道,根据性原,合载於穆,此形而上者也。其形而下者则有象数之学。象数之学,大者为历法为律吕。"(薛凤祚,2008)[866]这段话有借用徐光启为《泰西水法》所写序言的地方。但经过薛凤祚消化,其能够代表薛凤祚思想这一点则可肯定。"性原"实际就是指人性之本原。《中庸》说:"天命之谓性,率性之谓道,修道之谓教。"(朱熹,1987)[1]所以,儒家有以天为"性原"的传统。"合载於穆"中"於穆"出自《诗经·清庙》:"维天之命,於穆不已。"孔颖达《正义》说:"毛以为,言维此天所为之教命,於乎美哉! 动行而不已,言天道转运无极止时也。"(孔颖达,1983)[884]是"於穆"乃感叹天命大美之词。薛凤祚应是以"於穆"指天(之命),"合载於穆"也即合天之义。亦即薛凤祚强调说圣人之道应该"根据性原,合载於穆",即圣人之道应该根据于天、合乎天。可见,此处的道依然是指一种状态,而非实体性的最高存在。①(薛凤祚,2008)[720,866]

总体来看,薛凤祚在应用道的时候,不管是指事物所应该遵循的状态、脉络,还是天地之气的情状,均是从事或物应然性的角度出发,而不是从宇宙本源生成万物的角度或最高本体规定万物的角度论述。从现有作品来看,宇宙生成过程并非他所关心。他的立论是在天地生成后的气化迁流层面,而不是从无到有的生成层面。最高本体,如前所述,在薛凤祚看来是天。他明确说:"宇宙万事皆本于天。"这是薛凤祚理解道的特殊之处。

最后值得对上述范畴的关系与结构层次再作一说明。薛凤祚明确指出理、数来源于天,不能生天:"夫天者,理之自出,亦数之所由生也。"(薛凤祚,

---

① 这段文字牵涉薛凤祚对《历学会通》的重要看法,是理解《气化迁流》的关键。后文将会详细论述。

2008)[739]这实际上是一种象(象即天)生数理的观念。这一观念继承其师魏文魁的象数观:"历者数也,数生于象。"(魏文魁,2002)[762]又与汤若望等人的认识一致:"而凡理与数,又必缘象而生。"(徐光启等,2009)[1772]这种天数理观念告诉我们,在薛凤祚学术体系中,因为数理是依天而生的,所以天比数理更为根本。前人有认为薛凤祚以数为万物根本,其实并不准确。[①]至于气与道,我们可以确认它们并非最高本体。但薛凤祚未直接论述它们与最高本体天的关系问题。从后文分析可知薛凤祚以道与理为等价范畴,故道从属于天这一最高本体可以推知。而气也应当是根源于天的范畴。从学问体系特征来说,虽然中国古代学者在本体论范畴方面不具有形式上的系统性与显明性,但内在却有自洽的层次结构。(张岱年,2012)[57-58]薛凤祚明言天为最高本体,而在讨论气时以之为天地间万物的组成元素与变化媒介。天与气显然属于两个不同层次。又薛凤祚对理的唯一明确定义称:"试取一物而以度数成之,则有其当然与其不得不然者,即理也。"由于气是天地间万物的基本组成元素,所以在此定义中物与数相合得到理可等价为气与数相合生成理。亦即理是由气与数相合产生,数与气属于同一层次范畴,理属于更下一层次。可见,虽然薛凤祚未曾明言气与天的关系,气也应当是根源于最高本体天的范畴。总之,五种范畴中天属于最高本原,在最高层次。数、理、气、道均是根源于天的范畴。其中数与气属于第二层次。数与气相合产生理。因此理,以及与理等价的道属于第三层次。(图5.8)

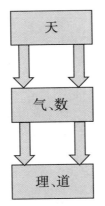

图5.8 《历学会通》五种基本范畴的关系层次图

[①] 从易象数学的角度来看,薛凤祚的这种象数观与"象学"相似。在传统的易象数学中,有"数学"与"象学"之分。"象学"以"象"为本,主张"象在数先";"数学"以"数"为本,主张"数在象先"。(张其成,2003)[150]

那么，薛凤祚又是如何贯穿天、数、理、气、道于《历学会通》中的呢？这一点，我们不仅要考察他的论述，更要结合《历学会通》中星占等学问的特征。首先让我们确定天和数。《正集部》与《考验部》的历法是对自然之天的研究，所得结果是天运行之数。薛凤祚也说："历数所以统天。"（薛凤祚，2008）[601]"圣人制历以纪天。"（薛凤祚，2008）[739]《考验部》的西法星占也直接与天相连，西法星占以具有义理之天、命运之天特征的自然之天体本身与其运行之数为占验基础，所得到的占验结果本于本体规定之数。而此本体规定之数不仅与历算之数紧密结合，而且来源于天。即占验结果不仅本于数，亦是本于天。如介绍普遍星占术的《世界部》说"是吉凶皆本于一定之数"（薛凤祚，2008）[576]，介绍生辰占的《人命部》云"历数所以统天，而人之命与运亦天也"（薛凤祚，2008）[601]。《致用部》较为庞杂，不仅包括星占部分，也包括实用技术等部分。但这些内容在薛凤祚看来也在天与数的框架之下。《致用部·致用叙》首先以实用的学问为体天之事而来："圣人体天之撰，以前民用。"（薛凤祚，2008）[719]进而指出《致用部》诸种学问，都是本于天的学问，也都是本于数的学问："天下极大极重之务莫如天，极繁赜奥渺之理莫如数。人事无一事不本于天，则亦无一事不本于数。其理自占验选择之外，种种多端。特以未经指明，相沿相忘之日久矣。"（薛凤祚，2008）[719-720]

至于理，薛凤祚对于历法更多地从历理的角度论述："历学理有解，图有式，表有说。"（薛凤祚，2008）[412]对于实用技术，主要以指称一种学问的方式："其理自占验选择之外，种种多端。"（薛凤祚，2008）[719]有时也从一般道理意义层面讨论："今于其有度有数之事，深奥幽渺之理。"（薛凤祚，2008）[905]或从将度数应用于实用之物时所呈现状态的角度："试取一物而以度数成之，则有其当然与其不得不然者，即理也。"（薛凤祚，2008）[866]对星占则是从方法或学问的角度："得其理为旧法所未及者有数种焉。一为生时不真……"（薛凤祚，2008）[599]或者与实用技术一样，从一种学问角度，或度数应用于气（物）时所呈现状态的角度。总体而言，虽然在《历学会通》中薛凤祚尝试用理来贯穿，但其用法颇为混乱，并不如天、数概念的统一。这一点，显示出薛凤祚思想的一种过渡性特征。

道贯穿《历学会通》最常见的方式是指称学问："今细注以备法程，其为此道（历法中的日食月计算——笔者注）指南者深矣。""又其星各有色，上智之人因其色异，以别其性情之殊，以之验天时、人事，鲜不符合。亦犹上古圣人因草木之味，以定各品主治为医王也。精此道（星占中的经星性情——笔者注）者，首推地谷，其法备于今西法。"（薛凤祚、穆尼阁，2018）[54,240]"近日复有神威诸法，来自大西,其于斯道(实用技术中的火器之法——笔者注)盖积久弥精,变化日新焉。"(薛凤祚,2008)^905 薛凤祚还以天道分别指称星占中生辰占所占验得到的结果与历法计算得到的天体运行情况:"前人云天道患不能知,及知又虞泄漏。况人命动多关系,若能自省克以代蓍蔡固善,不则能为人祸,甚不可也。""天道有定数而无恒数,可以步算而知者,不可以一途而执。故世之上下图象暗移,地之远近经纬互异,区区蠡测管窥,欲穷其变亦綦难已。"(薛凤祚、穆尼阁,2018)^303,411

气被薛凤祚作为天地间万物的基本组成元素。星占则是对天地之气探索的学问。如介绍普遍星占术的《世界部》序言称:"所贵乎知道者,朝夕凛惕,与乾坤之善气迎,不为乾坤之厉气迎。"(薛凤祚,2008)^576 生辰占的《中法命理部》序言称:"人生于天地,得其气以成形……则天地命运即人之命运,无二道也。"(薛凤祚,2008)^858 实用技术所涉及的事物由气组成,所以可为气所涵摄。如水法亦为"气法":"天地中一气充塞,遍满无间。以水言之,有为气之所生者焉,有为气之所升者焉。"(薛凤祚,2008)^868 "如水因气溢,气尽水继者同,是为气法,是为水理。"(薛凤祚,2008)^868 历法主要研究日月五星的运行,薛凤祚虽未明确论及日月五星由气组成,但曾明言有"五行推移之气""水星之气"。(薛凤祚,2008)^598,601 尤其是薛凤祚以天地之气即"五行推移之气"的思想,是传统思想中将日月五星与阴阳五行气论思想结合的结果。所以可以推知,日月五星在薛凤祚看来是五行之精,气的精华①。此外,在介绍历法的技术部分,也有不少概念与气有关,如"蒙气差""气应""二十四节气"。可见历法研究与气范畴关联。

概言之,薛凤祚在《历学会通》中尝试以数、天、理、气、道贯穿诸学问,从而使得其中中西星占系统也以五者为基本范畴,显示出本体论层面的统一性。

5.3.3.2 较为完备的工夫论

星占连接天人。以天象占验人事得到结果后,人需要有相应的工夫反应。薛凤祚曾在《天步真原》论述占验个人命运的生辰占中表达了自我省察克己的("省克")修身工夫,论述占验军国大事、气候灾荒的普遍星占术时表达了戒慎恐惧以迎避天地之气("朝夕凛惕,与乾坤之善气迎,不为乾坤之厉气迎")的工夫。在《天步真原·人命部·人命》他还端倪性地表达了预测灾害以备患的修救工夫。在《历学会通·致用部·中法占验部》序言中,他明确指出此种预备、备患的工夫即修救:

---

① 薛凤祚在《气化迁流·土木相会》序言中称:"土木在一宫皆留一岁,其日月火金水自无不到者矣,即未必皆至,而其精华留注,亦能成祥。"(薛凤祚,[1675])^卷之囗:1b-2a

> 至于修禳之术尤谬戾不经之事,其关切于人事而不可已者,则修救一事是已。夫水旱疾疫,饥馑兵革,与夫政事之宽猛,时务之得失,当其事者遇灾而惧,则否可使亨,非细故也。从来七政变异皆归之于失行。今算术既密,乃知绝无失行之事。其顺逆迟留,掩食凌犯,一一皆数之当然。此无烦仰观,但一推步,皆可坐照于数千百年之前,若预行饬备,令灾不为灾,为力更易。(薛凤祚,2008)783

《中法占验部》介绍的是传统军国星占,与西法普遍星占术一样,传统军国星占是以天象占验军国大事、灾荒时疫一类事件的占法。修禳即通过一些仪式攘除灾害。薛凤祚认为通过传统军国星占预测得知灾害类事件后,实行修禳实为荒诞不经,应该做的是修救——积极防备与救灾。具体来说,"当其事者"(即面对灾害的应对人员,主要指在上位者)应该"遇灾而惧",戒慎戒惧,不可麻痹大意,以"预行饬备",积极地预先做好防备与救灾。这样才能转否为亨,灾不为灾。

除此之外,薛凤祚还在《中法占验部》序言表达了君相"惠""敬"工夫的重要性:"抑且君相造命,统天立极,凶吉成于惠逆,祲祥本之敬怠,此占验之不当尽凭者也。"(薛凤祚,2008)783 即君相能够创造命运,统领天道,树立中正标准。吉凶来自顺逆,顺天道则吉,逆天道则凶。祥与不祥的现象产生自敬怠,所以不可一味依凭占验断定吉凶。亦即无论占验与否抑或占验结果吉凶如何,君相都应该敬畏与顺应天道。古代政治与道德合一。君相的"惠"与"敬"应该主要指在个人道德修养与政事层面是否顺应敬畏于天道。再考虑到上述引文紧接着修救、修禳的论述,可以推测薛凤祚的论述可能仿照太史公,以"惠逆"与"敬怠"表达君相修德与修政的工夫。

需要说明的是,既然普遍星占术与传统军国星占占验对象均是军国大事,为何在普遍星占术中薛凤祚强调了"朝夕凛惕"迎接乾坤之善气、躲避乾坤之恶气工夫,而在传统军国星占中面对灾害一类恶气时却强调了修救以及君相的修德与修政?其实,薛凤祚所表达的工夫具有不同的主体。面对传统军国星占与普遍星占术所得到的大规模事件占验结果,修德与修政的主体是君相,修救的主体是"当其事者"——主事的官员,而迎善气避恶气的当是普通个人。因个人无力救灾,所以独善其身即可。不难看出,它们相互补充,共同构成了大规模事件占验的相应工夫。

总之,薛凤祚在《历学会通》阶段强调和明确了修救工夫,否定了修禳,应该表达了君相的修德与修政。它们与此前的个人"省克"修身、戒慎恐惧迎避天地之气的工夫共同组成了《历学会通》较为完整的工夫论体系。当面对个人命运时,个人需要做好自我修身。当面对大规模灾害一类的预测时,普通个人需要躲避恶气迎接善气,当事者应该努力修救,而不管吉凶如何,君相都需要修德修政。最终,薛凤祚在《历学会通》中进一步完善了与星占有关的工夫论,将《历学会通》中西星占纳入了较为完备的工夫论体系。①

5.3.4 在《历学会通》中星占、历法与实用学问组成一个整体

虽然以上讨论已经论及《历学会通》整体,但其中所主要揭示及关注的还是星占系统内部的特征。实际上,这一星占系统在另外一个维度,即《历学会通》整体性层面亦显示出一些特征。这是此星占系统特征的重要组成部分。

《历学会通》包括三种基本学问,即历法、星占、实用技术。这三种基本学问并非杂乱无章地拼凑在一起,而是构成了有机整体,从而显示出《历学会通》的一种整体性。此种整体性主要体现在五个方面。前两个方面是此三种学问分享了共同的本体论范畴,以及都和圣人这一传统儒家至高境界的人物联系在一起,即它们连接着共同的境界论。这两点已经在5.3.3小节论述。第三个方面是它们分享了共同的宇宙论背景。薛凤祚依然将实用技术纳入朴素的三才式宇宙论中。这可以在《致用部·中外水法部》序言中找到依据:"天地中一气充塞,遍满无间,以水言之,有为气之所生者焉,有为气之所升者焉。"(薛凤祚,2008)868至于历法部分,前已述及,虽然薛凤祚在历法计算中应用日地倒置的日心说模型,但他应当并没有把此模型当作实体,而只是作为计算依据。薛凤祚的这种思路当是受一行之后的传统,即历算学家鲜有关注天体运动现象背后的空间关系以及物理实在等宇宙论问题(王广超,2013)的影响。不过,我们从序言所揭示的线索②和一个学者宇宙观所应该具有的整体统一性可以推测,薛凤祚的历法研究虽然没有依据三才式宇宙观作为计算依据,但至少间接地依托于此种朴素的三才式宇宙论。亦即《历学会通》中的三种学问均可以概之以统一的三才式宇宙论。第四个方面是他们均有工夫论维度,虽然所涉及的工夫并不相同。历法数理计算所涉及的工夫已经在4.3.4小节论述,即排除杂念、静心静虑而深入细密("息心入密")的工夫:"变度之法,或以祸为福,或移急就缓,万有不一,非息心入密,不易得真。"(薛凤祚、穆尼阁,2018)303实用

---

① 可惜的是,目前来看,薛凤祚并未论及关于选择术与医学星占的工夫论。
② 这些线索分别在《历学会通》历法部分的序言中。如他在《考验部·今西法选要序》中说:"历学《周礼》冯相氏会天位辨四时之叙,而奥赜难宣,此是彼非,莫有定议。留心此道者,必上下今古,河山大地累积考验。"(薛凤祚,2008)335此语中"上下今古,河山大地"之说即是简单朴素的三才式天地宇宙观。又《考验部·比例对数表》序言中说:"日月星辰有生之类莫不仰之,而人莫克详其数。"(薛凤祚,2008)335此语转自《周易·系辞》中的"仰观天文"。三才式宇宙观即以《周易》为代表。

技术方面强调了不得依恃于技术的工夫:"但此皆形而下者事也。苟无其德,六代之乐空悬,且彼沃土之民,佚则忘善。世人之患不起于所不足,而起于有所恃。圣人所以合德於穆者别自有在。而吾辈专求之艺术之浅事抑末耳。"即我们应当在心性层面对实用技术做到不依恃,若有依恃反而有患害。第五个方面是《历学会通》三种学问在功能上构成一个统一的整体。这一方面需要详细论述。

薛凤祚曾在《人命部·人命》初步表述了他对这三种学问功能关系的认识:

> 凡人不可不知此学者三:日月星历,迟速常变,皆非不可知者。唯人能赋天地之全能,不明其理,是负天地之生也。在世水旱饥疫,人苦不知。若能知之,则凡事可以预备,诚持世者之急务。昔圣贤先务以前民用,如取水于月可愈病苦,求火于镜可灼山林之类,物理可推,历法皆能旁通及之,诚便民之大者。至言命亦有几种。命之时与星有不真,则吉凶大异。故安星不泛用台历,取时不泛用刻漏,必晰入细微,方能有准。(薛凤祚,2008)[601]

"此学"三者之中第一条是历法,其功能是认识日月星辰的运行规律。第二条主要指星占,可以根据历法计算的天象预测灾害事件的发生,进而人可实现预防备患。第三条指有关"物理"的实用技术学问,历法可以旁通及之。即历法的数理计算可以旁通应用于此类实用技术之学中。此外,薛凤祚还论述了星占安星与取时方面需要使用精确历法计算知识。(薛凤祚,2008)[601]从逻辑上讲,上述文字已经隐含了星占与实用技术的关系——预备自然灾害时可以使用实用技术。但《天步真原》中薛凤祚未明确讨论,这只有到会通阶段才明确。

在《历学会通》中,薛凤祚从两个方面发展了关于历法、星占、实用技术功能关系的认识。首先,他可能有以历法旁通星占的认识。在"度数旁通十事"思想影响下,他在《历学会通》中进一步完成了《致用部》。除实用技术外,其中还包括中法星占与西法星占中的医学星占。由于《致用部》是《历学会通》历法旁通部分,所以薛凤祚可能亦有以历法旁通星占的想法。或许正是由于历法计算的日月五星运行情况与其中所涉及的算法是星占安星、取时或占验的基础,所以他才在《致用部》收录了一些星占内容以作为历法旁通之学。

其次,他更为明确地表达出星占与实用技术的功能关系。前已述及,与《天步真原》强调"省克"与"朝夕凛惕"不同,此时的薛凤祚在星占与实用技术著作中格外强调了更为主动的修救工夫。这为联系星占与实用技术提供了桥梁。薛凤祚在有关实用技术的论述中多次强调了实用技术对于救灾、防患于未然的重要性。如《历学会通·中外水法部·水法叙》称:"兹数器者,急流与缓流,山泉与平芜,无不皆宜,于以救灾,捍患生物,养民神哉?技至此何以加焉?"(薛凤祚,2008)[867]《致用部·致用叙》说:"东省李性参藩伯疏题罗列款目,今逐段详核,莫不各有至理。其浅者足以防患储备于未然,其大者能开美利之原,返极重之势。遵其道而善用之,则劳可使逸,贫可使富,亦且危可为安,否可转泰。傥亦有所谓斡旋造化者耶?"(薛凤祚,2008)[720]显然,当以星占预测到灾害实行修救、救灾时,实用技术恰恰可以发挥重要作用。以此,星占便与实用技术在功能上获得了联系,构成了一个整体。

可见,《历学会通》中星占系统并非独立,而是与其他两种学问——历法与实用技术——在功能上构成统一体。三种学问中历法是对天体运行之数的计算。它不仅可以授时,还可以在准确计算得到日月星辰位置之后,为星占中安星、占验提供数据来源。① 以星占预测到灾害以及人事吉凶之后,若要施行修救或救灾,必然要使用到实用技术。那么,实用技术实际上对于星占来说必不可少。当然,历法也与实用技术密切相关。因为这些有关"物理"的实用技术学问是度数之学,历法的数理计算"皆能旁通及之"。可见,这三部分环环相扣,密切关联,属于一个功能统一体。

总之,虽然薛凤祚在《历学会通》中并未如历法一般,对中西星占进行形式会通,但他还是将中西星占纳入一个系统之中,形成了一套独特的星占系统。这一系统以西法星占为主,中法星占为辅,在薛凤祚看来,是本于天象的真术体系,是一套可靠的占验系统。该系统还被基本范畴天、数、理、气、道贯穿,在工夫论上达到更完善状态,具有相同宇宙论背景与境界论指归。同时,如果我们将星占系统作为一个整体,那么该系统在《历学会通》整体层面还与《历学会通》中历法、实用技术在五个维度上联系,组成了《历学会通》的统一整体。这可以说是一种特殊的会通。

此外值得指出的是,上面的讨论揭示出《历学会通》所具有的整体性——《历学会通》中三种学问基本上均具有宇宙论、本体论、工夫论、境界论依托,并在功能上协调统一——仅仅表现出对一些范畴或维度的公用与功能上的联系。此种整体性无法将功能、各种范畴融汇一炉,进而显示出一个圆融的体系出来。这也是《历学会通》作为形而下者的特征。它虽然显示出了整体性,但仅仅是薛凤祚整个天文学大体系中的一个组成部分,并不具有体系性。这一点还会在后文论述。

---

① 薛凤祚云:"历法以授时占验为大用。"(薛凤祚,2008)[9]

5.4 星占会通成果在地方志中的体现

薛凤祚久治天文历算。《天步真原》《历学会通》等著作的完成与刊刻为他带来了声誉,使他在当时有一定的影响力。如方以智曾在《物理小识》卷一"历类"中称:"山东薛仪甫,究此(指历学——笔者注)廿年。"(方以智,1983b)⁷⁷⁵《两河清汇易览》附录"事实测"载:"本生不设讲席,而陶铸后学甚众……三氏之徒闻风悔悟者,多归门下。"(薛凤祚,[1677b])^{卷八:96}且其家乡在山东。或因此之故,康熙十二年(1673年),山东布政使施天裔(1614—1690年)聘请薛凤祚参与编修《山东通志》。借此机缘,我们得以看到他应用《历学会通》中对传统军国星占的会通认识完成的两种作品。此两种作品虽然时代较晚,从属性来看却并不属于后面将要介绍的《气化迁流》阶段。故于此章述之,以加深我们对薛凤祚星占会通认识的理解。

此次《山东通志》编修高聘学者名流,一起参与的学者还有顾炎武(1613—1682年)、张尔岐(1612—1678年)、李焕章(1613—1688年)等人。(褚龙飞,2014)¹⁹⁻²⁰在李焕章《织斋文集·蒿庵集序》中记载了相关编修事宜,并提及了薛凤祚:

> 明年癸丑春,余赝施方伯公省志之役,与稷若同入紫薇署中,昆山顾宁人、益都薛仪甫咸在焉。每花晨月夕,耳热酒酣,白发鬇鬇,婆娑相向者且四年。友朋聚晤之乐,未有若斯之久者。宁人最核博,古今经史,历历皆成诵,主古迹山川。仪甫通象纬,兼西中法,主天文分野。稷若主济南北人物。(李焕章,[1880])^{第一册:5}

据此可知薛凤祚负责"天文分野"。考康熙年间编纂的《山东通志》,与"天文分野"最为相关的有两部分,即第四卷《星野》与第六十三卷《灾祥》。其中《灾祥》与"天文"对应,《星野》与"分野"对应,即是薛凤祚所编有关星占内容。因《山东通志》在康熙十三年(1674年)即编纂完成(张华松,2003)⁴⁶⁷,所以此两种作品应当编纂于康熙十二年到康熙十三年。

《星野》是对山东地区所对应天区位置的介绍,可以大致分为三部分:引言、主体与最后的议论。引言介绍了分野的新旧法之别。薛凤祚指出因"星度左旋、宫分右移"(即岁差)的原因,天区所对应的地理区域位置也在发生相应变化。这导致分野理论也有古今新旧之别。《星野》中认为有三种分野之法:"谨按分野有三。其一《时宪历》新法,其一《大统历》明时旧法,其一汉《天文志》、晋《天文志》及上世旧法。"(赵祥星等,[1678])卷四:1a 接着在主体部分薛凤祚系统介绍了"旧法"("上世旧法"与"明时旧法")与"新法"。"旧法"通过与明代山东地区相关的先秦四古国齐、卫、宋、鲁,将山东地区与天区的对应分为四部分:"女虚危在子齐分野""室壁在亥卫分野""奎娄在戌鲁分野""氐房心在卯宋分野"。每部分依次列"上世旧法"与"明时旧法",辅助以图示说明。如对于"女虚危在子齐分野",《星野》引用《晋书·天文志》《新唐书·天文志》中内容介绍称晋朝、唐朝对齐地的分野为"上世旧法"。[(赵祥星等,[1678])卷四:1b-2a(房玄龄等,1974)310-311(欧阳修、宋祁,1975)820-821]接着,《星野》列出明代行政区域与齐地相应部分,以作为"明时旧法",且在四部分介绍完后列出图示以说明(图5.9)。对于"新法",《星野》未如"旧法"一样作特殊文字介绍,只是在主体部分附录两张星图。最后在议论部分《星野》探讨了书中所介绍分野知识的来源、山东分野的特征以及历学发展情况。

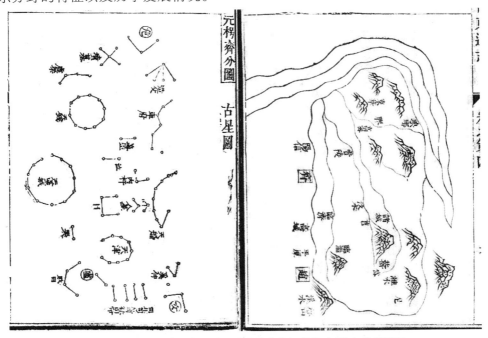

图 5.9　康熙版《山东通志·星野》中"女虚危在子齐分野"图

上述内容虽然简短,却颇为复杂。首先,从来源看,这些内容的主要部分并非来自薛凤祚手笔,而是继承自嘉靖版《山东通志》(图 5.10)。嘉靖版《山东通志》是嘉靖十一年(1532 年)时任按察司副使陆钶在前人基础上,召集十多人以九个月时间编纂而成的。在编纂体例、内容等方面该书颇为严谨全面,被后世称为佳本。(山东省地方史志编纂委员会,1983)188-189 康熙版《山东通志·凡例》便详细交代了康熙版对嘉靖版的因革损益,如称:"山东旧通志成于明嘉靖癸巳。陈陆两人考证颇为详核。今山川图考古迹物产诸项,及癸巳以前人物并仍旧简。即有偶误,必稽考真确,乃敢更定,否则宁置阙文。"(赵祥星等,[1678])^{卷一"凡例":1a}《凡例》中论及分野部分时作者称:"星野已有新测星图,至于前代诸史所称青兖徐三州分野,载在旧志者亦详录之以俟参考。"(赵祥星等,[1678])^{卷一"凡例":1b}

细考两个版本可以发现,康熙版《山东通志·星野》齐、卫、宋、鲁四部分的文字与图示均来自嘉靖版。其中文字来自嘉靖版卷四《星野疆域》,八幅图来自卷之一《图考》。除主体外,在康熙版《星野》的最后议论部分,第一段文字也来自嘉靖版卷四。总体来看,嘉靖版占到康熙版《星野》版页的四分之三。(图5.10)

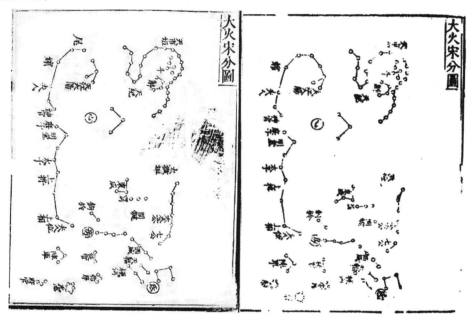

图5.10　康熙版《山东通志·星野》(左)与嘉靖版《山东通志·图考》(右)
"大火宋分图"比较

这些康熙版中来自嘉靖版的内容在文字上虽因仍旧简,但有些地方因政治、避讳等原因改动了少数字。如"玄枵"改为"元枵",当是因康熙皇帝名玄烨而避讳。有些文字在形式上有微弱调整,如嘉靖版济南府有方框,康熙版无。图示也有少许不一样之处。如四幅星图中星官车府、天大将军、铁锁在勾连方式上有区别,壁宿康熙版未画星官等。不过,这些形式的区别未表现出明显规律性,其变动依据也未能找到。它们或许仅仅是因为刊刻时的失误所致吧。

关于嘉靖版分野图的来源,书中也有所交代:

昔苏轼志地里,作分星总图,又推唐一行之说作《山河两戒图》,《许洞虎铃经》分十二次,各为一图,左列星汉,右列山河郡县配之。余取其分野之在山东者为图凡四列焉。[(陆钺等,[1533])^{卷一:19a}(赵祥星等,[1678])^{卷四:11a}]

以苏轼为作者的古代地理著作有《历代地理指掌图》一书,其中"昊天成象图""二十八舍辰次分野之图""唐一行山河两戒图"(图5.11),与嘉靖版《山东通志》所说最为接近。"二十八舍辰次分野之图"所列辰次分野国也与《山东通志》中一致,即玄枵为齐分,诹訾为卫分,降娄为鲁分,大火为宋分。①(苏轼,1997)^{99-163,103,151,152,153} 不过,此书据四库馆臣考证乃伪托苏轼之作,且《山东通志》星图画法特征与"昊天成象图"也有区别,所以是否为《通志》中所说需要进一步考证。又考嘉靖版《山东通志》中星图,与现存明代和此前星图画法颇异。且嘉靖版《山东通志》星图又均是简单示意图,各宿星官不全、位置错乱。② 所以,也有可能是嘉靖时期《山东通志》作者根据苏轼作品自己发挥而成。

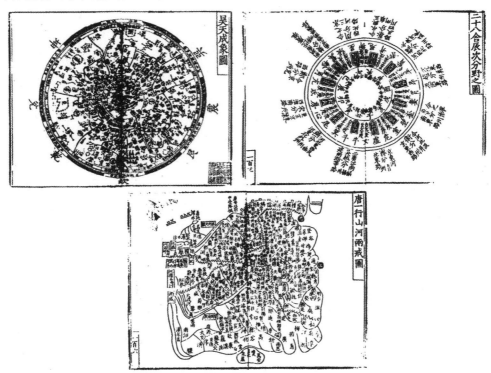

图5.11　苏轼《历代地理指掌图》中"昊天成象图""二十八舍辰次分野之图"与"唐一行山河两戒图"

---

① 今人有出版《苏轼全集校注》一书,其中未见对此著作的著录。(苏轼,2012)
② 笔者主要参考了《步天歌研究》《中国古星图》《恒星观测史》中所收星图。

除承袭嘉靖版内容外,康熙版《山东通志·星野》中还有四分之一的版页属于薛凤祚所作。这些自作内容除引言部分外,就是分野法中的"新法"两幅图(图5.12)与最后议论中的一部分内容。引言部分前已论及。议论部分薛凤祚主要阐述了历法的历代推进变化。内容与《历学会通》中"旧中法选要叙"相近。有意思的是其中未论及他所认为的最好历法——自己翻译与发展的"新中法"。这当受制于《山东通志》官方编纂背景之故。《山东通志》需以官方历法为指归。两幅星图颇有意思。它们均使用欧洲天文学传入后的星官画法,分有星等,标有度数。且上部标志有"顺治十二年乙未新测"。顺治十二年(1655年)是薛凤祚《历学会通》"新中法"使用的历元。薛凤祚标注此两图乃此历元时刻新测,似乎表明它们是他根据西法自己观测画得的。不过,仔细将两图与《崇祯历书》"见界总星图"对比就可发现,其特征几乎与崇祯年间所作"见界总星图"一致,只在局部有一些细微差别。因此,此图当为薛凤祚根据崇祯年间所作"见界总星图"或相近星图所作。至于是否真如标注所说进行过实测,则难以看出。此外,两幅星图被标注为"齐分青州""鲁分兖州"。其中齐分为女虚危,与旧法一致。鲁分则为角亢氐,与《山东通志》中旧法不同。但两者均可

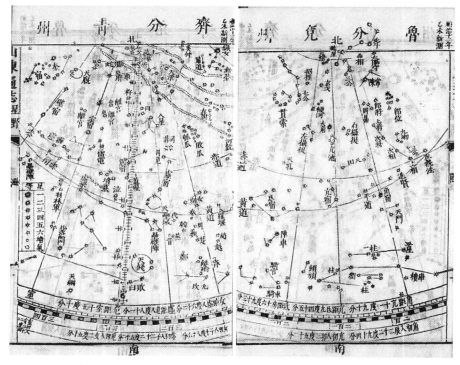

图5.12 康熙版《山东通志·星野》中"新法"分野图

与薛凤祚《历学会通·中法占验部》中收录的张庄愚《周天易览》对应。(薛凤祚，2008)⁸²⁷⁻⁸²⁸薛凤祚曾在《历学会通》中对张庄愚非常推崇①。他最终在《山东通志》中应用了《历学会通》中收录的分野理论。

《山东通志》中与薛凤祚有关的第二个文本是第六十三卷《灾祥》。此部分以山东济南府、兖州府、东昌府、青州府、登州府、莱州府为划分方式，依次介绍了六府从春秋到康熙年间饥疫灾荒、日晕陨星、庆云合穗等灾异祥瑞事件。与《星野》一样，此部分内容只有明代嘉靖之前少数条目和嘉靖之后条目属于新加内容。而嘉靖之前的内容几乎全部来自嘉靖版《山东通志·灾祥》。仔细对照可以发现，在康熙版中薛凤祚因政治、避讳等原因改动了一些字(如"大明"改为"大名")[(赵祥星等，[1678])卷六十三：4a(陆钛等，[1533])卷三十九：4a]，并将其中部分内容删去，包括一些合穗、旱疫、地震、蝗灾、冰雹、日食的内容。不过，康熙版中还是保留了一些相同类型的记录，薛凤祚删去以上类型诸条的原因尚需进一步考证。最为有意思的是，除保留"宋太祖干德五年春三月五星聚奎"(赵祥星等，[1678])卷六十三：22a之外，《灾祥》中薛凤祚几乎删去了所有五星凌犯、昼见记录。②而对客星、陨石、日月晕、云气一类现象悉数保留。前已论及，受明清天文学发展与传统星占思想的影响，薛凤祚认为五星凌犯一类现象虽然可以被用于占验，但属于正常现象，可以被历算算出。而客星、日月晕等薛凤祚应该尚不能解释，可能在他看来属于异常现象。《灾祥》所论为灾害及祥瑞，属于异常现象。所以这也许是薛凤祚删去五星凌犯、昼见诸条的原因。亦即薛凤祚可能在《山东通志》中应用了《历学会通》对传统军国星占改造的思想，重新形塑了灾祥记录。

总之，薛凤祚所编撰的《山东通志》"星野"与"灾祥"虽然简单，却为管窥他对于星占会通认识的具体应用情况提供了一扇窗口。尤其是《山东通志》具有官方属性，这在薛凤祚作品中仅此一见，可以说具有特殊意义。

---

① 薛凤祚说："天官十二分野古异今名不足取准。又有疑中土封域不能遍海舆大地者，不知天官分野原以山海风气阴阳燥湿论，非以一隅之东西南北论也。今取青田先生《清汇分野叙》文及张庄愚先生《周天易览图》可以释疑。"(薛凤祚，2008)⁷⁸⁵

② 包括汉"文帝七年十一月戊戌土水二星合于危"，宋"哲宗绍圣三年九月戊戌日犯岁"，汉"和帝永元二年春正月乙卯金木俱合于奎。丙寅水又在奎，辛未水金木在娄"，"光熙元年冬十有二月癸未太白犯填星(占曰为内兵有大变，是后河间王为东海王越所杀。明年东海王越杀诸葛玫)"，东晋"孝武帝宁康二年太白昼见在氐"，东晋"安帝义熙三年春二月癸亥土火金水聚于奎娄"，"五代后唐明宗天成三年春正月壬申金水合于奎"，金"宣宗贞佑四年四月丁酉太白昼见于奎北。九十有六日乃伏。六月丙申岁星昼见于奎，百有一日乃伏"，汉灵帝"光和五年冬十月木火金合于虚，相去各五寸如连珠。"(陆钛等，[1533])卷三十九：1a,9a,17a,18,21b,23b,39a

5.5 总　　结

《天步真原》的编译标志着薛凤祚求学阶段的结束。他开始进入消化、会通的学术生涯。从《天步真原》到《天学会通》，最终到《历学会通》的完成，年过知天命的他经过十多年努力，在补充西法星占内容、调整中法星占占术基础上将二者并存于同一框架，终于在耳顺之年完成了对中西星占的特殊会通工作。

会通阶段薛凤祚对西法星占内容的补充包括两方面。一是在《天学会通·致用部》中完成《西法医药部》。《西法医药部》是薛凤祚受崇祯改历期间"度数旁通十事"影响而完成的著作，主要是西法医学星占内容。不过，这部分内容并非来自新的翻译，而是他在理解的基础上辑录《纬星性情部·日月五星之性第一门》与《人命部·太阴十二象之能第三门》完成的。明末清初传入的欧洲医学知识比较丰富，薛凤祚当并不了解。所以辑录的内容比较简短，且在《西法医药部》表达了此部分为未竟之作的说法。最后，作为补充，他将《气化迁流》中介绍中医五运六气学说的《五运六气》附在《西法医药部》之后，以使《历学会通》此部分内容更为丰富。

会通阶段薛凤祚补充西法星占的第二项工作是节录伊斯兰星占著作《天文书》第二类"断说世事吉凶"中五门内容而完成"回回历论吉凶附"。该部分内容被附录在《天步真原·世界部》之后。薛凤祚的节录几乎将《天文书》原文句句改动，且非泛泛，建立在深入理解基础上。他节录此部分的目的，是有鉴于普遍星占术的重要性以及《天文书》中内容与《天步真原·世界部》的不同，以《天文书》占法补充《世界部》中普遍星占术占法。

相对于对西法星占的补充在《天学会通》中已经出现，薛凤祚对中法星占的调整要到《历学会通》阶段才可见。他的调整包括三方面：改造传统军国星占、保持但简化历注的传统形态、遵循星命术传统特征但以之为中法。

薛凤祚对传统军国星占的改造颇为复杂。他在众多著作中删去鄙俚不经者，在《中法占验部》中共节录了七种传统著作而构成一个整体：《尚书·洪范》（"占学模范"），《乙巳占》、魏文魁《贤相通占》、《天元玉历》（主体），《授时历·九宫贵神》（补充），刘基《论分野》、张庄愚《周天易览》（分野理论基础）。

《洪范》主要收录的是儒学经典《尚书·洪范》篇中"庶征"节，介绍了人事对天象气候的征验。《乙巳占》以《观象玩占》为主,会合多家著作节录而成。该部分介绍恒星占,包括对恒星颜色明暗变化及彗孛出入恒星等的占验。《乙巳占》所收录的主要是三垣二十八宿中黄道纬度在八度之外的较高黄纬星官。《贤相通占》主要介绍二十八宿与太微垣中一些星官的凌犯占与日月食占。这些星官的黄道纬度主要在八度以内,为月五星干犯与月食所及范围。显然,这部分内容与《乙巳占》中强调的八度以外星官相为补充。《天元玉历》来自明仁宗朱高炽颁赐群臣之作《天元玉历祥异赋》,主要是关于云气、流星、彗星、望气、风角以及日月五星自身运行、颜色一类占法。《九宫贵神》来自《大统历》历注,在占法上并不属于传统军国星占,而与历注中九星术有关。它是作为传统军国星占的补充被收入。最后《论分野》与《周天易览》是传统军国星占中将天象与人间区域对应的分野理论。《论分野》摘录自刘基《大明清类天文分野之书》中收录的唐代一行"山河两戒说"。《周天易览》系张庄愚著作。

在这七种著作中,薛凤祚从三个方面完成了对传统军国星占的改造。首先是将月五星凌犯恒星的占法保持在黄纬八度以内的恒星,不再类似此前普遍地有超过黄纬八度这种不符合实际天象的情况。其次是与五星运行规律不符的一些五星自身运行占法被舍弃,使得涉及五星自身运行的占法更为合乎实际天象。最后是虽然保留了对七政"顺逆迟留、掩食凌犯"一类涉及运行的占验,但认识已经从占变转到占常,对于恒星占薛凤祚也强调了恒星的"少变"。总体来看,薛凤祚对传统军国星占中不符合当时天象变化规律认识的部分进行了大幅度改造。而云气风角、飞流彗孛等,由于是实有天象,所以也保留了它们。这样,薛凤祚不仅使传统军国星占占法最大限度地获得了保留,而且更符合实际天象。他的这一做法,不仅受到西学东渐欧洲天文学、地理学等传入的影响,也受到明代中后期以来传统军国星占固有发展的作用。

对于中法选择——历注,薛凤祚并未受当时传教士对历注批评的影响而进行改造,而是认为中法选择以干支为主,方法自有深意,不需在占法上改变。但他认为当时流传的历注过于庞杂、泛滥无稽。所以他收录了据称是洪武年间所定的历书(为《大统历》历注某个版本),以简化日趋繁复的情况。同样,星命术在当时也受到传教士引起的四余存废、觜参先后之争的冲击。但薛凤祚强调了传统顺序与紫气等在星命术占法中的特殊意义,所以他保留了星命术的传统形态。除在《中法命理部》收录介绍星命术基本概念的文本之外,他后来还将《气化迁流·十干化曜》附录在《中法命理部》之后以作为补充。此外,薛凤祚以星命术为中法的做法也改变了此前周述学、万民英等认为星命术来自"天竺""西天"的认识。

概观之,在《历学会通》中,薛凤祚出于对中西星占占法上巨大差异的认

第5章　融汇中西　入我型模——薛凤祚对中西星占的会通　　283

识,并未类似历法一样进行形式上的会通归一,而是补充西法星占、调整并保持中法星占的传统形态,以两存方式将二者并置《历学会通》中。但这并不意味着《历学会通》中西星占是个大杂烩,毫无系统可言。实际上,薛凤祚至少从四个方面出发构建了一个特殊的星占系统。

首先是占法上虽然中西并存,却是以中法为辅,西法为主。这样既最大限度地保留了占法的完整性,又有主有次,多而不乱。其次是整个中西星占构成了一套真术体系。对真术的获得一直是薛凤祚的追求目标。在《历学会通》中,他收录的欧洲星占、伊斯兰星占、星命术、中法选择、传统军国星占均是本于实际天象或者"本于天"的占验之术。它们共同构成了一套"本于天"的真术系统。这是薛凤祚所追求的系统。再次,与《天步真原》阶段一样,薛凤祚在《历学会通》中将中西星占依托于共同的本体论、宇宙论、工夫论、境界论维度。宇宙论与境界论基本上继承《天步真原》中三才式宇宙结构与圣人追求的认识。本体论与工夫论则有新的发展。本体论维度由理、气、道、数、天组成。薛凤祚开始将理理解为一种度数与物结合所产生的不得不然与当然状态。他也明确了《历学会通》中数的本体地位,突出了"无一事不本于数"的本体规定之数。此本体规定之数虽然直观来看是规定事物发展的本体依据,但结合薛凤祚的星占工作、对理的定义与宇宙论背景,此本体规定之数可以落实到在天阴阳五行精气状态的本体规定之数。或者进一步说,它是规定在天日月五星等天体元素分布的数,是规定阴阳五行精气(日月五星等天体即是阴阳五行之精的代表)分布的数。它是具有数学特征的本体规定之数。而将本体规定之数去神秘化、数理计算化,是薛凤祚所追求的重要目标,是他对早期周易与术数研究中所学习的神秘性本体之数的修正与发展,是其学术体系思想极为重要与特殊的面向。对于天,薛凤祚在自然之天与命运之天基础上,突出了义理之天的特征。他认为天是宇宙万事的根本,是数和理的来源。他也将道的认识进一步丰富。他从事物应然性角度,而不是从宇宙生成或最高本体角度出发,指称学问或事物所应该遵循的状态、脉络等即是道。至于工夫论,薛凤祚在《历学会通》阶段突出了在大规模灾异、军国大事占验面前当事者的修救工夫,批评了修禳,并强调了君相的修德与修政。结合《天步真原》中个人面对命运时的修身工夫、普通个人面对大规模灾异时的戒慎迎避工夫,《历学会通》中西星占拥有了更为完整的工夫论系统。最后,在《历学会通》的整体性层面此一星占系统与历法、实用学问在五个维度(本体论、宇宙论、工夫论、境界论、功能)上联系,组成统一整体。通过这种方式,薛凤祚完成了他对中西星占的特殊会通。

最后值得述及的是，本章还论述了薛凤祚在《山东通志》中的两种短篇文献"星野"与"灾祥"。此两篇文字具有官方背景。在其中薛凤祚结合明嘉靖年间《山东通志》材料以及《崇祯历书》《历学会通》中的内容，在分野与凌犯占两方面巧妙应用了会通阶段对星占的认识。它们为我们了解薛凤祚的星占会通认识提供了有趣案例。

第6章 以术合天 由数达理

——天人体系与薛凤祚星占研究的终结

康熙甲寅（1674年），刘体仁与薛凤祚相见于东郡。临别，刘体仁赠叙称："青州薛仪甫先生……中岁遍得穆先生之法。敝衣粝食，默坐一室，兀兀穷年事此也。"（刘体仁，2008）[143]此时离《历学会通》主体部分完成已多年，薛凤祚"兀兀穷年"而事者是他的另一巨著《气化迁流》。

对于《气化迁流》前人较少措意。实际上，该书是继《历学会通》之后薛凤祚编著的另外一部巨著。①据称该书有八十卷之多（毛永伯、李图、刘耀椿，2004）[236]，但目前仅可见五种八卷，包括《五运六气》《十干化曜》各一卷，《太阳及五星高行交行过节》《土木相会》《宇宙大运》各两卷。（褚龙飞，2014）[20]八卷中有三篇序言均署期康熙十四年（1675年）。《气化迁流》应该就是在这一年完成的。这也表明有八十卷之多的《气化迁流》是薛凤祚晚年关于天文学的最后巨著。

从学术体系来看，《气化迁流》的杀青可以说标志着薛凤祚一生所追求的学术理想的完成。因而，该书对于理解薛凤祚的重要性不言而喻。由于《五运六气》《十干化曜》在第5章已有所论及，下面就重点介绍《土木相会》《宇宙大运》《太阳及五星高行交行过节》三种西法星占著作。进而，在总结薛凤祚最终

---

① 《气化迁流》编著起始时间不定，可能是在大致完成《历学会通》之后。（褚龙飞，2014）[20]

天文学体系的基础上反观《气化迁流》阶段星占的作用、定位与特征。此种作用、定位与特征代表了他对于星占的最终理解。最后，与第5章类似，笔者将介绍一份薛凤祚水利著作《两河清汇易览》中的文献。该文献中薛凤祚实践了《气化迁流》中的星占占法。

6.1 《气化迁流》中现存的西法星占著作

6.1.1 《土木相会》与世之小运

《土木相会》包括"《气化迁流》卷之□"[①]与"《气化迁流》卷之二十一"两部分（图6.1），主要讨论土星、木星相会之年春分时刻立天宫图的方法以及据此算出的一批天宫图。

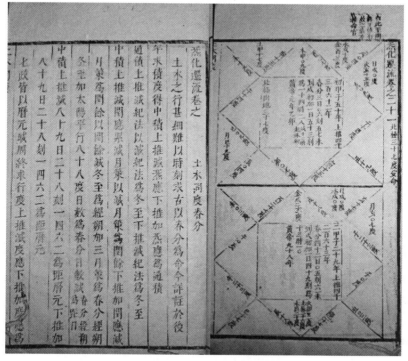

图6.1 《土木相会》书影

---

① 从顺序来看，或即卷之二十。

"《气化迁流》卷之□"较短,前有序言,署期为康熙十四年(1675年),当是《土木相会》完成的时间。该卷首先介绍了计算七政行度的一般规则,罗列了气应及七政高行、交行等二十年或十九年的运行数据。土星木星会合周期大致是二十年,这些数据是薛凤祚用以推算会合之时七政行度的基本参数。紧接着薛凤祚给出了六个计算七政行度的实例,分别是嘉靖四十二年(1563年)、万历十一年(1583年)、万历三十一年(1603年)、天启三年(1623年)、崇祯十六年(1643年)、康熙二年(1663年)(图6.2)。它们均为土木相会之年春分时七政行度实例。这些时间也可以在卷二十一的天宫图中找到。

图6.2 《土木相会》中算例

从该卷数据与计算实例可以看出,薛凤祚计算七政行度的方法正是《历学会通·正集部》的"新中法"。这是他会通古今中西之后所构建的历法系统,在他心目中是精度上超越了当时所有中西历法的最好系统。(Shi Yunli,2007)薛凤祚无疑想通过"新中法"获得精确的七政行度,以得到准确的占验结果。正如《人命部》所说:"命之时与星有不真,则吉凶大异。故安星不泛用台历,取时不泛用刻漏,必晰入细微,方能有准。"(薛凤祚,2008)[601]

"《气化迁流》卷之二十一"是薛凤祚计算得到的天宫图(图6.1)。他共罗列了145幅。从黄帝元年(据薛凤祚的数据推算即公元前2707年)开始,至康熙二年(1663年)后376年,总计4746年。这些天宫图样式与《人命部》下卷收录者基本相同(图6.3,《土木相会》书影中是上下两幅天宫图),只不过薛凤祚将其中的元素中国化。如小方框中的公元纪年被改为中国的甲子与王朝年号纪年。黄道十二宫由双鱼、白羊等名称变为亥戌。此外,他还将"一宫""二宫"等标志去掉,直接标以黄道度数。这当是因为各宫位置一定,约定成俗,因此不用标出的缘故。另外,薛凤祚还在天宫图中去掉了天首、天尾。

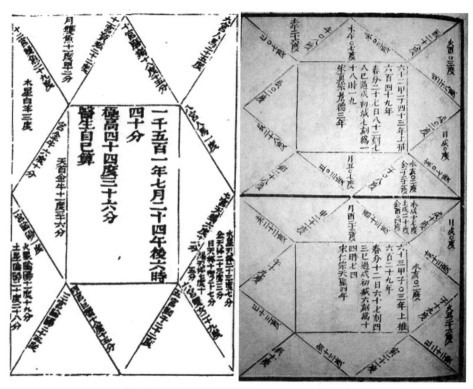

图6.3 《天步真原》天宫图(左)与《土木相会》天宫图(右)

薛凤祚在《土木相会》中所给天宫图实际上就是按照《人命部》中卷他与穆尼阁编写的雷格蒙塔努斯宫位制算法计算而得。笔者曾编写相关程序进行验算(见附录7)。除个别例外,这些天宫图均与程序计算结果有较好的符合。可见,薛凤祚在引进这种欧洲宫位制后,最终还将其付诸实践。

薛凤祚在计算《土木相会》的天宫图时作了必要简化。从严格意义上讲,"土木相会"占法应该在土星与木星相会时刻安命宫。但由于准确计算土星、木星度数完全重合时刻的难度太大,所以薛凤祚取其近者,用相会之年的春分时刻安命宫。这一点薛凤祚自己在《土木相会叙》里有交代:"而土木之行甚细,原不可以时刻求,即以本年之春分为命,则古法也。"①(薛凤祚,[1675])^{卷之□:序1}即因为土星木星运行度数细微,取真正相会时刻比较困难,所以用真春分时刻代替。这也是我们看到天宫图中土星与木星不相合的原因所在(图6.3)。此外,按照《人命部》中卷算法,安命宫时月五星的黄纬也要考虑。但这会大大增加计算量,所以薛凤祚在《土木相会》中并未考虑黄纬,而只考虑了经度:"今上下数千年细著经度,悉订无讹,每年皆注一命图。"(薛凤祚,[1675])^{卷之□:序2a}

《土木相会》中的占法并非薛凤祚自创。其来源主要是《天文书》第二类第十一门《说土木二星同度相缠》。薛凤祚在"土木相会叙"中曾指出:"而西来诸历,如西洋、回回及《天步真原》三者,皆以土木相会为小运。"(薛凤祚,[1675])^{卷之□:1}其中所说"西洋"应即指《崇祯历书》,"回回"指《天文书》。《天步真原·世界部·在天大小会》一节列举有二十五种天体会合方式,其中第五种"木星土星相会,不拘何宫,二十年一次"(薛凤祚,2008)⁵⁷⁹⁻⁵⁸⁰与《土木相会》中介绍的会合方式相符。但书中仅列出这一条目,没有占法等其他必备信息。此条目不具有实际占验功能。《崇祯历书》在有关凌犯的部分讲到土木相会问题,但未提及与星占的关系。②(徐光启等,2009)⁴⁵¹⁻⁴⁹⁰但是,在《天文书·说土木二星同度相缠》中,有对此一占法会合宫度周期、安命宫法以及占辞的详细说明。该部分将近一千八百多字,是《天文书》中的重要章节,也是可以直接加以使用的占法。(李翀、马哈麻等,1993)¹¹⁴⁻¹¹⁷因此,《土木相会》的占法主要是参照《天文书·说土木二星同度相缠》发展而来。③

从序言可知,薛凤祚著述《土木相会》的直接目的是占验世运:

> 五星聚会,世运升降之大机也。从来史册缺略不传者多矣!见于记载者,周兴五星聚房,汉兴五星聚井,唐乱五星聚箕,宋兴五星聚奎,明之盛也五星聚轸中,历之可考者止此。而西来诸历,如西洋、回回及《天步真原》三者,皆以土木相会为小运。盖以五星皆到为难,而土木二者行天甚迟。土三十年一周天,木十二年一周天,故土行一周木行一周又半而及

---

① "古法"应指《天文书》中的方法。《天文书·说土木二星同度相缠》中说:"凡断祸福必取一命宫。若将土木二星同宫同度时,取一命宫。缘二星行迟,恐不得准。只将二星同宫同度之年,安年命宫为主。"此说法与薛凤祚在《土木相会叙》中所言相似。在《天文书》第二类第一门"总论题目"中有:"凡交新年,必有安年命之理。太阳交白羊宫初秒,看此时东方,是何宫度出地平上,将此宫度,便作安年命度数。""太阳交白羊宫初秒"就是指春分时,这里即说安年命宫用春分时刻。

② 此处"西洋"还有一种可能是指汤若望译编的《天文实用》。不过,目前我们尚未有证据表明薛凤祚接触过《天文实用》。笔者倾向于认为没有接触。而且汤若望翻译的欧洲星占著作《天文实用》现存仅一卷,主要是七政性情等基本理论的介绍,相当于《天文书》第一类。其中也未介绍土木相会占法。

③ 《土木相会》占法在托勒密星占《四门经》中找不到相应章节,而是后来波斯萨珊王朝时期(Sasanid Dynasty,224—651)星占学家发展起来的。(Michio Yano, 1997)^{Ⅶ-Ⅷ}

之。其日月火金水皆岁一周天,土木在一宫皆留一岁。其日月火金水自无不到者矣。即未必皆至,而其精华流注,亦能成祥,其相会与冲不可忽也。(薛凤祚,[1675])卷之口:序1a-2a

可知,薛凤祚由于关注世运变化而留心于五星聚会①。但五星聚会的情况极为少见,见于记载者仅五处,所以以此探讨世运未免过于粗疏。而《土木相会》正好提供了一种与五星聚会相通的占法。尽管被看成"小运",相较于五星聚会所主"世运升降之大机"要细小些;但由于土木行度较迟,日月火金水运行较快,在土木相会之年,七政还是可以被看作相会。此外就算未能相会,日月等天体的精华之气也可流注,产生效果。因此,土木的相会在薛凤祚看来实为世运升降之机。他著述《土木相会》具有占验世运的目的也就可想而知了。

事实上,在《天文书·说土木二星同度相缠》中就有对世运占验的内容。如"说土木二星同度相缠"开首即言:"上古阴阳人。取用一法。断天下吉凶之事。"(李翀、马哈麻等,1993)114 又其中占辞说:"如太阳与木星皆有力,主国有善政,四海安宁。若太阳与火星皆有力,则国家失政,民多受害。若太阳与土星皆有力,则与火星有力同断。若太阳与金星皆有力,则国家荒淫酒色音乐,极乐之事,又阴人所事吉。若太阳与水星皆有力,则君王明圣,识见远大,语言文学皆进益。若太阳与太阴皆有力,则各国来朝,万民感戴。"(李翀、马哈麻等,1993)115 而由于《天文书》《天步真原》中给出了以天宫图为基础的各种占法,当薛凤祚完成《土木相会》后,按照他推出的那些天宫图,他就可以根据这些占法进行占验。从《土木相会叙》中"即未必皆至,而精华流注,亦能成祥,其相会与冲不可忽也。星之宫界位分有善恶,二星自有胜负"(薛凤祚,[1675])卷之口:序2a的说法来看,薛凤祚也的确尝试过对天宫图的解读。但从目前的版本来看,在《土木相会》中薛凤祚并未给出任何一个天宫图的解释,他是否真的从中窥得世运之机很难知道。

6.1.2 《宇宙大运》与世之大运

《宇宙大运》与《土木相会》一样,当完成于康熙十四年(1675年)。② 根据署

---

① 五星聚会在传统军国星占中被看作极为重要的天象,经常与历史大事件联系在一起。这一天象在明末清初被很多学者关注。如黄道周在《三易洞玑》卷三中就说:"其后二十余载,日月五星会于降娄,文明之治也。"(黄道周,1983)475 王锡阐在给薛凤祚的信里也提到了对"汉高祖元年五星聚东井"的怀疑,并以此请教于薛凤祚。(王锡阐,2010)713 游艺在《天经或问前集·经星名位》中三次提到五星相聚:"天宝之间,五星聚箕尾","嘉靖甲申,五星聚营室","天启甲子,五星聚张"。(游艺,1993)192 当然,上述诸人关注五星聚会的目的可能不同,但对于薛凤祚来说,他关注五星聚会无疑与占验世运有关。

② 《宇宙大运》前有序署期为康熙十四年。

名可知,《宇宙大运》(图6.4)由"北海薛凤祚仪甫著""颍川刘淑因子端辑""千乘徐峒崆山推""薛嗣桂金粟校"。其中刘淑因是薛凤祚友人之侄,徐峒为薛凤祚弟子,薛嗣桂乃其子嗣。(褚龙飞,2014)[21-22]从薛凤祚所引大段占辞与占法特征不难看出,《宇宙大运》所用实际上即《天文书》第二类第十二门《说世运》中占法。与《土木相会》一样,这种占法并不见于托勒密星占《四门经》,而是由波斯萨珊王朝星占家发展、伊斯兰世界继承的占法。(Michio Yano,1997)[vi-vii]该占法以"世运"为中心概念。据《天文书》称,其算法乃"上古智人"所创,"曾推究一切天下大事,断决精详"。(李翀、马哈麻等,1993)[117]世运开始于"洪水滔天时二百七十六年前""土木二星同宫同度之年"(李翀、马哈麻等,1993)[118],据薛凤祚的推算即公元前4040年。一世运总共4320年,分为12运。一运360年,又分为四季运。四季运依仿四季而立,分别是第一季(春,87年270天),第二季(夏,87年270天),第三季(秋,92年90天),第四季(92年90天)。这种占法即主要依据各运及其季运的天宫图来占验。

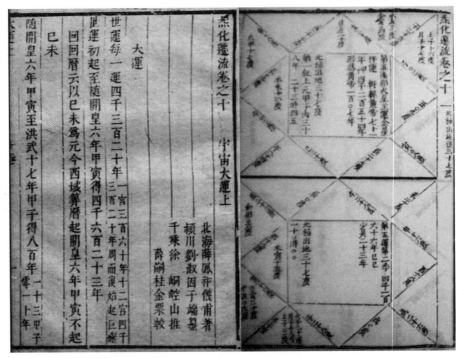

图6.4 《宇宙大运》书影

《宇宙大运》包括"《气化迁流》卷之十《宇宙大运·上》"与"《气化迁流》卷之十一《宇宙大运·下》"两部分。《宇宙大运·上》分为计算与占验说明、数据列表两部分。薛凤祚首先确定了世运初起的时间①,接着列出了日月五星平行、高行等行度一年到十年、百年、八十七年二百七十日、九十二年九十日的运行数据与相应的度应②数值。与《土木相会》一样,这些数据是在推算七政行度时所用。另外,薛凤祚还给出了以顺治乙未为历元所推的"上下两运图"。从《天步真原·世界部》转录的"七政宫升三角界表"(图6.5)③,来自《天文书》的"分照天轮以次排"④,大运占验的一些基本规则、概念、占辞与七政行度表格。这些内容基本上来自《历学会通》《天文书》与薛凤祚自己的计算,是进行大运占验所必备的知识。仔细对比就会发现,薛凤祚对其中一些知识还作了调整。如在《天文书》中第三季运主星是水星,但薛凤祚改为木星。

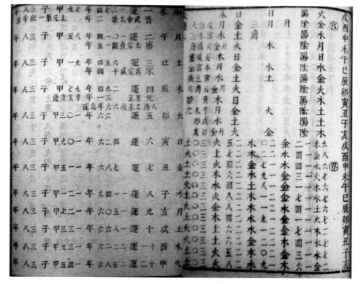

图6.5 "上下两运图"(左)与"七政宫升三角界表"(右)

① 薛凤祚说:"《大运》言世运初起至隋开皇六年甲寅得四千六百二十三年。"(薛凤祚,[1675])卷之十:1a 此处以隋开皇六年为甲寅有误,应为丙午。此外,按照后文"隋开皇六年甲寅至洪武十七年甲子得八百年"推算(薛凤祚,[1675])卷之十:1a,此处的开皇六年应为开皇四年甲辰(584年)。据这段记载可以推知,薛凤祚所推世运初起年为顺治十二年乙未(1655年,《历学会通》"新中法"历元)之前5694年,即公元前4040年。这也与按照《大运》天宫图推算的时间一致。《宇宙大运·下》天宫图中元顺帝至正二十一年(1361年)为第二大运第四运初季,上推第一大运第五运(薛凤祚的天宫图开始于第五运)为11乘以360(3960)。所以第五运初始为3960−1361+1即公元前2600年。因而大运初起为2600+360×4即公元前4040年。
② 度应即七政行度的历元初始值。
③ 《气化迁流》原文未标名称,但这部分内容来自《天步真原·世界部》"七政宫升三角界表",故以名之。(薛凤祚,2008)586
④ "分照天轮以次排"来自《天文书》第一类第十七门"说每宫分为三分"。

上述内容中最重要的部分当属于"安命法"。(薛凤祚，[1675])^{卷之十：14b-17b}"安命法"以第五运（始于黄帝107年）中四季运为例，介绍了为各运季运安命宫的过程。这是西法星占最为基础的步骤。从计算特征来看，"安命法"安命的方式来自《天文书·说世运》：

> 凡世运并世运四季并当年，各有安命宫。若取世运命宫，待太阳到双鱼宫二十度一十四分，看东方是何宫度出地平环上，就将此宫度为世运命宫。其世运四季命宫，第一季并第二季，每季该八十七年零二百七十日，第三季并第四季每季该九十二年零九十日，取命宫之法与上同。若依着上古取世运安命宫，并四季并当年安命宫之法，并看太阳到双鱼宫二十度一十四分，此时东方是何宫度出地平环上，即此是安命宫度数。（李翀、马哈麻等，1993）[119]

这里有两种安命宫方法。第一种需要考虑每季运太阳行度，是较为复杂的方法。第二种较为简单，每季运不用计算太阳行度变化，直接用双鱼宫二十度一十四分。薛凤祚并未使用简单方法，而是采用了第一种，即根据各季所含时间，得到每季太阳行度，进而安命宫。此外，在计算实例中出现"查得十宫在亥二十一度"一类字眼。可见在命宫计算过程中，薛凤祚并不是一一重复计算，有些步骤他是通过查表完成的。

《宇宙大运·下》主要罗列了80幅天宫图。这些天宫图前后历时7200年，开始于黄帝107年（据薛凤祚所列数据推算即公元前2600年），结束于崇祯二年（1629年）之后2971年。天宫图的样式与《土木相会》一样（图6.6），也具有中国化的特征。

与《土木相会》一样，从计算过程与基本数据可以看出，《宇宙大运》中计算日月五星位置的历法即《历学会通·正集》中的"新中法"。"新中法"也在《宇宙大运》中被提及："新中法中积上推减、下推加气应四十日八十一刻六七六九。"（薛凤祚，[1675]）^{卷之十：14b}而其计算命宫的宫位制也应该是《人命部》中卷介绍的雷格蒙塔努斯宫位制。需要指出的是，从所编程序验算结果来看，《宇宙大运》天宫图十二宫分度数据并没有《土木相会》符合得好。但从《土木相会》与《宇宙大运》天宫图形式与特征来看，两者并无不同。而且薛凤祚也没有使用另外一种天宫图计算方法的迹象。此外，薛凤祚本人在《宇宙大运》的序言中就特别提到："至运季命盘，皆依原法详注。"（薛凤祚，[1675]）^{卷之十：序2b}因此，笔者怀疑可能是计算错误导致了数据偏差。

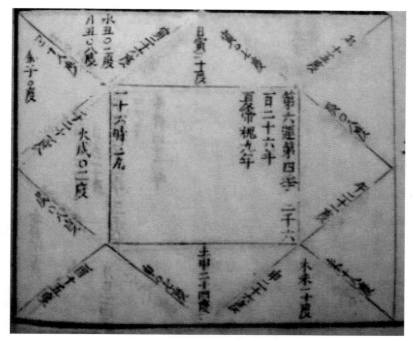

图6.6 《宇宙大运》中天宫图

事实上,上述天宫图计算的失误或许与《宇宙大运》数据推算出自徐峒之手有关。《宇宙大运·上》的署名是"北海薛凤祚仪甫著""颍川刘淑因子端辑""千乘徐峒崆山推"。可见《宇宙大运》并非是薛凤祚一人完成,其中推算很有可能是出自徐峒之手。比较之下,《土木相会》并没有这样的署名,而其数据则符合得较好,可能是出自薛凤祚之手。

《宇宙大运》中的混乱不止于此。通过对比不难发现,《宇宙大运·下》天宫图各运伴星并没有按《宇宙大运·上》所提四季伴星的说法罗列。主运星与对应宫也没按照《上下二运图》设置。①而且,天宫图中甲子系统与《土木相会》也不相同。

薛凤祚对《宇宙大运》推崇备至,"大运叙"说:"历之大运,昉于色目国人②,称其往哲,推自前古,决断精详,罔不孚合。其运起于上世者,世远无稽,至黄帝即位之一百零七年,为二甲子内三十八年辛丑,入第五运。迨十二运毕,至晋武帝太康二年四十九甲子内三十八年辛丑,又入第一运,世运复从初起。其

---

① 笔者曾用薛凤祚所给法则参照《天文书》将黄帝107年前后各四十多运的主星与对应宫罗列出来,与《宇宙大运》天宫图进行对比,未发现有何种改变的规律。

② 昉,起始。色目国人,指西域诸国人。《宇宙大运》是薛凤祚根据伊斯兰星占学著作《天文书》发展而来,所以说"昉于色目国人"。

思致微妙,布算精密,始其事者,非圣哲不能及此。此相传以来,立言不过数语,宇宙上下,悉已包举,可谓奇矣。"(薛凤祚,[1675])^{卷之十:序1}而薛凤祚著述《宇宙大运》的主要目的与《土木相会》一样,是对世运的占验。

薛凤祚以历代帝王年号为纪年方式,罗列了从上古传说的黄帝时期到康熙后几千年的天宫图。这恰似一副覆盖古今未来的王朝年表。为了与各个王朝的命运相对应,薛凤祚本来打算依据历朝建国都邑的纬度构造天宫图。但考虑到历朝建都不同,纬度各异,所以他就决定取用"折中"之数:"至运季命盘,皆依原法详注。其北极因古今建国都邑不同,僭为折中,以便查阅焉。"(薛凤祚,[1675])^{卷之十:序2b}薛凤祚所"折中"的纬度数值是37°N,与其山东故乡的纬度接近。《宇宙大运》与《土木相会》中所有天宫图均以此纬度安命。此外,《宇宙大运·上》所节选的《天文书·说世运》占辞,也主要是对王朝命运、国家大事等方面的占验:

> 若一运内四季交遍,又交一运。其运主星强旺有力,无凶星照,主国祚绵远无更改。若世运主星凶弱,又有凶星相照,则国家力小事紊,外境相侵,扰攘不宁。若遇交季运主星凶弱,又有凶星相照,则有革命之事。若运主有力之星是土木火三星内一星,主外姓兴起,事业制度一切与前代不同。若主星是金木太阴三星内一星,则更改只在本枝内,不属外姓,却有刀兵征战。(薛凤祚,[1675])^{卷之十:18b-19a}

值得指出的是,《土木相会》与《宇宙大运》还具有一定的关系。《天文书·说世运》中载:"上古智人先于洪水滔天时二百七十六年前,将土木二星同宫同度之年,作世运初起之首。"(李翀、马哈麻等,1993)¹¹⁸"凡一应大事更变,但看土木二星同宫同度时为主。若交运之际,遇土木二星同宫度者最重,故凡事以此为主。"(李翀、马哈麻等,1993)¹²¹而薛凤祚以《土木相会》为小运,《宇宙大运》为大运。两者同是对世运的占验。薛凤祚或许有相互参合占验之意。

《宇宙大运·下》末尾还有两个非常特殊的文本——《杂星吉凶》与《回回历杂星行年》。此两节虽然与《宇宙大运》有关,却相对独立,乃是薛凤祚对《天文书》第一类第八门《说杂星性情》的发展。

《杂星吉凶》篇幅较小。此部分主要是对《说杂星性情》中三十颗恒星吉凶性情的罗列与恒星名称的考证。《说杂星性情》是《天文书》中介绍黄道附近三十颗恒星的章节。由于明初翻译时未用中国传统星名,所以要确知这三十颗恒星,便需要考证。薛凤祚一一列出了三十颗恒星的基本信息①,其考证出名称者则以小字形式将相应的中国传统名称标于末尾。三十颗恒星中共考证出十二颗。如"金牛二十度四十分黄道南一等星"考证结果为"毕宿大星","阴阳二度三分黄道南一等星"为"参宿七星",等等。(薛凤祚,[1675])^{卷之十一:21}

事实上,这项工作并非薛凤祚所独有,梅文鼎与袁士龙并曾有斯考。梅文鼎的考证作品即《三十杂星考》。梅书中除自身考证外,还介绍、收录了薛凤祚与袁士龙的考证结果。梅文鼎介绍薛凤祚的工作时说:"回回历书有三十杂星……薛仪甫《历学会通》亦有三十杂星之考,亦有缺星名者。"(梅文鼎,1983)^{第794册:521}翻阅《历学会通》,并无此类考证之作。此处当是笔误。梅文鼎在别处也改正了这一说法。《勿庵历算书记》中关于《三十杂星考》的介绍文字称:"西域天文中有杂星三十之占,然未译中土星名。余尝以岁差度考之,得其二十余。后见钱塘友人袁惠子(士龙)及青州薛仪甫(凤祚)《气化迁流》并有斯考,不谋而同者十之七八。余则以巨蟹第一星证之回历刻本,似尤确也。"(梅文鼎,1939)⁹

不过,薛凤祚对《天文书·说杂星性情》的考证,并非纯粹意义上的考据,而是与星占有关。从西法星占占法来讲,黄道附近恒星的性情位置等因素会影响到占验的结果。《天文书·说杂星性情》开头就列举了恒星对占验的影响,其中一项说:

> 凡人作一事,看此时东方,是何宫分出地平环上,呼为命宫。却看命宫,或第十宫有何大显杂星在其上。又遇太阳,太阴,或木星,或福星在上。又看杂星与何星性同,大相助福也。若杂星与凶星性同者,则其事先吉后凶。若杂星与吉星性同者,则始终皆吉。(李翀、马哈麻等,1993)⁷⁹

从《宇宙大运》相关章节来看,薛凤祚也的确将《天文书·说杂星性情》与大运占法结合了起来,尝试将恒星应用到星占中。

这一尝试之作即《回回历杂星行年》。《回回历杂星行年》紧接《杂星吉凶》。在此节中,薛凤祚在开始第一段便指出"杂星"吉凶如何对大运占验结果发生影响:"回回论三十杂星,大运初起宫度以后一年一度,三百六十年行毕其年,遇吉星则吉,凶星则凶。"(薛凤祚,[1675])^{卷之十一:23a}大运分12运,一运是360年,而周天也是360°,所以说大运从初起宫度开始,每年行1°。当这一年大运行在度数上有吉星或凶星时,就会相应地影响到占验结果。

---

① 基本信息中薛凤祚并未使用《天文书》中恒星的中文译名,如"人坐椅子象上第十二星"之类。另外与《中国科学技术典籍通汇·天文卷》所收《天文书》相对照,《杂星吉凶》信息也有少许出入。

从此节题目来看,薛凤祚似乎将恒星的这种影响方式命名为"杂星行年"。但在文中他并未给出"杂星行年"确切的定义。由内容可知,"杂星行年"当是指由于岁差导致的恒星黄道经度变化及其占验意义。但"行年"在此处并不仅仅是简单的恒星度数变化。其变化后的度数须与大运的行度同度,才符合"行年"的要求。薛凤祚在此节即以《天文书·说杂星性情》中数据为基础,通过岁差作了上述要求的计算。

下面姑以一例以概其余。薛凤祚计算其中一颗恒星时说:

> 天蝎二十五度四十分,黄道南一等星,有火星之性,微有木星之性,凶(心大星)。加五度二十分,又加七十九分,得六十一度三十九分,(壬寅)永乐二十年。(薛凤祚,[1675])^{卷之十一:24a}

此处文字过于简单,需要加入一些基本条件。此恒星指《天文书·说杂星性情》中第二十三星"蝎子象上第八星"。不过按《天文书》记载该恒星应该是二等星,而非一等星。薛凤祚在文中已确定《说杂星性情》中恒星数据测于宋真宗咸平四年(1001年)。(薛凤祚,[1675])^{卷之十一:23a}因此,"天蝎二十五度四十分"即是1001年此星行度。他以恒星69.2329年行一度(岁差),所以5°20′为恒星360年的行度。"天蝎二十五度四十分"加5°20′即多360年,为1361年(元顺帝至正二十一年)的恒星行度。元顺帝至正二十一年(1361年)为大运第四运开始时间,大运行度到辰(天秤宫初度)①(薛凤祚,[1675])^{卷之十一:23b}。所以此运中大运初起宫度为天秤宫初度,一年行一度。薛凤祚进而将天秤宫初度设置为起算零点,所以"蝎子象上第八星"天蝎25°40′度数为55°40′。55°40′("蝎子象上第八星"1001年行度)加5°20′(恒星360年行度)与79′(恒星54.69年行度),为61°39′(1415年行度),即人马1°39′。元顺帝至正二十一年(1361年)过61年即为永乐二十年(1422年)。此年大运行度到了天秤宫初度后61°即人马1°。这与恒星人马1°39′同度。如此"蝎子象上第八星"便对这一年的占验有影响。不难发现,61°39′并非1422年恒星行度,而是1415年行度。不过由于恒星69.2329年才行一度,大运则一年行一度。因此在确定时间时,主要考虑大运行度因素,将时间确定在元顺帝至正二十一年(1361年)后61年的永乐二十年(1422年)。计算此年恒星行度为61°49′,还是在61°到62°之间,与大运行度同度,符合占验要求。通过这种方式,薛凤祚便将《天文书·说杂星性情》中的三十颗恒星一一纳入了星占的实际应用之中,发展了《天文书》中内容。

---

① 《宇宙大运·下》有元顺帝至正二十一年的天宫图,上写有"第四运辰",即表示行度从辰开始。(薛凤祚,[1675])^{卷之十一:12a}

不难发现，《回回历杂星行年》与《杂星吉凶》虽各为一节，实际上构成了一个统一整体。《杂星吉凶》为《回回历杂星行年》提供了考证后三十颗恒星信息。《回回历杂星行年》则把《杂星吉凶》考证后的信息与大运占法结合起来，将其应用到星占中。这也是此两部分连在一起的原因。

6.1.3 《太阳及五星高行交行过节》与气候占验

《气化迁流》现存最后一份西法星占文本是《太阳及五星高行交行过节》。该部分是利用太阳之春分行、心行、高行以及五星之高行、交行过二十四节气预测气候变化的气象占著作，包括"《气化迁流》卷之九"与"《气化迁流》卷之十"两部分（图6.7）。①据序言署期，此作也应该是完成于康熙十四年（1675年）。与《土木相会》《宇宙大运》不同的是，这两卷均是计算过程，并没有天宫图。

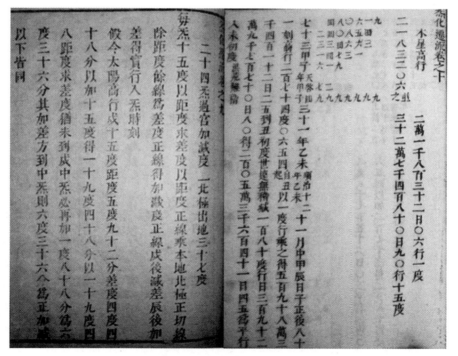

图6.7 《太阳及五星高行交行过节》书影

按照薛凤祚在序言中的介绍，《太阳及五星高行交行过节》分为三部分："兹者先明各气加减规例；次明七政行气加减日时；次明七政到气日时。"（薛凤祚，[1675]）卷之九:序2a 与序言所说一致，在第一节"二十四气过宫加减度"里，薛凤

---

① 《宇宙大运》上卷也是"《气化迁流》卷之十"，不知为何有此重复。

祚首先论述了二十四节气"加减度"。据他的介绍，根据加减度就可以得到月及五星的实行入气时刻。(薛凤祚, [1675])^{卷之九:序1a}第二节"日及五星诸行变日"将第一节得到的加减度与太阳及五星高行、交行速度相除，换算成为日期与年份，即序言所谓"七政行气加减日时"。第三节"太阳及五星诸行入历"——计算了各行度到节气的时刻。另外，从文中计算过程及基本数据可以看出，薛凤祚计算时所使用的历法也是《历学会通·正集》中的"新中法"。

对于为何立此三部分，薛凤祚说：

> 其行不用正升而用斜升。有正升已到，斜升后数百年始到者。或正升未到斜升先数百年已到者。非数无以穷其变。但其数奥赜难明，临期往往辩在几微，失已千里。非平时澄心定气，立有成规取用，能无误哉？(薛凤祚, [1675])^{卷之九:序1b-2a}

显然，薛凤祚以计算过程繁杂易错，所以希望通过这种按部就班方式减少错误，方便计算。其效果则是"条理既已井然，按图索之，无不立见"。(薛凤祚, [1675])^{卷之九:序2a-2b}有意思的是，上述引文中薛凤祚还提到计算《气化迁流》时工夫论问题——"澄心定气"。"澄心定气"即澄清心虑安定气息，是当时学者常用的一种修身工夫。如薛凤祚儒学老师孙奇逢曾论及："某从事于学有年矣，知其不可，不敢强蹈之。知其可不能允蹈之。如澄心定气，亦迫思与真性相见。"(孙奇逢, 1985)[51] 薛凤祚一生熏习儒学，其认识当与儒学背景有关。

关于这一占法的来源，他在序言中有所提及："其法出西洋历及回回历，而新西法《天步真原》更详备焉。"(薛凤祚, [1675])^{卷之九:序2b}根据薛凤祚用语习惯，"西洋历"或指《崇祯历书》①，"回回历"指《天文书》。查此两种著作，《崇祯历书》虽然涉及对气象占的强调，以及在历法层面对高行、交行等的认识，但没有与《太阳及五星高行交行过节》相近的星占占法。《天文书》中的气象占主要集中在第二类第五门"说天时寒热风雨"与第六门"说阴雨湿润"中。其中占法较为详备，亦曾提及以"小轮最高"占验："此二星内，看何星在小轮最高处，或近小轮高处。以其星为旺，为主。若木星为主，则天下安宁，年岁丰稔，有福禄善事。"(李翀、马哈麻等, 1993)[115] 但《天文书》并没有与《太阳及五星高行交行过

---

① 与"西洋历"有关的还有另外一种著作——汤若望《天文实用》。《天文实用》基本是概念介绍，同时涉及为数不多且极为零散的气象占内容。如关于风的占验："木至鹑首为进，星纪为退，以效生北风。"其中亦提及行星运行轨道的"最高""最卑"："乃日与五星，各躔高卑度分，行第三行宫内，值此度分，而又居次轮之最高，其距地甚远，在火土木得光虽弱，而其力快爽。"(汤若望, [1644])^{10,21a}但目前笔者尚没有薛凤祚读过《天文实用》的记录或可靠证据，《天文实用》上述占法也与《太阳及五星高行交行过节》相差较大。

节》类似者。所以此处的"其法出西洋历及回回历"当指：因为两者中也有论及气象占，故《太阳及五星高行交行过节》作为气象占而非具体占法与"西洋历""回回历"有关。进一步，如果我们考察《天步真原》，可以发现气象占主要集中在《世界部》，内容较多。虽然其中并没有直接利用太阳之春分行、心行、高行，以及五星之高行、交行过二十四节气预测气候的占法，但有类似的以节气预测天气的论述："论天气，土星在舍，冬至天寒，夏至天温。"（薛凤祚，2008）[551]《天步真原》还提及用"最高"占天气："五星在最高及最高冲，寒热见上。"（薛凤祚，2008）[585]"最高"即与高行有关。甚至在《太阳太阴部·春秋分差》还提及用春秋分点的运行来占验："春秋分差为甲乙寅卯圈……由甲到乙又回原所，若遇本天与太阳黄道相合，天下有非常之事。"（薛凤祚，2008）[441]可以看出，虽然《太阳及五星高行交行过节》并没有在"西洋历""回回历"与《天步真原》中直接出现，但应当是薛凤祚主要借鉴《天步真原》占法发展而来，"西洋历""回回历"当仅为辅助。这也是他为何提及来源时认为"《天步真原》更详备焉"的原因。

薛凤祚之所以要用高行、交行、心行等来占验气候变化，是为了获得准确的气候预测。他在序言中说：

> 天有二十四气，七政遇之则寒暑顿易，应物屡迁焉，所以定四时而成岁功者也。然日月五星视行过宫不可胜穷，为期速而为应亦微，平时以候寒暑风雨则可耳。至于太阳之春分行、心行、高行，及五星之高行、交行，体势尊崇，迟者皆数十百年，速亦数十年更移出入，宁有无其征者……其上下推步皆据根数为本。其到气之时，一一俱有明效大验，非剽窃口耳者比也。（薛凤祚，[1675]）卷之九：1a-2b

可知，薛凤祚不满足于七政视行经过二十四节气的快速与用这种方式预测天气的不准确，所以想到使用高行等行度，以作出准确的占验。他似乎自己实践并验证过这种占法，所以说"一一俱有明效大验"。至于他是如何验证的，《太阳及五星高行交行过节》并未论及。

6.2 天人体系下《气化迁流》阶段的星占

与《天步真原》《历学会通》阶段不同的是，《气化迁流》星占内容表现出纯粹技术化特征，无法找到类似《历学会通》中对本体论等维度的丰富文字表达。

因此,表面来看我们上述对《气化迁流》星占内容的技术性分析已经达到理解目的。但从学术发展来看,《气化迁流》的告罄标志着薛凤祚四十多年天文学学习与研究的终结,以及最为重要的天文学体系的最终完成。星占作为《气化迁流》极为重要的组成部分,直接参与并形塑了该体系。同时,该体系并非包含《气化迁流》单一著作,《历学会通》也是其中的重要组成,两者缺一不可。该体系并非仅由星占组成,还包括历法、实用技术等学问。星占亦并非类似《天步真原》《历学会通》中一样相对孤立,而是已消融在整全的体系之中。此外,《气化迁流》完成后薛凤祚思想认识已经成熟、定型。他的体系已经圆融。《历学会通》《气化迁流》具有的前后一贯性、承续性与存在于同一学术体系的特征,使得《气化迁流》隐性地具有《历学会通》中本体论等丰富维度,《历学会通》亦显现出一些新特征。在方法论层面,以上种种已经不允许我们如对《天步真原》《历学会通》一般,对《气化迁流》星占文本本身进行直接考察。我们应该参照薛凤祚学术体系所具有的前后一贯性、整体性,结合《气化迁流》以及《历学会通》中诸学问特征,在对薛凤祚整全天人学术体系的考察与推演中明确《气化迁流》星占的丰富维度。同时,在成熟的天人体系中我们可以反观总括《气化迁流》阶段的星占。此种方法论将《气化迁流》阶段星占的认识融入对薛凤祚天人体系的考察中,将两者进行互动辩证处理。这需要对薛凤祚思想、学问发展特征具有敏锐且想象力的把握。它不仅会帮助我们如层层剥笋一般清晰、透彻而全面地认识到《气化迁流》星占复杂而丰富的维度,获得对于薛凤祚天人体系的认识;而且由于最终体系明确了《历学会通》的定位与作用,因而也会为我们重新理解《历学会通》中星占提供新视角。这些新视角所获得的有关《历学会通》的认识或许是在《气化迁流》阶段才显示或发展而得。这正是《气化迁流》阶段星占的关注面向:不仅包括《气化迁流》中的星占内容特征,也包括体系完成后《历学会通》星占显现出的新认识。下面便以薛凤祚完成《气化迁流》后所获得的最终天文学体系为视野,揭示《气化迁流》阶段对星占的复杂认识。

6.2.1　薛凤祚天人体系的考察与《气化迁流》丰富维度的推证

以今天的眼光来看,《历学会通》的完成似乎意味着薛凤祚历学研究的结束。他已经得到会通之后的历法、星占与实用技术,也将自己的著作纳入一定框架之下。但深入追究可知,《历学会通》留有一个重要问题未能解决,即在薛凤祚看来仅仅有《历学会通》是不够的。因为《历学会通》只是形而下者,不是他"合载於穆"的上达著作,而"合载於穆"的上达是圣学所必不可少。这一问题成为我们打开薛凤祚天文学体系的关键。让我们通过它来逐步揭示出薛凤祚的特殊体系。

前已述及,薛凤祚在《水法叙》中曾说:

> 圣人之道,根据性原,合载於穆,此形而上者也。其形下者则有象数之学。象数之学,大者为历法为律吕。至其他有形有质之物,有度有数之事,无不赖以为用,用之无不尽巧极工者。(薛凤祚,2008)[866]

"性原"与"於穆"均指天。薛凤祚认为学问有形而上与形而下之分。形而上者根据于天,合德于天。此乃圣人之道,是圣人之学、成圣之学所必需的状态、条件、要求。形而下者则是象数之学。其中大者为历法、律吕。至于其他诸种涉及世间形质之物、度数之事的实用技术,也均属于象数之学。实用技术赖历法(律吕)[①]之度与数旁通以为用,而通过度数可以用之尽巧极工。可见,薛凤祚认为圣人之学需要以"性原"为根据,"合载於穆"。这才是形而上之学。而历法关注的是天体运行的位置计算,律吕研究的是音律之数,实用技术是对生活中具体应用技术的探究。此三者虽然重要,但均非能够完成合德于天的学问,属于形而下者。它们不足以代表圣人之学的全部。

从此认识出发我们可以发现,《历学会通》正是形而下之作。《历学会通》中历法集中在《正集部》与《考验部》。按上述说法可知《正集部》属于形而下之学。《考验部》中除历法之外还有西法星占,似乎不能一概而论。但《考验部》的主要作用是提供考验之用的历学资料,显然也不是"合载於穆"之作。那么《历学会通》的最后一部分内容《致用部》(其中除律吕、实用学问外,还有三角算法、星占),又是不是"合载於穆"之作呢?薛凤祚在"致用叙"说道:

> 丙子岁,东省李性参藩伯疏题罗列款目,今逐段详核,莫不各有至理……今专选上下今昔畸文,并搜之六合内外密笈,积而成帙,兼就正有道,反复讨论,略窥半斑。恐久而易湮,竭力成集,称难苦矣。但此皆形而下者事也。苟无其德,六代之乐空悬。且彼沃土之民,佚则忘善。世人之患不起于所不足而起于有所恃。圣人所以合德於穆者,别自有在,而吾辈专求之艺术之浅事,抑末耳。(薛凤祚,2008)[720]

可知,薛凤祚以《致用部》诸种学问为"艺术之浅事",是"形而下之事",而圣人合德于天的学问"别自有在"。则《致用部》也不足以成为"合载於穆"的著作。不仅如此,从这段话可以看出,薛凤祚还对学问仅仅停留于形而下层次表现出深深的忧虑。因为如果没有"其德",就是相传的六代圣人之乐也是空有其器。

---

① 主要是历法,这可以从前述《天步真原·人命部·人命》论述看出。

即使"艺术之浅事"可以解决民用问题,若无其德,反增为累,佚而忘善。可见,学问只是处于形而下层次,而不是像圣人一样合德于天,在薛凤祚看来是十分危险的。

薛凤祚的论述两次提及圣人之处——"圣人之学""圣人之道",均指出了圣人之学问或者成圣之学所必须符合的条件——合天。这一论述其实指明了薛凤祚学术的最终境界追求——成为圣人,以及所需要满足的状态——"合载於穆""合德於穆""根据性原"(合天)。这是薛凤祚明确的境界论表达。

可以看出,这一境界论深受传统儒家思想影响。自孔子始,对圣人境界的描述便与合天紧密关联。如《论语·泰伯》中孔子称圣君尧"则天":"大哉尧之为君也!巍巍乎!唯天为大,唯尧则之,荡荡乎,民无能名焉。巍巍乎其有成功也,焕乎其有文章!"后来宋明理学兴起,新儒家均是以圣人为合天之人。如程子以明了内在于自身的性理,进而主敬践履、纯乎此理即是圣人。圣人则是天人无别:"学者不必远求,近取诸身,只明人理,敬而已矣,便是约处。《易》之乾卦言圣人之学,坤卦言贤人之学,唯言'敬以直内,义以方外,敬义立而德不孤'。至于圣人亦止如是,更无别途。穿凿系累,自非道理。故有道有理,天人一也,更不分别。"(程颢、程颐,1981)[20] 王阳明以心即天,圣人乃是拥有以天下万物为一体之心者:"人者,天地万物之心也。心者,天地万物之主也。心即天,言心则天地万物皆举之矣,而又亲切简易。""夫圣人之心,以天地万物为一体。"(王守仁,2010)[59,228] 不过,薛凤祚使用圣人合天的语境显然与上述心性之学不同。这也预示着薛凤祚实现此一境界的途径与学问将与宋明心性理学诸儒迥然有别。

实际上,前已提及,在《天步真原》《历学会通》中薛凤祚多次将圣人与星占、历法、实用技术诸学问联系起来。如《历学会通·中法四线引》以圣人立历算之法:"在昔立法圣人神悟超卓,虽各天一隅而理无不同,创法立制皆劈空竖义,有令人积思殚虑不能作一解者,其玄奥慧巧岂容后人复置一喙?后世代有更易,不过即其成法而为之节裁,非能别有创议也。不然算为历原,天下岂有二道哉?是诬圣贤、诬历法也!"(薛凤祚、穆尼阁,2018)[424]《历学会通·致用部·致用叙》认为圣人通过致用之学开物成务以前民用:"圣人体天之撰以前民用,行习于其中者,咸知其当然矣,而不明其所以然。不知深微之理即在日用寻常之中也。"(薛凤祚,2008)[719]《历学会通·纬星性情部·纬星性情叙》将七政的属性划分问题与圣人联系:"圣人治世,于日月五星称为七政,而其经国之道,如礼乐兵刑之属,皆于七者分有所属,若以为天之于人有相关切者。"①(薛凤祚,2008)⁵⁴⁵ 这一现象也意味着薛凤祚成就圣人的学问并非其他,而是《历学会通》中诸学问。另外,薛凤祚上述形而上之学、形而下之学的论述实际上是传统儒者对道与器、下学与上达的认识。为学不是仅仅停留在形而下的器艺层次,还须上达于形而上的天道、天理层次。只关注于器艺,忽略了对深层次天道、天理的把握与体认,则只是无根之学,不足以言圣人之学。因此,对于薛凤祚来说,只有《历学会通》并不足以成为圣学,也不足以完整地构成他的学术体系。

薛凤祚表述的上述不足非常重要。劳思光先生在论述哲学史研究的系统研究法时,曾敏锐地指出哲学家思想中歧出观念对于理解他们工作的重要性:

> 当一个哲学家建立理论时,他虽有一定的理路,但有时仍不免有些歧出的观念。特别当他自己发现自己理论系统中的困难的时候,每每他用些临时的、表面的补救方法。例如加一个观念,加一个论证,或加一个注释之类。这种补救在理论上常常是失败的。但对于哲学史的研究者,它却有很重要的意义。因为,它常常会透露出这里所涉及的哲学问题的真相,常常暗示下步哲学思想的发展。(韦政通,2009)¹⁴⁰⁻¹⁴¹

同理,上述在《历学会通》中颇为歧出的论述所蕴含的信息对于我们理解薛凤祚天文学体系的构建具有重要启发意义。循此问题,结合相关认识,我们便可以理解《气化迁流》正是薛凤祚在《历学会通》这一形而下之作基础上,因下学而上达的合天之作、形而上之作。

那么,为何《气化迁流》是薛凤祚在《历学会通》基础上合德于天的著作呢?首先,从他的学术生涯的脉络与《气化迁流》现存著作的特征不难得出,《气化迁流》是以《历学会通》为基础发展而来。前已论及,在跟随穆尼阁翻译《天步真原》之后,薛凤祚的主要任务便是消化吸收其中内容,并且与古今中西其他历法、星占、实用技术著作会通。如《正弦部》序言说:"往年予与穆先生重订于

---

① 其他如《历学会通·经星部·经星叙》:"又其星各有色,上智之人因其色异,以别其性情之殊,以之验天时、人事,鲜不符合。亦犹上古圣人因草木之味,以定各品主治为医王也。精此道者,首推地谷,其法备于今西法。"《致用部·火法部·叙》:"宇宙中火性称为最烈,明哲之士复聚其类而蕴之以器,郁极而怒,其奋迅酷暴,殆不可以言语名状。古之圣人作五兵以毒天下,岂更有惨于此者乎?"《致用部·重学叙》:"圣人制器以利天下,凡兹百工之技皆有巧寓焉。"此外薛凤祚也在《气化迁流·宇宙大运·大运叙》中论及圣人:"历之大运,昉于色目国人。称其往哲,推自前古,决断精详,罔不孚合。其运起于上世者,世远无稽,至黄帝即位之一百零七年为二甲子内三十八年辛丑,入第五运。迨十二运毕,至晋武帝太康二年四十九甲子内三十八年辛丑,又入第一运。世运复从初起。其思致微妙,布算精密,始其事者非圣哲不能也。"[(薛凤祚、穆尼阁,2018)²⁴⁰,⁹⁰⁴,²⁶⁸,⁹¹³(薛凤祚,[1675])卷之十:序1a-b]

白下,且以对数代八线,觉省易倍之,已授梓矣。属有会通之役,更用新例改为中法。"(薛凤祚,2008)⁵⁵⁴ 尽管《历学会通》的最终完成时间较难确定,但其各分卷序言时间最晚者为康熙三年(1664年)(褚龙飞,2014)¹⁸,而且作为会通历学最为重要工作的《正集》,其序言"正集叙"署期是"康熙改元壬寅",即康熙元年(1662年)。(薛凤祚,2008)² 因此,会通工作的主体当在康熙三年已经大致完成。从1553年完成《天步真原》到1664年期间,薛凤祚的主要精力应该是在"会通之役",兼顾《气化迁流》的可能性极小。因此,《气化迁流》主体的完成应该是在《历学会通》完成之后。这一点,也可以为《宇宙大运》《土木相会》《太阳五星高行交行过节》的序言署期所证明。

《气化迁流》主体既然是在《历学会通》之后完成,一个合理的推论便是《气化迁流》是以《历学会通》为基础。《气化迁流》目前现存五种著作无不支持这一推论。《宇宙大运》《土木相会》《太阳五星高行交行过节》均是以《历学会通》中历法、宫位制或占法为基础发展而来。《五运六气》与《十干化曜》则被归入《历学会通》以补其中章节的不足。可见,以《气化迁流》为薛凤祚在《历学会通》基础上的进一步发展应该是可以成立的。

其次,在《历学会通》基础上完成的《气化迁流》,其功能上可以实现"合德於穆"。让我们考察一下《气化迁流》是怎样的一部著作。由前可知,《气化迁流》有八十卷之多,但目前仅存五种八卷,包括《五运六气》一卷,《十干化曜》一卷,《土木相会》《宇宙大运》《太阳五星高行交行过节》各二卷。《土木相会》《宇宙大运》是西法普遍星占术著作,主要是以天体(尤其是日月五星)的运行理解或推验人间社会的重大事件(世运),如改朝换代、战争灾荒等。《太阳五星高行交行过节》也是以天体(主要是太阳、五星)解释或预测气候的变化。《五运六气》则是突出天地在医学中的重要性。其目的在于强调医病之时不仅需要考虑人之气血等内因,还需考虑外在的天地气化。《十干化曜》介绍了星命术中使用的诸种神煞来源、用法等。由于星命术本身是与天象有关的生辰占,所以《十干化曜》也可视为一种讨论天影响人的著作。①

不难发现,现存的这五种著作有一个共同特征,那就是将天地间万事万物(包括人、社会与其他事物)的变化发展与天相连,探索天对世间万物的影响。《土木相会》与《宇宙大运》主要探讨天对人间社会的影响。《太阳五星高行交行过节》研究天与气候变化的关系。《十干化曜》则与天对个人命运的影响有关。

---

① 神煞是预测个人命运的重要元素。据《神秘的星象》一书介绍,星命术中的神煞多是由十天干或十二地支结合日、五星、四余变化而来。如此,则神煞与月、五星、四余有一定关系。因此,神煞实际上可以看作一种天体影响个人命运的间接方式。(刘韶军,2009)¹⁷⁶⁻¹⁸¹

《五运六气》强调天地这一外在大环境对于疾病的影响。在中国传统观念中，天为阳，为尊，为施予者；地为阴，为卑，为承受者。天变化无穷，而地则静而不动。天地对疾病的影响自然以天为主。① 可见，《五运六气》也可以看作天对疾病的影响。因此，总体来看，这五种著作均是研究天对世间事物影响的作品。

但是，天变化于上，万物在下。天又通过什么来影响万物呢？这就不得不提及薛凤祚的宇宙论。在《天步真原》《历学会通》中我们已经指出，虽然薛凤祚受到西学东渐传入的数理天文学影响，但对宇宙时空物理图景的理解，依然是一气充塞天地之间的传统三才式宇宙。在此宇宙中，气是天地间万物的基本组成元素，也是天之所以能够影响万物的媒介。薛凤祚在《气化迁流》中继承《天步真原》《历学会通》中的宇宙论认识，并在《气化迁流·运气精微叙》将气作用于万物的过程明确称为"天地之气化"：

> 养生者言人有呼与吸，皆出日用食息之气，纳天地清淑之气，推陈致新，形神始能不腐，是人与天地不独言亲且不得为两也。天地之气化不齐，人感之则形病互异，焉可诬也。（薛凤祚，2008）[762]

这也是薛凤祚将此五种著作所在之书总命名为《气化迁流》的原因。可见，尽管《气化迁流》一书亡佚几尽，但从现存五种著作与书名可以推知，此书当是探讨天地如何以气为媒介，影响万事万物的著作。《气化迁流》是对天地气化流变的理解。

那么，薛凤祚如何通过《气化迁流》实现"合德於穆"呢？《气化迁流》既然是探讨天如何以气为媒介影响万事万物的著作，这便意味着在计算完成这些著作后薛凤祚可通过它们了解天对世间万物的影响情况，即天地气化。进一步，以此天地气化为参照，薛凤祚便可以做出顺应此天地气化的行为、工夫。这些行为与工夫即前已讨论的工夫论问题。如当以西法普遍星占术著作《宇宙大运》获得地区性灾害这一天地气化迁流状态后，作为普通个人可以采取时刻警惕以躲避灾害（"乾坤之恶气"）、寻找无灾害地区（"与乾坤之善气迎"）的工夫。作为担当应对此灾害的主事者，则当应用实用技术做好修救工作。而不管占验结果如何，作为君王与丞相，则需要做好修德与修政工夫。又如当以《十干化曜》一类星命术著作得知个人命运此一天地气化状态后，个人应该保持自我的时刻修省，要能在艰苦环境中坚持道德，在亨通情况下保持一颗富贵而不淫的大丈夫之心。通过这些《气化迁流》著作对天地气化的认识以及相应工夫的

---

① 后面讨论气化时笔者一般使用常见的"天地气化"一词。但正如此处所述，气化的主体还是天。

实践①,薛凤祚即可以使自己顺应天地气化,将自己的行为与天地气化联系。如此,他可以与天相合,达到"合载於穆""合德於穆""根据性原"的圣人境界,从而解决《历学会通》形而下的不足。可见,《气化迁流》正是在《历学会通》基础上,因下学而上达的合德于天之作。这一学术步骤,也符合古人由下学而上达,在下学基础之上上达的特征,符合传统儒学思维习惯。②

从上述论述中我们已经可以大概勾勒出薛凤祚天文学体系的一些特征。如该体系是由形而下者《历学会通》与形而上者《气化迁流》两部分组成,两者缺一不可。其最终境界指向传统儒学所推崇的合德于天圣人之境。但与宋明理学复性、致良知不同的是,薛凤祚实现此境界的学问、方式以及工夫是以星占为首的历学以及与此有关的修救等工夫。这些特征实际上已涉及薛凤祚体系的工夫论、境界论、宇宙论以及具体学问技术。它们是其体系所具有维度中的绝大部分。但是,还有一个重要层面上述讨论未能细论。这也是我们在前文反复细致讨论,但经常被研究者忽略之处——本体论维度。

本体论是与宇宙论并列的两种形而上思维形态。本体论主要从事物规律、原则以及这些规律原则的最终根据角度认识世界。宇宙论则从物质组成、宇宙演化与根源的角度探讨世界。这两种思维形态在中国先秦时期即已存在,但当时本体论较为微弱。后来随着玄学发展、佛教传入,以及宋明理学兴起,本体论思维取代宇宙论思维成为人们认识世界的主流方式。这一点也体现在古代科学家工作以及认识中。如明代学者唐顺之云:

> 《易》云:"形而上者谓之道,形而下者谓之器。"圣人虽是为性命真机发此两语,其实百氏技术、理数诸家之学,精微紧要处悉在此矣。(唐顺之,2014)³⁰⁷⁻³⁰⁸

在宋明理学语境中,《周易》形而上、形而下以及道器之分即是在本体论思维下的分疏。唐顺之认为此两语乃孔子为性命之学而发。宋明心性理学传统中也的确广泛遵循或应用此两语阐释各自学问。不过,他着重指出此两语也可以用来描述技艺理数之类的古代科学技术,且是古代科学技术所具有特征的精微紧要之处。

唐顺之的论断不仅为我们点出古代科学所具有的本体论维度,也强调了

---

① 当然,工夫并不限于上述与星占有关者。如《五运六气》的相应工夫应该是根据天地气化情况合理得到疾病的辨证与治疗。
② 如薛凤祚心学老师孙奇逢《日谱》载:"下学是上达的工夫。""形而下是形而上的工夫。"(孙奇逢,2003)⁷⁸⁷

其重要性,可谓颇具慧眼。薛凤祚的天文学体系的确具有丰富的本体论维度。如果忽略此种维度,我们对其体系的理解将极为不完整。那么其最终科学体系的本体论维度具体包括哪些范畴?具体含义为何?涵入本体论维度后薛凤祚体系的最终形态又如何?

在讨论《历学会通》星占内容时已经指出,《历学会通》星占工作与其中的历法、实用技术共同分享了五种本体论范畴——天、气、理、数、道。由于《历学会通》本身主要是由此三种学问组成,所以此五者即是《历学会通》所具有的本体论范畴。《气化迁流》则较为特殊。从目前五种现存文本来看,《气化迁流》中直接论述本体论范畴的文字非常单薄,远较《历学会通》为少。不过我们可以通过《历学会通》与《气化迁流》所具有的整体性特征以及相关论述推理而得。

古人一生治学为教,虽然可能分为不同的阶段、次第,且在不同时期具有不同的特征、作用,但前后往往具有连续性。这种连续性或是后来阶段继承、发展、总结先前阶段的面向、观点,或是解决此前所遗留问题。如王阳明在龙场悟道之后,其所为教有三变之说:"居贵阳时,首与学者为'知行合一'之说;自滁阳后,多教学者静坐;江右以来,始单提'致良知'三字,直指本体,令学者言下有悟。"(钱德洪,2010)[2088] 此三变之教中,"致良知"说并非推翻"知行合一"与"静坐"之教,而是前两说之综合,以及实践的简化。(秦家懿,2017)[47-48] 薛凤祚的学术发展亦表现出此种特征。他在《天步真原》中所秉持的与星占有关的宇宙论、工夫论、本体论思想,均在《历学会通》中被继承并进一步发展成熟。同样,《历学会通》中的历法、星占知识后来成为《气化迁流》西法星占的基础,工夫论系统以及境界论认识也与《气化迁流》紧密联系。

《气化迁流》对《历学会通》多个方面的继承与发展提示我们,尽管薛凤祚未在《气化迁流》中直接表述本体层面的思考,但他应该是继承了《历学会通》中的本体论维度。而且由于《气化迁流》具有补《历学会通》形而下不足的作用,所以薛凤祚很有可能通过《气化迁流》对《历学会通》本体论遗留的问题进行了解决。考察《气化迁流》学问特征及相关论述,可以发现《气化迁流》确实可以被《历学会通》五种本体论范畴天、数、理、气、道所贯穿,并以特殊的方式解决了《历学会通》本体论范畴认识的不足。

前已论证,《气化迁流》是考察天地气化迁流变化情况的著作。如此,其为天、气两种范畴所涵摄可知。由《气化迁流·运气精微叙》可知,气是万物的组成元素以及天地大化的媒介,这与薛凤祚在《天步真原》与《历学会通》中的认识一致。同样,《气化迁流》中天也是多种含义的复合体。《气化迁流》中《宇宙大运》等星占作品属于生辰占、气象占、普遍星占术。它们根据实际天体日月五星的运行来占验事物状态、人与王朝命运等。天明显具有命运之天与自然之天的义含。在《气化迁流》中，薛凤祚尝试以星占等学问了解天地间一切存在的变化。这一变化乃是以天为主导的天地气化结果，万物变化根源于天。故《气化迁流》中天也具有义理之天的特征。如果说在《历学会通》中薛凤祚论述星占时一般将天置于命运之天与自然之天的语境中，与义理之天的结合并不明显。那么，在《气化迁流》中，天的三种含义已经有机地融合在一起，难分彼此。

至于数，在《气化迁流》中也明显被包含。《五运六气》虽然与历法无关，但运气学说与传统术数有千丝万缕的联系，可以说是对传统"气数"的探讨。(呼兴华，2011)[1]《宇宙大运》等三种西法星占著作无不以《历学会通·正集部》"新中法"历法精确计算出的天体运行之数为依据，得出对天地气化的占验结果。如前所述，薛凤祚思想中本体规定之数是在历法计算所得的天体运行之数基础上获得的。所以《宇宙大运》等西法星占作品以天体运行之数为基础占验天地气化，即是通过具有历算之数特征的本体规定之数来探究在天阴阳五行精气的状态，进而了解天地气化情况的过程。此天地气化结果虽然由天所主导，但更直接地由来源于天的本体规定之数①所规定。这也是薛凤祚在《历学会通·致用部》序言所说"天下极大极重之务莫如天，极繁赜奥渺之理莫如数。人事无一事不本于天，则亦无一事不本于数"(薛凤祚，2008)[554]的真实意涵与最终落实。最后，与西法星占一致，《十干化曜》是星命术中的内容。星命术占验的重要基础是天宫图中的七政四余运行之数，占验所得结果是个人吉凶。此个人吉凶也是根植于以历法计算为基础得到的七政四余精气的本体规定之数。可见，这五种著作均可以"数"贯通。数的含义显然与《历学会通》一致，包含精确计算的历算之数与本体规定之数。本体规定之数虽然不能排除传统易学或术数中神秘之数的成分，但是以具有历算之数特征的本体规定之数为主。

薛凤祚曾在《历学会通·致用部·水法部》中为"理"给出过一个唯一明确定义："盖霄壤中不越一理，试取一物而以度数成之，则有其当然与其不得不然者，即理也。"(薛凤祚，2008)[866]这一定义的含义是以"数"与事物结合所产生的当然与必然状态为"理"。深层次考察可以发现，《气化迁流》探讨的天地气化正与这一"理"的定义相合。天地气化是本于天的气化周流，以天为最终根据。但正如前述，在西法星占三种著作与星命术著作《十干化曜》中，天地气化实际上由以天体运行之数为基础的本体规定之数所决定。天地气化的状态也是一

---

① 《历学会通·致用部·致用叙》云："夫天者，理之自出，亦数之所由生也。"(薛凤祚，2008)[739]另见5.3.3小节论述。

种本于天之数（本体规定之数来源于天）的状态。天地气化中阴阳之精气以及具体的事物是物，本体规定之数是数，由此数而作用于物产生的一定发展状态即"当然与其不得不然者"。而《五运六气》是以具有术数特征的干支五行之气数作为依据探讨天地气化。此气数作为本体规定作用于天地之气得到的亦是"当然与其不得不然者"。所以可以推测，在薛凤祚看来这种以天之数加于气之精华与具体事物所得到的天地气化状态正合乎"理"。此天地气化状态即是理，对天地气化状态的探究也就是对"理"的探究。《气化迁流》亦是为理所贯穿。

《气化迁流》以天地气化状态之理贯穿，为解决《历学会通》中对理、道认识的不足提供了可能。前已论及，在《历学会通》中理与道的含义显得颇为杂乱，难以区分主次，与三种学问的结合也不紧密。如对于薛凤祚在《历学会通·水法部》序言中给出的唯一一次对"理"的定义，若只将其理解为以度数应用于实用技术学问时所显示的一种状态，则此理并不重要且相当局限。因薛凤祚在《致用叙》中曾说"吾辈专求之艺术之浅事抑末耳"（薛凤祚，2008）[720]，即实用技术在他的整体学术中所占地位并不核心。若认真对待此一定义，可以推知其与薛凤祚的星占工作可以相合。但又无法在《历学会通》所收录著作中确定相应者。因《历学会通》中仅有机械的星占占法条目，没有可以落实理之含义的占验实践。同样，道在《历学会通》中出现频次最多的含义是表示一种学问。这不具有真正的哲学意涵，具有哲学意涵的理解是指称天地气化情况、事物所具有的合理状态。但这在《历学会通》中亦不突出。这些均表明《历学会通》中对理与道的理解呈现出混乱状态与过渡特征。

《气化迁流》以天之数加于气化之物所得天地气化状态即是理，为我们确定了薛凤祚最终是以《历学会通·致用部·中外水法部》中对理的唯一定义为主要认识。这一定义不仅可以涵盖实用技术，而且非常巧妙地将星占纳入其内涵中。历法也因为可以提供天体运行之数一类的科学计算之数与此理具有紧密联系。即通过《气化迁流》的贞定，薛凤祚解决了理的含义在《历学会通》中主次不分、与具体学问联系不紧密的不足。至于道，在《历学会通》中具有哲学性的认识是以道指称天地气化的情况、事物所具有的合理状态。此种情况、状态无疑与气直接关联，但并不等于气元素本身，而是气之状态。此气无疑即是天地气化之气，气之状态实际即指天地气化情状。因天地气化的情状就是理，所以我们可以发现，薛凤祚对理与道的理解具有同一性。理即道，道即理。换言之，薛凤祚虽然在《历学会通》中表达了对道的不同认识，但他应该最终是以道指称天地气化的状态为主要认识,是与理具有等价性质的范畴。① 也是通过这一含义,他得以将道作为本体论范畴贯穿于《气化迁流》之中。

可见,《气化迁流》继承了《历学会通》天、数、气、理、道五种范畴,并贞定了理与道的主要意涵。这使得我们可以确定由《气化迁流》与《历学会通》所组成的薛凤祚天文学体系即是以上述五者作为本体论范畴。这五者以特定的意涵参与到天文学体系的建构之中。

以上论述已经基本上探讨了薛凤祚天文学体系的主要内容,但相对来说较为零散。下面即对相关维度及内容进行必要的总结与引论,并在此基础上勾勒出薛凤祚天文学体系的最终图景。

薛凤祚的天文学体系以两种著作《历学会通》与《气化迁流》作为载体组成。其中《历学会通》提供了探究天体视运行情况的历法,星占基本组成概念、占验原则的条目,处理实际事物的实用技术。该文本无法直接实现合德于天的目标,属于形而下之作。《气化迁流》以对星占实际占法应用为主,它是对天地气化的具体探究之作。通过该探究人可以顺应天地气化而实现合德于天,所以属于形而上之作。这两种著作主要提供了三种学问——历法、星占、实用技术,其中星占分为《历学会通》中的星占占验原则条目与《气化迁流》中的占法具体应用两种形态。它们各自有自身的作用。《历学会通》所包含的历法、星占条目是《气化迁流》星占具体应用文本的基础。历法提供星占具体应用中日月五星等天体运行位置的计算,星占条目提供具体占验应用时的占法。《气化迁流》中的星占则被用于探究天地具体的气化情况,实现合德于天的目标。而探究天地气化之后所实行的工夫中有涉及实际事物的修救等行为,《历学会通》中的实用技术也于此时发挥作用。

《历学会通》《气化迁流》两种著作不仅提供了薛凤祚天文学体系的基本组成学问,而且在论述中也包含了该体系架构中的其他组成部分。首先是宇宙论背景。《气化迁流》与《历学会通》均以传统三才式天地结构为宇宙图景,这也是薛凤祚最终天文学体系的宇宙图景。人与万物在天地之间,一气大化流行其中实现人与物的变化生灭。此一气大化的流行根源于作为阴阳五行之精的日月五星等天体。日月五星等天体的运行代表了阴阳五行精气之流变,进而影响天地间气化迁流,亦即万事万物的发展变化。这一宇宙图景是薛凤祚构建其天文学体系的舞台,其体系即在此一宇宙图景中展开。其主要学问也与此图景融为一体。如历法了解日月五星等天体运行;星占探究天体运行所代

---

① 需要指出的是,目前看来,这种对理、道主要含义的最终确定应当并不是《历学会通》阶段就有的想法,应当是在《气化迁流》阶段才显现。

表的阴阳五行之精气对天地万物的影响,即天地气化流变的情况;实用技术则在认识天地气化所产生的灾荒一类结果后应对时使用。

其次是境界论。受传统儒家思想影响,薛凤祚在《气化迁流》与《历学会通》中均以圣人为最高境界。圣人境界的状态是"合载於穆"、合德于天。实现合德于天的方式不同于传统儒家心性之学路径,而是实践历法、星占、实用技术等。具体而言,主要是将历法所计算出的日、月、五星等天体运行数据与星占占验技术结合,得到占验具体事物的星占文本。以此星占文本了知天地气化,进而通过工夫顺应此气化实现合德于天的境界。其中实用技术也在顺应气化中发挥作用。可见,薛凤祚研究历法、星占、实用技术的最终目标并非我们今天所重视的知识与认知追求,而是圣人境界的实现与达成。这是最终落实到人自身的古代天人学问路径,具有典型的儒学特征。

再次是工夫论。薛凤祚对工夫论的表达在论述历法与实用技术时少见,主要与星占有关。包括以星占占验个人命运后实践的"省克"修身工夫;占验灾害之类的大规模事件后普通个人戒慎恐惧迎避天地之气的工夫,当事者努力使用实用技术修救的工夫;不管占验结果如何君相时刻需要具有的修德修政工夫。这些工夫虽然主要在《历学会通》中被讨论,但是在《气化迁流》了知天地气化情况之后,人可以采取此种工夫顺应此天地气化以实现合德于天,达至圣人境界。所以,此种工夫论与《气化迁流》不可分离,是实现合德于天圣人境界的主要工夫。

最后是本体论。这是薛凤祚天文学体系最为复杂且核心的维度。薛凤祚的本体论表达主要集中在《历学会通》。《气化迁流》继承其中的认识并对含义主次不分的理、道两种范畴进行了贞定。最终来看,《历学会通》与《气化迁流》是被天、数、理、气、道五种本体论范畴所贯穿。天是最高本体,是宇宙万事万物的根本依据,也是其他范畴的根据。天具有义理之天、自然之天、命运之天的内涵。数是历算之数与本体规定之数的结合,具有数理计算之数、天体运行之数、命运之数、万事依据之数等涵义。气是天地间万物的组成元素,也是天影响万物的媒介。万物的变化即是以天为主导的气化流变。理除了指一般的原理方法之外,主要是指气与数相合所产生的不得不然与当然状态,是较气与数更低一级的范畴。道主要是指气化的状态,是与理等价的范畴。

这些本体论范畴不仅与薛凤祚的三种主要学问紧密联系,而且与宇宙论、本体论、境界论融为一体。历法是对日月五星等天体运动情况的研究,所得到的是自然之天的运行之数。通过此自然之天运行之数可以了解阴阳五行之精气的分布,历法因而与本体规定之数直接关联。实用技术的功能、制作与使用被历算之数规定或决定,是本于数的学问。由于在本体层面薛凤祚以数来源于天,所以实用技术亦是本于天的学问。被历算之数规定的实用技术,在功能、制作与使用方面所显示出的不得不然与当然状态即是理。星占以具有义理之天、命运之天特征的自然之天体本身与其运行之数为占验基础。所得到的占验结果根源于阴阳五行之精气的分布状态。此精气分布状态蕴含着本体规定之数。同样,因数来源于天,且星占是以日月五星等天体占验,所以占验结果不仅本于数,亦是本于天。又占验结果,亦即世间万事万物发展状态或天地气化状态,乃是本体规定之数作用于阴阳五行精气所产生。这符合薛凤祚对理的定义——气与数相合所产生的不得不然与当然状态。换言之,由星占得到的一定占验结果或世间万事万物发展状态即是理。道与理在表示天地气化状态时等价。此占验结果是理亦是道。

本体论与宇宙论的联系需要放置于中国传统哲学的特征中考察。方东美曾比较东西方哲学史中的本体论:

> 在东西方哲学史中,本体论涵义各殊。古代东西双方均以本体论指称客观实在界之本质或其最初实体,显而易见的差别有二:(1)希腊人较为着重"存有"之静止的自立性,印度人与中国人则往往赋予"存有"一种动态流衍的特性;(2)希腊人深通二分法,遂断言"存有"高居超越界,不与表象世界相涉;中国人与印度人则相信机体主义的生化历程,使"存有"能够流衍贯注于万事万物。
>
> 儒家形上学具有两大特色:第一,肯定天道之创造力,充塞宇宙,流衍变化,万物由之而出。(《易》曰:"大哉乾元!万物资始,乃统天。")第二,强调人性之内在价值,翕含否弘,发扬光大,妙与宇宙秩序,合德无间。(《易》曰:"大人者,与天地合其德,与日月合其明,与四时合其序,与鬼神合其吉凶,先天而天弗违,后天而奉天时"。简言之,是谓"天人合德")。(方东美,2013)[281-282,240]

亦即方东美认为中国古代的本体论是和宇宙论所关注的现象界物质紧密联系,贯注于宇宙生化之中的。中国古代的本体论不是类似古希腊柏拉图哲学中理念一般,将本体与实际世界截然二分,两者有不可逾越的界限。它同时也是健动创生的。宇宙万物的流衍变化即由此能动的本体创生而出。方东美的论述虽然属于总体概括,缺少细致分疏,但对于理解薛凤祚本体论与宇宙论的关系颇具启发意义。薛凤祚本体论中最高范畴天虽然是宇宙万事万物的本体依据,但并非洁净空寂、截然与物质两分,而是与自然之天合而为一。本体的超越性与实际物质的存在难分彼此,道器不二。同时本体之天亦具有创生能动特征,是宇宙万物流变迁衍的根源,创生了宇宙的种种变化。这些特征使得本体论之天、宇宙论中的有形有质之天、天地事物气化流变紧密结合。本体之天即是蕴含在宇宙形质之天与气化流变之中。

较天层次为低的数、理、气、道也具有如此特征。本体规定之数与天体运行之数紧密结合,本体之数不离宇宙实存天体运行之数。同时本体之数亦是规定了宇宙气化的状态。气是宇宙论中的重要范畴,同时也是本体论的组成部分,两者分享了相同的意涵。理和道是较气和数更为低一层次的本体论范畴。传统儒家学说如朱子哲学中理和道所具有的最高本体特征在薛凤祚此处为天所取代。理与道只是天地气化的状态。此天地气化状态亦是宇宙论层面所探讨的气化流变。

可见,薛凤祚秉承古代中国哲学传统,将本体论与宇宙论两者紧密结合。薛凤祚未似古希腊哲学家一般将两者截然分开。其本体论范畴还具有创生事物的特征。这一特征实际上为我们提供了一幅薛凤祚心中完整而又特殊的存有世界。此世界由形质之天、形质之地、天地之气以及气化流变形成的万物构成。万物的发展变化由天地间气化所决定,天地间气化则由形质之天中以日月五星等天体为代表的阴阳五行精气的状态决定。更本质地,阴阳五行之精状态以及天地气化状态由本体之数所规定。本体之数规定了阴阳五行之精状态,进而也规定了天地气化状态。此天地气化也被遍满地赋予了本体之数的规定。天地的气化过程成为本体之数规定作用于气产生的不得不然与当然状态。即天地气化状态是理,亦是道。而无论理、道,抑或气、数,都根据于最高本体——天。所以阴阳五行之精或天地气化状态的最终根据乃是本体之天。本体之天最根本地规定、创生了天地气化与事物发展的一切状态过程。天地一切气化状态也与本体之数一样,被在在地赋予了本体之天。但此本体之天又不离形质之天,本体之天与形质之天合而不离。本体之数紧密结合于宇宙实存天体的运行之数,本体之数亦不离实际运行之数。通过此一图景,薛凤祚的本体论与宇宙论紧密结合,形成了对存有世界的一种特殊认识模式。这是一种本体统摄而又不离宇宙存有的世界图景。由于此图景紧密结合了宇宙论与本体论,故我们或可称之为本体-宇宙图景。

因为中国古代哲学所惯有的存有、道德不分特质,使得本体-宇宙图景也为人类提供了价值归属,进而和人所实践的工夫论以及所要实现的境界论相联系。方东美先生在谈到中国古代哲学的形上学时称有两大要点首当注意。其中第一点即:"讨论'宇宙'或'世界'时,不可执着于自然层面而立论,仅视其为实然状态,而是要不断地加以超化。对儒家而言,超化之,成为道德宇宙。"

（方东美，2013）²³⁹即在儒家形上学认识中，关于宇宙及其本体的讨论并非仅关涉外在实体，而且与道德有关。儒者们或者将宇宙道德化，如《周易·系辞》作者称"天地之大德曰生""生生之谓易"；或者将道德植根于宇宙源头或宇宙本体，如周敦颐在《太极图说》云："无极而太极。太极动而生阳，动极而静……分阴分阳，两仪立焉。阳变阴合，而生水火木金土……无极之真，二五之精，妙合而凝。乾道成男，坤道成女。二气交感，化生万物。万物生生而变化无穷焉。唯人也得其秀而最灵。形既生矣，神发知矣。五性感动而善恶分，万事出矣。圣人定之以中正仁义而主静，立人极焉。"即外界存有之太极阴阳赋予人以价值道德之性。所以，儒家思想中的宇宙、本体常常成为人类道德价值的根据。因工夫论是回归最高道德价值时所实践的行为，境界论是实践后对最高道德价值的最终完满回归；所以本体论或宇宙论常常与工夫论、境界论紧密关联。如朱子以存有界最高本体的理或太极为人类价值、道德善恶的判断标准。人类所要达到的最高境界便是无丝毫之人欲、具纯粹之天理，而达到此境界的工夫便是"去人欲、存天理"。

薛凤祚体系亦有此特征。作为最高本体与宇宙论存在的天同时也是人行为合理性以及人自身价值的最高来源，是人类所追求的最高境界——圣人——合而为一的对象。成圣的条件便是能够合德于天。数不仅是存有界气化的本体规定，或者实际的天体运行情况，而且是人类行为的根据："人事无一事不本于天，则亦无一事不本于数。"（薛凤祚，2008）⁷¹⁹⁻⁷²⁰同样，人类顺应气化是达到圣人状态的方式。存有之气被赋予了道德价值意义。而指称气化状态的理或道显然与气一样具有道德意涵。因气化亦是由本体之数规定的，气化的状态是理与道，所以当人通过顺应此天地气化合德于天以达圣人之境时，薛凤祚所合德者不仅仅是天、数、气，还包括理、道。理、道也被圣人境界所包含，也即赋予人以价值。换言之，薛凤祚最后所达到的圣人境界不仅是合德于天的境界，亦是合德于数、合德于理、合德于道、合德于气的境界。这一境界也符合传统儒家对圣人境界的一些认识。如朱子所强调的人纯粹乎理（合德于理）。又因实现此合德于天、理、气、数、道境界的方式是前述工夫论诸义，诸工夫也是依照天地气化情况——天、数本体规定下的气化情况（理与道）——被措诸实践；所以此工夫论也与薛凤祚所融入的本体-宇宙图景紧密联系。

以上，我们基本上已经讨论了薛凤祚学术体系的六大基本要素——组成著作、组成学问、宇宙论、本体论、工夫论以及境界论。此六者中著作是体系的载体。此载体分为两部分：形而下之作《历学会通》与形而上之作《气化迁流》。此两种著作不仅提供了体系的基本学问，而且给出了宇宙论、本体论、工夫论以及境界论的认识。宇宙论与本体论是体系所具有的物质、规律与价值世界。它们共同构成薛凤祚面对世界时心目中的宇宙真实图景：一种本体论与宇宙论合一的本体-宇宙世界。这一图景提供了宇宙诸物的存在特征、变化模式与缘由根据——宇宙由天地、天地间气化流行、气化形成诸物组成，气化的过程由本体之天与数所规定，气化的状态是数与气相合的状态，此状态是理亦是道。天、理、道、气、数本体论诸范畴不仅是存有界本体，也具有价值意涵。这一特征使得此图景也为天地之间的人提供了价值、意义的依托。境界论是体系中人所最终要达到的人生目标。这一人生目标就是传统儒学所推崇的圣人境界。此一境界的最终状态是合德于天，同时亦是合德于数、合德于气、合德于理、合德于道。最后，学问是认识本体-宇宙图景的工具、途径，同时学问与工夫论二者又是人达成圣人合天目标的工具、方法。历法是对宇宙中天体运行位置情况的认识工具。星占是通过天体占验、认识天地间气化流变、万物发展的学问。由于气化流变是被天与数所规定，气化流变状态本身亦是道、理；所以历法、星占也是对天、数、理、气、道的认识。在历法、星占认识的基础上，薛凤祚便可通过顺应气化（亦是顺应于天、数、理、道）的工夫论实践——自我修省、修救、修政、修德、凛惕以迎善气避恶气——达到合德于天（亦是合德于数理气道）的圣人境界。又修救时需要使用实用技术处理灾害，所以实用技术也成为顺应于天的实践中的一部分，以实现合德于天的圣人境界。

若作进一步分析讨论，除著作作为基本载体外，薛凤祚天文学体系中剩余的五种要素实际上可以分为两大部分。第一部分是体系所面对的实际存在物与价值合一的世界图景（宇宙论、本体论）。第二部分则是世界图景中人所能达成的最高境界（境界论），以及人通过学问与工夫对此世界图景的认识、对境界的最终达成（工夫论与学问）。这两部分中第一部分指向于天，第二部分指向于人。天不仅提供人生存的空间以及其中存在的气化规则，也为人提供价值归属。人是气化之一物。人不仅通过学问了解天的气化状态，而且在了解之后以工夫去实现与天的合德。可见，此两部分可以用传统学问中的天、人二分。但天中有人，人中有天，天人不离而相合。

值得指出的是，薛凤祚体系上述天人划分及其关系的特征，是典型的古代天人学问系统。中国古代的传统学问深受天人思维影响。以主流学术儒学为例，作为《四书》经典之一的《中庸》首句便云"天命之谓性，率性之谓道，修道之谓教"。该语典型地反映了儒学中的天人思维。天以阴阳五行化生包括人在内的万物，不仅赋予人以形气，而且赋予人以形上之理。此形上之理即是人仁、义、礼、智、信的五常之德，即是人性。人遵循自己之性，于日用常行中会有应当遵循的行为方式。这就是道。从禀赋天理来说,各人的性道应该相同。但由于各人同时禀赋了气质,所以,每个人行为不免参差不一,不能完全合于性、道。圣人根据人之性道为品节、制度、约束、教令,以作为人之所效法遵循者,即是教。[①]《中庸》此语中有天与人不同的存在,同时以"天命之谓性"将天人贯通为一,指出天所指向于人的一面。接着以"率性之谓道,修道之谓教"点出人对天的回归,完成人指向于天的一面。这便形成一个闭环。其中不仅包括具有自然与道德特征的本体或宇宙层次的天,也包括具有天命之性、可以实践工夫以达到圣人境界的人。天人一贯,两者相通。这是典型的天人之学的特征。

总之,薛凤祚通过《历学会通》与《气化迁流》两种著作构建了一套特殊的天文学体系。该体系所指涉的不是简单的技术学问,而是具有传统特征的、完整的天人之学。该体系由天、人两大部分组成。其中天是一种本体论与宇宙论合一、物质性与价值性共具的本体-宇宙图景。该图景物质结构上包括天地、天地间运化之气以及由气组成的天地间万物四种可见存在。在天日月五星为代表的阴阳五行之精气是运化之气的代表与总括。它通过感应、激发进而施化、影响于万物。而本质上在天阴阳五行之精与天地间气化是由本体之数所直接规定的。此本体之数并非神秘术数之数,而是以历算之数为基础的本体规定之数。本体之数作用于阴阳五行之气所得到的天地气化状态、结果,是理亦是道。由于天生理数,即天并非只是自然之天,而是具有义理之天特征的最高存在;所以更本质地说,在天阴阳五行之精与天地间气化、数理道气等均为本体之天规定。此外,天、理、气、数、道不仅为人提供了认知对象,亦为人提供了价值归属。能够合德于天、理、气、数、道是成为圣人的条件。因此,在整个体系中,处于天(本体-宇宙图景)之中的人可以依据历法来了解科学计算的天体运行之数,以星占来了解本体-宇宙图景中本体性的天与数、由天与数本体性规定的天地气化情况,了解作为天地气化的理与道。进而在此基础上,通过工夫论以及同样本于天、数的实用技术去顺应此天地气化,顺应此天、数、气、理、道,合德于天,合德于理、气、数、道,实现人所能达至的最高境界——圣人。(图6.8)

[①] 笔者对《中庸》首句的解释依据朱熹《中庸章句》,见朱熹(1983)[17]的论述。

图 6.8　薛凤祚的天人之学式天文学体系

6.2.2　以天文学体系反观《气化迁流》阶段的星占

以上颇费笔墨探讨了由《历学会通》与《气化迁流》组成的天文学体系。下面在此基础上反观并总结《气化迁流》中星占工作所涉及的复杂维度，考察天文学体系构建完成后有关《历学会通》星占的新认识。这两者可以说构成了《气化迁流》阶段——天文学体系构建完成时——薛凤祚星占认识的主要方面。

就《气化迁流》现存文本来看，其中的星占文本颇表现出纯粹技术性特征。《宇宙大运》与《土木相会》是薛凤祚结合《天文书》占法与《历学会通》中宫位制算法、历法发展而来的。其中的讨论除占法、计算方式之外，便是用于占验的天宫图序列。薛凤祚自己根据西法星占发展而来的《太阳及五星高行交行过节》与他收录别人著作而成的《十干化曜》更为单一。前者仅仅是天体行度过节气的计算，后者是星命术占法元素与格局的介绍。甚至在这些文本的序言中我们也很少看到类似《历学会通》中的本体、工夫层面的丰富表述。故直观来看，似乎《气化迁流》星占文本仅仅是一些技术性知识及应用的堆砌而已。它们似乎无法与此前阶段的丰富文本同日而语。但是，正如笔者在方法讨论中所强调的，中国古代学者虽然有自己的体系表达，但并不严格按照逻辑陈述。不同阶段的层面、概念具有一种隐秘继承性与发展性。这种隐秘的继承与发展不一定被表达。我们需要深入体味其中的意蕴,在整体脉络发展与体系考察过程中方可认识。此外,对某个阶段的考察,尤其是体系建构最后阶段的考察,必须纳入其学术整体体系的图景与发展脉络中。如此我们才可以对纵向的发展脉络与横向的丰富维度审视确详。

当以此方法反观与总结《气化迁流》中星占工作时,可以发现它们不仅继承了此前《历学会通》中所涉及的复杂维度——宇宙论、本体论、工夫论、境界论,而且在相关维度的具体意涵上有所发展,并更为明确。在宇宙论方面,《气化迁流》依然遵循《历学会通》中强调的天地、天地间气化与气化之物组成的宇宙结构。但《气化迁流》更多地将关注点聚焦于天地对万物的气化影响层面。而且,因《气化迁流》星占工作将日月五星占验天地气化付诸实践,所以更为明确地表明,作为阴阳五行之精气的日月五星乃是气化物理过程的主要施行者。天地气化过程乃是日月五星精气作用于天地间其他气的结果。在本体论层面,《气化迁流》中星占工作与《历学会通》一致,贯彻了天、数、气、理、道诸范畴。《气化迁流》中《宇宙大运》等星占作品即是以自然之日月五星天体的运行之数占验天地气化的具体实践作品。此天地气化被根源于自然之天体的运行之数,自然之天蕴含着义理之天、命运之天的内涵,历算所得天体运行之数同时具有本体规定之数的意涵。日月五星等天体乃阴阳五行之精气,天地气化过程亦即在精气影响下、以气为媒介而变化的过程。亦即与《历学会通》一致,天的含义依然是义理之天、自然形质之天、命运之天的结合,数是精密计算的历算之数与本体规定之数的相契,气是宇宙运化的媒介与万物的组成元素。理与道则较为特殊。通过整个体系建构的完成,可以推知在《气化迁流》阶段薛凤祚虽然继承了《历学会通》中的理与道范畴,但改变了《历学会通》阶段中理与道含义纷杂、缺少主次的特征。《气化迁流》阶段薛凤祚突出和贞定了理与道的主要意涵——理是指数与气相合产生的气化状态,道与理一致,也是气化状态。因此,《宇宙大运》等星占实践作品所占验出的天地气化结果即是理或道。这种对理、道意涵的贞定也成为薛凤祚《气化迁流》星占工作的本体论维度相较于《历学会通》阶段的主要发展。

在工夫论层面,从薛凤祚体系图景可知,《气化迁流》中星占工作依然继承了《历学会通》中论述的个人道德修省与迎避乾坤善恶之气、当事者修救、君王丞相修德修政的工夫论系统,并未有更多发展。

在境界论层面,《气化迁流》中的星占工作颇为重要。《气化迁流》星占工作乃是实现合德于天的圣人境界的主要方式,是对圣人合德于天境界具体状态的明确阐发。前已述及,薛凤祚在《天步真原》中曾初步将星占、历法与圣贤联系在一起。至《历学会通》中,他更是继承此前论述,在讨论历法、星占、实用技术时突出圣人的作用。如将历法计算看作圣人所创立,将实用技术看作圣人开物成务、济救民生的重要学问,将星占看作圣人发展的学问等。此外,在《历学会通》中薛凤祚还论及了圣人境界的要求和状态——合德于天:"圣人之道,根据性原,合载於穆,此形而上者也。"(薛凤祚,2008)[721] 不过,他并未在《历学会通》中讨论应该通过何种学问、作品以及方式才能够合德于天以实现圣人境界。通过上述天文学体系的讨论我们知道,《气化迁流》正是薛凤祚实现合德于天的圣人境界的主要作品,而星占尤其是西法星占是他实现圣人境界的主要学问。薛凤祚完成合德于天目标的主要方式是以《气化迁流》中的星占了解由天主导的天地气化,进而以相应的工夫顺应此气化使得自己的行为合德于天,合德顺应于数、理与道的状态。同时,因《气化迁流》中星占是实现合德于天的主要学问,所以顺应天地气化合德于天、数、理、道均非指向空洞的意涵,而是有具体含义。顺应天地气化乃是顺应以日月五星为代表的阴阳五行之精气所影响下的天地气化,合德于道、理也是合德于此种精气影响下的气化状态。合德于天指合德于以日月五星为代表的天体中所隐含的义理与命运之天,合德于数指合德于以日月五星等天体运行之数为基础的天地间万物生化本体规定之数。可见,《气化迁流》中的星占作品不仅继承了《历学会通》中境界论的认识,而且是薛凤祚实现此境界的主要学问,同时更为我们了解此境界的具体状态提供了依据。

除此之外,通过整体天文学体系我们可以获得《气化迁流》阶段关于《历学会通》星占的新认识。这包括三方面。首先,《气化迁流》阶段对理道的主要含义已经确定。这揭示出《气化迁流》阶段薛凤祚在理解《历学会通》星占内容的本体论时也可能有相应的调整,与确定后的认识一致。其次,则是对《历学会通》星占功能的新认识。《气化迁流》中《宇宙大运》等作品是以《历学会通·正集》中"新中法"历法计算作为占验时日月五星位置的数据来源,并以《历学会通·考验部》中的宫位制、占法作为基础。这说明对于《气化迁流》星占工作来说,《历学会通》历法与星占内容在功能上具有同样的作用,即它们均是实现《气化迁流》星占占验实践的基础。薛凤祚的天文学体系最终目标是通过星占等了解天地气化后合天成圣。不难推知,作为了解天地气化的主要工作,《气化迁流》中的星占在整个天文学体系中具有核心地位。而为《气化迁流》中的星占提供安星、占验数据支持的《历学会通》历法,提供基本占法条目与宫位制算法的《历学会通》星占,则是整个体系的基础,而非核心。同样,从整个体系来看,实用技术是薛凤祚以《气化迁流》中星占了知天地气化之灾害后修救时应用的学问,也并非处于核心地位。(图6.9)最后,上述对功能的认识还可以为

图 6.9 《气化迁流》星占与《历学会通》星占、历法、实用技术功能关系图

我们澄清《历学会通》星占与历法的重要性问题提供依据。这将与我们单纯从《历学会通》文本出发得到的印象不同。笔者曾指出《历学会通》中的历法、星占、实用技术在功能上构成一个统一体。而在此统一体中,星占的地位并不明朗与特殊。薛凤祚不仅在《历学会通》中强调了历法的授时与占验功能:"历法以授时占验为大用。"(薛凤祚,2008)⁹ 而且将《历学会通》接近一半的篇幅贡献于历法计算。从篇幅来看,历法可以说在《历学会通》中具有核心地位。这也应当是为何前人在研究《历学会通》时多关注于历法的重要原因。反观《历学会通》中的星占,不仅《考验部》与《致用部》在编排上处于次要地位,① 而且在论述星占时有婉转之语,给人以星占内容并不重要的印象。② 所以,如果单纯从《历学会通》来看,薛凤祚更加着意的应该是历法,而非星占。但结合薛凤祚的体系可知,星占才是他最为重要的学问。而他也把星占分为《历学会通》中的星占与《气化迁流》中的星占两个层次。前者是星占具体占法条目与计算方法,后者是对星占的具体实践。后者在前者基础上发展而来,是薛凤祚达到合天成圣境界的最主要工作。所以不难看出,尽管从《历学会通》本身来看,其中的星占似乎没有历法重要;但在《气化迁流》阶段,参照薛凤祚整体学术体系可

---

① 《考验部》的作用是资料库,主要收录或节录当时流传于中国的《回回历法》《崇祯历书》《天步真原》《大统历》中的内容,以作为以后改历的历法资料来源。其中星占内容是作为《天步真原》的组成部分收录《考验部》中。《致用部》是历法旁通内容。

② 如"圣人治世,于日月五星称为七政……若以为天之于人有相关切者……吾不敢谓天行之有相召,而不敢不谓天步之无所似也。……其于事物果有当否,亦存此理耳,不可以为是也。"(薛凤祚、穆尼阁,2018)²⁶⁸"羲和氏以历象察七政,且考验之,历学之有占候旧矣。然以彰往察来,乃有玄象著明,竟无事应者,此占验之不足尽凭者也。抑且君相造命,统天立极,吉凶成于惠逆,禊祥本之敬怠,此占验之不当尽凭者也。""然于其至高至实之处,尚逊历术,吾且进而质之,升降诸法。"(薛凤祚,2008)⁷⁸³,⁸⁵⁹

知,《历学会通》中星占也具有重要地位。虽然不能径言在《历学会通》中星占比历法重要,但可以肯定的是其重要性至少不比历法弱。

6.3 《气化迁流》星占在《两河清汇易览》中的应用

在薛凤祚现存著作中还有一份材料相当特殊。它被收录于非星占著作中,却是对《气化迁流》星占的具体应用。该文献对于理解《气化迁流》阶段薛凤祚对星占的认识不无帮助。于此最后述之。

作为古代经世致用之学的一部分,薛凤祚素来颇为留心当时的地理之学。顺治十四年(1657年),他刊刻了《车书图考》。其中详细罗列了各地河流山脉、行政单位等信息。这是他早期研究舆图学之作。(石光明,2018)² 大约二十年后,薛凤祚编纂了另外一部属于古代地理学的著作《两河清汇易览》。此书至少在康熙十二年(1673年)已经开始编著,康熙十六年(1677年)之后完成(褚龙飞,2014)[20]。其内容主要是对"两河"(黄河、运河)及其治理的论述。该书分为八卷,据四库馆臣介绍:"卷首列黄河运河两图,一卷至四卷为运河修筑形势,北自昌平通州,南至浙江等处河湖泉水诸目皆详载之。五卷、六卷则专记黄河职官夫役道里之数及历代至本朝治河成绩。七卷则辑录前明潘季驯《河防辨惑》、国朝崔雅《刍议或问》二书。八卷则薛凤祚自著也,曰刍论,曰修守事宜,曰河防绪言,曰河防永赖。"(薛凤祚,1983)³⁴⁷⁻³⁴⁸ 其中第八卷《河防绪言》便有《气化迁流》西法星占内容(图6.10):①

河行天时

河决多由于凄风苦雨。盛明之世,风不鸣条,雨不破块,泛溢之患,自当无之。而尧舜不免者,宥于数也。

尧即位六十一年命鲧治水,即位之二十六年得世运第五(卯运)第四季,入卯运二百六十八年(加三十五年为六十一年)。鲧治水六②年世运入卯三百○三年(二百六十八年加三十五年)。

---

① 此处文字以自然科学史研究所藏《两河清汇易览》抄本为底本,国家图书馆藏抄本为对照本。《四库全书》所抄录文本没有此部分文字。

② 国图抄本"六"作"之",当从。

回回历占验

尧即位之二十六年,中积三千九百八十六年,减三十九①年,(二十)六年(合三十五为六十一年)得中积三千九百五十一年为命鲧治水之年。距顺治乙未年上推。大运初运起,土木火日金至卯,金星主运,卯为水局,主水灾。卯宫属火,第四季土星伴运,火土皆主害物,洪水之为患也②有自来矣。三十五年以加二百六十八年,得三百〇三年,以十二除得二十五周零三年,流年又到丑。前二年流年到卯,又加一土一火,其占如此。

岁到经星

黄赤道差一岁,东行一分四十四秒四四,以除命鲧治水三千九百五十一年得五十七度(距顺治乙未)。鲧治水距入世运三百〇三年得巳宫三度,自世运卯初度起反减③五十七度得卯初度星与世运同度。

西法占验

距顺治乙未上推三千九百五十一年,鲧治水之年,太阳春分实行到寅初。春分每年行二十〇分九八,上推三千九百五十一年行八百二十八度九十二分,减周天得一百〇八度九十二分,以减周天得二百五十一度〇八分,加度应④九十一度九十一分,得三百四十二度九十九分,入寅十二度九十九分,减加差寅初。太阳高行一百一十度四十二分,加三十五年行六十五分六七得一百一十二度〇八分,近戌中气。木高行二百〇七度三七,加三十五年行五十八分五十五秒,得⑤二百〇七度九五,近午中气。火高行一百四十八度〇三,加三十五年行七十七分九八,得一百四十八度八一,远申初气。土高行二百七十〇度二五,加三十五年行七十六分二七,得二百七十一度,近辰一度。金高行八十七度一十三分,加三十五年行八十三分四四,得八十七度九十六分,入亥⑥二十八度。水高行二百〇⑦度〇八,加三十五年行一度一十一分六一,得二百〇四度一九。以上皆尧即位二十六年加鲧治水又三十五年行度。以上应推世言⑧灾变,在尧舜时太阳升于戌,土星升于辰,金星升于亥,灾不能胜德,其应如此。

---

① 国图抄本作"九"作"五",当从。
② 国图抄本无"也"。
③ 国图抄本作"然",恐误。
④ 国图抄本作"应度"。
⑤ 国图抄本后有"行"字。
⑥ 国图抄本"亥"作"寅",误。
⑦ 国图抄本后有"三"字,当从。
⑧ 国图抄本"言"作"有"。

中法

阳九第二得三千八百〇八年,尧命鲧治水后一百四十三年。(薛凤祚,[1677b])卷八:79-82

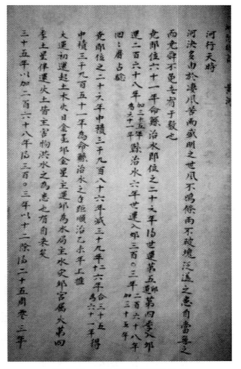

图6.10 "河行天时"书影

这部分材料分为五小节。"河行天时"是总述,交代了作此段文字的目的在于探讨为何尧舜时期的盛明之世有大洪水。薛凤祚引述了古人的一般看法:"盛明之世,风不鸣条,雨不破块,泛溢之患,自当无之。"所以按常理来说,尧舜之世不应有大洪水。而历代相传的事实是尧舜时期有罕见的大水灾。经过探讨,薛凤祚认为其原因是洪水泛滥自有天数("宥于数也"),与尧舜之德无关。

"回回历占验""岁到经星""西法占验""中法"四节就是对此一历史现象之天数的占验说明。其中"中法"仅仅一句话,谈及"阳九",或与占验水旱灾异的传统占法《易九厄》有关。(卢央,2003)520-532 其他三者则是西法。"回回历占验"即《宇宙大运》中占法。薛凤祚首先在"河行天时"一节确定了尧命鲧治水时世运所入运季为第五运(卯运)三百〇三年。①接着算出此年距顺治乙未历元年

---

① 按内容,"河行天时"第二段应该归于"回回历占验"。

数为三千九百五十一年。据此,薛凤祚利用此运主星、七政位置、流年等元素,得到尧舜时期有洪水的占验结果。"岁到经星"实际上是《宇宙大运》最后所介绍的"回回历杂星行年"占法。薛凤祚先根据岁差得到了三千九百五十一年(命鲧治水之年距历元时间)内经星所行度数。接着指出此一年大运行度为巳宫三度。由于"杂星行年"的占法要求经星与大运行度同度,所以得到顺治乙未时在卯初度者为符合要求的经星。不过薛凤祚并没有给出恒星的具体名称,也没有根据这一占法占验。"西法占验"①是《太阳及五星高行交行过节》占法。薛凤祚列出命鲧治水之年太阳春分实行、木星高行、火星高行、土星高行、金星高行、水星高行所过节气情况,也得到了尧舜之世有大水灾的占验结果。可见上述占法基本上均属《气化迁流》西法的应用,这也可以说明"河行天时"的完成可能晚于《气化迁流》,即康熙十四年(1675年)之后。

通过这段文字,我们至少可以获得以下认识。首先,薛凤祚在其人生的最后阶段,应当依然贯彻以西法占验为主、中法为辅的倾向。薛凤祚在而立之年转学经世致用之学后,曾留意于传统象数易占、奇门遁甲、八字命理等占验之术。后来他接触到伊斯兰星占、欧洲星占学,并在知天命之年编译了《天步真原》。他对西法星占大加赞扬,初步表现出以西法星占为主的倾向。耳顺之年他又在《历学会通》中完成了以西法为主、中法为辅的星占系统,明确表明了他对中西占验的定位。最后,在标志其天文学体系完成的《气化迁流》中,虽然可以从现存文本推测《气化迁流》当以星占为主,但难以径直推测其中中法与西法的主次问题。"河行天时"则为讨论此问题提供了较好的辅证。在"河行天时"中,薛凤祚推测尧舜时期洪水的占法无疑是以西法为主、中法为辅。由于《两河清汇易览》与《气化迁流》完成时间可能重叠,"河行天时"甚至有可能是在《气化迁流》之后写作;所以可以推测,这一时期薛凤祚在占验方面应当依然是以西法为主、中法为辅。亦即薛凤祚在《气化迁流》中应该也是以西法为主、中法为辅。这与作为《气化迁流》形而下基础之作的《历学会通》倾向一致,更能符合学术体系所具有的一贯性要求。

其次,我们从"河行天时"可以看出薛凤祚确将《历学会通》《气化迁流》所讨论的本体论范畴纳入天地气化的理解中。在经过《气化迁流》占法占验之后,他最终得出结论,尧舜盛明之世的洪水乃是为天之数所规定("宥于数也")。此数无他,正是薛凤祚天人体系的重要本体论范畴,是由日月五星运行位置所揭示出的对天地阴阳五行之气运化的本体规定:"大运初运起,土木火

---

① 薛凤祚此处将"西法"与"回回历"并列,与《天步真原》《历学会通》中用法不同。早期他将伊斯兰星占纳入西法中。本书对西法的界定遵循薛凤祚《天步真原》《历学会通》中的认识。该认识对后来学者影响最大。

日金至卯,金星主运,卯为水局,主水灾。卯宫属火,第四季土星伴运,火土皆主害物,洪水之为患也有自来矣。"薛凤祚甚至将洪水之灾害不能战胜尧舜之世之德也归结为天之数:"以上应推世言灾变,在尧舜时太阳升于戌,土星升于辰,金星升于亥,灾不能胜德,其应如此。"金星的庙旺宫(升)是双鱼(亥),土星是天秤(辰)。"火土皆主害物",金土高行行至庙旺宫又会加重灾情,所以尧舜之时洪水泛滥。但同时太阳高行也行至庙旺宫白羊(戌),太阳"性热性干""主贤良聪明"(薛凤祚、穆尼阁,2018)[271],所以"灾不能胜德,其应如此"。

最后,"河行天时"虽然简短,但提供了我们一则薛凤祚应用西法星占解说古代世运的具体实例。通过该实例可以看出他在其他作品中对西法星占占法的应用依然是以《历学会通》"新中法"作为历法基础,占法来源亦不离《历学会通》与《气化迁流》内容。虽然在《历学会通》《气化迁流》中未见薛凤祚以详细文字具体解说古代重要事件的占验实例,但通过"河行天时"可以推测,在著述《历学会通》《气化迁流》时,薛凤祚应该还有类似的应用与文字。只不过我们今天见不到罢了。

6.4 总　　结

《历学会通》完成之后,薛凤祚并未停止研究天文学的脚步。大概在康熙十四年(1675年),他完成了另外一部巨著《气化迁流》。该书据称有八十卷之多,目前仅存五种八卷。其中《十干化曜》(星命术)、《五运六气》(中医运气学)两种因被附录于《历学会通》,已在前文介绍。其他三种六卷《土木相会》《宇宙大运》《太阳及五星高行交行过节》均是西法星占著作。

从占法来源看,《土木相会》《宇宙大运》均来源于明初所译伊斯兰星占著作《天文书》。《土木相会》来自第二类第十一门《说土木二星同度相缠》,《宇宙大运》出自第二类第十二门《说世运》。此两种占法均不见于托勒密星占《四门经》、多罗修斯《星占之歌》等古罗马时期代表性星占著作,而是由波斯萨珊王朝星占家发展、伊斯兰世界继承而来。薛凤祚根据《天文书》内容,利用《历学会通》中的"新中法"历法与雷格蒙塔努斯宫位制,计算出一系列数据以及相应天宫图。薛凤祚发展《土木相会》与《宇宙大运》的重要目的并非出自计算需求,而是希望通过占法的实践获得对世运的占验。即他所欲得到的是对于军国大事、王朝命运、治运泰否的了解。当然,他并没有在著作中给出占辞或天宫图的解读文字。

《太阳及五星高行交行过节》是气象占著作,关注长时间段气候变化占验。与《土木相会》《宇宙大运》不同,该文本并非主要以《天文书》为根据,而是薛凤祚主要根据《天步真原》中已有类似占法自我发展而来。文本中没有出现利用宫位制排列的天宫图,也未见相应占语占辞。不过相关天体运行数据依然是按照《历学会通》中的"新中法"计算而得。

结合《气化迁流》五种现存文本、《历学会通》学问特征与相关论述,可以发现《历学会通》的完成并非薛凤祚天文学研究的终结。在传统儒学形而上、形而下、圣人之学需要合德于天等观念影响下,薛凤祚将《历学会通》定义为形而下者的下学阶段。在此基础上他发展了另外一套巨著《气化迁流》,以实现形而上的上达阶段。对这一观念的把握使得我们能够获得薛凤祚特殊的天文学天人体系。该体系所指涉的不是简单的技术学问,而是具有传统天人学问特征的一套完整的天人之学。该体系由天、人两大部分组成。天是本体论与宇宙论合一、物质性与价值性共具的本体-宇宙图景。物质结构上包括天地、天地间运化之气以及由气组成的天地间万物。阴阳五行之精气(以在天日月五星为代表)是运化之气的总括与代表。它感应、激发进而施化、影响万物。而从更本质的本体论角度讲,此在天阴阳五行之精与天地间气化是由本体之天、本体之数所规定。本体之天具有强烈的物质自然之天特征。本体之数亦具有强烈的历法数学计算之数特点,以历算之数为基础。它们作用于阴阳五行之气所得到的天地气化状态、结果,是理亦是道。由于中国古代哲学中存在与价值具有关联性特征,天、理、气、数、道亦为人提供价值归属,与圣人境界联系在一起。能够合德于天、理、气、数、道是成为圣人的条件。天人体系的人处于天(本体-宇宙图景)之中,人的地位既是认识的也是实践的。人可以依据历法认识自然之天与历法计算的天体运行之数,以星占了解本体-宇宙图景中由本体之天与数规定的天地气化情况,了解作为天地气化的理与道。在此基础上,通过工夫论以及实用技术,人去顺应此天地气化,顺应此天、数、气、理、道,合德于天,合德于理、气、数、道,最终实现人所能达至的最高境界——圣人。

在对此体系的考察以及对此体系的反观中,我们获得了对《气化迁流》星占在占法技术之外的丰富维度与特殊地位的认识,也获得了有关《历学会通》星占的新认识。此即对《气化迁流》阶段星占的考察——不仅包括《气化迁流》星占内容,也包括体系完成后《历学会通》星占显现出的新认识。总体来看,《气化迁流》阶段的星占除上述技术性分析外,还具有如下特征。

《气化迁流》中的星占在继承此前《历学会通》中所涉及的复杂维度——宇宙论、本体论、工夫论、境界论——基础上,在相关维度的具体意涵上有所发展,并更为明确。在宇宙论方面,《气化迁流》与《历学会通》中强调的天地、天地间气化与气化之物组成的宇宙结构一致。但《气化迁流》将关注点聚焦于天地对万物的气化影响层面。其中更为明确的是日月五星为气化物理过程的主要施行者,天地气化过程乃是通过日月五星精气作用于天地间其他之气产生的结果。在本体论方面,《气化迁流》中的星占与《历学会通》一致,也贯彻了天、数、气、理、道诸范畴。天的含义依然是义理之天、自然形质之天、命运之天的结合。数是精密历算之数与本体规定之数的相契。气是宇宙运化的媒介与万物的组成元素。理与道则较为特殊。由整个体系所显示的特征可以推知在《气化迁流》阶段,薛凤祚改变了《历学会通》中理与道含义纷杂、缺少主次的特征,确定了理与道的主要意涵——理是指数与气相合产生的气化状态,道与理一致。亦即《气化迁流》中星占所占验而得的天地气化结果即是理与道。在工夫论方面,《气化迁流》中的星占依然继承了《历学会通》中论述的个人道德修省与迎避乾坤善恶之气、当事者修救、君王丞相修德修政的工夫论系统,并未有更多发展。在境界论层面,《气化迁流》中的星占依然以圣人境界为指归。《气化迁流》星占成为实现合德于天的圣人境界的主要方式,揭示了圣人合天境界的主要状态。

除《气化迁流》中星占所具有的上述复杂维度之外,《历学会通》中的星占也在《气化迁流》阶段显现出新的特征。首先,由于最终体系中理、道主要含义的明确,我们可以推测《气化迁流》阶段薛凤祚对《历学会通》星占本体论的认识也可能有相应的调整。其次,反观新完成的天人体系可知,《历学会通》中的星占内容实际上为《气化迁流》中的星占内容提供了基本占法条目与宫位制算法。亦即与为《气化迁流》中的星占提供安星、占验数据支持的《历学会通》中的历法一样,《历学会通》中的星占在整个天人体系中的作用获得了明确——为《气化迁流》提供基础。同时,在对整个体系的反观中我们也可以澄清《历学会通》中星占与历法的重要性问题。表面来看,在《历学会通》中薛凤祚颇为强调与突出了历法,似乎历法更为重要。但结合他的天人体系可知,星占才是薛凤祚最为重要的学问。而薛凤祚也把星占分为《历学会通》中的星占与《气化迁流》中的星占两个层次。因此,虽然不能径言在《历学会通》中星占比历法重要,但可以肯定的是其重要性至少不比历法弱。

此外,我们还介绍了《两河清汇易览》中薛凤祚应用《宇宙大运》与《太阳及五星高行交行过节》占验为何尧舜时期的盛明之世有大洪水的内容。薛凤祚利用其中占法最终得出洪水泛滥自有天数("宥于数也"),即是由数这一本体论范畴所规定的,而与尧舜之德无关。此种认知符合我们所论薛凤祚天人体系及其星占工作的总体特征。

第7章 文术昭章 思想其萎

——薛凤祚星占工作的影响

薛凤祚逝世后27年,康熙四十六年丁亥(1707年)七月,薛凤祚之孙上呈家藏祖父书籍以应朝廷购征之事。因薛凤祚才德之备,当时山东通省学政提举他崇祀乡贤。记录此事始末的文书被收入《仪甫先生入乡贤录》。其中有云:"本生不设讲席,而陶铸后学甚众,如于陵、于湜、李斯孚等,皆服膺终身。千乘徐峒尽得推步之法,三氏之徒闻风悔悟者,多归门下。"(薛凤祚,[1677b])^{附录:"事实册"}这表明薛凤祚弟子颇多。其学似乎亦有借弟子流布光大之感,但事实并非如此。薛凤祚星占工作对于清代研究星占的学者的确产生了重要影响,甚至有学者将其看作星占研究的中兴人物。(张永祚,2002)[587]不过有趣的是,这种不可或缺的地位并非因其弟子的传承或影响。其弟子在历史的浪涛中并未留下或流布相关星占著作,也未有蛛丝马迹可以看出他们在星占方面影响到了后世。薛凤祚的影响还是由于他自己著作的价值与流布。

本章将以受薛凤祚星占工作影响的人物、著作或论述为中心进行讨论。根据所受影响的情况,可为三类。一类是所受影响兼有星占技术(包括宫位制、术语、占法等)、文本章节与少数思想观念,甚至包括工夫论层面。这对应于第一部分讨论的张永祚《天象源委》。第二类主要是在星占技术与文本章节方面受到影响,思想观念的影响则式微。这一类包括陶胥来的《命度盘说》、倪荣桂的《中西星要》、温葆深的《春树斋丛说》、陈松的《推测易知》。笔者将在第二部分论述。此两类均是讨论专门研究星占的学者与他们的星占著作。他们是受薛凤祚星占工作影响的主要群体。第三类是其他受薛凤祚星占工作影响的人物及其作品。他们或对薛凤祚星占著作有批注,或只是在非星占作品中简单引述薛凤祚著作里的文字,或是在类书中整体简单收录薛凤祚著作。这些影响虽不如前两者重要,却可见清代学者对薛凤祚及其星占工作的关注。笔者将在第三部分一并述之。总体来看,薛凤祚星占工作的影响主要集中在技术与文本方面。与星占有关的一般思想认识则影响微弱。至于薛凤祚以星占工作为主导构建的宏大天人体系,则如虚空泡沫,破灭散尽,未见后世半点涟漪。

7.1 思想、技术与文本的交融——康乾时期张永祚的《天象源委》

张永祚,字景韶,号两湖。祖居浙江仁和,自永祚始居钱塘。其具体生卒年尚不清楚。据介绍,张永祚享年六十余(阮元等,2009)[472],曾于乾隆七年壬戌(1742年)、九年甲子(1744年)两度被召见(陶元藻,2013)[1418],则当生于康熙年间。又仁和杭世骏(1696—1772年)(徐丰梅,2003)曾为他撰写墓碣(韩琦,2013),其卒则在乾隆三十七年(1772年)之前。张永祚能诗且工山水画(陶元藻,2013)[1418],尤善者为天文学。因通晓天文学,于乾隆三年(1738年)被授予钦天监博士。之后,他在钦天监供职多年,还因人举荐校勘二十二史天文、律历两志。(韩琦,2013)其著作包括《古今宿度表》一卷、《三统术考正》一卷(中国科学院北京天文台,1989)[260]。杭世骏著《汉书疏证》时曾就问律历于他(阮元等,2009)[472],此书中也存有不少他的文字。①(杭世骏,2002b)张永祚具有代表性的著作当属《天象源委》。此书为他晚年所编就,是对此前传入中国的欧洲与伊斯兰星占的总结融汇之作,也是会通传统军国星占与西法星占的作品。从内容上不难看出,此书主要在星占技术、文本章节与思想认识等方面受到薛凤祚星占工作影响。

---

① 此书虽为佚名,但据考证作者乃杭世骏。参见董恩林(2010)的文章。

7.1.1 对《天步真原》星占技术的继承、文本的收录

《天象源委》主要分为二十个章节,依次介绍了西法星占的基本概念,西法星占中普遍星占术、生辰占、选择术内容,以及中国传统军国星占。① 从所征引的书籍来看,该书主要资料来源是《天文书》《天步真原》,还有汤若望所译欧洲星占著作《天文实用》。② 此外,张永祚还广泛引用了四书五经、诸子史籍和梅文鼎、李光地等人作品。这些著作名称都被他条列在书前(图7.1)。

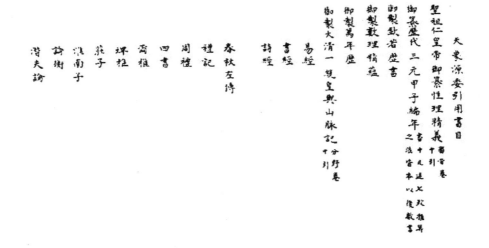

图7.1 《天象源委》记录征引书目的书影

《天象源委》大部分章节均有对薛凤祚著作的引用。卷一引用了《人命部·人命》(张永祚,2002)[592-593],卷二《象性》、卷三《象度》、卷四《恒星》广泛择录了《纬星性情部》的内容。卷五《占时》、卷六《占变》、卷七《占国》、卷八《占岁》、卷九《占异》主要引述了《世界部》的占法。卷十一《命法》、卷十二《求地平宫法》对《人命部》中卷多有介绍。卷十三《月离逐》、卷十四《命理》引用了包括《人命叙》(张永祚,2002)[669-670]在内的《人命部》上卷内容。卷十五《西法十五

---

① 这一内容顺序可能受到了《历学会通》的影响。《历学会通》西法星占部分主要在《考验部》,为《经星部》一卷、《纬星性情部》一卷、《世界部》一卷、《人命部》三卷、《选择部》一卷,对应于西法星占的基本概念、普遍占、生辰占、选择术。中法则在《考验部》之后的《致用部》,是《中法占验部》《中法命理部》《中法选择部》。张永祚未收中法命理与选择术,所收中法星占可对应《中法占验部》。

② 张永祚对《天步真原》书名的使用并不统一,如《世界部》《人命部》有时被称为《天步真源》,有时被称为《会通》。由于它们均属于《天步真原》,所以此处以《天步真原》总括。《天文书》张永祚多用《象宗西占》一名。

格》实际上是十六格,即《人命部》下卷的"人命十五格"与"月食"。卷十六《选择》引用了《天步真原·选择部》的内容①。卷十《世运》、卷十七《望气》、卷十八《审音》、卷十九《军占》未引用薛凤祚的著作。卷二十《分野》摘录了《世界部》、《纬星性情部》与《人命部》上卷的内容,但各仅一条。② 上述引述的内容几乎涵盖了薛凤祚《历学会通》中所有西法星占著作。张永祚受薛凤祚星占工作影响之深可见一斑。

张永祚在《天象源委》中大量收录薛凤祚星占著作,意味着他使用西法星占进行实际占验时所使用的术语与占法亦受到薛凤祚星占著作的影响。虽然我们在《天象源委》中看不到张永祚实际占验的案例文字,但现存文献中有"弘历生辰立象安命图说",系他实际占验之作。该作被收录于中国第一历史档案馆编《明清宫藏档案图鉴》中,乃张永祚为乾隆皇帝所推个人命运文字。在具体推验中,张永祚便用到了《天步真原》中的星占术语与占法,如"火在三角""月在水分,水月相宜"。③(王光越,2019)

张永祚于卷十二《求地平宫法》中选择性地引用了《人命部·中卷》介绍的宫位制演算过程。这说明《天象源委》中使用的分宫系统正是《人命部·中卷》介绍的雷格蒙塔努斯宫位制。与《人命部》相比,张永祚的引用主要突出了用表计算的功能。《人命部》的演算过程分为黄赤道变度算法的一般介绍、十二宫位置的计算、排入七政三部分。在介绍黄赤道变度时,《人命部》详细介绍了以球面三角计算的一般算法与用表计算的算法两种,张永祚只选取了用表算之法。同样,《人命部》演示十二宫度数的计算时给出了三种不同算法——讷氏比例式算、表算与三角算。张永祚也只选取了用表算的方法。这一处理显然是为了简化计算十二宫的过程,更快地得到十二宫位置:"卷中唯及用表,而不及弧三角算,取其捷也。"(张永祚,2002)[659] 此外,在天宫图的形式与解读方式上,张永祚也受《人命部》的影响。卷十五《西法十五格》中所引十六副天宫图即来自《人命部·下卷》。在介绍这些天宫图时张永祚说:"十五格系人命格,后附以月食,而观象占事不与焉,盖西人秘之也。然观此亦可以类推矣。"(张永

---

① 这里指《天步真原·选择部》所独有的"太阴十二宫二十八舍之用""太阴会合五星太阳之能"。薛凤祚还在《选择部》收录了《天文书》的大量内容。张永祚也是一样,他标为"《西占》选择"。(张永祚,2002)[717]《西占》即《天文象宗西占》,是《天文书》的别名。

② 上述引用情况只是大概介绍。张永祚在一卷中会引用多种薛凤祚的著作。比如,卷二、卷三有一处引用《人命部》上卷。卷四有一处《世界部》,三处提到《经星部》。卷五有两处《纬星性情部》。卷八有一处引用《人命部》上卷。卷十一有一处引用了《人命部》上卷。卷十四有八处引用了《人命部》中卷等。

③ "三角""分"均是指三方,是《天步真原》术语,见附录4。

祚,2002)⁷⁰¹可见,张永祚不仅认为依此可以学习如何解说生辰占,也可以旁及其他占术。

值得指出的是,张永祚虽然在宫位制与天宫图的形式、解读上受薛凤祚著作影响,历法计算方面却是以清代官方历法为准的。薛凤祚《历学会通》历法佶屈难懂,梅文鼎已经有所抱怨,张永祚势必也难以读懂。作为钦天监博士,他当然熟悉清代官方历法,以此为计算日月五星位置的根据也是自然之事。①

7.1.2 对薛凤祚星占思想观念的继承与发展

张永祚生活于康熙至乾隆中期,离明末清初未远,所以在诸多思想观念上可见明末清初的痕迹。其中,薛凤祚作为西法星占的重要传播者与实践者,对张永祚一些思想认识有非常明显的影响。如张永祚强调了与星占有关的修省与修救两种工夫,其中修救与薛凤祚的认识密切相关:

> 有备维何?如占岁而知岁之中有旱涝之事,则或豫疏浚以通流,先堤防以蓄水,乃至积谷平粜,蠲租赈济种种,早为筹画。民虽遇雨旸之不若,而无饥色。占岁而知岁之中有不虞之事,则或预防微以杜渐,先居安而思危,乃至整部伍,严保甲,慎关津,谨边塞。宵小无由窃发,谓非预备之小补乎?(张永祚,2002)⁵⁸³

不难看出,张永祚所谓"先事有备,有备无患"就是通过星占占年岁的水旱灾害等事,以提前做好救灾防备。这一点与薛凤祚表达的修救工夫一致。《天步真原·人命部·人命》所列三条研究历学须知中第二条说:"在世水旱饥疫,人苦不知。若能知之,则凡事可以预备,诚持世者之急务。"(薛凤祚,2008)⁶⁰¹此外,在《历学会通》中,薛凤祚不仅给出了预测灾害的星占,还在《致用部》收录了用于修救之用的实用技术《中外水法部》《重学部》等。张永祚虽未涉及实用技术学问,但以星占预备灾害显然受到薛凤祚影响。在卷一"推算天时人事总论"中,他便引用了《人命部》中说法。②(张永祚,2002)⁵⁹³

《天象源委》中,张永祚收录的占法不仅有西法星占,还有中国传统望气风角之术。对于它们之间的关系,张永祚曾用相人之士的相骨骼与辨声色为喻讨论:

---

① 这一点可以从图6.1中所列《御制数理精蕴》《御制万年历》等书看出。
② 张永祚这一思想还受到了《天文书》的影响。在"推算天时人事总论"一节中,他引用了《天文书》第一类第一门"说撰此书为始之由",其中有"若人参透各星性情衰旺,及相遇度数,则知四时寒暑旱涝疾病,又知人事祸福吉凶,既能先知,凡事可以预备"。张永祚所引虽然文字略有差异,但大意相同。

至望气之术与风角之占,其为一端也无疑。即一端而忘其全体,按大略而忽其细微,如之何则可?苟能权衡乎其间,揆度于此际,得其本而不遗其末,取其精而不弃其粗,一端与全体同条,细微与大略共贯,如是有不验乎?此望气风角于推步之后又不可不继讲也。推步之占,如风鉴家之相骨格。望气风角之占,则如风鉴家之辨声音气色。气色者一时之占也,象之小者也。骨格佳而气色又明,斯为福泽即至矣。畴云风云之竟,可不察乎?若止唯风云是占,而天星不问,是犹止辨气色之小而遗乎骨格之大矣。(张永祚,2002)[591]

推步的西法星占为全体,为细微,为本为精,类似于相面术士之相骨格,为大者。望气风角是一端,是大略,是末是粗,类似于相面术士察气色,为小者。则西法星占为主可知。但是"一端与全体同条,细微与大略共贯",将望气风角与星占结合能使占验结果更准确。即张永祚将望气风角当作对西法星占的补充。这一相骨骼与辨声色的比喻,我们也可以在薛凤祚《中法占验部》序言中看到:"今算术既密,乃知绝无失行之事,其顺逆迟留,掩食凌犯,一一皆数之当然。此无烦仰观,但一推步,皆可坐照于数千百年之前。若预行饬备,令灾不为灾,为力更易。至于日月五星之外,别有云气风角之异,殆如人生相貌骨格既定于有生之前,及祸福将至,又复发有气色以示见于外。其事弥真,其救弥急。"(薛凤祚,2008)[783]薛凤祚此处虽然以相貌骨骼比喻中国传统军国星占中有关日月五星运行的凌犯占一类占法,但从占验直接依据于天上星体来说,传统凌犯占等占法和西法星占一致,且在论述中,薛凤祚强调了天体凌犯顺逆的可以推步,也与张永祚所论"推步之占"一致。可以推测张永祚用相术中骨骼、气色之说作比喻论述推步之占与云气风角,当与薛凤祚上述说法具有密切关系。只不过从具体语境来讲,薛凤祚此处所说云气风角上承中法传统军国星占,而张永祚是将望气风角与西法星占结合。

张永祚认为,星命术不及西法星占,他在批评时借用了薛凤祚的认识:

近世所谓星官之学者,原属钦察之传。不出于五法六法,而仍依附于文昌化曜渺茫影响之谈。如丙午既为吉日矣,倘天象中火之与金实凌犯于天顶,将如之何?化曜既为贵格矣,倘天象中土之与火实会冲于命宫,将如之何?是则天象之当明求,而小术之非天道也。(张永祚,2002)[585-586]

"五法六法""文昌化曜"等说出自薛凤祚《人命部》序言:"至于五星,何茫然也?五星旧法,出自钦察,而所传之法甚略。如论日格,不过有日出扶桑(卯)……五法。论午宫格,不过有日帝居阳(日)……六法外,顾寥寥也。他如天官文昌兼以化曜诸说，然验与否，皆居其半。"（薛凤祚，2008）⁵⁹⁸不过，相比之下，张永祚对星命术的态度比薛凤祚更为激进。在《历学会通·致用部》中薛凤祚保存了星命术，但《天象源委》中张永祚并未收录星命术内容。

在对传统选择术的批评上张永祚也与薛凤祚有相通之处：

> 后世择吉，唯凭干支。不知二曜必不以干支之吉而遂不交食，五星亦必不以干支之善而遂不凌犯。是何止问干支而不问七政乎？况后之术士又因干支而演为神将，尽属无象之象。无象者信之笃而有象者不之推，未见其可也。①（张永祚，2002）⁷¹⁷

传统选择术主要以干支及以干支为基础的神煞为选择依据，而西法选择则以天体为选择依据。所以在张永祚看来，传统选择术无象无据，没有西法选择优越。这与薛凤祚的认识相近："夫七政既可以关切人事，若直取其真体本行，较之求于诸神煞性情之属，于七政者不更著明径捷乎？"（薛凤祚，2008）⁶⁶⁸不过，薛凤祚还是承认中法选择有一定道理，因此在《致用部》设立了《中法选择部》。张永祚在《天象源委》中未收录中法选择，其态度同样更加激进。

张永祚还有些论述虽与薛凤祚的表述相差较大，但与薛凤祚有关，甚至可以看作对其思想的发展。在《天步真原·人命》中，薛凤祚认为谈天要及人，言人之术本于天才是真术："历数所以统天，而人之命与运亦天也。故言天而不及人，则理不备。言人而不本于天，则术不真。"（薛凤祚，2008）⁶⁰¹这段文字在《天象源委》中被直接引用过，但张永祚并未作出评论。（张永祚，2002）⁵⁹²不过，张永祚在自己的一些表述中虽然未使用上述词语，却明显与这一思想相通，如前述对中法选择本于干支而不本于七政的批评，又如不用天象推步之术就不能算作推测占验之道的思想：

> 后世术士不知天人一理，妄为窥测。乃占天而不用推步之术，占人而不知用天象以推，占物亦不知仍应推步。将天人一贯之道，零星割截，不知以何为宗，以何为凭，是尚可以为推测之道乎？（张永祚，2002）⁵⁸⁹

占人、占天与占物所用"天象""推步"是指历法推算②，也是本于天的一种体现。而"占人而不知用天象"明显与"言人而不本于天"相近。张永祚这一说法很有

---

① 又张永祚在别处也有类似的说法："夫干支之始于黄帝之命大挠，所以纪岁月日时。天道之大，不尽限此。而近世所用为选择之术者，犹本《授时》之旧法。如正月丙午宜上官，而凡为正月之丙午皆然，天道不如是之执一。"（张永祚，2002）⁵⁸⁵

② 张永祚说："若夫占验之术，星官之学而又不本于推步，则七政运行之不贰且未知，又何以识天意之所在。"此处"推步"即是指历法推算。（张永祚，2002）⁵⁸⁵

可能是受《天步真原·人命》影响。此外,他还根据上述原则严厉批评了一些传统占术,甚至包括邵雍的《皇极经世》:

> 凡一切谶纬术数之书,要皆本于私意造作。其偶验者遂传于史册,其不验者无算。后世《乾凿度》及太乙等书,都欲强与历合,而究不能合。且前之历法尚未能如本朝之精密,即合亦不能无弊,况不合乎?故谶纬之学,儒者所不欲道。而可道者邵子《皇极经世》一书……在乾之五爻,卦爻之吉无有过于此者。而且尧桀并生其间,其何以占世道之升降。《象数论》谓其书亦不能实与历合。夫皇极已自如此,他术可知……至于土木二星同度为十九年三百十四日十四时零一刻半相遇一处,为一次相会。十二次或十三次始交他局。至四十九次又从火局起第一次。此术全凭推算而得,诚非私意之所能造作者。(张永祚,2002)[642]

张永祚以不能与历法推算相合为依据,对谶纬、《乾凿度》、太乙、《皇极经世》等展开批评。又因《天文书》第二类第十一门中"说土木二星同度相缠"占法乃"推算而得",与天象的实际运行相合,所以他认为乃私意所不能造的本天之术。这种认识在薛凤祚的论述中虽未有同样的表达,但正如前面所说,这也有可能是受薛凤祚认识发展而来的。

总之,生活于康乾之年的张永祚或许由于与薛凤祚时代相近,在诸多方面受到薛凤祚星占工作影响——不仅包括具体的文本层面,占法、宫位制的应用、天宫图的形制与解读等技术性层面,还包括对于推步之占与云气风角的关系、对于中法干支选择术的批评、对于本于天象占验的强调等思想认识层面,甚至包括修救备灾的工夫论层面。可以说,综观《天象源委》,虽然张永祚在第一卷中强调薛凤祚与梅文鼎同为复兴西法星占的功臣("论观象之学失传,薛氏梅氏两家继起参订其书,学复大显"),但他所受薛凤祚影响远较梅文鼎为深且巨。不过,我们也不能对此影响过度放大。薛凤祚星占工作中所涉及的技术、宇宙论、本体论、工夫论以及境界论思想,在张永祚的著作中我们看不到系统而整体的反映。张永祚虽然也有星占工作形而上层面以及境界层面的论述,但与薛凤祚关系并不明显,而应该被看作此前星占大传统以及张永祚儒学背景互动的结果。

7.2 文本与技术的凸显——乾隆时期之后的影响

道光己亥(十九年,1839年),钱熙祚(约1801—1844年)刊刻薛凤祚与穆尼阁合译的《天步真原·人命部》。他在所作跋文称:"国初仅百余载,而诸家著述均未及此书。岂以其为星命家言遂弃置不屑观耶?"(薛凤祚、穆尼阁,2008)[112]钱熙祚认为薛凤祚《人命部》之书在清代百余年间诸家著述均未涉及,实乃宥于一己之所见而非之审之语。实际上,在他所生活的时代,薛凤祚的工作即被倪荣桂、陶胥来等学者征引与称述。在他之后亦有学者进一步研究与发展。

7.2.1 倪荣桂《中西星要》

倪荣桂(1757—1830年)①(无锡市图书馆,2014)[74],字月培,江苏无锡人。为诸生,"嗜学能文,究心天文象数诸书及青乌家言"(裴大中,[1881])[卷二十六:27],凡天文、地理、奇门、六壬、星命、选择术,靡不穷其阃奥,更精通西法星占(倪荣桂,[1880])[顾皋序:1a]。其学早期当受同县华鸣冈影响较大,而且可视为康雍时期天文学家杨学山(作枚)的三传弟子:"杨学山……著有《江南省西法命度立成表》,传之邑侯青田韩公锡胙,韩公传之华鸣冈,鸣冈传之月培。后月培学益深,更推而广之。"②(倪荣桂,[1880])[顾皋序:2b]

《中西星要》中倪荣桂"西法命盘图说自序"署期为嘉庆壬戌(七年,1802年)八月,顾皋序署期为嘉庆八年癸亥(1803年)。则此书完成时间当在嘉庆七年或八年。不过,在《西法命盘》末尾又有倪荣桂另外一个署期,为嘉庆己卯三月(二十四年,1819年)。可见此部分或《中西星要》部分内容在嘉庆七年或八年完成之后可能被倪荣桂补充修订过。该书分为五部分:《西法命盘》一卷,《谈天绪言》一卷,《天文管窥》三卷,《禄命要览》四卷,《选择当知》三卷。《西法命盘》与《谈天绪言》是基础部分,《天文管窥》是星占基本概念与普遍星占术,《禄命要览》是星命术与生辰占,《选择当知》是选择术。各部分编排顺序大致

---

① 此生卒年据《无锡名人室名别号索引》。该书只给出了倪荣桂及其字月培、室名为霁轩的信息。从姓名、字与所处大概时代、地点来看《无锡名人室名别号索引》所论倪荣桂均与《中西星要》作者符合,应当就是同一人。

② 张哲嘉据此认为倪荣桂西洋数学与星命术系学自华鸣冈,或有可能。(张哲嘉,2010)

与《天步真原》星占内容类似。

倪荣桂受薛凤祚星占工作的影响主要体现在对星占内容的引用方面。他曾细读薛凤祚星占著作,所以在《中西星要》中多处引用其中内容。如《天文管窥》卷之一中几乎抄录了《纬星性情部》的全部内容,其中还在两处插入了《天步真原·世界部》对《天文书》的引用("附录回回历论吉凶")以及《世界部》中的欧洲星占。①[(倪荣桂,[1880])天文管窥:卷一:8a-b,10b-11b(薛凤祚,2008)601,587]《天文管窥》卷之二摘录了《世界部》一半以上的内容。《选择当知》卷一抄录了薛凤祚《天步真原·选择部》,但并未收进"论物价贵贱"一节。(钟鸣旦,2010)《禄命要览》比较特殊。这一部分由四卷组成。第一卷讲述了传统中法《授时历》与西法《时宪历》起八字行大运的不同。第三、四卷讨论星命术神煞天官。此三卷未收录薛凤祚著作。第二卷是辨真生时刻、回年、小限、月限的介绍。与第一卷相似,此卷也是中西方法对比。此卷收入了《人命部》中卷"变时真否"的内容。[(倪荣桂,[1880])禄命要览:卷之二:6a-8b(薛凤祚,2008)640-641] 而在该卷"附录月培室人命稿"中有三幅"西法星盘"(即天宫图),旁边解说文字如"西法书云七曜之性及一宫十宫之性称为生人之星"(倪荣桂,[1880])禄命要览:卷之二:16b是《人命部》中卷内容。②(薛凤祚,2008)642 这些命盘形制与《人命部》中卷大致相同。但在一幅命盘中,倪荣桂加入了月孛、紫气这两种传统星命术中使用的元素(图7.2)。他似有将西法天宫图应用到星命术中之意。此外,安命宫的时刻被写在天宫图之外,纬度条件也未标出。③ 从命宫图形制来看,倪荣桂也应当使用的是雷格蒙塔努斯宫位制。(郑玉敏,2016)56 他也提及薛凤祚著作里对此宫位制的介绍,虽颇有微词,但也显示出他的深入研究:"西洋与中土语言不相通,中土之习西法者,究罕能窥其蕴。即如康熙年间北海薛凤祚所刻穆氏西法书,流布天下,多历年所。内载西法推命之法凡三种。而其中不无错谬。"(倪荣桂,[1880])西法命盘图说自序:2a-2b 可见,他对雷格蒙塔努斯宫位制的使用当受到薛凤祚星占著作的影响。但我们不能就此肯定倪荣桂对此宫位制的应用完全来自薛凤祚星占著作的影响。因其所传承的杨学山一脉也是使用雷格蒙塔努斯宫位制,而我们目前无法确定杨学山受到薛凤祚工作的影响。(郑玉敏,2016)49-51

---

① 《世界部》以"附注"形式被引用,表达有改变。钟鸣旦认为《天文管窥》第一卷用到了《人命部》,但并非照抄,有误。这可能是钟鸣旦并未见到《纬星性情部》的原因。(钟鸣旦,2010)346

② 这样的简短文字有三处,均引自《人命部》中卷。

③ 倪荣桂未标出纬度并不代表他不考虑纬度在安命宫中的作用。《西法命盘》制作各省份命盘就考虑了各地纬度的不同。

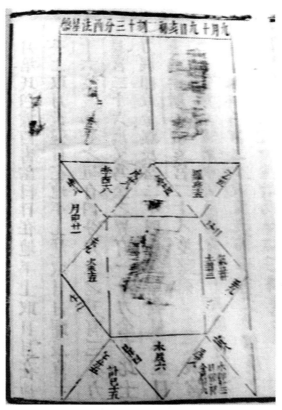

图 7.2　《中西星要》天宫图书影

倪荣桂《禄命要览》收录《人命部》中卷"变时真否"的目的与其他各卷的收录不同。《天文管窥》《选择当知》中的收录是以保留西法为主要目的,《禄命要览》收录"变时真否"则以改造星命术为指归。通观《禄命要览》后会发现它是倪荣桂在三种占法中最为措心的部分。该部分以传统星命术为主,但并非固守旧法,而是希望通过西法星占与历法的准确计算补救中法星命术的不足。① 这实际上是对传统星命术的改造。如卷之一部分,他就称西法九十六刻制较中法百刻制优越:"按一日内有十二时,时分八刻。中法子午二时各加二刻,共为百刻。刻析百分,分析百秒。用以推算,数多奇零。西法时分八刻,一日止有九十六刻,刻析六十分,分析六十秒。以次递析,数无奇零,易于核算。今表内时刻分秒,悉遵西法。"(倪荣桂,[1880])^{禄命要览:卷之一:4a-4b} 又如星命术中有小限、月限概念。但倪荣桂对传统小限、月限概念颇有微词:"若依中法起小限,则如乾隆二十年乙亥九月十九日亥时生人,未宫九度立命。本年小限在未宫只管

---

① 倪荣桂赞扬西法的一个重要原因就是西法的计算准确。(张哲嘉,2010)

四个月,次年小限在午宫乃管十二个月,则多少不均。小限从命度起,逆行宫顺行度,该十二日有奇行一度,立命未宫九度,尚余二十一度。该行二百五十五日有奇。岂有尽本年四个月便行完二十一度,一到次年立春日即交入午宫之运?"(倪荣桂,[1880])^{禄命要览:卷之二:9b-10a}所以在"新订小限月限起例"中他主张以西法代替中法。而收录"变时真否"也是为了以西法代替中法以定一人出生的真正时刻:

> 禄命家以年月日时为四建。年月日所同而时则所独,故定时为要。但一时之内生人不知几何也,每有四建俱同,其祸福不同者。盖由南北异地,五行衰旺各殊。然又有其地同,其祸福仍不同者。或因善恶殊途人事召致各异。然不言命则已,既言命则人之善恶命中亦自可推。子平家有得一分三之法。一时之内初中末分为三种人。然一时但分三种人,祸福仍未必尽同也。况村落之地,阴晦之处,更漏既弗得闻,星月又不可见,为子为丑尚属难定,矧欲定其时之初中末乎?是几付诸空言而终莫可测议矣。今西法五星时分八刻,[刻分]十五分,一时内积一百二十分,每四分而差一命度,则一时分为三十种命。天星度数顶吉顶凶,各有不同,其法至为缜密。又有推算朔望强星定真生刻分数之法。即村落之地,阴晦之处,但能意约其为近何时生,即可按以朔望强星度数定准命度,算其为几刻几分生,不特可分初中末三种人矣。(倪荣桂,[1880])^{禄命要览:卷之二:1a-2a}

其中所论"推算朔望强星定真生刻分数之法"即指《人命部》"变时真否"中的方法。倪荣桂认为,包括星命术在内的传统禄命家四柱只能精确到时,且常有生日时刻不真的情况。所以他主张用西法时刻分的精细划分与计算获得更加精微与多样的命度,同时使用"变时真否"的方法来确定出生时刻命度,以获得更为准确的安命之法。

总体来看,《中西星要》中收录了大量薛凤祚著作中的西法星占文本内容。倪荣桂所受薛凤祚西法星占工作的影响当不小。不过,我们不可高估这一影响。首先,薛凤祚书中最为精彩的命宫算法,在倪荣桂看来有不足之处。其次,就《中西星要》整个体系来说,西法虽然占有重要地位,但中法绝非处于附庸补充位置。《中西星要》三种占法中,普遍星占术是西法,生辰占则以中法为主,选择术是中西均等。因此,中法与西法应该具有同等重要地位。最后,通读全书不难发现,在思想观念上,除将星命术看作中法之外,《中西星要》没有受薛凤祚思想观念影响的明显迹象。① 所以，倪荣桂所受薛凤祚星占工作的影响，已经与张永祚无法相提并论。

最后值得指出的是，与薛凤祚气势恢宏的以数合天理想、张永祚修身与修救目的相比，倪荣桂研究星占的目的实为无奇。在《西盘用法》的最后他说："精熟是书者，能知天时晴雨，年岁丰凶，物价贵贱，不特为推命选日造葬所必需，亦经商所重赖。识者珍之哉！"（倪荣桂，[1880]）^{西法命盘：西盘用法：2a} 此可谓毫无气魄矣。

7.2.2 陶胥来《命度盘说》

陶胥来，字淑宇，南京人。生卒年不详，当生活于道光前后。为人好义行，"首创义塾，又与族人设义成会，施舍不倦"。（蒋启勋、赵佑宸，[1880]）^{卷十四之九上，5a} 其著作目前所知仅《命度盘说》一种。该书大致完成于道光二年（1822年），② 是一部中西结合的星占著作。"命度盘"指天宫图。与书名相称，此书即主要以天宫图为中心进行论说。③

《命度盘说》分为卷之上与卷之下两卷。卷之上包括"算法""造命""人命"三部分，是对天宫图算法及具体天宫图的解说。"算法"介绍天宫图的计算方法，"造命"主要论述天宫图在造葬上的应用，"人命"乃有关个人命运的西法星占。卷之下包括"北极高度表""黄赤二道距升度表""极高十八度至四十度命宫表""江苏十二宫立成表""十二宫度五星界""外部度数表一卷"等一些数据表。这些表被用于安命宫。

以上各部分收录薛凤祚西法星占内容与提及薛凤祚著作之处较多，但比较凌乱。如"算法"中"算《天步真原》极高五十四度十二宫度"一节，太阳"黄道一百四十度〇四十四分"（陶胥来，[1823]）^{卷之上：5b} 即《人命部》下卷"命宫十五格"中"吃牛乳活十六日"（薛凤祚，2008）⁶⁶¹ 一格。"算《天步真原》候王六十一岁月到土星弦照死"（陶胥来，[1823]）^{卷之上：7b} 即"先贱后为大侯王"（薛凤祚，2008）⁶⁶⁵

---

① 在《中西星要》中有两种较为重要且与薛凤祚接近的思想。一是对西法精确性的推崇。这可以倪荣桂"西法命盘图说自序"西法安命宫法与中法比较的论述为代表。其中倪荣桂提及了薛凤祚，但无法看出倪荣桂这种思想与薛凤祚有直接的关系。另一思想是对干支选择的保留。倪荣桂在《选择当知》卷二最后表达了这一想法。从论述来看，他更有可能是受到《协纪辨方书》的影响，而非薛凤祚。有关这两种思想的论述见张哲嘉（2010）⁴⁵³⁻⁴⁵⁵ 的文章。

②《命度盘说》前有陶胥来序言，署期为道光二年。

③ "命度"作为一个专门词汇，出现在传统星占术中，指太阳之度所对命宫度数。（古健青等，1991）³³⁶《命度盘说》是以西法立命，所以此处是借用星命术术语，指由西法安命的度数："凡世间人物落地时，看此时东方黄道上是何宫度出地平环上，即此处为安命定度，人事之气运皆自此而定。"（陶胥来，[1823]）^{《命度盘说》序：1b}

一格。"人命"也收录了一些《天步真原》的内容。① 陶胥来还抄录了《天步真原·人命部》上卷的"十二象论人身"[（陶胥来，[1823]）^{卷之上：37b}（薛凤祚，2008）⁶⁰²]，不过表述上有改变，如将白羊等十二宫换为戌等十二地支。他也有提及《天步真原》算法的情况："照星煞星皆黄道上度，算祸福要论赤道，黄道全不用。其算之法有三，详载《天步真原》。此本内侯王六十一岁月到土星弦照死，亦一算法也。"（陶胥来，[1823]）^{卷之上：33b}

薛凤祚星占工作对陶胥来的影响不只停留在内容的简单引用上，更重要的是，《命度盘说》中所使用的宫位制就是《人命部》中卷介绍的雷格蒙塔努斯宫位制，而且陶胥来应该就是通过研习《人命部》而掌握此算法的。

这一宫位制计算的介绍集中在《命度盘说》卷之上的"算法"。尽管陶胥来在开始部分未标出计算所取纬度，但他在"再用立成法横推查十二宫度"中提到"查江宁府十二宫度立成表"（陶胥来，[1823]）^{卷之上：5a}。可见他所用正是其家乡南京的纬度。陶胥来以"日辰宫二度"即日躔黄道一百八十二度为例，给出了这一计算过程。从计算结果不难发现，陶胥来所用宫位制正是赤道均分黄道不均分。这是雷格蒙塔努斯宫位制的重要特征。另外，在"再用西洋三率法算十二宫度"中，《命度盘说》十一宫、十二宫等离北极度数，也与《人命部》相同。[（陶胥来，[1823]）^{卷之上：3a–5a}（薛凤祚，2008）^{631–633}]可见，陶胥来的确使用的是雷格蒙塔努斯宫位制。

陶胥来称自己了解此宫位制算法无师承，是自己摸索而得："以上三法详备，了如指掌，学者易于入门。较之余无师传受，自悟摸索而得者，省力多矣。"（陶胥来，[1823]）^{卷之上：5a}当然，我们不可理解为这一宫位制是陶胥来自创而得。实际上，这只是他表述是通过自我研究《人命部》中卷掌握此宫位制的一种说辞。《命度盘说》介绍计算此宫位制的方法有三种："用西洋弧三角法算十二宫度""再用西洋三率法算十二宫度""再用立成法横推十二宫度"。它们实际上与《人命部》中卷所演示的三种方法"不分线三率法算""用表算""又三角算"一样，只不过顺序不同而已。又"算法"部分"求月圈癸角度"下小字注释说"癸角圈载《天步真原》"。②（陶胥来，[1823]）^{卷之上：8a}考虑到陶胥来在其他地方对薛凤祚著作的引用，认为他对雷格蒙塔努斯宫位制的了解正是从薛凤祚书中得来是没有问题的。

此外，陶胥来还指出了雷格蒙塔努斯宫位制的两点优越性，即对纬度的考虑与时间的精确。他说：

---

① 《命度盘说》目录"人命"条下即说"各命盘下后附摘抄《天步真原》原说"。
② 此处"癸角圈"指《人命部》中卷"月纬大再算月入何宫"中图示的癸角。（薛凤祚，2008）⁶³⁶

> 既有此安命真度起天下人事,有同日同时而安命各不相同。江南之安命异于他省之安命,其荣枯亦遂各异。又古法只用时辰,不辨刻数。夫一时天左旋三十度,其间吉凶各异。人生前刻之安命,不同于后刻之安命。而总用一时三十度内,将何处安命以准吉凶,其推断必不验。(陶胥来,[1823])《命度盘说》序:2b-3a

雷格蒙塔努斯宫位制以纬度作为一个变量。不同纬度相同时间的条件下天宫图并不相同。该宫位制的时间考虑也更加精细,在时辰(即两小时)后还有更细划分。而古法安命(星命术中整宫制)不考虑各地纬度差异,所以不同地区相同时间的命宫一样。又时间上古法安命只精确到时辰,较为粗糙。所以陶胥来认为以此论断吉凶,"其推断必不验"。

其实,这种认识并非始于陶胥来,早在薛凤祚就有端倪:"一为生时不真,如子至丑一时,而论人生则非刻漏之时,而过午时圈之时。一子时有三十度,过午圈则子有三十时矣。子时过午圈一也,南北极出地又有无穷之异,则子时且不可以数计矣。"(薛凤祚,2008)599 这里薛凤祚便涉及了时间的细致划分与纬度两种因素。到倪荣桂时,这一观点更加明显,且是中西对比立论。这已在第4章作了讨论。而为倪荣桂写序言的顾皋也特意指出了这一点,以作为《中西星要》的优点:"余同砚友倪月培……更通晓西洋三角弧推算五星之法。是法也,较之中法为尤精。中法星盘上下四刻无以殊,一十八省无以异。西法则每四分而算一命度,一时之中分为三十种命。其各省星盘皆准北极出地之高卑,而随所在不同。"(倪荣桂,[1880])顾皋序:1 不过,在陶胥来的论述中并未提及薛凤祚与倪荣桂等人观点。因此,陶胥来是否受他们的影响较难确定。

《命度盘说》还有非常有意思的一个现象,就是将雷格蒙塔努斯宫位制应用到传统造葬中。①《天步真原·选择部》曾提到修造房屋(薛凤祚,2008)671,但与《命度盘说》中以山向等为分析元素的传统造葬术不同。因此,倪荣桂这一工作可以说是在《人命部》宫位制影响下的新发展。这部分内容集中在卷之上"造命"中。② 陶胥来在此部分首先列出天宫图,次列解说文字。从天宫图样式来看(图7.3),这些命盘与《人命部》中卷的形制相同,只不过中间方框中所写内

---

① 造葬指造与葬二者。《钦定协纪辨方书》说:"造葬二者乃选择大端,不可不慎。慎之如何?曰:合造命之体用而已。然竖造与葬地亦略不同。葬以补龙为主,而山向亡命次之。造以山向主命为重,而补龙次之。盖葬乘生气,生气旺则体自暖,虽山向与亡命不甚全利无妨也。若修造则斧斤震动,且旷日持久,倘山向不空,主命受克,不敢妄议兴举,况八宅祸福,皆论坐山乎?"可见造指人居阳宅而言,葬指阴宅而言。(允禄等,1983)917

② "造命"乃选择家语(古健青等,1991)427,并非专指造葬,但"造命以造葬为重"(陶胥来,[1823])卷之上:20b。

容是选择时辰的八字而已。

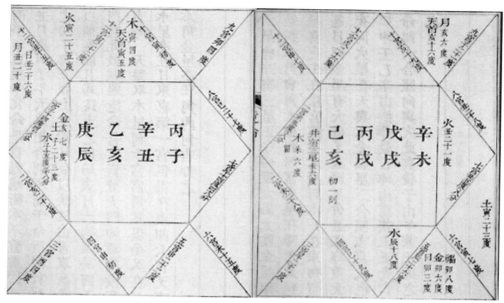

图7.3 《命度盘说》中天宫图

陶胥来对造葬的解说文字可以帮助我们一窥他对《天步真原》星占占法技术的应用情况。他对书中第一个天宫图（图7.3右）的解说文字云：

> 木星会井宿三星，正守命度。太阳、太阴、金星、福星三合照命。水星到本角会角大星到四宫。土星在降角，又到下去宫，弱甚。火星喜夜生，在阴宫，权小。木星到本升，在东初留，正到东地平，强甚。日同金星有大权，又与福星会。选择专重太阴，在吉宫界，夜同火星，在天与木金福星三合照，吉莫大也。（陶胥来，[1823]）卷之上：9b

上述论述中，"福星""三合照""降角""下去宫""权""升""界"均是继承自《天步真原》的占法术语。在不同位置的强弱吉凶亦可以在《天步真原》占验原则中找到。不难看出，倪荣桂不仅在文本、宫位制层面上受到薛凤祚星占工作影响，在星占术语以及占法解读原则方面亦受影响。

与《中西星要》相似，《命度盘说》中有关思想的论述也很贫乏，薛凤祚星占工作的影响也以文本与技术为主。而陶胥来从事占验研究的目的，同样缺少薛凤祚那样的图景。陶胥来说："余为天文弧三角算法，一生颇费心力，希冀葬我考妣时拣得一盘好天星"。（陶胥来，[1823]）卷之上：16b 不过，《命度盘说》在《天步真原》西法星占的传播上却较为重要，清末温葆深云："原书薛北海凤祚为叙刻之,嗣即无锡杨学山刻《七论》,备载图式,盖与薛君同时。继后无锡倪月培刻《中西星要》盘法,则时在嘉庆壬戌。唯吾邑陶君胥来于道光壬午刊传《命度盘说》三册揭其术,令洞若观火然,盖自是而习谈此者若相望云。"(温葆深,2000)[346]

7.2.3　温葆深《西法星命丛说》与陈松《推测易知》

温葆深(1800—1888年),字明叔,原名肇洋,江苏上元人,[(谢章铤,2009)[710](南京师范大学古文献整理研究所,1995)[867]]为人聪慧,精于星命之术。《纯常子枝语》曾称:"景东甫澧京卿言明叔为宝文靖之师,尝为文靖推平生休咎,无一字不验。其中有目疾数日,亦先推出。术数之学,信有奇验者。然此事要关夙慧,侍郎之门人有梅姓甘姓者,传之皆不甚验。"(文廷式,2002)[123]可见其术之奇。其星占著作即《西法星命丛说》。该书又名《春树斋丛说》,初刊于光绪丙子(1876年)。书中占法以《天步真原》西法星占为主,兼及前文所言"造命"之术。书中除引用薛凤祚《天步真原》《天学会通》外,还引述了梅文鼎《梅氏丛书辑要》、陶胥来《命盘图说》等近30余种著作(陈美东、华同旭,2011)[400],可谓一部相当博洽、精深的西法星占著作。

《西法星命丛说》是以《天步真原》西法星占为主的著作。不过,该作在引用薛凤祚原书时不似前述倪荣桂一般大段收录,而是会对引用之处进行较多的修改或注释。如该书最后整体附录的《人命部》中卷"变时真否"等内容,在语句上改动较大且加有案语。书中对《人命部》中卷宫位制算法的介绍也有很大调整(温葆深,[1822])[94a-96b]。此外,《选择部》所附《天文书》的一些内容也加入了注释。①(温葆深,2000)[376-378]

事实上,对《天步真原》西法星占以诠释为主而非简单引用是此书一大特征。如在朔望日安命宫进行占验是《天步真原》中的一种占法:"占年又看春分前或朔或望,作十二宫同上,对看何星有大权者为主星,善者更善,恶者更甚。"(薛凤祚,2008)[584]温葆深对此非常推崇,称:"《真原》术之言命,其最奇者在太空之中先立朔命望命。此朔望命以主朔主望之强星考定,是为天盘。而生人所居地方北极高下与此朔望太空之命,入宫浅深,遂能定人命宫真度,或官禄宫度,此为地盘。"(温葆深,2000)[348]因此,在后文中他专门讨论和阐释了朔望命宫问题。(温葆深,2000)[355-356]又如温葆深解释《天步真原》回年之法说:"又案《真原》求回年之法,亦先求天顶午时圈法,以当生命盘十宫黄道度,用黄赤互

---

① 除星占之外,温葆深对《天学会通·正集》历法部分也有引用:"《天学会通·正集》曰京师偏东五度四十分,若凭以造晷则冬至午正先天一刻四十四分有奇。"(温葆深,2000)[349]

推表(此表即黄赤同升度)求得赤道。"(温葆深,2000)³⁷⁰ 这也是阐释性文字。从这些文字可以看出,温葆深对《天步真原》占法用功颇深,其星占术语亦受薛凤祚著作命名影响。文廷式就曾说:"按此即《天步真源》之学,近时温明叔侍郎(葆琛)传其术。"(文廷式,2002)¹²³这也说明温葆深受薛凤祚星占工作影响的方面主要是在占法技术、术语的应用,而非文本的收录。

《西法星命丛说》既以《天步真原》占法为主,其使用的分宫系统无疑即是《人命部》中卷的雷格蒙塔努斯宫位制。在书前部分,温葆深便说:"案《真原》术之推命须先算本命七政宫度分秒。"(温葆深,2000)³⁵⁴ 书中"附刻星月纬大细算真入何位法式格眼"一节即受《人命部》中卷"月纬大再算月入何宫"影响。[(温葆深,2000)³⁷¹(薛凤祚,2008)⁶³⁵]前面已经提及的"附录《真原》原载假如法"一节更是对《人命部》中卷天宫图算法的截取与阐释。温葆深也自称:"深凤好选时算命,遂由尼阁书详及假如法,继复苦其繁琐,又获见《通宪》原书,省步算之稠叠,真按图而可索。"(温葆深,[1822])¹¹⁹ᵃ因此可以断定,《西法星命丛说》所用正是雷格蒙塔努斯宫位制。

尽管温葆深在宫位制计算上依据薛凤祚之书,对七政位置的确定却与薛凤祚著作无关。从他的论述来看,他在计算七政位置时使用的应当是《历象考成》《仪象考成》等书,即清代流通的官方历法等著作:"案《真原》术推命须先算本命七政宫度分秒,须用星命家所谓量天尺者,即《考成·黄道铃》也。此须先算历元,以积年岁差入用。康熙甲子后用《历象考成》为元,乾隆以后用《仪象考成》为元,咸丰元年后用《仪象考成续编》为元……更以此例遍算此命七政,即各曜宫度分秒,俱为算成也。"(温葆深,2000)³⁵⁴

除宫位制外,温葆深也受《天步真原》天宫图样式的影响。《西法星命丛说》中有 6 幅天宫图(温葆深,2000)³⁸⁸⁻³⁹¹,其中 4 幅引自前述陶胥来的《命宫盘说》①,一幅引自"许氏",最后一幅即来自《天步真原·人命部》卷下有关月全食的天宫图(薛凤祚,2008)⁶⁶⁷。有趣的是,在《西法星命丛说》中温葆深还给出了一种"堆垛盘"。其介绍文字称"改原三角盘为堆垛盘,便于填写多字,臆为取名"(温葆深,2000)³⁷⁰,则此盘可能是温葆深所自创。(图7.4)

与《命度盘说》一样,《西法星命丛说》也介绍了"造命"。如"案太阳到山法,《协纪辨方书》载京师地方图表算用弧三角形注云,法见《考成》上编。他方须另用法算。故全椒江云樵刊《选择释疑》书详释之,余已刻入《造命歌》卷内。"(温葆深,2000)³⁵¹而这种"造命"之术据温葆深介绍也与《天步真原》有关:"堪舆之学,自以五代时人杨筠松为宗……又曰金水紫气,日月孛同用,曰十一

---

① 3幅引自《命度盘说》卷之上《人命》(分别在30叶,31叶,32叶),一幅引自《造命》(9叶)。

曜只嫌火星。大致实同《天步真原》。今得《真原》书,争习之机,兼用及之,实为选择快事。"(温葆深,2000)³⁵³以《天步真原》之法兼及"造命"之术是温葆深与陶胥来的相近之处。

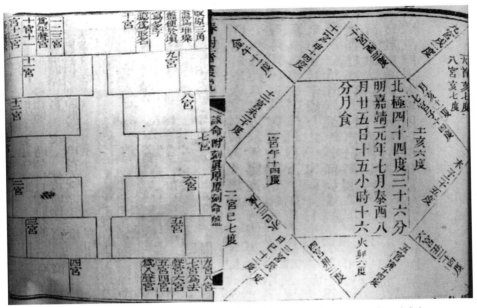

图7.4 《西法星命丛说》"堆垛盘"(左)及所引《人命部》天宫图(右)

总之,《西法星命丛说》是一部诠释《天步真原》占术的重要著作,是受薛凤祚所翻译的西法星占影响的重要实例。

最后再简单介绍一下光绪年间的另外一本星占著作《推测易知》。此书作者陈松,字丽中,永新人,光绪年间为云南普洱府(今普洱市)分驻牛街知事。(徐振韬,2009)²⁴⁴据陈松自己介绍,他学习西法星占源于温葆深的指点:"光绪初元,谒金陵温明叔少司徒,出《椿树斋丛说》,指示要略,归而求之,颇有解悟。乃购算学诸书遍考之,有疑则质之司徒,往复问难,潜心探讨,历久而始通其义。"①(陈松,2000a)²后来,陈松经过自己的认真钻研,完成了《推测易知》。

此书被附在初刊于光绪丁亥年(1887年)的《天文算学纂要》之后。全书分为四卷:卷一《真原天星选择》、卷二《宅命八卦宜忌》、卷三《七政选时算式》、卷四《数学测量简法》。陈松于卷一整体收录了《天步真原·选择部》与《天步真

---

① 此中有字不清,据黄一农《通书——中国传统天文与社会的交融》补。该文还有对温葆深《西法星命丛说》与陈松的一些介绍。(黄一农,2004c)

原·世界部》的内容。①另外,在"用表查各省北极十二宫度立成法"中陈松谈及了《人命部》中卷的宫位制算法:"兹按《天步真原》算法,先知本地北极,即从太阳所躔之度,算出赤道时刻,立为十宫,以从天顶子正在子方之中,午正在午方之中,每一时移一宫三十度,每一刻移三度四十五分。"(陈松,2000b)[108]他还自己给出计算十二宫的过程。研究之后不难发现,陈松所介绍的正是《人命部》中卷"三率法算十二宫"的方法(陈松,2000b)[103-104]。因此可以推断陈松使用的分宫系统也是雷格蒙塔努斯宫位制。(薛凤祚,2008)[631-633]

《推测易知》中还有两幅"天星内盘"(图7.5)(陈松,2000b)[105],其图式与《人命部》下卷天宫图不一样。不过,由于《推测易知》使用的分宫系统是雷格蒙塔努斯宫位制,所以这两幅星图也当是依此宫位制算出。观察"天星内盘"可以发现其中赤道平分十二份,黄道非均分。②这正是雷格蒙塔努斯宫位制的特征。

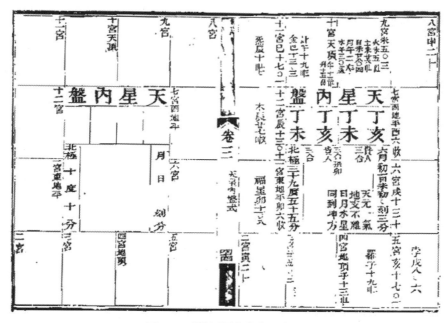

图7.5 《推测易知》中天宫图

---

① 与《山东文献集成》所收北大本《历学会通》相比,陈松的收录在表述上有差别,如将白羊换为戌等。(陈松,2000b)[4]陈松在有些地方加有注释,还在文中增入陶胥来《命度盘说》中有关造葬的内容。(陈松,2000b)[8-9]另外,陈松未收《世界部》的"七政宫升三角界表",不过卷一有"七政照方宫度表"(陈松,2000b)[8-9,18-45]。数据上两者相似,但并非完全相应。"七政照方宫度表"与《中西星要》"七政舍升角界位表"相近,或受《中西星要》影响。(倪荣桂,[1880])禄命要览:卷之二:4b-5b

② 这可以从各盘标注与"求十宫黄道""求一宫黄道""求二、十二宫黄道"等小节看出。(陈松,2000b)[103-105]

《推测易知》附于陈松自己编写的历学著作《天文算学纂要》之后，则确定七政位置的方法，应该就是《天文算学纂要》中历法。根据陈松介绍，可以推知《天文算学纂要》主要依据清代官方历法编纂而来："松不揣固陋，爰将十余年用力有得之书，择其简要，汇为一编，颜曰《天文算学纂要》。凡二十卷，于历数诸法，颇为详备，而《考成》前后编之七政步法及日月交食表，日月五星表，《仪象考成》正续编之恒星表，《数理精蕴》之八线算学对数等表，《会典》之仪器图说，靡不毕赅。皇朝舆地与夫属藩诸部，外洋通商各国，北极经纬度里表，均悉心考正，无少差忒。"（陈松，2000a）[3] 可见，陈松与其师温葆深相似，其著作中宫位制与星占占法依据薛凤祚著作，而七政计算则是依据清代官方历法。

7.3 薛凤祚星占工作的其他影响

以上所述均是较为系统的著作。除此之外，还有三种影响情况需要提及。一是关于薛凤祚星占工作的订正批注。二是其星占著作被收录于丛书或类书之中。还有就是有些书中只是偶尔提及其星占工作。这三种情况虽然没有张永祚等人的工作重要，但对于了解薛凤祚星占工作的影响不无帮助，在此一并述之。

梅文鼎的工作属于第一种。据《勿庵历算书记》载梅文鼎有《〈天步真原〉订注》《〈天学会通〉订注》，可惜据介绍文字其中似乎并未涉及星占内容。（梅文鼎，1983）[第795册:981] 不过，张永祚在《天象源委》提及了梅文鼎对《天步真原》星占工作的订正批注。他说梅文鼎颇为重视薛凤祚的星占工作，曾摘录其论述七政性情的《天步真原·纬星性情部》特为订正："我朝有北海薛凤祚，泰西穆尼阁。其人相与参订，复敷衍之……宣城梅文鼎亦极重薛氏学，而病其难读。因摘其述七政性情者，特为之订正。"（张永祚，2002）[587-588] 又张永祚在《天象源委》卷十六《选择·杂用》中三次引用了梅文鼎关于《天步真原·选择部》西法选择术的批注。在"修屋木植，宜日月相冲至相会，不宜相会至相冲，恐屋宇易坏。月要在金牛、双女、天蝎，宜冬日"条下，张永祚引梅文鼎的解释说"此条与上弦以后不宜伐竹木条，正可参看"。（张永祚，2002）[723] 这实际上是梅文鼎对《天步真原·选择部》条目"修房木植，宜用日月相冲至相会，不宜用相会至相冲，主屋宇易坏。月要在金牛、双女、天蝎，要冬天时，否则易坏"（薛凤祚，2008）[670] 的注释。在

"用粪宜下弦"条下说"梅文鼎云补之益之也","骟马驴等宜下弦"条下云"梅文鼎云乘其虚,观瓜田等欲其速生,则宜上弦可见矣"。(张永祚,2002)^723 这分别是对《选择部》"用粪宜下弦""骟马驴禽兽,宜下弦"(薛凤祚,2008)^670 的注释。①

虽然从《勿庵历算书记》的记载来看《〈天步真原〉订注》《〈天学会通〉订注》似乎未涉及星占,且未在他处发现类似张永祚引用的记载,梅文鼎对薛凤祚星占著作有订正批注当较可信。张永祚去梅文鼎不远,在《天象源委》中曾多次引用梅文鼎著作,其所论述当非臆谈。又梅文鼎曾著有《西域〈天文书〉补注》一书,今已失传。《勿庵历算书记》介绍此书云:

> 盖今泰西《天文实用》又本此书而加新意也。不知者或谓此即《天文实用》,而反谓回回之冒窃其书,岂不陋哉?书首小序曰"此书亦有不验之时,不可以其不验而遂废此理",其言类有道者,非术数家所能及也。(梅文鼎,1983)^第795册:969

《天文实用》乃传教士汤若望译介的欧洲星占著作。该书与伊斯兰星占《天文书》虽有差异,但同样本于希腊化天宫图星占学,所以在占法、概念上类似。梅文鼎认为《天文实用》本《天文书》而加新意,虽然并不符合历史事实,却是他因研究《天文书》与《天文实用》占法概念之后发现其中的相似性所得出的结论。在上述介绍中他还称赞《天文书》第一类第一门之语"此书亦有不验之时,不可以其不验而遂废此理"为有道者之语。由此可知梅文鼎对于伊斯兰星占和欧洲星占当有较为深入的研究,且有推崇之意。② 他对薛凤祚的星占工作有批注也在情理之中。

第二种情况以《古今图书集成》对薛凤祚星占著作的转引为代表。《古今图书集成》"星变部汇考八"收录了属于西法星占的《纬星性情部》《世界部》。"选择部汇考五"收录了《历学会通·中法选择部》。第三十三卷"星变部汇考七"收录了《历学会通·中法占验部》中的"《洪范》八庶征""《乙巳占》""《贤相通占》"

---

① 据方豪介绍,台湾藏有《天步真原》中《世界部》《性情部》《选择部》写本。在《世界部》目录之后有焦循跋称:"吾友李尚之,于吴市得写本《西镜录》,内有蓝笔小字,称'鼎按'云云,钱竹汀先生以为勿庵笔也。去冬在浙,写录一部。今秋偶于江宁得此本,内朱笔小字,亦称'鼎按',但朱书或又称'梅定九'云云,而写书者亦于本文下书'鼎按'云云,则有疑而未可定者,俟尚之来,当与商之。嘉庆辛酉秋七月望日,江都焦循书于金陵之汤信国公祠。"由此可知,该写本可能保留了梅文鼎对《天步真原》的批注。(方豪,2008)^707

② 温葆深说:"国朝言星命三家。梅氏有黄赤互推求古盘法。薛氏刊传尼阁书。唯杨学山氏著《七论》成卷,专言西儒命术至详尽。"(温葆深,2000)^353 在温葆深看来,梅文鼎乃清代可与薛凤祚、杨学山鼎立的星命学家。若温葆深所说成立,则梅文鼎对星占将不止于推崇而已。

各节。① 此种收录虽然全面,但仅仅限于收录,没有诠释或对占法的应用。这无疑与《古今图书集成》的类书性质有关。

第三种情况例子较多。如许宗彦(1768—1818年)《鉴止水斋集》中提及薛凤祚关于《天文书》的工作:"史家律术天文五行各为一志,示不相杂也。其于占验尚不之及,何有于选择?今台官七政书出西士所算,而《时宪》详于选日,一用旧法,两者固自有分明。洪武初吴伯宗所译'回回书'乃以七政三角照度定时日吉凶,国朝薛仪甫、袁惠子、张两湖皆有书发明之,世亦颇有能用其术者。"(许宗彦,2002)[396]孙之騄《晴川蟹录续录》中引用了《世界部》的内容:"《天步真原·世界篇》云太阳入巨蟹初度,火星先太阳东出,天气极热。"(孙之騄,1997)[598]王家弼《天学阐微》言及《纬星性情部》:"'月之从星,则以风雨',郑康成引诗及《春秋纬》谓箕星好风,毕星好雨。且为好妻所尚之说,诸家从之。夫经星原有风雨之性,穆尼阁亦言之,而谓好妻所尚则陋矣。"(王家弼,2002)[82]文廷式也有多处谈及薛凤祚星占工作,如他以星命术与《天步真原·人命部》同出一源:"算命理学以星度为言者,皆本于西域穆尼阁《天步真原》之说,与《张果星宗》固同出一源也。"(文廷式,2002)[489]又提及了《天步真原》火星为凶星的说法:"又云日虽不吉,当复占星。若是火星、奎星、昴星、阎罗王星、湿星、满星,如是星时,病亦难治……又穆尼阁《天步真原》以火星为凶星,与此文同,当属印度旧说(下文云,如来法中无有选择良日吉星,故知此是婆罗门法)。"(文廷式,2002)[287]此外,还有一些提及薛凤祚星占工作的论述,由于过于琐碎,不再一一列举。

7.4 总　　结

薛凤祚的星占工作对后世产生了深远影响。在他的著作刊刻后不久,梅文鼎就很有可能已经有了批注与整理之作。到了乾隆时期,张永祚受薛凤祚西法星占工作影响,完成了《天象源委》。该书不仅在文本、占法、术语与宫位制上承袭了薛凤祚著作,对星占的认识也多与薛凤祚有关。张永祚亦在自己

---

① 值得指出的是,上述收录不仅涉及薛凤祚的西法星占,还有中法星占工作。另外,在沈青峰(雍正)《陕西通志》中也引用了《历学会通》中的中法星占。但从目前来看,中法星占的影响较西法小得多。

星占实践中应用了薛凤祚星占著作中的占法与术语。在乾隆之后,我们主要见到了四种受薛凤祚星占工作影响的著作——倪荣桂《中西星要》、陶胥来《命度盘说》、温葆深《西法星命丛说》、陈松《推测易知》。这些著作虽然在思想观念层面鲜有受薛凤祚著作影响的痕迹,但在文本、占法、术语与宫位制上深受薛凤祚著作影响。更为重要的是,在这些著作中还出现了将西法星占中天宫图与宫位制应用于造葬之术的情况。这可以说是中国学者对西法星占的发展。此外,其他一些非星占著作也零散地提及了薛凤祚的星占工作。

从上述讨论还可以总结出以下结论。第一,薛凤祚星占工作对后世的影响随着时代的变化而不同。处于康熙至乾隆中期的张永祚,文本、技术与思想并重。在此之后的倪月培等人,则主要关心文本与技术。这一情况产生的原因当十分复杂。笔者觉得或许与时代学术背景关系较大。处于康熙至乾隆中期的张永祚上接明末清初,在学术上尚受理学影响,因而比较重视思想。乾隆之后的倪月培等人,也许受乾嘉考据及其余风余韵的影响,所以不太关注思想,而重视技术层面。第二,文中所介绍的五种著作均使用雷格蒙塔努斯宫位制作为分宫系统。这说明此一宫位制的引进的确对后世具有重要意义。第三,与星占著作多采用《天步真原》中的雷格蒙塔努斯宫位制计算天宫图相反,在计算七政位置时,这些著作均未采用薛凤祚所提供的历法,而主要用清代的官方历法。这说明薛凤祚的星占工作较其历法工作对后世应该更有影响力。第四,就笔者所见,薛凤祚中法星占工作的影响远较西法微弱,而西法中对后世产生影响的主要是《天步真原》及《历学会通》中的相关著作,《气化迁流》则鲜被提及。[①]第五,对于薛凤祚以星占为重要媒介构建的天人体系,以及其星占所涉及的工夫论、境界论、宇宙论、本体论等,除张永祚论述了修救工夫外,均未见上述诸人提及,似乎也未被理解或关注,就是阮元等诸人所作传记也未述及。这一现象显示出了历史影响中不同面向的差异性。

---

① 梅文鼎曾论及《气化迁流》,但并未有受到《气化迁流》星占内容影响的痕迹。参见梅文鼎(1983)[795册:1981]的著作。

第8章 结　论

　　康熙四十六年丁亥（1707年），提督山东通省学政于核准薛凤祚崇祀乡贤的文书中论薛凤祚之学云："究天人性命之精，显微共贯；兼学术事功之盛，体用同源。"（薛凤祚，[1677b]）^{卷八：95}学政是否精读薛凤祚之作或可怀疑，但此番议论中天人、体用、学术、事功均是薛凤祚星占工作所涵摄之大端。薛凤祚星占工作，根植于深厚的背景，经历了长期研习深究，成为他贯通天人、统一学术事功、实现体用同源显微共贯的最重要媒介。星占是理解薛凤祚为学最为重要的学问，是其最终学术体系的核心。同时，薛凤祚星占工作的独特性、重要地位及其影响，不仅为我们理解中国古代星占发展史、中外星占交流史提供了新认识，亦为理解中国古代天文学的特征、被拒知识在中国古代科学史研究中的意义提供了新启发。

8.1 薛凤祚星占工作总论

薛凤祚是明末清初天文学家中极为特殊的一位。其特殊之处在于，与王锡阐等人相比，他留给后世的不仅包括今天看来合乎现代科学理性的历算之作，还包括大量具有神秘色彩的星占作品。而星占恰恰是理解薛凤祚思想世界的关键。

薛凤祚对星占的学习与研究经历了一个长期过程。受传统学术重视星占术数之学的影响，在拜穆尼阁为师之前，他就曾研究过星命术，并追随明末传统天文学代表人物魏文魁学习传统军国星占。这一时期他还学习了历注、子平八字、奇门遁甲、象数易占等占术。他对上述占术用心颇深。由于不满于星命术、子平八字的粗糙，为了寻找更精确的占术，他转向了对伊斯兰星占著作《天文书》的学习。在认真研读《天文书》之后，虽然他认为其所述占法详尽，却为其中十二宫分宫不等的宫位制问题所困扰。最终，解决这一疑惑成为他拜穆尼阁为师的重要动机。

薛凤祚追随穆尼阁是一个主动的过程。除历法与实用技术之外，学习星占是他很重要的目的。解决《天文书》宫位制问题只是他拜穆尼阁为师学习星占的众多动机之一。目前来看至少还有其他三种动机：实现中西星占的会通，寻求完备而准确的占术，实现以星占救灾的理想。薛凤祚拜穆尼阁为师学习与翻译欧洲星占，对于中外星占交流史来说意义重大。在1652–1653年的相处时间里，经他的笔述和穆尼阁的口译，他们系统译介了欧洲文艺复兴时期著名学者卡尔达诺对托勒密星占系统的评注。虽然此前所译《天文书》与《天文实用》对托勒密星占系统已有不同程度的介绍，但《天步真原》欧洲星占部分自有其重要性与独特性。《天步真原》相对于《天文书》属于更为纯粹的托勒密系统，相对《天文实用》来说内容更为全面。《天步真原·人命部》的天宫图实例、许星、照星、煞星、解星、回年、流年、流月、流日、月离逐日与五星的讨论也有其独特之处。薛穆二人在深度对话的基础上，广泛参考了中国当时已有的天宫图星占学术语（以伊斯兰星占为主，星命术为辅），并斟酌了拉丁语表达，以综合完成星占术语的重新翻译。这套术语开创了天宫图星占学在中国的新术语体系，为后世研习西法星占的学者所遵从。《人命部》中卷以详细的算法系统阐述了雷格蒙塔努斯宫位制。这一宫位制不仅解决了薛凤祚对《天文书》分宫不等问题的困惑,而且深刻地影响了后世星占学的发展。

薛凤祚是一位具有极强个人意识的学者,欧洲星占的翻译对他来说只是其学术计划的一部分。他的最终目标是将欧洲星占化为己用,融入自己的体系之中。在《天步真原》中,他已经开始在所译欧洲星占之外加入其他内容与思想。这使得《天步真原》星占部分(不同于《天步真原》欧洲星占部分)并非单一的欧洲星占形态,而是呈现出薛凤祚自我理解与改造的结果。比如,薛凤祚在《天步真原·选择部》加入了《天文书》第四类"说一切选择"、第二类第九门"说物价贵贱"内容。该内容被冠名为"附回回历选法",以补充《天步真原》欧洲星占选择术的不足。这改变了自明末以来将《天文书》与星命术结合的传统,开创了将伊斯兰星占与欧洲星占合流的方式,对后世学者具有深刻影响。他还将《西洋新法历书·恒星经纬表》删减成《经星部》,以备占验过程中对恒星的取用。更为重要的是他在《天步真原》星占部分的序言中表达了有关宇宙论、本体论、工夫论与境界论的认识。虽然除三才式宇宙认识较为成熟之外,薛凤祚在本体论、工夫论与境界论层面的表达尚处于初步阶段;但是,这使得《天步真原》星占内容被纳入中国传统星占思想框架之下,体现出中国化特征。同时,从中也可看出薛凤祚将欧洲星占与伊斯兰星占纳入自我学术体系的尝试与端倪。

《天步真原》星占部分的完成标志着薛凤祚广泛学习中外星占、参求可靠占术阶段的结束。此时他虽已过知天命之年,但其学术体系构建方才真正开始。十多年之后,经过《天学会通》的过渡,他最终完成了会通巨著——《历学会通》。其中不仅对中外历法(《授时历》、《回回历法》、《时宪历》与《天步真原》数理天文学部分)与实用技术进行了会通,亦以特殊方式将中外星占"融汇"为一个系统。

薛凤祚会通的中外星占包括四种占验类型——西法星占、传统军国星占、历注与星命术。西法星占即上述《天步真原》星占内容,外加后期节录的《回回历论吉凶附》。从占法来源看,它们属于欧洲星占与伊斯兰星占。从占法类型看,包括普遍星占术、生辰占、选择术。薛凤祚将西法星占收入了《历学会通·考验部》。传统军国星占来自对众多早期著作的改造,历注是《大统历》某版本的收录。星命术是早年研习琴堂派五星所得。传统军国星占、历法、星命术被他纳入中法,收入《历学会通·致用部》。传统军国星占与西法普遍星占术对应,历注与西法选择术相对应,而星命术与西法生辰占相对应。上述架构的设计使得薛凤祚将西法与中法分置一书的两大部分中,并存而不悖。表面来看,这似乎形成了会而不通、杂收而无序的状态。实际上,细绎《历学会通》可知,薛凤祚乃因中西星占占法技术差别过大,无法实现技术方面的强行合一,故而他采取了兼收并存的方式"会通归一",构造了一个特殊的星占会通系统。

这个系统在占法层面以西法星占为主,中法星占为辅,被看作本于天的真术系统。更为特殊的是,该系统依托于统一的宇宙论、本体论、工夫论、境界论维度。《历学会通》星占系统所依托的宇宙论基本上继承了《天步真原》的三才式宇宙结构。该结构中宇宙由天、地以及天地间气化之物(包括人)组成。在天的日月五星是阴阳五行之精气。它们可以通过禀赋或感应方式影响天地间气化之物。《历学会通》星占系统的境界论也基本继承《天步真原》,将星占与圣人关联。本体论与工夫论则有新的发展。本体论维度由天、数、气、理、道组成。气是天地万物的组成元素,亦是天地间事物相互作用的媒介。在星占中,作为气之精华的天体凭借气影响世间万物。天具有自然之天、命运之天与义理之天的特征,是统摄其他的最高本体范畴。天体运行决定事物发展的星占学思维,融合了自然(天体本身)、命运(决定人物命运)与义理(万物发展来源于天体的变化)三者。数是精确计算之数(历算之数)与本体规定之数的结合。此本体规定之数虽然直观来看是规定事物发展的本体依据,但深层次来看,它是规定在天日月五星等天体元素分布的数,亦即规定阴阳五行精气分布的数。它是具有数学特征的本体规定之数。将本体规定之数去神秘化、精确计算化,是薛凤祚追求的重要目标,是他对早期《周易》与术数研究中所学习的神秘性本体之数的修正、发展。这也是其学术体系思想极为重要的面向,是其实践星占的内在要求。星占尤其是西法星占即主要以历法计算的天体运行之数,获得阴阳五行精气分布的本体规定之数,进而决定世间万物的发展。理具有道理、学问、方法等较普通含义。学问与方法的意涵被薛凤祚用于指称星占。此外,理还被看作一种度数与物结合所产生的不得不然与当然状态。表面看来这种认识虽然是指被度数规定的实用技术在功能、制作与使用上不得不然与当然状态,深层次看却与星占相合。因星占的占验是以天体运行揭示世间事物发展,是本体之数规定于阴阳五行精气后所对应的世间万物发展状态。这一理解后来在《气化迁流》中被实践,成为认识《气化迁流》与薛凤祚学术体系的重要概念。道被用来指星占的学问种类,或星占的占验结果。此二者是《历学会通》中道涵摄星占的最明显意涵。此外,道还指称事物所应该遵循的状态、脉络,天地之气的情状。这是从事物应然性的角度出发,而不是从宇宙本源生成万物或最高本体规定万物的角度出发。此种意涵在《气化迁流》阶段才显豁出与星占的紧密关联。与《历学会通》星占系统有关的工夫论也在《天步真原》的基础上发展而来。在《天步真原》阶段薛凤祚强调了星占中普通个人面对命运时的修身工夫、普通个人面对大规模灾异时的戒慎迎避工夫,同时也较为委婉地表达了以星占预测大规模灾害、军国大事后救备的修救工夫。到了《历学会通》阶段,薛凤祚突出和明确地提出了修救工夫,批评了修禳,强调了君相的修德与修政。最后,从《历学会通》所具有的整体性特征来看,该体系的上述四个维度(本体论、宇宙论、工夫论、境界论)与历法、实用技术联系。该体系又在功能上与历法、实用技术关联:《历学会通》历法旁通实用技术,为星占提供安星、占验时的天体运行数据;实用技术是星占的补充。这使得《历学会通》中三者构成一个统一整体。可以说,通过上述方式,在薛凤祚看来,他最大化地保存了中西两种星占精华而重要的部分,同时将其置于同一系统之中,构成《历学会通》的有机组成部分。

　　《历学会通》的完成,意味着薛凤祚已经获得了会通之后本于天的真术星占系统,同时他也获得了精确的历法("新中法")与实用技术。以此为基础,年过耳顺的他继续精进,进入学术生涯最后阶段——实践星占等学问、完成天人体系的构建。这一构建是以《气化迁流》完成为标志的。

　　《气化迁流》前人极少措意,但对于理解薛凤祚意义非凡。该书据称有八十卷,目前仅存五种八卷。所存五部分中,除《五运六气》与《十干化曜》属于中医运气与星命术著作外,《宇宙大运》《土木相会》《太阳及五星高行交行过节》均是薛凤祚对西法星占的发展。《土木相会》《宇宙大运》占世运吉凶,一为小运,一为大运,分别是对《天文书》第二类"断说世事吉凶"中第十一门"说土木二星同度相缠"与第十二门"说世运"的发展。它们均以《天步真原·人命部》中卷介绍的雷格蒙塔努斯宫位制为分宫系统,天宫图样式也与《人命部》下卷一样。《太阳及五星高行交行过节》主要占验长时间段气候变化。其中占法并不能在薛凤祚所接触的资源中找到完全对应者,应当是薛凤祚依据《天步真原》发展而来。上述三种占法均以《历学会通·正集》会通后的"新中法"计算天宫图中的日月五星位置,即以他所认为最精确的历法为基础。值得指出的是,笔者还发现薛凤祚应用这些占法的一则实例。在《两河清汇易览》"河行天时"等节中,他用《宇宙大运》与《太阳及五星高行交行过节》中的占法解释了中国古代的一个经典历史问题——为何尧舜盛明之世会有大洪水。经过一番占验,他最终认为这并非人为,乃"宥于数也",即是天数所决定。

　　单单从文本来看,似乎除了占法技术之外,薛凤祚并未赋予《气化迁流》内容其他丰富维度。但中国古代学者并不似一般西方哲学家一样严格从逻辑发展角度构建学术体系。我们的考察需要结合其整体发展步骤、其学问特征,以及字里行间所不经意或有意流露出的思想认识,以慧心解之。因此,根据《历学会通》与《气化迁流》的关系,薛凤祚所表达的形而上、形而下、合德於穆、圣人之学、理数气天道等认识,历法、实用技术尤其是星占所具有的学问特征,我们可以推知《气化迁流》标志着薛凤祚独特天文学体系构建的完成。这一体系的完成意味着我们应该在对学术体系的考察过程中,以及获得学术体系认识之后的反观中,统筹认识《气化迁流》阶段星占——《气化迁流》中星占内容所具有的丰富意涵以及在整个体系下《历学会通》星占内容所表现出的新特征。

总体来说,薛凤祚所构建的是一种极为特殊的天人体系。该体系由《历学会通》与《气化迁流》两种著作组成。其中《历学会通》是形而下之作,《气化迁流》是形而上作品。该体系主要由三种学问组成——历法、实用技术与星占,其中星占是关键性学问。其总体图景分天人两部分。天的部分是具有宇宙论与本体论结合、价值与物质共具特征的宇宙-本体之天。物质包括天地、天地间运化之气以及由气组成的天地间万物。阴阳五行之精气(以在天日月五星为代表)是运化之气的枢机,它感应、赋予进而物理性地施化、影响万物。而从更本质的本体层面来说,天地之气的运化是由本体之天以及根源于天的本体之数所决定。此本体之天具有强烈的自然之天特征。本体之数则是以历算之数(天体正常运行之数)为基础,是指规定在天阴阳五行之精气分布状态之数。本体之数作用于气所得到的事物应然与不得不然状态,即是理,即是道。这种状态实际就是天地运化的呈现。亦即天地运化状态就是理与道。人的部分主要在认识与实践两个方面。人在宇宙之中,可以通过历法认识自然之天,以历法计算天体运行之数。以此为基础,人可以通过星占来认识由本体之天、本体之数规定的天地运化情况,即认识本体论层面的天、数、气、理、道。因人所处的是物质与价值统一的世界,属于天部分的本体论范畴——天、数、理、气、道,不仅参与了物质世界的运化流转,也为人提供了价值皈依。人根据认识所得的天地气化情状,结合同样本于天的实用技术,《历学会通》完整的工夫论体系进行实践,以顺合于天、合德於穆、因应气化,即可实现圣人境界。因天、数、理、气、道的统一,此种境界不仅仅是合天,而且是合数、合理、合气、合道。因此,薛凤祚通过天文学体系所追求的是对天、数、气、理、道统一相合的圣人境界。

对上述学术体系的认识与获得以及获得整体学术体系之后的反观,为我们理解《气化迁流》阶段的星占工作提供了全面的视野。与《气化迁流》文本所表现出的单调技术性特征不同,上述方法的实践告诉我们,《气化迁流》中星占内容依然包括了宇宙论、本体论、工夫论与境界论的维度。其中的宇宙论是整体学术体系中天之部分的宇宙物质图景,工夫论即人之部分的实践。《气化迁流》星占部分的宇宙论、工夫论与《历学会通》阶段一致。本体论是天之部分的本体部分，同样是指天、数、气、理、道诸范畴。天数气的意涵亦与《历学会通》阶段一致，理与道则在《气化迁流》星占中达到了贞定与统一。理即道，道即理，均主要指为数所规定的天地气化情状。《气化迁流》星占的境界论层面更为清晰，即学术体系的最终境界追求——合天数气理道的圣人。《气化迁流》中星占是获得此种境界最为重要的学问。除《气化迁流》星占外，整体学术体系视野下《历学会通》星占亦显示出新特征。可以推测，随着《气化迁流》对理、道主要内涵的贞定，此阶段薛凤祚关于《历学会通》星占的本体论认识也应该有相应的调整。同时，可以看出《历学会通》星占在整个天人体系中的作用得到了明确，即为《气化迁流》提供了扎实的基础。此外，虽然表面来看在《历学会通》中薛凤祚颇为强调与突出了历法，似乎历法更为重要；但结合薛凤祚的天人体系可知，星占才是最为重要的学问。薛凤祚把星占分为《历学会通》星占与《气化迁流》星占两个层次。因此，虽然不能径言《历学会通》中星占比历法重要，但可以肯定的是其重要性至少不比历法弱。

　　薛凤祚的上述星占工作并非空穴来风，而具有深刻而复杂的学术背景。他的工作与当时中国已有星占传统的发展与状态、明末清初耶稣会士来华为星占带来的新机遇与挑战密切相关。

　　中国古代的星占学源远流长。至明代中后期，星占学受到了较此前更为广泛的关注。当时中国本土已经流传着丰富的星占类型（传统军国星占、星命术、伊斯兰星占），并产生了一系列有关星占的认识、文本。这些类型、认识与文本及相关背景是影响薛凤祚星占工作的重要因素，对薛凤祚整个学术生涯的星占研究至关重要。

　　首先，从文本角度来说，当时中国本土社会已经流传的星占文本是薛凤祚后来完成星占学工作的重要资源。薛凤祚是一位广泛参求且具有能力获得较多资源的人物。在拜穆尼阁为师翻译欧洲星占之前，他应该已经收集了相当多当时流传的星占文本。这为他星占工作的开展尤其是会通的实现提供了文本支持。如在《历学会通·中法占验部》中收入的传统军国星占作品《尚书·洪范》《观象玩占》《贤相通占》《天元玉历》《授时历·九宫贵神》《论分野》《周天易览》，在《历学会通·中法命理部》中收录的琴堂五星术，附录于欧洲星占中的伊斯兰星占选择术（《回回历附选择》）与普遍占星术（《回回历论吉凶附》）等，均已在明末之前的中国社会流传。如果没有这些中国固有星占文本，薛凤祚星占工作的展开是不可想象的。

　　其次，当时从传统军国星占与星命术发展出来的丰富维度为薛凤祚后来的星占工作提供了重要的体系性框架。自原始社会至先秦萌芽以来,经《天文气象杂占》《日月风雨云气占》《五星占》的发展,至《天官书》时,传统军国星占逐渐走上自然哲学化、体系化学问的道路。太史公在《天官书》中为我们呈现的星占学不仅在占法技术、使用的星官以及占验原则(占变)方面为后世继承与演进,亦在星占所具有的体系性与丰富维度层面奠定了后世基础。《天官书》中已明显包含了宇宙论与工夫论论述。太史公以盖天说式宇宙论为基础,将传统军国星占纳入包括天、地、人、物、气、神的宇宙框架中。其中神虽然有一定地位但颇为微弱。这使得整个宇宙框架呈现出天地人三才式特征与极为强烈的自然哲学倾向。对于根据星占得到占验结果后所采取的工夫论,太史公提出了修德、修政、修救、修禳的系统工夫论体系,成为后世工夫论体系的圭臬。在境界论方面,太史公已经在《天官书》中提及圣人,只是他未明言星占实践与圣人的关系。至于本体论,受汉代强烈宇宙论思维影响,太史公在《天官书》中并未表达明显的本体论讨论。但他依然提及了为后世本体论所关注的范畴天运、天数、天道,只是太史公对它们的议论应该是在宇宙论框架下进行的。《天官书》之后至唐代星占著作《乙巳占》中,李淳风不仅在三才式气论浑天说的宇宙模型之下讨论星占所具有的宇宙论维度,而且将星占与圣人、天道、治世紧密联系,以星占为圣人认识顺应天道的重要学问。而顺应天道是达到治世的条件。因此,在境界论层面李淳风更为明确地指出星占可以实现顺应天道的境界,可以达到治世的目的。在工夫论层面,李淳风在继承太史公工夫论体系的同时,进一步突出了修德的重要性。他以修德涵盖修政、修救、修禳。与太史公类似,李淳风亦未在本体论方面有明确表达。宋明时期,随着儒家本体论思维的兴盛与流行,在星占方面除继承汉唐传统表达的宇宙论、工夫论、境界论诸维度外,最为重要的发展当属出现明显的本体论意涵。周述学、韩万忠等人均在宋明理学语境中赋予传统军国星占理、气等本体论基础。

  星命术亦是如此。自唐代被翻译进入中国以来,以多罗修斯《星占之歌》为重要基础的星命术传统便不断地与中国本土资源结合,最终发展成高度本土化的形态。这种高度本土化不仅体现在占法技术与原则的中国化方面,亦体现在具有中国本土特征的宇宙论、本体论、工夫论、境界论的获得方面。甚至目前来看宋明时期的星命术著作对上述四种层面的表达较传统军国星占更为完整与系统。如万民英在《星学大成》中发挥朱子《太极图说解》思想,将太极、阴阳、五行的宇宙演化模式纳入理气的本体论中,表述了具有宋明理学特征的宇宙-本体世界,并将星占纳入其中。在此种理学式宇宙-本体世界中天可以影响人,此即星命术所探究的天命。因理不离气,星命术所探知的天命并非纯属气范畴,而是理和气的结合。人需要学习圣人,采取以理御气、安命俟命、"素富贵行乎富贵"的工夫论实践,以通过星命术达到"齐得丧,一死生"的境界。此外,明初翻译《天文书》之时也有关于天理(本体论范畴)与修救(工夫论范畴)的表述。总之,至明代,星占所具有的占法技术、宇宙论、本体论、工夫论与境界论框架已经相当完备。当薛凤祚在早年研究传统军国星占、星命术、伊斯兰星占时,他所了解的不仅仅是不同占法的细节,亦接受了中国古代传统语境中为星占所赋予的宇宙论、本体论、工夫论与境界论维度。于此便可明了为何薛凤祚在出版刊刻《天步真原》欧洲星占内容之时,会同时在序言等文字中表达出具有传统意义的宇宙论、本体论、工夫论与境界论认识。这主要是继承中国本土已有星占发展的结果。

再次,明中后期学者对伊斯兰星占著作《天文书》的关注是薛凤祚研究《天文书》的重要背景。《天文书》对薛凤祚整个星占工作来说至关重要。它不仅是促使薛凤祚学习与研究欧洲星占的重要跳板,而且深刻影响了薛凤祚有关星占的认识。如薛凤祚和穆尼阁翻译所依据的主要底本卡尔达诺对托勒密星占《四门经》的评注,是欧洲回归托勒密潮流下产生的较为纯粹的托勒密系统星占学著作。但是《天步真原》星占内容以及《历学会通》西法星占部分最终展示出来的形态,却是综合了托勒密与多罗修斯传统,将个人生辰占、普遍星占术、选择术并重。这一占法格局与《天文书》一致,实际上来自薛凤祚学习《天文书》的认识。又当他和穆尼阁开始翻译欧洲星占之时,他对《天文书》的理解成为翻译得以顺利进行的基础。《天文书》星占术语成为《天步真原》欧洲星占术语的重要参考资源,从而形塑了《天步真原》欧洲星占内容。但是,薛凤祚为何在在早期研究完星命术之后转向对《天文书》的研究呢？这与当时《天文书》的发展背景密切相关。伊斯兰星占著作《天文书》自明初翻译以来至明代中期似乎一直在禁宫或钦天监珍藏,未能在民间产生多少影响。但这一情况在明代中后期发生了变化。周述学开始将《天文书》章节收入星命术著作以作为补充,将《天文书》与星命术著作联系起来。他的工作影响了后来的杨淙等人。此外,徐常吉、邢云路等学者均关注了《天文书》。这显示出《天文书》在明代中后期开始具有一定的影响力。薛凤祚是邢云路好友魏文魁的学生,对邢云路著作有所研究。他应该在追随魏文魁研究《古今律历考》时已经对《天文书》有所耳闻。又据薛凤祚的记载,他研究《天文书》是从星命术过渡而来。在研究了星命术之后,由于觉得出自钦察汗国的星命术占法不甚完备,所以他想到了同样具有西域来源的《天文书》:"五星旧法,出自钦察,而所传之法甚略……予于诸书多曾讲求,终不能自信于心也。窃思其法,传之西域。尝读洪武癸亥儒臣吴伯宗译西法天文,似称稍备,而十二宫分度有参差不等者,乃独秘之。予久求其说而不解,不知其玄奥正在于此。壬辰,予来白下,暨西儒穆先生闲居讲译,详悉参求,益以愚见,得其理为旧法所未及者,有数种焉。"(薛凤祚,2008)$^{598-599}$明代中期的周述学、万民英等学者均表达过星命术与伊斯兰星占同源。虽然我们目前没有资料显示薛凤祚受到过周述学等人的影响,但可以推测,受周述学等人影响,明末肯定流传着星命术与伊斯兰星占有关的一些认识。而这些认识直接或间接地影响到了薛凤祚。所以他才会在不满星命术的情况下将目光转向《天文书》,并称"窃思其法,传之西域"。值得指出的是,正如上述引文所显示的,研究《天文书》之后,薛凤祚产生了一直无法解决的疑惑——十二宫分宫的宫位制问题。解决这一关键问题成为他学习和翻译欧洲星占的重要原因。这提示我们,薛凤祚对欧洲星占的学习具有解决他自身学术发展所产生问题的内在需求,是他从星命术到伊斯兰星占研究的自然过渡。而这种过渡与明代中后期中国本土星占学的发展背景相合,一定程度上是当时中国本土星占学发展的自我需求。这一历程可以或称为内在理路,是欧洲星占翻译具有的中国本土星占发展线索。当然,薛凤祚学习与翻译欧洲星占和西学传入引起的会通需求等也有关。其本身也是当时大背景下西学传入的重要部分。这或许可以称为外在理路。

复次,明中后期传统军国星占的新发展影响了薛凤祚后来对传统军国星占占法技术的改造。会通阶段薛凤祚对传统军国星占进行了改造。他去除了传统军国星占月五星凌犯占法中属于黄道八度以外的恒星,保留月五星可以凌犯而及的恒星,舍弃与五星运行规律不符的一些占法。他对日月食、五星运行迟留、月五星凌犯、恒星等天象占验的理解也从占变转变为占常。薛凤祚的上述改变自有欧洲数理天文学的重要影响,但同时与传统军国星占在中国本土的固有发展不无相合之处。受明初所译《回回历法》中的纬度计算影响,明代中期周述学开始着手改造传统军国星占占法,尤其是凌犯占法。他还发展出具有占常特征的认识。他认为推算过往天象的结果可与已有事应结合,以验证占法的可靠性;推算未来天象的结果可用于预测将来的事应。晚明魏文魁研究传统历法,在《贤相通占》中他一改此前传统军国星占著作月五星凌犯天象混乱、与实际天象差别过大的情况。书中所列占法更加符合月五星的实际运行情况。周述学的工作是否直接影响到薛凤祚尚未有文献证据,但魏文魁是薛凤祚学习传统历算与传统军国星占时的老师,他对传统军国星占的理解当受到魏文魁的影响。

最后,当时中国本土已经具有的一些有关星占的观念是薛凤祚发展自我观念的重要土壤。这些观念后来与西学东渐过程中产生的相似观念会合,成为薛凤祚星占工作的重要组成部分。对于这些观念笔者将在后面一并介绍。

除中国本土固有星占发展之外，耶稣会士来华为明末清初星占学带来的新挑战与机遇亦是塑造薛凤祚星占工作的重要背景。挑战首先表现为耶稣会传教士来到中国后对星占进行的直接批评。星占在天主教的辩护历史中具有悠久传统。中世纪后期大翻译运动的展开使得星占在已经几乎绝迹的西欧重新流行。经院哲学代表性人物托马斯·阿奎那在总结前人的基础上明确了决意星占学与自然星占学的划分，认为决意星占学为天主教应当禁止、自然星占学则并不违背信仰。这奠定了后来天主教徒对星占的基本看法。随着16世纪宗教改革与异教知识大流行，教会开始颁布禁令、开展严格的审查制度。其中教皇西克斯图斯五世1586年1月5日发布的著名禁令严厉禁止决意星占学及其他类型占卜的实践、相关书籍的出版，只允许有关航海、农业与医药的自然星占学。该禁令将占验人行为倾向的生辰占类型归入迷信禁止行列，亦不允许卜卦、选择以及其他星占类型。这为耶稣会严格遵守，成为来华耶稣会传教士有关星占态度的主要指导纲领。以此为依据，结合中国本土星占术数文化传统，传教士展开了对传统军国星占、历注选择与星命术的多方面批评。这种批评在民间与官方两个层面展开，以利玛窦、艾儒略、汤若望、南怀仁等传教士为代表。他们或以天主教戒律、儒家经典的权威为交易区命令式地批评星占，或以推论（以儒家义理、自然科学知识、一般事理、新诠释框架下的义理为依据）为交易区，论证星占的虚妄。如艾儒略、汤若望、南怀仁等以欧洲数理天文学知识为依据批评传统军国星占以变异天象或不可能出现的天象妄为占验。汤若望、南怀仁对传统历注本于神煞、干支甲子进行了批评。这种批评在当时产生了一定影响，薛凤祚也可能通过《崇祯历书》等文献或与汤若望等人的接触了解到。我们可以在薛凤祚的论述中找到与它们相似者。

挑战的第二个表现是欧洲科学知识尤其是数理天文学的传播对传统军国星占与星命术带来了冲击。自《史记·天官书》开始，中国传统军国星占便确立了以变异天象占验的占变原则。这使得传统军国星占中充满了大量以不可能出现的天象为对象的占验。这一情况虽然随着历代历法水平的发展有所变化，尤其是明代《回回历法》的译介与流传促进了传统军国星占一定程度的变革。但是，由于中国传统气论宇宙观允许变异天象的出现、以《授时历》为代表的传统历法无法计算五星纬度以及《回回历法》的有限影响力，总体来看，当欧洲数理天文学系统传入中国之时，传统军国星占依然保持占变特征。耶稣会士来华之后，秉承以学术辅助传教的策略，传入了大量西方天文学、地理学等自然科学知识。尤其进入清代后，随着清政府确立崇祯改历期间完成的欧洲数理天文学著作《崇祯历书》（入清后改名《西洋新法历书》）为官方历法，欧洲数理天文学开始在中国产生重要影响。地球为圆形、天体至高无变异、日月五星运行有常且可以计算而知、恒星位置固定且数目一定等认识,为越来越多的学者所认识或接受。相应地,以占变为原则的传统军国星占自然而然受到冲击。薛凤祚曾研究过《崇祯历书》,且浸润于当时时代风潮之中,译入另外一套欧洲数理天文学体系。我们在薛凤祚著作中看到的对于传统军国星占的批评与改造,虽然有中国本土传统军国星占发展的影响,但与此背景更为关联,受此背景影响更大。此外,清政府颁行的以《崇祯历书》为计算依据的《时宪历》改变了传统觜前参后顺序,废除了紫气,颠倒了罗睺、计都。由于传统星命术数与二十八宿、四余关系密切,这一改变使得星命术受到了冲击。薛凤祚在《历学会通》中进行了直接回应,认为紫气在星命术中具有重要意义,应该保留而不可轻易改变;传统二十八宿顺序具有重要占验意义,亦不可轻易改变。

除挑战外,耶稣会士的来华亦为明末清初星占学的发展带来了新机遇。这也成为薛凤祚星占工作得以展开的必要背景。这种机遇主要表现在三方面。首先是耶稣会士尤其是穆尼阁的来华使欧洲星占学的传入成为可能。明末清初欧洲星占学从官方与民间两条途径传入。官方以汤若望与南怀仁为代表,民间则是薛凤祚与穆尼阁。穆尼阁秉持着极为特殊而灵活的开放性策略。这种策略使得他能够暂时搁置教皇禁令而完全敞开。这为薛凤祚学习与译介欧洲星占提供了可能。而穆尼阁和他译介的欧洲星占内容,虽然在一些占法上与明初《天文书》有所雷同,但不管是雷格蒙塔努斯宫位制算法,抑或天宫图实例、流年回年等占法,均为薛凤祚回应当时星占会通、解决早期研究星占所产生的问题提供了答案,亦为他最终以星占为主导完成学术体系提供了不可或缺的基础。官方层面汤若望与南怀仁的译介,尽管目前尚未发现汤若望所译《天文实用》文本本身对薛凤祚的影响,我们也倾向于认为他未曾读过《天文实用》;但从《天步真原·纬星性情部》所论"天学实用有两分"(薛凤祚,2008)[547]的说法,以及薛凤祚研究《崇祯历书》的背景来看,汤若望等人在《崇祯历书》中关于《天文实用》的一些议论性文字应当对他有所影响。

第二个方面的新机遇表现在一些有关星占的观念方面,这主要包括以下四个方面。第一个观念是以精确计算的天体正常运行作为星占的基础。薛凤祚星占学的占验建立在历法计算的天体正常运行基础上。他也表达了占验应当基于历法精确计算的天体正常运行之上的认识。这一观念的获得与西学的传入关系密切。早在崇祯二年(1629年)徐光启上奏皇帝的改历奏疏中就已经包含了相近认识。受万历三十五年(1607年)利玛窦《译〈几何原本〉引》的影响,徐光启于奏疏中提出了"度数旁通十事",以度数旁通之学的名义推广包括气象占与医学星占在内的学问。按徐光启的计划,获得完备而准确历法计算部分之后("历象既正"),便可以此为基础"考求七政性情"影响下的天气、"察知日月五星躔次"影响下的病体,以展开气象占与星占医学实践。此即蕴含将星占根植于历法精确计算的天体正常运行之上的观念。徐光启之后,汤若望于崇祯五年(1632年)改历期间进呈的《崇祯历书·法原部·交食一》中以交食为例,讨论了何为真实天文占验的问题。汤若望以宋明理学中"所以然"范畴为依据,指出真实天文占验应该能够言其"所以然"。所谓"所以然"主要指日月五星的性情以及它们真实准确运行情况在不同地区和时刻所呈现出的格局差异。日月五星"乖违顺逆"的性情与它们不同的"方隅冲合"格局在一定时刻和地区会产生相应的地面效应。它们是地面效应产生的真实的"所以然"之理。汤若望此一观念为批评传统军国星占、推崇教会允许的自然星占术而论。这显然将星占根植于可以通过历法计算的天体正常运行之上,而非传统军国星占中的变异天象。与上述观念的表达相比更为重要的是欧洲数理天文学传播带来的刺激。如前所述,以《崇祯历书》为代表的欧洲数理天文学的系统传播使得中国学者获得了天体无变异、天体正常运行且可以计算等观念。传统军国星占以变异天象为占验的占变原则受到了很大的挑战。在此种挑战下,试图保留与改造传统军国星占的学者自然地便倾向于产生将占验根植于正常天体运行之上的想法。如梅文鼎称以五星凌犯、句巳运行的正常状态占验是可以的,但认为失行变异则不可。薛凤祚亦称"今算术既密,乃知绝无失行之事"。当然,薛凤祚这一观念的获得也应当受到了当时中国固有的星占资源及相关观念的影响。当时已经流传于中国的星命术与伊斯兰星占是具有希腊化天宫图星占学特征的占星术,是以天体的正常运行为占验基础的。薛凤祚自是可以从对它们的研究中获得类似想法。《古今律历考》中邢云路用专门章节表达了《大统历》不准确给占验带来的影响,如说:"大统历气朔差而年月日时分数俱差,交宫差而七政四余躔度俱差,此其天人抵牾,所关于三式之重,二物之微者,请得而备言之。"①(邢云路,1983)[689]所以,在早期研习《古今律历考》时,薛凤祚应当接触到了精确占验需要精确历法为基础的理念。只是从目前资料来看,薛凤祚此一观念主要受到西学传入的影响。

第二个观念是强调历注选择应当本于实际天体运行。历注是中国古代历学的重要组成部分,是将历学应用于日常生活、选择吉凶时日的重要学问。薛凤祚即说:"治历者齐七政以授民时,选择其要务也。"(薛凤祚,2008)[829]在关于历注选择的认识中,薛凤祚虽然保留了传统历注,但较传统学者不同之处在于开始强调历注选择应该本于实际天体运行。传统历注虽以计算天体运行的历

---

① 这一专门章节见邢云路(1983)[689-692]的论述。

法为年月日信息的来源,但涉及具体选择占验则是根据干支甲子、五行神煞元素。从目前来看,传统历注的这种占验方式一直持续到明末清初未曾受到质疑。这一情况从传教士进入中国之后开始改变。借改历之机传教士在皇朝钦天监逐渐站稳脚跟,执掌监印。但由于历注是传统历学的重要组成部分,也是钦天监负责事务中的重要一环;所以随着时间推移,负责传统历注选择这一被传教士看来有违背教皇禁令与信仰的问题,成为困扰传教士的难题。崇祯改历期间此一问题既已出现,但由于时局紧张、传教士尚未执掌整个钦天监、李天经等人的解围以及礼部的回护,此问题尚未构成威胁。不过,这也激发了传教士产生以符合教会规定、不违背信仰的自然星占学代替中国传统历注的想法。此一想法最早在清代鼎立初年由汤若望上奏顺治皇帝时提出。在具体的论述中汤若望遵从中国传统以历学包含选择术的认识,但强调需要"上合天行"方能"下应人事","七政情性原与人事各有所宜",如果不明此理,则"一切水旱灾荒无从预修救备之术,而兵农医贾总属乖违"。即不本于实际天体运行则无法做到真正地选择铺注。(徐光启等,2000)^{第386册:26-27} 只是,此时汤若望并没有直接批评传统干支选择的虚妄。后来在《民历铺注解惑》一书中,汤若望在重新诠释中国传统历注的同时,开始表达对传统历注干支神煞的批评,强调铺注应该本于实际天体。除汤若望之外,南怀仁在与康熙皇帝的早期对论中也表达了类似观点,而且更为直接。他在批评杨光先等人研习传统选择术数的著作《妄择辩》《妄推吉凶辩》中更深入地论述了上述观点。不难看出,薛凤祚虽然保留了传统历注,但强调选择术应当本于实际天体运行的认识与传教士相近。薛凤祚早年曾与汤若望有接触,他也可能通过一些途径读到汤若望上奏顺治皇帝的奏疏。^① 他的上述观念可能是受到了传教士讨论的影响。当然,明初翻译的伊斯兰星占《天文书》第四类专门介绍了本于实际天体的选择术,薛凤祚也曾在早期研究过《天文书》。他的上述想法或许受到过《天文书》的影响。但目前还没有直接证据证明这一点。《天文书》以及明代中后期受《天文书》影响的作品中也并未出现选择术应当本于实际天体的论述。因此,薛凤祚的认识当与传教士的讨论更为密切。

通过星占救灾是受西学传入影响的第三个重要观念。薛凤祚身处明清变革之际,灾难频仍,因此他具有强烈的救灾关怀。星占可以说是他达到救灾目标极为重要的学问。早在纂译《天步真原》之时,他已经在《人命部·人命》表达

---

① 该奏疏被收录于《西洋新法历书》中。该书是汤若望在《崇祯历书》基础上改版而成。薛凤祚曾称自己在入清后得到《时宪书》,研究了其中的历算知识。此《时宪历》很有可能就是《西洋新法历书》。

了希望通过星占准确地预测灾害,进而更好地进行救助的想法。接着,在会通中西著作的《历学会通》中,他在功能上将星占与实用技术、历法结合,使得星占获得实用技术、历法的补充:历法是星占得以占验的基础,星占预测的灾害能够通过实用技术来救助。同时,在《历学会通》阶段所强调的工夫论中,薛凤祚格外突出了当事者在面对大规模灾异、军国大事的占验结果时修救的工夫。星占成为当事者得以修救的重要前提。当然,他将星占与救灾联系在一起自然有当时中国本土已有的星占资源如传统军国星占、伊斯兰星占的影响。在《史记·天官书》中太史公已经强调了当事者的修救。传统军国星占所占验的对象是军国大事,在占验得到灾害性结果后即需要修救。同时,伊斯兰星占《天文书》在第一类第一门中也指出通过星占可以预先得知人事吉凶、灾害祸福,进而可以预先救备。但是,欧洲数理天文学与星占学传入过程中所强调的以星占救助灾害的观点也对薛凤祚产生了重要影响。以气象占预测天气灾害进而修救、修备是传教士与中国天主教徒学者论述自然星占功能的常用观点。早在《译〈几何原本〉引》中,利玛窦便强调了不知气象占便不能够防备水旱灾害而保国本。之后,徐光启在"度数旁通十事"中强调了利玛窦的观点,认为星占可以预测晴雨水旱,进而实现对天灾的预备修救。徐光启的认识被李天经在崇祯八年(1635年)重新上奏。进入清代,汤若望、南怀仁等依然强调了相似观点。利玛窦、徐光启、汤若望与南怀仁的论述薛凤祚是否读到没有直接证据,但可以肯定的是李天经崇祯八年奏疏对薛凤祚产生了重要影响,他在《天步真原·人命部·人命》强调的以星占救灾的观点当受到李天经奏疏的影响,《历学会通》中最终实现的星占救助功能与历法、实用技术的互补,也有李天经奏疏的作用痕迹。

新机遇的第三个方面体现在星占的本体论层面。在薛凤祚星占工作的本体论中,数是极为重要的范畴。数来源于天,同时和气结合生成理与道,是连接其他范畴天、理、道、气的重要桥梁。薛凤祚对数的理解非常特殊,具有历算之数与本体之数结合的意涵。历算之数主要指历法计算的日月五星运行之数,本体之数主要指规定在天日月五星等天体元素分布格局的数,即规定阴阳五行精气等分布格局的数。本体之数不再是《周易》中天地之数、大衍之数以及邵雍象数易学中的神数。以历法计算之数为基础,具有精确数学特征,将本体规定之数去神秘化、精确计算化,是薛凤祚追求的重要目标。薛凤祚星占本体论范畴数所具有的此种重要特征,我们在他早期所学习的儒学、象数易学等传统学术资源中未能见到。实际上,这是他受当时西学传入的影响,结合传统学术中数的观念与《崇祯历书》"度数旁通十事"思想之后综合得到的结果。虽然徐光启"度数旁通十事"的提出着眼点在于度数之学在实际生活领域的应用,并没有强调其中的本体论问题;但是,在《崇祯历书》中,数被看作非常重要的范畴。如《崇祯历书》删除了传统历书四余中的紫气,而传教士之所以删除紫气的一个很重要原因便是紫气在象、数、理上均没有凭证。[①] 而且,徐光启在奏疏中强调了度数之学的旁通是在历法纂修完备("历象既正")的基础上。这便在逻辑上提供了一种思想:历法计算之数能够贯穿于旁通致用之学,旁通致用之学需要以历法计算的精确之数为基础。此旁通致用之学中便包括了星占。薛凤祚即是在继承《崇祯历书》此种思想可能性的基础上,发展了他对星占本体论范畴数的特殊理解。当然,徐光启与传教士并没有赋予数以决定事物吉凶的本体论意涵。薛凤祚以数决定个人吉凶,并以之为本体论范畴当受到了他的心学与象数易学学习的影响。我们在他所学习的儒学著作以及纂集的《甲遁真授秘集》中均可以看到作为本体论范畴的数。

新机遇的最后一个方面是会通的观念。自徐光启在崇祯改历期间提出"欲求超胜,必须会通;会通之前,先须翻译",会通在明末清初欧洲天文学传入的语境中便成为一个重要的话题。当然,徐光启所指主要是数理天文学。但是,西学的引进、传教士的批评,无疑使得星占学所受到的冲击与挑战日益凸显,加剧了星占所面临的变革。这无疑会刺激有些中国学者产生改造、会通星占的想法。薛凤祚身当其年,他会通星占的想法当受到这一背景的影响。当然,会通天文学的想法并非在明末崇祯改历时才出现。明中期周述学就曾尝试融合中西:"西法分之以宫,中法分之以宿。盖中法宫有阔狭度有多寡之殊耳。"(周述学,2002a)[224] 或许这一背景也影响到了薛凤祚,但目前我们还没有直接的证据证明。

可见,薛凤祚的星占工作并非灵感乍现或凭空而得,而是具有深厚的时代背景,深受当时中国本土已有的星占传统以及由西学传入为星占带来的新机遇与挑战的影响。实际上,受当时星占传统与西学的综合影响,明末清初不少研究历算的学者对于星占的认识发生了重要变化,从而展现出非常丰富而特殊的局面。他们态度不一,难以用一种模式来概括。我们甚至可以使用"裂变"一词来形容。如徐光启对于星占的认识经历了两个阶段的转变。最终他完全遵循传教士对星占的态度,只认同属于自然星占术的气象占与医学星占。他还将气象占与医学星占纳入度数旁通之学。王英民否定了传统军国星占,但可能保留了星命术。熊明遇以亚里士多德哲学解释了诸多传统军国星占占

[①] 在罗雅谷所撰《月离历指》卷四"论四余天行无紫气"中就说紫气"欲测候,既无象可明。欲推算,复无数可定。欲论述,又无理可据"。(徐光启等,2009)[202]

验的天象,一定程度上反对占变的传统军国星占。但他还是保留了以气占验的占法,强调本地之气对于占候的意义。游艺也以天行无变异,在一定程度上反对传统军国星占的占变原则。但他强调了摇星、陨星、斗星、飞星等特殊星体以及"凌犯守留芒角掩"一类有关五星运行的占法。同时,他受熊明遇影响亦认为各地之气可以成祥,进而能够占验,他还希望能够重定中土分野。方以智不仅认同西法星占、宿曜术、传统军国星占,强调气在占验中的作用,还将星占纳入"通几"的范畴。这意味着他突出了占常的一面,并将星占与更深层次的学问阶段结合。揭暄在严厉批评传统军国星占的同时,一定程度上保留了风角。他还受传教士影响,认同气象占与星占医学。王锡阐则对星占持较为彻底的否定态度。梅文鼎尽管对传统军国星占中的不合理部分进行了不遗余力的批评,但他对句巳凌犯占持不否定态度,而且很可能有关于西法星占的作品。在对星命术分宫之法的意见中,他还表达了使用精确的新历法排布七政的想法。

可以看出,薛凤祚的星占工作在很多方面与上述同时代中国学者具有相似性。如薛凤祚强调星占需要建立在精确历法基础上,他自己在后来也使用《历学会通》中的"新中法"发展了《土木相会》等占法。这与梅文鼎希望使用精确的新历法排布七政相近,尽管梅文鼎是对星命术而言。而这种将精确历法计算与星占结合起来的形态,实际上可以看作将星占度数化,即使星占成为一种以精确数学计算为基础的度数之学。这可以说正与徐光启将气象占与星占医学纳入度数旁通之学相契。另外,对于传统军国星占,薛凤祚也持一定的批评态度,认为可以烧毁大多数的星占书籍。这与梅文鼎、揭暄等人的态度有相通之处。薛凤祚最终的体系主要通过星占实现了合天成圣。他将星占看作形而上的学问,这与方以智将星占纳入"通几"这一更高层次的学问阶段相通。此外,与王英民、方以智等人一样,薛凤祚也强调占常。

但薛凤祚的星占研究又极为特殊。他所引进的西法星占著作,在中国星占史上占有重要地位,后世研究西法星占的学者莫能跳过此书。尤其是其中的雷格蒙塔努斯宫位制被后世广泛应用,改变了千年来的整宫制传统。这是上述诸人所无法比拟的。对于传统军国星占,他的批判也不像揭暄等人那样是为了否定,而是为了改造。在《历学会通》中,他还对星占进行了特殊的会通,改变了当时星占学的格局。他在同一著作中收入了传统军国星占、星命术、西法星占、历注等多种占术,并依托于共同的本体论、宇宙论、功夫论、境界论。这是上述诸人难以想象的。此外,他在《气化迁流》中还发展了西法星占,并以西法星占等学问完成了以数合天理想,构建了恢宏的学术体系。这些无疑是上述诸人不具有的。

正因此种独特个性与重要性，薛凤祚的星占工作，尤其是《天步真原》西法星占，对后世产生了重要影响。据称与他时代相近的梅文鼎便有对《天步真原》西法星占的批注。后来，康乾时期的张永祚更是以薛凤祚所译西法星占及《天文书》为主要参考构建了自己的星占世界。这一体系不仅在占法与宫位制等技术方面、具体文本方面受薛凤祚星占工作的影响，而且在有关星占的思想观念上，也多承袭或发展自薛凤祚。之后，成书于嘉庆年间的倪荣桂《中西星要》，道光年间的陶胥来《命度盘说》，刊刻于光绪二年（1876年）的温葆深《西法星命丛说》，初刊于光绪丁亥年（1887年）的陈松《推测易知》，无不深受薛凤祚著作的影响。它们不仅在占法与文本上大量引用薛凤祚的著作，而且均使用了《人命部·中卷》的雷格蒙塔努斯宫位制。此外，他们还将这一宫位制应用在传统造葬之术上，以自己的方式发展了西法星占。

不过，就星占对于薛凤祚的意义来说，梅文鼎、张永祚等人似乎未有理解者。星占是打开薛凤祚思想世界的钥匙，是他学术体系中的核心元素。而西法星占又是重中之重。它所承载的使命不仅包括完成防备灾害的经世致用，还包括实现对天地气化的了知、成就以数合天的圣人境界。张永祚等人尽管在思想、技术与文本上深受薛凤祚的影响，但极少提及《气化迁流》，更遑论薛凤祚由《历学会通》和《气化迁流》所构造的宏大体系。翻阅阮元等人为薛凤祚所作传记，也会发现对于《气化迁流》少有提及，未能道中薛凤祚学术真谛。这一现象值得深思。

8.2 四个有关薛凤祚问题的进一步讨论

以上是本书所得出的主要结论。这些结论可以说一改前人对于薛凤祚的固有认识，对于我们理解这位明末清初特殊天文学家极为重要。以上述讨论为基础，我们可以结合相关史料和前人研究，重新形塑对薛凤祚其他面向的认识，以获得对于薛凤祚极为不同的理解图景。由于薛凤祚著作宏富，所涉及的问题与面向（除本书前面所讨论之外）极为复杂，下面仅围绕四个重要问题展开，以凸显和展示本书研究如何重构我们对于薛凤祚学术世界的理解。

第一，薛凤祚为何改《天学会通》为《历学会通》。

在大致完成会通工作后，薛凤祚首先刊刻了《天学会通》。后来，他将书名改为《历学会通》。[(Shi Yunli, 2007)(孙奇逢, 1999)[251]]关于他改书名的原因，前人认为是考虑到"天学"一词与天主教联系紧密。(Shi Yunli, 2007)这或许是原因之一。结合《气化迁流》,我们可以获得其他解释。

薛凤祚在《历学会通》中所提"天学"一词,含义有不明确之处。如"正弦法原叙"说:"往年予与穆先生重译于白下,今天学且竣,溯流穷源,更授此学,弁诸法之首。"(薛凤祚,2008)¹⁰此处"天学"当即指《天学会通》中诸学问。从"且竣"似乎可以看出,写此叙时,薛凤祚心中的"天学"载体仅仅是《天学会通》。但"致用叙"说:"遵其道而善用之,则劳可使逸,贫可使富,亦且危可为安,否可转泰。倘亦有所谓斡旋造化者耶?非天学之全能其孰能与于斯?"(薛凤祚,2008)⁷²⁰此处薛凤祚赋予"天学"以"全能",可见"天学"是极为根本全面的学问。①《天学会通》框架与《历学会通》相差不大。但《历学会通》是薛凤祚学术体系中形而下部分,更重要的还有用于合天的形而上之作《气化迁流》。这便意味着"全能"与《天学会通》难以相称。这似乎说明早期薛凤祚对"天学"使用较为狭隘,认为《天学会通》中诸学问即可涵盖"天学"。后来考虑到"天学"一词的"全能"性,认识到《天学会通》之作并不能与"天学"一词相应,所以改《天学会通》为《历学会通》,使用了"历学"这一更普通的词汇。

上述论述当然是一种推测。从目前来看,薛凤祚并未直接提及他为何改名。目前所存《气化迁流》也未出现"天学"一词。所以还需进一步证据的出现。不过,若是以上推论成立,便意味着薛凤祚的"天学"实际是指《历学会通》与《气化迁流》所组成的整个体系。这无疑会为理解薛凤祚的学术提供新的视角。

第二,薛凤祚工作与明末清初思想背景衔接的一条特殊路径。

薛凤祚早年曾追随鹿善继、孙奇逢学习心学,后来才以《历学会通》《气化迁流》为载体,以星占、历法与实用技术为主要学问,建立了以数合天的体系。在阳明心学中,心之良知被格外重视,是人行为的标准。而薛凤祚的以数合天体系则是以天为行为标准。所以如果与阳明心学比较就会发现,薛凤祚最后将行为标准外化为天。

这一将心的标准转移到天的特征并非空穴来风,实际上与明末清初思想背景有关。当时儒学界有一种标准外化的思想趋向。这一点,王泛森有精彩论述。在王阳明看来,"良知"是活泼泼、精精明明的,它可以自己知道事物的真相,是真正的自己。因此,学者只要自信其良知,依据良知而行,不假外求,便是至善,所行便是天理。但良知在自己心中,常人欲念纷杂,狂心不歇,如何

---

① 薛凤祚在"水法叙"用"全能"形容"造物":"夫深心玄解,巧思圆机,谁谓人类得与于斯。斯亦造物之全能,令吾人偶见及之。"(薛凤祚,2008)⁸⁶⁷

保证自己所自信者是真正的良知而非一己私见？又外物纷繁复杂，如何保证持有良知就可以知道事物的真相？这两个问题为后来学者带来了困境。在经过反省之后，他们逐渐放弃单一地自信其良知，而假求于外在的提醒或儒家经书的印证。如浙中王门的徐用俭说："求之于心者，所以求心于圣，求之于圣者，所以求圣之心。人未能纯其心，故师心不免于伪杂。圣人先得其心之同然，故尽心必证诸圣人。"① 证诸圣人即证诸经典——儒家经书。这无疑是将一种外在于本心的客观之物作为标准，以补救专信良知之弊。（王泛森，1994）

更重要的是，薛凤祚的老师鹿善继与孙奇逢也有此种将标准外在化的情况。鹿善继《四书说约》"弟子入则章"说："此是孔子教条。良心人所自具，而得力全在实践上。孝弟敬信爱众亲仁，总是力行。而学文者，亦非枝叶闻见也。盖此心此理，今古所同，合千古圣贤之议论注揩始发挥详尽，学文所以为吾行也。印其行之所已合，开其行之所未到，孟子尚论古人，孔子好古敏求，同此路数。"（鹿善继，1997）⁴⁸⁻⁴⁹ 以儒家经典印证己行，即是将行为的标准与外在经典联系起来。鹿善继更在《四书说约》中提出"反约理论"：

> 夫读圣贤书而不反求之心，延平所比之于玩物丧志者，可汗人背也。既云反求之心，而一切着落不以身实践之，徒以天倪之顿见虚为承当，阳明所称将本体只作一番光景玩弄者，更可汗人背也。故反约之道无他，于圣贤之言随其所指，居上为下、在邦在家、利害死生、辞受去就，无不提本来之心、按当下之身，一一质对。如涉水者之深浅自酌，如饮水者之冷暖自知。绝不敢以实未了然之心含糊归依，尤不敢以实未凑泊之身将就冒认。则圣贤经传总会归于无言之地，不求约而约在焉。（鹿善继，1997）³

卢子震曾指出"鹿善继的'反求'包含了'圣贤成法''事理当然'这一特殊性环节，从而避免了致良知的'空疏'毛病"。（卢子震，1985）这实际上表明，鹿善继在心之外寻求了一个标准。这正是一种标准外化的表现。

孙奇逢则在告知薛凤祚的话语中透露了类似想法。康熙九年（1670年），薛凤祚拜访孙奇逢于夏峰。《年谱》记载说：

> 薛仪甫凤祚自益都再视先生于夏峰，年七十余矣，携其所著《历学会通》二千余叶来质。先生曰：夫子之性与天道，夫子之文章也；不明于吾之性，乌知所谓天之道？不明于日用之文章，又乌知所谓性与天道哉？《乡党》一篇，夫子之饮食起居也，是即夫子之性命流行也。余尝谓读古人书，任从何处领会，无不可直证源源本本。盖道唯一，二则岐，故曰：吾道一以

---

① 转引自王泛森（1994）的文章。

贯之,一物各具一太极,万物统体一太极,唯一故无不贯。全在圣人身上,泛应由当。俗学不能一,禅学、玄学不能贯,名家法家不必言矣。①(孙奇逢,2003)¹⁴³⁴⁻¹⁴³⁵

在孙奇逢看来,学需明性与天道,这无疑属于上达。但他批评薛凤祚《历学会通》之学不能洞达己之性,因而不能了彻天之道。而性与天道又不可直接求之于己心,应该在日用之文章中体认。如《论语·乡党》一篇所记孔夫子行为,即是夫子性命之流行。所以对本源之道的把握应当求之"古人书"②,观于圣人之言与行。这实际上也是一种标准的外在化。

其次,薛凤祚将心外化为天,以天为标准,还与当时天文学的发展有关。在明末清初,存在一种将心性研究归结到形质之天,认为此种方式有助于心性研究的思想。如杨肇中在评论黄道周的天文学研究时说:"他认为,儒者对'天命''天理',抑或'天道'的实质性追问,应落实于对天地、日月运行律则的掌握。"(杨肇中,2013)¹²⁶⁻¹²⁷比黄道周小一辈的方以智在给薛凤祚《天步真原》所写序言中也表达了类似想法:

古人知不落有无之有即无也,体道而以艺藏身者往往然矣。天地间可见者皆不可见者,象数即虚空,犹全树之为全仁也……《天步真原》岂唯周髀赖之,言性与天道之专科者,可以知所补矣。(薛凤祚,2008)⁴³⁶⁻⁴³⁷

无、道、不可见、虚空、全仁是形而上之道,有、艺、可见者、象数、全树是形而下之器。对道的把握要回归到对器的认识上,所以研究天的《天步真原》对于"言性与天道之专科者"也是有所补的。③此外,方以智的学生揭暄《璇玑遗述》中虽然未明确言及此,但"柴桑文德翼用昭父"为《璇玑遗述》撰写的序言中,称揭暄此书为"写天者,即子宣之写心也"。④(揭暄,1993)²⁸⁵也是说,对天的研究实际上正是对心性的研究。

不难发现,上述第一点与第二点当共同形塑了薛凤祚标准外化为天的学术特征。心学界标准的外化,本身意味着心性之学不再固守于自心之内,而需要向外界寻求标准。这一标准的寻求虽然很多落实在圣人经典上,但并不排除落在外在的形质之天。当时天文学研究有补于心性研究的认识。所以两者结合,恰好将标准外化于天,造就了薛凤祚以形质之天为行为标准的学术

---

① 关于这段话的解释还可参看郑强和马燕(2011)的论述。
② 这里应当主要指圣贤之书,尤其是儒家经典。
③ 对方以智序文的介绍请参看石云里(2006)的文章。
④ 乾隆年间万年茂《璇玑遗述》叙说:"天学即道学,知天而道见,知苍苍之天而天见。"也是说天文学研究和性道之学有关。(揭暄,1993)²⁸⁰

体系。

第三,薛凤祚不重视历理的原因探析。①

薛凤祚的学术以数为媒介,而数又来源于天。数中历算之数意涵的获得与来源是历法计算。因此,历法研究在其学术体系中占有基础且重要的地位。它不仅可以获得精确的历算之数,具有授时功能,还是星占的基础,可以旁通实用之学。正由于此,薛凤祚对历法研究投入了大量精力,会通了古今中外多种历法完成了"新中法"。但是,薛凤祚对历法的重要需求只是能够得到准确的天之数即可。这样他便可以通过天之数将世间万物与天联系起来,实现上达合天、进而成圣的学术理想。也就是说,历法虽然有单独的授时功能,但在整个学术体系中,历法所体现出的地位只是手段与基础,是薛凤祚得到精确天体运行之数的学问。以此精确的天之数合天才是最终目的。所以,他的历法研究只要重视算就可以,过多理论性的阐释没有用武之地。历理并不重要。

与梅文鼎的比较有助于加深对这一问题的认识。梅文鼎强调历理的重要原因是其思想的极致境界与薛凤祚不同。他追求的是通过历算研究,以心之思辨认知理之后,达到类似朱熹一旦豁然而贯通的"吾之心即古圣人之心,亦即天之心"的状态。(张永堂,1994)[60,141,261-264]所以历法研究中的历理对他来说异常重要,是他实现这一理想的载体。薛凤祚对理的认识却主要是通过数合物而得理。这种理不离物而独存,需要将数坐实到具体物象之中获得。所以他最后利用天之数探讨天地之气化,在外物中获得理。这样,对他来说不看重历理的重要性就可想而知了。

第四,薛凤祚的学术传承与发展新探。

薛凤祚早在为诸生的时候便已不同凡响,他"不屑为世俗学"(张士友等,2009)[276]。"童帷欲下,便耻章句一经"(薛凤祚,[1677b])[2a],表明他年少即慨然有大志,而不为世俗之学所拘。这种气质的养成,当与其家学有关。薛凤祚出生于齐鲁世家。其父薛近洙有《博文约礼论》《修身在正心论》(见附录8)。从中可以看出薛近洙认为文人之学溺于章句礼节,有悖圣贤心法。圣贤之学当逐日于事物上件件体贴,将件件印合本心,无有毫发差谬方可。因此,诗书礼乐等经典仪节非学者所可恃。学者亦需要切实正心,不可将天赋予之正理汨没于情欲之中。(赵祥星等,[1678])[卷六十:3a-5a]薛近洙的这些认识当对薛凤祚早年不局限于科举世俗之学的性格有塑造作用。

万历丙辰(1616年),薛近洙中进士,薛凤祚亦可能于此年随父进京,并得以亲炙父友孙奇逢学习举子业。此时鹿善继亦在京师,并已于万历癸丑(1613

---

① 关于薛凤祚的这一倾向,参看褚龙飞(2014)[170-171]的论述。

年)中进士后居官授徒。(陈铉,1978)¹⁷⁻²⁰ 因鹿善继与孙奇逢为亲家关系,且所住相近,所以在薛凤祚学习期间,他们的学生也不分彼此,往来于两家之门问学受业。这一点,薛凤祚有生动描述:"不肖祚前丙辰岁年十七龄从孙先生习举子业,得闻理道问学之旨。两先生(孙奇逢与鹿善继——笔者注)梓里相望,凤联姻眷。吾辈尝游于门者,往来考业,亦无彼此之殊。"(薛凤祚,[1676])^{第一册:16} 因丙辰八月鹿善继母亲仙逝,直到葬母之后,四十五年(1617年)才重新教授学生。(陈铉,1978)^{卷上:21} 而孙奇逢也因与薛凤祚共学的两位学生迁居,不便教学,提前终止授课,于四十五年归容城。(郑强、马燕,2011)¹⁷⁻¹⁸ 所以,薛凤祚所描述的往来于二先生之门应指他来京受学到八月期间。孙奇逢归容城后,鹿善继居丧期间继续授徒。(陈铉,1978)^{卷上:21-27} 从薛凤祚论述来看,至少至万历四十七年(1619年),即孙奇逢归容城后两年,他应当还在跟随鹿善继学习。在《圣学心传》中他说:"鹿先生于后学耳提面命,凤以《说约》为谈柄,己未同学坚求授梓,又既而同志再翻版于江右诸处。"(薛凤祚,[1676])¹⁶ 己未为万历四十七年(1619年)。此次《四书说约》刊刻,其他材料未见载,甚至对鹿善继极为熟悉的弟子陈铉在鹿氏年谱中亦未论及,当是彼时鹿善继学生小范围内举动。而薛凤祚当时也当在鹿门,所以有此记录,并以"同学"相称。至于他何时终止受业于鹿善继,则无相关记载。因己未六月鹿善继服阙后"金花银"事件起,鹿善继被谪,薛凤祚修学也可能在此时期停止。(褚龙飞,2015)

这段时期的学习内容,首先便是举业方面的帖括之类。鹿善继万历四十五年答王公书信就说:"偶于问业童子有所讲说,大要帖括之习,何如有所谓学?"(陈铉,1978)²¹ 薛凤祚也说自己跟随孙先生"习举子业"。但是,孙、鹿二人所教并非止此,而是将心学思想也传授给学生。前文得到薛凤祚说他从孙先生"得闻理道问学之旨",正是指心学而言。① 不过,孙奇逢这一时期研习阳明刚刚起步,远未成熟,也未有著述,薛凤祚跟随时间也较短,所以影响有限。鹿善继学术功底则已相当深厚。他于万历四十二年(1614年)授徒后,已开始著述并讲论《四书说约》:"日取四子书相与讨论,举先圣先贤奥义无不抉出而示之人,复无不证入而归之我。谓圣贤往而圣贤之心至今在,特患不及求尔,故名其所著曰《说约》。"(陈铉,1978)¹⁷ 四十三年(1615年)复著《认理提纲》,以接引学生。(陈铉,1978)¹⁸ 薛凤祚受学期间,鹿善继依然以此教学,如万历四十五年云"仰承明论,谊切请教,不避潦草,以《论语》首章(《四书说约》文——笔者注)呈。"(陈铉,1978)²¹ 所以这一时期《认理提纲》,尤其是《四书说约》是薛凤祚主要的学习内容。这一点,也可从他提及鹿善继教学时说"凤以《说约》为谈

---

① 万历四十一年(1613年),孙奇逢开始与鹿善继研读阳明《传习录》,寝馈其中。(孙奇逢,2003)¹³⁸³

柄"得知。(薛凤祚,[1676])^(第一册:16)

至于此一时期学习效果,韩梦周曾称薛凤祚俱得二先生学以归(褚龙飞,2015),未免过誉。因彼时孙奇逢学术远未成熟,鹿善继《四书说约》与《认理提纲》亦难为不满二十的薛凤祚深刻理解。不过,此一经历却为其一生儒学信念与认识奠定基调。自此以后,其儒学认识再未越出鹿、孙二人圭臬。所以薛凤祚入乡贤祠《事实册》中称"本生好学,从定兴鹿忠节先生讳伯顺、容城孙征君先生讳启泰游,笃志力行,终身以二先生为宗"。(薛凤祚,[1677b])^(附录:事实册)薛凤祚自己也称"不肖祚服膺今已六十年"。(薛凤祚,[1676])^(第一册:15)其中六十年前正是他开始受学的万历四十四年(1616年)。最终,薛凤祚在康熙十五年(1676年)完成了《圣学心传》,其中所节录的正是鹿善继《认理提纲》《四书说约》《寻乐大旨》以及孙奇逢《四书近旨》中内容。(朱浩浩、褚龙飞、石云里,2020)细绎薛凤祚天文学著作、他的儒学著作《圣学心传》以及其师鹿善继、孙奇逢的作品可以看出,薛凤祚的天文学体系深受他心学研究的影响。

郑强已经指出,鹿善继在两个方面——"兼容并包"(会通中西)与"不为空谈"(实用之学)——影响到了薛凤祚后来的历学研究。(郑强、马燕,2011)^(16-20)前面笔者已述及薛凤祚由心学转入经世之学以及标准外化方面。除此之外,儒学还在其他方面对薛凤祚有深刻影响。

首先,是对理的理解上。理是传统儒学的基本概念,薛凤祚父亲薛近洙也强调理:"此理外阅世界,内视身心,如水之万脉一原,如木之万枝一本","人得天地之理以成性,得天地之气以成形"。(赵祥星等,[1678])^(卷六十:4a,5a)但这种理颇有朱子学痕迹,具有宇宙本原的特征,与薛凤祚的认识相差较大。薛凤祚定义理为由数成物所显示出的当然与必然。这应当是受到鹿善继《认理提纲》的影响。薛凤祚将《认理提纲》置于他所编辑的《圣学心传》首位,足见此作在他心目中的地位。其中鹿善继说:"只就此日此时此事,求一个此心过的去,便是理也。"(鹿善继,1997)^(认理提纲:9)由此可知,在鹿善继看来,将心与事结合所产生的过得去的状态便是理。我们只要将心改为数,事改为物,就是薛凤祚对理的定义。可见,薛凤祚对理的理解与鹿善继相近。又《认理提纲》说:"此理不是涉元空的,子臣弟友是他着落。故学以为己也。而说个己,就在人上学以尽心也。而说个心,就在事上……博文与约礼不得分也,文章与性道不得分也。"(鹿善继,1997)^(认理提纲:9)心不能离事,性道不能离文章,约礼不能离博文,实际上是强调了对心性与理的研究不应该玄空,应着落在外在的事、文章、博文。薛凤祚对理的定义不离外在的物,其最后的体系也以天地气化的外在之物为着落,已经看不到心性,可能正是这种思路的发展。

鹿善继对"学术"与"功业"的认识亦当影响了薛凤祚。鹿善继以"学术"与

"功业"为不可分,实际上是将自己的功业实践与心性之道联系了起来(黄宣民、陈寒鸣,2009)[1686]:"此理不是有等待的,随时随处自有当尽的职分。自小至老,无显无晦,只求个件件不亏本分,时时不亏本心便了。故天地造化,天地之寻常,帝王经纶,帝王之日用。那有学术功业之分,穷养达施之异乎?是亦为政,吾与点也。其理自明。"(鹿善继,1997)[10]这便要求以道贯穿功业之学。薛凤祚的学术有明显的救世经世情怀,但是以天为本、以数为把柄而成理,显然是救世而有道在乎其中,并非简单而凌杂的实用而已。这一点,与鹿善继对"学术"与"功业"部分的认识相通。明乎此也可以更深入理解鹿善继对薛凤祚"不为空谈"实学的影响。

在本体论的理、数、天关系认识上,鹿善继与薛凤祚也相近。鹿善继以数、理俱出于天:"性以理言,命以数言,俱出于天。"(鹿善继,1997)[185]薛凤祚也是同样观点:"夫天者,理之自出,亦数之所由生也。"(薛凤祚,2008)[739]虽然理、数、天本身是象数学中的元素,在鹿善继的学术中不占多大地位,他也在《四书说约》中较少提及;但鹿善继这一认识或许对薛凤祚有所影响。

谈及理、数、天关系,便需要考察一下鹿善继在天的地位上是否对薛凤祚有重要影响。鹿善继强调"与天一毫不相似便叫不得修道。"(鹿善继,1997)[27]"人人自有天的路数,在反求之耳。"(鹿善继,1997)[38]还论及人合乎"天则",区分"天"与"人":"不与强与此处都有天则,亦非圣人所能为……意气一着,天则遂远。天地间看起来能有几处合着。孔子大哉!何等活动,纯乎天而人不与。"(鹿善继,1997)[74]这些虽然与薛凤祚行本乎天的思想相近。但总体来看,天的概念在鹿善继的学术体系中并不占有核心地位。①

目前学界论述孙奇逢对薛凤祚影响最为全面的是王坚的工作。他在讨论了孙奇逢的思想及与薛凤祚的交往之后,指出薛凤祚是"以孙奇逢重构天人关系及'主于实用'思想为指导,在'本之于天'与'主于实用'之间兼采中西知识资源,以《易》为蓝本,以传统的'天'意识为依托,以实用为归宿,以平分中西基础上会通为手段,思想逐次展开。正是这种会通模式的一致性,把孙奇逢兼容并包的思路推向一个新境界,使得薛凤祚的思想与夏峰北学其他同仁一样显得与众不同。"②(王坚,2014)即强调了孙奇逢本天、实用、会通思想对薛凤祚的影响,认为薛凤祚之学是对孙奇逢天人关系建构的发展,而且强调了易学对薛凤祚的重要性。王坚未曾对薛凤祚学术本身做过研究,上述推测也主要根据孙奇逢学术思想推论而来。笔者认为,上述说法的确道出了孙奇逢与薛凤祚

---

① 笔者这一结论得到了贾乾初老师的肯定,在此表示感谢。关于鹿善继学术思想的介绍,参见贾乾初和陈寒鸣(2010)、黄宣民和陈寒鸣(2009)[1668-1714]的论述。

② 另外郑强也指出了"兼容并包"与"不为空谈"两点影响。(郑强、马燕,2011)

的一些相似方面。但从目前材料来看,亦有值得商榷之处。相对于鹿善继,确定孙奇逢对薛凤祚学术的影响似乎要困难很多。薛凤祚早年追随鹿善继与孙奇逢之时,孙奇逢学术尚处于萌芽时期,薛凤祚更多地受到了鹿善继的影响。这一情况一直持续了薛凤祚一生,从他晚年编纂的《圣学心传》(见附录8)可以看出,他的确主要受到鹿善继影响。此外,从文献记载来看,薛凤祚对孙奇逢著作最为熟稔的是《四书近指》。《四书近指》作于顺治己亥(1659年)伊始,毕三个月完成。此时孙奇逢已经七十六高龄。(张锦枝,2011)[12] 薛凤祚此时五十九岁,已完成《天步真原》纂译,实现了人生中最为重要的历法与星占资源的学习,进入会通之役。又从记载来看,或许有碍于时局的不便与路途遥远,自从万历年间离开其师孙奇逢之后,薛凤祚仅仅有三次拜访孙奇逢的记录,其中一次还未见到孙奇逢。(褚龙飞,2015)因此,薛凤祚受孙奇逢影响的讨论需要慎重。下面笔者就结合王坚的论述,以及薛凤祚思想发展阶段与孙奇逢著作时间、内容作一推测。

  从薛凤祚的思想来看,他会通中西,以天为最高本体范畴,且重视实用。这均与孙奇逢思想有相近之处。不过目前来看,薛凤祚会通中西明显受到了明末崇祯改历事件以及改历期间徐光启等人倡导的会通中西历法思想的影响。本天思想我们也可以在薛凤祚《天步真原·人命部》看到①。他早期研究的星命术、传统军国星占在占法上无不是以天象决定或影响人事。而此时孙奇逢《四书近指》《理学宗传》等重要著作尚未完成。至于实用思想,薛凤祚早年受鹿善继影响应该更大。鹿善继的思想为薛凤祚由心学转向经世之学提供了内在依据(见4.1节)。研究经世之学期间,对他后来实用思想与实践影响最大的当是徐光启和李天经在崇祯改历期间提倡的"度数旁通十事"。薛凤祚不仅依据"度数旁通十事"完成了《历学会通·致用部》,而且在最终的天人体系中将实用本于天之数。此天之数思想的重要来源便是"度数旁通十事"。因此,虽然我们无法完全否定孙奇逢在上述思想方面对薛凤祚的影响,但亦不是如王坚所论的如此明显。此外,就天人重构问题而言,薛凤祚通过星占等学问合己于天,的确可以看作一种天人关系的重构。但薛凤祚对天人关系的把握自有其理论,亦受到了徐光启《泰西水法》序言的影响,不宜说是以孙奇逢思想为指导。至于"以《易》为蓝本"并不准确。薛凤祚有关易学的现存论述主要集中在《甲遁真授秘笈》中。此书据称受自魏文魁,据笔者推测,可能是崇祯四年(1631年)的作品。亦即薛凤祚早年当受到了易学影响。但在此之后,薛凤祚

---

① 《人命部·人命》说:"历数所以统天,而人之命与运亦天也。故言天而不及人,则理不备。言人而不本于天,则术不真。"(薛凤祚,2008)[601]

用于构建其学术体系的主要著作《历学会通》及现存《气化迁流》中,鲜有涉及易学。相反,虽然传统天文学受易学影响很大,但在《崇祯历书》中,对易学与历学的关系持完全否定态度。薛凤祚正是受到这一思想背景的影响,所以在早期追随魏文魁时,薛凤祚有与易学相关的著作,但后来受西法影响,在其所构建的新体系中就难以看到易学了。

不难看出,薛凤祚在本天、会通、实用以及天人重构方面的确与孙奇逢有相近之处,但薛凤祚这些思想自有其重要而明显的来源。完全否定孙奇逢思想在上述方面的可能性影响并不实际,但断言孙奇逢思想指导了薛凤祚恐需要更多证据。实际上,薛凤祚的确曾直接论及孙奇逢对他的影响,不过这种论述是在与鹿善继合称的情况下言说的。在薛凤祚晚年编纂的《圣学心传》序言中,他说:

> 二先生皆理学名宿,直接不厌不倦之传者。自得也既深,故言之亲切,隽永而有味,悯世也綦切,故言之激烈,沉痛而多风。其论理也,必征之于事。言事也,必根极于理。为理不及于事不备,事不及于理不明也。论体也必推之于用,论用也必究之于体。为非用而体无所附丽,非体而用无所归宿也。(薛凤祚,[1676])第一册:14

薛凤祚此处所强调的是鹿善继与孙奇逢二人的体用论。薛凤祚指出他的老师言事必根于理,论理必征于事,事理兼备,体用合一。综观其天文学体系可知,此种体用观点正好符合薛凤祚天文学体系中的体用特征。其天文学体系以天为最高存在,以数理天文学计算的日月五星等运行状态为天之数,进而将此天之数应用在星占中了解天地气化。最终,人顺应此天地气化而实现与天相合。这实际是以天为体,以数为中介,将天落实到气化之中。因气化是天的运化与作用,故可看作天之用。又人亦来自天,所以人顺此气化而行为的日用,其实也是天之大化的一部分,亦即天之用。所以,薛凤祚体系中用的层面均根源于天之体。这显然与前述《圣学心传》中强调的"言事也,必根极于理""论用也必究之于体"相符。

同样,薛凤祚天文学体系中对本体之天的理解也是在用或事中实现。薛凤祚的天有自然之天特征,这可以通过《历学会通》中数理天文学的计算与模型来了解。但更重要的,他还强调天的本体特征:"天下极大极重之务莫如天……人事无一事不本于天。""宇宙万事皆本于天。"(薛凤祚,2008)719,739 薛凤祚对此本体的探讨,并未遵循当时士人熟知的朱熹式格物方法。朱熹将本体之理看作相对具有独立性的形而上范畴与形而下的气或事对应。理是超越时空决定的规律,气是时空中存在的质料:"理也者,形而上之道也,生物之本也。

气也者,形而下之器也,生物之具也。是以人物之生,必禀此理然后有性,必禀此气然后有形。其性其形虽不外乎一身,然其道器之间分际甚明,不可乱也。"(朱熹,2002)²⁷⁵⁵探究本体之理的主要方式是格物,格物就是"即物穷理",即在事物上了解道理。格物需要今日格一事一物之理,明日格一事一物之理,最终便可豁然贯通,实现对理的整全理解。通过此理解,便可发挥出人心的全体大用,处事应物均得其理。①可见,在朱子思想中,格物穷理虽然需要探究事物本身,理气也具有相关性,但事物只是媒介,最终目的是超越形下之物,获得对形上之理的理解。亦即朱子对本体的探究,最终是归结到本体本身,而不是显现承载本体的形下之气或事上。薛凤祚则不同。在其天文学体系中,他通过《气化迁流》探讨了世间万物如何在天的影响下迁流变化。他所尽力理解的,是天这一本体主导下的世界如何在气化之用的层面上展开。即对本体之天的理解,薛凤祚最终并未似朱熹一样落实到本体本身,而是落实到本体之天的气化之用中。因此,在他看来,只要能够了解本体之天的用,便可以理解天的本体性特征。这正符合他在《圣学心传》中所说"其论理也,必征之于事……论体也必推之于用"的思想,也与鹿善继所强调的理事不分观点相契:"此理不是涉元空的,子臣弟友是他着落。故学以为己也。而说个己,就在人上学以尽心也。而说个心,就在事上……博文与约礼不得分也,文章与性道不得分也。"(薛凤祚,[1676])鹿善继.认理提纲:第一册:1-2(图8.1)

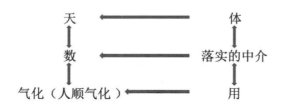

图8.1 薛凤祚天文学体系体用结构图

总之,薛凤祚儒学经历对他研究天文学产生了重要影响。此种影响不仅促成了他从心学向实用之学的合理转向,而且结合薛凤祚学术体系可以发现,儒学学习后来对他理的理解、体用关系认识有确切的影响,对理数天关系、会通、实用、本天方面亦可能有影响。不过,在这种影响方面,鹿善继要明显大于

---

① 朱熹在《大学章句》中说:"所谓致知在格物者,言欲致吾之知,在即物而穷其理也。盖人心之灵莫不有知,而天下之物莫不有理,唯于理有未穷,故其知有不尽也。是以大学始教,必使学者即凡天下之物,莫不因其已知之理而益穷之,以求至乎其极。至于用力之久,而一旦豁然贯通焉,则众物之表里精粗无不到,而吾心之全体大用无不明矣。此谓物格,此谓知之至也。"(朱熹,1983)⁶⁻⁷

孙奇逢。尽管孙奇逢的儒学成就更为突出，在当时的名声更大。

薛凤祚学术发展的另外一个重要阶段是开始传统经世致用之学的学习。师从魏文魁是此一阶段最为重要的人生际遇。魏文魁是明末改历中法派的骨干，可以说是当时中国传统天文学的代表人物。薛凤祚至迟于崇祯六年（1633年）便开始跟随他学习。（褚龙飞，2014）[14]在跟随魏文魁期间，薛凤祚至少研习了传统历算、传统军国星占、历注，也有可能学习了奇门遁甲。此外，这一时期的薛凤祚还掌握了八字、星命术、邵雍之学、兵法等。这些学问的获得与魏文魁密切相关。总体来看，上述学问结构具有典型的传统特征。如明代中后期天文学代表人物周述学，就对邵雍之学、太乙、舆地、遁甲、星占等靡不精研，尤精易学、历算。

上述薛凤祚与周述学学术结构相似性提示我们，这一时期尤其是魏文魁对薛凤祚的最大影响当是在学问结构中象数学体系的确立。象数学是根源于《易经》发展起来的古代学术分支。早在《左传》中就明确将卜筮与"象""数"两种范畴联系起来："龟，象也；筮，数也。物生而后有象，象而后有滋，滋而后有数。"（《左传·僖公十五年》）《易经》即属于筮占。至春秋战国时期陆续完成的《十翼》（孔子等，2010）[12-13]已经明确将"象""数"提升到了哲学高度，并奠定了象数与义理并重的局面，使得后世易学发展出象数派与义理派两种主要理解《易经》的进路。象数也逐渐泛化，形成了一种特殊的、囊括了多种学术分支的学问——象数之学。如隋萧吉《五行大义》称："是以圣人体于未肇，故设言以筌象，立象以显事。事既悬有，可以象知。象则有滋，滋故有数。数则可纪，象则可形。可形可纪，故其理可假而知……若夫参辰伏见、日月盈亏、雷动虹出、云行雨施，此天之象也；二十八舍、内外诸官、七曜三光、星分岁次，此天之数也。山川水陆、高下平污、岳镇河通、风回露蒸，此地之象也；八极四海、三江五湖、九州百郡、千里万顷，此地之数也；礼以节事、乐以和心、爵表章旗、刑用革善，此人之象也；百官以治、万人以立、四教修文、七德阅武，此人之数也。"（萧吉，1988）[序:1-2]沈括在《梦溪笔谈》中将天文、历法、术数等学问纳入象数一门。至明代，学者明确将天文、历法称为象数之学，如唐顺之云："近见一二儒者亦有意象数之学，然不得其传，则往往以儒者范围天地之虚谈而欲盖过畴人布算积分之实用。"（唐顺之，2014）[303]

薛凤祚受此传统的影响主要包括两个方面。首先是开始使天（象）、数、理等成为自己学术体系的核心概念。传统天算研究中会使用天、数、理等象数学概念来论述自己的体系，而这是与鹿善继、孙奇逢等理学家所不同的。如魏文魁曾说数来于象（即天）："历者数也，数生于象。"（魏文魁，2002）[762]又魏文魁在历学著作中多处谈及理。薛凤祚后来所完成的体系正是以天、数、理为基本元素,而且以数生于天。

　　与学问结构中象数学体系的确立相伴随的,是这一时期薛凤祚天文学研究应当被纳入易道之下。这可能是受到魏文魁的另外一个影响。由前可知,在《甲遁真授秘笈》中,薛凤祚介绍了大量象数易学内容,而且提及:"夫天地之间,阴阳进退动静之理,非卦无以测吉凶,度悔吝,而为趋避也。"(薛凤祚,1995)[120]据说《甲遁真授秘笈》便与魏文魁有关。而据笔者推测,该作可能是崇祯四年(1631年)的作品。可见,这一时期薛凤祚的学术体系中易学占有重要的位置。而传统天文学与易学关系密切。尤其是从邢云路的著作中可以看出,其天文学研究是被纳入易道之下的。(朱浩浩、王淼,2017)薛凤祚早年师从魏文魁时当研习过邢云路《古今律历考》①,里面便有将历算之学纳入易道之中的表述。因此,薛凤祚这一时期可能也是在易道下研究天文学的。

　　当然,追随魏文魁的学习也在其他方面影响了薛凤祚。如前已论及,这一时期薛凤祚在研究传统军国星占方面也受到了魏文魁的深刻影响。传统军国星占包括的宇宙论、本体论、工夫论、境界论等维度塑造了薛凤祚后来的星占工作与学术体系。此外,其他方面,如前人所说了解了传统历算为薛凤祚学习西方天文学奠定了坚实的基础等,也是魏文魁影响的一部分。由此可以看出,尽管薛凤祚最终并未用传统天文学建立自己的体系,但受魏文魁的影响颇多,不容忽视。

　　薛凤祚学术发展的下一阶段便是伊斯兰与欧洲天文学(数理天文学与星占学)的学习。在学习完八字与星命术之后,由于不满占术的粗糙与准确率,薛凤祚开始转向伊斯兰星占《天文书》的学习。至于数理天文学,虽然不能确定薛凤祚是否曾在崇祯改历期间接触过欧洲数理天文学,但入清之后他曾在西安得到《时宪历》三角八线表。②可见,在追随穆尼阁之前,他也已经学习了一定的欧洲天文学知识。不过,真正全面的学习是在拜穆尼阁为师之后。(褚龙飞,2014)[16]因此,薛凤祚从开始学习伊斯兰与欧洲天文学到拜穆尼阁为师之后翻译《天步真原》,都可以看作一个整体——学习与获得伊斯兰与欧洲数理天文学与星占等学问的阶段。

　　这一阶段对于薛凤祚来说至关重要。他不仅获得了相关知识与著作,还至少在以下观念上受到了影响。首先,他应该通过《崇祯历书》获得了会通历

---

① 在《历学会通》中薛凤祚便收入了《古今律历考》中的不少内容。具体介绍见褚龙飞(2014)的论述。

② 《历学会通·正集·中法四线引》中曾提到:"既而于长安复于皇清顺治《时宪历》得八线:有正弦、余弦、切线、余切线、割线、余割线、矢线。"此处《时宪历》指《西洋新法历书》,即《崇祯历书》。(薛凤祚,2008)[20]

法与"度数旁通十事"的思想。(Shi Yunli, 2007)这不仅塑造了后来《历学会通》的基本格局,更为重要的是改变了薛凤祚跟随魏文魁期间所建立或秉持的传统象数学体系,形成了以《崇祯历书》为代表的一套新象数学体系。《崇祯历书》对于传统天文学来说不仅是形态与计算技术的改变,也是观念的改变。它实际上是一种新的象数学。传统天文学主要以易学元素为桥梁,实现与根本之道的连接或上达。天在整个体系中也并不一定占有最根本的地位。这可以从邢云路《太一书》中明显地看出。(朱浩浩、王淼,2017)而《崇祯历书》虽然还是以象(天)、数、理等为基本概念,但与易学无关。① 由于象、数、理的关系是象生数、理,天也成为最为根本的元素。而且,徐光启所提倡的"度数旁通十事"最终也演变成历学的旁通。这就使得历学研究获得了一种新的可能,即通过精确的天之数将人事与天相连。这些正是薛凤祚体系的核心思想,也是如前所述薛凤祚在本体论层面受西学最为重要的影响(见8.1节)。他正是循着《崇祯历书》提供的思想脉络完成体系的最终建立的。②

其次,这一时期的薛凤祚应该还建立了本于天之术为真术的思想。《天步真原·人命部·人命》说:"历数所以统天,而人之命与运亦天也。故言天而不及人,则理不备;言人而不本于天,则术不真。"(薛凤祚,2008)[601]而在《甲遁真授秘笈》中他还认为"非卦无以测吉凶"。(薛凤祚,1995)[120]虽然我们难以确定薛凤祚获得这一观念的最主要来源,但在这一阶段的学习中受到影响应该是没问题的。

那么,这一阶段认知的另外一个重要来源穆尼阁,除提供历法与星占技术外,对薛凤祚思想的形成是否有影响?从最初根源看,薛凤祚体系中的一些核心思想在跟随魏文魁及学习《崇祯历书》时已经大体具备,如以精确历法得到精确占验在《古今律历考》中已经论及。以天之数合天的可能性可以通过《崇祯历书》与薛凤祚早期星占研究获得。历法、星占与实用技术的学问结构与它们的关系明显是受到《崇祯历书》"度数旁通十事"思想的影响。实际上,笔者目前无法确认穆尼阁在思想上对薛凤祚的影响,此一问题尚需更多材料。

在译完《天步真原》之后,薛凤祚人生中拜师学习的阶段就此过去,他开始了建立自己体系的过程。他首先会通古今中西历法、星占、实用技术,完成了

---

① 据黄道周《榕坛问业》记载,在北京时,他曾对徐光启阐明易、历、律之义,认为三者之间有联系。而徐光启则认为:"易自是易,律自是律,与历何干,而能证发?"黄道周易学的最大特色便是通过天文历法来论述易学,这无疑具有深厚的传统。而徐光启的回答也表明了以他为主的西法派所秉持的态度。(翟奎凤,2012)[366]

② 关于《崇祯历书》与新象数学体系的建立、徐光启等人在本体论层面对当时科学发展的影响是极为复杂的问题,笔者将另文专门介绍。

《历学会通》,由此得到精确的历法、本于天的真术体系,还有可以通过历法旁通的实用技术。在此基础上,他进一步利用星占等学问完成了《气化迁流》,以天地之数为把柄把握天地气化,合己于天,合人事于天,以数合天,从而完成了恢宏的学术体系。

一个无法回避的问题是,薛凤祚建立自己独特体系的想法是不是在完成《天步真原》之后不久,甚至其间或之前已经存在?还是说是在会通阶段一步步发展而来的?这一问题很难回答。从薛凤祚的论述来看,他对历学的会通想法应该较早,不会在《天步真原》完成之后,而很有可能是在之前。因为《历学会通》中历法、星占、实用技术并存的格局在《崇祯历书》中即已存在。① 而他在拜穆尼阁为师之前曾读过《崇祯历书》。至于认识到《历学会通》的不足而进一步发展《气化迁流》是在什么时候,则很难确定。笔者目前倾向于是在完成《历学会通》前后。薛凤祚曾在《历学会通·致用部》表达了"致用"内容仅仅为形而下者,"圣人合德於穆,别自有在"的感慨。(薛凤祚,2008)[720] 这种感慨似乎表明他早先并未意识到《历学会通》中实用技术一类学问作为形而下者的不足。前述薛凤祚对"天学"一词认识的变化也似乎说明在完成《天学会通》时他还未意识到会通体系的不足。不过,上述证据太过单薄,要确定这一推论尚需要更多证据。

8.3 更广的议题

讨论完薛凤祚之后,让我们进一步以此为基础扩展到其他两个重要的议题。第一个关涉中外交流中非常重要的一个方面,即关于中外星占交流的探析。此一主题前人已有涉及,本书主要推进了对伊斯兰星占与欧洲星占传播情况的研究。笔者将结合前人研究给出更为全面的图景。明末清初中外星占交流具有得天独厚的资料丰富优势,这使得我们可以相当深入地讨论交流模式问题。因此,在第一个主题的探讨中,笔者将不仅在参考前人研究基础上丰富中外星占交流图景,而且将在本书各章节讨论的基础上,进一步总结与探索明末清初中外星占交流模式与特征,从而深化我们对中外交流的认识。第二个主题目前学术界尤其是科学史界较少关注。笔者将借用国际学术界的被拒

---

① 即徐光启提出的会通历法与"度数旁通十事"思想。(Shi Yunli,2007)

知识范畴,结合何丙郁先生的议论,以星占为中心讨论中国古代被拒知识的研究范式问题,进而思考星占一类被拒知识在中国古代科技史研究中的重要价值,以及对理解中国古代学术的重要意义。

8.3.1　域外星占学传入与传播的新图景与模式

在古代中国与其他文明的交流中,域外星占的传入与传播是一个非常重要且特殊的话题。星占的传入虽然自三国时期已经可以考见,但在时间上与来源上相对比较单一与集中,传入的文本也屈指可数。同时,由于星占涉及个人占卜预测,在民间颇有市场需求,所以反而在传入之后可以获得较好的传播。这使得星占在中外交流史的研究中具有特殊的优势。中国古代本土起源与发展壮大的星占类型是以变异天象为主要占验对象的传统军国星占。至于以天体正常运行占验吉凶的星占术,从《史记》《汉书》《论衡》《抱朴子》等书的资料来看,似乎在佛教席卷中国之前曾有萌芽。但此一萌芽并未能够发展起来。中国古代以天体正常运行占验吉凶的星占术基本上是从域外传入后逐渐流传开来的。这类域外星占从类型上看可以分为宿曜术与天宫图星占学两类。结合前人讨论我们可以获得以下认识。

总体来看,传入中国的星占学,虽然夹杂有非天宫图星占学(印度宿曜术),更多的则是天宫图星占学内容。欧亚大陆天宫图星占学的发展可以用图8.2说明。经过一定时间的融合发展,在希腊文化、巴比伦文化以及其他文化因素(如古埃及)的综合作用下,托勒密王朝的学者们最终在公元前2世纪末至公元前1世纪初发展出成熟的天宫图星占学。这一成熟的天宫图星占学包括日月五星、相位、后天十二宫、黄道十二宫等元素,成为后世天宫图星占学的基础。经过希腊化时期的发展,最终在罗马帝国统治时期产生了以多罗修斯、托勒密、瓦伦斯等人为代表的蔚为壮观的古典天宫图星占学传统。随着历史的推进,此种以天宫图为占验基础的星占类型传入了波斯萨珊王朝、古代印度,以及后起的伊斯兰世界,融汇发展了当地元素。天宫图星占学在欧洲(尤其是西欧)经历了中世纪早中期的沉寂之后,最终在大翻译运动中由伊斯兰世界传入西欧。天宫图星占学得到了重视与发展,亦激发了欧洲人从希腊语文献直接研究天宫图星占学的热忱。这一发展直至17世纪末基本消沉。天宫图星占学在传入不同文明体之后,随着中国与域外文明的交流亦逐渐被介绍进入中国。印度①、波斯、伊斯兰、欧洲等主要文明体均对天宫图星占学或其中元素传入中国有自己的贡献。最后,天宫图星占学又由中国传入了古代朝鲜与

---

① 目前来看,印度传入的主要是天宫图星占学的一些元素,并不具有系统性。

日本。①

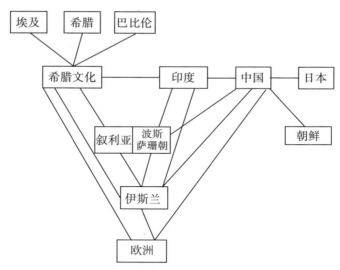

图 8.2　欧亚大陆天宫图星占学交流总图

如果我们进一步放大图8.2中传入中国的四个线条,并结合宿曜术的传入,可以获得图8.3。其中虚线方框表示域外因素,实线方框表示在中国产生的星占作品。虚线表示虽然有间接影响但尚需进一步确认其直接影响的情况。实线表示有明确的直接影响存在②。从图示可以清晰看出,不同历史时期总共有四波域外星占学传入中国。第一波从佛教文献的传入开始,传入的星占类型可以宿曜术概括。宿曜术的源头是梵文星占文本。它具有强烈的印度传统色彩,以宿(二十八或二十七宿)所值之日,曜(日月五星七曜或加罗睺、计都)所值之日或年、所临之宿为占验依据,同时结合了日月食等元素。宿曜术对吉凶宜忌、个人命况、世俗军国进行占验,占法有月行二十八宿占、二十八宿值日法、二十七宿值日法、七曜攘灾法、九曜攘灾法、七曜值日法、九曜行年法等。包括该类型星占的佛经主要有《摩登伽经》(230年)、《舍头谏二十八宿经》(308年)、《大方等大集经》、《梵天火罗九曜》(721—751年)、《宿曜经》(742—764年)、《七曜攘灾诀》(806—866年)。③ 其中《宿曜经》与《七曜攘灾诀》(尤其是《七曜攘灾诀》)较为特殊。它们已经包含了希腊化天宫图星占学元素。这

---

① 此图是在矢野道雄先生图示基础上修正而得,见矢野道雄(1986)¹⁸的论述。中文版见钮卫星(2019)¹⁵⁵的著作。关于天宫图星占学经由中国传入朝鲜的研究,请参看Yong Hoon Jun(2018)的文章。

② 星命术直接影响薛凤祚与穆尼阁对《天步真原》欧洲星占翻译的情况,笔者目前无法确认。

③ 关于《梵天火罗九曜》的成书时间请参看李辉(2011)⁷⁹⁻⁸⁰的论述。关于其他佛经的成书时间,参考 Mak(2015a)的文章。

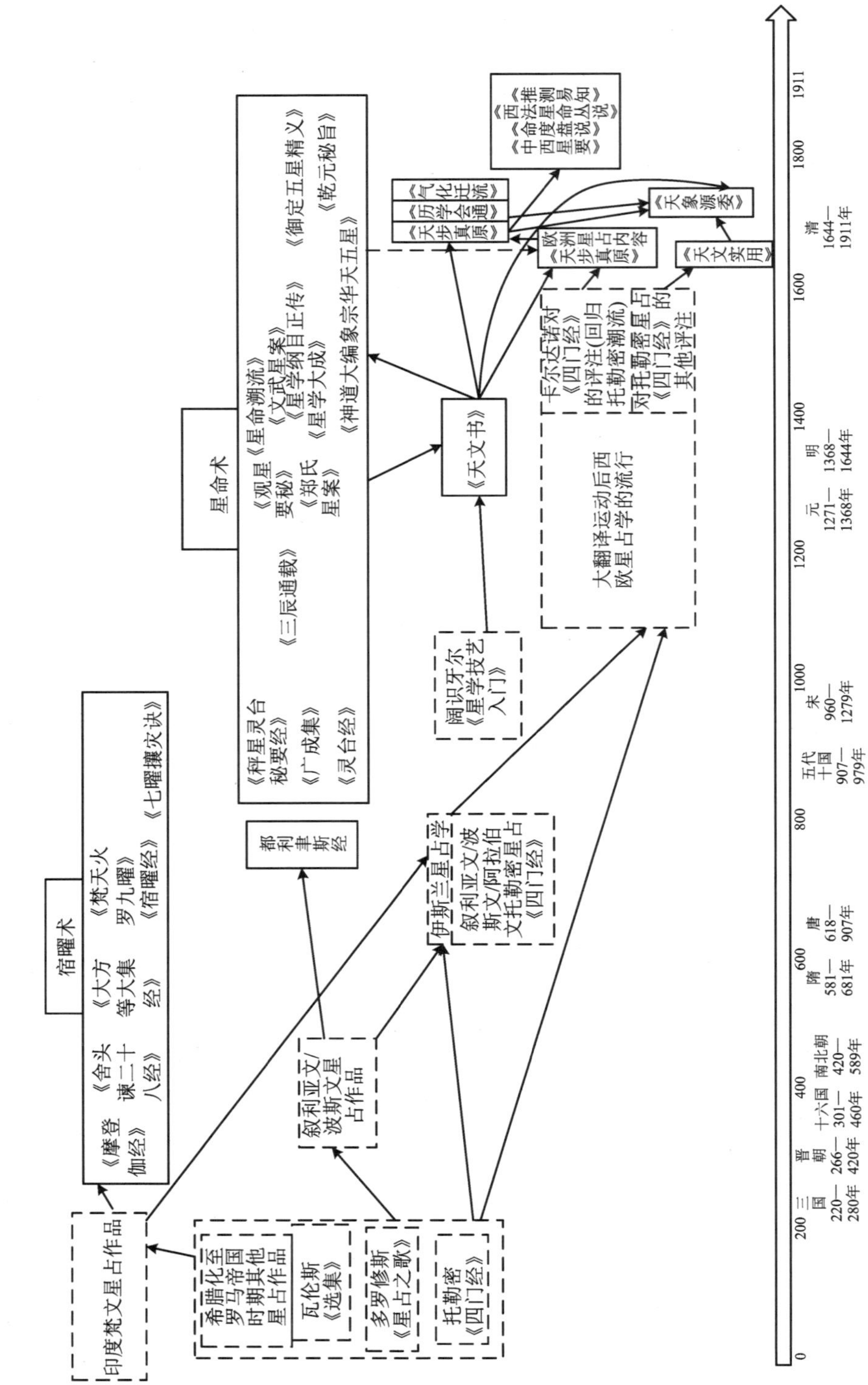

图 8.3 域外星占学的传入与传播图

是希腊化天宫图星占学传入印度后，印度学者融合本土星占学的结果。不过，从占法整体特征看，《宿曜经》与《七曜攘灾诀》所介绍的仍然属于宿曜术范畴，与具有系统特征的天宫图星占学不同。宿曜术的传入时间从汉末持续到唐代，唐代以后在来源与流传上均逐渐湮灭。

第二波是天宫图星占学的系统传入。就目前来看，传入主体应该不再是佛教徒，而是景教徒。来源应该亦非印度，而是中亚的波斯。目前较能为大家接受的认识是，此一波传入最为重要的译本当是《都利聿斯经》，译者可能是官至唐司天监的波斯后裔景教徒李素（743—817年）。其底本可能是由波斯景教徒阿罗本带入中国、流传于中东地区而受希腊化天宫图星占学影响的叙利亚文/波斯文星占文本，且很有可能是多罗修斯的《星占之歌》。（Mak，2014）天宫图星占学系统传入中国之后产生了广泛影响。唐代至五代十国时期已经产生了《秤星灵台秘要经》《灵台经》等星占著作。另外，活跃于唐末五代时期的杜光庭在《广成集》中也涉及了不少天宫图星占学元素。至南宋时期，传入的域外天宫图星占学已经被高度本土化，出现了大部头的著作《三辰通载》。之后，我们还可以看到元代郑希诚《观星秘要》《郑氏星案》，明代《星命溯源》《文武星案》《星学纲目正传》《神道大编象宗华天五星》《星学大成》，清代《御定五星精义》《乾元秘旨》等。这一传统成为一种单独流行的星占类型星命术，实际上一直持续到现在。

第三波的传入主要在明初。此次底本与翻译信息较第二波明确且丰富，具有可靠的官方背景。洪武十五年（1382年）十月二十四日，明太祖朱元璋命令翰林吴伯宗、李翀会同天文学家海达尔、阿答兀丁、马沙亦黑和马哈麻等共事翻译工作。他们在南京成立了翻译局，最迟在第二年（1383年）四月完成了《天文书》的翻译。《天文书》是中国古代第一部也是唯一一部译介的伊斯兰古典天宫图星占学著作。底本为活跃于公元1000年左右的伊斯兰天文学家阔识牙尔的《星学技艺入门》，据称是某个阿拉伯语或波斯语底本。该书自翻译之后开始逐渐产生影响。周述学在明代中期完成的《神道大编象宗华天五星》试图将《天文书》中"十二箭"内容融入星命术。至清初，薛凤祚翻译《天步真原》时在术语、内容、结构上广泛参考了《天文书》，并将《天文书》中的伊斯兰古典星占术融入《天步真原》欧洲星占中，成为西法。他还在《历学会通》与《气化迁流》中进一步节录、发展了《天文书》中的占法。从此以后，《天文书》在明代中后期与星命术合流的趋势中断。它随着《天步真原》的流传被后来的倪荣桂、温葆深、陈松等人研究。不过，《天文书》自身独立的影响依然存在，如活跃于乾隆年间的张永祚在《天象源委》中将《天文书》作为重要组成部分。

中国古代第四波也即最后一波域外星占学的传入是在明末清初。此次的主体变为具有拉丁语与天主教背景的耶稣会传教士。除零散地在《崇祯历书》与钦天监题本中传入一些欧洲星占学内容外,较有系统的著作来自汤若望《天文实用》,以及穆尼阁和薛凤祚合译的《天步真原》欧洲星占部分。《天文实用》的翻译具有官方背景,肇始于崇祯十年(1637年)。不过,直到顺治元年(1644年)此书才被翻译完成介绍星占基本概念的首卷,并被进呈顺治皇帝御览。虽然汤若望声称将次第完成剩余占法部分,但目前来看,终汤若望一生也未见相关工作,其后继者南怀仁也未见有继续纂译。该书底本可能是16—17世纪欧洲托勒密著作的评注本。穆尼阁与薛凤祚的译介是在入清之后的顺治九年到十年(1652—1653年)。此次的翻译内容远较《天文实用》丰富,包括了星占基本概念、生辰占、普遍星占术以及少量的选择术。其底本主要是卡尔达诺对托勒密星占《四门经》的评注,当然也包括了卡尔达诺的少量其他作品以及穆尼阁自我编算内容。卡尔达诺是文艺复兴时期意大利著名学者。受当时回归托勒密潮流的影响,他对《四门经》的评注以 A. Gogava 从希腊语翻译的全本《四门经》为参照本。A. Gogava 的译本于1548年出版。1554年,卡尔达诺在旅途中对该书进行了研究,完成了对托勒密星占《四门经》的评注。从译介内容看,《天步真原》欧洲星占的确表现出了较为纯粹的托勒密星占系统特征,不过亦可以看到继承自伊斯兰星占的内容。此外,《天步真原》的翻译不仅受到《天文书》的影响,在刊刻《天步真原》以及编纂《历学会通》《气化迁流》之时,薛凤祚亦加入和发展了《天文书》中的一些内容作为补充。《天文实用》与《天步真原》的编译很快在中国产生了影响。除薛凤祚的发展外,张永祚在其《天象源委》中几乎全部收录了《天文实用》与《天步真原》星占内容。《天步真原》还直接影响了后来的倪荣桂《中西星要》、陶胥来《命度盘说》、温葆深《西法星命丛说》以及陈松《推测易知》。

上述图景虽然给我们展示了域外星占学传入中国以及在中国传播的大致面貌,但传入与传播中所涉及的复杂过程、模式与互动却没有得到讨论。由于材料的限制,我们实际上已经很难非常细致地讨论前三波域外星占学在传入过程中所涉及的复杂性面向。至于其传播中所涉及的复杂问题学界目前亦较少措意,亦非本书所能胜任。此处笔者只基于书中前面章节的论述,针对第四波域外星占学传入与传播过程中所涉及的复杂问题展开一定的总结与讨论。笔者将以穆尼阁和薛凤祚对欧洲星占的翻译,以及翻译之后薛凤祚对欧洲星占的应用为中心,①同时结合汤若望从官方传入《天文实用》的情况进行比较,以期获得更为深入的认识。

---

① 因此,薛凤祚的地位非常特殊。他不仅是传入者,也是进一步发展或传播者。

穆尼阁与薛凤祚合作翻译欧洲星占符合本书第一章所定义的"合作型"交流模式,可以说是古代文化交流传播中颇为理想的形态。穆尼阁和薛凤祚的合作在不同的世界观、文化背景的暂时搁置中展开。穆尼阁生长于欧洲,具有天主教信仰,经过严格的教育成为耶稣会士。在他对世界的理解中,上帝、天堂、地狱、天使、救赎、传教、经院哲学等是核心。薛凤祚出生于儒学世家,受传统文化熏陶,对于世界的理解中没有上帝的地位。在薛凤祚的眼中,世界由天、阴阳五行、理、数、气、道、圣人、形而上、形而下等形成。人承载天道、天理而顺应之,化育裁成,辅相天地。这两种对世界的理解、价值文化系统并非没有相似之处。传教士中如利玛窦即通过自己的努力融合天主教教义与古典儒学。传教士群体亦普遍以"理"为交易区试图沟通交流。不过,利玛窦系统性的融合努力在明末清初思想史上的影响力极为有限。传教士以"理"为交易区进行的沟通亦只能停留在极为局部的层面,无法在整体框架层面撼动传统儒学的体系。对于穆尼阁来说,他虽然认同利玛窦的适应性传教策略,强调以自然科学知识辅助传教。但耶稣会士灵活的传教政策,更为重要的应当是他早期从政所养成的灵活背景,使得他遵循了比利玛窦、汤若望等人更为灵活的传教策略。他在中国的传教中采取了颇为特殊的方式。"他希望信仰可以渗透到当地的观念和风俗之中,而且他在礼拜仪式上使用中文",针对不同对象也展开不同交往策略。对于普通民众,他教导基本信仰。而与中国士大夫的交往中,穆尼阁一方面并不强人入教,一方面通过利玛窦所开创的方式,以科学知识吸引士大夫的注意力,以提升自己的声誉与影响力。他甚至因与士大夫交往过程中所表现出的非宗教目的而被后世中国学者称为耶稣会士中的"笃信君子"。这种在与士大夫交往中直观来看的非功利性表现相对于利玛窦、汤若望等人来说是极为特殊的。而这正是穆尼阁颇具政治智慧的表现。他与中国士大夫合作交流所希求的并非是希望对方入教,而是通过他们获得更高的影响力与名声。这种影响力与名声会帮助他在与中国人的交流中获得更多正面的形象,会为他的话语获得更多的权威性,也可以帮助他获得在中国社会立足与行动的资本。事实也正是如此,穆尼阁因其名声最终获得顺治皇帝的召见。在通过政治性说服顺治皇帝采取福音化清朝策略未果后[①],他还是获得了顺治皇帝亲自颁发的诏书。这一来自中华帝国最高统治者的保障在穆尼阁后来在海南等地的传教中发挥出重要作用,是他得以收回海南地区被官府没收的耶稣会士财产,重新开辟传教根据点的重要凭借。

---

① 穆尼阁向顺治皇帝表达了福音化清朝的美好前景。这是非常契合统治者政治需求的论述。对立足中原不久的清廷来说,如何实现长治久安是重中之重。穆尼阁的政治智慧与传教策略的结合于此可见一斑。

因此，对于穆尼阁来说，在与中国士大夫的交流中不需要通过理一类的交易区将自己的世界观、价值强加于人。他与士大夫的交流目的并不在此。他可以通过与士大夫群体交流获得的影响力更好地实现对天主教感兴趣人群的影响。这些感兴趣的人群或许就有士大夫，也包括了普通民众。毕竟，相对于士大夫，普通民众的世界观没有那么自觉与根深蒂固。他甚至可以违背教皇禁令来获得当时士大夫的注意力。或许在他看来，这些禁令的暂时违背并不是严重的事情。正是这种颇具政治智慧的灵活性使得穆尼阁不需要理的交易区。他用一种灵活性的策略开放模式以契合中国人的需要，构建了一种可以满足双方目的、实现双赢局面的交易区局面。这成为穆尼阁与薛凤祚能够翻译违背教皇禁令欧洲星占内容的基础。

对薛凤祚来说，他对穆尼阁的态度是尊重的。但他在与穆尼阁合作之前已经基本完成了世界观的构建。在他整个的学术体系中所展示出的问题意识也基本上可以从拜师穆尼阁之前的星占术数、历法学习与时代背景（改历、时局、星占的变革）中找到来源根据。穆尼阁在宗教层面对薛凤祚的影响几乎可以完全忽略，薛凤祚对天主教毫无兴趣。即便在有关星占思想与观念认知方面，穆尼阁对薛凤祚的影响亦有限。除加强了薛凤祚对于西法星占优越性的认识等方面，穆尼阁所提供的星占内容更多地发挥了一种工具性作用。但翻译欧洲星占是他的直接诉求，这一诉求背后有此前经历、学习与感受所造成的诸多原因。能够实现他的诉求同时不会让他强行接受自己所不感兴趣的价值体系的人恐怕只有穆尼阁。他可以在与穆尼阁的合作中解决自己的问题，同时保持自己的独立。这对于薛凤祚来说最为合适。这种不带要求地满足对方需求的方式对于薛凤祚来说是推动他能够与穆尼阁合作的重要因素。解决有关星占问题这一功利性诉求，与穆尼阁充满政治智慧的策略性开放以实现更大影响力的目标相印合，形成了薛凤祚与穆尼阁合作的交易区。

这种功利性诉求的相互满足，使得穆尼阁与薛凤祚两人将不同的世界观系统与价值体系的隔阂暂时搁置。他们两人均表现出强烈的他者意识。穆尼阁不因为教会禁令与世界观的不同对薛凤祚的诉求有所保留，而是尽量满足。薛凤祚亦未因穆尼阁的信仰、欧洲星占的四元行认识等区别而心生隔阂，而是尊重穆尼阁所译介的欧洲星占内容。同时，薛凤祚先前对《天文书》的学习保证了他可以与穆尼阁展开极为有效的讨论，在技术层面快速理解穆尼阁译介的内容，同时将汉语世界已有的星占资源与译介的欧洲星占融合。穆尼阁的深厚科学素养与手头的拉丁语资料书籍亦保证了他能够对薛凤祚提出的诉求尽可能高质量地满足。这不仅使得两种亚文化的差异在双方诉求的满足中获得消融，双方处于自愿合作翻译的状态之中；而且使得他们能够在翻译过程中深入交流,彼此学习,"闲居讲译,详悉参求"。(薛凤祚,2008)[598-599]最终,《天步真原》欧洲星占展示出高度融合的特征。在术语方面,他们合译的欧洲星占综合了中国当时已有的天宫图星占学(以伊斯兰星占为主)与拉丁语底本二者,并非如汤若望《天文实用》一般对中国已有资源置若罔闻。在形态方面,《天步真原》欧洲星占基本遵循了底本的托勒密体系,但也因薛凤祚的诉求加入了少量欧洲选择术,表现出更为全面的特征。内容方面,穆尼阁与薛凤祚的合作成果超出教会禁令,译介了不符合禁令的内容,但对于当时中西星占交流却极为重要。他们还专门在《天步真原·人命部》第二卷极尽详细地编算了雷格蒙塔努斯宫位制算法,以使星占系统获得宫位制算法的保障。最终,《天步真原》欧洲星占产生了一套新的术语与文本体系。它们在薛凤祚有生之年便被应用在《气化迁流》等著作中。后来《天步真原》欧洲星占术语与文本为一系列清代学者所遵用与发展,如后世张永祚《天象源委》、倪荣桂《中西星要》、陶胥来《命度盘说》等。因此《天步真原》欧洲星占语言成为了一种克里奥耳语。可以说,经过协商交流,穆尼阁与薛凤祚《天步真原》欧洲星占文本表现出的合作交流型模式(图8.4)更加契合哈利·科林斯等人所言中介语言型(Interlanguage),是颇为理想的交流模式。

与此相比,汤若望译介的《天文实用》则表现出供不应需的供用型形态。翻译《天文实用》的重要契机是崇祯皇帝对于天球仪新增南天区星官是否有占验之用的兴趣。崇祯皇帝对占验之用的兴趣很大程度上受刺激于李天经在奏疏中对于新增南天星官以及对天球仪在占验方面重要作用的强调。崇祯皇帝对这些新增星官占验之用的关注也使得汤若望可以有理由以官方名义展开《天文实用》翻译。《天文实用》因其实用价值获得官方译介的合法性。表面来看,这似乎和穆尼阁与薛凤祚合作模式一样,也是传教士满足中国人功利需求进而营造出了交易区。不过,经过仔细考察可以发现,传教士仅仅是借用崇祯皇帝的兴趣实现译介符合教会规定的自然星占内容。崇祯皇帝所需要的恰恰是传统军国星占类占法。汤若望显然未能类似穆尼阁一般有灵活的策略性开放。具有天主教背景的他遵守了教皇的禁令。汤若望参与官方改历的显著身份似乎亦不允许他类似穆尼阁一般引进不符合教皇禁令却符合崇祯皇帝要求的星占类型。而且,汤若望所继承的更多的是利玛窦在中国传教期间所发展出来的有关星占的认识。他在《崇祯历书·法原部·交食一》中,通过"理"来判别真正的天文,以对传统军国星占展开批评。从这点可以看出利玛窦的影响。利玛窦的认识经由徐光启,在汤若望处获得了新的发展。他们均试图批评中国传统星占术数,而强调真正的星占是符合教会规定的欧洲自然星占术。因此,能够引进欧洲自然星占术以代替中国传统军国星占是他们福音化中国的

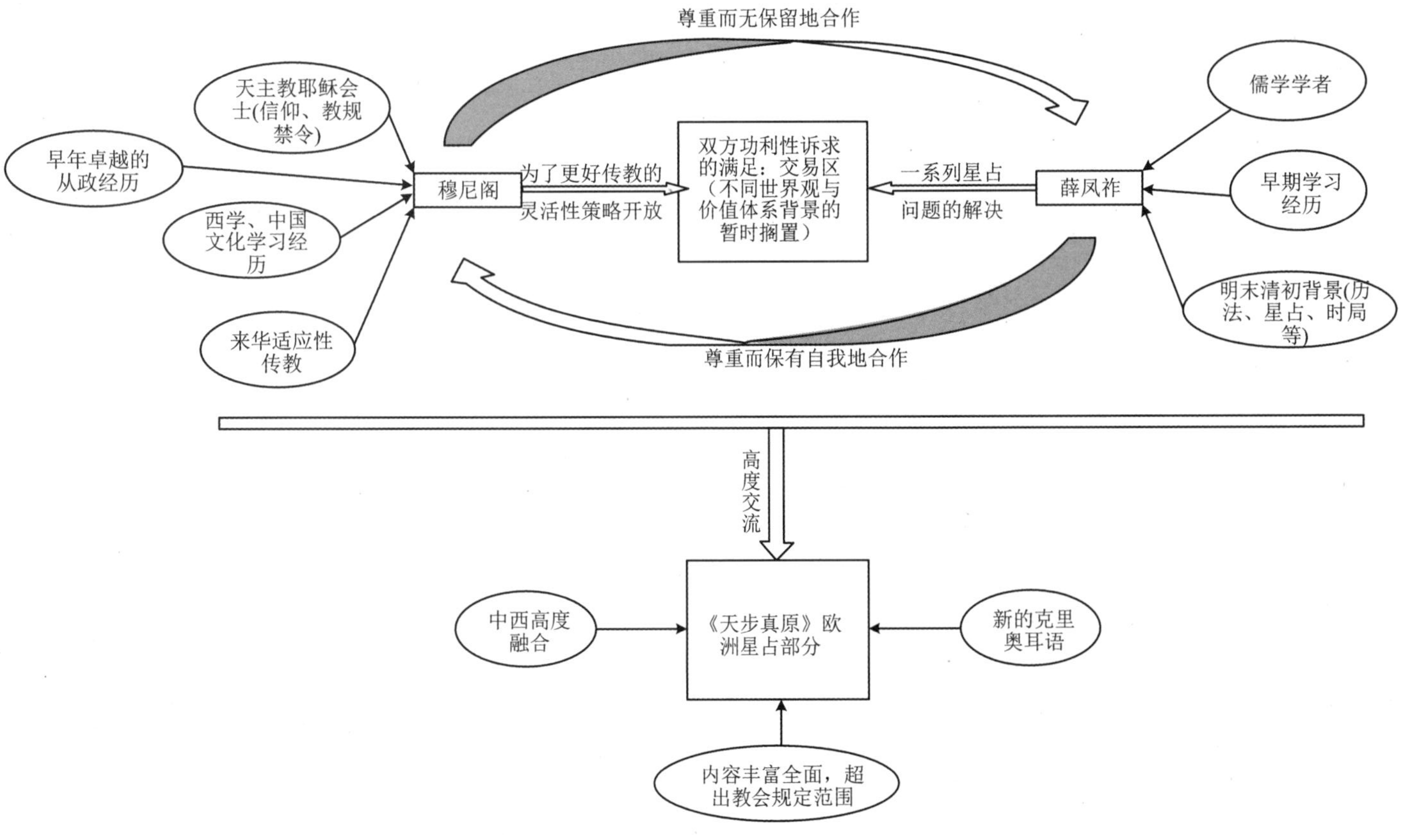

图 8.4 穆尼阁与薛凤祚合作译介欧洲星占"合作型"模式图

一部分。这种认识我们在穆尼阁身上看不到。因此,汤若望表面上满足了崇祯皇帝的兴趣,达到与崇祯皇帝的契合,从而获得交易区的营建,翻译符合教会规定的欧洲星占术。这种行为实属于自然结果。他对中国文化的学习经历以及李天经等人的帮助,也使得他有条件在崇祯皇帝没有选派人手协助的情况下,进行拉丁语汉译工作。同时,崇祯皇帝对于欧洲星占的无知,以及或许由于时局紧张而造成的问责、监管缺失的状态,也使得这一供不应需的译介得以实现。这与穆尼阁和薛凤祚各得所需、深度合作、交流学习的状态大不相同。所得的汉译结果《天文实用》亦内容单一,与当时汉语世界的星占资源疏离,表现出极为低度的融合状态。《天文实用》在后来清代的欧洲星占发展与传播史上也扮演了非常次要的角色。目前来看,《天文实用》仅仅作为从属地位在张永祚《天象源委》中被应用。其影响力与《天步真原》的影响力不可同日而语。可见,《天文实用》译介的模式(图8.5)与《天步真原》大不相同。

《天步真原》译介之后,穆尼阁不再发挥直接作用。《天步真原》完全进入中国文化环境中被中国学者化为己用。其中,本身作为译介者的薛凤祚,也是化《天步真原》为己用的重要人物。整体来看,《天步真原》欧洲星占在薛凤祚身上体现出的传播状态可以概括为"体系性内化"[①]。这是指薛凤祚将《天步真原》欧洲星占吸收活化为自身特殊性体系的一部分。《天步真原》欧洲星占参与了体系构建并成为体系结构、组成的有机部分,进而在体系中产生互动性影响。这种体系性内化是一种特殊的、另一阶段的中国化过程,从中可以看出欧洲星占传入中国之后所经历的复杂而丰富的传播状态。

在学术发展视野下,薛凤祚对《天步真原》欧洲星占的体系性内化过程,可以通过图8.6[②]表示。总体来看,薛凤祚的体系性内化可以分为三个步骤。当他与穆尼阁通过合作型交流模式完成《天步真原》欧洲星占翻译之后,穆尼阁与薛凤祚的交流基本就此截止。《天步真原》欧洲星占进入薛凤祚的内化过程。薛凤祚的第一个步骤是对《天步真原》欧洲星占的初始丰富化。这一过程实现的标志便是《天步真原》的刊刻(步骤①)。《天步真原》欧洲星占翻译之后,薛凤祚在《选择部》后面加入了《天文书》第四类"说一切选择"、第二类第九门"说物价贵贱"以作为《天步真原》占法的补充。这使得《天步真原》欧洲星占选择术

[①] 此处使用内化而非内嵌,主要是为了突出"化"字所代表的以下特征:部分与整体融为有机一体,部分与整体全方位互动。内嵌则显得颇为机械。在中西融合的探讨中,有的学者亦喜欢使用嫁接一词,笔者此处亦不使用。主要原因在于嫁接虽然突出了中西的有机结合,却难以表达出部分与体系整体的互动这一特性。

[②] 图中方框中有被横线隔开为两个上下方框的情况。这种情况中下面方框代表薛凤祚所处的不同阶段。上面方框代表该阶段的主要特征内容。

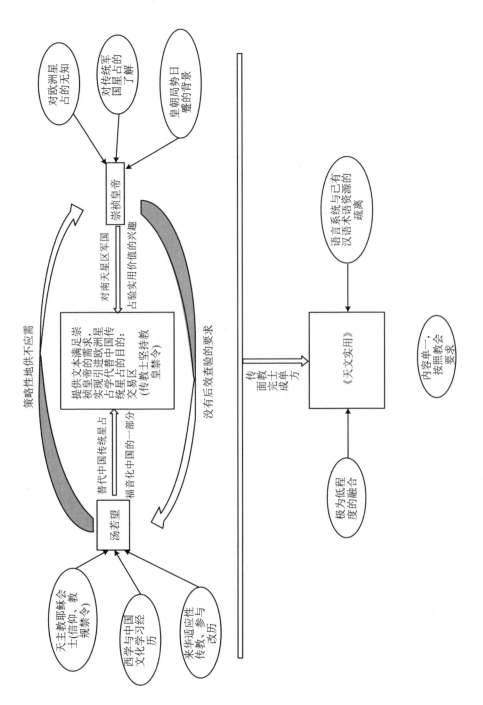

图 8.5 汤若望翻译《天文实用》"供用型"模式图

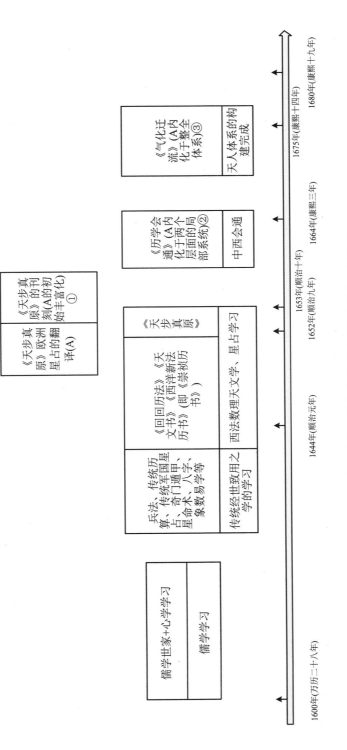

图 8.6 薛凤祚体系性内化《天步真原》欧洲星占过程图

的严重不足得到补充，《天步真原》欧洲星占翻译之后所呈现的脱离托勒密星占系统形态的趋势被最终定型。从占法角度来说，《天步真原》欧洲星占成为与《天文书》具有类似占法类型的西法星占。薛凤祚通过一系列的序言将中国传统三才式的宇宙论结构、天理数气道等本体论范畴、"朝夕凛惕""穷且益坚"的工夫论，赋予以欧洲星占为主体的《天步真原》西法星占，并在境界论层面将其与圣人间接联系。此种由薛凤祚对《天步真原》欧洲星占的施为使得欧洲星占一定程度上成为已经内化的西法星占。同时，《天步真原》欧洲星占在此阶段亦对薛凤祚发生了作用。薛凤祚通过在翻译讲求过程中对欧洲星占的系统了解与学习，开始高度肯定了西法星占的优越性，称其"为此道特开生面"。在了解欧洲星占之后，结合此前《天文书》学习经历，他亦就中西选择术的异同进行了定位，并指出西法选择更为"著明径捷"。这一认识若联系当时星占发展背景，即汤若望等传教士就历注问题展开的讨论可以发现，阶段①的初始丰富化过程是双向而非单向的：薛凤祚赋予欧洲星占更多的维度与内容，欧洲星占强化与促进了他的一些认识。

阶段②的中西星占会通，是薛凤祚就当时星占发展背景进行全面回应的时期。欧洲星占此时继续阶段①中的双向作用，但同时开始呈现出被薛凤祚内化在局部系统中的情况。薛凤祚在此阶段的基础上，继续通过收录《天文书》内容补充《天步真原》欧洲星占。此次他收录的是属于普遍占星术的内容。同时，欧洲星占也开始脱离《天步真原》本身，被他挪用以参与新的章节完成。在《致用部》，薛凤祚节录了《天步真原·人命部》欧洲星占内容，完成了《西法医药部》的少量内容。最为关键的是，欧洲星占还被纳入两个层面的局部系统中。第一个层面是《历学会通》的中西星占会通系统。薛凤祚将欧洲星占、伊斯兰星占、传统军国星占、星命术、历注熔为一炉，以会而不通的特殊方式获得了中西星占会通系统。该系统依托统一的宇宙论、本体论、工夫论、境界论维度，以西法星占为主，中法星占为辅，被看作本于天的真术系统。《天步真原》的欧洲星占在该系统中被作为西法的主体，占据了真术系统中最为重要占法类型的地位。同时，随着《历学会通》中本体论、工夫论、境界论维度的发展，《天步真原》欧洲星占在步骤①中获得的上述维度被进一步丰富了。只是宇宙论层面在步骤①中已经定型，没有多大发展。第二个是《历学会通》作为一个整体的层面。《历学会通》的整体包含星占、历法、实用学问，它们在功能上相互联系。在这一整体性之下，《天步真原》欧洲星占因其在第一层面局部系统中的核心地位，使得它在功能上与历法、实用技术进一步发生关联。历法是对天体运行之数的计算，它不仅可以授时，还可以在准确计算得到日月星辰位置之后，成为《天步真原》欧洲星占中安星、占验的数据来源。《天步真原》欧洲星占预测到灾害以及人事吉凶之后,若要施行修救或救灾,必然要使用到实用技术。那么,实用技术实际上对于《天步真原》欧洲星占来说是必不可少的。当然,历法也与实用技术密切相关。因为这些有关"物理"的实用技术学问是度数之学,历法的数理计算"皆能旁通及之"。此两个层面显然使得《天步真原》欧洲星占获得了新的特征。

纂著《历学会通》之后,薛凤祚的学术进入到形而上著作《气化迁流》的完成以及最终天人式宏大天文体系的收官阶段。这一时期《天步真原》欧洲星占的占法技术被直接应用在《气化迁流》文本的发展中。现存《宇宙大运》《土木相会》均以《天步真原》欧洲星占中的雷格蒙塔努斯宫位制作为天宫图的计算基础,《太阳及五星高行交行过节》主要根据《天步真原》欧洲星占发展而来。同时,《宇宙大运》与《土木相会》文本中也使用了《天步真原》欧洲星占天宫图方形样式,里面的黄道十二宫被进一步中国化为十二地支。(图8.7)

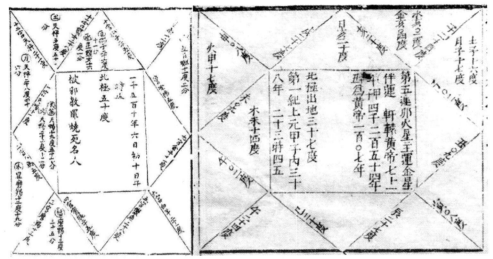

图8.7 《天步真原·人命部》天宫图(左)与《气化迁流·宇宙大运》天宫图(右)

上述欧洲星占在《气化迁流》中的应用以及黄道十二宫的地支化,仅仅是薛凤祚发展、应用欧洲星占的浅显层面。在深层次,由于薛凤祚天人体系是由《历学会通》与《气化迁流》组成,所以《天步真原》欧洲星占也被内化在了天人体系之中,在天人体系的复杂结构中获得新的关联与特征。(步骤③)首先,《天步真原》欧洲星占开始被分化为形而下与形而上两个层面。这一情况的出现伴随着天人体系对于《历学会通》形而下与《气化迁流》形而上的定位的实现。其次,《天步真原》欧洲星占在整个体系中的核心地位开始凸显。如果说《历学会通》中星占与历法的地位不相伯仲,甚至显示出历法更为重要的趋势,那么，当《气化迁流》完成之后，薛凤祚的天人体系中星占的核心地位显豁。历法作为对天体运行之数的认识，表现出服务于星占的特征。星占才是薛凤祚了解天地气化、合德于天的核心学问。而在星占中，西法星占尤其是欧洲星占无疑是重点。所以随着整个天人体系的完成与显豁，欧洲星占的核心地位也就被赋予和确立。最后，宇宙论、本体论、工夫论与境界论这些似乎零散的维度随着天人体系的圆融开始紧密结合在天人框架中，欧洲星占作为天人体系中的核心学问也完美地与这些维度共融，形成了极为特殊的脉络。欧洲星占在天地人三才式的宇宙结构中，被用来认识七政一类天体运行所蕴含的天地气化状态。此种气化状态由天以及根源于天的本体之数决定。此本体之天具有强烈的自然之天的特征。本体之数则是以历法精确计算之数（天体正常运行之数）为基础，是指规定在天阴阳五行之精气分布状态之数。本体之天是欧洲星占可以被用来了解天地气化的最为根本的本体论依据，本体之数则直接地体现在欧洲星占占验过程使用的天宫图天体格局中。格局中所具有的规定日月五星（即阴阳五行精气）分布状态的数正是阴阳五行所本之数，是天地气化所本之数。同时，因为欧洲星占所了解的天地气化是本体规定之数与气的结合，符合薛凤祚对理与道的理解，所以欧洲星占也非常巧妙地和理与道融合。在天人体系中的欧洲星占突破了《历学会通》阶段与本体论生硬机械、较为散乱而不确定的关联状态。同时这种结合也有序地延伸到了工夫论与境界论。《历学会通》阶段赋予欧洲星占的丰富工夫论在整个天人体系中成为达成圣人这一最终境界论目标的实践方式。因中国古代本体论与价值、人生紧密关联的特征——天、理、数、气、道既是本体又是人所皈依的价值。此种工夫论实践所达成的圣人境界，同时也是与本体论合一的境界。亦即在三才式的宇宙结构中，通过欧洲星占的认识采取相应工夫论之后，个人可以达到合德于天、合德于数、合德于理、合德于气、合德于道的境界。不难看出，欧洲星占一步一步地被系统性内化于薛凤祚天人体系中，呈现出了颇为复杂的次第与关系脉络。

薛凤祚对欧洲星占的体系性内化为我们揭示出了欧洲星占进入中国后传播过程的复杂性。这种认识的获得实际上来自考察方式的转变。前人在讨论希腊化天宫图星占学在古代世界的传播情况时（欧洲星占或域外星占在中国的传播问题是这一更大议题的子问题）时，所关注的多是一些具体概念（如黄道十二宫、占法、后天十二宫）、文本或理论的传播与流传过程，其所关注的焦点在概念、文本、理论的因革流变。对这种思路的一种极致化体现便是将其中某种元素通过跨文化与多种语言视角进行研究，分析它在不同时代与文明体中的流传情况。[①]这种思路当然非常重要,尤其是在跨文明与地区的传播中,这种考察方式会帮助我们认识到星占元素在不同文明体中所具有的形态、载体与变化等情况。但其局限性也颇为明显。亦即这种思路无法深入一种文明体内部对星占元素所牵涉的复杂面向给出整体性揭示。我们所看到的是星占元素在一种简化了的文明体中颇为孤立的呈现。我们由此方法所获得的认识难免有只见树木不见森林之感。这些星占元素好像是一条孤独的船只,漂流于海上,只是在沿途有所改变但无法融入沿途极为复杂绚丽的风景中。实际上,笔者倾向于认为薛凤祚对欧洲星占的体系性内化具有一定的普遍意义。现代学术普遍流行之前的学者所具有的将形而上与形而下打通、学术与实践紧密结合的整全学术追求,应当对于星占元素具有重要的形塑作用。星占元素是被内化在整全体系中发挥着作用。星占元素的流变、地位以及理解应该放入不同文明体中的不同学者个人的整全体系中进行。这样认识的结果当会为我们揭示出星占传播过程中所具有的极为复杂的面向。如果进一步将不同文明体的此种传播认识相比较,或许可以获得相对于此前孤立性考察方式不同的认识。星占这条漂流的船或许在每一站都拥有绚烂多姿而有机协调的样态。

8.3.2 星占、被拒知识与中国古代科学史研究

本小节将讨论最后一个议题,即上述关于星占的研究能为目前的中国古代科学史研究带来什么启发。因为星占属于被拒知识范畴,上述问题的探讨实际是另一问题(被拒知识研究对于理解中国古代科学史的重要性)的子问题。为了行文方便,在开始讨论之前,笔者根据前文给出一张直观表格,以总结中国古代具有的星占类型、特征(表8.1)。绪论中已经论及,本文所使用的是狭义的星占定义。表8.1中宇宙论、本体论、境界论、工夫论四栏所填写的内容仅仅对应于括号中的书籍。

表8.1 中国古代社会流传的星占学

类型	传统军国星占	宿曜术	星命术	伊斯兰星占	欧洲星占
流传时间	先秦—清	三国—唐	唐中期—清	明初—清	明末—清

[①] 比如前述平格里等人的工作,参看Pingree(1997)的论述。

续表

类型	传统军国星占	宿曜术	星命术	伊斯兰星占	欧洲星占
在中国的代表著作	《史记·天官书》《乙巳占》《观象玩占》《贤相通占》《天官举正》《象纬汇编》	《摩登伽经》《舍头谏二十八宿经》《大方等大集经》《宿曜经》《七曜攘灾诀》	《聿斯经》《三辰通载》《星学大成》《文武星案》	《天文书》	《天文实用》《天步真原》《命度盘说》
占验原则	占变、占常	占常	占常	占常	占常
占法	以单一天象为主占验军国大事,根据占验依据的天象可分为恒星占、日月食占、月五星凌犯占、云气占、杂星占等	以宿(二十八或二十七宿)所值之日,曜(日月五星七曜或加罗睺、计都)所值之日或年、所临之宿为占验依据,同时结合了日月食等元素,对于吉凶宜忌、个人命况、世俗军国进行占验。根据占验依据的元素可分为月行二十八宿法、二十八宿值日法、二十七宿值日法、七曜攘灾法、九曜攘灾法、七曜值日法、九曜行年法	根据七政四余、先后天十二宫、阴阳五行、神煞系统占验个人命运,属于高度中国化的天宫图星占学	主要根据七政、先后天十二宫占验,根据占验结果与对象可分为生辰星占术(个人命运)、普遍星占术(大范围事件,如战争、灾荒、气候等)、选择星占术(选择做事的时间),属于天宫图星占学	主要根据七政、先后天十二宫占验,根据占验结果与对象可分为生辰星占术、普遍星占术、选择星占术,属于天宫图星占学
来源	本土	印度	波斯	阿拉伯	欧洲
宇宙论基础	中国传统盖天说、浑天说(《天官书》《乙巳占》)	强调神灵的印度宇宙学说(《宿曜经》)	朱熹《太极图说解》中的阴阳五行宇宙论(《星学大成》)		天地人三才式阴阳五行宇宙论(《天步真原》)

续表

类型	传统军国星占	宿曜术	星命术	伊斯兰星占	欧洲星占
本体论依托	宋明理学背景下的理、数、天道(《象纬汇编》《天官举正》)		朱熹《太极图说解》中的理气太极本体论(《星学大成》)	天理(《天文书》)	天、理、数、气、道(《天步真原》)
功夫论系统	修德、修政、修救、修禳(《天官书》)	供奉、攘灾(《七曜攘灾诀》)	"居易以俟命""素富贵行乎富贵,素贫贱行乎贫贱"的自我修省工夫(《星学大成》)	修救(《天文书》)	个人面对命运时的修身工夫、普通个人面对大规模灾异时的戒慎迎避工夫(《天步真原》)
境界论指归	顺应于天,达至治世(《乙巳占》)		通达天人,乐天安命,达到"齐得丧,一死生"的境界(《星学大成》)		圣人(《天步真原》)

总体而言,本研究至少从三个方面可以为目前的中国古代科技史研究带来一些思考。就星占的内史性分析方式来说,以宇宙论、本体论、工夫论、境界论和技术五者为主要分析架构,以及这五者组成的统一整体图景,为我们提供了一种新的理解中国古代星占学的途径(第一方面)。前人的研究或偏重于技术系统,或概括性地对思维方式(天人合一、天人相应或天人感应)、占验原理(阴阳五行生克、气类相感)等有所介绍,或较重视宇宙论背景介绍。这种理解方式实际上并未从中国古代星占的整体性结构出发,而是从现代人所重视的认识论、方法论等思维出发对星占进行解读。最终我们得到的是一种被分割的片段信息,无法获得对星占的整全认识。而本文所使用的五种维度分析方法,是建基于天人体系的一种结构性分析。本体论、宇宙论属于天,工夫论、境界论属于人,技术是四者的载体与展开途径。本体论、宇宙论等五者均非单一的概念,而是一种结构性维度,由一系列范畴有机组成。这五种结构性维度同时又相互联系,构成(此时不需要与其他元素结合)或参与(此时需要与其他元素结合)一个统一的天人整体。这一点可以从薛凤祚星占工作中获得认识。在《天步真原》阶段他的星占工作便已初步拥有了上述五种维度。经历《历学

会通》的进一步发展,以及《气化迁流》的最终完成,他的学术体系建立起来,星占所具有的五种维度也变得成熟起来。以星占、历法与实用技术,结合宇宙论、本体论等四种维度建立了一套特殊的天人体系。星占技术、本体论、宇宙论、工夫论、境界论在这套体系中相互联系,密不可分。尽管需要结合历法、实用技术等元素方能构成该体系,但星占无疑具有核心地位,历法与实用技术处于辅助地位。通过这种方式,星占所具有的五种维度有机结合,主体性地参与了天人体系的建构。

以上分析框架还可以为我们带来一些延伸性的认识。如星占所具有的本体论、宇宙论依托,为我们将星占与儒学等中国古代更主流的学术形态相结合提供了重要的连接点。学者们在星占著作中所表达的天、数、气、理、道等本体论范畴与认识,不仅为儒学所共有,而且明显地受到儒学的影响。如万民英在《星学大成》中发挥朱熹《太极图说解》,以太极、阴阳(天地)、五行、万物的生化发展论述星命术的宇宙论背景,同时将此宇宙论纳入理气本体论中,为星命术构建了一个兼具宇宙生化与理气本体特征的世界。薛凤祚星占本体论天、数、气、天理、道等范畴不仅继承了象数学传统,而且受到了其心学老师鹿善继等人思想的影响。除此之外,五种维度的分析也为我们理解星占所具有的实践、救世等功能提供了新的思考角度。我们原来所理解的简单的救世、占验实践,通过本体论、境界论等维度的分析获得了全新的图景。如万民英的星命术占验实际上是个人对于理、气相合状态之天命的探讨,他探讨星命术的目的并不是简单的趋吉避凶,而是希望达到"居易以俟命""素富贵行乎富贵,素贫贱行乎贫贱"的自我修省工夫,通达天人,乐天安命,"齐得丧,一死生"。薛凤祚以星占救世的想法也并非仅仅停留在预测到灾害之后进行补救,而是希望整个世界通过星占等学问能够合乎天、数、气、理、道,达到一种类似理学家合"理"化人事世界的目标。可见,五种维度的分析为理解星占的延伸性面向提供了新视野。

上述讨论限于星占本身。由于星占是中国古代天文学的有机组成部分,本书的研究其实也可以为理解中国古代的天文学提供一些思考(第二个方面)。从本书的讨论中,我们可以了解到薛凤祚的星占工作具有以下重要特征。首先,他的星占并非是独立的,而是与历法、实用技术等学问构成了一个统一的天文学体系。其次,薛凤祚星占工作最后指向了解天地之气化、实现合德于天的圣人境界,而这也是其天文学体系的最终目的。最后,薛凤祚的星占工作与天(等同于象)、数、理、气、道等范畴紧密关联。这些范畴具有象数学特征,薛凤祚也称"象数之学,大者为历法,为律吕"。亦即薛凤祚的天文学工作表现出强烈的象数特征。那么,从这些特征出发,我们可以进一步追问:如果将眼界从薛凤祚个人身上延伸开去,那么普遍地说:中国古代天文学由哪些类型的学问组成?它们之间的关系又如何,是否类似薛凤祚一般构成一个统一的体系?中国古代天文学和"象""数"这些范畴关系又如何?其功能或者目的是否亦是了解天地阴阳之气,以实现某种境界呢?这些问题触及中国古代天文学的基本议题。可以想见,在长时间段的发展中,中国古代天文学作为一种内嵌于文化脉络中的学问,不同的作者看法或许很难一致。而且涉及的人物史料众多,也难以在本书的最后全面讨论。不过,我们却可以顺着薛凤祚研究获得的思考,结合欧阳修的论述,作一点浅尝辄止的探讨。在《新五代史·司天考一》中,欧阳修称:

> 司天掌日月星辰之象。周天一岁,四时,二十四气,七十二候,行十日十二辰,以为历。而谨察其变者,以为占。占者,非常之兆也,以验吉凶,以求天意,以觉人事,其术藏于有司。历者,有常之数也,以推寒暑,以先天道,以勉人事。其法信于天下。术有时而用,法不可一日而差。差之毫厘,则乱天人之序,乖百事之时,盖有国之所重也。(中华书局编辑部,1975)[2405]

在欧阳修看来,司天所执掌的内容虽然是日月星辰一类天象,但主体上有两个方面——"历"与"占"。历的主要内容是岁月时日、节气等的推算,关注的是"有常"的天体运行一类天象之数。通过历可以达到"推寒暑""先天道""勉人事"的功用。而占则关注的是天象之"变",需要司天人员谨慎观察天象以得到不正常的征兆("非常之兆"),以认识吉凶,获得"天意",从而警醒人事。历与有常之数联系更为紧密,占与天象联系紧密。历是法,法为常,需要行于天下。占则不同,占是变,察变之术有司专门藏之,为帝王求天意的专术。亦因历是法是常,所关注的是天人正常的秩序,所以不可以一日无之。占是术是变,所以有时用之即可。这正如儒家所言权经相辅,权不常用一般。可见,在欧阳修的认识中,司天人员所从事的学问占和历各有所主,各有特征,但都属于天人之学,相互补充,的确可统一成为一个整体。这一考察虽然粗糙,但不难发现,基于薛凤祚研究提供的思路所作的这一审视,已经为我们提供了有趣的古代天文学图景。这值得我们深入探索。

最后,让我们将讨论的视野进一步拉大,来看看本书能为我们研究中国古代科学史带来什么样的思考(第三方面)。笔者认为,国内外对中国古代科学史研究的路径与思路大致可以分为三个大类。首先是以现代科学的取向去观察、分析古代"科学"①。这种视角具有多种表现,如突出古代"科学"的成就,而这些成就无疑是以现代科学技术的标准去衡量和划分的。又比如选择研究对象时注重现代科学所认可的内容,问题意识也是从现代科学问题意识中产生或衍生而来的,而不去关注古代"科学"自身的形态脉络与问题意识。还有在思想观念层面注重数理技术,或者现代理性内容,而不是强调古人自有的思维。这种从现代科学出发来规定古代"科学"的方式对于研究者影响很大,一直持续到现在。如李约瑟的《中国科学技术史》就具有这种特征。其所作的学科划分割裂了中国固有的学术形态脉络,对问题的分析虽然照顾到中国的有机自然观等固有特征,但还是受现代科学思维影响甚深,突出了对成就的重视等。而现在虽然开始强调中国古代本身具有的农业天算等学科分类,但在思维、问题意识等层面还是深受现代科学影响。第二类是开始强调中国古代"科学"固有的学术脉络、思维习惯、问题意识。这一取向的代表人物以李约瑟之后的几代研究者为主,并且在今天依然为有些学者所重提重视。比如前面提及的金永植,便在研究中强调中国自身观念以及这些观念在中国自身脉络中的特征。他的《朱熹的自然哲学》是这方面的代表作。另一位有名的代表人物是何丙郁,何先生似乎没有在方法论层面类似金永植先生一样具有系统论述,但他的研究进路强调了被拒知识的术数在古代"科学"中的重要价值,并对子平、三式占法进行了深入研究,颇具独到的眼光。何先生的研究也与本书主题最为契合。第三类是以全球化、社会学等理论为视角研究中国古代科学史,这属于借助其他学科或理论对中国古代"科学"的多元性、尝试性研究。国内学者也受到这种研究方法的影响,如全球化研究路径在今天为不少学者所应用。笔者也在本书研究中借鉴了交易区理论。

上述三类研究路径虽然在出现时间上有先后,但在今天的研究者身上其实均可以看到。此三种路径均有自己的特征,也有自己的利弊。不过,笔者不在此处对三种研究的利弊长短作评价。这一课题将留待其他著作完成。笔者将针对与本书主题最为相关的第二种研究路径中何丙郁先生的研究,作出初步的反思,以凸显本书工作能够为我们研究中国古代科学史带来的思考与推进。

何先生曾在自己的传记中叙述了其研究路径的转变历程:

> 以往我和李约瑟合作编写他的《中国科学与文明》,必须采纳他的观

---

① 此处需要再次着重强调的是,本书使用"科学"一词指称的是不同文明体中对自然的系统研究学问。古代"科学"与现代科学有很大的不同,此处易混淆,为了突出区别,笔者在此处行文中论及古代"科学"之处都会加标双引号以示区别。

点。李约瑟是从一个20世纪中叶著名生物化学家的立场,探讨中国的科技史。我到了香港就想起我父亲所讲不可老是模仿的遗训,开始试图不以现代科学知识,而从传统中国人的观点再探讨一些话题。(何丙郁,2007)[105]

因此,何先生开始尝试从传统中国人的观点去认识古代"科学"技术。何先生认为,按照今天的看法,科学技术是对于自然的理解以及对理解所得知识的利用。同样,易地而处,当我们"谈及中国的传统科技史"时,也要考虑传统中国人所理解的自然界问题以及他们如何利用这些理解:

> 当我们谈论科学技术时,我们会联想到那些能够使我们理解和解释关于自然界的问题,以及如何利用这些知识。我们谈及中国的传统科技史,也可以试图和当时的人们易地而处,考虑传统中国人所解析和理解的自然界问题以及他们如何利用这些解析与理解。(何丙郁,2007)[105]

进一步,将解释和理解自然现象的学说仅仅应用于人事似乎不能成为古代"科学",需要将这些理解应用于自然现象预测方才可以:

> 宋代的张载、邵雍、朱熹等都有他们的学说以解析自然界的各种现象。现代研究科学史的人认为宋代的一些理学家充其量只能算是科学哲学家,由于他们的学说在应用上仅涉及人事,所以他们的学说没有被看作为科学。很少人知道宋代的司天监曾使用三种与理学家学说相关的方法来预测天气的变化。无论在他们的时代科学这个名词是否已存在,也无论他们想象中的科学是否能被现代的人们承认为科学,在传统中国人的心目中,能够解析自然界和应用这些知识以预测大自然变化的学问,都应该算是科学。(何丙郁,2007)[105-106]

在更早的论述中,何先生还更为直接地指出中国古代虽然没有"科学"这一名词,却有相应的理念。这一理念便是是对大自然的认识以及改变或克服大自然的知识,同样强调了认识大自然的知识要应用于自然才是"科学":

> 在公元14世纪,欧洲尚在经院哲学势力下的文艺复兴时期,"science"这一专门术语还没有出现。传统中国也没有一个相等的术语,最接近的也许是"格物"这个名词,虽然我觉得不是太理想。"科学"这两个字,要等到公元19世纪中叶才成为一个专门名词。名词是名词,理念是理念。没有科学这个名词未必等于没有关于科学的理念。这个理念是对大自然的认识以及对改变或克服大自然的知识。罗贯中笔下的诸葛亮"有夺天地

造化之功,鬼神莫测之巧",把传统中国的改变或克服大自然的理念表露无遗。(何丙郁,1998)

基于这种认识,何先生指出李约瑟在《中国科学技术史》第二册中所列举的"伪科学"内容(龟卜、星占、易卦、拆字、占梦等)实际上正是中国古人心目中的古代"科学",提出了中国古代术数即古代"科学"的重要观点:

> 李约瑟在他的《中国科学与文明》第二册所指传统中国的"伪科学"是基于他身为一位现代科学家的立场。在传统中国人心里,李约瑟所指传统中国的"伪科学"该是当时的科学。(何丙郁,2007)[106]

他还高度肯定了术数研究对于中国古代科学史,甚至是思想史、文化史、社会史、军事史的价值:

> 再回过来说,西方科学史研究者肯定科学革命时代以前在欧洲出现的星占学、炼金术、数字学、巫术等在科学发展过程中的地位,研究欧洲早期科技史都脱不了和这些学问的关系。传统中国的科技史比西方的科技史较晚受到世界学者们的注意。传统中国的天文学、数学、炼丹术等要到本世纪中叶始受世界学者肯定,可是术数还未受到应得的注意。术数在传统中国的科技史、思想史、文化史、社会史,甚至军事史都有一定的影响。研究奇门遁甲以及其他三式可以让我们更进一步了解术数。无论如何,把奇门遁甲这一门别具风格的中华文化理清,我们将更能了解中国历史的全貌。(何丙郁,1998)

相应于此种认识,何先生展开了一系列的术数研究,完成了《从理气数观点论子平推命法》、*Chinese Mathematical Astrology: Reaching out for the Stars*等著作,系统探讨了奇门遁甲、太乙、六壬、八字、星占、《易经》等占验类型的学问。这一研究视角不仅极大地拓宽了中国古代科学史研究的视域,而且也为何先生回答李约瑟问题提供了特殊的视角。在西北大学的演讲中,他指出作为中国古代"科学"的奇门遁甲等术数之学所具有的神秘性、与宗教的紧密联系使得科学革命无法在中国发生。因为科学革命建基于怀疑的精神,神秘性无法实现怀疑。科学革命同样也建基于科学与宗教的分离,术数却并非如此。所以从奇门遁甲等中国传统"科学"的发展与特征来看,中国古代没有条件产生科学革命。"中国传统和科学不能演变为现代科学的原因,不见得是个难题。'李约瑟之谜'要从现代西方科学的观点看中国科技史才存在"。而从中国古代科

学发展的自我理路来看,并没有产生科学革命的可能性条件。①(何丙郁,1998)

与何先生重视从中国古人的角度理解他们自我的"科学"相一致,他也非常重视中国古人在自我"科学"中所使用的特殊概念。这些概念集中介绍于他的 Chinese Mathematical Astrology: Reaching out for the Stars 一书中。该书的第二章介绍了理、气、数、阴阳、五行、河图洛书、易卦等内容,以作为理解后面奇门、六壬、太乙三式占法的基础。(Ho Peng Yoke, 2005)[12-35]这些概念虽然基本上可以在李约瑟《中国科学技术史》第二卷看到,但李约瑟在分析中国古代"科学"的具体成就与工作时其实并未扣紧这些概念。而何先生从中国古代"科学"自身理路出发,更好地将这些概念扣紧于中国古代传统本身。

需要说明的是,何先生并非否定李约瑟所关注的具有现代科学特征的内容。他曾在多处表达了自己研究术数只是提供了另外一种角度去理解古代"科学",而具有现代科学特征的内容自是非常重要的部分。②何先生后来虽然关注术数较多,但他的学术成就中亦包括不少具有现代科学特征的古代"科学"。他对古代"数学"的认识能很好地说明这一点。在1992年的演讲中,何先生从南宋著名数学家秦九韶的《数书九章》出发,指出中国传统的"数学"包括两大类:

> 一类是"内数",即秦九韶所说可以通神明、顺性命的数;一类是"外数",也就是秦氏所指可以经事物、类万物的数。"内数"普称"术数",以前是被认为比外数更为重要,更为深奥。现在被公认为的古代中国数学家,不少兼通"内数"和"外数"。例如唐代的李淳风和僧一行、宋代的秦九韶等。可是现在的数学,实在相当于以前的"外数",科学史家们的兴趣,往往只落在"外数"方面,而"内数"就被冷落了。(何丙郁,2000)

可见,何先生从古人自身的理解出发明确指出中国古代数学其实包含了具有现代数学特征的"外数",同时也包括古人所重视、今天看来具有神秘特征

---

① 何先生此一观点曾在多处表达,并逐渐发展。如在《试从另一观点探讨中国传统科技的发展》中即可见何先生较为早期的论述。(何丙郁,1991)

② 如何先生说:"现在研究中国科学史的学者们,许多都是从现代科学立场出发,以现代的衡量为准则,以评估中国的传统科技和成就。我不是说他们都是跑错路线。我只是认为,假如他们能够抽空,从另外一个角度观看他们正在研究的问题,也许可以发现一些从前没有受到注意的地方。本文是以传统文化为出发点,辅以现代的一般了解,来探讨传统科技史,聊补一般研究者已经在科学史上所获得的成果。"(何丙郁,1991)又说:"这不是说从哪一个观点可以把事情看得更清楚,我认为从两个角度看一件事情,往往可以彼此印证。总之胜于单从一个角度观测所得的结论。"(何丙郁,2007)[105]

的"内数"。两者显然缺一不可,不能偏废。这一结论应当可以推广到古代天文学中数理历法与星占等其他学科。而他的研究后来重视术数,应该是一种补偏的措施吧。

上述非常粗糙地论述了何先生科学史研究的一些认识要点。从中至少可以获得三个方面的启发。首先,我们对于古代"科学"的定义不能为现代科学所拘囿,而应该发现古人心中自我理解的"科学"。其次,古代科学史研究应该重视"内数"一类学问的研究。因为这些属于被拒知识的内容是古人心目中的重要学问,古代的"科学"即由我们今天看来属于科学的部分以及属于被拒知识的部分共同组成。属于被拒知识的术数部分同样具有重要意义,可以补现代科学眼光下研究古代科学史之不足。最后,研究古代"科学"应该从古代"科学"自身的概念出发,将这些概念与科学史研究紧密关联。此三者在今天看来依然具有重要意义。

不过,此三者恰恰也是本书研究所能推进之处。首先,是关于"科学"的定义。对于古代"科学"的定义,何先生强调现代科学对自然的理解及应用,尤其是在自然事物上的应用。从此现代定义出发他进而反推具有此种特征的古人心目中的学问,得出此种学问为古人心目中的"科学"。这一定义其实提前预设了"科学"的定义,具有明显的现代特征。何先生虽然强调了这种具有现代特征的"科学"在古人心目中是什么对象,遵循了古人的理解脉络。但这种遵循是不彻底的。所以他在对术数的研究中有时会强调奇门一类学问实际上除了预测天气——即将对自然的理解应用于自然事物上时,很大一部分是应用在人事上,是对人的行为等方面的预测。(何丙郁,1998)从薛凤祚星占工作的特征,以及由星占、历法、实用技术等组成的体系来看,如果我们将薛凤祚的工作用"科学"这一名词来称谓,那么在薛凤祚心中,所谓的"科学"实际上是一种特殊的天人之学。在这种天人之学中,对于天的研究最终还是要落实到人身上,这也是为何薛凤祚那么重视星占的原因。也就是说,对于人事的强调不是中国古人心中"科学"具有的无关的特征。恰恰相反,是类似薛凤祚一般的中国古人重视的部分,有时甚至是核心或非常重要的组成。亦即何先生虽然通过自己的定义为术数研究带来了合法性,却因此定义对古代"科学"的认识有所偏颇。显然,本书的研究对这一点有所补足,但我们依然需要更多的工作以获得更为清晰的认识。

其次,对于术数研究的强调,以及对术数尤其是三式占法的研究,何先生的工作具有重要价值。但是何先生或许有感于当时以现代科学眼光研究古代"科学"的普遍,故对术数的研究只停留于关注术数本身。他虽然在古代"数学"一类概念的理解中强调了古代"数学"包含"内数"与"外数"两部分,但他的关注点转向了"内数",造成一种"内数"与"外数"割裂的局面。我们要问,如果"内数"与"外数"均属于古人理解中的"数学",那么,"数学"这种学问在古人理解中的整体且全面的图景是怎样的?即"内数"与"外数"是否联合构成了一个全面的学术图景,是否有共同的概念、范畴贯穿这两部分。薛凤祚星占工作与历法、实用技术研究显然属于一个整体,并且为同样的理、数、气等范畴贯穿,最后共同组成了一个完整的图景。我们对薛凤祚星占的理解如果离开这个完整的图景,显然会丧失很多的认识。这说明对于术数的研究如果仅仅停留在术数本身,实际上本身即是对古人认识图景的一种割裂。

最后,何先生在研究炼丹术、术数时对理、数、气等范畴的强调①(何丙郁、何冠彪,1983)[207],显然有助于我们通过中国古人自身的概念理解古代"科学"的方法论自觉。但这种概念的强调同时也遮蔽了我们对于古代"科学"的结构性理解。我们对薛凤祚星占工作的分析得出了宇宙论、本体论、工夫论、境界论、占法技术等维度,并最后将其置于更大的天人框架中。理、数、气等概念虽然也在分析时强调,却仅仅属于其中一个维度或者两个维度。因此,可以说如果我们希望对古代"科学"形态有更为细密、深入的考察,仅仅停留在一些中国古人重视的单一概念层面是远远不够的,我们还需要有更多层次与维度的分析。

总之,薛凤祚的星占工作经历了复杂的发展历程,具有极为丰富的形态维度,不仅在明末清初,甚至在整个中国古代都具有特殊地位。对于薛凤祚星占工作的研究不仅为我们揭示了一个与此前学者认识极为不同的薛凤祚,而且能够为我们理解古代星占史、天文学史、中西交流史、儒学史提供重要案例;进一步地,对于反思古代星占、古代天文学史,甚至古代科学史研究方法,也会带来有益的启发与思考。

---

① 何先生另有一文谈到:"后来我在英国剑桥跟李约瑟博士合作撰写《中国科学技术史》,就逐渐感到我在童年的判断有重新检讨的必要。排除个人的成见而进一步了解许多所谓无稽的事情,都能够以中国传统的'理''气''数'思想或'天地人'契合的观念加以详细的解释。"(何丙郁,2001)[184]

附　录

附录1 明代星占书目考证

（一）传统军国星占著作

《清类天文分野之书》二十四卷，据《钦定四库全书总目》卷一百十（纪昀等，1983）[第3册:385]载此书乃刘基所撰。但有学者指出刘基最多只是奉敕编纂，且未竟其事。所以表格（第2章表格，下同）中不录著者。（高寿仙，2006）[90]见《明史·艺文志·天文类》。

《天文分野书抄》著录于《世善堂藏书目录》"天文"类，标注为刘伯温撰，他书未见。据称刘基尚有《观象玩占》等书，但多系伪托，所以不收入表格之中。

《天象录》六册、又七册、又二册，见《内阁藏书目录》。"《天象录》六册"下标注说："钞本，自洪武元年至十三年止。凡天变征应，每日记之"，"又七册"说"洪武元年起至三十年止"，"又二册"说"永乐二十一年起至宣德十年止"。

《灵台秘苑》一百二十卷，不著撰者。据《四库全书总目》卷一百一十介绍此书有征引元末故实，为明人伪托。（纪昀等，1983）[第3册:387]则此书或为明初人所为。

《天文便览图》，此书《澹生堂书目》卷十子类第八"天文家"收录。夏良胜《东洲初稿》（收入《四库全书》集部第1269册）中有《天文便览》一卷，当即指此。此卷前序言署期为正德庚午（1510年）。此书虽称不言休咎，但保留了分野之说，在日月五星部分也保留了一些传统军国星占内容。

《元理》一卷，作者叶子奇，字世杰，号静斋，别号草木子，元明之际浙江龙泉人。具体生卒年不详，最晚可能至建文年间。据介绍，《元理》又名《玄理》，有单行本一卷，也有与《范通》合刊二卷本《范通玄理》。（潘星辉，2000）[216]《四库全书总目》卷一百二十二称此书已亡。《明史·艺文志·天文类》有著录此书，则馆臣归之明代作品。

《天文要义》二卷，吴琬作。据《浙江通志》卷一百七十九载，吴琬曾峻拒宸豪之交，又与刘瑾同时，应武宗征召，未果而卒。则吴琬生活于正德之前。（嵇曾筠，1983）[34]吴琬另有《三才广志》一书（收于《续修四库全书》1225-1231册），于星占多有记载。则此书虽未见原本，或亦为星占著作。见《明史·艺文志》。

《天文志杂传》一卷，吴云著。据《历代画史汇传》卷七载，吴云乃元末至洪武年间人，字友云，宜兴人，仕元明两朝。（彭蕴璨，[1825]）此书《明史·艺文志·天文类》有著录，馆臣归之明代作品。

《天文会通》一卷，作者王应电。王应电《周礼翼传》中有《天王会通》，恐即此书（《四库全书》第96册）。王应电主要活动于嘉靖时期，又有《周礼传》序言署期为嘉靖戊午（嘉靖三十七年，1558年）。《周礼翼传》之作当与此同时或之后不久。《明史·艺文志·天文类》著录。

《天文图学》一卷，周述学撰。据《千顷堂书目》"天文类"载，周述学有《神道大编象宗图》，或与此书有关。《明史·艺文志·天文类》著录。

《彗星占验》，袁祥著。袁祥（1448—1504年）乃袁了凡祖父。（章宏伟，2006）[161]据清李卫（雍正）《浙江通志》卷二百四十七（清文渊阁《四库全书》本）记载，袁祥还有《天官纪事》一书，或亦属星占书籍。《千顷堂书目》收录。

《天文鬼料窍》不分卷，此书《四库全书存目丛书》子部第60册收录，前面有张景纯序言。该序言署期为弘治庚戌（三年，1490年）。《四库全书存目丛书》于书前收录《四库全书总目》称此书无作者。据序言，此书内容虽与《步天歌》有关，但亦与张景纯有关。

《诸家占法》一卷，《赵定宇书目》收录。据《大连图书馆古籍善本书目》记载（大连市图书馆编，1986）[85]，明娄元礼有《诸家占法》一卷，或即此书。娄元礼乃元末明初人，另有《田家五行》一书。书中多载天气占验之术。

《经史言天录》二十六卷，叶盛撰。叶盛有《泾东小稿》（明弘治刻本），卷三收录"《经史言天录》序"，当即此书之序言。据张大复《昆山人物传》卷四"皇明昆山人物传"（明刻清雍正二年重修本）载叶盛为明正统十年（1445年）进士。《泾东小稿》序言署期为弘治己酉（二年，1489年）。则此书成书年代可能在正统至弘治二年前。《明史·艺文志·天文类》著录。

《象纬汇编》，韩万钟撰。此书《四库全书存目丛书》子部第55册收录。书中序言署期为嘉靖壬辰（十一年，1532年）。

《图书编天文各图说》，章潢（1527—1608年）所著。此书可能指章潢《图书编》天文部分，当是单行本。《澹生堂书目》收录。

《天文绪论》，徐常吉著。徐常吉《明史》无传。据董似谷等监修的光绪《武进县志》卷二十一云，徐常吉字士彰，嘉靖四十三年（1564年）举人，万历十一年（1584年）进士。《澹生堂书目》收录。

《天文地理星度分野集要》四卷，陆铤撰。据林学增修民国《同安县志》卷之三十五介绍,陆侹号北城,鄞县人。嘉靖间人,尝为教谕。《澹生堂书目》收录。

《嘉隆天象录》四十五卷,《明史·艺文志》收录。

《星官笔记》,程廷策撰。据《弇州四部稿》《续稿》卷一百十八有"明中顺大夫辰州府知府石峰程公墓志铭":"当嘉万间,士大夫多轻就而难于去。夫轻就难去,此亦人情之恒然。使柄事者得窥见之,而操其去就之权,以为笼络,以故士气日茅靡而不振。"(王世贞,1983)[659]"石峰程公"即指程廷策,可知其为嘉靖万历间人。《千顷堂书目·天文类》收录。

《浑象析观》,《千顷堂书目》收录,钟继元撰。据清许瑶光(光绪)《嘉兴府志》卷六十一载,钟继元乃嘉靖壬戌(四十一年,1562年)进士。

《世庙天象录》,世庙指明世宗。该书应该是指嘉靖年间的记录。《绛云楼书目》收录。

《穆庙天象录》,穆庙指明穆宗。该书应该是隆庆年间的记录。《绛云楼书目》收录。

《天文图会考》,此书可能即王圻《三才图会》中天文部分。据"天文图序"《三才图会》天文部分曾先《三才图会》梓行。《澹生堂书目》收录。

《天文辑略》《玉历辑》,王鸣鹤撰。王鸣鹤是万历年间人,其《登坛必究》(见《四库禁毁书丛刊》子34)第一卷乃天文,第二卷为玉历。《登坛必究》序言署期为万历二十七年己亥(1599年)。《澹生堂书目》收录该书时标名为王鹤鸣。据原书当为王鸣鹤。又《丛书集成续编》(佚名,1988)[413-450]收录有《乾坤变异录》,未题著者,应当即《玉历辑》。

《天文占验》一卷,明周履靖(1542—1632年)校刻,原作者均不明。

《管窥略》三卷,黄履康撰。黄履康生平史传未载。《千顷堂书目》收录了此书,另收入了黄履康《竹素杂考》三卷与《凤凰山藏稿》二卷。《竹素杂考》条目下称黄履康"字尧衢万历莆田县诸生",或是同一人。

《天文书》四卷,杨唯休撰。杨唯休因撰《泰昌日录》而忤逆魏忠贤,饮药自尽(见清王家杰(同治)《丰城县志》卷之十六)。《明史·艺文志》收录。

《祥异图说》七卷,《明史·艺文志》收录。《四库禁毁书丛刊》子部第12册收录有余文龙《大明天元玉历祥异图说》七卷,序言署期为万历己未(1595年),当即指此书。此书后附有庄斋所作《史异跋》。据此余文龙《史异编》乃有关历代变异之事之书,涉及星占之事。但由于无法确定星占内容多寡,所以表格不收录。

《天官举正》六卷,《千顷堂书目》收录,范守己撰。此书见《御龙子集》(《四库全书存目丛书》集部第162册）。范守己自序署期万历甲申（万历十二年，1584年）。

《天文备考》，又《玑衡要旨》，又《天元玉策解》，尹遂祈撰。《千顷堂书目·天文类》收录。据此条目下注释记载，尹氏字镜阳，东莞人，万历辛丑（二十九年，1601年）进士，同安令，以忼直罢官，通阴阳术数之学。（黄虞稷，2001）[357]

《天文月镜》，陈钟盛撰，《千顷堂书目·天文类》收录。据此条目下注释记载，陈钟盛"字怀我，临川人，万历己未进士，山东副使"。（黄虞稷，2001）[357]

《纬谭》，魏浚撰，《四库全书总目》卷一百七有介绍。该书提到天启年间推步之误，可知为天启之后所著。《明史艺文志补编·钦定续文献通考经籍考简目》有收录。

《星占》三卷，《澹生堂书目》收录，刘孔照撰。此书《四库全书总目》卷一百一十有介绍。刘孔昭乃刘基十三世孙，天启三年袭封诚意伯。

《乾象图说》一卷，《明史·艺文志》收录，王应遴撰。王应遴约生活于万历末年到崇祯末年。（徐振韬，2009）[254]

《象林》一卷，《明史·艺文志》收录。作者陈荩谟乃天启到崇祯间知名学者。（潘鼐，2009）[80]

《天文地理图说》二卷，又《天文躔次》，又《岁时占验》，作者陈胤昌。此三种书《千顷堂书目·天文类》收录。据此条目下注释记载，陈胤昌字克彝，丹徒人崇祯中陈胤昌曾与徐光启论历法，又为张国维修吴中水利书。（黄虞稷，2001）[358]

《象纬全书》，《四库全书总目》卷一百一十有介绍。《明史艺文志补编·钦定续文献通考经籍考简目》收录。

潘元和《古今灾异类考》五卷，《明史·艺文志》收录。据万斯同《明史》载，潘元和字寅所，松江人，官黄州知府。王圻《王侍御类稿》卷十一（明万历刻本）载有"明故大中大夫自斋陆公行状"一文，里面曾提及黄州守潘元和，当即一人。可知潘元和可能即嘉靖至万历年间人（据"行状"，陆公乃嘉靖至万历年间人）。

李元庚《乾象图说》一卷，《明史·艺文志》收录。王应遴曾谈及其乡人有名李元庚者亦精于天文学，可能即指此人。（石云里、宋兵，2006）[193-195]

（二）星命术著作

《历府大成》二十二卷，洪理著，《明史·艺文志·五行类》收录。吴师青《中国七政四余星图析义》自序中列举古代星命书籍时言及此书（吴师青，1990），可知应当为星命术著作。民国《歙县志》卷十五载有洪理此书,可知洪理乃歙县人。其生卒年不详。

《星命秘诀望斗真经》三卷,《明史·艺文志·五行类》收录。据高儒《百川书志》,此书乃"方壶秀峰欧阳友山撰,后人主信欧阳忠注"。(冯惠民,李万健,1994)¹²⁹² 胡文焕《百家名书》收录有《望斗经》,题欧阳友山撰、欧阳忠注。此书亦星命著作,当即《星命秘诀望斗真经》。因胡文焕乃万历间人,可知欧阳友山、欧阳忠乃万历或之前人。具体生卒年不知。

《星学源流》二十卷,杨源撰,《明史·艺文志·五行类》收录。杨源字本清。据许应鑅《南昌府志》卷四十六记载,杨源"初为太仆主簿,弘治八年各省奏地震,天鼓鸣,源应奏陈言",后因弹劾刘瑾,遭戍致死。(许应鑅,[1873])^{卷四十六:55} 可知其主要生活于成化至正德年间。此书之作应该也在这段时间。

《五星玉镜》四卷,《澹生堂书目》"星命"类收录。《日藏汉籍善本书录》收录有《五星玉镜》七卷,明华善继著,万历二十四年(1956年)刊本,(严绍璗,2007)^{中册:1183} 当是同一书。据《无锡金匮县志》卷二十六载:"华善继,字孟达,精星术,著有《三命珠铃》《璇玑抉微》《五星元珠》等书,其学直抉躔度岁差之秘,是为天文学者不能及也。"则华善继另有《五星元珠》一书,可能亦为星命著作。(裴大中,[1881])^{卷二十六:28a} 又据介绍华善继乃万历间人,还有《星命抉微》一书。(刘延干,2010)³³⁵

《神道大编象宗华天五星》九卷,周云渊子(即周述学)撰,序言署期乃万历壬午(十年,1582年)。

附录2 《浑天仪说》星占内容介绍

《浑天仪说》星占内容在第三卷"立象""求两星于立象圈上相合之时""求经纬星相照度""求岁旋""引照元与增力元相合""求引二元应止黄道何度"六节中。在其中,汤若望简述了后天十二宫分法及其他星占基础知识。[①] "立象"主要介绍了欧洲古典星占最为基础的步骤——划分后天十二宫:"立象者何？任所得时刻应何宫度,依之以推定十二舍也。"(徐光启等,2009)[1838] "十二舍"即指后天十二宫。汤若望在"舍"的用语上继承了邓玉函的《测天说约》。据"立象"内容,汤若望划分后天十二宫所依据的分宫系统是雷格蒙塔努斯宫位制。汤若望说:"立象者何？任所得时刻应何宫度依之以推定十二舍也。而各舍所当居之度分,并经纬诸曜皆从本度起算,则此因时之变得天之容,乃占验所由以生。第此中紧要,在定每舍之初界(即初度)。举所应得分数,绘以方图,或圆形,随点入星曜,即浑天之象成矣。法依本北极高安球,以本日躔度与时盘午正较对,始转球与盘,将先所得时刻,居子午圈下,而本球宛然一当时之天象。次于西地平识同居之赤道度,并得相应之黄道度,即第七舍初界。次起半圈至赤道上距三十度之限,所得黄道度,乃第八舍初界。递起递加,尽得地平上各舍初界,而地平下诸舍,则以黄道相对处可定。如一与七,二与八,三与九,四与十,五与十一,六与十二之类是也。"(徐光启等,2009)[1838] 在上述介绍中,先得与西地平相交的赤道度("于西地平识同居之赤道度"),由此赤道度得对应的黄道度为第七宫度数。又在赤道上划分三十度,将所对应的黄道度为第八宫度数("次起半圈至赤道上距三十度之限,所得黄道度,乃第八舍初界")。所谓"半圈"即"立象圈"。该圈过地平与子午圈两交点:"本仪内外增设者,亦共四圈,但在外者不必全圈。一为象限用当高弧,上自天顶下至地平。一为半圈,用当立象,在子午圈之左右,竖合子午,倒合地平,共当六圈。古设此六圈,皆在黄极中相交,因名十二宫圈。今设于子午交地平处,平分赤道十二弧,总黄道及浑天为十二舍,故名天容圈,亦名立象圈。"(徐光启等,2009)[1618]

[①] 另外卷一"浑天仪增圈"也与星占有关,但可以看作对"立象"的补充,此处不作介绍。

可见,此宫位制正是以东方地平线和赤道的交点为起点,平分赤道为12份;又用穿过地平线与子午线交点与赤道分割点的大圆圈来圈定十二宫各圈。而且各个宫位的位置是以赤道分割点投影在黄道上的点来确定的。这正是雷格蒙塔努斯宫位制的特征,与后来穆尼阁在《人命部》中卷演示的宫位制相同。① 不过,由于汤若望是直接通过浑天仪(图A.1)上各圈划分得到雷格蒙塔努斯宫位制,并未像穆尼阁在《人命部》中卷那样详细地列出算法,所以似乎对后世并未产生多大影响。

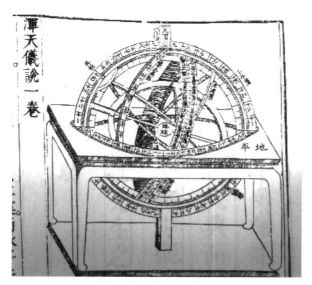

图A.1 《崇祯历书·浑天仪说》中浑天仪图

"求两星于立象圈上相合之时"是对两星相合时间的计算。两颗本无占验效力的星体在相合时可以发生效力。所以,在星占中就要考虑它们相合的情况,计算出相合的时间,以作出准确的占验:"凡两星本各无力,一合即增力,此实足为所立象损益之原也。故以初得某星某宫度,主人生命等事者,安东地平(依本地北极高),即应查其与某星相合否。"(徐光启等,2009)[1839]

"求经纬星相照度"介绍了星体相位与容许度。欧洲星占在占验中讲究各星体之间的位置关系,如星体相距120°称为三合或三分相位。由于不同的相位会有不同的效应,对占验产生不同的影响;因此,获得星体之间的相位关系是占验中的必须步骤。"求经纬星相照度"中介绍了五种常用的相位关系,即"会合"(两星相会)、"六照"(六分相位,相距大约60°)、"四照"(四分相位,相距大

---

① 有关雷格蒙塔努斯宫位制的介绍见本书4.3.2.3小节。

约90°）、"三照"（三分相位，相距约120°）、"望照"（对分相位，相距约180°）："凡两星相照增力或阻力，多以向黄道为准。大约有五等：如会合，即同度同分为密，而同度不同分者则谓之疏。六照，以六十度为界。四照，止于一象限。三照，以四宫相距而云然。望照，则以正相对而得半圈之距。"（徐光启等，2009）[1840] 不过，相位知识在《崇祯历书·五纬历指》卷八中也有出现。此卷"界说"介绍了"会聚界""对照界""方照界""隅照界""六合照界"，即分别指两星会合、对冲、四分相位、三分相位、六分相位。另外，此卷还给出了示意图来说明这几种相位关系（图A.2）。（徐光启等，2009）[452]

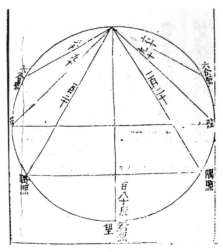

图A.2　《崇祯历书》中相位图

容许度是指星占师在考虑相位时，并非严格按照准确度数，如三分为120°，而是会在此度数上考虑些许差异。汤若望在"求经纬星相照度"说："乃此数照又各有亲或远者。盖星体居正照之界，即亲而力强，若体未正居其界，而第以光居之，即远而力弱。至若光之前后虽同，而各星所定之限有异。如土得十度（前十后十），木十二度，火八度，太阳十七度，金水皆七度，太阴复十二度。经星凡第一等有七度三十分，二等五度三十分，三等三度三十分，四等一度三十分，五六等最微力弱，不入其数。"（徐光启等，2009）[1840] 文中所举"土得十度"等情况就是指容许度。如土星与一星体如果在黄道上相差70°，严格意义上两星并不构成六分相位。但由于土星有10°的容许度，所以还是可以认为他们之间相位成立，会发生一定的效力。① 此外，"求经纬星相照度"最后还介绍了两种

---

① 这种以星体本身决定容许度大小的方式是西方古典星占学的特征。现代西方星占则以相位本身决定容许度，如三分相位是6°，不论星体。（班杰明·戴克，2013）[140]

求星体相位的方法。不难发现,这两种方法同样也是以浑天仪为操作实现的。

"求岁旋"介绍的是回年:"凡从前所取时刻,至太阳复躔元度分,其中相去总数谓之岁旋。盖依后时所立象,较前象所得七政等星居舍内,应增或阻前星之力,即效验所由变也。"①(徐光启等,2009)[1841]所谓回年,指以太阳返回出生时刻位置安命宫占验的方法。太阳在若干年后回到原来的度分时,月亮、五大行星的位置已经发生了变化。这些变化与原先比较,会发生不同的效力。此概念常被用于个人生辰占。

"引照元与增力元相合"是求"照元"到"增力元"("反引")或"增力元"到"照元"("正引")的时间。据文义,"照元"是指在一定位置可以发生一定效力的星体或黄道十二宫,"增力元"是对"照元"可以发生效力的另一星体或黄道十二宫的称呼:"凡初得某星某宫居某舍,因之以占所效,是谓照元。设更有一星,或一宫所居舍,能增力或阻前效,即谓为增力元。"(徐光启等,2009)[1841]其具体算法则以两颗星体所对赤道度数为主,如书中"正引"计算的举例说:"假如北极高四十度,设大梁十度在第一舍初界,太阴离黄道娵訾二十度,距北二度,为照元。火星近东地平躔大梁六度,距南三度,为增力元。必先依各经纬度,带二曜于球上,然后令象圈过太阴处,所交赤道点约为三百五十二度(用本圈与用子午圈同)。次定住象圈,移火星与本圈正对,约得赤道交圈点为二十八度。以所得前后度相减,余中弧为三十六度,即正引之限。"(徐光启等,2009)[1842]从上述算法可以看出,汤若望所介绍的乃是主限向运法(Primary Directions)。主限向运法是古典星占学常用的预测推运方法,经常用于个人命运事项的推验。在罗马时期的托勒密、多罗修斯,伊斯兰世界的阿布·玛撒尔著作中均可以看到。(Testerr,1987)[169-170]在主限向运法中,代表了某类事项的星体或位置[照星(Significator)]静止不动,另有一星体或位置[许星(Promittor)向它移动)],当许星到达照星位置时即会发生相应的变化(有些星占师允许照星向许星运动)。许星到达照星的时间通过两者之间斜升赤道弧度得到,一度对应一年,经常精确到天。[(Lewis,2003)[546](Dorotheus of Sidon,2019)[357](Dykes,2010)[360-367]]在《浑天仪说》中,"照元"即照星,"增力元"为许星。《浑天仪说》中的计算是用浑天仪实现的。这一占法在《天步真原·人命部》中也可以看到(见本书4.3.2.4小节)。

最后"求引二元应止黄道何度"一节与"引照元与增力元相合"相似,是对

---

① 薛凤祚在《天步真原》中介绍"行年"(即回年)时说"凡行年日到生人原日躔度,有吉、凶星在强宫,身命大不同,每年别一命盘"。(薛凤祚,2008)[649]此处也与上文"太阳复躔元度分"一样,指太阳回到原来度数时安命宫的方法。

上述二元在一定时间之后所对应黄道度数变化情况的计算。(徐光启等，2009)[1842] 总体来看，《浑天仪说》围绕着浑天仪介绍了一些星占基本内容，其丰富性与后来的《天文实用》《天步真原》相差较大，也不像南怀仁在题本中介绍了具体的占法实例。但《浑天仪说》是目前发现最早将雷格蒙塔努斯宫位制引入中国的著作，因此在中西星占交流史上占有一席之地。

附录3 揭暄与梅文鼎批评传统军国星占文字比较

	揭暄《璇玑遗述》批评文字	梅文鼎《学历说》批评文字
日月占	至以日当食而不食,不当食而食为变异,于王者有涉。晦而月见西方谓朓,则侯王舒。朔而月见东方为亡匿,则侯王其肃。月行房中央曰天街,则天下和平。由南间阳道曰阳环,则主丧。由北间阴道曰阴环,则主水。月始生正西仰,天下有兵。又曰月初生而偃,有兵兵罢,无兵兵起。又曰当见不见,不当见而见,魄质成早也。以日食四面露光为金环,为阳德盛。	是故日月遇交则食,以实会视会为断,有常度也。而古历未精,于是有当食而不食、不当食而食之占。日之食,必于朔也,而古用平朔,于是又食在晦二之占。月之行有迟疾,日之行有迟疾,日之行有盈缩,皆有一定之数,故可以小轮为法也,而古唯平度。于是占家曰晦而月见西方谓之朓,朓则侯王其舒,朔而月见东方谓之仄慝,仄慝则侯王其肃。月行阴阳,历以不足廿年而周。其交也,则为黄道。其交之半也,则出入于黄道之南北五度有奇,皆有常也。而古历未知。于是占家曰天有三门,房有四表。房中央曰天街,南间曰阳环,北间曰阴环。月由天街,则天下和平;由阳道则主丧,由阴道则主水。夫黄道且有岁差,而况月道出入黄道,时时不同,而欲定之于房中央,不已谬乎?月出入黄道,既有南北,而其与黄道同升也,又有正升斜降、斜升正降之不同。唯其然也,故月之始生,有平有偃。而古历未知也,则为之占曰月始生,正西仰,天下有兵。又曰月初生而偃,有兵兵罢,无兵兵起。月于黄道有南北,一因也。正升斜降,二因也。盈缩迟疾,三因也。人所居南北有里差,则见月有早晚,四因也。是故月之初见有初二日、初三日之殊。极其变,则有在朔日、初四日之异。而古历未知,则为之占曰当见不见,又曰不当见而见,魄质成早也。食日者月也,不关云气,而占者为之说曰未食而前数日,日已有滴。日大月小,日高月卑,卑则近,高则远,远者见小,近者见大,古人所见之日月大小略等者,乃其远近为之,而非其本形也。然日月之行,各有最高卑而影径为之异,故有时月正掩日,而四面露光如环也。此皆有可考之数,而占者则以金环食为阳德盛。

附 录

423

续表

	揭暄《璇玑遗述》批评文字	梅文鼎《学历说》批评文字
五星占	以五星逆行为灾，当去而居，当居而去反，凌犯斗食掩合句巳围绕为失行变异，不知皆可推算者。	五星有迟疾、留逆，而古法唯知顺行，于是占者以逆行为灾，而又为之例曰未当居而居，当去不去，当居不居，未当去而去。皆变行也，以占其国之灾福。五星之出入黄道，亦如日月。故所犯星座，可以预求也。而古法无纬度，于是占者以为失行，而为之例曰凌曰犯曰斗曰食曰掩曰合曰句巳曰围绕。夫句巳凌犯，占可也，以为失行非也。五星离黄道，不过八度，则中宫紫微，及外宫距远之星，必无犯理，而占书皆有之。近世有著《贤相通占》者，删去古占黄道极远之星，亦既知其非是矣。至于恒星有定数，亦有定距，终古不变。而世之占者，既无仪器以知其度，又不知星座之出入地平有濛气之差。或以横斜之势，而目视偶乖，遂妄谓其移动。于是为之占曰王良策马，车骑满野。天钩直则地维坼，泰阶平，人主有福。中州以北，去北极度近，则老人星甚高，不常见也。于是古占曰老人星见，王者多寿。以二分日候之，若江以南，则老人星甚高，三时尽见。而畴人子弟，犹岁以二分占老人星密疏贡谀，此其仍讹习伪，尤大彰明者矣。
恒星占	又以恒星移动，如王良策马，车骑满野，天勾直则地维坼，泰阶平人主有福，老人星见，王者多寿。	
结论	不知日月星皆活珠流滚于天气中，故有盈有缩，有上下轮圈，黄赤相交，又有斜正升降。在地有南北里差，在时有清蒙视差，皆一定理数，未审厥故，遂妄臆为变耳。	故历学不明，而徒为之禁以严之，终不能禁也。或以禁之故，而私相传习，矜为秘授，以售其诈。若历学既明，则人人晓然于其故，虽有异说而自无所容。余所以数十年从事于斯，而且欲与天下共明之也。

附录4 《天步真原》基本术语对比表

《西天聿斯经》(《三辰通载》收录本)	《三辰通载》	《历学会通·琴堂五星》	《天文书》	《天文实用》	《天步真原》底本①	《天步真原》	今名②	英文名
	乐乡	垣	本宫	殿	Domus (1.16)	舍	本宫	Domicile
旺	旺宫/旺度		庙旺③	进	Altitudo (1.18)	升/升宫/上升宫	庙旺	Exaltion
			无力弱处/降宫	退居	Dejectio (1.18)	降/本降宫/降宫/本降	降	Decline
三方/三合方	三方	三方	三合/三合宫	三合一	Triangulum (1.17)	分/三合宫/三角	三方	Triplicity/Triangle
			所属度	界	Finis (1.19)	界	界	Bound/Terms

---

① 文中拉丁术语用主格形式,术语后括号内是所在章节。主要拉丁术语均来自Girolamo Cardano (1554)一书。具体所在页码分别是Domus 150, Altitudo 155, Dejectio 155, Triangulum 152, Finis 156, Facies 162, Sexangulum 143, Quadratum 143, Triquetrum 143, **Oppositio 144**, Signum Mobile 140, Signum Firmum 140, Signum Bicorporeum 140, Anguli 338, Succedentes 338, Decidentes/Cadntes 348, 355, Pars Fortunae 256, Dominus 157。

② 今天学术界尚未有关于古典天宫图星占学术语的标准翻译。笔者此处所用今名部分参考了希斯莉所译本杰明·戴克《当代古典占星研究》中用语。部分根据概念含义,结合古人用法自我确定而来。

③《天文书》中也有升、升宫的说法,但对照矢野道雄先生的底本英文翻译可知并不是指exaltation,而是ascent,即东地平上升的黄道宫。

续表

《西天聿斯经》(《三辰通载》收录本)	《三辰通载》	《历学会通·琴堂五星》	《天文书》	《天文实用》	《天步真原》底本	《天步真原》	今名	英文名
			位分(?)	朝	Facies (1.20)	位	位	Facing
			喜乐位分			快乐宫/喜乐宫/喜乐之地	喜乐宫	Joy
			光	光界		光	容许度	Orb
相合			相会	会照		相会/相合	相会	Conjunction
			六合	六照	Sexangulum (1.12)	六合/六合照	六分相	Sextile
相刑？①	相望？		二弦	四照	Quadratum (1.12)	弦/弦照	四分相	Square
合照？	三合照	三合	三合	三照	Triquetrum (1.12)	三合/三合照	三分相	Trine
相对？	冲/对		相冲	望照/冲	Oppositio (1.12)	冲/对/冲照/对照	对分相	Opposition
			转宫	首宫	Signum Mobile (1.10)	不定宫	转宫	Cardinal Sign
			定宫	静安	Signum Firmum (1.10)	定宫	定宫	Fixed Sign
			二体宫	公	Signum Bicorporeum (1.10)	不定宫/二体宫	二体宫	Bicorporeal Sign

① "?"表示不确定。另外，表格中空白部分表示未找到相应者。

续表

《西天聿斯经》(《三辰通载》收录本)	《三辰通载》	《历学会通·琴堂五星》	《天文书》	《天文实用》	《天步真原》底本	《天步真原》	今名	英文名
	四正宫		四柱/四正柱/正四柱	四角/枢舍/角舍	Angulis (4.4)	四角/角内/门/四正/四正柱/四柱/四正宫	始宫	Angles
			四辅柱	随舍	Succedentes (4.6)	上升/递上星/上来宫	续宫	Succeedent
			四弱柱	倒舍	Decidentes/Cadentes (4.9)	降下四宫/递下星/降角/降下宫/下降角/降下角/下去宫	果宫	Cadents
白羊	白羊	白羊	白羊	白羊/降娄	Aries	白羊	白羊	Aries
金牛	金牛	金牛	金牛	金牛/大梁	Taurus	金牛	金牛	Taurus
	阴阳	阴阳	阴阳	阴阳/双兄/实沈	Gemini	阴阳	双子	Gemini
蟹宫	巨蟹	巨蟹	巨蟹	巨蟹/鹑首	Cancer	巨蟹	巨蟹	Cancer
狮子	狮子	狮子	狮子	狮子/鹑火	Leo	狮子	狮子	Leo
双女	双女	双女	双女	室女/鹑尾	Virgo	双女	室女	Virgo
秤宫	天秤	天秤	天称	天秤/寿星	Libra	天秤	天秤	Libra
	天蝎	天蝎	天蝎	天蝎/大火	Scorpio	天蝎	天蝎	Scorpio

附　录

《西天聿斯经》(《三辰通载》收录本)	《三辰通载》	《历学会通·琴堂五星》	《天文书》	《天文实用》	《天步真原》底本	《天步真原》	今名	英文名
	人马	人马	人马	人马/析木	Sagittarius	人马	人马	Sagittarius
磨竭	磨竭	磨碣	磨羯	磨羯/星纪	Capricorn	磨羯	摩羯	Capricorn
	宝瓶	宝瓶	宝瓶	宝瓶/玄枵	Aquarius	宝瓶	宝瓶	Aquarius
双鱼	双鱼	双鱼	双鱼	双鱼/娵訾	Pisces	双鱼	双鱼	Pisces
蚀神?	罗睺	罗睺	罗睺			天首	北交点	Lunar Ascending Node/ North Nord
	计都	计都	计都			天尾	南交点	Lunar Descending Node/ South Nord
相貌福德宫	福德/福德宫	福德?	福德箭/福德之箭/福德星		Pars Fortunae (3.4)	福/福星	幸运点	Lot of Fortune
宫主	主星	主星	主星	主星	Dominus (1.21)	主星	主星	Lord
				流年		行年/回年	回年	Solar Return
行年	行年/流年/小限	流年?	小限			流年	流年	Annual Profection

续表

《西天聿斯经》(《三辰通载》收录本)	《三辰通载》	《历学会通·琴堂五星》	《天文书》	《天文实用》	《天步真原》底本	《天步真原》	今名	英文名
						流月	流月	Monthly Profection
						流日	流日	Daily Profection
						许星	允星	Promittor
						照星	征象主星	Significator
				四元行/火土水气		火土水气	水土火气	Earth, Water, Air, and Fire
昼夜	昼夜	昼夜	昼夜	昼夜		昼夜	昼夜	Diurnal/Nocturnal
				十二舍		十二宫/十二门	后天十二宫	Twelve Houses
命宫	命宫	命宫	命宫	人命之舍肉躯之主，谓将升者		命宫	命宫	Body, Life
	财帛宫	财帛宫	财帛宫	凡利及积财之主，亦名之为下门		财帛	财帛宫	Assets
	兄弟宫	兄弟宫	兄弟宫	推弟兄、亲戚与近行		兄弟、姊妹、亲戚及不远道路	兄弟宫	Siblings, Kin

续表

《西天聿斯经》(《三辰通载》收录本)	《三辰通载》	《历学会通·琴堂五星》	《天文书》	《天文实用》	《天步真原》底本	《天步真原》	今名	英文名
	田宅宫	田宅宫	父亲宫、母亲宫、田宅宫	父祖、遗产即隐藏之宝物		父祖及亲者家事，为天下门	田宅宫	Parents, Real Estate
	男女宫	男女宫	男女宫	子女及喜乐并凡礼物所属		男女	男女宫	Children, Pleasure
	奴仆宫	奴仆宫	疾病宫、奴仆宫	疾病、奴仆之地位，亦谓之祸门		疾病、家人	奴仆宫	Slaves, Illness
	妻妾（女云夫婿）宫	妻妾宫	婚姻宫	无明显仇伤之舍，并指妻及娶事		妻妾、仇人	妻妾宫	Spouse, Contentions
	疾厄宫	疾厄宫	死亡凶险宫	死候、承继、忧毒等患之主，亦名上门		死亡	疾厄宫	Death, Fear
	迁移宫	迁移宫	迁移远方宫、迁移宫	慕德格物之心，并智能及远行者		移徙道路	迁移宫	Religion, Travel
	官禄（女云父母）宫	官禄宫	官禄宫	爵位、光荣及学问之主，因名主舍		功名	官禄宫	Work, Fame

续表

《西天聿斯经》(《三辰通载》收录本)	《三辰通载》	《历学会通·琴堂五星》	《天文书》	《天文实用》	《天步真原》底本	《天步真原》	今名	英文名
	福德宫	福德宫	朋友并想望宫	朋友及人思所属，亦谓福门		福禄、朋友	福德宫	Friends, Hopes
相貌福德宫	相貌宫	相貌宫	仇恨并囚狱大畜宫	为密仇牢狱并凡辛苦之门		祸门、监狱	相貌宫	Enemies, Sorrow

附录5　古典天宫图星占学基本术语介绍

天宫图（Horoscope）：依照宫位制及日月五星位置等得到的用以占验的图形。一般天宫图需要以命主出生日期、地点信息，或所占事件发生时间、地点信息绘制。不过，在一些简化的方式中也仅仅以命主出生时刻绘制，如中国早期流传的星命术。关于天宫图的具体形制参看本书2.2.2小节、2.2.3小节，4.3.2.5小节。

先天十二宫（Twelve Signs）：指黄道十二宫——白羊、金牛、双子、巨蟹、狮子、室女、天秤、天蝎、人马、摩羯、宝瓶、双鱼。因黄道十二宫起始与结束位置一定，且各宫度数恒定，具有不变的特征，故名之为先天十二宫。此先天借自《周易》，先天主体，主非人为性存在，故以名之。关于先天十二宫在中国历史时期的演变请参看宋神秘的博士论文《继承、改造和融合：文化渗透下的唐宋星命术研究》、靳志佳的博士论文《唐宋时期外来生辰星占术研究》。

后天十二宫（Twelve Houses）：指以宫位制划分而得的十二个宫位（Houses）。此十二宫位还被称作十二门、十二舍。有些星占类型中（如星命术）十二宫各宫有名称，即命宫、财帛宫、兄弟宫、田宅宫、男女宫、奴仆宫、妻妾宫、疾厄宫、迁移宫、官禄宫、福德宫、相貌宫（当然这些名称有历史演变）。命、福德等即各宫所主事项。有些星占类型中则各宫没有独立名称，但有所主相应事项，如《天步真原》所介绍的欧洲星占中。同样，后天之说亦来自《周易》，后天主用，主人为性施作，故以名之。关于后天十二宫在星命术中的情况请参看宋神秘的博士论文《继承、改造和融合：文化渗透下的唐宋星命术研究》、靳志佳的博士论文《唐宋时期外来生辰星占术研究》。

宫位制（House System）：宫位制是划分后天十二宫的方法。历史上宫位制类型极为多样，从整宫制、等宫制，到不等宫制等。宫位制一般会参照黄道、赤道、地平圈、子午圈等进行划分。所涉及的分法不同，对应不同的宫位制。最为简单的宫位制是整宫制，直接以黄道十二宫本身作为后天十二宫，如以白羊作为命宫之类，白羊与命宫完全重合，其他十一宫亦复如是。在实践宫位制时需要考虑时间与地点因素，有时简化的情况下只考虑时间，如介绍天宫图条目所言。关于宫位制的系统介绍,参考本书4.3.2.3小节,以及郑玉敏的硕士论文《传入与发展——西方宫位制在古代中国》。

四元情(Four Qualities):冷热干湿是古希腊哲学中讨论世间万物基本构成元素性质时使用的两两相对的范畴(其中冷与热相对,干与湿相对)。如在亚里士多德的学说中,水火土气是构成月下界的基本四元素(Four Elements),而这四元素具有不同的感觉性质,水是冷和湿,火是热和干,土是干和冷,气是热和湿。星占学在发展过程中吸收了它们,此处是用来指星体的性质。

四正星座(Quadruplicity):指四个为一组的具有共同行为模式或属性的星座分类。如在《天文书》中,白羊、天秤、磨羯、巨蟹称为"转宫",金牛、狮子、天蝎、宝瓶称为"定宫",剩余四宫称为"二体宫"(见《天文书》第一类第九门)。《天步真原》称为"不定宫"、"定宫"、"不定宫/二体宫"。**转宫**现代有些学者翻译为启动星座/基本星座/转变星座,其共同特质是快速形成新的状态。**定宫**,或翻译为固定星座/坚定星座,特质是事物会持续且稳定。**二体宫**,或翻译为双元星座/双体星座/变化星座,特质是转变,且具备快速变化与固定特质。关于四正星座请参考班杰明·戴克《当代古典占星研究》。

相位(Aspect):指不同星体之间位置的特定角度关系。具有此种特定位置角度关系的情况下两种星体会发生效力。在古典天宫图星占中,常用的相位包括相会(Conjunction)、三分相(Trine)、六分相(Sextile)、四分相(Square)、对分相(Opposition)。对分相即两个星体形成180°左右的相位,相会为0°,三分相120°,六分相60°,四分相90°。相位的形成不一定严格按照60°等度数,参考下面容许度概念。

容许度(Orb):是指星占师在考虑相位时,并非严格按照准确度数,如三分为120°,而是会在此度数上考虑些许差异。如汤若望在《浑天仪说》中说:"如土得十度(前十后十),木十二度,火八度,太阳十七度,金水皆七度,太阴复十二度。"(徐光启等,2009)[1840]文中所举"土得十度"等情况就是指容许度。如土星与一星体在黄道上相差70°,严格意义上两星并不构成六分相位。但由于土星有10°的容许度,所以还是可以认为他们之间相位成立,会发生一定的效力。在古典星占学中,容许度大小一般由星体决定。在现代星占学中则不论星体如何由相位本身决定,如三分相位是6°。

本宫(Domicile/House):因日月五星与黄道十二宫具有相似属性所建立的所属关系。这一概念在《天步真原》中称为"**舍**",其中简要论述了七政与黄道十二宫的对应关系:"一曰舍。日舍狮子,月舍巨蟹,土舍磨羯、宝瓶,木舍人马、双鱼,火舍白羊、天蝎,金舍金牛、天秤,水舍阴阳、双女,乃第一有权。"(薛凤祚，2008）⁵⁵⁰形象地说，本宫即七政对应黄道十二宫的家，在家中七政具有大效力，所以《天步真原》说"第一有权"。此处论述简略，Tetrabiblos I.17①，《天文书》第一类第十三门中则有详细的论述。

庙旺（Exaltation）：今天或翻译为旺，表示行星到此宫时，其效力会得到很好地提升。《天步真原》中称为"升"："日升白羊，月升金牛，土升天枰，木升巨蟹，火升磨羯，金升双鱼，水升双女。"（薛凤祚，2008）⁵⁵⁰《天步真原》所遵从的是托勒密星占《四门经》传统。在多罗修斯《星占之歌》传统中，庙旺精确到黄道十二宫具体度数，《天文书》即秉承多罗修斯传统。参看本书4.3.2.1小节。

降（Decline）：降与庙旺相对，乃是指各星在其"升"所相冲宫的情况。《天步真原》介绍云："日降天枰，月降天蝎，土降白羊，木降磨羯，火降巨蟹，金降双女，水降双鱼。"（薛凤祚，2008）⁵⁵⁰《天步真原》中又称"降宫""本降""本降宫"。同样，《天步真原》遵从是托勒密星占《四门经》传统。在多罗修斯《星占之歌》传统中，降精确到黄道十二宫具体度数，《天文书》即秉承多罗修斯传统。参看本书4.3.2.1小节。

三方（Triplicity/Triangle）：指黄道上四组相距一百二十度（即前所述三合相位）的三个黄道宫，《天步真原》称为"分""三合宫""三角"。同样的讨论可见《天文书》第一类第十五门，Tetrabiblos I.18。

界（Bounds/Terms）：指将黄道十二宫分成不均等的五个部分，并分配给五大行星主管。托勒密在Tetrabiblos I.23提及了三种划分界的方式。《天步真原》使用的是Egyptian类型。

喜乐宫（Joy）：日月五星落在"喜乐"的位置，会得力，表现出更好的象征意义。此概念在《天文书》中称为"喜乐位分"（《天文书》第一类第十八门）。《天步真原》又称为"喜乐之地""快乐宫"："五星快乐宫。水星一宫，东方卯上。月三宫，金五宫，火六宫，日九宫，木十一宫，土十二宫。"（薛凤祚，2008）⁵⁵¹此处一宫、三宫等均是指后天十二宫。

位（Facing）：日月五星在其本宫时，因其本宫之间的相位所产生的关系。在《天步真原》所给的例子中，太阳本宫为狮子，木星为人马，若太阳在狮子，木星在人马，虽然太阳和木星之间的实际角度并不是三合的相位关系，但由于两者的本宫三合，所以两者依然可以发生影响，即有位。（薛凤祚，2008）⁵⁵¹

北交点（North Nord）：黄道与白道相交的升交点，即《天步真原》中"天首"、《天文书》或星命术中"罗睺"。

南交点（South Nord）：黄道与白道相交的降交点，即《天步真原》中"天尾"、

---

① 本附录所参照的《四门经》底本均是指1940年英文版。

《天文书》或星命术中"计都"。

主限向运法（Primary Directions）：主限向运法是古典星占学常用的预测推运方法，经常用于个人命运事项的推验。罗马时期的托勒密、多罗修斯，伊斯兰世界的阿布·玛撒尔著作中均可以看到。在主限向运法中，代表了某类事项的星体或位置——**照星**（Significator）静止不动，另有一具有相位或其他关系的星体或位置——**许星**（Promittor）向它移动。当许星到达照星位置时即会发生相应的变化（有些星占师允许照星向许星运动）。许星到达照星的时间通过两者之间斜升赤道弧度得到，一度对应一年，经常精确到天。主限向运法在《浑天仪说》与《天步真原》中均有介绍，参见4.3.2.4节、附录2。照星及其有关的许星、主限向运法较为复杂，可以参考James Wilson的 *Dictionary of Astrology*，Benjamin N. Dykes编译的 *Introductions to Traditional Astrology*。《浑天仪说》中汤若望将它们称为"照元"（照星）与"增力元"（许星）。

始宫（Angles）、**续宫**（Succeedent）、**果宫**（Cadents）：对后天十二宫的一种划分方式，用以判别七政在这些类别中的能力或力量。始宫即第一宫、第四宫、第七宫、第十宫。《天步真原》中又称为"四角""角内门""四正角""四正柱""四柱""四正宫"。续宫为二宫、五宫、八宫、十一宫，《天步真原》中称为"上升""递上星""上来宫"。果宫为三宫、六宫、九宫、十二宫，《天步真原》中称为"降下四宫""递下星""降角""降下宫""下降角""降下角""下去宫"。

幸运点（Lot of Fortune/ Part of Fortune）：即"福德箭"（《天文书》）、"福点"（《天步真原》），是星占中具有与星体同等效力的虚拟点。其具体计算方式参见本书2.2.3节。

回年（Solar Return）：生辰星占学中占验个人命运的一种占法。据《天步真原》，回年以太阳返回出生时刻位置安命宫占验个人命运。回年在《天文书》中被称为"流年"，《天步真原》中即称"回年"或"行年"。

流年（Annual Profection）、**流月**（Monthly Profection）、**流日**（Daily Profection）：流年、流月、流日同样是应用在个人生辰占中的一种占法。它们有点类似于特殊点，是人为构造出的星占元素。据《天步真原》，流年从出生时刻所安命宫开始，一年一宫。流月一月一宫，一月为二十八日两小时十七分三十七秒，十三月一年（回归年长度）。一年运行十三宫。流日两日三小时五十二分零八秒行一宫，一日行十三度五十一分。当流月行一宫时，流日行十三宫与流月起点重合。同样，当流月行十三宫时，流年行一宫，此时流年、流月、流日在同一位置。亦即，经过一个回归年之后，流年、流月、流日均回相同的起点。参见2.2.3小节、4.3.2.4小节介绍。

附录6　卡尔达诺《四门经》评注章节与托勒密星占《四门经》对应表

卡尔达诺《四门经》评注	托勒密《四门经》拉丁版（Gogava Translation）	*Terabiblios*（1940）
Book 1		
1.1 Prooemium Authoris	1.1①	1.1 Introduction
1.2	1.2 Astronomicarvm prae uisionum-scientiam esse, & quatenus ea tendat	1.2 That knowledge by astronomical means is attainable, and how far
1.3	1.3 Esse vtilem	1.3 That it is also beneficial
1.4 De viribus stellarum errantium	1.4 De viribvs stellarum errantium	1.4 Of the power of the planets 1.5 Of beneficent and maleficent planets
1.5 De stellis mascvlinis & foemininis	1.5 De stellis mascvlinis & foemininis	1.6 Of masculine and feminine planets
1.6 De diurnis et nocturnis	1.6 De divrnis et noctvrnis	1.7 Of diurnal and feminine planets
1.7 Quid valeant configurations erga solem	1.7 Qvid valeant configvrationes erga solem	1.8 Of the power of the aspects to the sun
1.8. De viribus stellarum inerrantium	1.8 De viribvs stellarvm inerrantium	1.9 Of the power of the fixed stars
1.9 De anni temporibus et quatuor angulorum natura	1.9 De anni temporibvs et quatuor angulorum natura	1.10 Of the effect of the seasons and of the four angles
1.10 De signis tropicis aequinoctialibus & bicorporibus	1.10 De signis tropicis aeqvinoctialibus & bicorporibus	1.11 Of solstitial, equinoctial, solid, and bicorporeal signs

---

① 只标序号表示两种情况：a. 此节无题目，此种情况适用于托勒密《四门经》拉丁版的1.1、2.1、3.1、4.1各节；b. 与前面一节同名，此种情况适用于卡尔达诺《四门经》评注的1.2、1.3节。

续表

卡尔达诺《四门经》评注	托勒密《四门经》拉丁版（Gogava Translation）	*Terabiblios*（1940）
1.11 De signis Masculinis & foemininis	1.11 De signis mascvlinis & foemininis	1.12 The masculine and feminine signs
1.12 De configuration duodecim locorum	1.12 De configvratione duodecim locorum	1.13 Of the aspects of the signs
1.13 De imperantibus et obedientibus signis	1.13 De imperantibvs et obedientibus signis	1.14 Of commanding and obeying signs
1.14 De intuentibus et eiusdem potentiae signis	1.14 De intventibvs rt eivsdem potentiae signis	1.15 Of signs which behold each other and sign of equal power
1.15 De inconiunctis	1.15 inconivncta	1.16 Of disjunct signs
1.16 De Domibus	1.16 domibvs	1.17 Of the houses of the several planets
1..17 De Triangulis	1.17 De Triangvlis	1.18 Of the triangles
1.18 De Altitudinibus	1.18 De Altitvdinibvs	1.19 Of exaltations
1.19 De finibus	1.19 De finibvs 1.20 Ivxta chaldaeos	1.20 Of the disposition of terms 1.21 According to the Chaldaeans 1.22 Of places and degrees
1.20 De sua cuiusque stellae persona, et carpentis ac soliis	1.21 De sua cvivsqve stellae persona, et carpentis ac soliis	1.23 Of Faces, Chariots and the like
1.21 De applicationibus et defluxibus	1.22 De applicationibvs & defluxibus	1..24 Of applications and Separations and the other Powers
Book 2		
2.1 Prooemium authoris	2.1	2.1 Introduction
2.2 De proprietate vniversali gentium	2.2 De proprietate vniversali gentium	2.2 Of the characteristics of the Inhabitants of the general climes
2.3 De familiaritate locorum et triangulorum et stellarum	2.3 De familiaritate locorvm et triangulorum et stellarum	2.3 Of the familiarities between countries and the triplicities and stars
2.4 Particularium praedictionum ratio	2.4 Particvlarivm praedictionum ratio	2.4 Method of making particular predictions

续表

卡尔达诺《四门经》评注	托勒密《四门经》拉丁版（Gogava Translation）	*Terabiblios*（1940）
2.5 De regionibus quarum sint significationes	2.5 De regionibvs qvarvm sint significationes	2.5 Of the examination of the countries affected
2.6 De Tempore euentuum	2.6 De tempore eventvvm	2.6 Of the time of the predicted events
2.7 De genere euentuum	2.7 De genere eventvvm	2.7 Of the class of those affected
2.8 De modis futurorum	2.8 De modis fvtvrorvm	2.8 Of the quality of the predicted event
2.9 De coloribus in deliquiis et crinitis, ac huiusmodi aliis	2.9 De caloribvs in deliqviis & crinitis, ac huiusmodi aliis	2.9 Of the colours of Eclipses, Comets, and the like
2.10 De nouilunio	2.10 De novilvnio anni	2.10 Concerning the new moon of the year
2.11 De particulari natura signorum in tempestatibus	2.11 De particvlari natvra signorum in tempestatibus	2.11 Of the nature of the signs, part by part, and their effect upon the weather
2.12 De particulari tempestatum consideratione	2.12 De particvlari tempestatum consideratione	2.12 Of the Investigation of weather in detail
2.13 De obseruandis meteoris, id est, facie coeli	2.13 De observandis meteoris, id est, facie coeli	2.13 Of the significance of atmospheric signs
Book 3		
3.1 quod est prooemium	3.1	3.1 Introduction
3.2 De parte horoscopi	3.2 De parte horoscopi	3.2 Of the degree of horoscopic point
3.3 Diuisio praecipiendorum	3.3 Divisio praecipiendorvm	3.3 The subdivision of the science of nativities
3.4 De parentibus	3.4 De parentibvs	3.4 Of parents
3.5 De fratribus et sororibus	3.5 De fratribvs et sororibvs	3.5 Of brothers and sisters
3.6 De partu masculino et foeminino	3.6 De partv mascvlino et foemi-nino	3.6 Of males and females
3.7 De partu geminorum	3.7 De partv geminorvm	3.7 Of twins
3.8 De monstris	3.8 De monstris	3.8 Of monsters
3.9 De his qui non nutriuntur	3..9 De his qvi non nvtriuntur	3.9 Of Children that are not reared

续表

卡尔达诺《四门经》评注	托勒密《四门经》拉丁版（Gogava Translation）	*Terabiblios*（1940）
3.10 De vita spatio	3.10 De vitae spatio	3.10 Of the length of life
3.11 De locis apheticis	3.11 De locis apheticis	
3.12 De sorte sive parte fortunae	De sorte sive parte fortunae	
3.13 Quos eligere conueniat vita gubernatores	3.13 Qvos eligere conveniat uitae gubernatores	
3.14 Quanam sint vitae moderandae rationes	3.14 Qvaenam sint vitae moderandae rationes	
3.15 De forma et temperature corporis	3.15 De forma et temperature corporis	3.11 Of bodily form and temperament
3.16 De vitiis et morbis corporis	3.16 De vitiis et morbis corporis	3.12 Of bodily injuries and diseases
3.17 De qualitate animi	3.17 De qvalitate animae	3.13 Of the quality of the soul
3.18 De vitiis et morbis animi	3.18 De vitiis et morbis animi	3.14 Of diseases of the soul
Book 4		
4.1 Quod est proaemium	4.1	4.1 Introduction
4.2 De nati fortunis	4.2 De nati fortvnis	4.2 Of material fortune
4.3 De fortuna honoris et dignitatis	4.3 De fortvna honoris & dignitatis	4.3 Of the fortune of dignity
4.4 De actionibus seu opificio nati	4.4 De actionibvs sev opificio nati	4.4 Of the quality of action
4.5 De coniugio	4.5 De conivgio	4.5 Of marriage
4.6 De filiis	4.6 De liberis	4.6 Of children
4.7 De amicis et inimicis	4.7 De amicis et inimicis	4.7 Of friends and enemies
4.8 De seruis	4.8 De servis	
4.9 De peregrinatione	4.9 De pere grinatione	4.8 Of foreign travel
4.10 De morte	4.10 De mortis genere	4.9 Of the quality of death
4.11 De temporum diuisione	4.11 De temporvm divisione	4.10 Of the division of times

附录7 《人命部·中卷》雷格蒙塔努斯宫位制程序[①]

适用于太阳在春分至夏至时（0°~90°），午后，BC为太阳所在黄道度数，TIME为安命宫时间，DE_P为纬度。

```
pro zhh, BC=BC, TIME=TIME, DE_P=DE_P
delta=23.516667*!dtor
BC=BC*!dtor
TIME=TIME*!dtor
DE_P=DE_P*!dtor
;1
AB=asin(sin(delta)*sin(BC))
;2
AC=acos(cos(BC)/cos(AB))
;3
DA=TIME*15-!pi
DC=DA+AC
print,'第十宫赤道度 '+string(DC/!DTOR)
;4
EC=atan(tan(DC)/cos(delta));+!pi
if ec lt 0. then ec=ec+!pi
print,'第十宫黄道度 '+string(EC/!DTOR)
;5
DU=!pi/2.-DE_P
DF=!pi/6.
```

[①] 需要说明的是，这一程序只是针对特定情况下使用的，并不适用所有情况。所以笔者在验证《宇宙大运》与《土木相会》时有多个程序，但只是作一些局部改动。这里附录此一个程序，其他不收入。此程序在IDL编程软件中运行。

DUF=atan(tan(df)/sin(du))

;6

DH=!pi/3.

DUH=atan(tan(DH)/sin(DU))

;7

oy=asin(sin(DE_P)*sin(DUF))

;8

OV=asin(sin(DE_P)*sin(DUH))

;9

SF=abs(150*!dtor−dc)

gfs=!pi/2.−oy

sg=atan(tan(sf/2.)*cos((gfs−delta)/2.)/cos((gfs+delta)/2.))   +atan(tan(sf/2.)*sin((gfs−delta)/2.)/sin((gfs+delta)/2.))

if dc lt 150*!dtor then begin

 print,'十一宫黄道度 '+string((!pi−sg)/!dtor)

endif else begin

print,'十一宫黄道度 '+string((!pi+sg)/!dtor)

endelse

;10

sh=abs(120*!dtor−dc)

ihs=!pi/2.−ov

si=atan(tan(sh/2.)*cos((ihs−delta)/2.)/cos((ihs+delta)/2.))   +atan(tan(sh/2.)*sin((ihs−delta)/2.)/sin((gfs+delta)/2.))

if dc lt 120*!dtor then begin

 print,'十二宫黄道度 '+string((!pi−si)/!dtor)

endif else begin

 print,'十二宫黄道度 '+string((!pi+si)/!dtor)

endelse

;11

sj=abs(!pi/2.−dc)

dj=!pi/2.−de_p

sjk=dj

```
        sk=atan(tan(sj/2.)*cos((sjk−delta)/2.)/cos((sjk+delta)/2.))        +atan(tan(sj/2.)*sin
((sjk−delta)/2.)/sin((sjk+delta)/2.))
        if dc lt !pi/2. then begin
                print,´第一宫黄道度 ´+string((!pi−sk)/!dtor)
            endif else begin
                print,´第一宫黄道度 ´+string((!pi+sk)/!dtor)
            endelse
;12
sl=abs(!pi/3.−dc)
slm=!pi/2.−ov
        sm=atan(tan(sl/2.)*cos((slm−delta)/2.)/cos((slm+delta)/2.))        +atan(tan(sl/2.)*sin
((slm−delta)/2.)/sin((slm+delta)/2.))
    if dc lt !pi/3. then begin
                print,´第二宫黄道度 ´+string((!pi−sm)/!dtor)
            endif else begin
                print,´第二宫黄道度 ´+string((!pi+sm)/!dtor)
            endelse
;13
sq=abs(!pi/6.−dc)
sqn=!pi/2.−oy
        sn=atan(tan(sq/2.)*cos((sqn−delta)/2.)/cos((sqn+delta)/2.))        +atan(tan(sq/2.)*sin
((sqn−delta)/2.)/sin((sqn+delta)/2.))
    if dc lt !pi/6. then begin
                    print,´第三宫黄道度 ´+string((!pi−sn)/!dtor)
                endif else begin
                    print,´第三宫黄道度 ´+string((!pi+sn)/!dtor)
                endelse
end
```

附录8　薛近洙《博文约礼论》《修身在正心论》与《圣学心传》薛凤祚序言

博文约礼论

　　诗书六艺皆文也,文之粗也。品节制度亦礼也,礼之迹也。自文人专事训诂,割裂文义,揆之圣贤心法,相去远矣。总之皆由于误认文礼误认博约耳。窃谓圣贤为学,只重躬行。而所谓躬行者又极其简易,全无外求之烦。如圣门笃信如曾子,特诏之曰吾道一以贯之。颖悟如子贡,特诏之曰予非多学而识之者也,予一以贯之。然而二子之颖慧皆非颜氏子比也。当日和盘托出,终日不违,全在博约两者。博者何,所以贯也。约者何,所谓一也。而文非六艺之谓,礼非品节之谓。文则一之散见者是也。以情言之,则喜怒哀乐之类。以德言之,则忠孝节义之类。以自修言之,则格致诚正以及存养省察扩充之类。以及物言之,则齐治均平以及理财用人教养之类。作圣之功一也,而有清有任有和之不同。政治之隆一也,而尚质尚忠尚文之各有异。推而言之,天之四时百物,地之华岳河海,总之皆文也,皆博也。然而品汇虽繁,究之则一。一者何?吾心是也。无慈爱则非仁,无羞恶则非义,求之于心而不安则不可言任以至以下种种不齐,莫不各有至当之节而不可逾者。此礼在吾心,自天言之则为太极,自人言之则为性为命为仁为诚为道为德。经云博而求之于不一之善,约而会之于至一之理。此理外阅世界,内视身心,如水之万派一原,如木之万枝一本。逐日于事物上件件体贴,即件件印合本心,必无毫发差谬。千古上下六合内外,此心此理同,即无有不同。刚克柔克,皆归正直。性之反之,原于至善。何文非礼,何博非约。如此方谓之学。夫子十五志此也,时习习此也,以至乐天知命与立与权,自始至终只此一件。充益圆满,当前即是,执着便非。所以颜氏子曰在前在后,弥高弥坚,如有卓尔,欲从末由。而夫子称之曰如愚屡空,坐忘心斋。盖心与物忤,以吾有心。吾若无心,何我何物?夫子曰无知,曰何有,而教颜氏子以四勿,正约礼之实实下手处也。定静安虑,戒慎恐惧,正是礼,正是约,成性存存,道义之门,尧钦明文不显。岂傍外求生活哉?若夫诗书礼乐，品制节度，学者用以印证身心，参会往昔，亦是博亦是约，非学者之所恃也。不然皋夔之世，无书可读，不害为圣。圣贤教人而令博习坟典，广披丘索。天生斯文，全在是耶？即吾夫子删定诗书礼乐，此夫子既圣以后事，夫子非以是称圣也。后来作者如林，如《说苑》《会编》《通考》《通典》等不可胜纪，莫不扢扬今昔，参剂己见，皆谓之曰博文约礼耶？此义不明，至穷一生精力，妄施于无用之地，于为己之学相去远矣。世开文明，当必有特达之见，为千古发矇振聩者焉。谬为之记。

修身正心论

人得天地之理以成性，得天地之气以成形。非形气则此理亦无所附着。而一有附着即有种种情缘，载与俱来。如忿懥恐惧、好乐忧患等邪念用事，随使人于好恶两端，比天命时另大换一番局面。非真正慧眼睿识，用截铁斩钉之力，其能摆脱得开，扶真正天赋正理为一身主宰者，盖亦鲜矣。试思人与万物同受天地之生，趋利避害何尝有异。其分别处只是人偏得乾坤正气，能于利害趋避之中别有张主者在。人禽关头全在此一正字。今全不于本心理会护持，反令情欲中邪念居于正位，将本来天君径不在焉。太阿倒持，遂使一生如痴。盖心既不在，见为善者俱是恶，闻为香者俱是臭，尝为甘者俱是苦。常想人在旁观时是非尚有正经，人在平居时是非尚有本念。唯事到头来，忿懥等欲念一炽，渐汩渐没，愈迷愈惑。故从来恶盗跖之人皆做盗跖之人，骂操莽之人皆学操莽之人，认仇以为恩，把贼作子。宇宙之大，所为极聪明之人皆心不在焉之人，可伤也哉。先儒谆谆诲人求初心，反本心，无非恐人认情欲为性，速从急流中求勇退法也。世局憧憧，倘令一点灵明常如月到天心，虽遇境有顺有逆，而此中泰然悠然，有余闲矣。

《圣学心传》薛凤祚序言

四书说约近指合钞序

古人云读书者未读时是此等人，既读后仍是此等人，便是不曾读。今之儒业者固多彬彬华实兼茂之彦。然有学问与品行不甚相孚，或文章与事业不得并称者，将使世人谓学书止足以记姓名，上焉者止足以掇青紫，岂其然哉？圣贤往矣，遗踪如新，所贵得其传者，以意逆志，探古人精神之所存，使简策间俱有灵气方足以启佑后人同登圣域耳。今坊传四书讲意日新月盛，然而于训诂辞章之外，不闻有所发明，师道不立，圣学无传，何惑乎世之蒙昧耶？及读业师鹿忠节先生《四书说约》及孙征君先生《四书近指》两书有会心焉。二先生皆理学名宿,直接不厌不倦之传者。自得也既深,故言之亲切,隽永而有味;悯世也綦切,故言之激烈,沉痛而多风。其论理也,必征之于事;言事也,必根极于理。为理不及于事不备,事不及于理不明也。论体也必推之于用,论用也必究之于体。为非用而体无所附丽,非体而用无所归宿也。虽逐节诠次,然举书中之一句扩充之,皆足以该全书之旨,兼足以尽当世之务,直证此心此理之皆同,更无千古六合之有异者矣。又何博之非约,而何远之非近也哉?静言思之,吾身内一念之得失,书中已先我而备道其受病之因,读之无不愧汗浃背者。一事之善恶,书中已先而我备策其补救之方,读之无不愚顽立起者。今而后知贤圣垂教,后世告之谆谆,而听之梦梦者,非止后人之过,亦以世乏师传,教本无术也。然于举业非相违者也。倘于此而有得焉,以应试场,真言妙绪,特出意表,主司必当惊羡以冠多士,又其末者耳。此书之出,当与孔曾思孟四圣贤书共揭星日而行中天,以惠世岂鲜哉?不肖祚服膺已六十年,夙期于二集中稍节重,合为一书。今丙辰岁,适有机缘,同志诸友复怂恿之,遂授之梓,敢述其大意而为之叙。

康熙十五年丙辰,受业门人北海薛凤祚谨识

合钞又序

鹿忠节先生讳善继,定兴人,癸丑进士,筮仕户曹,历太常少卿监孙师相军。丙子居乡,终邑难。孙征君先生,讳奇逢,容城人,十七岁举于乡,屡经前时及本朝征聘,不仕,避地河北,九十三岁终于蓟门。二先生伟树奇节,俱载国史,无容赘论。不肖祚前丙辰岁年十七龄从孙先生习举子业,得闻理道问学之旨。两先生梓里相望,夙联姻眷。吾辈游于门者往来考业,亦无彼此之殊。鹿先生于后学耳提面命,凤以《说约》为谈柄。己未同学坚求授梓。又继而同志再翻版于江右诸处。今罹兵火失散者半。孙先生晚年避地百泉,推度《说约》之义,成《近指》一书,己亥梓于中州。已而恐非时好,以成书呈礼部,大加称赏。此二书之始末也。祚于两书朝夕佩服,未敢少怠。今丙辰适有机缘,欲纂录合一,以诏永久。同志诸友复怂恿之。愚何敢有所去取,但二书共解一书,有相同者,虽同一精义,而《说约》在前,故录者多。至于二孟,鹿先生止说大意,尚有未备。《近指》后出,其义始全,所录者多。又何敢有所点次。唯是坊刻充栋,日求新奇,驰骛已久。此集未免有见而骇异者。有此点阅,或信世有同好之人返其驰逐,近求诸本,亦未可知。尝推广此义,欲为发明数语,效《纲目》之体,因时迫未暇,尚俟补入。维兹丙辰,与祚初受业二先生之丙辰适周一甲子,或亦有天道焉。

门人薛凤祚又识

参 考 文 献

原始古籍文献

中国

（春秋）孔子等编著，黄寿祺、张善文译注，2010. 周易译注[M]. 上海：上海古籍出版社.

（春秋）孔子等编著，李民、王健译注，2004. 尚书译注[M]. 上海：上海古籍出版社.

（春秋）左丘明著，（晋）杜预注，（唐）孔颖达正义，1999. 春秋左传正义[M]. 北京：北京大学出版社.

（春秋）左丘明著，杨伯峻注，1990. 春秋左传注[M]. 北京：中华书局.

（战国）无名氏著，邬国义、胡果文、李晓路译注，1994. 国语译注[M]. 上海：上海古籍出版社.

（西汉）董仲舒著，（清）苏舆注，1992. 春秋繁露义证[M]. 北京：中华书局.

（西汉）司马迁，1963. 史记[M]. 北京：中华书局.

（西汉）扬雄著，汪荣宝疏，1987. 法言义疏[M]. 北京：中华书局.

（东汉）班固，1964. 汉书[M]. 北京：中华书局.

（孙吴）竺律炎、支谦译，1993. 摩登伽经[M]//薄树人主编. 中国科学技术典籍通汇：天文卷：第8册. 郑州：河南教育出版社：3-14.

（北周）庾季才，1983. 灵台秘苑[M]//四库全书：第807册. 台北：台湾商务印书馆：1-157.

（隋）萧吉，1988. 五行大义[M]//（清）阮元辑. 宛委别藏：第70册. 南京：江苏古籍出版社：1-336.

（隋）萧吉著，钱杭点校，2001. 五行大义[M]. 上海：上海书店出版社.

（唐）不空译，1993. 文殊师利菩萨及诸仙所说吉凶时日善恶宿曜经[M]//薄树人主编. 中国科学技术典籍通汇：天文卷：第8册. 郑州：河南教育出版社：27-39.

(唐)房玄龄等,1974. 晋书[M]. 北京:中华书局.

(唐)李淳风,1993. 乙巳占[M]//薄树人主编. 中国科学技术典籍通汇:天文卷:第4册. 开封:河南教育出版社:451-599.

(唐)李淳风,2002. 乙巳占[M]//续修四库全书:第1049册. 上海:上海古籍出版社:19-151.

(唐)金俱吒,1993. 七曜攘灾诀[M]//薄树人主编. 中国科学技术典籍通汇:天文卷:第8册. 郑州:河南教育出版社:43-69.

(唐)孔颖达,1983. 毛诗注疏[M]//四库全书:第69册. 台北:台湾商务印书馆:43-991.

(唐)瞿昙悉达,1994. 开元占经[M]. 郑州:中州古籍出版社.

(北宋)程颢、程颐,1981. 河南程氏遗书:卷二[M]//二程集. 北京:中华书局.

(北宋)欧阳修、宋祁,1975. 新唐书[M]. 北京:中华书局.

(北宋)邵雍,1983. 皇极经世书[M]//四库全书:第803册. 台北:台湾商务印书馆:291-1088.

(北宋)苏轼,1997. 历代地理指掌图[M]//四库全书存目丛书:史部:第166册. 济南:齐鲁书社:99-163.

(北宋)苏轼著,张志烈、马德富、周裕锴校注,2012. 苏轼全集校注[M]. 石家庄:河北人民出版社.

(南宋)钱如璧,2016. 三辰通载[M]//西山尚志、王震主编. 子海:珍本编(海外卷·日本·静嘉堂文库). 江苏:凤凰出版社:479-747.

(南宋)朱熹注,1983. 四书章句集注[M]. 北京:中华书局.

(南宋)朱熹著,黎靖德、王星贤点校,1986. 朱子语类[M]. 北京:中华书局.

(南宋)朱熹注,1987. 四书章句集注[M]. 上海:上海书店出版社.

(南宋)朱熹,2002. 晦庵先生朱文公文集[M]//朱熹著,朱杰人等编. 朱子全书:第22册. 合肥:安徽教育出版社.

(明)艾儒略,1965. 西学凡[M]//(明)李之藻编. 天学初函:第1册. 台北:台湾学生书局:21-60.

(明)艾儒略,2002a. 口铎日抄[M]//钟鸣旦、杜鼎克主编. 罗马耶稣会档案馆明清天主教文献:第7册. 台北:台北利氏学社.

(明)艾儒略,2002b. 涤罪正规[M]//钟鸣旦、杜鼎克主编. 罗马耶稣会档案馆明清天主教文献:第4册. 台北:台北利氏学社:337-580.

(明)艾儒略著,叶农点校,2012. 艾儒略汉文著述全集[M]. 澳门:澳门文化艺术学会.

(明)鲍云龙,1983. 天原发微[M]//四库全书:第806册. 台北:台湾商务印书馆:1-312.

(明)范守己,1997a. 御龙子集[M]//四库全书存目丛书:子部:第162册. 济南:齐鲁书社:495-731.

(明)范守己,1997b. 御龙子集[M]//四库全书存目丛书:子部:第163册. 济南:齐鲁书社:1-375.

(明)方孔炤、方以智,1996. 周易时论合编[M]//续修四库全书:第15册. 上海:上海古籍出版社:1-610.

(明)方以智,1983a. 通雅[M]//四库全书:第857册. 台北:台湾商务印书馆:1-983.

(明)方以智,1983b. 物理小识[M]//四库全书:第867册. 台北:台湾商务印书馆:741-983.

(明)傅泛际,1993. 寰有诠[M]//薄树人主编. 中国科学技术典籍通汇:天文卷:第8分册. 郑州:河南教育出版社:455-641.

(明)韩万钟,1995. 象纬汇编[M]//四库全书存目丛书:子部:第55册. 济南:齐鲁书社:106-205.

(明)黄道周,1983. 三易洞玑[M]//四库全书:第806册. 台北:台湾商务印书馆:435-687.

(明)利玛窦,1965. 畸人十篇[M]//(明)李之藻编. 天学初函:第1册. 台北:台湾学生书局:93-290.

(明)利玛窦著,朱维铮主编,2001. 利玛窦中文著译集[M]. 上海:复旦大学出版社.

(明)李翀、马哈麻等编译,1993. 天文书[M]. 薄树人主编. 中国科学技术典籍通汇:天文卷:第468册. 郑州:河南教育出版社:73-156.

(明)鹿善继,1997. 四书说约[M]//四库全书存目丛书:经部:第164册. 济南:齐鲁书社:1-198.

(明)陆位,1978. 张果星宗[M]//古今图书集成:艺术典:星命部:第468册. 北京:中华书局:11-61.

(明)陆位,2012. 新编分类当代名公文武星案[M]//陈剑聪主编. 心一堂术数珍本古籍丛刊. 香港:心一堂有限公司.

(明)陆钶等,[1533]. 山东通志[M]. 明刻本. 天津:天津图书馆藏.

(明)罗明坚、利玛窦,1966. 天主圣教实录[M]//吴相湘主编. 天主教东传文献续编:第2册. 台北:台湾学生书局:755-838.

(明)庞迪我,1965.七克[M]//(明)李之藻编.天学初函:第2册.台北:台湾学生书局:689-1126.

(明)庞迪我,2002.庞子遗诠[M]//钟鸣旦、杜鼎克主编.罗马耶稣会档案馆明清天主教文献:第2册.台北:台北利氏学社:1-252.

(明)施若翰,2002.天主圣教入门问答[M]//钟鸣旦、杜鼎克主编.罗马耶稣会档案馆明清天主教文献:第2册.台北:台北利氏学社:385-518.

(明)宋濂等,1976.元史[M].北京:中华书局.

(明)苏如望,2002.天主圣教约言[M]//钟鸣旦、杜鼎克主编.罗马耶稣会档案馆明清天主教文献:第2册.台北:台北利氏学社:253-280.

(明)唐顺之著,马美信、黄毅点校,2014.唐顺之集[M].杭州:浙江古籍出版社.

(明)万民英,1983a.三命通会[M]//四库全书:第810册.台北:台湾商务印书馆:1-691.

(明)万民英,1983b.星学大成[M]//四库全书:第809册.台北:台湾商务印书馆:285-870.

(明)王丰肃,2002.教要解略[M]//钟鸣旦、杜鼎克主编.罗马耶稣会档案馆明清天主教文献:第1册.台北:台北利氏学社:117-306.

(明)王守仁著,吴光等编校,2010.王阳明全集:新编本[M],杭州:浙江古籍出版社.

(明)王英明,1993.历体略[M]//薄树人主编.中国科学技术典籍通汇:天文卷:第6分册.郑州:河南教育出版社:5-50.

(明)魏文魁,2002.历测[M]//续修四库全书:第1039册.上海:上海古籍出版社:739-795.

(明)邢云路,1983.古今律历考[M]//四库全书:第787册.台北:台湾商务印书馆:1-754.

(明)熊明遇,1993.格致草[M]//薄树人主编.中国科学技术典籍通汇:天文卷:第6分册.郑州:河南教育出版社:53-151.

(明)徐光启、利玛窦译,1965.几何原本[M]//(明)李之藻编.天学初函.台北:台湾学生书局:1921-2522.

(明)徐光启著,王重民编,1986.徐光启集[M].台北:明文书局.

(明)徐光启等编译,2000.西洋新法历书[M]//故宫博物院编.故宫珍本丛刊:第383-387册.海口:海南出版社.

(明)徐光启等编译,潘鼐汇编,2009.崇祯历书(附《西洋新法历书》增刊十种)[M].上海市:上海古籍出版社.

(明)徐光启、利玛窦译,2010. 几何原本[M]//徐光启著译,朱维铮、李天纲主编. 徐光启全集:第4册. 上海:上海古籍出版社.

(明)徐光启,2010. 徐光启诗文集[M]//徐光启著译,朱维铮、李天纲主编. 徐光启全集:第9册. 上海:上海古籍出版社:1-424.

(明)徐光启等编译,石云里、褚龙飞校注,2017.《崇祯历书》合校[M]. 合肥:中国科学技术大学出版社.

(明)薛承爱,2003. 新刻星平总会命海全编[M]//美国哈佛大学哈佛燕京图书馆编. 美国哈佛大学哈佛燕京图书馆藏中文善本汇刊:第24-25册. 北京:商务印书馆.

(明)杨淙,[1582]. 星学纲目正传[M]. 明刻本. 名古屋:蓬左文库藏.

(明)佚名,[1425]. 天元玉历祥异赋[M]. 明抄本. 华盛顿:美国国会图书馆藏.

(明)佚名,1988. 乾坤变异录[M]//丛书集成续编:第45册. 台北:新文丰出版公司:413-450.

(明)佚名Ⅰ,1993. 天元玉历祥异赋[M]//薄树人主编. 中国科学技术典籍通汇:天文卷:第4册. 郑州:河南教育出版社:651-888.

(明)佚名Ⅱ,1993. 大明嘉靖十年岁次辛卯七政躔度[M]//薄树人主编. 中国科学技术典籍通汇:天文卷:第1册. 郑州:河南教育出版社:707-715.

(明)佚名,1997. 天文鬼料窍[M]//四库全书存目丛书:子部:第60册. 济南:齐鲁书社:123-178.

(明)佚名Ⅰ,2002. 大统历注(不分卷)[M]//续修四库全书:第1036册. 上海:上海古籍出版社:495-591.

(明)佚名Ⅱ,2002. 观象玩占[M]//续修四库全书:第1049册. 上海:上海古籍出版社:153-603.

(明)佚名,2010. 大统历注[M]//石云里主编. 海外珍稀中国科学技术典籍集成. 合肥:中国科学技术大学出版社:222-425.

(明)袁黄,1996. 历法新书[M]//马明达、陈静辑注. 中国回回历法辑丛. 兰州:甘肃民族出版社:763-862.

(明)月金山人,1995. 增补星平会海命学全书[M]//四库全书存目丛书. 济南:齐鲁书社,子部67册:213-401.

(明)周述学,[1592]. 云渊先生文选[M]. 明刻本. 北京:国家图书馆藏.

(明)周述学,2002a. 神道大编象宗华天五星[M]//续修四库全书:第1031册. 上海:上海古籍出版社:215-322.

(明)周述学,2002b. 神道大编历宗通议[M]//续修四库全书:第1036册. 上海:

上海古籍出版社:165-494.

(明)朱载堉,1983. 圣寿万年历[M]//四库全书:第786册. 台北:台湾商务印书馆:449-666.

(清)陈铉,1978. 明末鹿忠节公善继年谱[M]//王云五主编. 新编中国名人年谱集成. 台北:台湾商务印书馆.

(清)陈松,2000a. 天文算学纂要[M]//四库未收辑刊:子06辑:第17册. 北京:北京出版社:1-763.

(清)陈松,2000b. 推测易知[M]//四库未收辑刊:子06辑:第18册. 北京:北京出版社:1-160.

(清)杭世骏,2002a. 道古堂文集[M]//续修四库全书:第1426册. 上海:上海古籍出版社:193-672.

(清)杭世骏,2002b. 汉书疏证[M]//续修四库全书:第265册. 上海:上海古籍出版社:201-765.

(清)何大化,2009. 天主圣教蒙引要览[M]//钟鸣旦、杜鼎克、蒙曦主编. 法国国家图书馆明清天主教文献:第23册. 台北:台北利氏学社:471-586.

(清)黄任,[1882]. 泉州府志[M]. 清刻本. 东京:公文书馆藏.

(清)黄虞稷,2001. 千顷堂书目[M]. 上海:上海古籍出版社.

(清)嵇曾筠,1983. (雍正)浙江通志:六[M]//四库全书:第23册. 台北:台湾商务印书馆.

(清)纪昀等,1983. 四库全书总目[M]//四库全书:第3册. 台北:台湾商务印书馆.

(清)纪昀等撰,1989. 历代职官表[M]. 上海:上海古籍出版社.

(清)蒋启勋、赵佑宸,[1880]. (同治)续纂江宁府志[M]. 清刻本. 北京:国家图书馆藏.

(清)揭暄,1993. 璇玑遗述[M]//薄树人主编. 中国科学技术典籍通汇·天文卷:第6分册. 郑州:河南教育出版社:279-396.

(清)利类思,2009. 司铎典要[M]//钟鸣旦、杜鼎克、蒙曦主编. 法国国家图书馆明清天主教文献:第19册. 台北:台北利氏学社:1-275.

(清)李光地等,1983. 御定星历考原[M]//四库全书:第811册. 台北:台湾商务印书馆:1-107.

(清)李焕章,[1880]. 织斋文集[M]. 清刻本. 天津:天津图书馆藏.

(清)刘体仁,2008. 七颂堂集[M]. 合肥:黄山书社.

(清)马奇等,1978. 大清圣祖仁(康熙)实录[A]. 台北:新文丰出版公司.

(清)毛永伯、李图、刘耀椿纂修,2004.咸丰青州府志:二[M]//中国地方志集成:山东府县志辑.南京:凤凰出版社.

(清)梅文鼎,1939.勿庵历算书目[M]//王云五主编.丛书集成初编.上海:商务印书馆.

(清)梅文鼎,1983.历算全书[M]//四库全书:第794册,第795册.台北:台湾商务印书馆.

(清)梅文鼎,1996.绩学堂文钞[M]//续修四库全书:第1413册.上海:上海古籍出版社:325-514.

(清)缪之晋,1996.大清时宪书笺释[M]//续修四库全书:第1040册.上海:上海古籍出版社:657-706.

(清)南怀仁,2002.预推纪验[M]//钟鸣旦等编.耶稣会罗马档案馆明清天主教文献:第6册.台北:台北利氏学社:547-590.

(清)南怀仁,2006.熙朝定案[M]//韩琦、吴旻校注.熙朝崇正集熙朝定案(外三种).北京:中华书局.

(清)南怀仁,2009a.教要序论[M]//钟鸣旦、杜鼎克、蒙曦主编.法国国家图书馆明清天主教文献:第24册.台北:台北利氏学社:1-152.

(清)南怀仁,2009b.钦定新历测验纪略[M]//钟鸣旦、杜鼎克、蒙曦主编.法国国家图书馆明清天主教文献:第5册.台北:台北利氏学社:318-415.

(清)南怀仁,2009c.妄推吉凶辩[M]//钟鸣旦、杜鼎克、蒙曦主编.法国国家图书馆明清天主教文献:第16册.台北:台北利氏学社:289-336.

(清)南怀仁,2009d.妄择辩[M]// 钟鸣旦、杜鼎克、蒙曦主编.法国国家图书馆明清天主教文献:第16册.台北:台北利氏学社:265-285.

(清)南怀仁,2009e.妄占辩[M]//钟鸣旦、杜鼎克、蒙曦主编.法国国家图书馆明清天主教文献:第16册.台北:台北利氏学社:359-360.

(清)南怀仁,2014.妄占辩[M]//张西平主编.梵蒂冈图书馆藏明清中西文化交流史文献丛刊:第1辑 第41册.郑州:大象出版社:325-369.

(清)倪荣桂,[1880].中西星要[M].清刻本.北京:中国科学院自然科学史研究所李俨图书馆藏.

(清)裘大中,[1881].(光绪)无锡金匮县志[M].清刻本.北京:北京师范大学图书馆藏.

(清)彭蕴璨,[1825].历代画史汇传[M].清刻本.长春:吉林大学馆藏.

(清)阮元等,2009.畴人传汇编:上[M].扬州:广陵书社.

(清)孙奇逢,1985.夏峰先生集[M].北京:中华书局.

(清)孙奇逢,1999.岁寒居年谱[M]//北京图书馆藏珍本年谱丛刊:第65册.北京:北京图书馆出版社:1-298.

(清)孙奇逢著,张显清主编,2003.孙奇逢集:上中下册[M].郑州:中州古籍出版社.

(清)孙之𫘧,1997.晴川蟹录续录[M]//四库全书存目丛书:子部:第82册.济南:齐鲁书社:505-604.

(清)陶元藻,2013.全浙诗话:下[M].北京:中华书局.

(清)汤斌,1981.清孙夏峰先生奇逢年谱[M]//王云五主编.新编中国名人年谱集成:第15辑.台北:台湾商务印书馆.

(清)汤若望,[1644].天文实用[M].明刻本.罗马:意大利国立图书馆藏.

(清)汤若望,1996.民历铺注解惑[M]//续修四库全书:第1040册.上海:上海古籍出版社:1-16.

(清)陶胥来,[1823].命度盘说[M].清刻本.北京:中国科学院自然科学史研究所李俨图书馆藏.

(清)王家弼,2002.天学阐微[M]//续修四库全书:第1035册.上海:上海古籍出版社:65-262.

(清)王世贞,1983.弇州续稿(二)[M]//四库全书:第1283册.台北:台湾商务印书馆.

(清)王锡阐,1989.王晓庵遗书[M]//丛书集成续编:第78册.台北:新文丰出版公司:633-806.

(清)王锡阐,2010.晓庵先生文集[G]//纪宝成主编.清代诗文集汇编:第105册.上海:上海古籍出版社:693-745.

(清)温葆深,[1822].春树斋丛说[M].清刻本.北京:中国科学院自然科学史研究所李俨图书馆藏.

(清)温葆深,2000.春树斋丛说[M]//四库未收辑刊:子05辑 第13册.北京:北京出版社:345-392.

(清)文廷式,2002.纯常子枝语[M]//续修四库全书:第1165册.上海:上海古籍出版社:1-604.

(清)谢章铤,2009.谢章铤集[M].长春:吉林文史出版社.

(清)许应鑅,[1873].(同治)南昌府志[M].清刻本.北京:北京师范大学图书馆藏.

(清)许宗彦,2010.鉴止水斋集[G]//纪宝成主编.清代诗文集汇编:第488册.上海:上海古籍出版社:1-218.

（清）薛凤祚, [1675]. 气化迁流[M]//益都薛氏遗书. 清刻本. 北京：北京大学图书馆藏.

（清）薛凤祚, [1676]. 圣学心传[M]. 清刻本. 徐州：徐州市图书馆藏.

（清）薛凤祚, [1677a]. 两河清汇易览[M]. 清抄本. 北京：国家图书馆藏.

（清）薛凤祚, [1677b]. 两河清汇易览[M]. 清抄本. 北京：中国科学院自然科学史研究所李俨图书馆藏.

（清）薛凤祚, 1983. 两河清汇[M]//四库全书：第579册. 台北：台湾商务印书馆：347-484.

（清）薛凤祚, 1995. 甲遁真授秘集[M]//珍本术数丛书. 台北：新文丰出版公司.

（清）薛凤祚, 2008. 历学会通[M]//韩寓群主编. 山东文献集成：第2辑. 济南：山东大学出版社.

（清）薛凤祚、穆尼阁译编, 2008. 天步真原[M]//丛书集成新编. 台北：新文丰出版公司：83-112.

（清）薛凤祚、穆尼阁译编, 2013. 天步真原[M]//周振鹤主编. 明清之际西方传教士汉籍丛刊. 南京：凤凰出版社：379-645.

（清）薛凤祚、穆尼阁译编、褚龙飞、朱浩浩、石云里校注, 2018. 天步真原校注[M]. 合肥：中国科学技术大学出版社.

（清）游艺, 1993. 天经或问（前后集）[M]//薄树人主编. 中国科学技术典籍通汇·天文卷：第6分册. 郑州：河南教育出版社：157-274.

（清）允禄等, 1983. 协纪辨方书[M]//四库全书：第811册. 台北：台湾商务印书馆：109-1022.

（清）张登高, [1747]. 直隶易州志[M]. 清刻本. 上海：上海图书馆藏.

（清）张廷玉等, 1995. 明史[M]. 长春：吉林人民出版社.

（清）张永祚, 2002. 天象源委[M]//续修四库全书：第1034册. 上海：上海古籍出版社：577-760.

（清）赵尔巽等, 1977. 清史稿[M]. 北京：中华书局.

（清）赵祥星等, [1678]. 山东通志（康熙）[M]. 清刻本. 京都：京都大学图书馆藏.

外国

奥古斯丁著，王晓朝译, 2006. 上帝之城[M]. 北京：人民出版社.

多马斯·阿奎那, 2008. 神学大全[M]. 台南：碧岳学社.

利玛窦、金尼阁, 1983. 利玛窦中国札记[M]. 北京：中华书局.

苏维托尼乌斯, 2009. 罗马十二帝王传[M]. 北京: 商务印书馆.

Dorotheus of Sidon, translated and edited by Dykes B N, 2019. Carmen astrologicum: the 'Umar Al-Tabari translation[M]. Minneapolis: The Cazimi Press.

Dorotheus of Sidon, translated by David Pingree, 2005. Carmen astrologicum[M]. Maryland: Astrology Classics Publishers.

Dykes B N. translated and edited, 2010. Introductions to traditional astrology: Abū Maʾshar & al-Qabîsî[M]. Minneapolis: Te Cazimi Press.

Ptolemy, translated by Robbin F E, 1940. Tetrabiblos[M]. London: Harvard University Press.

The Institution of Jesuit Sources, 1996. The constitutions of the society of Jesus and their complementary: a complete English translation of the official Latin texts norms[M]. Rome: Curia of the Superior General of the Society of Jesus.

Girolamo Cardano, 1554. In Cl. Ptolemaei Pelusiensis IIII, de astrorum judiciis... libros commentaria: cum eiusdem ae genituris libro[M/OL]. Basle: Henrichus Petri. [2021-05-10]. https://reader.digitale-sammlungen.de/de/fs1/object/display/bsb11199111_00001.html

研究文献

中文著作

(澳)何丙郁, 何冠彪, 1983. 中国科技史概论[M]. 香港: 中华书局香港分局.

(澳)何丙郁, 2007. 学思历程的回忆: 科学、人文、李约瑟[M]. 北京: 科学出版社.

(比)钟鸣旦, 2009. 礼仪的交织: 明末清初中欧文化交流中丧葬礼[M]. 张佳, 译. 上海: 上海古籍出版社.

(德)魏特, 1960. 汤若望传[M]. 杨丙辰, 译. 台北: 台湾商务印书馆.

(德)彼得·克劳斯·哈特曼, 2003. 耶稣会简史[M]. 谷裕, 译. 北京: 宗教文化出版社.

(荷兰)乌特·哈内赫拉夫, 2018. 西方神秘学指津[M]. 张卜天, 译. 北京: 商务印书馆.

(美)班杰明·戴克, 2013. 当代古典占星研究[M]. 希斯莉译. 台北: 商周出版.

(美)邓恩, 2003. 从利玛窦到汤若望: 晚明的耶稣会传教士[M]. 余三乐, 石蓉, 译. 上海: 上海古籍出版社.

(美)范发迪,2011. 清代在华的英国博物学家:科学、帝国与文化遭遇[M]. 袁剑,译. 北京:中国人民大学出版社.

(美)胡斯托 L. 冈萨雷斯,2016. 基督教史[M]. 赵城艺,译. 上海:上海三联书店.

(美)罗伯特·所罗门,凯思林·希金斯,2014. 大问题:简明哲学导论[M]. 张卜天,译. 桂林:广西师范大学出版社.

(美)玛丽·路易斯·普拉特,2017. 帝国之眼:旅行书写与文化互动[M]. 方杰,方宸,译. 南京:译林出版社.

(美)约翰·斯蒂尔,2018. 中东天文学简史[M]. 关瑜桢,译. 上海:上海交通大学出版社.

(日)桥本敬造,2012. 中国占星术的世界[M]. 王仲涛,译. 北京:商务印书馆.

(英)李约瑟,1990. 中国科学技术史:科学思想史[M]. 何兆武,等译. 北京:科学出版社.

陈久金,1996. 回回天文学史研究[M]. 桂林:广西科学技术出版社.

陈来,1991. 宋明理学[M]. 沈阳:辽宁教育出版社.

陈来,1996. 古代宗教与伦理:儒家思想的根源[M]. 北京:三联书店.

陈美东,2003. 中国科学技术史·天文学卷[M]. 北京:科学出版社.

陈美东,2007. 中国古代天文学思想[M]. 北京:中国科学技术出版社.

陈美东,2011. 郭守敬评传[M]. 南京:南京大学出版社.

陈美东,2011. 中国计时仪器通史·古代卷[M]. 合肥:安徽教育出版社.

陈荣捷,1996. 宋明理学之概念与历史[M]. 台北:"台湾研究院"中国文哲研究所筹备处.

陈遵妫,1982. 中国天文学史[M]. 上海:上海人民出版社.

大连市图书馆,1986. 大连图书馆古籍善本书目[M]. 大连:大连市图书馆.

董丽丽,2014. 图像与交易区的双重变奏:彼得·伽里森科学编史学研究[M]. 北京:中国社会科学出版社.

杜保瑞,2013. 中国哲学方法论[M]. 台北:台湾商务印书馆.

杜升云,2013. 中国古代天文学的转轨与近代天文学[M]. 北京:中国科学技术出版社.

方东美,2013年. 生生之德[M]. 北京:中华书局.

方豪,2008. 中西交通史:下册[M]. 上海:上海人民出版社.

方克立,1994. 中国哲学大辞典[M]. 北京:中国社会科学出版社.

冯惠民,李万健,1994. 明代书目题跋丛刊:上、下[M]. 北京:书目文献出版社.

冯友兰, 1961. 中国哲学史：上[M]. 北京：中华书局.

高平子, 1965. 《史记·天官书》今注[M]. 台北：中华丛书编审委员会.

古健青等, 1991. 中国方术辞典[M]. 广州：中山大学出版社.

关增建, 2013. 量天度地衡万物：中国计量简史[M]. 郑州：大象出版社.

韩琦, 2018. 通天之学：耶稣会士和天文学在中国的传播[M]. 北京：三联书店.

黄宣民, 陈寒鸣, 2009. 中国儒学发展史：下[M]. 北京：中国文史出版社.

黄一农, 2004a. 社会天文学史十讲[M]. 上海：复旦大学出版社.

蒋广学, 2012. 中国学术思想史散论：中国思想家评传丛书读稿札记[M]. 南京：南京大学出版社.

江晓原, 1995a. 历史上的星占学[M]. 上海：上海科技教育出版社.

江晓原, 1995b. 天学真原[M]. 沈阳：辽宁教育出版社.

江晓原, 2004. 星占学与传统文化[M]. 桂林：广西师范大学出版社.

江晓原, 2007. 天学真原[M]. 沈阳：辽宁教育出版社.

江晓原, 2009. 中国星占学类型分析[M]. 上海：上海书店出版社.

江晓原, 钮卫星, 2014. 回天：武王伐纣与天文历史年代学[M]. 上海：上海交通大学出版社.

江晓原, 2015. 中国科学技术通史·旧命维新[G]. 上海：上海交通大学出版社.

卢央, 2007. 中国古代星占学[M]. 北京：中国科学技术出版社.

邝芷人, 2003. 阴阳五行及其体系[M]. 台北：台湾文津出版社.

劳思光, 2015. 新编中国哲学史：（一）[M]. 北京：三联书店.

李零, 2005. 中国方术正考[M]. 北京：中华书局.

李新德, 2015. 明清时期西方传教士中国儒道释典籍之翻译与诠释[M]. 北京：商务印书馆.

雒启坤, 1998. 中华绝学：中国历代方术大观[M]. 西宁：青海人民出版社.

刘乐贤, 2004. 马王堆天文书考释[M]. 广州：中山大学出版社.

刘韶军, 2009. 神秘的星象[M]. 南宁：广西人民出版社.

刘延干, 2010. 江苏明代作家研究[M]. 南京：东南大学出版社.

马伯英等, 1993. 中外医学文化交流史：中外医学跨文化传统[M]. 上海：文汇出版社.

马来平, 2011a. 中西文化会通的先驱："全国首届薛凤祚学术思想研讨会"论文集[C]. 济南：齐鲁书社.

马伟华, 2019. 历法、宗教与皇权：明清之际的中西历法之争再研究[M]. 北京：中华书局.

南京师范大学古文献整理研究所, 1995. 江苏艺文志：南京卷[M]. 南京：江苏人民出版社.

钮卫星, 2019. 唐代域外天文学[M]. 上海：上海交通大学出版社.

潘鼐, 2009. 中国古代天文图录[M]. 上海：上海科技教育出版社.

任应秋, 1959. 五运六气[M]. 上海：上海科学技术出版社.

秦家懿, 2017. 王阳明[M]. 北京：三联书店.

山东省地方史志编纂委员会, 1983. 山东史志资料：第1辑[M]. 济南：山东人民出版社.

申小龙, 1991. 社区文化与语言变异：社会语言学纵横谈[M]. 长春：吉林教育出版社.

沈祖祥, 2008. 中国古代择日[M]. 北京：九州出版社.

石光明, 2018. 清代套印本图录[M]. 北京：国家图书馆出版社.

石云里, 1996a. 中国古代科学技术史纲：天文卷[M]. 沈阳：辽宁教育出版社.

孙承晟, 2018. 观念的交织：明清之际西方自然哲学在中国的传播[M]. 广州：广东人民出版社.

孙尚扬, 2013. 明末天主教与儒学的互动：一种思想史的视角[M]. 北京：宗教文化出版社.

王玉民, 2019. 占测授时[M]. 合肥：安徽教育出版社.

无锡市图书馆, 2004. 无锡名人室名别号索引[M]. 无锡：无锡市图书馆.

吴师青, 1990. 中国七政四余星图析义[M]. 香港：上海印书馆.

徐宗泽, 1989. 明清间耶稣会士译著提要[M]. 北京：中华书局.

徐振韬, 2009. 中国古代天文学词典[M]. 北京：中国科学技术出版社.

严绍璗, 2007. 日藏汉籍善本书录（三册）[M]. 北京：中华书局.

杨升南, 朱玲玲, 2015. 远古中华[M]. 上海：上海书店出版社.

杨肇中, 2013. 天人秩序视野下的晚明儒学重建：黄道周思想研究[M]. 北京：中国社会科学出版社.

袁树珊, 1998. 中国历代卜人传[M]. 台北：新文丰出版公司.

薛氏族人, 1995. 薛氏世谱：第一册[M]. 淄博：薛氏族人自印本.

翟奎凤, 2012. 以易测天：黄道周易学思想研究[M]. 北京：中国社会科学出版社.

张岱年, 2010. 中国哲学大辞典[M]. 上海：上海辞书出版社.

张岱年, 2012. 中国哲学史方法论发凡[M]. 北京：中华书局.

张其成, 2003. 象数易学[M]. 北京：中国书店.

章启群,2013. 星空与帝国:秦汉思想史与占星学[M]. 北京:商务印书馆.

耶稣会中华省,2010. 耶稣会会宪及其补充规则[M]. 台北:光启文化事业.

张士友,2009. 薛凤祚研究[G]. 北京:中国戏剧出版社.

赵继宁,2015.《史记·天官书》研究[M]. 兰州:甘肃人民出版社.

张永堂,1987. 明末方氏学派研究初编:明末理学与科学关系试论[M]. 台北:文镜文化事业有限公司.

张永堂,1994. 明末清初理学与科学关系再论[M]. 台北:台湾学生书局.

甄尽忠,2018. 星占学与汉代社会研究[M]. 北京:中国社会科学出版社.

中国第一历史档案馆等,1997. 清代天文档案史料汇编[A]. 郑州:大象出版社.

中国科学院北京天文台,1989. 中国天文史料汇编:第1卷[M]. 北京:科学出版社.

中华书局编辑部,1975. 历代天文律历等志汇编[G]. 北京:中华书局.

中文文章

(澳)何丙郁,1991. 试从另一观点探讨中国传统科技的发展[J]. 大自然探索,35(10):27-32.

(澳)何丙郁,1998. 从科学史观点试谈奇门遁甲(续完)[J]. 西北大学学报(自然科学版),28(2):93-97.

(澳)何丙郁,2000. 中国传统数学的含义[G]//张西平. 国际汉学. 郑州:大象出版社:249-259.

(澳)何丙郁,2001. 科技史与文学[M]//何丙郁. 中国科技史论集. 沈阳:辽宁教育出版社:177-184.

(比)钟鸣旦,2001."格物穷理":17世纪西方耶稣会士与中国学者间的讨论[C]//魏若望. 传教士·科学家·工程师·外交家南怀仁(1623-1688):鲁汶国际学术研讨会论文集. 北京:社会科学文献出版社,461-488.

(比)钟鸣旦,2006. 文化相遇的方法论:以17世纪中欧文化相遇为例[J]. 清史研究,(4):65-86.

(比)钟鸣旦,2010. 清初中国的欧洲星占学:薛凤祚与穆尼阁对卡尔达诺《托勒密〈四书〉评注》的汉译[J]. 自然科学史研究,29(3):339-360.

(波)Gesiak L,2010. 穆尼阁(1610—1656年):跨文化对话的先驱[G]//中山大学西学东渐文献馆. 西学东渐研究:西学东渐与文化自觉. 北京:商务印书馆:185-196.

(韩)金永植,2014. 中国传统文化中的自然知识:中国科学史研究中的一些问题[M].科学与东亚儒学传统.台北:台大出版中心:133-168.

(韩)金永植,2019.关联、分离与重申:十七八世纪中朝西方科学、基督教与儒学关系流变[J].自然辩证法研究,35(7):51-60.

(美)席文,2002.为什么科学革命没有在中国发生:是否没有发生?[G]//刘钝,王扬宗.中国科学与科学革命:李约瑟难题及其相关问题研究论著选.沈阳:辽宁教育出版社:499-515.

(日)大桥由纪夫,1997.印度天文学史撮要[J].西北大学学报(自然科学版)(3):185-190.

(日)阪出祥伸,2003.方以智的思想:围绕"质测"与"通几"[G]//冯天瑜.人文论丛.武汉:武汉大学出版社:212-246.

(意)李集雅,2020.中国17世纪占星术及理性:对历史上一次月食和幻日现象的阐释[J].国际汉学,2020年增刊,38-45.

毕义星,2009.王锡阐、梅文鼎与薛凤祚的未了情缘[G]//张士友.薛凤祚研究.北京:中国戏剧出版社:218-224.

陈鹰,1989.《天文书》及回回占星术[J].自然科学史研究,8(1):37-46.

陈占山,2006.《四库总目》对传统星占学的否定[G]//陈占山.撞击与交融:中外文化交流史论.汕头:汕头大学出版社:297-311.

陈占山,2009.伊斯兰星占学与中国传统星占学的比较:以《明译天文书》与《开元占经》的比较为例[J].北方民族大学学报(哲学社会科学版)(2):14-23.

褚龙飞,石云里,2014.独特的会通方式:薛凤祚《历学会通·正集》新探[J].上海交通大学学报(哲学社会科学版),22(2):68-75.

褚龙飞,2015.薛凤祚生平补订[J].上海交通大学学报(哲学社会科学版),23(2):52-59.

邓可卉,2011a.《五纬历指》中的宇宙理论[J].自然辩证法通讯(1):36-43.

邓可卉,2011b.《历学会通》中的数学与天文学:兼与《崇祯历书》的比较[C]//马来平.中西文化会通的先驱:"全国首届薛凤祚学术思想研讨会"论文集.济南:齐鲁书社.279-290.

丁四新,2019."数"的哲学观念与早期《老子》文本的经典化:兼论通行本《老子》分章的来源[J].中山大学学报(社会科学版)(3):108-118.

董恩林,2010.佚名《史记疏证》《汉书疏证》作者考:兼论杭世骏《史记考证》的性质[J].历史研究(3):183-188.

董杰,郭世荣,2009.《历学会通·正集》中三角函数造表法研究[C]//万辅彬.究天人之际,通古今之变:第11届中国科学技术史国际学术研讨会论文集.南宁：广西民族出版社：100-105.

董杰,2011. 薛凤祚球面三角形解法探析[J]. 西北大学学报,41(4)：737-741.

董杰,2017a. 试论《弧三角举要》中球面三角解法[J]. 内蒙古师范大学学报(自然科学版),44(2)：254-259.

董杰,2017b. 清初平面三角形解法的精简与完善[J]. 内蒙古师范大学学报(自然科学版),46(2)：282-286.

董杰,2017c. 清初三角学研究中的科学诉求[J]. 科学技术哲学研究,34(6)：83-87.

高寿仙,2006. 刘基与术数[J]. 浙江工贸职业技术学院学报(3)：87-94,90.

关增建,2002. 李淳风及其《乙巳占》的科学贡献[J]. 郑州：郑州大学学报(哲学与社会科学版),35(1)：121-131.

郭世荣,2011. 薛凤祚的数学成就新探[C]//马来平. 中西文化会通的先驱："全国首届薛凤祚学术思想研讨会"论文集. 济南：齐鲁书社. 349-373.

古伟瀛,2001. 朝廷与教会之间：中国天主教史中的南怀仁[C]//魏若望. 传教士·科学家·工程师·外交家南怀仁(1623—1688)：鲁汶国际学术研讨会论文集. 北京：社会科学文献出版社：357-402.

韩琦,2011. 异端"新"知与民间西学：浅论薛凤祚、穆尼阁对欧洲星占术的介绍[C]//马来平. 中西文化会通的先驱："全国首届薛凤祚学术思想研讨会"论文集. 济南：齐鲁书社：500-506.

韩琦,2013. 明末清初欧洲占星术著作的流传及其影响：以汤若望的《天文实用》为中心[J]. 中国科技史杂志,34(4)：433-442.

胡铁珠,1992.《历学会通》中的宇宙模式[J]. 自然科学史研究,11(3)：224-232.

胡铁珠,2009. 会通中西历算的薛凤祚[G]//张士友. 薛凤祚研究. 北京：中国戏剧出版社. 1-11.

黄一农,1990. 汤若望与清初西历之正统化[G]//吴嘉丽,叶鸿洒. 新编中国科技史：下册. 台北：银禾文化事业公司：456-490.

黄一农,1991a. 耶稣会士对中国传统星占术数的态度[J]. 九州岛学刊(美国),4(3)：5-23.

黄一农,1991b. 清前期对觜、参两宿先后次序的争执：社会天文学史之一个案研究[G]//杨翠华,黄一农. 近代中国科技史论集. 台北："台湾研究院"近代史研究所,新竹："台湾清华大学"历史研究所. 71-94.

黄一农,1991c. 择日之争与康熙历狱[J]. 清华学报(新竹),21(2)：247-280.

黄一农,1992. 汤若望《新历晓或》与《民历铺注解惑》二书略记[J]. "台湾图书馆"馆刊(台北),25(1):151-157.

黄一农,1993. 清前期对"四余"定义及存废的争执:社会天文学史个案研究[J]. 自然科学史研究,12(3):201-210. 12(4):344-354.

黄一农,1996. 从汤若望所编民历试析清初中欧文化的冲突与妥协[J]. 清华学报(新竹),26(2):189-220.

黄一农,2004b. 耶稣会士对中国传统星占术数的态度[M]//黄一农. 社会天文学史十讲. 上海:复旦大学出版社:93-120.

黄一农,2004c. 通书:中国传统天文与社会的交融[M]//黄一农. 社会天文学史十讲. 上海:复旦大学出版社,269-311.

黄一农,2004d. 选择术中的婚嫁宜忌[M]//黄一农. 社会天文学史十讲. 上海:复旦大学出版社,168-193.

贾乾初,陈寒鸣,2001. 被忽略的晚明王学重镇:鹿善继及其儒学思想初论[J]. 燕山大学学报(哲学社会科学版),11(3):30-36;

江晓原,1992. 历书起源考[J]. 中国文化(6):150-159.

靳志佳,2019. 俄藏黑水城文书5722星命内容探析[J]. 宁夏社会科学(2):168-175.

李亮,石云里,2011. 薛凤祚西洋历学对黄宗羲的影响:兼论《四库全书》本《天学会通》[C]//马来平. 中西文化会通的先驱:"全国首届薛凤祚学术思想研讨会"论文集. 济南:齐鲁书社:218-230.

李亮,2019. 朱元璋与明代天文历法[J]. 安徽史学(5):20-26.

李亮,2020. 新方法与旧占验:中国古代的"凌犯"观测与计算[J]. 科学技术哲学研究,37(1):73-79.

李志超,2004. 宋代社会星占的衰微[J]. 寻根(4):59-61.

廖璨璨,2016. 易学哲学视野下的方以智圆∴思想探析[J]. 中国哲学史(4):30-36.

刘钝,2015a. 青州识解在吴江之上[G]//马来平. 传统文化与中国科技的命运:以传统文化对科技的作用为中心. 济南:济南出版社:11-18.

刘钝,2015b. 梅文鼎、王锡阐与薛凤祚:清初士人对待西方科学的不同态度[G]//江晓原. 中国科学技术通史:旧命维新. 上海:上海交通大学出版社:1-39.

刘晶晶,2011. 薛凤祚之师:穆尼阁[C]//马来平. 中西文化会通的先驱:"全国首届薛凤祚学术思想研讨会"论文集. 济南:齐鲁书社:133-143.

刘兴明,曾庆明,2010. 薛氏奇门卦仪合参:薛凤祚《甲遁真授秘集》思想初探

[J].山东科技大学学报(社会科学版),12(5):27-33.

刘兴明,曾庆明,2011.薛氏奇门、卦仪合参:薛凤祚《甲遁真授秘集》思想初探[C]//马来平.中西文化会通的先驱:"全国首届薛凤祚学术思想研讨会"论文集.济南:齐鲁书社.566-585.

刘增光,2011.汉宋经权观比较析论:兼谈朱陈之辩[J].孔子研究(3):84-94.

卢子震,1985.鹿善继评传[J].河北大学学报(哲学社会科学版)(3):121-128.

马来平,2009.薛凤祚科学思想管窥[J].自然辩证法研究,25(7):97-102.

马来平,2011b.中西文化会通的先驱:评薛凤祚的中西科学会通模式[C]//马来平.中西文化会通的先驱:"全国首届薛凤祚学术思想研讨会"论文集.济南:齐鲁书社:144-160.

马来平,2016.关于"西学东渐"研究的思考[J].北京科技大学学报(社会科学版),32(3):107-112.

马来平,2019.格物致知:儒学内部生长出来的科学因子[J].文史哲,372(3):87-97.

马伟华,2015.信仰、职责与政治:南怀仁对选择星占术的立场与态度[J].上海交通大学学报(哲学社会科学版),23(4):64-73.

马伟华,2017.崇祯指挥改历史实辨析[J].科学与管理,37(2):42-48.

马明达,陈静,1994.中国回回历法典籍考述[J].西北民族研究(2):151-177.

聂清香,2011.中西会通、天人相应:薛凤祚与占星术[C]//马来平.中西文化会通的先驱:"全国首届薛凤祚学术思想研讨会"论文集.济南:齐鲁书社:507-535.

潘星辉,2000.叶子奇及其《草木子》[J].北大史学(7):209-222.

彭国翔,2015.重思"形而上学":中国哲学的视角[J].中国社会科学,(11):60-207.

乔宗方,宋芝业,2011.薛凤祚的术数思想:薛凤祚中西会通模式的一个侧面[C]//马来平.中西文化会通的先驱:"全国首届薛凤祚学术思想研讨会"论文集.济南:齐鲁书社:586-599.

史玉民,2001a.清钦天监职官制度[J].中国科技史杂志,22(4):331-342.

石云里,1993.《历体略》提要[M]//薄树人.中国科学技术典籍通汇:天文卷:第6册.郑州:河南教育出版社:1-3.

石云里,1996b.崇祯改历过程中的中西之争[J].传统文化与现代化(3):62-70.

石云里,2000.《天步真原》与哥白尼天文学在中国的早期传播[J].中国科技史料,21(1):83-91.

石云里,2006.《天步真原》的神秘序文[J]. 广西民族学院学报(自然科学版),12(1):23-26.

石云里,邢钢,2006. 中国汉代的日月食计算及其对星占观的影响[J]. 自然辩证法通讯,(2):79-85.

石云里,宋兵,2006. 王应遴与《经天该》关系的新线索[J]. 中国科技史杂志,27(3):189-196.

石云里,2015. 从"西洋新法"到"御制之法":明清两朝对西方天文学的官方吸收[G]//江晓原. 中国科学技术通史:旧命维新. 上海:上海交通大学出版社:125-180.

宋神秘,钮卫星,2016. 唐宋时期土星在军国星占术和星命术中的善恶取向[J]. 上海交通大学学报(哲学与社会科学版),24(4):92-101.

宋神秘,2019. 传世著作《星命溯源》与五代至明中国星命术的发展[J]. 中国科技史杂志(2):146-160.

宋芝业,2011a. 薛凤祚中西占验会通与历法改革[J]. 山东社会科学(6):38-43.

宋芝业,2011b. 用科学方法达成占验目的的尝试:薛凤祚中西占验会通及其思想观念根源[C]//马来平. 中西文化会通的先驱:"全国首届薛凤祚学术思想研讨会"论文集. 济南:齐鲁书社:553-565.

孙小淳,2004. 北宋政治变革中的"天文灾异"论说[J]. 自然科学史研究,23(3):218-231.

孙小淳,2006. 宋代改历中的"验历"与中国古代的五星占[J]. 自然科学史研究,25(4):311-321.

孙小淳,2009. 天文学在古代中国社会文化中的作用[J]. 中国科技史杂志,30(1):5-15.

唐群,2017.《史记》《汉书》所记太初改历与司马迁宇宙观[G]//梁安和,徐卫民. 秦汉研究:第11辑. 西安:陕西人民出版社:100-107.

田淼,张柏春,2006. 薛凤祚对《远西奇器图说录最》所述力学知识的重构[J]. 哈尔滨工业大学学报(社会科学版),8(6):1-8.

王泛森,1994. "心即理"说的动摇与明末清初学风之转变[J]. "台湾研究院"历史语言研究所集刊. 333-373.

王泛森,1997. 清初思想趋向与《刘子节要》:兼论清初蕺山学派的分裂[J]. "台湾研究院"历史语言研究所集刊. 417-448.

王刚,2011a. 论薛凤祚的天道观[C]//马来平. 中西文化会通的先驱:"全国首届薛凤祚学术思想研讨会"论文集. 济南:齐鲁书社:80-100.

王刚,2011b.薛凤祚对《崇祯历书》的选要和重构[C]//马来平.中西文化会通的先驱:"全国首届薛凤祚学术思想研讨会"论文集.济南:齐鲁书社:329-348.

王刚,2011c.薛凤祚正弦法原和《崇祯历书·大测》的关系[C]//马来平.中西文化会通的先驱:"全国首届薛凤祚学术思想研讨会"论文集.济南:齐鲁书社:410-429.

王刚,马来平,2014.游艺对"科学"与"伪科学"的划界:游艺对儒家天道观诠释和构建的一个侧面[J].东岳论丛(6):32-41.

王广超,2013.明清之际中国天文学转型中的宇宙论与计算[J].自然辩证法通讯,35(2):61-65.

王光越,2019."弘历生辰立象安命图说"初考[J].历史档案(1):93-103.

王坚,2014."本之于天"与"主于实用":论薛凤祚的思想转向及其价值[J].清华大学学报(哲学社会科学版),29(1):118-126.

王淼,2005.明末邢云路《古今律历考》探析[J].自然辩证法通讯,158(8):92-97.

王震中,2007.炎帝族对于"大火历"的贡献[G]//王俊义.炎黄文化研究:第5辑.郑州:大象出版社:61-65.

韦兵,2017a.宋元士大夫与星命、星命术士[J].学术月刊(3):150-161.

韦兵,2017b.十二宫值十一曜论命:宋元时代的星命术[J].世界宗教文化(4):142-149.

席泽宗,2002.试论王锡阐的天文工作[M]//席泽宗.席泽宗院士自选集.西安:陕西师范大学出版社:1-20.

肖德武,2011.薛凤祚会通中西的努力及失败原因分析[C]//马来平.中西文化会通的先驱:"全国首届薛凤祚学术思想研讨会"论文集.济南:齐鲁书社:178-195.

徐丰梅,2003.杭世骏生卒年确考[J].商丘职业技术学院学报(5):36-37.

徐光台,2005.明末清初西学对中国传统占星气的冲击与反应:以熊明遇《则草》与《格致草》为例[G]//纪宗安,汤开建.暨南史学:第4辑.广州:暨南大学出版社:284-303.

徐光台,2009a.异象与常象:明万历年间西方彗星见解对士人的冲激[J].清华学报(新竹),39(4):529-566.

徐光台,2009b.十七世纪传华西学对分野说的冲激[J].九州岛学林,7(2):2-42.

杨泽忠,2011.薛凤祚《正弦》一书研究[C]//马来平.中西文化会通的先驱:"全国首届薛凤祚学术思想研讨会"论文集.济南:齐鲁书社:374-397.

袁兆桐,1984.清初山东科学家薛凤祚[J].中国科技史料,5(2):88-92.

袁兆桐,1991. 清代历算名家薛凤祚[J]. 历史教学,(6):46-49.

袁兆桐,2009. 薛凤祚研究略述[G]//张士友. 薛凤祚研究. 北京:中国戏剧出版社:227-242.

张培瑜,卢央,1994. 黑城出土残历的年代和有关问题[J]. 南京大学学报(哲学·人文科学·社会科学版)(2):170-175.

张维华,1980. 论司马迁的通古今之变究天人之际[J]. 文史哲(5):35-39.

张振国,2014. 明末清初天主教对中国世俗迷信的批判[J]. 云南社会科学(1):143-148.

张华松,2003. 张尔岐年谱[G]//徐北文,李永祥. 济南文史论丛初编. 济南:济南出版社:424-474.

章宏伟,2006. 有关袁了凡生平的几个问题[G]//朱诚如,王天有. 明清论丛:第7辑. 北京:紫禁城出版社:152-235.

张嘉凤,2010. 天事恒象:殷周至汉初天文占卜体系的发展与演变[G]//祝平一. 中国史新论:科技与中国社会分册. 台北:联经出版事业股份有限公司:85-124.

张培瑜,徐振韬,卢央,1984. 历注简论[J]. 南京大学学报(数学半年刊)(1):101-108.

张其成,1998. 象数范畴论[J]. 周易研究(4):27-36.

张哲嘉,2001. 铁口直断:中国星命学成立的质疑与证据[G]//熊秉真. 让证据说话:中国篇. 台北:麦田出版社:255-284.

张哲嘉,2003. 明清星命书中的女命[G]//游明. 无声之声(Ⅱ):近代中国的妇女与社会(1600-1950). 台北:"台湾研究院"近代史研究所:25-51.

张哲嘉,2010. 占星术与中西文化交流[G]//祝平一. 中国史新论:科技与中国社会分册. 台北:联经出版事业股份有限公司:423-458.

张政烺,1978.《利簋》释文[J]. 考古(1):58-59.

赵秀荣,2020. 16-17世纪英格兰占星医学的流行及其原因分析[J]. 史学集刊(1):98-109.

郑强,马燕,2011. 论薛凤祚学术思想的传承[C]//马来平. 中西文化会通的先驱:"全国首届薛凤祚学术思想研讨会"论文集. 济南:齐鲁书社:16-28.

郑玉敏,朱浩浩,石云里,2016. 西方星占宫位制在中国古代的传播[J]. 上海交通大学学报(哲学与社会科学版),24(6):55-63.

朱浩浩,褚龙飞,石云里,2020. 科学家编纂的儒学书籍:新发现薛凤祚《圣学心传》探析[J]. 史林,189(6):94-102.

朱浩浩,王淼,2017. 从唐顺之到邢云路:易道下的明中后期历学[G]//郭齐勇. 人文论丛:第2辑. 武汉:武汉大学出版社:134-142.

祝平一,2013. 辟妄醒迷:明清之际的天主教与"迷信"之建构[J]. "台湾研究院"历史语言研究所集刊(4):695-752.

外文著作

矢野道雄,1986. 密教占星术:宿曜道とインド占星术[M]. 东京:东京美术.

矢野道雄,2014. 星占いの文化交流史[M]. 东京:劲草书房.

Barton T, 1994. Ancient astrology[M]. London: London and New York.

Beck R, 2007. A brief history of ancient astrology[M]. UK: Blackwell Publishing.

Blake S, 2016. Astronomy and astrology in the Islamic world[M]. Edinburgh: Edinburgh University Press.

Brennan C, 2017. Hellenistic astrology: the study of fate and fortune[M]. Denver: Amor Fati Publications.

Campion, N, 2012. Astrology in the world's religions[M]. New York: New York University Press.

Collins G F, 2009. Cosmopsychology: the psychology of humans as spiritual beings [M]. Philadelphia: Xlibris Corporation.

Demetra G, 2008. Astrology and the authentic self: integrating traditional and modern astrology to uncover the essence of the birth chart[M]. Greenacres: Ibis Press.

Dooley B, 2014. A companion to astrology in the renaissance[C]. Leiden: Brill.

Dykes B N, 2012. Choices and inceptions: traditional electional astrology[M]. Minnesota: The Cazimi Press.

Eshelman J A, 1987. Horoscope calculation[M]. Washington: American Federation of Astrologers.

Gansten M, 2009. Primary directions: astrology's old master technique[M]. Bournemouth: The Wessex Astrologer.

Gonda J, 1975. The ritual sutras[M]//A history of Indian literature: Vol I. Sbaden: Harrassowitz.

Harper D, Kalinowski M, 2017. Books of fate and popular culture in early China [G]//Teiser S F, Kern M, Brook T, et al. Handbook of Oriental Studies: Vol 33. Leiden: Brill.

Ho Peng Yoke, 2005. Chinese mathematical astrology: reaching out for the stars[M]. London and New York: Routledge/Taylor & Francis Group.

Hegedus T, 2007. Early Christianity and ancient astrology[M]. New York: Peter Lang Publishing.

Holden J H, 2006. A history of horoscopic astrology[M]. Washington: American Federation of Astrologers.

Kassell L, 2005. Medicine and magic in Elizabethan London: Simon Forman, astrologer, alchemist, and physician[M]. New York: Oxford University Press.

Lannone A P, 2001. Dictionary of world philosophy[M]. London: Zroutledge.

Lewis J R, 2003. The astrology book: the encyclopedia of heavenly influence[M]. Canton: Visible Ink Press.

Michio Yano, 1997. Kūšyār Ibn Labbān's introduction to astrology[M]. Tokyo: Institute for the Study of Languages and Cultures of Asia and Africa(ICLAA).

North J D, 1986. Horoscope and history[M]//Warburg institute surveys and texts XIII. London: The Warburg Institute University of London.

Pankenier D W, 2013. Astrology and cosmology in early China: conforming earth to heaven[M]. Cambridge: Cambridge University Press.

Pingree D, 1997. From astral omens to astrology: from Babylon to Bīkāner[M]. Roma: Istitu Italiano Per L'Oriente.

Ribeiro L, 2010. On the heavenly spheres: a treatise on traditional astrology[M]. Washington: American Federation of Astrologers.

Robson V E, 2005. Electional astrology[M]. Maryland: The Astrology Center Of America.

Rochberg F, 1998. Babylonian horoscopes[M]. Philadelphia: American Philosophical Society.

Tester J, 1999. A history of western astrology[M]. Suffolk: Boydell and Brewer.

Thorndike L, 1941. A history of magic and experimental science: Vol 6.[M]. Columbia: Columbia University Press.

Walker S, 2012. Introduction to mundane astrology[M]. West Virginia: Astrology House.

Zhang Qiong, 2015. Making the new world their own: Chinese encounters with Jesuit science in the age of discovery[M]. Leiden: Brill.

外文文章

Chang Chechia, 2018. Translation and adaption: the continuous interplay between Chinese astrology and foreign culture[G]//Lackner M. Coping with the future: theories and practices of divination in East Asia. Leiden: Brill: 409-432.

Chu Longfei, 2017. From the Jesuits' treatises to the imperial compendium: the appropriation of the Tychonic system in seventeenth and eighteenth-century China[J]. Revue d'histoire des sciences, 70(1): 15-46.

Chu Pingyi, 2018. Against prognostication: Ferdinand Verbiest's criticisms of Chinese mantic arts[G]//Lackner M. Coping with the future: theories and practices of divination in East Asia. Leiden: Brill: 433-450.

Collins H, Evans R, Gorman M E, 2010. Trading zones and interactional expertise [C]//Gorman M E. Trading zones and interactional expertise. London: The MIT Press: 7-24.

Danieluk R, 2011. Michal Boym, Andrzej Rudomina, and Jan Smogulecki: three seventeenth century missionaries in China[J]. Monumenta Serica, 59(1): 417-443.

Dunn R, 1994. The true place of astrology among the mathematical arts of late Tudor England[J]. Annals of Science, 51(2): 151-163.

Fan Fati, 2007. Science in cultural borderlands: methodological reflections on the study of science, European imperialism, and cultural encounter[J]. East Asian Science, Technology and Society(1): 213-231.

Faracovi O, 2014. The return to Ptolemy[G]//Dooley B. A companion to astrology in the renaissance. Leiden: Brill: 87-98.

Galison P, 2011. Computer simulations and the trading zone[G]//Gramelsberger G. From science to computational science. Zürich: Diaphanes: 118-157.

Grafton A, Siraisi N, 2006. Between the election and my hopes: Girolamo Cardano and medical astrology[G]//Newman W R, Grafton A. Secrets of nature: astrology and alchemy in early modern Europe. London: The MIT Press: 69-131.

Howse D, 1986. Navigation and astronomy the first three thousand years[J]. Renaissance and Modern Studies, 30(1): 60-86.

Han Qi, 2011. From Adam Schall von Bell to J. N. Smogulecki: the introduction of European astrology in late Ming and early Qing China[J]. Monumenta Serica, 59: 485-490.

Huang Yilong, 2012. The impact of astronomy on Chinese society in the days before telescopes[C]//York D Y, Gingerich O. The astronomy revolution: 400 years of exploring the cosmos. Boca Raton: CRC Press/Taylor & Francis Group: 257-270.

Kosibowiez E, 1929a. Un missionnaire polonais oublié: le père Jean Nicolas Smogulecki S. J.[J]. Revue d'Histoire des Missions(6): 335-360.

Kosibowicz E, 1929b. Zapommany misjanarz polski[J]. Przegląd Powszechny, 18(1): 148-172.

Lanuza-Navarro T M C, Ávalos-Flores A C, 2007. Astrological prophecies and the inquisition in the Iberian world[C]//Kokowski M. The global and the local: the history of science and the cultural integration of Europe. Cracow: The Press of the Polish Academy of Arts and Sciences: 681-688.

Li Liang, 2019. New astronomy in service of old astrology: close planetary conjunction in pre-modern China[J]. Journal for History of Astronomy, 50(4): 411-427.

Mak B M, 2014. Yusi Jing: a treatise of "Western" astral science in Chinese and its versified version Xitian Yusi Jing[J]. SCIAMVS, 15: 105-169.

Mak B M, 2015a. Indian Jyotiṣa literature through the lens of Chinese Buddhist canon[J]. Journal of Oriental Studies, 48(1): 1-19.

Mak B M, 2015b. The transmission of Buddhist astral science from India to East Asia: the central Asian connection[J]. HISTORIA SCIENTIARUM. 24(2): 59-75.

Michio Yano, 2015a. The Hsiu-Yao Ching and its Sanskrit sources[J]. History of Oriental Astronomy. 91: 125-134.

Monika M M, 2018. Polish Jesuits and their dreams about missions in China, according to the Litterae indipetae[J]. Journal of Jesuit Studies, 5(3): 404-420.

Nakayama Shigeru, 1966. Characteristics of Chinese astrology[J]. Isis, 57(4): 442-454.

Oh S, 2018. The physical shape theory of Fengshui in China and Korea [G]//Lackner M. Coping with the future: theories and practices of divination in East Asia. Leiden: Brill: 559-576.

Pingree D, 1963. Astronomy and astrology in India and Iran[J]. Isis, 54(2): 229-246.

Shi Yunli, 2007. Nikolaus Smogulecki and Xue Fengzuo's True Principles of the

Pacing of the Heavens: its production, publication, and reception[J]. East Asian Science, Technology and Medicine, 27: 63-126.

Shi Yunli, 2014. Islamic astronomy in the service of Yuan and Ming monarchs[J]. Suhayl: International Journal for the History of the Exact and Natural Sciences in Islamic Civilization, 13: 41-61.

Sivin N, 1982. Why the scientific revolution did not take place in China: or did it? [G]//Li guohao. Explorations in the history of science and technology in China: a special number of the collections of essays on Chinese literature and history. Shanghai: Shanghai Chinese Classics Publishing House: 89-107.

Sivin N, 1995. Copernicus in China[J]. Studia Copernicana. VI: 63-122.

Standaert N, 2001. European astronomy in early Qing China: Xue Fengzuo's and Smogulecki's translation of Cardano's commentaries on Ptolemy's Tetrabiblios [J]. Sino-Western Cultural Relations Journal, XXIII: 50-79.

Standaert N, 2020. History as the art the other and the art of in-betweenness[G]// Standaert N. Catholic missionaries in early modern Asia: patterns of localization. New York: Routledge: 207-218.

Tarrant N, 2020. Reconstructing Thomist astrology: Robert Bellarmine and the papal bull Coeli et terrae[J]. Annals of Science, 77(1): 1-24.

Thorndike L, 1955. The true place of astrology in the history of science[J]. Isis, 46(3): 273-278.

Weinel M, 2007. Primary source knowledge and technical decision making: Mbeki and the AZT Debate[J]. Studies in History and Philosophy of Science. Part A, 38(4): 748-760.

Yong Hoon Jun, 2018. Western horoscopic astrology in Korea[G]//Lackner M. Coping with the future: theories and practices of divination in East Asia. Leiden: Bril: 486-498.

博硕士学位论文

陈亚君,2016. 会通与超胜:《测天约说》的译撰及其主要内容[D]. 硕士论文,上海:东华大学.

褚龙飞,2014. 薛凤祚历法工作研究[D]. 博士论文. 安徽:中国科学技术大学.

呼兴华,2011. 从术数的角度考察运气学说的发生[D]. 博士论文. 四川:成都中医药大学.

靳志佳,2020.唐宋时期外来生辰星占术研究[D].博士论文.上海:上海交通大学.

李辉,2011.汉译佛经中的宿曜术研究[D].博士论文.上海:上海交通大学.

史玉民,2001b.清钦天监研究[D].博士论文.安徽:中国科学技术大学.

宋神秘,2014.继承、改造和融合:文化渗透下的唐宋星命术研究[D].博士论文.上海:上海交通大学.

宋芝业,2010.明末清初中西数学会通与中国传统数学的嬗变[D].博士论文.山东:山东大学.

王静,2014.薛凤祚中西科学会通思想探微[D].硕士论文.山东:山东大学.

王淼,2003.邢云路与明末传统历法的复兴[D].博士论文.安徽:中国科学技术大学.

王雪源,2011.薛凤祚科学思想研究:以《历学会通》为中心[D].硕士论文.山东:山东大学.

王云婕,2016.明代钦天监研究[D].硕士论文.吉林:东北师范大学.

杨帅,2019.出土文献所见7-14世纪中国历注研究[D].硕士论文.宁夏:宁夏大学.

张锦枝,2011.统宗会源:孙奇逢理学思想研究[D].博士论文.湖北:武汉大学.

郑玉敏,2016.传入与发展:西方宫位制在古代中国[D].硕士论文.安徽:中国科学技术大学.

Kotyk J, 2017. Buddhist astrology and astral magic in the Tang dynasty[D]. Ph.D. dissertation. Leiden: Leiden University.

Scofeld B, 2010. A history and test of planetary weather forecasting[D]. Ph.D. dissertation. Amherst: University of Massachusets Amherst.

后　　记

　　这本书是在我的博士论文基础上扩充、整理完成的。我的博士论文以薛凤祚为中心,涉及两个主题:一个是星占,另外一个是明清天文学的体系形态。当时将这两个主题凝合在一起,虽然皆有论述,却缺少了聚焦。这次出版,我将星占单独拎出,大篇幅地增加了相关内容,在广阔的视域下对这一主题进行了更为深入而全面的探讨。同时,在叙述过程中我也在一定程度上保留了另一主题的一些内容,以使得能够更为整体性地理解薛凤祚的星占工作,并为这种理解提供一些思想背景。

　　本书的完成前前后后花费了10年时间。11年前,我第一次正式踏入科技史研究领域,幸运的我进入了石云里老师门下。石老师是一位思想极为开放、多元的学者,研究领域涉及中外交流史、中国古代科学思想史、天文学史以及西方科学史,对于一般的学术史如儒学史也有涉足。在石老师广阔视域的熏陶下,加之我对文化思想更感兴趣,研二期间我正式开启了对薛凤祚星占工作的学术研究之路。在综合前人研究成果的基础上,我顺利完成了博士学业。博士毕业之后,对于薛凤祚星占工作的学术理解进路虽然有所调整,但今天看来,大方向早在读博阶段已经确立。

　　总体来看,本书基本上还是遵循博士论文的背景、正题、影响所构成的研究框架展开。这是一种颇为有效的历史叙述方式,可以很好地讨论历史问题。直观来看,这种方式似乎颇为简单,无法体现学术研究应该具有的深度。但实际上,这是一种常见的误解。经历了时间的大浪淘沙,在众多的直接或间接材料中,循着草蛇灰线,能够梳理清楚主要研究对象本身以及相关(无论是间接还是直接)的前因后果,获得相应的理解,并完整而学术性地呈现出来,并不是一件容易的事。而且对于主要研究对象、背景、影响的分析,也并不是一般认知中的简单直接陈述。其中使用的研究方法、分析模式大有文章。因此,直观的简单背后其实蕴含着复杂,这也许是所谓的大道至简吧!

　　本书在背景、正题、影响所构成的研究框架下使用的一些分析方法,主要包括五方架构研究法、发生学研究法、整全体系与局部互动研究法以及交易区理论。这些方法在绪论与结论部分已经详细讨论,不再赘述。此处我希望占用一点篇幅对书中没有展开讨论的另一种方法稍作介绍。在我的计划中该方法是属于下一本著作的重点讨论对象,所以虽然本书已经论及与参考,却没有正式地展开论述。

这一方法就是中国古代科学史与哲学史结合的方法。我在确立五方架构研究法时便已采用。在某种程度上,我们今天所关注的中国古代科学并不属于古人主流的学问形态。以经典学习为中心的他们,大多数更加关注《论语》《尚书》等经典核心著作。这一现象使得有些学者关于自然的认识与研究深受经典思维与相关学术思想的影响,即古代科学的发展历史离不开主流学术形态的影响,古代科学形态与主流学术形态之间有复杂的关联。因此,我们对于古代科学史的研究也自然而然地会触及这个问题。将科技史与哲学史结合对我们解决这一问题具有重要意义。当然,这种结合的多样方式与复杂脉络尚需要我们进一步开拓。

上述关于将两个学科进行结合的思考,一方面与中科大师门的多元研究以及自己的兴趣有关,另一方面也和我后来在武汉大学的获益有关。博士毕业之后,我有幸在武汉大学师从郭齐勇老师进行了短期的博后研究工作。武汉大学活跃的研究氛围、深厚的中国哲学研究基础,以及郭老师言传身教的熏陶,使我以前一些微弱而不成系统的思路逐渐明确。对于中国哲学也开始了解益深,有所心得。我相信,有以上两种学术背景的熏习,自己最终会在这种结合中获得一些有趣的认识。

除两位导师之外,本书的写作还获得了其他师友的帮助与教益。刘钝、胡化凯、矢野道雄、武田时昌、汪前进、关增建、江晓原、孙小淳、钮卫星、韩琦、马来平、张琼、杜保瑞、邵建、钟鸣旦(Nicolas Standaert)、Stephan Heilen、Monika Miazek-Męczyńska、班杰明·戴克(Benjamin Dykes)、巴特(Bartlomiej Swiatczak)、希斯莉、王先斌、麦文彪、柯资能、吕凌峰、关瑜桢、宋神秘、郑方磊、褚龙飞、刘培、张楠、樊汇川、胡凤、王安轶、李亮、王挺、翁攀峰、李海静、王申、陈婷、杨凯、杨本华、赵璐、陶英娜、刘沐恩、廖璨璨、李烨玲、廖莲婷、周振军、龚开喻、吕威、曾艳辉等诸位老师,以及苏云梦、郑玉敏、纪辰、郑文斌、杨伯顺、朱玥玮等同学,或给出意见、帮助我解决相关问题,或开阔我的思路、润色我晦涩的行文,在此表示衷心感谢!

最后感谢家人的支持,谢谢你们对我所选择的学术之路一如既往地肯定,你们是我取得成功的最终保障与力量源泉。

朱浩浩
2021年6月15日于合肥滨湖